Fons Solis
BARCHA, olim MARMARICA
Desertum
Saline
Isola di Colombi, olim Phocusæ Insulæ duæ
olim Album Littus
ERID,
IA
El Eocath, olim Oasis parva
Desertum
S. Macarii
El Buchiara Lacus, olim Mœris Stagnum, aut Mœridis L.
S. Antonii
Antacon Lacus, olim Mareotis Palus
Alexandria, Turcis Scanderic
olim Plinthine
Nitriota Monasterium
Bulli
Desertum
Turamama
Rossetta, Turcis &
El Buchiara al: Buchaira
Faresone
Albutig, olim Abydus
Palema
Piramides
Turcis Pharaon Daglare
Benisuaif, vel Benisuahid olim Custodia Hermapolitana, Hermetis vel Mercur Bobisßay rii civitas Magna
Menuye
Dealmarath
Unia
El Fijum
Abutich
EL MAHELECH
Subfir
Nacaria
Leonton, olim Leontopolis
Olim Delta
Alcairo, Arab: El Cahiro, Cald: Alchabir
Hortis Balsami
Nilus fluv.
Manf Loth, al: Mansalut, olim Nilopolis
Asuan
fluv. Hebr. Nahal Mitzraim
Almona
Muhaisira, olim Aphrodito: polis
Mujare
Matarea
Olim
Damiata, olim Tamiati
Veneria
Ansene
Climax mons
Fossa Trajana
Chancha
Saidi
Catara
al: Iemin destructa
Troicus Lapis, mons unde pyramides effossæ
Canachi
Saleachia
Elboere
Bethsames, Arabibus Baßalbet, Hebreis Irheres, olim Heliopolis
Dimas
Horou, olim Heros, & Heroum
Haowe
Acole
Ostrazi, ol: Ostracine
ÆGYPTI
Sette Pozzi
Baltzophin, olim Baal-zehon
Desertum
Burdodare
Faramida
Grondol, al: Corondola, olim Arsinoe
Sues, olim Sur
Catie Castrum
Azirut, olim Clisma præsidium
SINUS ARABICUS
Stagnum, al: Slangoni
Cabo Galo
Jubelezeit, olim Drepanum pro.
Suguam, olim Myos
Fara, olim Pharan
Fara Montes
L'Arissa Castrum
Golfo del'Arissa
MARE
Cajaßa
CORSUN, olim
Batoch
IDUMÆA
Hanjones Castrum
Ascalon, al: Escalona
Mons Oreb al: Horeb
Tema
ARABIA PETREA
Azotus, sive As
TERRA SANCT
El Toro, Porto do Soldano da Quairo
Hebron, Cariath Arba
Ierusalem, Turcis Kuddisch, Arab. Beyt Almo
Mons Sinai
Mons Sta Catharina
Caraz
D E S E R T A
& Deserta

図説 世界文化地理大百科
古代のエジプト

John Baines
オックスフォード大学エジプト学教授
クイーンズカレッジ特別研究員

Jaromír Malek
チャールズ大学(プラハ)でエジプト学
の学位を取得

Editor Graham Speake
Art editor Andrew Lawson
Map editor John-David Yule
Design Bernard Higton
Production Clive Sparling
Index Scott Glover

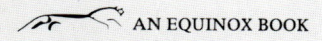

AN EQUINOX BOOK

Published by Phaidon Press Ltd,
Littlegate House, St Ebbe's
Street, Oxford, England, OX1 ISQ

Planned and produced by
Equinox (Oxford) Ltd, Mayfield
House, 256 Banbury Road,
Oxford, England, OX2 7DH

Copyright © Equinox (Oxford)
Ltd, 1980, 1982

All rights reserved. No part of
this publication may be
reproduced, stored in a retrieval
system, or transmitted, in any
form or by any means, electronic,
mechanical, photocopying,
recording or otherwise, without
the prior permission of the
Publishers.

口絵 ラメセスVI世(前1151–1143)王
墓(9号墓)のホールの柱にある装飾
称号、王家の谷。
図の改作―イポリット・ロゼーリニ,
『エジプトおよびヌビアのモニュメン
ト』、第I巻:歴史的モニュメント(ピ
サ、1832年)。

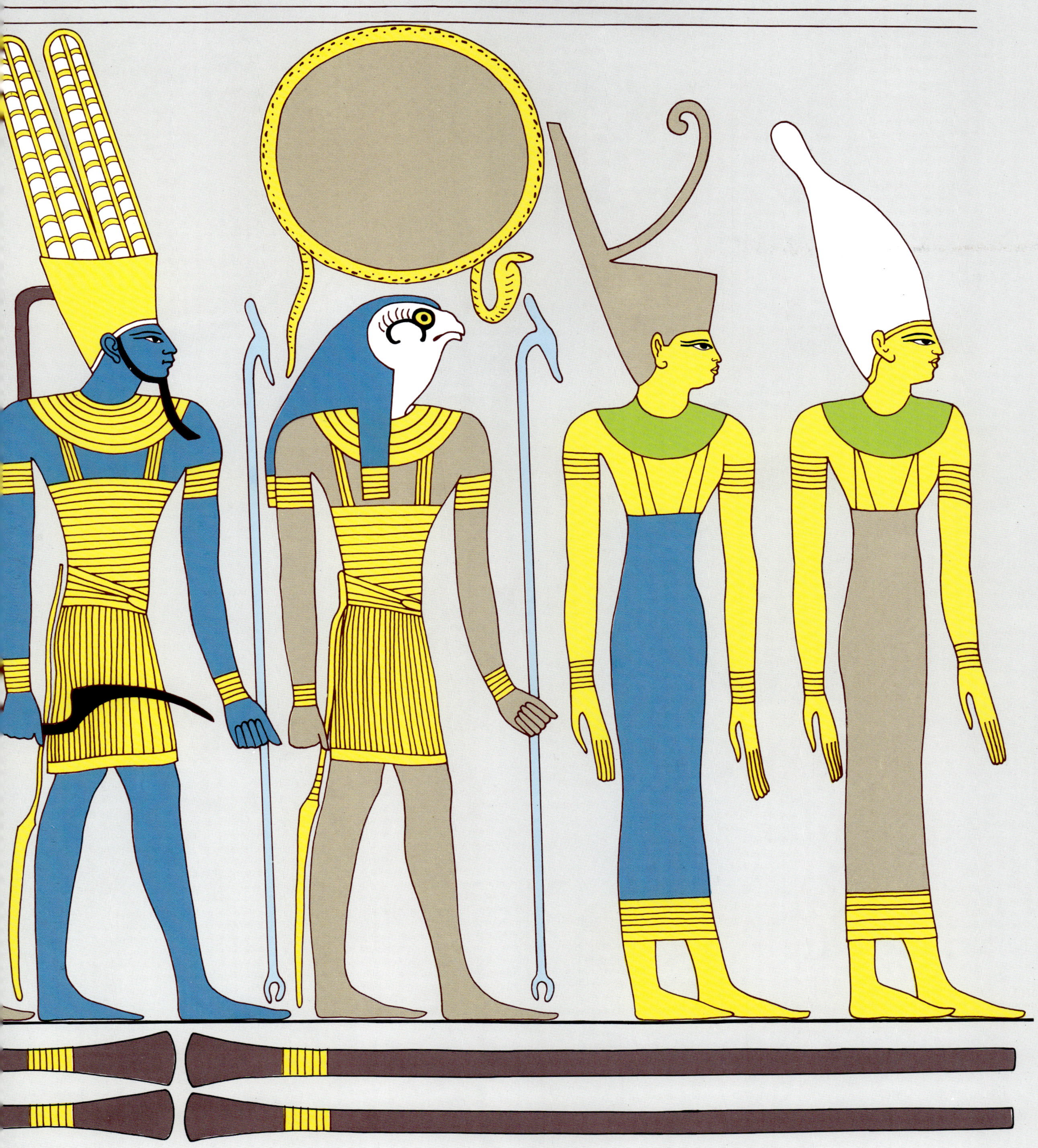

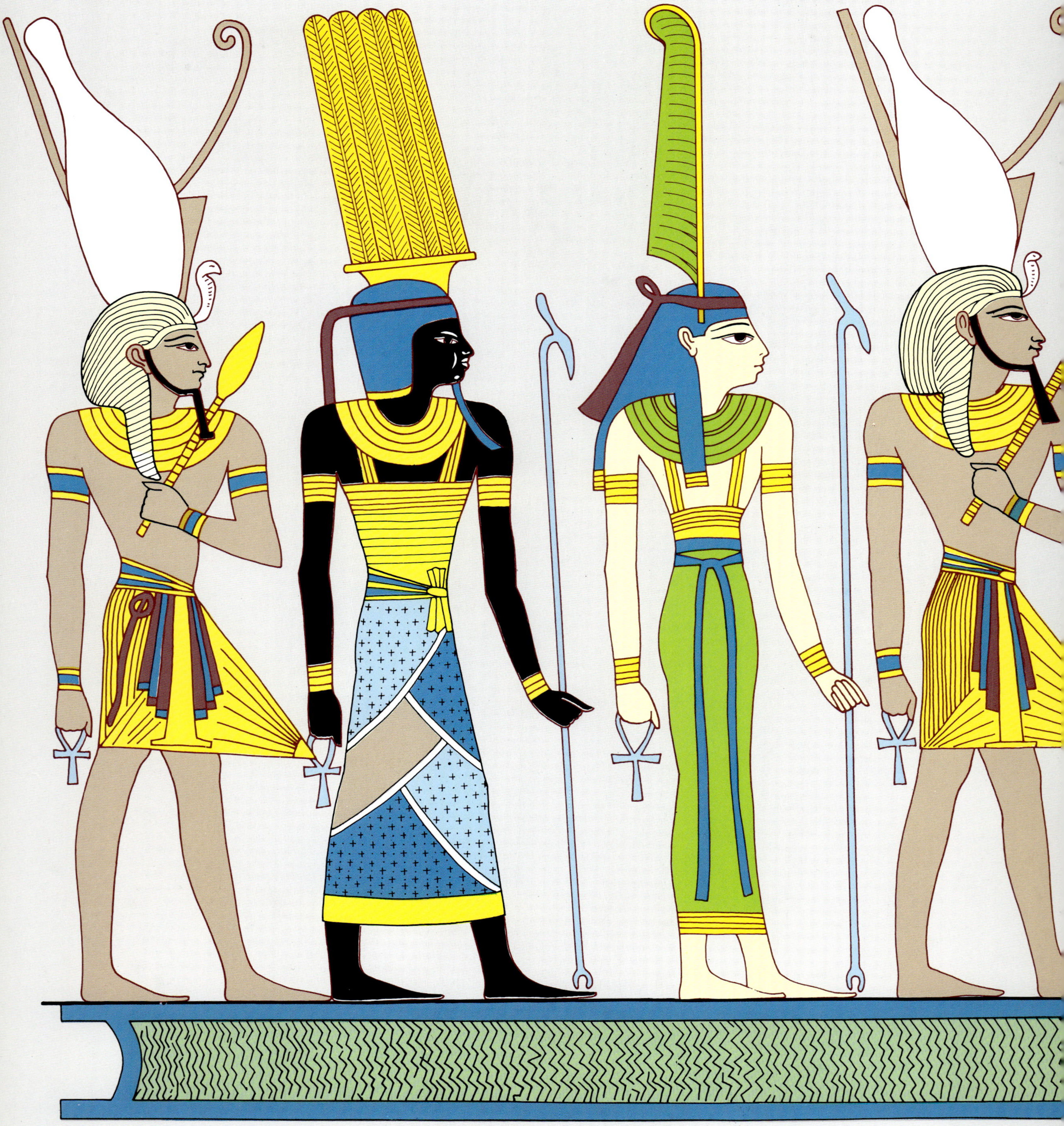

図説 世界文化地理大百科
古代のエジプト
ATLAS OF ANCIENT EGYPT

ジョン・ベインズ
ジャミール・マレック 著

平田　寛 監修
吉村作治 訳

朝倉書店

目　　次

8　年　表
10　序

第1部　文化的背景

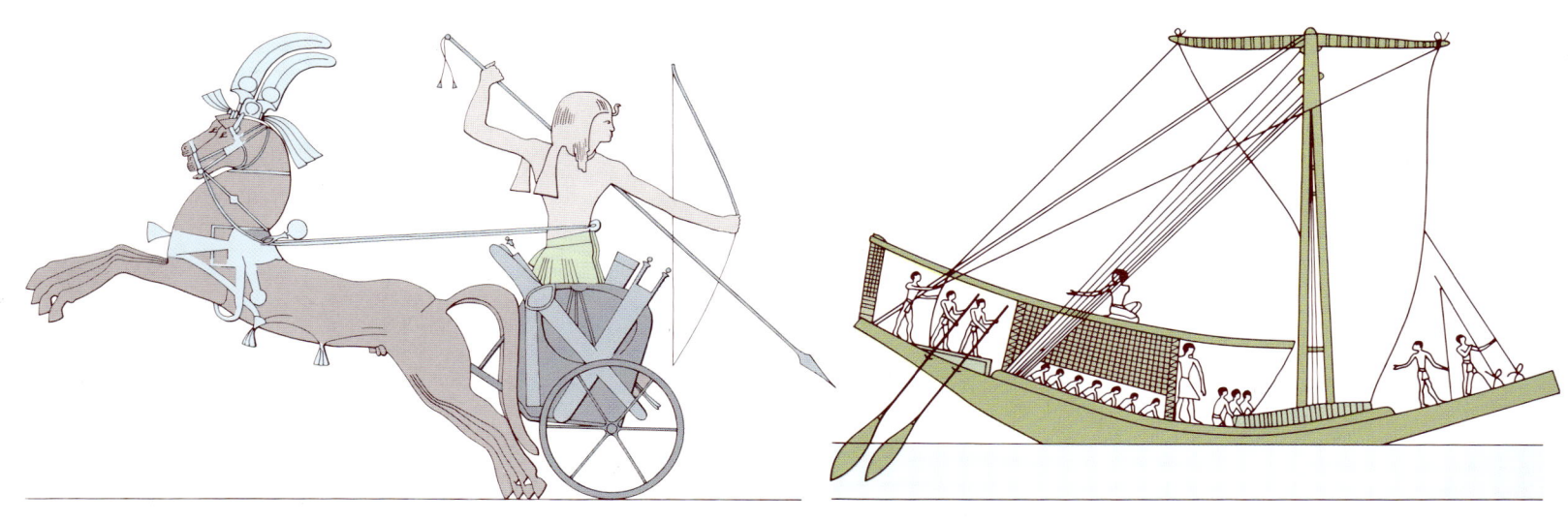

12　古代エジプトの地理
22　古代エジプトの研究
30　歴史的背景
36　エジプトの王たち
38　美術品に描かれた王たち
56　美術と建築
60　表現上の規範
62　墓　碑

第2部　ナイル川下りの旅

68　ナイルにうかぶ船
70　上エジプト南部
84　テーベ
106　テーベのJ・G・ウィルキンソン
108　上エジプト北部
120　中部エジプト
134　メンフィス
138　ピラミッド：形と構造
140　ピラミッド：チェック・リスト
166　下エジプト―デルタ
178　ヌビア
187　周辺地域

第 3 部　エジプト社会の概観

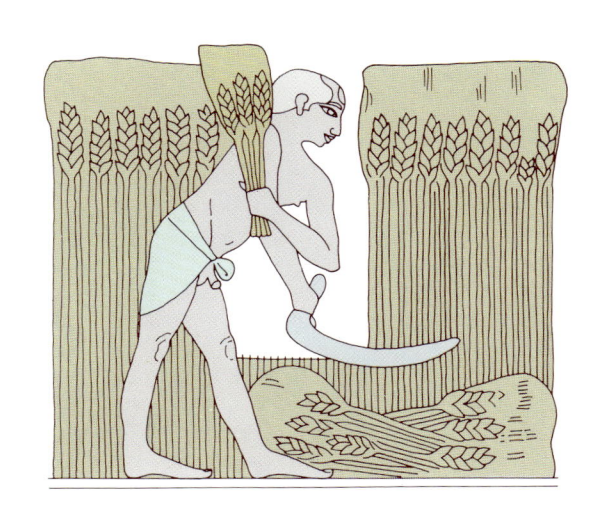

- 190　日常生活
- 198　書記と文字
- 202　軍　隊
- 204　エジプト社会の女性
- 209　宗　教
- 212　エジプトの神々（地方神）
- 220　埋葬の習慣
- 222　西洋美術のなかのエジプト
- 224　エジプト美術品のある博物館・美術館

- 226　用語解説
- 228　図版リスト
- 231　引用文献
- 233　監修者のことば
- 234　訳者のことば
- 235　地名索引
- 239　索　引

地図リスト

- 13　エジプトの地理的背景
- 14　上エジプトの州（ノモス）
- 15　下エジプトの州（ノモス）
- 16　ナイル河谷の人口密度
- 18　デルタの地勢
- 21　古代エジプトの天然資源
- 25　1800年以前のエジプト・スーダンへの旅行者
- 31　先王朝・初期王朝時代のエジプト
- 31　先王朝時代の第2急湍地区
- 33　古王国・第1中間期のエジプト
- 41　中王国・第2中間期のエジプト
- 41　中王国時代の第2急湍近辺の砦
- 43　新王国・第3中間期のエジプト
- 44　前1530年頃―前1190年のエジプトと近東
- 47　第3中間期末のエジプト
- 49　末期王朝時代のエジプトとナパタ―メロエ国家（前712年―後4世紀）
- 50　末期王朝時代のエジプト，エーゲ海，近東
- 53　グレコ・ローマン時代のエジプト
- 53　グレコ・ローマン時代のファイユーム
- 54　グレコ・ローマン時代のエジプトと東地中海
- 67　索引図
- 71　上エジプト南部
- 72　アスワーン地区
- 85　テーベ地区
- 109　上エジプト北部
- 121　中部エジプト
- 131　ファイユーム
- 135　メンフィス地区
- 141　ピラミッドの分布図
- 167　下エジプト―デルタ
- 179　下ヌビア
- 186　上ヌビア
- 187　西の砂漠のオアシス
- 188　シナイ
- 213　地方神の分布図
- 224　エジプト美術品のある博物館・美術館

年表

*を付けた年代は確定しているもの．他は誤差がある．王名の全リストはp.36—37に示した．

	紀元前6500	4500	4000	3500	3000	2500
エジプト	後期旧石器時代	バダーリ文化 （ナイル河谷） メリムダ（デルタ） ファイユーム	ナカーダⅠ文化 （ナイル河谷）	ナカーダⅡ文化 （ナイル河谷） マアーディ アル＝ウマリー （メンフィス 地域）	エジプト王国の成立 （ナカーダⅡ文化後期） c.3050 初期王朝時代 2920-2575 1王朝 2920-2770 2王朝 2770-2649 3王朝 2649-2575	古王国時代 2575-2134 4王朝 2575-2465 5王朝 2465-2323 6王朝 2323-2150 第1中間期 2134-2040 9/10王朝 （ヘラクレオポリス朝）2134-2 11王朝（テーベ朝）2134-20
下ヌビア/ 上ヌビア	後期旧石器時代	新石器時代 アブカーン文化 後シャマルク文化 カルトゥーム変形文化	A群初期	A群最盛期 A群後期 定住者はわずか		C群 ケルマ文化
シリア/ パレスティナ	新石器時代 イェリコ 8500			都市社会： ハブバ・ アル＝ケビーラ	前期青銅器時代 エジプトとパレ スティナとの接触 エブラ王国	エジプトとビブロス との接触 エブラ王国滅亡 中期青銅器時代
メソポタミア/ イラン	新石器時代 6500 新石器時代 6000 灌漑農業 5500	後期新石器時代 ウバイド期 5000		都市社会： ウルク期 文字の発明 エラム語原文字の発展（読み書き）	ジェムデッド・ナスル 初期王朝時代	アッカド王朝 （サルゴン朝） ウル3王朝 イシ ラ
アナトリア	新石器時代 チュタル・ヒュユク 6500					
エーゲ	新石器時代 6500				初期青銅器時代	中期青銅器時代

ジェセル王の階段ピラミッド．サッカーラ．c.2630．

ガチョウの彩色画．マイドゥームのイテトの墓．c.2560．

踊っている女性をあらわす，彩色されたテラコッタ．ナカーダⅠ期．

2000	1500	1000	500	紀元後

エジプト（年代）

中王国時代 2040-1640
　11王朝（統一王朝）2040-1991
　12王朝 *1991-1783
　13王朝 1783-1640以降
　第2中間期 1640-1532
　　15王朝（ヒクソス朝）1640-1532
　　17王朝（テーベ朝）1640-1550

新王国時代 1550-1070
　18王朝 1550-1307
　アマールナ時代 1352-1333
　19王朝 1307-1196
　20王朝 1196-1070
　第3中間期 1070-712
　　21王朝 1070-945

22王朝 945-712
23王朝 c.828-712
24王朝 724-712
25王朝（ヌビア朝の
　上エジプト支配）770-712
末期王朝時代 712-332
　25王朝（ヌビア朝の
　　エジプト全土支配）712-657
　26王朝 *664-*525

27王朝（ペルシア朝―1次）
　*525-*404
28王朝 *404-*399
29王朝 *399-380
30王朝 *380-*343
ペルシア時代（第2次）
　*343-*332
グレコ・ローマン時代
　*332BC-*395AD
　マケドニア朝 *332-304
　プトレマイオス朝 *304-*30

ローマ皇帝 *30BC-395AD
ビザンティン時代
　*395-*640

図版キャプション

マアヤの頭部．ラーモゼの墓の浮彫り．テーベ，55号墓．c.1360．

トゥトアンクアメンの黄金のマスク．c.1325．

アブー・スィムベル大神殿の正面．c.1270．

カロママ王妃の象嵌ブロンズ像．c.850．

"ベルリーン・グリーン・ヘッド"．結晶片岩の私人像の頭部．c.75BC(?)．

ハトホル神殿の正面．ダンダーラ．後34年11月17日に奉納された建造物（装飾はのちにほどこされた）．

ヌビア

エジプトによる占領
ケルマ
ケルマ征服
パン・グレイブ文化

エジプトによる征服
（上・下ヌビア）

人口の減少
エジプト軍の撤退

ナパタ-メロエ王国の繁栄
（のちの25王朝）
25王朝
ナパタ-メロエ王国
（―後4世紀）

ドデカスコイヌスにおけるメロエ-エジプト共同統治
メロエ文字

メロエ居住
メロエ滅亡
X群

シリア／パレスティナ

エジプトとビブロスとの接触

ヒッタイトの侵入

後期青銅器時代：
都市国家
エジプトによる占領 c.1530-1200
ミタンニ王国 1520-1330
ヒッタイトの支配

イスラエル連合国家
君主政治
イスラエル王国とユダ王国
アッシリアの領土拡張
新ヒッタイト国家群
ヨシュア記と士師記

ペルシアの支配
地方太守の反逆
アレクサンダー大王
セレウコス朝
プトレマイオス
バビロン捕囚
ユダヤ人のエジプト居住

ローマ帝国
ビザンティン帝国

メソポタミア／イラン

バビロン1王朝
古エラム王国
バビロン滅亡（1595または1531）
カッシート王朝

アッシュールの独立 c.1380
エラムの拡大
イシン2王朝

アッシリア帝国
ニネベの滅亡
新バビロニア王国
メディア建国

ペルシアの征服
アレクサンダー大王
セレウコス朝
パルティア自立

パルティア朝
ササン朝ペルシア

アナトリア

ヒッタイト古王国

ヒッタイト帝国
ヒッタイト帝国滅亡

ウラルトゥ王国
南西アナトリア国家群
リディア王国のギュゲス

ペルシア帝国の支配
アレクサンダー大王
セレウコス朝
プトレマイオス

ローマ帝国
ビザンティン帝国

ギリシア

後期青銅器時代
線状B文字
クレタ文化の滅亡
ミケーネ文化の滅亡
亜ミケーネ文化

原幾何学様式時代
幾何学様式時代
東方化様式時代
ギリシア人のエジプト居住
アルカイック時代

古典時代
ペルシア戦争；エジプトを援助
アレクサンダー大王 *336-*323
マケドニア
セレウコス朝
プトレマイオス

ローマ帝国
ビザンティン帝国

（下ヌビア／上ヌビア，シリア／パレスティナ，メソポタミア／イランの各欄では，文字書体を変えて対応させた．例：メソポタミア――新石器時代，イラン――新石器時代．cは"約"の意）

序

　ギーザの砂漠にそびえ立つピラミッド，ナイル川沿いに点在する壮大な神殿，いまなお神秘に包まれた古代の墓，理想化された刻像，ヒエログリフが刻まれた石碑などを初めて目の前にしたとき，これらの遺跡に圧倒されない人はいないであろう．そして多くの人が古代エジプトの世界を知りたいという気持ちをもつのである．

　古代エジプトの遺跡や遺物は，特別な知識をもたない人でも，その壮大さや美しさ，技術のみごとさで十分に魅了してしまう．きわめて精密に設計されたピラミッドは，近代建築技術を駆使したとしても同じものをつくるのは困難といわれており，ディール・アル＝マディーナにあるラメセス時代の貴族の墓は，いまだに鮮やかな色彩を保っている．また王家の谷で発見され，現在カイロ博物館に納められているトゥトアンクアメンの財宝の趣味の良さは，現代の人々を感嘆させているのである．

　だが古代エジプトの遺跡に接する人々が，エジプト文明に関する知識をいくらかでももっていたなら，古代エジプトの遺跡や遺物をみる楽しさは倍増する．

　本書は，エジプト学の最も新しい研究成果に基づき，古代エジプトの重要な遺跡を体系的にたどり，それぞれの歴史的背景，文化面での概要を理解しやすく述べるとともに，多くの地名，王名，神々の名もとりあげて説明を加えている．一見わずらわしく思われるこれらの地名や王名，神々の名が，古代エジプトの歴史に重要な役割を果たしていたからである．本書で扱う地理上の範囲は，ナイル川沿いのエジプトの国境内，ナイルの第1急湍と地中海にはさまれた地域を対象とし，特例として，古代エジプトの時代にエジプトの領土となっていた下ヌビア地方を含んでいる．また参考となる地図も挿入した．第1部ではそれぞれのテーマの時代に即した地図を載せ，第2部では古代と現代をも含めて，細部および総括的な部分が理解できるような地図を載せた．

　古代エジプトの王朝史は，何度か外国人支配によって短期間絶えた時期もあるが，前2920年から前332年に及ぶ．さらに王朝時代以前，先王朝期の歴史は初期の王朝史を理解する上で欠かせぬものであり，王朝期につづくグレコ・ローマン時代はエジプト文化が根強く残っている時代である．本書では，しばしばエジプト史と区別して扱われているこれらの文化を，適宜参照しながら説明を加えることとした．

　本書は，エジプト学で用いられる専門用語を除き，理解しやすい表現を選んだ．

　古代エジプト人が残した記録は，アスワーン近くのエレファンティン島から始まっている．19世紀になって海路をとってアレクサンドリアに到着した旅行者たちは，そこからカイロへ向かい，さらに南下していった．そのために近代に書かれたエジプトの解説書の多くが，アレクサンドリアから南下するコースをとっている．しかし本書は，あくまでも古代エジプト人の目でエジプトをみるために，南から北へ遺跡をたどる構成とした．本書は，各部ごとにテーマに従ってまとめてあるため，必要な個所だけをピックアップして参考にすることもできる．

　本書が偉大なエジプト文明に興味ある方々にとって，たしかな情報源となり，東方の偉大な文明に対する理解を一層深めるのに役立ち，また楽しい読物となれば幸いである．

　第1部は，大部分がジョン・ベインズの手になり，第2部は，ジャミール・マレック，第3部はベインズとマレックが担当した．また西洋美術の項では，その分野の第一人者であるヘレン・ホワイトハウス女史の御協力を賜ったことを明記し，感謝の意を表する．同じく，レベル・コールズ，ジョン・リー，ジョン・タイトの諸氏には，おのおのの専門分野におけるトピックスでお世話になった．心から感謝する次第である．

第1部 文化的背景

THE CULTURAL SETTING

古代エジプトの地理

　2500年とも3000年ともいわれる古代エジプトの歴史は，その長さだけでもキリスト生誕から今日までの約1.5倍もある．古代エジプトの歴史を学ぶうえでまず頭に入れておかなければならないのは，この時間の長さと広大な統一国家を維持しつづけた宗教，および文化的な面における特殊性である．

　前2600年頃に建てられたギーザの大ピラミッドは，いまだに世界の七不思議の一つにかぞえられるほど，巨大ですぐれた建築技術をもって建造されている．まだ人間の文明の始まったばかりの古代において，膨大な人力を要する巨大な石造建造物をいくつも残した古代エジプトの権力者の力は，現代人の想像をはるかに越えるものだったに違いない．

　古代と現代とは人間の考え方，文化も大きく異なり，現代的な観点から古代エジプトをみることはできない．さらに，地理的条件や気候などによっても文化の形は違ってくる．しかし，たとえ相違点があったとしても人間が暮らしている以上，共通点もある．この共通点が現代人に親しみを覚えさせるのである．われわれは，古代エジプトの歴史に触れることによって，古代とともに現代の文化を知ることができるのである．

　古代エジプトは北東アフリカの広大な部分を占め，西アジアに隣接しているという地理的条件から，アジアのすぐれた農業技術の影響を受けていた．その農業がエジプトの文化形成の上で重要な要素になったのである．また古代エジプトは農業によって自国の経済をまかなうことができたが，製品をつくるための原料や外国の珍しい品々を手に入れるために外国との交易も盛んに行っていた．

　古代エジプトの文明を学ぶときには，まわりの諸外国の存在を無視することはできない．さらに人種的にみると古代エジプト人は，ナイル川の流域のあらゆる地域の人種から成り立っていたと思われる．つまり古代エジプト文明というのは，種々の文化の影響を受けながら，自国の独特な文化を守りつづけた文明なのである．

古代エジプトの境界

　古代エジプト人が常に意識していたエジプトの国土は，ナイル川流域とデルタ地帯，そしてファイユーム盆地からなる基本的な地域と，エジプトが鉱山の採掘権のような特定の権利をもっていた周辺地域から成っていた．国土の境界は確定的ではなく，たとえば南の国境は伝統的にアスワーンの南に位置するナイル川の第1急湍であったが，時代によっては，それより南に伸びている場合もあった．新王国時代の資料には，エジプトの国土としてヌビアの一部まで含めている場合がある．これはヌビアがエジプトに併合されていたためである．

　エジプトの領土拡張時代をのぞけば西の境界は，北はスィーワ（シワ）から南はアル＝カールガ（カールジャ）まで，ナイル川からおよそ200kmの間隔で，川とほぼ平行してつらなっているオアシスであった．これらのオアシスは，王朝時代を通じて，エジプト人に支配され，ローマ時代に最も繁栄した．

　エジプトの主要な町は，砂漠の中に川のようにつらなっているオアシスである．他の古代の主だった国々とは違い，エジプトは隣国から膨大な距離を保ち孤立していた．この孤立がエジプトに長期間の安定した繁栄をもたらしたのである．

メソポタミアとシリアで行われた発掘調査で，古代エジプトと同期（3000年間にわたる）の資料が出てきたが，エジプトのことは記されておらず，エジプトがいかに孤立していたかを示している．

　古代エジプトはまるで磁石のように移住者を引きつけたといわれているが，移住者が大挙して押し寄せるようになったのは前13世紀以降のことである．移住してきた人々は，すみやかに先住の人々に同化していった．しかし，先史時代に関してはまだ明確な部分が少ないが，古代エジプト史の大部分は国内的なことで占められている．前3000年の終りにはエジプトのオアシスは完全に形づくられていた．しかし当時の気象状態から，それ以前のさらに広範囲における変化を考慮に入れなければならない．

　最終氷河期（前1万年頃）の後，1000年の間に，ナイル川流域にはサハラや北アフリカの多くの地方から人々が移住してきた．氷河期の間は，ナイル川の水位は現在よりはるかに高く，川の流域は人間が容易に足を踏み入れることができない湿地帯であった．しかし氷河期の終り頃，サハラが乾燥し始めたために，サハラ地域に住んでいた遊牧民たちは，水を求めてナイル川流域に移っていった．ナイル川流域の緑地帯と砂漠との境界をなす台地には，前1万5000年期の旧石器時代の遺跡が残っている．遺跡から，そこに住んでいた人々が食料不足と人口の増加から苦しい生活を送っていたことがわかる．

　エジプトとヌビア地方の遺跡からは，穀物をつけた野生の草を刈るためにつかわれたと思われるフリント製の刃が発見されている．これはおそらくパレスティナのハヨニムテラスの遺跡とならぶ，現在知られている世界最古の穀物を消費していたという証拠であろう．当時の人々は定住農耕生活をしていたとは思われず，まだ遊牧生活を営む人々が自然の植物をむだなく利用していたのであろう．

　ナイル川流域では，このような孤立した進歩のない期間はそれほど長期間にはわたらなかったようである．エジプトは前1万年－5000年にかけて後期石器時代がつづいていた．しかしこの時代と後につづく，通常考古学者が「先王朝時代」とよんでいる文化とは明らかに連続性をもっていない．「先王朝時代」は金属器を多少ともなった，定住農耕の新石器時代といえる．先王朝時代とは前4500年頃から王朝時代までを指し，エジプト人が開発して居住した地域は，19世紀初頭まで基本的に変わらなかった．かれらの大部分が常にナイル川流域とデルタの内側に居住地をもち，砂漠の端にまでは達しなかった（灌漑でもしない限り，ナイルの氾濫が達しない地域は砂漠とサバンナ地方ぐらいなのである）．つまりエジプト人の居住地は，古代からほとんど変わっていないといえるのである．

　同じ土地につぎつぎに住居を建てていくと，住居趾の堆積によって，自然に住居は川底から高くなり，洪水の危険から人々を守ることになる．エジプトのナイル川流域の居住地区で考古学上の発見が少ない理由は，昔の住居趾が新しい居住地の下にうもれていること，前3000年以降，ナイルの全流域が3mあるいはそれ以上の土砂の沈殿におおわれていることである．そのために，エジプトの考古学は仮定の場合が多いのである．

　ナイル川流域は，先王朝時代以降，北アフリカの農業の中

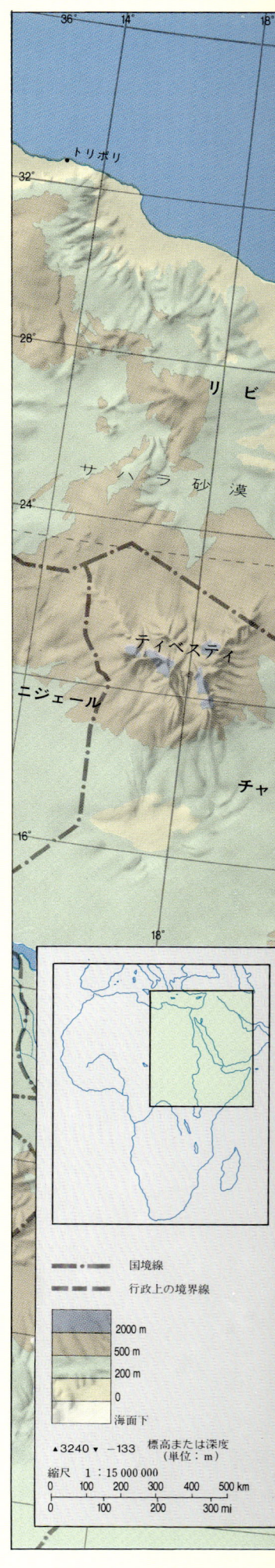

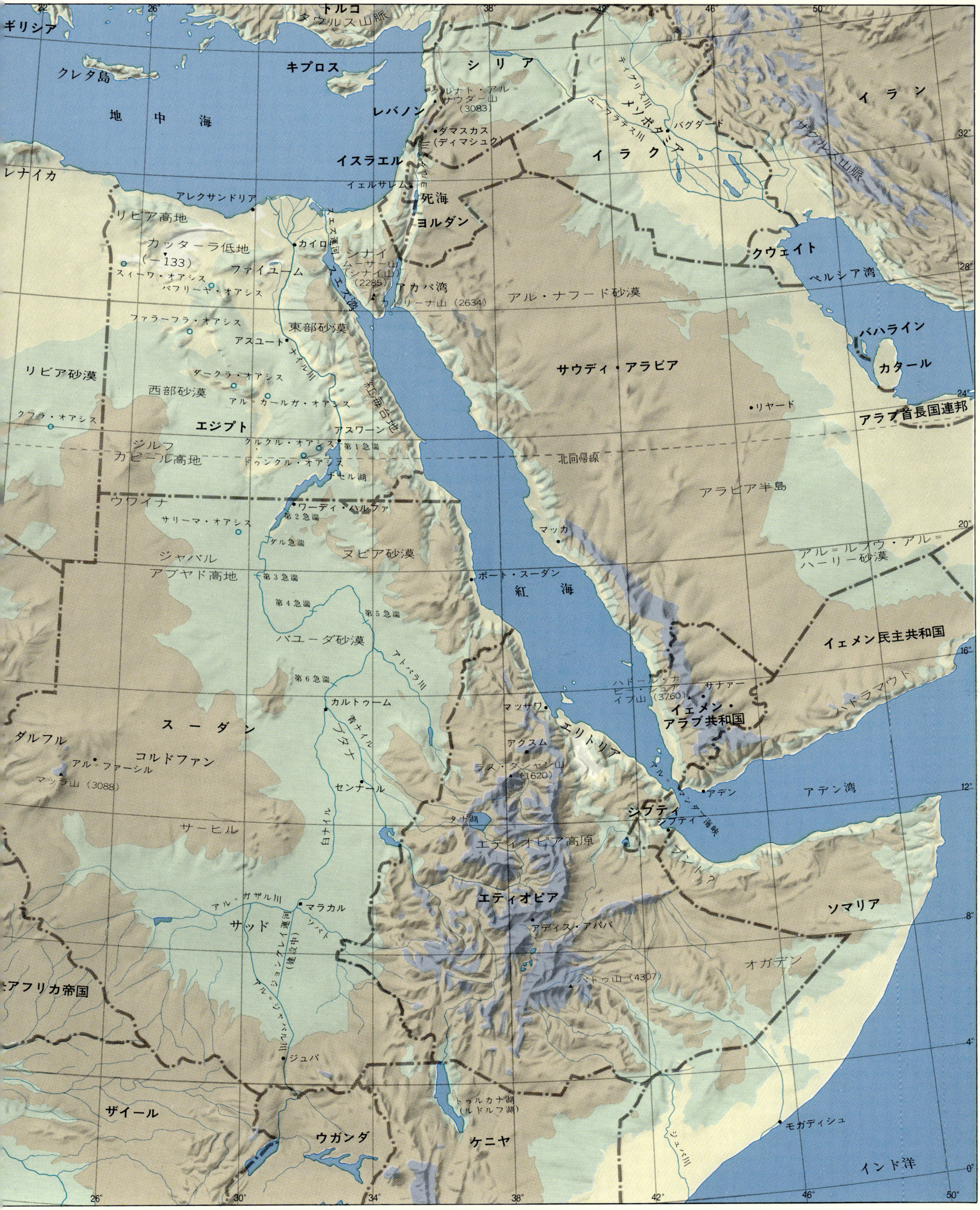

古代エジプトの地理

心となり，さらにその後には都市社会の発達の中心地であった（古代には，農業の中心はナイル川流域より西の地中海沿岸であった）．もともと青ナイルと白ナイルの合流点からデルタに至る全流域は文化的に同一であったが，エジプト1王朝の開始の頃には，その地域差が目立つようになっていった．あちらこちらの地域から多くの人種が集中的に流入したり，社会的革新をもたらした人々がやってきたりしたのは，おそらく近東からであったろう．エジプトの全時代を通じて最も特徴的なことは，エジプトでは文化的にも技術的にも，ほとんど革新が行われなかったことである．これはおそらく，エジプトの土地と水が豊かであったことに原因があると思われる．

エジプトが国家として成立しつつあった頃，サハラ砂漠の乾燥化はまだ終了してはおらず，ナイル川流域の西側と東側に広がる砂漠には，現在よりも豊富に多くの植物や動物が生息していた．人々がそこで遊牧生活をするには十分な自然条件だったのである．そのためにエジプトと近隣諸国との交流は容易に行われた．ナイル川流域に住んでいる人々にとっても砂漠はいくらかの存在価値があった．砂漠の乾燥化がさらに進んだのは前3000年代から2000年代後半にかけてである．しかし，この砂漠の乾燥化はエジプトの統一国家の形成に大きく役立ったのである．

この気候変化が終了した前2150年頃，エジプトでは，それまでの政治形態が崩壊した．その原因は，当時北アフリカ全体に及んだ乾燥期の徴候の一つであったのだが，ナイルの増水が少なかったためといわれている．この時のエジプトの状況は，1970年代の初めにサヘルでおこったかんばつに似ていたと思われる．

このように，エジプトの歴史的発展においては，気候と地理は重要な役割を演じていた．もちろん歴史の発展においては，さまざまな要因が考えられるので，気候と地理的条件が発展の方向を決定したとはいえないが，毎年おこるナイルの氾濫が，エジプトの生活様式の変化をさまたげ，国家の組織形態を保守的に維持していくのに一役かったのはたしかである．

ナイル川

ナイル川流域の降水量は，ごくわずかで，デルタ地帯でも年間降水量は100─200mmを越えることはない．ナイル川は地中海をのぞいて，流域を灌漑農業に利用している世界の大河のどれよりも，洪水予測の可能な川である．エジプトは，ナイル川を抜きにして農業はできないのである．古代エジプトの時代，ナイル川は7月から10月までの間，毎年規則正しく氾濫し，ナイル川流域とデルタのほとんどの地域を水でおおった．灌漑によって，この水だけで作物を生産することは十分できた．1830年以降，ナイル川に建設されてきた一連のダムと水門がナイル川の流れをせき止めており，現在では，もはやナイル川が昔のような形で氾濫することはない．ダムと水門は，青ナイル流域のセンナール（セナー）からデルタの頂点にあたるカイロの北部までの水位の調節をしており，将来，南スーダンの白ナイルに，現在建設中のバハル＝アル・ジャバル（ガバル）とソバト川の両側に合流することになるであろう．

本書では現在の状況を観察するのではなく，ファラオ時代の資料からナポレオンの遠征に随行した学者たちが作成した『エジプト誌（デスクリプシオン・ド・ル・イジプト）』や，19世紀に灌漑事業に従事した技術者たちが書きのこしたものに至る古い資料を参照としている．また，古代エジプトの各時代の耕地を把握するには詳しい地域研究を必要とする．本書では，先王朝時代，初期王朝時代の耕地の分布についての

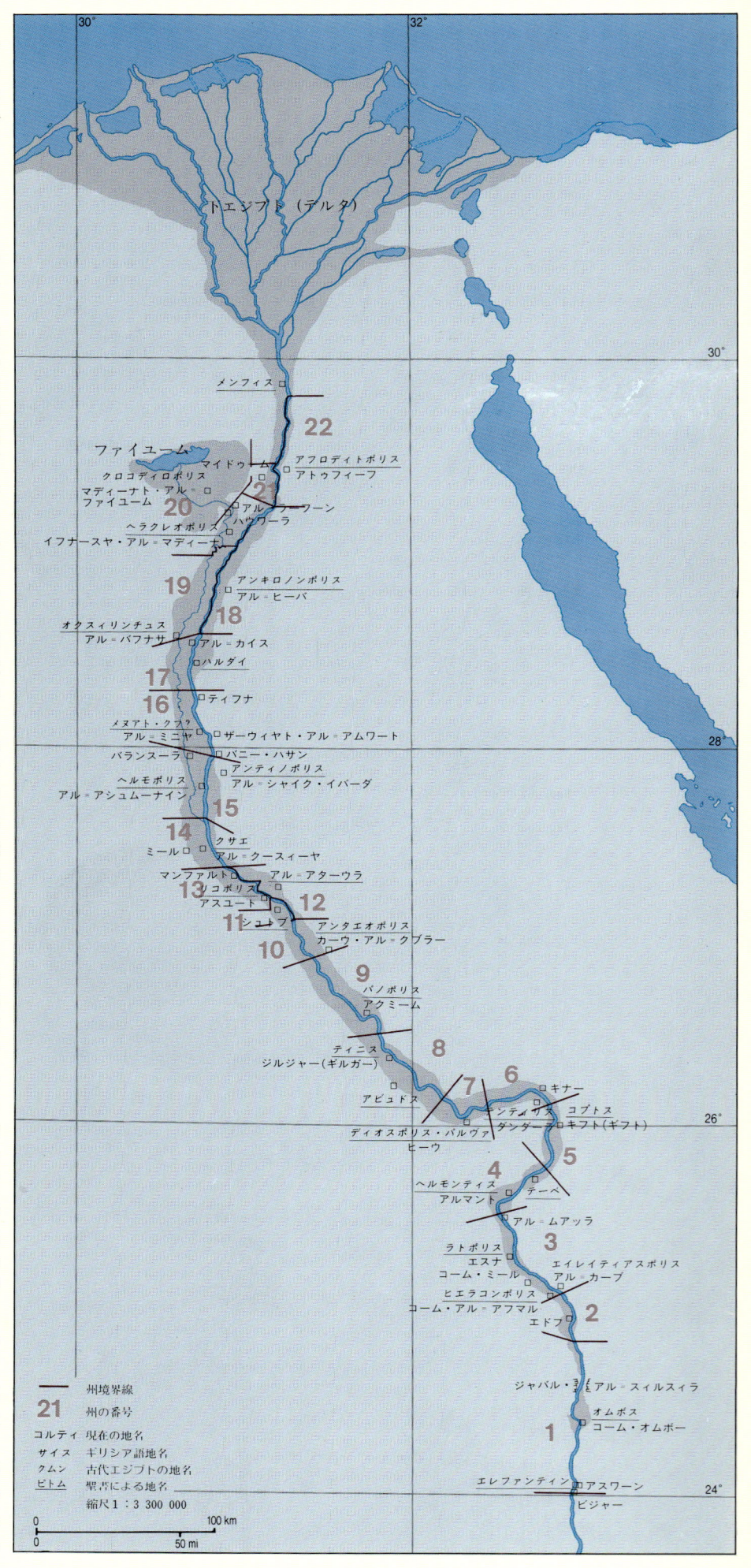

古代エジプトの地理

左　上エジプトの州（ノモス）
州は古代エジプトの行政区分で，その起源は初期王朝時代にさかのぼる．5王朝までに，上エジプトの22州は固定し，各州のナイル河畔の距離は，カルナク（カルナック）のセンウセルトI世のキオスクに記されている．この図の区分は上記の記録の距離によっているが，これが全時代に通用するとは限らない．下エジプトに関していえば，20州という明確な数が確立されたのは，グレコ・ローマン時代になってからであった．また，ファイユームと諸オアシスは組み込まれていなかった．総数の42は象徴的数であった．最期の審判には42人の裁判官が立ち会ったし，アレクサンドリアのクレメント（後2世紀）の伝えるところによると，古代エジプト人は42巻の神聖な書をもっていた．
なお，アンダーラインのある地名は州の首都である．1つの州に二つ以上のアンダーラインがついている場合は，同時代に首都が移ったか，または，区分が変ったことを示しており，まったくアンダーラインのない場合は，首都が明らかにされていないことを示している．

右　下エジプトの州（ノモス）
このグレコ・ローマン時代の20州の配置はエドフとダンダーラの神殿のリストによる．多くの州の境界線は水路に沿っているが，この復元された位置は仮説である．州の首都で，名が知られているものにはアンダーラインを付した．

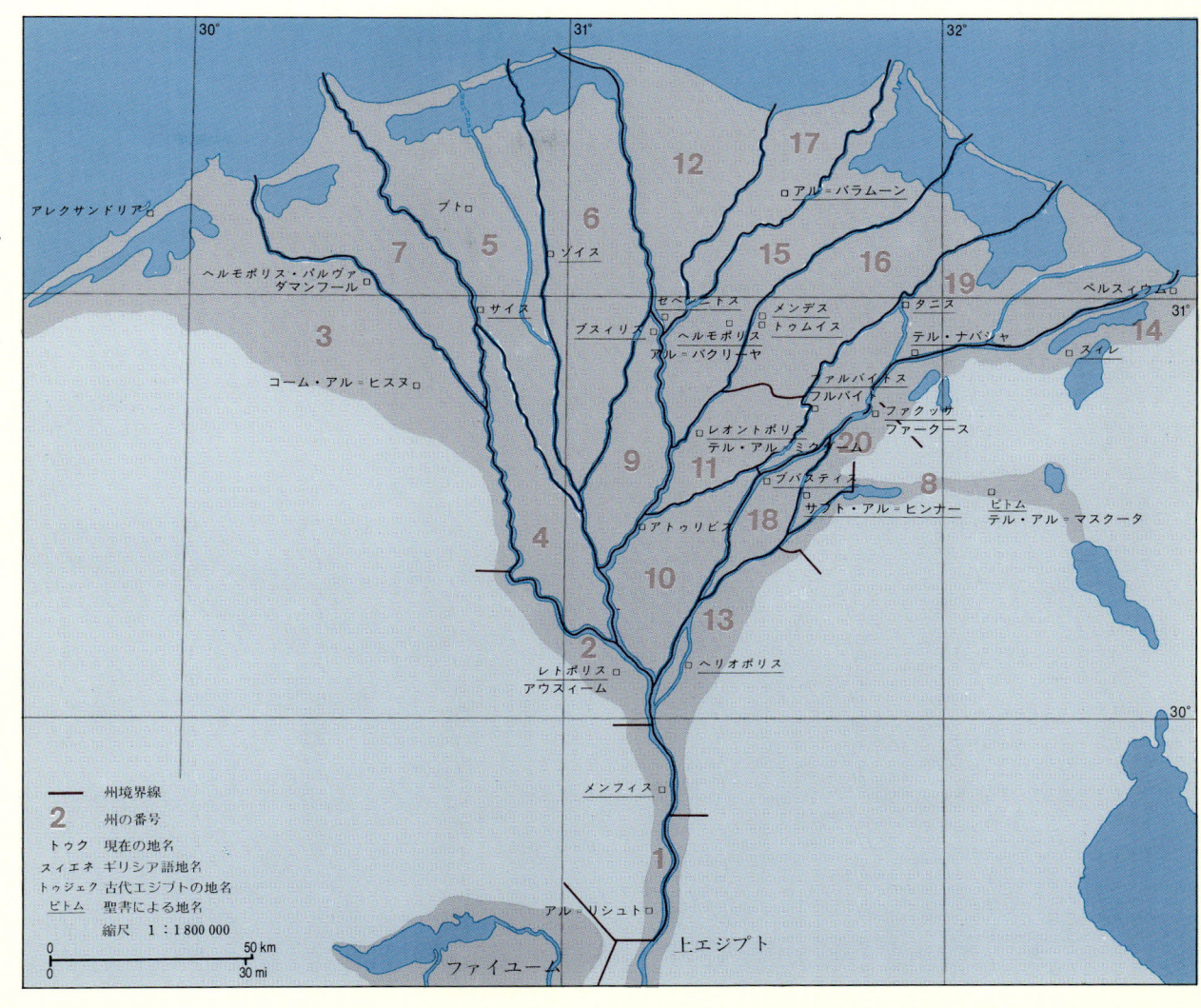

各州には旗標（はたじるし）があり，州を象徴する像の頭につけられた．これらの像の列は神殿の下部の装飾に使われた．上・下エジプト各州の旗標はつぎのとおりである．

上エジプト
1–22

下エジプト
1–20

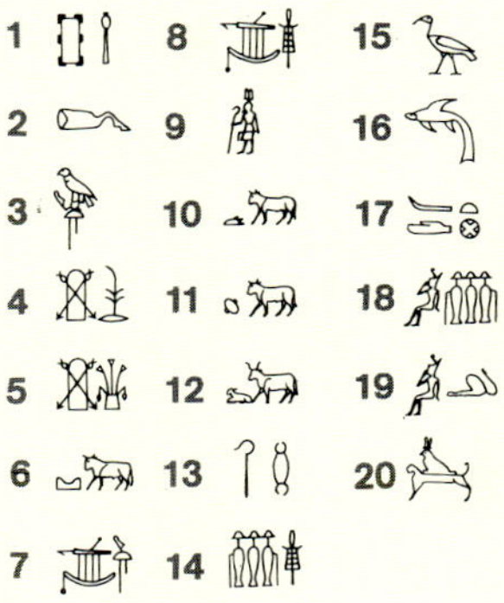

推測地図を31頁に示した．

ナイル川の源流は，エティオピア高原を北上する青ナイル川と，はるかアフリカ中央部のヴィクトリア湖にその源を発する白ナイル川である．南スーダンで多くの小さな川に分かれている白ナイルは，雨期のサッド地方で，相当量の雨を吸収し，1年を通じて比較的安定した水量をナイル川に供給している．

一方，カルトゥームの北方でナイル川にそそぎ込んでいるアトバラ川と青ナイル川は，エティオピアの夏のモンスーンの膨大な雨量を集め，7月から10月の間に（スーダンより早い）ナイル川に流れ込む水の大半を供給している．この時期は中部スーダンのサバンナの雨期と一致している．エジプトでは，ナイル川の水位が最低位を示すのは4月から6月の間であった．7月になると水位が上昇し，通常8月になると洪水が始まった．8月中旬から9月にかけては川底の大半が水におおわれ，土壌の塩分があらい流されて，積もった沈殿層は，100年に数cmの割合で高くなっている．水位がさがったあと10月と11月に主要作物の種が蒔かれると，それは種類に応じて1月から4月の間に実を結ぶ．古代では，特別な湿地帯を除けば，ナイル川流域とデルタ地帯では農業が可能であった．

ナイル川流域とデルタ地帯を合わせると約34000km²（1949—50年調査）の広さがある．長い年月の間に流域面積は相当変化したが，過去5000年の間には大きな変化はなかったといえる．しかし，砂漠の端に広がっていた湿地が埋め立てられたり，氾濫による沈泥の堆積，人為的な水の管理によって耕作可能な土地は徐々に増していった．この過程は，ナイル川流域の土地の断面図と水量の記録によって知ることができる．川を流れる水は，川底を浸食しようとする傾向があり，流れの強いところでは増水期，川岸近くの堆積量が多い．したが

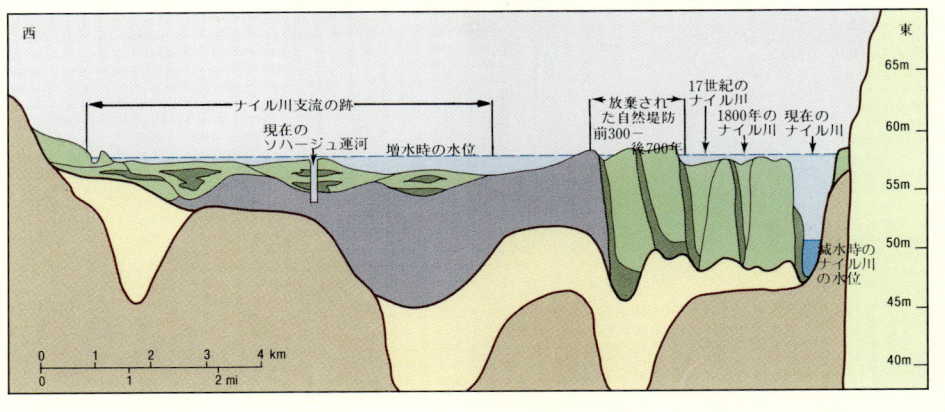

ソハージュとアスユート間のナイル川流域断面図（ブッツァーによる）．歴史時代になるとナイル川は東方に移動していった．それぞれの時代に隆起した自然堤防がその跡を残している．垂直方向の縮尺は非常に誇張してある．

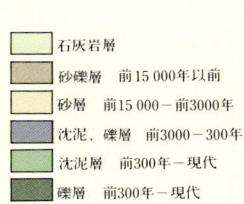

石灰岩層
砂層　前15000年以前
砂層　前15000－前3000年
沈泥，礫層　前3000－300年
沈泥層　前300年－現代
礫層　前300年－現代

古代エジプトの地理

って、ナイル川流域の断面図は、凸状をしており、川の近くの土地は、川より遠い所より乾燥していて住むには快適であった。ナイル川の氾濫の仕方は、堤全体を越えてあふれ出るといったものではなく、過去の氾濫によってできたいくつもの水路を流れ出て、堤の背後にある低い土地に流れ込むのである。増水面の水位は、平野部の主要地域でも川の中でもだいたい同じだった。

農業を行うために、人々は、ナイル川の流水パターンを上手に管理することが必要であった。川下と堤から離れた地域を灌漑するために、平野部はたいらにならされ、土地全体は格差の少ない段状にされた（アスワーンと地中海の間のナイル川の水位の差が85m以上違わないということは、各段の段差が少なかったことを示している）。各段の上には大規模な溜池がつくられ、溜池と溜池は水路でつながっていた。灌漑単位が大きいことから、土地を能率的に利用するためには、中心になる組織力を必要としたに違いない。そのような灌漑単位は、古代エジプトの州すなわちノモスと同じ大きさと考えられる。ノモスは、第1急湍とメンフィスとの間にすくなくとも20数個あった。

王朝時代には、前2100年前後のように外人支配その他の理由から、何度か王朝が途絶えるときがあったが、外国からもたらされた進歩した技術は湿地帯や未開地の開墾に大いに役立ち、ナイル流域の灌漑地域は徐々に拡大されていった。王朝時代初期、湿地帯は、野生動物が多く隠れ住んでいたために、貴族階級の狩猟場となっていた。また、筆記用具やマット、船その他の用具をつくる原料であったパピルスの自生地でもあった。しかし、このような自然資源は開墾によって農業生産物に変えられ、中世になるとその地域からパピルスは絶滅していった。

主要農産物は、パンを焼くのに用いるエンマコムギと、ビールを醸造するのに用いられるオオムギなどの穀類であった（コムギはグレコ・ローマン時代にもち込まれた）。これらに加えてレンズ豆のような豆類や、レタス、タマネギ、ニンニクのような野菜、ナツメヤシの実などのくだもの、生産量は不明だが皮や肉を取るための動物用の飼料、ゴマのように油を採集するための植物が栽培されていた。薬味や調味料、香辛料についてはほとんど知られていない。甘味料は主にハチミツが使用されており、ミツバチの世話は重要な仕事だったと思われる。

肉類はぜいたく品であった。家畜は、湿地帯、辺境地、とくにデルタで放牧されていたようである。最も高級とされていた肉は牛肉であったが、ヒツジの肉やブタ肉、ヤギの肉、さらにカモシカの肉なども食べていた。鳥肉は、貴族の食物であった。

今日のエジプトでごく一般的に食用にされる鳥のハトは当時も鳥小屋で飼育され、食卓にのぼっていた。またカモやガチョウなどの野鳥も狩猟によって捕えられ、食用にされた。ニワトリは新王国時代以降に知られ、グレコ・ローマン時代に一般的になった。

ブドウ酒もぜいたく品で、原料のブドウは、主に西方デルタとオアシスで栽培された。赤ワインがあったことは確認されており、ギリシア時代の資料から白ワインも存在していたようである。日常のアルコール飲料は、粗悪なオオムギからつくられるビールで一般的に家庭で醸造していた。このほかにザクロやナツメヤシの実からもワインがつくられた。

パピルスと亜麻は植物の中で最も重要であった。亜麻は、ほとんどの衣類や帆、ロープ、アマニ油を取るためなどに用いられるばかりでなく輸出もされていた。またナツメヤシも繊維の原料として重要なものであった。

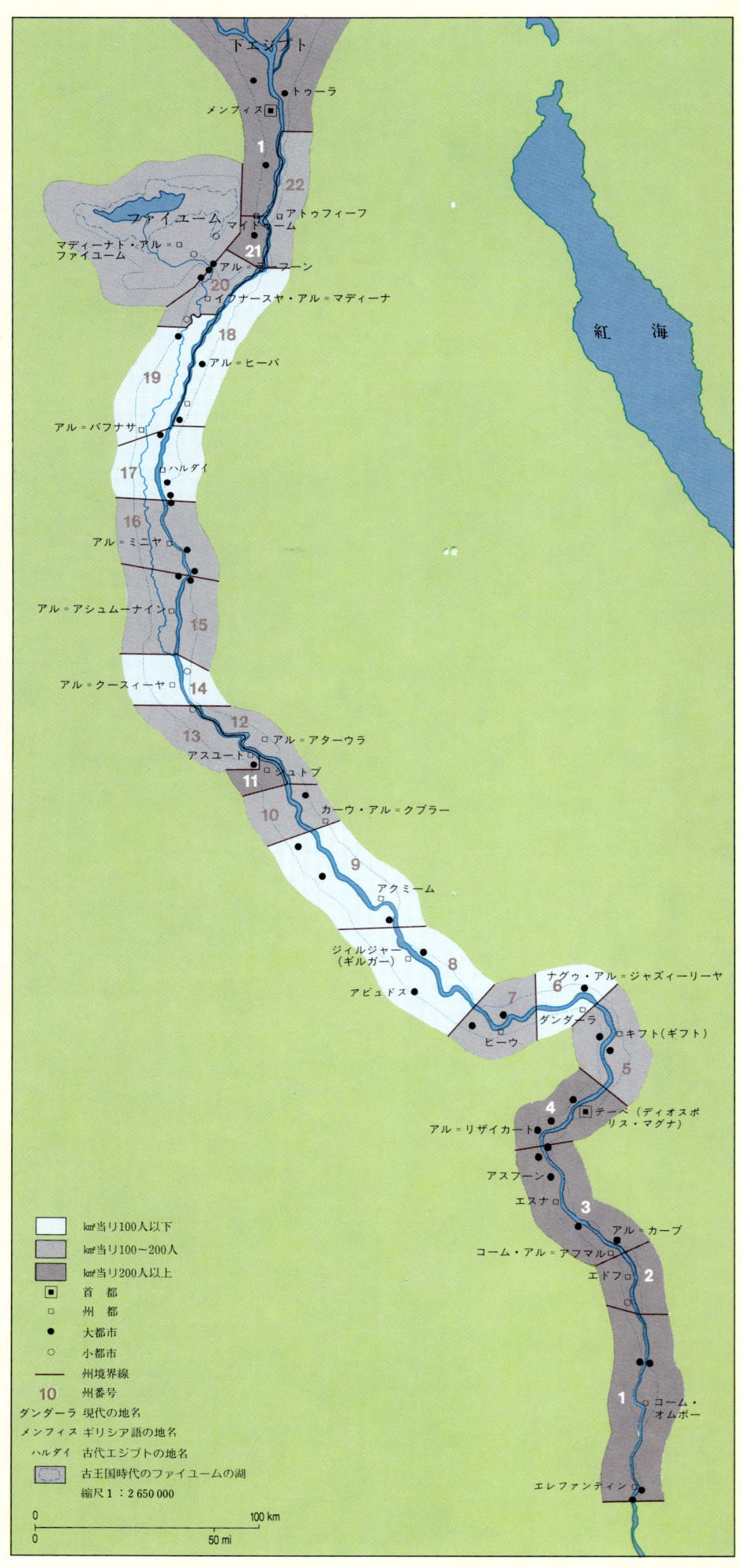

ナイル河谷の人口密度

これは，ブッツァーによる，古代王朝時代のナイル河谷における州の人口密度の概算である．

密度は河谷の狭い地域と州都の付近が他と比べて高い．たぶん，これらの地域が，初期に十分な定住民を擁し，早く開発されていたためであろう．しかしながら，砂漠が川に近い地域の方が，遺跡はより容易に保存されるから，考古学的証拠は上の推論を容認しているが，図に表された結果は，少し誇張されていよう．デルタの人口については，詳細な概算を出すための資料はないが，たぶん新王朝時代のナイル河谷の人口に匹敵するものだったであろう．

大定住地は，だいたいの規模によって，付記の記号をもって表示した．すべては王朝時代の史料によって証明されている．村落は表示しなかった．

デルタ地帯

デルタ地帯もナイル川流域とほぼ同じ状況にあった．現在でも，広大な地域が耕作に不向きなまま残っているデルタ地帯は，後世の時代に海の浸食によってできた湿地や干潟である．このような地理的条件の下に，古代の人々は農業可能な土地を得るために種々の困難にぶつかりながらも干拓事業を行ってきた．メンフィスにある4王朝期の墓群には，財産目録が記されており，そこではデルタ地帯の地名が目立っている．

前約1400年以降，デルタ地帯は，その農業生産が多いことにより，エジプトの政治的経済的実権を強くもつようになっていった．デルタ地帯で利用できる土地の総計は，ナイル川流域の2倍に達していた．またデルタ地帯は，近東に近いために近東諸国との交流も盛んで，後期エジプト史の中で次第に大きな役割を担うようになっていった．

デルタは海面水位の高かった地質時代の海底と，ナイル川が堆積させた泥土との相互作用によってできあがった．そのために人間が住める地域は，ナイルの支流とそこから派生した水路との間にある隆起した砂地であった．居住可能な地域のいくつかには，すでに先王朝時代から人が住み，しだいに北方に向かって居住地域を拡大していったのである．隆起した土地の周囲は穀物生産に，また，より多湿な地域は牧場に利用された．湿地帯はナイル川の湿地帯と同様，野生の動物や魚類が住み，パピルスが自生していた．デルタ地帯とナイル川流域という主要な地域は異なった性格をもっていたために，農業の形は本質的に違っていた．しかしこの二つの地域で交流が行われていたことを示す証拠が発見されている．デルタ地帯では古い時代の大都市はまだ一つも発見されていない．したがって，この地域には人口密集地がなかったという見方もある．その見解では，デルタがその南に位置する大都市メンフィスに，非常に接近していたことが原因とされている．しかし，デルタ地帯は，ナイル川流域と比べ古代遺跡の

積荷の水かめを満載したナイル川航行用の船の古い写真．ナイル川による水上運輸が簡単なので，このように安価でかさばる商品がはるか遠くまで運ばれているし，おそらくいつの時代にも運ばれていたのであろう．このかめはケナーの近くでつくられている．ケナーは蒸発によって水を冷たく保つ多孔性の壺をつくるのに適した粘土を産する．

一対のシャドゥーフ——一方の端におけ，もう一方にはおもりが付いているはねつるべ——の古い写真．灌漑用の水を汲み上げるのに用いられる（前景にいる婦人は家庭用の水を汲んでいるところ）．シャドゥーフは新王国時代に取り入れられたもので，水を3mの高さに汲み上げることができ，この写真のように縦に並べて用いると，もっと高く揚水することができる．しかしこれには多大の労働力が必要なので，その価値は栽培作物に用いるか，あるいは増水時の水位を上げるために用いるときに限ってのみ発揮される．

古代エジプトの地理

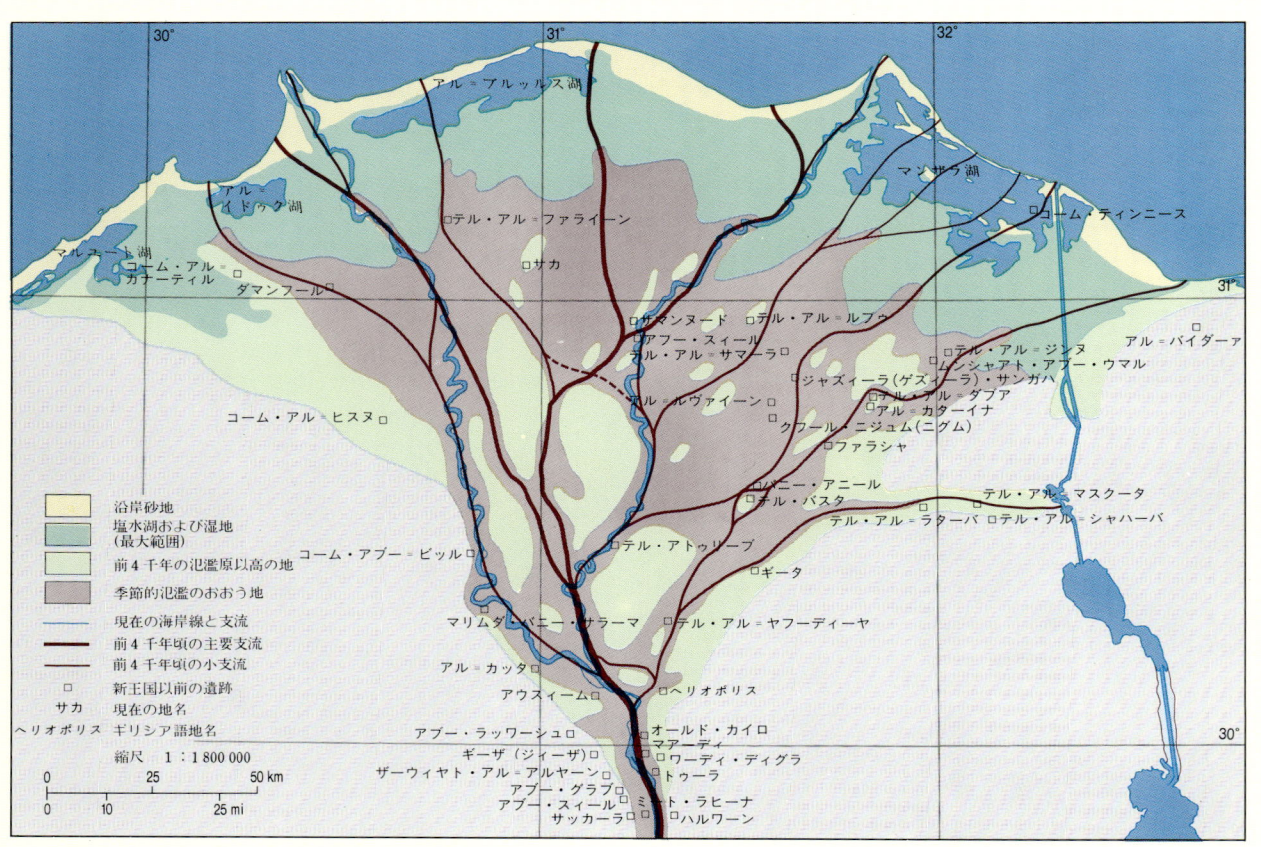

凡例
- 沿岸砂地
- 塩水湖および湿地（最大範囲）
- 前4千年の氾濫原以高の地
- 季節的氾濫のおおう地
- 現在の海岸線と支流
- 前4千年頃の主要支流
- 前4千年頃の小支流
- □ 新王国以前の遺跡
- サカ 現在の地名
- ヘリオポリス ギリシア語地名
- 縮尺 1：1 800 000

デルタの地勢

ブッツァーによって，前4000年頃のデルタの地勢を再現し，現在の状況と対比した．

昔，デルタ北部は塩水湖と湿地だったが，徐々に，ナイル川の土砂の堆積におおわれ，ゆっくりと，季節的氾濫時以外は乾いた土地を拡大した．しかしながら，初期の集落にとって，この北の限界は，埋まるかも知れないにしても，より魅力的だったのだろう．北東部とブルッスス湖を内包する州には初期の諸遺跡がある．埋没した海岸線の諸遺跡が暗示するように，後世，この地域はデルタ南部に関連して，だいたいワーディ・トゥミラートを軸として，下方に曲ったのだろう．

たぶん，大きく人為に左右されたのだろうが，一般的展開として，ナイル川の支流の数は減少し，主な流れは西方に移行した．

前4000年まで，洪水の影響のなかった地域は砂と泥で構成されていて，アラビア語では，ジャズィーラ（ゲズィーラ，島）の語で知られている．島々の縁は，とくに，集落にとって都合がよかった．そして，発見された遺跡は多くの新王国時代以前の遺物をもたらした．なお，もっと多くの地名が文献上知られているが，ここでは省略した．

発掘が非常に困難なのである．デルタ出土の考古学上の遺物，遺跡が上エジプトに比べてはるかに少ないことから，この地域の古代における重要性や実態はまだ解明が進んでいないといえる．

ファイユーム地帯

ファイユームはナイル川流域の西方，メンフィスの南方にある湖の周囲に広がるオアシスで，古代エジプトの居住地の中では3番目に広い地域であった．ファイユームを流れるバハル・ユースフ川は，アスユート（アシュート）の北で西方に分岐して，ビルカト・カールーン（古代のモエリス湖）に達している．モエリス湖の大きさは新石器時代以降徐々に縮小しているが新石器時代の大きさは現在の全ファイユーム地帯の大きさとほぼ同じであった．

この湖一帯は後石器時代（前約7000年）から新石器時代にはすでに人々の住む中心になっており，小王国時代にもその状態は引き継がれた．ファイユーム地方の初期の文化は，狩猟採集であったが，小王国時代には明らかに農業が導入されていた．

この地域の土地の集約的利用は，土地を干拓するために湖の水位を下げることと，湖の自然水位より高い土地，低い土地の両方を灌漑するために，湖を満たしていた水を利用することにかかっていた．12王朝の王たちが残したいくつかの記念物の建設地点から判断すると，当時の人々はかなり湖を縮小し，その結果，約450km²の耕地を得るという大事業を行っていたようである．のちにプトレマイオス王朝時代になると，この地域は約1200km²耕地を要することになる．そして当時最も栄え，またにぎわう地方の一つになっていた．

ファイユーム地方の開発では，進んだ技術より，むしろ大量の労力に依存するという他の地方とは異なった灌漑方法が要求された．現在ではプトレマイオス時代に干拓した地域は，ほとんど砂漠になっているが，当時は，他のほとんどの地域と同様に，土地の低い地域では二期作が可能だったと思われる．

ファイユームとよく似ているが，ファイユームより小さな居住地区として，カイロの北西，アレクサンドリアの南にある自然のオアシス，ワーディ・アル＝ナトゥルームがある．この名前のナトゥルームという言葉は，この近くにある複数の塩水湖にちなんでいる．古代，この地域は，消毒，ミイラ製作，エジプト・ファイアンスやガラス製造などに用いられる天然ソーダの主要産地であった．このオアシスは，農業資源は乏しいが，ビザンティン時代になると初期キリスト教会の修道士の隠遁所となった．

西の砂漠

これから述べる地域は，エジプトにとってあまり重要ではなく，強力な政府が樹立されたときのみ，その支配下に置かれていた地域である．

西の砂漠のオアシスは，ブドウや最上級のナツメヤシのようないくつかの貴重な作物を生産していた．また遠隔地との交易の中継地として重要な意味をもっていた．北から南へかけて主要な四つのオアシス（バフリーヤ・オアシス，ファラーフラ・オアシス，アル＝ダークラ・オアシス，アル＝カールガ・オアシス）がエジプトに支配され，後者の二つがとびぬけて重要であった．

さらに西方に離れているスィーワ・オアシスも末期王朝時代にはエジプトに併合された．このオアシスには前525年にカンビュセスが，使節団としてカンビュセスの軍隊をおくり込んだ．使節団は目的を達することなく終ったが，軍隊の遺物などがこの地から発見されている．またアレクサンダー大王が，ここでエジプト征服後の施策方針についての信託を受けたことで名高い．

その他ナイル川一帯には小さなオアシス（クルクル・オアシス，ドゥンクル・オアシス，サリーマ・オアシスなど）がある．これらのオアシスは砂漠の長い道程を行く隊商の中継地となっているが，ここからは古代の遺物は発見されていない．

アル＝カールガ・オアシスやアル＝ダークラ・オアシスでは，中王国時代や新王国時代，処罰や迫害を受けた人々が逃げ延びてきた証拠が発見されている．また21王朝期には政治犯がこの地に流された．この点でこれらのオアシスは，エジプトのシベリアといえるのである．エジプトにはもう一つシベリアとよべる所があった．それは，東の砂漠の鉱山で最悪の条件の下に強制労働が行われ，常に多数の死者を出していた．

ナイル川西岸の全地域は，古代にはリビアとよばれていた．今日では荒れ果てているキレナイカに至るアレクサンドリア西方の沿岸地帯には，かつてリビア人の大半の人々が住んでいた．この地域に今も残る古代エジプトの遺跡のほとんどはラメセスⅡ世の時代のものであり，ラメセスⅡ世はアレクサンドリアから340km西にあるザーウィヤト・ウンム・アル＝ラカムまでの海岸沿いに城塞を築いた．またプトレマイオス王朝は，グレコ・ローマン時代に至るまでの間，アレクサンドリアから約100kmはなれた地点にあるキレナイカのトルメイタに，ギリシアおよびエジプトの両様式を取り入れた建造物を建てた．

オアシスはエジプト史の大部分を通じて，しばしばエジプトに侵入しようとするリビア人に対する前線基地となった．メルエンラーとペピⅡ世の時代に，遠征隊長であったハルクフは，ナイル川の第3急湍の南にある現在のケルマとドンゴラと思われるヤムに，数度遠征した．あるとき，ハルクフはアビュドスの近くでナイル川を離れ，アル＝ダークラを通る“砂漠の道”をとった．そしてヤムに到着したとき，そこの王が「大空の西の角までリビアの国の支配者を殺すため」に出かけていることを知った．その後，ハルクフはこの遠征で西のルートをとったと記している．この記録は，当時，エジプト人にとってリビアとは，地中海の南方約1500kmの所までを指している．フェザン出土のおそらくキリストの時代のものと思われる遺物は，ウェイナト地区ができつつあった前3千年期に，古代の南リビアに居住地がつくられていたことを示している．リビアはその初期の頃，文化的にはエジプトに似ており，言葉もエジプト語の方言を話していたと思われる．しかし，王朝時代を通じて，両者は常に敵対関係にあったようである．

現在は，ダルブ・アル＝アルバイーン（40日の行程）とよばれる1本の道が西方オアシスから西スーダンのダルフル州の首都であるアル＝フィッシャーまでつづいている．この道は古代の交易の主要路であり，ハルクフは，この道の一部を通ったのである．ハルクフはロバを使って旅をしたが，このルートの有効な利用法は，ラクダを使わなくてはならない．そしてラクダがエジプトに入ってきたのは，おそらく前6，5世紀の頃と思われる．

東の砂漠

エジプトの東の砂漠には，いくつかの重要な鉱物の産地があった．その最も北端の鉱山はシナイである．3王朝から新王国末期までエジプト人によってトルコ石などが採掘しつづけられ，その後は採掘されなくなった．現在発掘によって出土する品々は王朝時代初期のものが多い．シナイにおける古代エジプト時代の遺跡は，西シナイのワーディ・マガラとサラビート・アル＝カーディムである．時代によってはそこに半永久的なエジプト人の居住地があった．またシナイは銅の産地でもあり，18－20王朝期の鉱山跡がアイラート近くのティムナで発掘された．シナイでは，エジプト人が直接銅を採掘していたという証拠は発見されておらず，これらの銅山ではエジプト人の監督下で現地の人々が作業を行っていたと思われる．しかしそのような証拠がないのは，エジプトが近東地域で穀物を輸出品にして交易していたことと同様に，エジプト人にとって銅の採掘は，記録するほど名誉なことではなかったのかも知れない．またエジプト人はティムナのような地域からの原住民の労働力を用いたか，もしくは交易によってシナイや他の地域で採掘した銅を手に入れていたとも考えられる．

大量の建築用石材と準宝石を産するエジプトの東の砂漠は，紅海に出るルートでもあった．ナイル川流域には珪岩を産するジャバル・アフマル，エジプトアラバスターを産するハトヌブなどいくつかの採石場（石切場）がある．しかし他の採石場，とくにワーディ・ハムママートにある堅くて黒っぽい石，硬砂の産地やコプトス地方の南に集中している金鉱の採掘には，大規模な遠征隊を送る必要があった．これらの鉱山はエジプト人が現地の人々を支配するか，エジプト人の協力なしで開発されることはなかった．

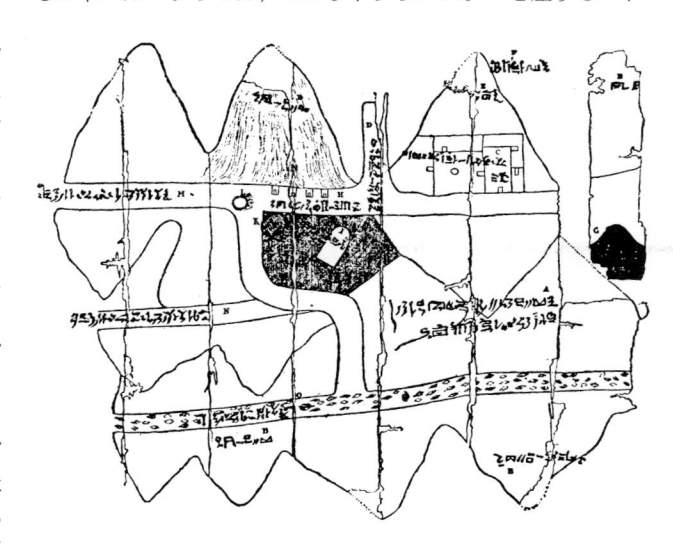

またエジプト人にとっては，紅海に至る主要な3ルートを利用するためにこの地域を制することは必要であった．3ルートというのは，ワーディ・ガススを通ってサファガに至るもの，ワーディ・ハムママートを通ってクサイルに至るもの，ワーディ・アッバードを通ってベレニケに至るものである．またカイロの南80kmのところからスエズ湾にいたる小さなルートもあり，これはラメセスⅡ世の時代から使われていたことが立証されている．

コプトスからベレニケに至るワーディ・アル＝カッシュのルートは紅海交易か採掘遠征のために使われたと考えられ，先王朝時代の終りから使われていた形跡が残っている．北のルートはエジプトの全王朝時代を通じて，最も南のルートは新王国時代以降に利用されていた．ワーディ・ガススを通るルートの終点には12王朝時代の神殿があったが，1976年にその近くに同じ時代のエジプトの港の遺跡が発見された．このルートは25，26王朝（前700－525年）時代にも利用された跡があり，このルートはアラビア半島沿岸づたいにイランと結びついたペルシア時代（前6－5世紀）まで存続した．

ローマ時代の交易で最も重要だったのは，東アフリカやインドとの交易に使用されたクサイルやベレニケの港であった．実際には，エジプト人がこれらの非常に遠い国々と交易をしていたことを示す証拠はないが，これらの港は古王国時代以降の資料の中に述べられている，なかば伝説化された国，プントとの交易に使用されていたと考えられている．エジプト人によっていくつもの説が唱えられているが，プント国がどこにあったのかは，はっきりしていない．一般的には現在のエリトリアかソマリアの一部だと考えられており，これらの地域から最近，グレコ・ローマン時代の遺物が発見されて

現存する唯一の古代のエジプト地図．硬砂岩の採石場や金鉱があるワーディ・ハムママートの中心部を示しているらしい略図の断片．他の断片は（ここには示されていない），ごく少数の地形の特徴を用いて長い道筋を示している．ヒエラティック（神官文字）で書かれた説明文は人工の地勢，自然の地勢について述べており，その全体は，おそらくラメセスⅣ世の治世6年にテーベの西岸に運ばれた製作途中の彫像の切り出しに関連している．トリノ，エジプト博物館蔵．

いる．

プントからエジプトへ運ばれてくる品物はすべて異国情緒あふれるぜいたく品であったが，中でも一番重要な物は香料であった．シナイ半島のいくつかの地域との交易を除いて，プント国との交易のみが紅海航行の理由だったかどうかははっきりしていない．赤道近くのジュバ川の南岸から18王朝期のエジプトのビーズが発見されているが，これはエジプト人がここまで進出していた，という確定的な証拠とはなりえない．

ヌビア

エジプトの自然の国境になっていたジャバル・アル＝スィルスィラ（シルシーラ）にかわって，第1急湍に国境が定まったのは先王朝時代末期か初期王朝時代のことである．ジャバル・アル＝スィルスィラでは，ナイル川の両岸は石灰岩質であるが，中部スーダンのブータナまで，ナイル川の両岸は砂岩になっている．ジャバル・アル＝スィルスィラでは，砂岩が川の両岸まで達し，新王国時代以降建築用石材の採石場になっていた．石灰岩地帯では，ナイル川は比較的広い地域に氾濫し，肥沃な土地をつくっているが，砂岸地帯では，農耕可能な土地は非常に少ない．

ジャバル・アル＝スィルスィラの南は，古代エジプトの第1ノモスすなわち第1州があり，ここにはアスワーンとコム・オムボーの大きな集落があった．それらが分かれている状態は"ヌビア"という記録の中に記されている．第1急湍と第2急湍との間に下ヌビアがあり，ここは常にエジプトの占領政策の第1の目標になった．第2急湍地域の岩に彫られた初期王朝時代の碑文や浮彫りは，その時代にエジプトがいかにこの地域に関心をもっていたかを示している．

4王朝，5王朝時代，下ヌビアにはほとんどエジプト人の定住者はいなかった．第2急湍の北にあるブーヘンに集落をつくっていたエジプト人は，支配権をもっていなかったとされているが，実際には，いくらかの支配権を確立していたことは確かである．6王朝期，エジプト人は，原住民に服従していたが，11王朝期になると支配権を回復し，17王朝期にも再び支配権を手に入れた．18王朝の王たちは，コロスコからアブー・ハムドまで砂漠を横切る商隊路の南にあるクルグスまで，エジプトの支配権を拡大した．エジプトがこの地域を手に入れたことは，後の歴史に重大な影響を与えた．やがて上ヌビアの首都であるナバタにはエジプトの影響を受けた文化ができ，これはやがて，エジプト25王朝と4世紀まで存続したナバタ-メロエ王国を生み出したのである．

当時，下ヌビアはエジプトの領土とされており，下ヌビアを流れるナイル川の両側に広がる砂漠からは，硬質の石材や金などが取れた．下ヌビアは古くは材木の産地として知られていたが，ナイル川両岸の細長いわずかな耕地しかもたなかった下ヌビアでは農業は絶えず不振であった．しかし，ヌビアは，エジプトが香料や象牙，黒檀，ダチョウの羽，ヒヒの一種，ときにはピグミーなどの，アフリカの産物を自国に運ぶ交易経路にあったようである．こうした交易の様子は，古代の形式的な手法によって描かれたナイルの風景画にみることができる．

エジプト人がこれらの見返りとしてなにを運んでいたかは明らかでない．しかしサハラ砂漠以南のアフリカでは，古代にエジプトと交易をしていたことを示す考古学上の発見はなされておらず，これらの品々がどこから運ばれてきたのかはわかっていない．ピグミーはナイル川，コンゴ川の分水嶺以北には住んでいなかったと考えられており，品物のいくつかは，熱帯雨林地帯から運ばれてきたことがわかっている．おそらくこれらのものは，エジプトに着くまでに何人かの仲介者の手を経ていたのであろう．これらの品々は宗教上に欠くべからざるものであったり，今日の宝石のように権威や財力の象徴ともなる，極めて重要なものであった．

パレスティナとシリア

主要地域の最後は，パレスティナとシリアの沿岸地帯である．エジプトと近東との交流は，すでに先王朝時代に始まっていた．先王朝最後の王ナルメルの名前がパレスティナのテル・ガートとテル・アラッドで発見されている．当時，ラピス・ラズリーの交易が盛んに行われており，アフガニスタンのバダクシャンがその主要産地であった．エジプトはすでにアジアから金属を輸入していたと考えられる．エジプトとレバノンのビブロスとの関係は小王国時代に始まっている．大ピラミッドの建設者であるクフの葬祭用の船は，レバノン杉でつくられている．エジプトには，木はほとんどなく，わずかに産する木も木材としての質が悪く，良質の木材は常に近東から輸入されていた．

中王国時代には，両者の関係は最も強くなり，新王国時代のエジプトの王たちは，近東に遠征して，2世紀以上この地域を支配した．そして，現地人を使って近隣諸国と交易を行った．22王朝と26王朝期にエジプトは再びこの地域に勢力を伸ばし，パレスティナのある地域は再度征服された．同じパターンがプトレマイオス時代にくり返されている．エジプトは，自国の強化のためにシリアやパレスティナの一部を所有したが，征服後の統治はヌビアのそれに比べてはるかに困難であった．

エジプトにおける物質文化の発達は近東によって促進された．木材，銅，錫，銀，宝石，ブドウ酒，油類の見返りとしてエジプト人は，4種類の貴重な品物を提供した．すなわち，それは金と余剰の食料，亜麻と，後の時代になって加えられたパピルスである．エジプトの金とアフリカの産物とのバーター交易はよく知られている．しかし，食料や他のぜいたく品以外の品の流通に関しては考古学上の資料にはまったく記されておらず，詳しいことはわかっていない．19王朝の王メルネブタハが，ヒッタイトが危機に陥ったときに穀物を送ったという記録が残されているが，これは交易ではない．現在でもエジプトの農業は，近東のどの地域よりもはるかに安定した生産力をもっている．ローマ帝国の時代にエジプトがローマの穀倉地帯であったように，それ以前の古代においても，おそらくエジプトは近東の穀倉地帯になっていた．とくに王朝末期の外交政策において，穀物は非常に重要なものであった．

エジプトからかなり離れたメソポタミアやヒッタイト国のあったアナトリア，クレタ，キプロスなどいくつかの地域もエジプト史に影響を及ぼしたが，ここでは言及しないこととする．

上　採石場の痕跡をもったアスワーン近くの花崗岩の露頭．何列もの歯のようなぎざぎざの部分は，木製のV字型くさびを打ち込むための細長い穴が掘られたところである．打ち込まれたくさびは水を含まされて膨張し石を割った．石の表面に切り口を入れるのに鉄製の道具も用いられたようである．約前700年以降の時代のもの．

下　東の砂漠の南の地方の風景．この地域が西の砂漠ほど乾燥してはいないとしても，この地の鉱物資源を採鉱したり採集する遠征隊を組織化するのは，非常にむずかしかったと思われる．しかしながら，きわめて徹底的に探査が行われたため，現在では古代に利用されなかった重要な鉱物資源の鉱床はほとんど発見されていない．

古代エジプトの地理

古代エジプトの天然資源

地名が明記されているのは，古代の採鉱現場のあったところである．これらが使用されていた時期を正確に示すのは，ほとんどの場合，不可能だが，エメラルドや緑柱石，斑岩の鉱山とモンス・クラウディアヌスの花崗岩採石場のようないくつかの採鉱現場は，グレコ・ローマン時代固有のものだった．メノウや角礫岩，方解石（アスユート北方140km），紅玉髄，玉髄，長石，ザクロ石，鉄，碧玉，石英，蛇紋石などの準宝石は東部砂漠の諸所で発見される．

石膏はカイロの南方100kmのナイル川西岸で採れ，燧石はルクソール・アル＝カーブ間を中心とするナイル河谷の両岸に広く分布している．南のスィルスィラ山までのナイル河岸段丘は石灰岩でできているが，明示したのは建材用の良質石灰岩を産する石切場のみである．

海外から輸入された商品の中には，プント（北ソマリア？）とイェメン（？）からの香と没薬，南エティオピアからの黒曜石，シリアからの銀，北西アフガニスタンのバダクシャーンからのラピス・ラズリーが含まれている．これらの多くはぜいたく品で，一般的エジプト人は農民として生活し，外国との経済的関係はほとんどもたなかった．耕作地が年々変動する一方，牧草地は長期の気候変化によって変った．

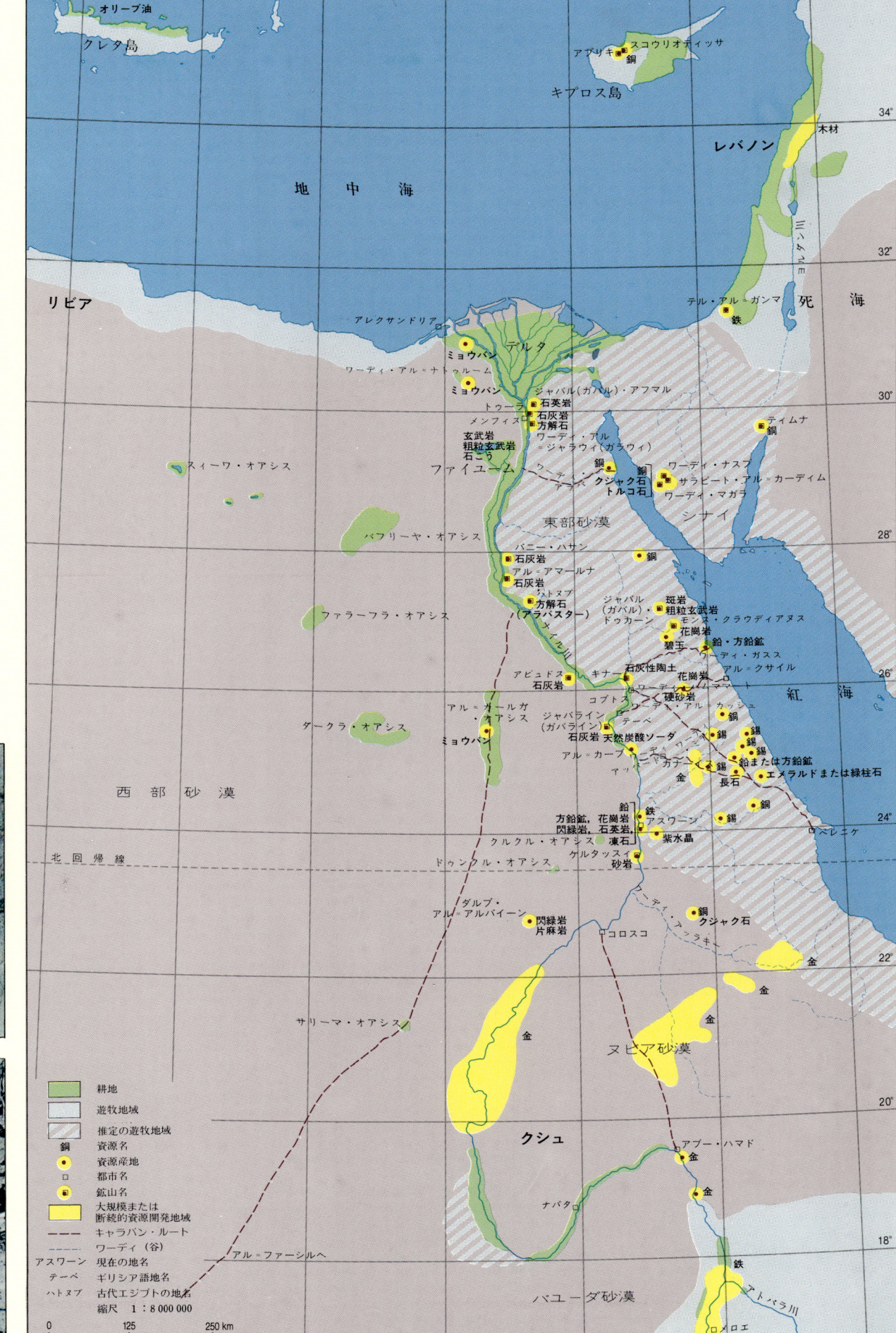

古代エジプトの研究

ヨーロッパの人々にとって，エジプトは絶えず興味の対象であった．前6世紀ミレトスのギリシア人作家ヘカタイオス（かれの著書は現存しない）から今日にいたるまでの多くの作家がエジプトについて書き残している．ローマ時代末期に古代エジプトの文明がその幕を閉じると，エジプト史はもはや同じ時代の人にとって研究の対象とはならなくなった．しかし有名なピラミッドや多くの記念物を残した古代エジプトは中世を通じて忘れ去られることはなかった．だが中世の何人かの聖地巡礼者の多くは，主にキリストのエジプト滞在に関係のある遺跡をみるためにエジプトを訪れ，ピラミッドは『聖書』のなかに記されている"ヨセフの倉庫"だと信じていたのである．

初期

ルネッサンス期になると，人々の古代に対する興味と知識がよみがえった．15世紀に古典文化の資料として初めに注目されたのは，ホラポロンの『ヒエログリフィカ』である．これは，4世紀の作品で，古代エジプトの文化がしのばれ，ヒエログリフ（聖刻文字）のいくつかの表示の意味について，象徴的な説明が記されている．また，紀元後の初期の頃に書かれた哲学論集であるヘルメス文書は，新プラトン主義や他の要素が入っているが，純粋にエジプト的な観念を包含しており，エジプトで書かれたものと考えられている．ヘルメス文書のような資料は，初期ギリシアの哲学者たちが，古代エジプトからあらゆる意味で影響を受けていたという仮説を裏づけている．『ヒエログリフィカ』は，古代エジプトの深い心理を，絵画的記号によって表現する方法として紹介されていた．

16世紀になると，考古学研究者は以前にもまして古代の有形の遺物を研究した．当時，ローマにはローマ帝国初期に流行していたイシス信仰のために輸入された多くのエジプトの遺物があったために，研究者たちの中心地はローマであった．こうした遺物のことは，古代の記録の中に残っている．今でもローマで注目を集めているオベリスクは，エジプトの遺物として研究の対象になっている．そしてローマの遺物は，古代の作家たちがエジプトについて書いたことを理解するのに役立っているのである．この時代の作家は，かれらの表現法と古代エジプトの表現法がまったく違っていることを理解していなかったために，当時の複写画で古代エジプトのものに似ているのはわずかであった．

16世紀から17世紀にかけて，多くのヨーロッパの人々がエジプトを旅行し，古代遺物の調査を行った．ピエトロデラバレ（1586-1652）は東地中海のほぼ全域を旅行し，1614年から1626年までオリエントに滞在して，エジプトのミイラや重要なコプト語の写本を，イタリアにもち帰った．この写本は，ギリシア文字で書かれた古代エジプト語の最も新しい形である．

コプト語はエジプトのコプト教会の神官が通常学んでいたもので，現在でもコプト教会では，礼拝のときにコプト語が用いられている．したがって，コプト語は，アラビア語を知っていると容易に学ぶことができるため，コプト語の入門書はアラビア語で書かれていた．2世紀の後，博識家であるアタナシウス・キルヒァー（1602-80）は，コプト語の研究か

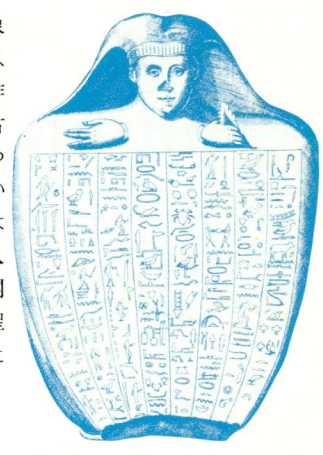

朗唱神官長，ベトアメンオベのブロック・スタテュ．G・ヘルバルト・フォン・ホーエンブルクによる『ヒエログリフィック百科』（後1620年）に収められている版画．出版された最古のヒエログリフ碑文集．16世紀の二つの写本資料をもとに，ヘルバルトは同一物を二つの異なった物としている．ローマ（?）出土，元来はテーベ出土．約前650年頃．パリ，ルーブル美術館蔵．

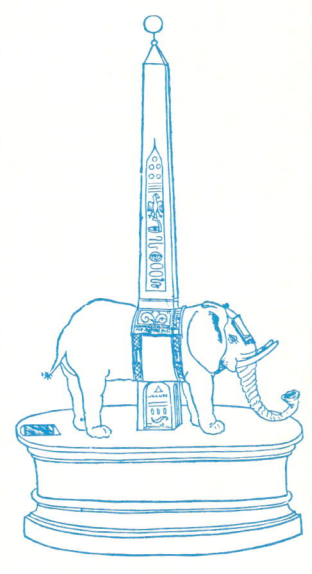

オベリスクと象．フランチェスコ・コロンナの『ポリフィリウスの睡魔との戦い』（ベニス，1499年）に収められている霊廟のさし絵．碑文は，エジプトのヒエログリフを用いていると信じられていたローマ時代の神殿の浮彫りをまねてつくられたものであろう．

アムステルダムのアブラハム・オルテリウスによる古代エジプトの地図，1595年．標題は次のように記されている．"自然資源が豊かなのでエジプトはナイル川にその信頼のすべてを置き，外国との交易や降雨をまったく必要としない"（ルカヌス，『内戦』8，446-447）．1800年以前の他の多くの地図同様，ナイル川の"風景"を示すために北は右手に置かれている．ほとんどの町や州の互いに正しい位置関係を示す．その中には実際の位置が確認されるより125年前のテーベも含まれるこの地図は驚くべき研究の成果である．この知識は，ほとんどすべて古典古代の資料群，すなわち古代エジプトの知識として使いうる唯一の資料群からえたもので，そのため古典古代の河口が示されている．確定できない土地のリストに注意．この地形は調査にもとづくものではないので，非常に不正確である．ロンドン，大英図書館蔵．

らヒエログリフ解読の基礎を築いた．キルヒァーは古代エジプトに関して多数の著書を残し，ヒエログリフの解読を試みた最初の人物である．

ヨーロッパ人が，エジプトに関しての研究ですばらしい成果を上げていく過程は，1589年に上エジプトからアル＝ダルまで南の下エジプトを旅したヴェニス人の写本のなかに記されている．ヴェニス人はその著書の中で，つぎのように述べている．

「私はこれといった目的をもって旅行したのではなく，ただ数多くの壮大な大建築物や教会，刻像，巨像，オベリスク，円柱をみるために旅をした．私は，長い距離を旅したが，その間にみた建造物は，1カ所を除いては，いずれも賞賛に値しなかった．それはムーア人がオクスール（ルクソール，かれはこの中にカルナクを入れている）とよんでいる所である．」

この記録から約250年後，ルクソールはエジプトの代表的な観光地となり，このヴェニス人の見解が正しかったことが証明されている．当時さらに，かれはカルナクに関してつぎのような記録も残している．

古代エジプトの研究

「この巨大な建造物を世界の七不思議にあげられているものとくらべてみるといい．七不思議の一つファラオのピラミッドは，いまだにエジプトに残っている．しかし，ピラミッドもこの建造物にくらべると小さい．カルナクをみたいと思う人は，世界の果てまで行く必要はない．カイロからたった10日で行ける距離にあり，しかも，たいへん安い費用で済むのだ．」

この記録は20世紀になるまで公表されなかったために，その後の著述家たちには何の影響も与えなかった．

1668年になると，前記した資料と同じようなものがあらわれる．それはルクソールとエスナを訪れた2人のカプチン修道会士の書いたもので，原典は残っていない上に，第2次資料からしかないが，かれらは，訪れた所についてつぎのように述べている．

「人類の記憶にあるかぎり，かつて1人のフランス人もここにきたことはない．」

かれらは時間に追われていたが，テーベでナイル川西岸に渡り，かつてのヴェニス人も見落としていた王家の谷をみることに成功したのである．

旅行者と考古学者

以上述べてきたような記述は考古学的とはよばれない．しかし1642年に，『ピラミッドグラフィア』すなわち"エジプトのピラミッドについての論文"を出版したイギリスの天文学者ジョン・グリーブス（1602-52）の仕事は考古学的といえる．グリーブスは，1638年から39年の間に二度ギーザを訪れて，ピラミッドを徹底的に測量調査し，そのうえでピラミッドについて記した古代の書物の批判的分析を行っている．かれはまたサッカーラを訪れている．この結果できあがった本は，その時代の古代エジプトに関するどの本よりも洞察力が深かった．一つの注目すべき特徴は中世のアラビア語資料の引用である．グリーブスは，本質的にはルネッサンスの人文主義者の学問を手本にしたのだが，かれがこの方法をエジプト学研究に用いたということは，他に類をみないことであった．

17世紀後半以降，エジプトを訪れる旅行者の数は次第に増加し，かれらの記録には理解しやすいように記念物の図が加えられるようになった．イエズス会のクロード・シカール（1677-1726）はフランス領事に派遣されて古代エジプトの遺跡の調査を行った．かれの残した記録は数通の手紙だけであるが，かれは四度にわたってエジプトを訪れ，古典古代の作家の記述をもとにしてテーベの位置を確認し，メムノンの巨像と王家の谷を正確に記録した．これは近世になって初めてのことであった．

クロード・シカールにつづく後継者はデンマーク人のフレデリック・ルートビッヒ・ノルデン（1708-42）であった．ノルデンは1737年から38年の間エジプトを訪れ，調査を行った．死後出版されたかれの旅行記は，かれ自身が描いた絵でみごとに図解されていた．この本は1751年から18世紀の後半までさまざまな形で出版された．

18世紀になるとエジプトを訪れる人の数は飛躍的に増加し，種々の有名な書物の中でエジプトについて論じられるようになった．その中でも古物や異国情緒のある文化一般を取り扱うものが多く，ベルナード・モンフコンは何巻もの書物（1719-24に出版）を，カリュ男爵は1752-64年に出版している．両者ともエジプトの事物に膨大な紙面をさいているが，中には他の地域からもたらされたものも誤ってエジプトのものとしている．また当時エジプトの古物コレクションはすでに数多く集められていたが，その中には，1630年代のロード大司教が所持していたもののように贋造品も含まれていた．

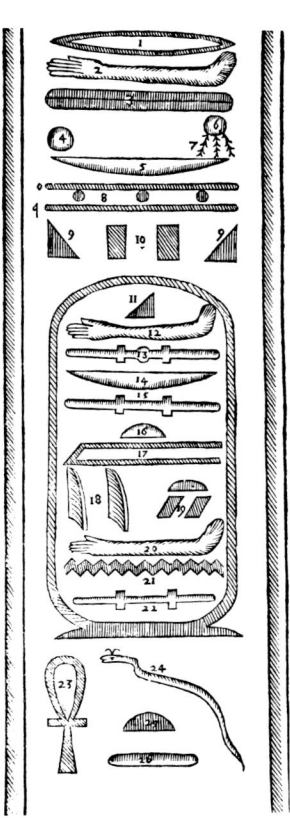

上左　ローマのナボナ広場のオベリスクに刻まれたドミティアヌス帝の称号の一部．アタナシウス・キルヒアーの『パンフィリ・オベリスク』（ローマ，1650年）に収められた版画．小さな数字はこの本にのっている資料に用いられている文字の寓意的説明の番号を示すもの．

上右　ブタハイルディスの息子のバハブが奉納した，ナイルの神ハピの青銅製小影像．ベルナード・モンフコンの『絵で見る古代，付録』（パリ，1724年）に収められている版画．この像はモンベリエの中にも収められているが，以後みられないので，この記録は価値がある．

中　ウィリアム・ロード（1573-1645）大司教のコレクションの中の一群の小像．1635年にオックスフォード大学に寄贈された．左の二つの像は本物であるが，右の背の低い二つは贋物である．32番は"イシスの結び目"型護符を模倣したものであろう．Dはローマ時代かルネッサンス時代のシャワブティである．オックスフォード，アシュモレアン博物館蔵．

下　ジャバル・アル=スィルスィラの岩壁を彫ってつくられた廟と碑文の眺望．F・L・ノルデンの『エジプトとヌビアの旅』（コペンハーゲン，1755年）．

古代エジプトの研究

1800年以前のエジプト・スーダンへの旅行者

明示された都市と遺跡は，1798年のナポレオンのエジプト遠征以前の旅行者の記録の中で著名なものである．何人かの旅行者の名前と旅行年は太字で記した．
また，下記の記号を用いた．
+ 主にキリスト教徒が訪れたエジプトの遺跡．

―― シナイとエジプトをも訪問する中世の聖地（イェルサレム）巡礼者の因襲的旅程．

―― 1483年にシナイを踏査したフェリックス・ファブリのルート．

―― 後15世紀の地図「エジプトス・ノベロ」にみられる紅海への隊商路．

◇ 1589年に氏名不詳のイタリア人が訪れた遺跡．

―― 1698—1710年にエティオピアのフンジュ王国の首都センナールとゴンダールへ向かったフランシスコ修道会員（テオドール・クルムブを含む），フランス・イエズス会員，ボンセット博士のたどった旅程．

―― 1771—72年にゴンダールからアスワーンに戻ったスコットとジェームス・ブルースのルート．

挿入画は，あまり重要でない旅行家がヨーロッパに戻って出版した本からの引用である．1400—1700年の間にエジプトを訪れた旅行家の記事は200以上ある．

上 クリストフ・フューアー・フォン・ハイメンドルフ．年齢69歳，日付1610年．出典：『イティネラーリウム，エジプティ，アラビア，シリア等オリエント諸国旅行記』（ニュルンベルク，1610年）．

中 ジャン・ドゥ・テヴノ（1633—67年），ドゥ・テヴノ氏の『ヨーロッパ，アジア，アフリカ旅行』（アムステルダム，1727年，初版パリ，1665年）の口絵より．「友よ，君たちはこの肖像画によって著者を知るだろう．かれ以上に完璧な旅行家を君たちは発見できなかった．」との記述がある．

下 ヘリオポリスのセンウセルトⅠ世のオベリスク．ヒエログリフ（聖刻文字）は明瞭であるが，まったく間違っており，風景はヨーロッパ風である．ゲメッリ・ガレリ著，『世界の塔の旅』（パリ，1729年）より．著者はこのオベリスクはアレクサンドリアにあった，とほのめかしている．

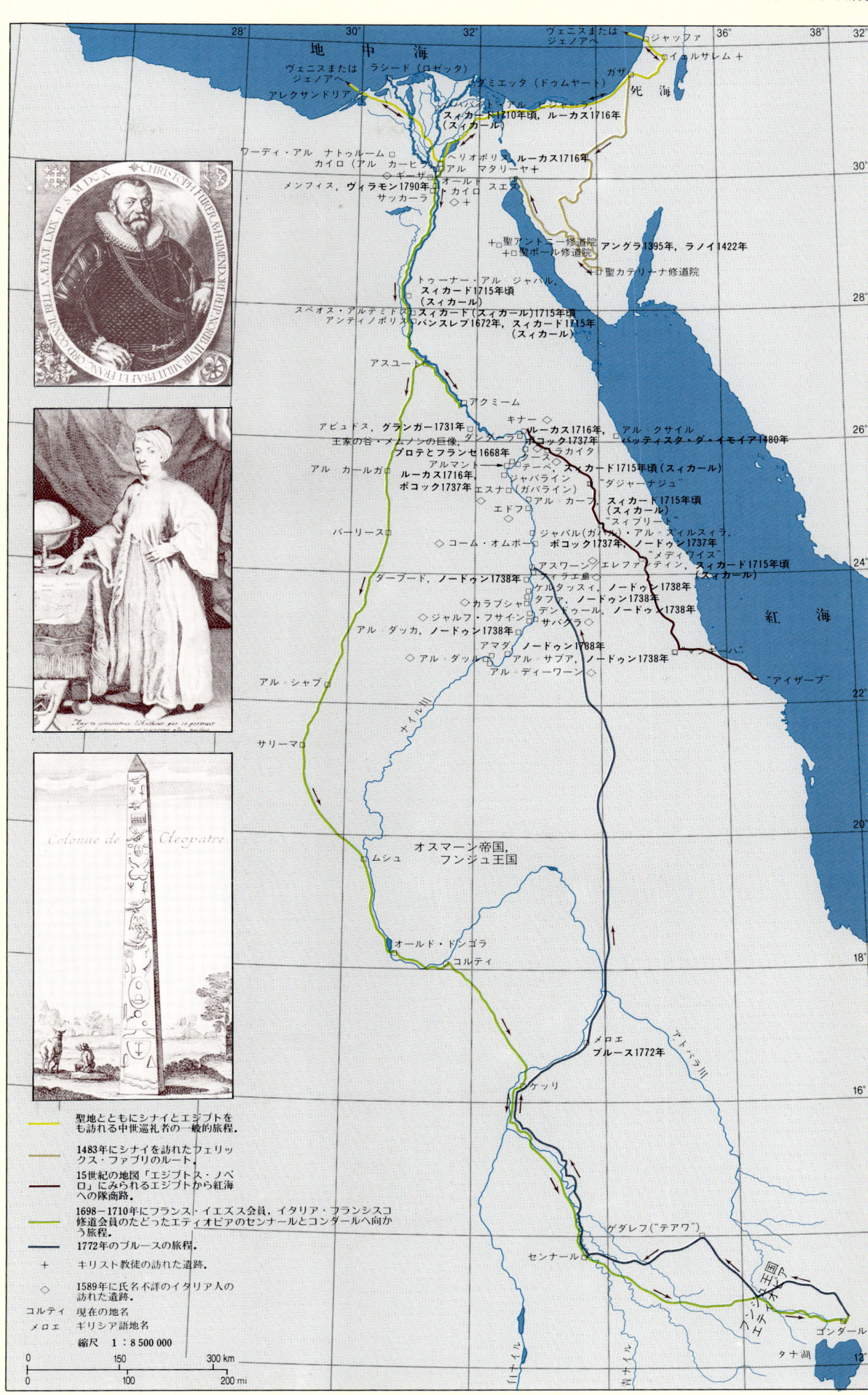

―― 聖地とともにシナイとエジプトをも訪れる中世巡礼者の一般的旅程．
―― 1483年にシナイを訪れたフェリックス・ファブリのルート．
―― 15世紀の地図「エジプトス・ノベロ」にみられるエジプトから紅海への隊商路．
―― 1698—1710年にフランス・イエズス会員，イタリア・フランシスコ修道会員のたどったエティオピアのセンナールとコンダールへ向かう旅程．
―― 1772年のブルースの旅程．
+ キリスト教徒の訪れた遺跡．
◇ 1589年に氏名不詳のイタリア人の訪れた遺跡．

コルティ 現在の地名
メロエ ギリシア語地名

縮尺 1:8 500 000

ヒエログリフの解読

後1800年間を通じて，ヒエログリフの解読の研究はつづけられていたが，進歩はほとんどなかった．しかし，ゲオルグ・ツォエガ（1755-1809）が代表的な2冊の著作を著したことによって，エジプトの古物研究と言語学上の関心が一段と高まった．かれの著作は，ヒエログリフの一説を含んだオベリスクに関する論文と，ヴァチカン宮殿のコレクションの中の，コプト語の写本の目録で，非常に価値あるものである．オベリスクの研究論文が発表された1797年という年は，1798年のナポレオンの遠征前のエジプト研究の絶頂期にあった．ヒエログリフは，ロゼッタストーンの発見なしに解読されたかも知れないが，現在のエジプト学は，ナポレオンの遠征やロゼッタストーンの発見，それに関連したエジプト熱の高まり，そして西ヨーロッパの知的な部分での変化の産物なのである．

ナポレオンはエジプト遠征の際，自然科学や建築，美術などあらゆる分野の学者の一団を同行させた．ナポレオンはエジプト遠征の後，1809年から30年にかけて『エジプト誌』という大規模な刊行物を出版した．『エジプト誌』は，ジャン・フランソワ・シャンポリオン（1790-1832）が1822年から24年にかけてヒエログリフを解読する以前の，エジプトに関する出版物の中では，最も重要なものであった．エジプト学の出発点はヒエログリフの解読であった．シャンポリオンとピサ出身のイタリア人イポリット・ロゼーリニ（1800-43）は，1820年代，エジプトの遺跡を記録する目的で共同調査隊を組織した．しかし，かれらより20年も前から多くの旅行者がエジプトや下ヌビアを訪れ，遺跡や遺物に関する記録を残したり，それらを自国に運んだりしており，シャンポリオンとイポリット・ロゼーリニの調査は当時としては，おくれた行為であった．

その頃エジプトに関する記録や古物の収集で目立った人物は，領事のアナスタシとダタナシ，ドロベッテイ，ソールト，イタリア人のベルツォーニ，フランス人の彫刻家リフォー，スイス人の旅行家のガウとブルックハルトであった．この中の何人かが集めたコレクションは，大英博物館やパリのルーブル美術館，ライデンの国立古代美術館，トリノの古代エジプト博物館の展示物の中心をなしていた（1850年代後半までカイロにはエジプト博物館がなかった）．

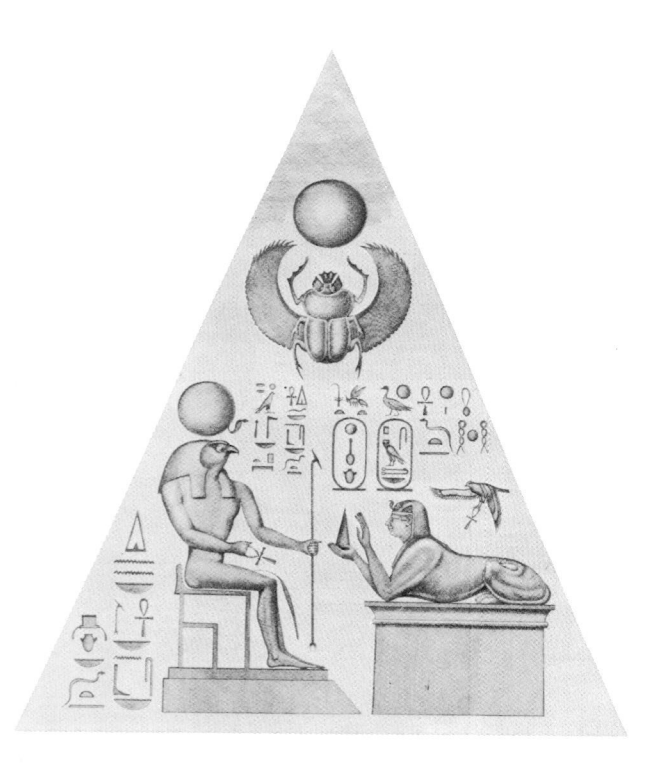

19世紀前半のエジプトでの発掘は，主に遺物を採集することが目的で，純粋に学問的な意味での発掘といえるものではなかった．

シャンポリオンは1832年に亡くなるまでに，エジプト言語の解読と，歴史や文化の研究の進歩に大きく貢献していた．しかし，出版技術が遅れていただけでなく内容が学問的にすぎたために，シャンポリオンの業績は当時の社会にはあまり影響を与えるものではなかった．1840年までにエジプト学者の第1世代は，ほとんど死亡してしまった．フランスではエマヌエル・ド・ルージュ子爵（1811-72），オランダではコンラート・リーマンズ（1809-93），プロイセンではカール・ソヒァルト・レプシウス（1810-84）がエジプト学をほそぼそ

上　F・L・ノルデンの『エジプトとヌビアの旅』（コペンハーゲン，1755年）の口絵．中心的な寓意物語は次のものを示している．すなわち栄誉，古代エジプトが財宝を誇示している図，古代デンマークの王たちの武器をもったライオン，ナイル川，イシスの古典古代時代の姿とエジプトの記念物，その他のモチーフもみられる．

左　ローマのモンテツィトリオ宮殿の横にあるプサメティコス II 世のオベリスクの尖端のピラミディオン．G・ツォエガの『オベリスクの起源と用途』（ローマ，1797年）．この摸写は正確で読みやすいが，その描き方はエジプト的ではない．

とつづけていた．12巻からなるレプシウスの『エジプトと古代の遺跡』は，1842年から45年にかけて，かれがナイル川をメロエまでさかのぼって調査した記録であり，遺跡を収録した最古の信頼できる出版物で，現在もなお基礎資料とされている．イギリス人のエジプト学の草分けであるJ・G・ウイルキンソンについては，以下の106－107頁でくわしく扱うこととする．

エジプト学の発展

19世紀中頃になると，ヨーロッパではレプシウスとかれより若い世代であるハインリッヒ・ブルックシュ（1827－94）や，そのほか少数の学者たちがエジプト学をつづけていたが，エジプトではオーギュスト・マリエット（1821－81）が活躍していた．マリエットは1850年にコプト語の写本を収集するためにルーブル美術館から派遣された人物である．1858年，エジプト副王サイードの古文家財局に入り，膨大な数の遺跡を発掘し，エジプト博物館と考古局を創設した．考古局創設の目的は遺跡の保存と記録，発掘，博物館の運営であった．1952年のエジプト革命までは，考古局総裁はヨーロッパ人で，その中で最も有名のは，マリエットの後継者であるガストン・マスペロ（1846－1916）であった．

エジプトにおける科学的な発掘の目的は，1862年にスコットランド人アレクサンダー・リンド（1833－63）によって初めて提唱された．しかし，W・M・F・ペトリー（1853－1942）が発掘するまでは，科学的な発掘は実際には行われなかった．ペトリーは1880年，ピラミッド学の研究のためにはじめてエジプトを訪れ，大ピラミッドの測量を行った．かれは後にエジプトの多くの遺跡を発掘し，毎年のように前年の冬に行った発掘の成果を本にして出版した．ペトリーは発掘中にいくつかの劇的な発見をしているが，かれの業績の中で最も重要な点は，異なった地域や時代の遺跡や遺物に関しての調査結果を系統だてたことである．これは，すでに発掘された跡を再び発掘することによって行われた．

ペトリーの研究は，かれの生存中にアメリカ人G・A・レーズナー（1867－1942）によって追い抜かれた．しかし，レーズナーはかれの研究をほとんど発表しなかったので，その評価の対象にはならなかった．

1880年頃から1914年までの間にエジプトでは膨大な数の考古学的な研究が行われた．1902年と1907年に行われた第1アスワーンダムの建設と，つづくダムを高くする工事でヌビアの遺跡は一躍注目を浴びた．他の時代に比べると19世紀は変化がつづいた時代である．1870年までは，エジプト学の知識はエジプト文明の末期のものがすべてで，遺物や言語のそれぞれの時代の区分することも正確ではなかった．これらの問題が明らかにされるにしたがって，人々の興味はより古代へとそそがれていった．

20世紀の発掘

20世紀になると発掘による大きな発見は少なくなり，第1アスワーンダムの拡張工事と，ハイダム建設によって水没するヌビアの遺跡の救済事業に人々の関心が集っていった．組織的な発掘調査は行われなかったが，調査はつづけられ，遺跡の発見は年々数を増していった．1900年代になると発掘と同様に重要で，かつ発掘を助けることにもなる遺跡の記録と出版が十分になされるようになった．しかし，出版物は発掘のような魅力がなく，社会的な興味や援助を得られることはめったになかった．

テーベの王家の谷での調査が最も注目を集めたのはこの時期であった．1870年代クルナ村のアブドルラスール家の人たちが，新王国時代の多くの王のミイラを納めた穴を発見した．このミイラは21王朝の初期にもとの王墓から運ばれ，盗掘を逃れるためにディール・アル゠バフリーにある穴に埋葬しなおされたのである．この発掘は科学的，組織的な調査によって行われたのではなく，エジプトの発掘でしばしばみられるように，地元の人々がマーケットに骨董品を出していたことから行われたのである．こういった貴重な財宝の消滅をエジプト学者たちは嘆いているが，正規調査によって発掘が行われるよりも，こうしたケースで発掘が行われる場合の方が

デルタ地帯のテル・アル゠ダブアにある中期青銅器時代のパレスティナ人の神殿．オーストリア隊が1960年代後半に発掘した．ヨーロッパ考古学の技術が用いられた．遺跡は10m四方の方眼状に掘られ，層位を調べるために土手が残されている．

多いことも事実である．

1898年ヴィクトル・ロレー（1859-1946）は，王家の谷でアメンヘテプⅡ世の墓を発見した．ここにはクルナ村で発見された以外の王たちのミイラが納められていたのである．王家の谷での発掘は1932年までつづけられた．この期間に行われた多くの発掘の中で最も注目されたのは，ハワード・カーター（1874-1939）によって行われたトゥトアンクアメンの墓の発掘であった．カーターはカーナボン卿の援助によって，1922年にトゥトアンクアメンの墓を発見し，その後10年間調査をつづけた．近東では手つかずの王墓が数々発見されているが，エジプトでは初めてのことであった．トゥトアンクアメンの墓は，内部に多くの豪華な財宝が納められていたことで有名である．

今世紀になってからも，エジプトではいくつかの王墓や墓地が発見されている．1925年レーズナーがギーザで発見したヘテブヘレスの墓には，貴重な古王国時代の装身具や家具が納められていた．家具の木材部は完全に腐食していたが，考古学者はそれを原型通りに復元した．1940年代にはピエール・モント（1885-1966）がタニスで，手つかずの21王朝，22王朝の王と王族の墓を発掘した．21，22王朝期のものはそれまで発見されておらず，また出土した品々は素材が珍しく，すぐれた技術でつくられていたために，この発掘は貴重なものであった．

住居遺跡の発掘の中で，最も重要視されていたのは，アル＝アマールナとディール・アル＝マディーナで，多くの発掘隊や調査隊がこれらの遺跡を調査の対象に選んだ．1880年代，アル＝アマールナで楔形文字の刻まれた粘土板がひそかに発見された．その後，アーバン・ブリアントゥ（1849-1903）はアル＝アマールナで発掘をして『テル・アル＝アマールナでの2日間の発掘』という題の1冊の本を出版した．かれの跡をピィートリーが継ぎ，短い滞在にもかかわらず（1891-92），大きな成果を上げた．1913年から14年にかけて，ルドウィック・ボルヒアルト（1863-1938）が率いるドイツ隊が，彫刻家トトメスの家を発見し，そこから有名なネフェルティティの胸像を発見し，前者をしのぐ脚光を浴びた．1920年代と1930年代にはイギリス隊が何シーズンも発掘を行い，18王朝後半の歴史と短命だったその首都を理解するのに大きな貢献をした．

最近，アル＝アマールナでは再び発掘が再開されている．ディール・アル＝マディーナは19世紀を通じて遺跡のメッカとされていた．今世紀への折り返し点ではイタリア隊が，1911年と1913年にはゲオルグ・メーラー（1876-1921）が率いるドイツ隊がここを発掘している．1917年にはカイロのフランスオリエント考古学研究所がこの遺跡の発掘を開始し，今日にいたるまで何度か中断されながらも発掘はつづけられている．現在では，労働者の村とそれに隣接した墓地がほぼ完全に姿をあらわしている．

一方，エジプト考古局とエジプト人のエジプト学者の活動は，つぎのようなものであった．マリエットの下で，考古局が創設された後，はじめてのエジプト人の考古局員はアハマッド・カマール（1849-1932）であった．かれはカイロ博物館で働きながら，いくつかの遺跡を発掘した．今世紀の初頭から考古局のエジプト人局員の比率が多くなり，カイロ大学では，エジプト人がエジプト学を教えるようになった．1952年以降は，両者とも完全にエジプト人によって占められ，考古局は他のどの団体よりも多くの発掘を行った．カイロ博物館やアレクサンドリア，ミニア，マッラウィ，ルクソール，アスワーンの博物館にある遺物の多くは，考古局の発掘によってえられたものである．エジプト人による最も驚異的な発見は，トゥーナー・アル＝ジャバルでの動物墓地や，ギリシア，エジプトの時代の死者の町の発見と，アハマッド・ファクリ（1905-73）の西の砂漠にあるオアシスでの発掘によるものである．

実地調査と出版

これまでにダル急湍にいたるまでのヌビアは徹底的な実地調査が行われた．したがって考古学的見地からは，おそらく下ヌビアが，現在では世界中で最も研究された地域である．カスル・イブリームの城塞遺跡だけは水没をまぬがれ，発掘がつづけられている．ヌビア研究の展開と旧石器時代から19世紀にわたる遺物の発見はエジプトの歴史を広げ，新しい研究分野をつくリ出した．

エジプトの遺跡と遺物の記録は，マクサーンス・ルー・ロッシュモンテ（1849-91）とヨハネス・ドゥミッヒェント（1833-94）によって始められたが，両人ともその仕事を成し遂げることはできなかった．かれらの死後数年の間に，エジプト調査基金（後にエジプト調査協会）がエジプトの考古学的調査を始め，遺跡や記念物を記録することになった．一方，ジャック・ドゥ・モルガン（1857-1924）はコーム・オムボーの神殿の研究とその発表を目的とした「記念物の目録」に着手した．これらの計画は，野心的ともいえるほどの大仕事であった．その頃，N・ドージー・デイヴィス（1865-1941）はエジプトの考古学的調査を行い，墓を模写するという大仕事を始めた．デイヴィスは墓に関するものだけでも25巻以上の報告書を出版し，ほとんどの墓の中の装飾の完ぺきな記録を残している．かれの妻のニーナと他のスタッフは，その中のえり抜きの場面を彩色して復元した．カラー印刷の出版物は，現在にいたるまでまだ完全なものはできていない．遺跡にほどこされている彩色は，次第に衰えつつあるにもかかわらず，最も効果的な記録や出版物はいまだにできていない．

デイヴィスの後，1924年にシカゴ大学オリエント研究所がルクソールにシカゴハウスを創設したことは，その後のエジプト学の進歩に大きく貢献することであった．オリエント研究所を創立したエジプト学者ジェイムス・H・ブレスレット（1865-1935）は，アメリカにおけるエジプト学の創始者であった．かれはジョン・D・ロックフェラーの援助を受け，シカ

外国捕虜の一群——左からリビア人，ブント（？）の男，アジア人，別のリビア人——アブー・スィールにあるサフゥラー王の葬祭殿複合体の参道の浮彫り．L.ボルヒアルトの『サフゥラー王の墓碑』，第2巻（ライプチッヒ，1913年）のすばらしく正確な絵．

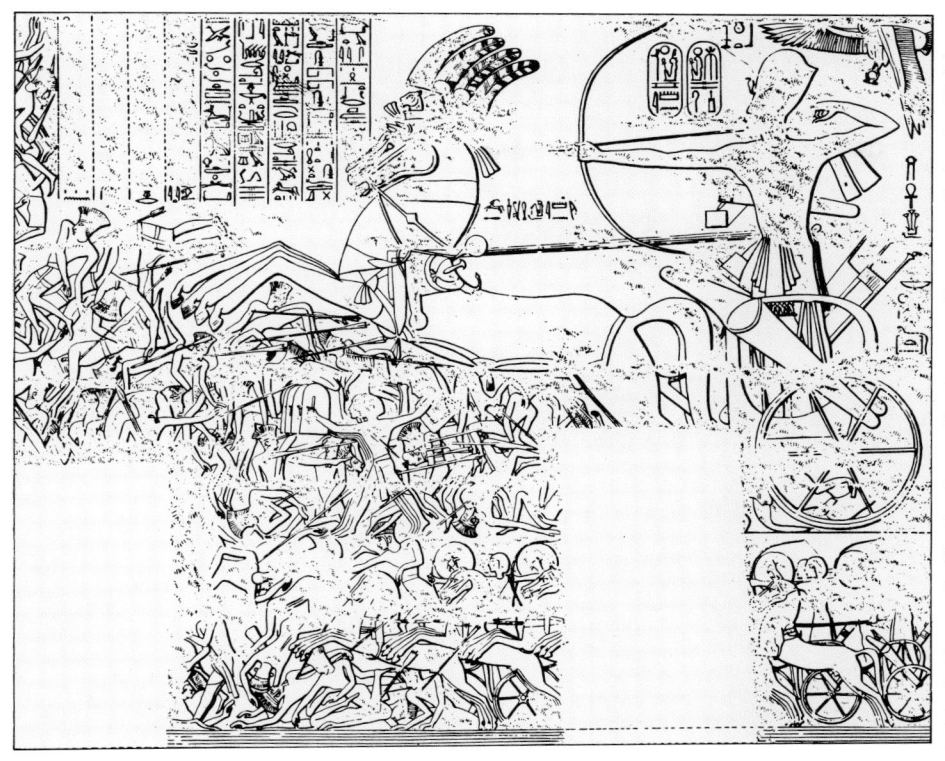

ラメセスⅢ世の"海の民"との戦闘図の浮彫り．マディーナト・ハーブーのかれの神殿の北側の外壁にある．最も信用できる出版物，シカゴ大学オリエント研究所編の『メディネト・ハブ』による．

ゴハウスを創立し，シカゴ隊はエジプトの大神殿マディーナト・ハーブーの模写を行い，すばらしい記録をとるとともに，その他にも多くの報告書を出した．

その他ロックフェラーの資金援助を受けた研究者としては，アビュドスのセティⅠ世の神殿内部に関する報告書を記したA・M・カルバーリー（1896－1959）とM・F・ブルームがいた．出版物は一時停滞していたが最近では再び活発になっている．

エジプト国外のエジプト学

エジプト学にとってエジプトでの発掘は，その仕事の一部ではあるが，なくてはならないものである．しかし現場研究者と文献を中心にしている研究者との間の交流はきわめて少ない．文献派の学者は現場で研究している学者に比べて非常に数が少ないが，エジプト学のバランスを取る上で必要な存在なのである．

エジプト学者が第1に取り組むことは，つねにヒエログリフに精通することであった．今世紀の初頭，F・L・I・グリフィス（1862－1934）とビルヘルム・シュピーゲルベルク（1870－1930）は，末期王朝グレコ・ローマン時代の言語デモティックの研究に大きな成果を上げた．また，アドルフ・エルマンは王朝初期のヒエログリフの研究に力をそそいだ．1927年アラン・ガーディナー卿（1879－1963）は，かれ自身の研究やワスティスコム・ガラン（1883－1950）の研究を取り入れた，中王国時代のエジプト語の文法書を出版した．同類の書物の中では，これをしのぐものはいまだに出版されてはいない．

今日のエジプト学の礎を築いた学者の1人であるH・J・ポロッキーは，1944年エジプト語とコプト語の文法に関して画期的な研究を発表した．ポロッキーの研究はそれまでの30年間における古代エジプトの多くの言語に関する見方をくつがえすものであった．また1926年から1953年にかけてアドルフ・エルマンとエルマン・グラウポウが編集した11巻にもおよぶ辞書も出版された．この辞書は，ハインリッヒ・ブルクッシュの先駆的な研究を大幅に発展させたものだった．しかし，こうした人々の努力にもかかわらず，今でもエジプト語は依然解読するのは困難で，エジプト語研究の終りというよりむしろまだはじめなのである．

現場から離れたエジプト学者は，遺跡の公表やヒエログリフやヒエラティック，デモティックなどのテキストの細かい研究，そして他の分野でも補助的な研究をする必要がある．こうした立場の研究者の中できわ立っていたのは，クルト・ゼーテ（1869－1934）である．かれは本来文法学者であったが，何世紀にもわたって重要な参考書にされるような資料の編さんを行っただけではなく，多くの作品を残し，エジプト学の分野に貢献した．また，アラン・ガーディナー卿は主だったパピルスの編集を行い，パピルスそのものの取り扱いや表示の方法などに関しても，新しい基準を生み出した．ガーディナーの協力者であるジャルスラブ・ツェルニー（1898－1970）は，ディール・アル＝マディーナから出土したオストラコンと，そのほか筆記体で書かれた資料の研究で知られている．

より一般的なエジプト学の研究成果としては，いささか独断的ではあるが，エジプト学に影響をあたえた2冊の書物をあげたい．そのうちの1冊はハインリッヒ・シェーファー（1868－1957）の手になるもので，エジプト美術の基本的な研究書である．シェーファーは，この書物の中で古代エジプト人が自然界の物や形をどのように描写していったかを分析している（60－61頁参照）．他の1冊はゲルアルト・フェヒトが著した書物で，かれはこの中でエジプト語の資料の大部分がある種の韻律をふんでいると述べている．

古代では，「散文」より「韻文」で文章を綴る方が一般的であり，書物を記すためには，詩人といわないまでも韻文家になる必要があったのである．フェヒトの書物は，エジプト語の資料の構成に対する，それまでの見方を変えるものであった．以上2人の学者は，現代人が見のがしがちな点に焦点を当て，古代の資料を理解するために，あらかじめ必要な基礎的な部分を明らかにしたのである．エジプト学では，それまでになされた研究は，つぎになされる研究への足がかりになる．

今日のエジプト学は，大学や博物館，国立考古学研究所などで行っている，ごく一般的な学問の一つである．エジプト学を研究対象にしている国は世界中で20カ国以上あり，300人以上の学者が，言語，文学，歴史，宗教，美術などの，細分化されたエジプト学の分野を研究している．こうした細分化は，一点から全体を見通すという利点をもっているが，細かい研究に集中しすぎたり，辞典のように項目の数にこだわりすぎたりしやすいという欠点がある．残念ながら本来のエジプト学は，しだいに排他的な学問追求を行うようになってきている．

歴史的背景

先王朝時代のエジプト

前約1万年の、最終氷河期の終るころまで、北アフリカの文化はたいへん均一であった。エジプトが徐々に形成されていったのは、気候変化の影響を非常に受け、他の地域から隔離されていたような地理的条件になってからである。エジプトの形成過程は、他に類をもたぬほどのきわ立った特徴をもっていた。それは第1に、王朝時代に入る前の数世紀間にわたる文化の急激な変化、第2に古王国時代の4代の王による王朝国家と、それより約50年前の先王朝時代の国家の間に類似点がまったくないことである。古代エジプトの文化は、王朝時代に入ってからも変化していったが、このような形での発展は二度とおこらなかった。古代エジプトの文化は、古王国時代からローマ時代にかけて連続性が認められるが、これらの文化と、先王朝時代のエジプト文化との間には、連続性が認められないのである。

先王朝時代初期の文化は、国土全体を通じて均質なものではなかった。ナイル川流域に生まれた新石器時代最古の食物生産文化は、その遺跡が発見された土地の名をとり、ターサ文化およびバダーリ文化と名付けられている。この二つの文化は、前4500年頃、アスユート(アシュート)の南に発展し、実際には同一文化ではなかったか、といわれている。それらの遺跡は、現在では消滅している居住地区の近くに、ひっそりと墓地が残っている。ファイユーム地帯における同時代の文化の存在は、湖岸の層の研究で明らかになっているが、そこに住んでいた人々が農耕民であった証拠はほとんどない。おそらく、狩猟、採集によって生活していたと考えられている。また、デルタ地帯の端に位置するメリムダからも、バダーリ文化より古い文化と思われる大きな遺跡が発見されている。このような状態から、この時代にはデルタ地帯の中央にも人の住む地域があったと考えられている。第2急瀑地帯には、さらにいくつかの新石器時代の遺跡や遺物が発見されている。

ナカーダⅠ文化(アムラー文化ともよばれる)は、それ以前から存在していた文化と同様に、地域的な、小規模の村落文化で、社会階層化の兆しはまだあらわれていない。また外国の影響を受けた痕跡もなく、次のナカーダⅡ文化(ゲルゼー文化ともよばれる)への前段階だったと考えられている。

ナカーダⅡ文化は、先王朝時代へ至る発展途上の段階である。この時代、エジプトは外国と初めて関係をもち、社会階層が生まれ、文化はジャバル・アル=スィルスィラ以北の全ナイル川流域に広がっていった。そして中心となる地域ヒエラコンポリス(コーム・アル=アフマル)やコプトス(キフト)、ナカーダ、アビュドスなどには、人口が集中していった。この時代は、第1急瀑以南一帯まで文化的均質性が保たれていた最後の時代であり、このときのヌビア文化もカルツームまで広がっていたが、エジプト文化と明確には区別されてはいない。おそらく中心となる政治機構はできていなかったが、全地域にわたって文化や物資の変換が行われていたと思われる。ナカーダⅡ文化圏にあるジャバル・アル=スィルスィラ以南に生まれたヌビアAグループとの文化上の区別がなされたのは、エジプトの国家組織の誕生と、政治上の国境が制定されたことに付随するものと考えられる。このような過程をへて、エジプトは初期王朝時代に入り、後の国境に匹敵するほどの領域の中に唯一の統治者が生まれ、国が統一されていった。ナカーダⅡ文化と初期王朝文化との間には、徐々に変化していった跡はみられるが、顕著な文化的断絶はみられない。

ナカーダⅡ文化には、美術上のいくつかのモチーフと技術的な部分において、メソポタミア文化との近似がみられる。エジプトの文字は、メソポタミアの刺激に呼応して生まれたとも考えられるが、この両国の国家体制はそれほど似かよったものではなかった。エジプトは、初期王朝時代から、かなり広範囲に交易を行っていた。それはシナイから南パレスティナにまでおよんでいた。まだ国家体制がはっきりと確定さ

先王朝・初期王朝時代のエジプト
エジプト型諸遺跡は黒で明示し、一般的な文化名によって番号を付した。
1. ターサ文化、バダーリ文化
2. ナカーダⅠ文化
3. ナカーダⅡ文化
4. 下エジプト・デルタ諸文化(バダーリ文化からナカーダⅡ文化中期と同時代であるが、同質文化ではない)
5. ファイユーム先王朝文化
6. ナカーダⅡ文化と初期王朝

1-5の部類は6よりも大幅に範囲をひろげて記載した。多くの先王朝諸遺跡は初期王朝時代には使われなかった。たぶん、それらの遺跡の住民がもはや、それほど砂漠の縁の開発をせず、河谷の奥に移動したためであろう。
さまざまな時期に属する岩壁画は砂漠の全地域で、普通にみられる。たぶん、これらの多くは遊牧民によって刻まれたものであろう。ほとんど道のそばにある。下ヌビアでは、ほとんどの場合、ナイル川のそばにある。岩壁画の様式は王朝時代中ずっと、エジプト様式ではなかった。東部砂漠の硬石は、先王朝、初期王朝時代を通じて、河谷住民によって利用された。
アビュドスとメンフィスを除く明示された首都の正確な政治的地位は知られていない。
ヌビア型諸遺跡は茶色で明示した。
● A群初期文化(ナカーダⅠ文化後期からナカーダⅡ文化初期と同時代)
○ A群中期・後期文化(中期はナカーダⅡ文化後期、後期は1王朝と同時代)
第2急瀑のヌビア型諸遺跡を含む:
△ カルトゥーム変形文化、前4千500年頃-前3千500年
▽ 後シャマルク文化、前3千500年頃
◇ アブカーン文化、前4千年頃-前3千200年とA群中期と同時代。都合よい条件と広汎な調査は、これらすべての型の文化の諸遺跡を確認する助けとなろう。これらの諸文化型はエジプトの文化型より、ずっとよく知られている。

右奥 先王朝時代の第2急瀑地区

左 ナカーダⅠ期の墓から出土した遺物。左:右手を左の胸の下に置いた粘土製の婦人小像。太ももと足が誇張されている。中央:意味不明の模様が彫り込まれた、美しいブラック・トップ赤色磨研土器。右:入念に仕上げられたフリント製ナイフ。おそらく儀式用の道具。オックスフォード、アシュモレアン博物館蔵。

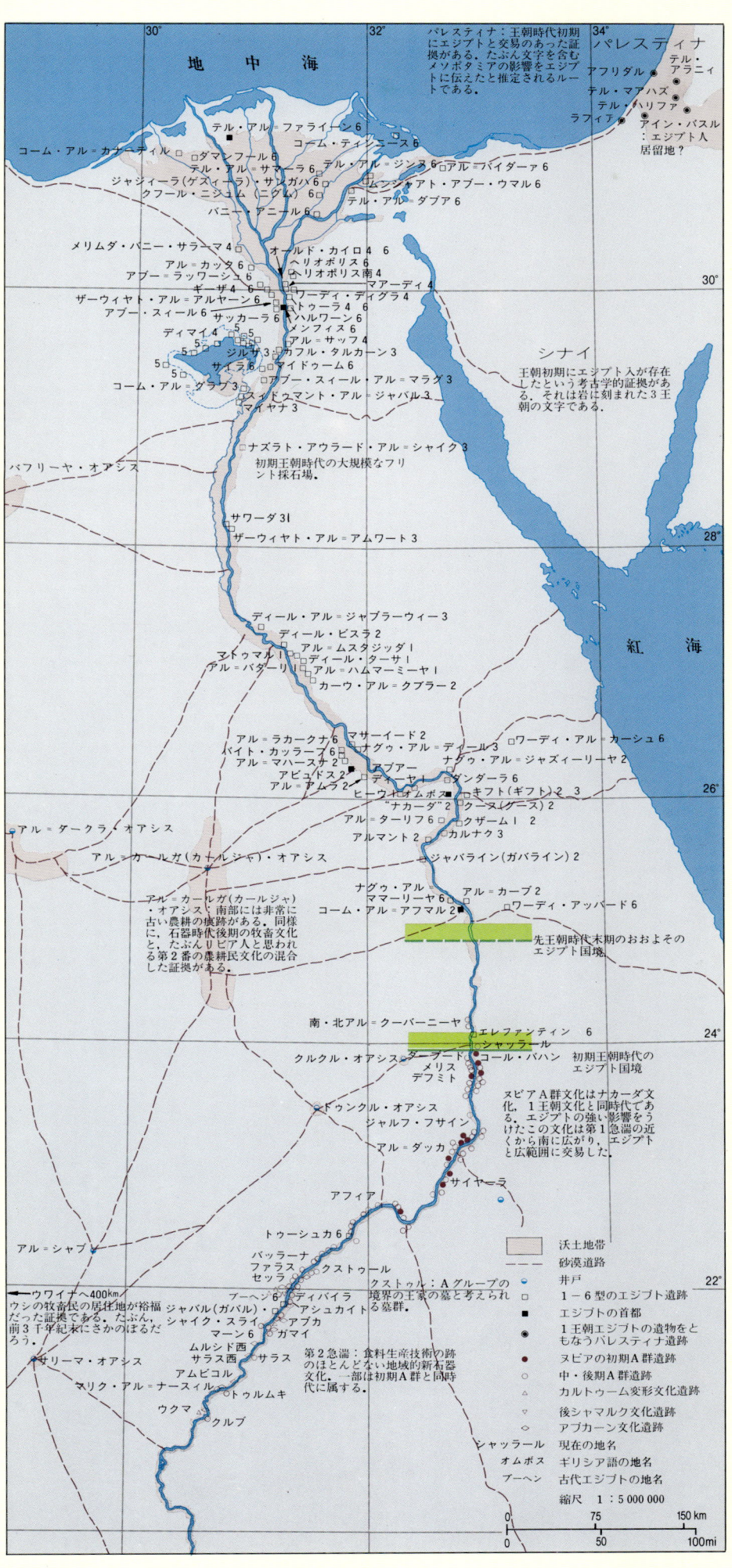

れていない時代には，小規模な遊牧民の集団が，大規模な定住民（農耕民）の集団を征服することも十分ありうる．この交易が移住者や侵略をともなったものであったかどうかは明らかでないが，これによりエジプトへメソポタミアの文化が伝播していったことは確かである．ナカーダⅡ文化から初期王朝時代へ移行していく段階で，何らかの大きな出来事がおこったかも知れない．しかし，たとえそれが事実であっても，考古学的な痕跡を残さなかったことも十分考えられる．

後の時代の文書資料によると，1王朝開始以前に全エジプトを治める統治者が存在していたこと，そしてその統治者によって上下エジプトが統一されたことが示されている．先王朝時代に，エジプトに二つの王国が存在していた，という見方は，事実による歴史的な記録から確定されたものではなく，古代エジプト人のイデオロギーの中にみられる二元論の投影とも考えられる．この上下エジプト統一に関して明らかなことは，古い時代の中央集権化されていなかった社会が徐々に統一されていったということで，ナカーダⅡ文化後期の社会は，まさにそうした社会であった．上下エジプトとメンフィスの周辺地域，デルタ地帯のナカーダⅡ文化後期の遺跡からは，後のエジプトの王の標章となるセレクのモチーフの原型と思われるものが発見されている．セレクとは，上にタカをいだいた王名を記入する枠のことである．セレクのモチーフが発見された所は，1王朝の王たちの墓群に近接しており，先王朝時代の王墓を含む，アビュドスの墓地とほぼ同時代のものと考えられている．こうしたことから，ナカーダⅡ文化後期には，アビュドスを中心に国の大半を支配していた統治者が存在していたと考えられている．この時代，国の文化は均一に保たれており，セレクの古いモチーフはやがて，セレクの上に止まっているタカと，名前を記入するスペースをもった王の正式のホルス名になっていく．

先王朝時代最後の王たち，とくにナルメルの奉納用化粧板と棍棒の図柄は，後の時代の王の浮彫りと似た特徴をもち，デルタ地帯やリビアでの勝利，その他，農業，宗教上の出来事が記録されている．このような浮彫りは，王の役割がすでに明確にされていたことを示しており，そこに描かれた歴史的大事件は，おそらく，もっと早い時期におこったのではないか，と推察される．しかし，後の時代に描かれた，この種の浮彫りは，正確な歴史的情報を何も伝えていない．

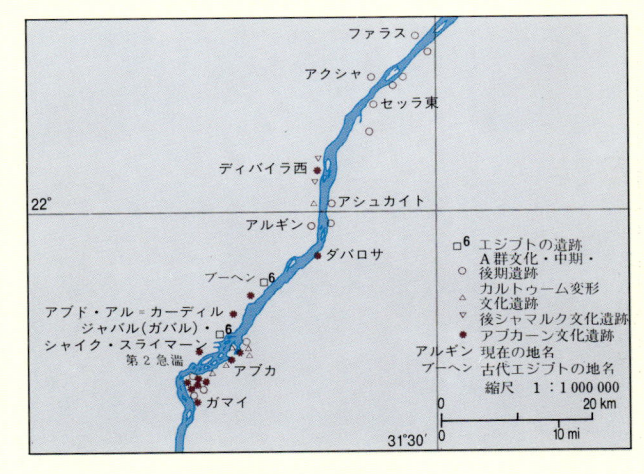

初期王朝時代

1王朝の初期，二つの大きな出来事があった．それは，文字の普及と首都メンフィスの創設である．メンフィスはその後，エジプトの政治の中心として発展していく．さらに王名の付け方の変化から，このとき統治者の家系も交替したと考えられている．文字は，毎年おこる目立った自然現象を記録

歴史的背景

し，暦として使用するためと，年号を記録するために主に用いられた．この時代に残された年号のリストが，古代エジプト最古のものである．

1王朝は，伝説上の王メネスから始まっており，かれの名は，後の時代の王名表と古典の資料に記されている．この時代の王たちは，王名表に用いられている誕生名でなく，称号の中で正式に王権を示すホルス名で知られていた．このことから，メネス王が他の記録に残る名，アハ王と同一人物だった，という説が生まれている．サッカーラに残る最古の墓はアハ王の治世時代のものである．この時代の政治権力の二大中心地は，アビュドスとメンフィスであるが，ヒエラコンポリスの古い遺跡からも初期王朝時代の遺物が発見されている．ヒエラコンポリスとデルタ地帯のブト（テル・アル゠ファラィーン）の守護神，ネクベトとウアジェトは，古代エジプトの王の守護神でもあった．このことから，この二つの都市は，古代，最も重要な都市だったと考えられる．1王朝の存続期間は，およそ150年とみなされている．この時代の大規模な墓は，デルタ地帯を含む各地から発見されており，中でも，長い治世期間をもったデンの時代のものは，豪華なことで知られている．しかし，古王国時代を通じて州に権力者の墓地などがつくられず，もっぱら王の墓に権力が集中していたことからみると，地方における富の集中化が少なかったことを示している．

またこの時代，エジプトが近東やリビアとなんらかの関係をもっていたことを示す直接の証拠はほとんどないが，ヌビア地方，第2急湍地域から，1王朝期に描かれた，と思われる壁画や岩面に刻まれた絵が発見されており，その絵が敵を征服した王を描いていることから，エジプト人が，交易のためばかりでなく，この地域にまで侵入していったことがわかる．この時代の王たちは，アビュドスの砂漠の奥深くに設けられた墓地に埋葬され，同時に，耕地に近接した地域は王の埋葬の際の祭儀用に区画され，そこには必要に応じて，建て直しが可能なもろい建材でできた儀式用の建物がつくられていたと推定される．王墓自体は規模が小さく，後に墓泥棒に荒らされ，ほとんど何も残っていないが，わずかに残った遺物の中には，きわめて精巧な細工技術がみられる．

王やその廷臣はアビュドスに埋葬されたが，高級官僚たちは，サッカーラの北の砂漠の端にある断崖の上に，異なった設計のりっぱな泥レンガ製の墓をつくった．同じような墓が他の遺跡からも発見されている．長寿の王の治世には，当然，官僚の数が増えると考えられるが，実際には，官僚たちの墓は王の墓の数よりわずかに多いだけである．おそらく，当時は高級官僚の役職につくことのできたものは，1人の王の治世に1人か2人くらいだったに違いない．官僚たちの墓のいくつかの貯蔵室からは副葬品が発見され，その中には多数の銅製の遺物が含まれていた．さらに先王朝時代から3王朝時代まで，ぜいたく品とされていた石製容器も発見されている．それらは，さまざまな種類の素材でできており，形も多種であった．

2王朝の初期，王家の墓地はサッカーラに移された．この王朝は，第3代の王，ニネチェル王以降，記録がはっきりしていない．後の伝承などから察すると，おそらく王位継承問題をめぐって争いがあったためと思われる．2王朝，1代目の王は，アビュドスに残されていた記録からペルイブセンとされている．ペルイブセン王は，ホルス名の代わりにセトの称号をもつ，エジプト史上唯一の王である．そして，かれの名は，ホルス名セケムイブを変化させたものと考えられている．ホルス神とセト神は，エジプトの神話の中で，国土の相続権をめぐって戦っている．この神話は2王朝以後につくられたと考えられており，この物語によって，当時の出来事を推察することができる．王の称号にセト神の名が用いられるようになったということは，セト神が戦いに勝ったことを意味しており，物語中の神々の争いは地方の守護神が異なっていたために，神と土地とをむすびつけてつくられたと考えられる．

ペルイブセン王の遺物は，南のヒエラコンポリスで発見されている．ペルイブセン王の後を継いだカセケムイ王は，ペルイブセン王と争ったと記されているカセケムと同一人物と考えられており，かれの名は，ペルイブセン王の死後につくられた遺物に数多く印されている．カセケムという名は"一つの推力"，セケムを意味しており，またホルス名でもある．一方，カセケムイは"二つの推力"を意味しており，ホルス神とセト神を指す名でもある．カセケムイの名の上には，ホルスとセト，二つの神の姿が描かれ，"2人の君主は，カセケムイの中に休息している"という文がつけられている．これらのことは，権力をめぐる争いの時代が終ったことを意味しており，カセケムイ王の治世は，3王朝の到来を告げるものであった．かれの王妃ニマアトハピは，第3王朝はじめの2人の王と結ばれていた．この時代，エジプトの建築様式は大きく進歩している．

3王朝初代の王，ザネケト（前2649-2630）は，ネブカー王と同一人物と考えられており，とくに目立った業績を残していないために謎の部分が多い．かれの後継者，ジェセル王（前2649-2630）は，その規模では世界最古の石造建造物とされているサッカーラの階段ピラミッドを建てた．さらに，ヘリオポリスから出土した，かれの治世に建てられた廟の遺構は，十分に発達したエジプト様式と象徴的手法をあらわしていた．階段ピラミッドは，多くの点において実験的建造物であり，数回にわたる設計の変更がみられるが，このような巨大な石造建築物ができたということは，当時の技術水準の高さと膨大な経済力の存在を示すものである．

ジェセル王の時代は，"偉業と知恵の黄金時代"とよばれている．階段ピラミッドの設計者とされているイムヘテプは，主任彫刻師のほかに，建築，医学，政治の分野においても多くの称号をもっていた．とくに医師としてすぐれていたかれは，グレコ・ローマン時代には，医術の神としてあがめられるようになっていった．また当時の労働者たちの間では，すでにかれは英雄的存在だったらしく，ジェセル王の後継者のピラミッドの周壁にはイムヘテプの名が残されている．しかし，何らかの原因で同壁の設計は変更され，途中で埋められていた．

ジェセル王の建造物は，北サッカーラにある同時代の泥レンガ製の大きなマスタバ群の中でもきわ立っている．石造の墓は，次の王朝になるまであらわれなかった．しかし，すぐれた浮彫り細工は，王のための記念建造物以外にもみられ，同時代のヘジラの墓から発見された木製の浮彫りは，木製としては古代最上の彫刻とされている．これらの浮彫りは，私人のためにつくられたと思われるが，その技術水準の高さから，王室の工房でつくられたのではないか，と考えられている．

ジェセル王の後継者，セケムケト（前2611-2603）の一層大きな記念物は，基底部以上には建設が進まなかった．かれの時代に関しては不明瞭な点が数多くあり，その理由もはっきりしていない．4王朝開始前にあたるこの期間は，支配者の力がいかにその時代の記録や人々に影響を与えるかを，顕著に物語っている．つまり，王と王の組織が強力なとき，国の資源が効果的に使われ，後世に残るものまで生み出す．しかし，それは膨大な費用と，なかば強制的に集められた労働者を必要とし，国民の生活は，王によって左右されることになる．反対に，王が弱体の場合は，国の経済力は，極度に

歴史地図：遺跡と地形
この章の地図には，それぞれの地図が扱う年代と同年代の遺物で2部に書き留められている全遺跡の他，いくつかの場所が示されている．それらは各時代の遺跡を完全にあげ尽しているのではないほとんどの居住地には人が住みつづけたので，古代の遺物は破壊されたか，あるいは地中深く埋められていることを記憶に留めなければならない．示された分布図は，したがって居住地の分布というよりはむしろ重要な遺物の分布をあらわしている．ヌビアおよび砂漠やオアシスの遺跡が他に比較して多くあげられているのは，保存のためのよりよい状況があったこと，および時代区分の際の適用基準が他に比べて厳しくないからである．

これらの地図は古代の地理を仮説にもとづいて復元したものである．古代は現代よりナイル川流域の耕地面積が狭く（31-33頁），ナイル河谷のナイル川はより西に曲りくねっていた（ブッツァーによる）．また，ファイユームの湖の規模やデルタ地帯の水路にも変化がみられる（ブッツァーとビータクによる）．スエズ湾の規模はおそらくもっと大きかったであろう．

黒色と茶色の印は場所を示している．名前の横の青色の印は名前を限定しているのであり，場所を示しているのではない．

古代の地理のいくつかの特徴は仮説の域を出ないため，地図には書き込まなかった．その中にはデルタ地帯の海岸線の考えられる変化（たとえばグレコ・ローマン時代に関していえば，土地は海抜で約2.5m高かった）がある．また目的も時代もまったくはっきりしない（中王国時代か末期王朝時代）"東の運河"もその1例であるが，その痕跡はティムサ湖からテル・アル゠ファラマー付近に至る地域の空中写真の中にみることができる．

古王国・第1中間期のエジプト
◇ パピルスの発見された遺跡．中王国以後と違って，古王国のパピルスで現存するものはまれで，現存する全パピルスの出所がわかっている．
▽ 装飾された墳墓のある遺跡．中心は古王国末期と第1中間期である．これらの墳墓の急増は，この時期の地方分権と，たぶん富の水準を反映している．
* 古王国時代の外国遠征の刻文．主に鉱物を求めての遠征であるが，ヌビア方面へは交易，攻撃のための遠征もあった．刻文の大部分は6王朝のものである．
ワワトとイルトジェト，サトジュは古王国時代後期のヌビアの国である．古これらはペピII世治世の初期と一致する．

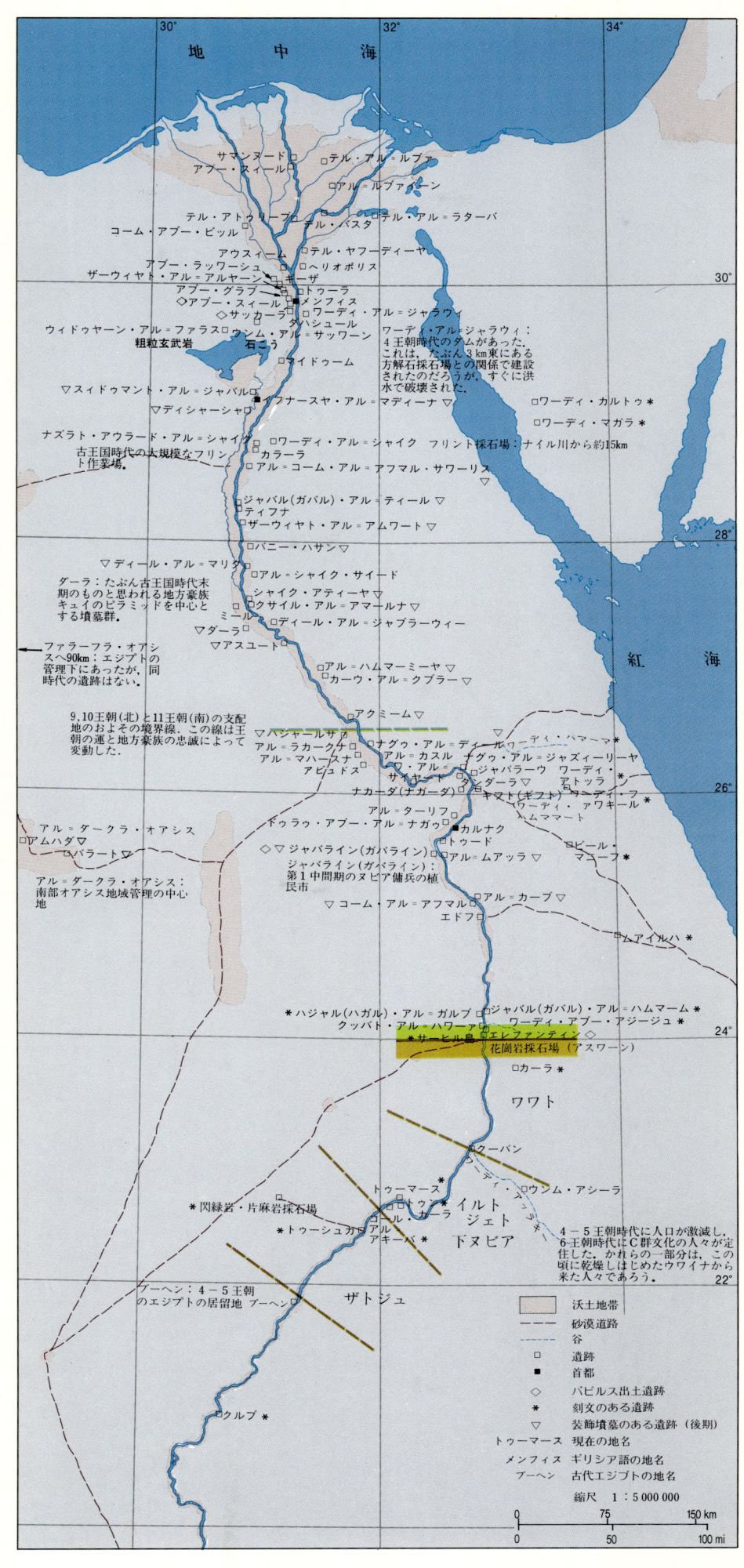

こなわれることもなく、人々は通常の型で生活することができるのである．

初期王朝時代の末期までには、エジプトの南の国境が第1急湍に印された．また、エジプトの文字、行政、美術は、古典的な一つの形式をもつまでに発達し、急激で、新しい権力の集中化が行われた．これは4王朝の支配者たちのもっとも重要な偉業であり、権力の集中化にともなって、地方の墓地は減少していく．

古王国時代

4王朝は巨大な大ピラミッドの時代である．しかし、この時代はまた、変動と政治闘争の時代でもあった．

4王朝初代の王、スネフル（前2575-2551）は、ダハシュールに2基のピラミッドを建設している．さらに、マイドゥームのピラミッドも同王が建設したか、もしくは既存の不完全なものを完成した、と考えられている．これらのピラミッド建築計画は、かれの後継者の計画と同じように、その規模において巨大なものであり、スネフル王が後継の王たちと同程度の経済力と組織力をもっていたことを意味している．さらに、ピラミッド建設に加えて、マイドゥームとサッカーラにも、同王時代のマスタバ群があり、4王朝中期の墓には、ほとんど装飾がほどこされていないにもかかわらず、ここには浮彫りや絵画がほどこされている．そして、これらの装飾の主題は、古王国時代末期にいたるまでの墓全体にみられるものである．

この時代の行政に関することは、サッカーラにあるメチェンの墓の碑文からうかがうことができる．メチェンは最高位の官僚でも、王家の一員でもなく、単なる高級官僚の1人であった．かれの領土はほとんどデルタ地帯にあり、開墾されていない土地であったと思われる．この時代、このように広範囲に散在した土地が高級官僚に与えられたのは、広大な領地をもつことを思いとどまらせるためであった、と考えられている．

断片的に残っている王の年代記（パレルモ年代記）や、ヌビア地方の岩に刻まれた碑文から、スネフル王の治世に1回もしくは数回にわたって、ヌビア地方に大遠征隊が派遣されたことが明らかになっている．この出来事が、以降、数世紀にわたって存続したブーヘンのエジプト人居住地の設立を導いたのである．ブーヘンのエジプト人居住地は、採鉱目的の遠征や交易の基地として使用されたと考えられている．1王朝から4王朝の間のエジプト人は、定住のヌビア人Aグループを追放したが、その後、前約2250年にCグループが到来するまで空白期間がつづいている．これは気候の悪化に関係がある、と考えられている．

4，5王朝を通じて最も注目すべき点は、太陽信仰である．当時、ピラミッドは太陽の象徴であり、スネフル王は太陽神の革新者と考えられていた．しかし、王名と太陽神ラーを結びつけた"ラーの息子"という王の名称は、ラージェデフの治世までみられない．2王朝期ラーネブという王がいたが、この名は、太陽神ラーとは関係ないものと考えられている．太陽神の影響力と重要性は5王朝中期までに次第に大きくなり、さまざまな政治的党派も、ラー信仰という点では一致していたのである．

4王朝の王の中ではクフ（前2551-2528）、カフラー（ラーカエフ）（前2520-2494）王が、その建造物ピラミッドの大きさからみて、最も力をもっていたと考えられる．メンカーウラー（前2490-2472）王も同じく巨大なピラミッドを残しているが、クフ・カフラー王のものと比べるとやや劣り、権力もそれに比例していたものと思われる．しかし、かれらのピラミッドがギーザに近接して建てられたことは、党派の結束

歴史的背景

を意味している.

アブー・ラッワーシュにラージェデフ（前2528-2520）の，南サマカニラにシェプセスカーフ（前2472-2467）のピラミッドがつくられ，建造者は不明であるが，ザーウィヤト・アル゠アルヤーンにピラミッドが建てられたのは，これらのピラミッドがクフ，カーウラー，メンカーウラー王たちに政治的に対抗した人々によってつくられたと考えられる．巨大なピラミッドと正確に配置された墓群が，最も端的にあらわしている．しかし，こうした権力の集中化は，権力をえるためになされた結果ではない．クフ王の前任者であるスネフル王は，かれの後継者同様に強い権力をもっていたが，かれの支配の仕方は後継者たちと違っていた．スネフル王が後世よい評判をえて神格化されたこと，クフやカフラー王が後に民話の中で暴君として描かれたことは，それがいくぶんか変形されて伝わったとしても，かれらの政治の行い方をある程度あらわしていると考えられるのである．

4王朝期は古王国時代を通じて最もすぐれた彫刻を生み出しただけでなく，浮彫りや碑文，葬祭用具なども同様に非常にすぐれたものを残している．この時期，物質文明に関しては，古王国時代の頂点を成していたが，知的文化や日常生活に関してはほとんど何も知られていない．

メンカーウラー王の後継者であるシェプセスカーフ王は，ピラミッドの代わりに巨大なマスタバを建造した．それまでのピラミッド墳墓の伝統を破ったこの試みは，5王朝期にしばしばみられるようになる．また5王朝期初代の王，ウセルカーフ（前2465-2458）は，サッカーラの階段ピラミッドの東側に小さなピラミッドを建て，アブー・スィール近くに太陽神殿を建てた．この様式はかれの後継者5人によって模倣されている．太陽神殿はピラミッドから離れてはいたものの，それを建造した王たちと密接に結びつき，葬祭時の重要な建造物であった．

4王朝と5王朝の間に建築上の共通点がみられるのと同様に，両王朝の間には血縁関係があった．ウセルカーフ王とサフゥラー王（前2458-2446）の母親ケントカウスは4王朝の王族の1人であった．この2人の王の父親は不明だが，同じ血族集団の他の系統出身の者だったと考えられている．ウセルカーフ王の前王，シェプセスカーフ王は，それまでの建築様式の上に変化をもたらした．また同様に，この時代，それまでの伝統的な王家の血縁関係にも変化がみられる．ウセルカーフ王もまた前王の方針を継いだ．このことから，5王朝の内政は4王朝とは大きく異なっていた．経済力の低下，もしくは消費物資の使用が増加したためか，ピラミッドの規模は小さくなったにもかかわらず，他の建築物の数が増したり規模が大きくなったりすることはなかった．

6王朝期には明らかに衰退の色があらわれてくる．しかしこの時期，2世紀間にわたってきわ立った建造物はつくられなかったが，政治，経済ともに一定した水準を保っていた．この理由は，なぜこの時期に4王朝期のような巨大な建造物がつくられなくなったのか，という疑問とともに，いまだに明らかにされてはいない．

5王朝期の個人の墓には列状に配置されたり，地域を限ったりという画一的な現象はみられず，墓の内部には多くの装飾がほどこされている．このことは，一般の人々が大きな表現の自由をもっていたことをあらわしているが，必ずしもかれらがより大きな富をもちはじめたことを示しているのではない．王朝末期の地方豪族の墓をみると，中央から派遣された役人が次第に地方の豪族になっていったことがわかる．つまり，地方豪族の出現とともに国王の権威が失墜していったのである．古王国時代の王権が衰退した原因は，強固な官僚組織が血族関係を優先させようとする王の独裁政治に次第に打ち勝っていったから，と考えられている．

ブーヘンのエジプト人居住地区から発見された王名の中で，最も後代のものはニウセルラー（前2416-2392）である．またエジプトから南方に向けた交易の遠征記録が発見されており，記録から，ニウセルラー王の後，まもなく，エジプトはヌビアの支配権を失ったようである．遠征基地はブーヘンでなく別の地名になっているからである．

5王朝末期の王たちが太陽神殿を建設しなかったということは，太陽信仰が次第に薄らいできたことを示している．ウナス王（前2356-2323）の治世は，6王朝との変遷期だったと考えられる．かれは小さなピラミッドを建て，ピラミッド複合体の参道と，内室の壁に多くの碑文を刻んだ．これらの碑文は，かれ以前の王たちのためにも描かれており，この時代，まだ太陽信仰が前時代と同型で残っていたことを示している．ピラミッドに碑文を刻むことは，8王朝期までつづいたが，碑文は多種多様に描かれている．

古王国時代の政治史を通じて，今日最も多くのことが解明されているのは6王朝期である．これは，発見された情報量が多い結果であり，6王朝期の典型とみなされている現象の多くが，他の時代にもおこったということは十分考えられる．高級官僚ウニの墓には，おそらくデルタの東か南パレスティナと考えられているが，エジプト東方への軍事遠征が記録されている．

王の葬祭のために描かれた遠征の浮彫りは，単にそのときの事実だけを語っているのではなく，他の王たちに共通しうる可能性をも示している．サフゥラー王（前2458-2446）のピラミッド複合体に記されているリビア遠征は，ニウセルラー王（前2416-2392）やペピI世（前2289-2255），ペピII世

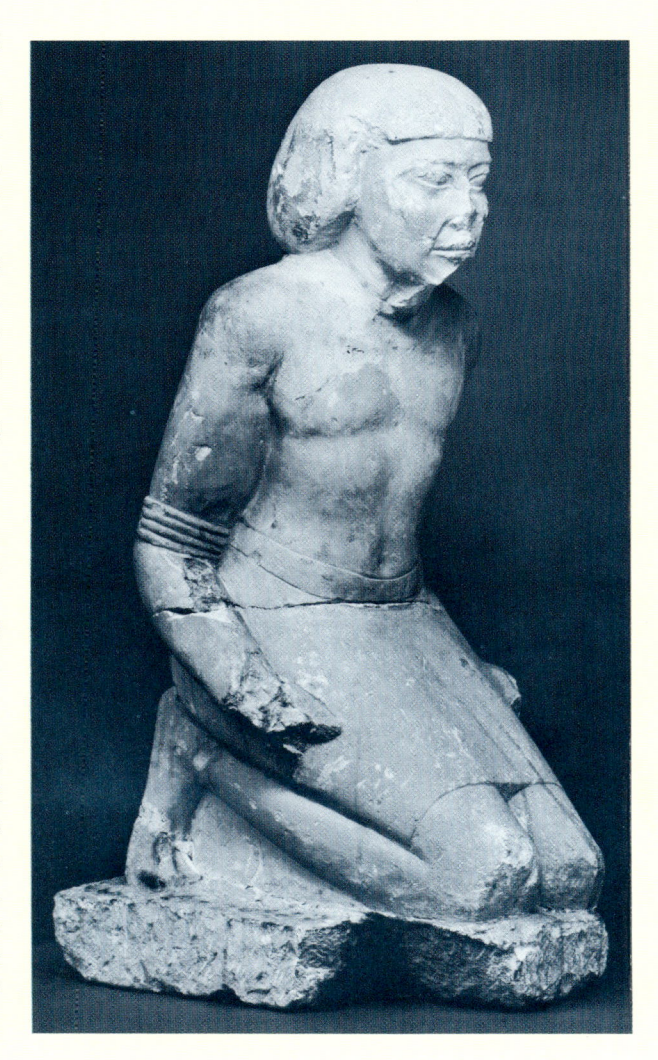

アジア人（？）の捕虜の彫像．おそらくサッカーラのジェドカーラー・イゼジの葬祭神殿複合体から発見されたもの．5, 6王朝の神殿複合体には，さまざまな民族をあらわした，このような彫像が多量にある．しかしこの遺跡はあまりにひどく略奪されてきたので，それがどのように並べられていたかを知ることはできない．これらは敵を打ち破っている場面の浮彫りと対をなすものである．ニューヨーク，メトロポリタン美術館蔵．

ジャバライン近郊のアル=リザイカート出土の荒く仕上げられたヌビア人セヌの葬祭用ステラ．碑文は，ステラの持主と，かれの真下に描かれたその息子がヌビア人であることを述べている．2人は特徴あるスポラン（ドげ袋）のような衣類を身に付けている．かれらは庸兵だったらしい．高さ37cm．第1中間期．ボストン美術館蔵．

（前2246-2152），そしてはるか後のタハルカ（前690-664）によって繰り返されている．これらの遠征は儀式の一環として行われたもので，サフゥラー王以前にもこうした遠征は行われていたと考えられている．

まれに発見される考古学的遺物は，当時のエジプトと近東との関係を明らかに示している．アナトリアからは，5王朝期の金細工がいくつか発見されており，前2250年前後に崩壊した国家エブラの首都であったシリアのテル・マルディークからは，カフラー王やペピⅠ世の石製容器が発見されている．このような遺物から，古王国時代，エジプトはこれらの国々と関係をもっていたのは確かであるが，それがどの程度のものであったのか，という点については，資料不足から推測の域を出ることはできない．また，ビブロスから同時代の遺物がいくつか発見されていることから，中王国時代と同様に，外国との交流の中継地は，ビブロスであったと考えられている．

6王朝時代の南方交易に関する事柄は，アスワーンにある遠征隊長たちの墓に記された碑文からうかがうことができる．碑文には，ある遠征隊がアル=カールガ（カールジャ）やアル=ダークラのオアシスを経由したこと，その途中の多くの出来事，下ヌビアにCグループが定住していたこと，初め三つの公国であったものが後に一つの政治単位にまとまり，エジプトとの関係が悪化していったこと，などが記されている．

このエジプトとの関係の悪化は，ペピⅡ世の長期にわたる治世（前2246-2152とされている）の間におこり，そのことはエジプトの権威が次第に衰えていったことを示している．当時のエジプトの衰退はメンフィス地域の一般の墓にみることができる．墓の装飾はそれ以前のものと比べると質素になり，ときには，全体が地下につくられている．地下墳墓がつくられるようになったのは，墓泥棒による盗掘を防ぐという安全上の理由もあったと考えられる．多くの墓を総合してみた場合，国王の権威の失墜やペピⅡ世の後にやってきた貧困を予測できるほどの明確な証拠はない．

つづく20年間（6王朝末期から7，8王朝期），王たちは名目上国王と認められてはいるものの，唯一の権力者としての支配力はもつことができなかった．すでに地方の官僚たちは，かれらの地位を世襲的に所有するようになっており，派遣されたノモス（州）を事実上，かれらの財産として扱うようになっていた．かれらは，しばしば武力をもって外部から財産を守った．墓地の発掘から，この時代，死亡率が極端に増加していることが明らかになっている．このことは，ナイル川の増水によっておこされた災害の大きかったことをあらわしている．弱体な王がつづいたこと，失政が行われたことなどの人的要素もあるが，政体の崩壊は，ナイル川の増水による水害がつづいたことも大きな原因になっていたのである．国の衰退していることを示す証拠が比較的少ないことがそれを裏付けている．この時代，飢饉は通常のこととなっていたのである．

第1中間期と11王朝の再統一

ペピⅡ世の治世の後，エジプトは分割され，第1中間期に入る．第1中間期当初は，ヘラクレオポリス（イフナースヤ・アル=マディーナ）出身の1人の王が全土を支配していたが（9，10王朝），やがて勢力をもつテーベ出身のノモスの長官たちが，新しく11王朝をうちたて，支配者をなのる．数年間は二つの王朝は併存していたが，両王朝が互いに大きく影響し合うことはなかった．それは双方とも弱体だったからといえよう．その後それぞれの勢力が次第に強力になっていくと，アビュドスの北にできた国境でしばしば衝突するようになる．上エジプトには相当数のヌビア人庸兵がおかれ，常に戦いに備えられた．慢性的な貧困がつづいたにもかかわらず，当時の遺物が発見されている．これらは従来より低い身分の人のためにつくられた品々である．

ヘラクレオポリスの王朝は頻繁に交替し，傑出した王を生み出すことはなかった．それに対しテーベの王朝は安定しており，第4代の王ネブヘペトラー・メントゥヘテプⅠ世もしくはⅡ世（前2061-2010）は，北の王朝を打ち倒し，国の統一に成功する．

メントゥヘテプというホルス名は"2国に心を与える者"という意味をもち，ここで初めて上エジプトの象徴である白冠が下エジプトの王の上に置かれ，やがて"2国の統一者"としての型をとるようになる．このような形式の変化は，エジプトが徐々に再統一されていることを示している．メントゥヘテプ王の2番目に用いたホルス名は，かれがエジプト全土を統合したことを意味しており，3番目に用いた名は，全国土を征服したことを意味している．そして王名の形式は，エジプト王の伝統として後の時代まで受け継がれていったのである．

エジプトを再統一したメントゥヘテプ王は，先人たちの遠征を基礎に下ヌビアで活発な動きをみせ，またディール・アル=バフリーに革新的な葬祭神殿を建てている．かれの葬祭神殿には多くの浮彫りや彫刻がほどこされているが，その美術様式が，古王国時代からの伝統を受け継いだというよりは，むしろ第1中間期に生まれた洗練された様式を示している．また，この神殿がテーベに建てられたことと，描かれた作品の内容から国王の権力が地方に基盤をもっていたということをうかがうことができる．メントゥヘテプは自らの姿を神格化して描かせ，自らの権力を正当化し，名声を高めようとした．この結果，かれは後にエジプト創立者の1人と考えられるようになり，王を神格化する風習は，以降，かれの後継者にも引き継がれていった．

エジプトの王たち

ここに記したリストは，エジプトの王の名とそのおよその治世年数が記されている．

王の称号は，五つの要素で構成されている．初めの三つは王の祖先をあらわすものであり，（1）ホルス名，（2）2女神名，（3）黄金のホルス名である．これらはすべて王が神の化身であることを示しており，4番目のカルトゥーシュに囲まれた名の前には，王であることを示す二つの言葉が置かれ，カルトゥーシュの中には，王の名とともに太陽神ラーに関する言葉が含まれている．王であることを示す二つの言葉は，それぞれが国の半分を意味していると考えられている．5番目は前に"ラーの息子"の称号をともなった第二のカルトゥーシュで通常，王の誕生名である．

名前の発音はしばしば不明で，通常はマネトー（前3世紀）の王名表に使用されているギリシア語形で発音されている．ここに示したリストでは，初めに誕生名を，つぎに最初のカルトゥーシュを記し，イタリック体で発音を記した．20王朝の王たちの場合には，2番目のカルトゥーシュの中にラメセスという王朝名が記されており，プトレマイオス朝の場合も同様に，プトレマイオスという王朝名が名前の中に含まれていた．

王朝内で治世年が重複するのは共治を示し，二，三の王朝が重なる場合には，それらは国の異なった地域で承認されていたのである．

*印が付いている個所は古代のリストやトリノ王名表，少数の天文学上の事実に関する資料，その他の資料などから，治世年数の正確にわかっている王である．

全体的に年代の誤差は，最小，新王国時代と第3中間期の10年から，最大1王朝初頭の150年の間である．12王朝の王たちの治世年に関しては，ほぼ正確であり，18，19王朝の王たちの治世年は，天文学的見地から他に選びようのない年数である．ここでは，推定される最高の数値と最低の数値の中間の値と，最低の数値を組み合わせて記している．前664年以降の王たちの治世年数はすべて正確で，第2部で登場するエジプト王たちもこのリストに記されている．

上　典型的で完全な王の称号．
"ホルス名：力強き雄ウシ，栄光の姿完全なるもの；2女神名：アトゥム〔年老いた太陽神〕のように王権確固たるもの；黄金のホルス名：腕力強きもの，九つの弓〔伝統的な敵〕を従えるもの；上下エジプト王名：メンケペルラー〔ラーは顕現の永遠なるものである〕；サ・ラー（ラーの息子）名：トトメス〔IV世〕，堂々とあらわれしもの；アメン＝ラーに愛されしもの，ラーのような生命を与える（または与えられし）もの．"

右　典型的なヒエログリフで書かれた代表的な王名；1列目にあるのはホルス名である．残りのほとんどは，同世代人たちが王をよぶときに使った上・下エジプト王名と，現在のわれわれが王をよぶときの誕生名である．

先王朝時代末期　およそ前3000年	
ゼケン；ナルメル	
初期王朝時代	2920—2575
1王朝	2920—2770
メネス(＝アハ)；ジェル；ウアジュ，デン；アンジュイブ；セメルケト；カ	
2王朝	2770—2649
ヘテプセケムイ；ラーネブ；ニネチェル；ペルイブセン；カセケム(イ)	
3王朝	2649—2575
ザネケト(＝ネブカー)	2649—2630
ジェセル(ネチェルケト)	2630—2611
セケムケト	2611—2603
カバー	2603—2599
フニ(?)	2599—2575
古王国時代	2575—2134
4王朝	2575—2467
スネフル	2575—2551
クフ(ケオプス)	2551—2528
ラージェデフ	2528—2520
カフラー	2520—2494
(ラーカエフ，ケフレン)	
メンカウラー	2490—2472
(ミケリヌス)	
シェプセスカフ	2472—2467
5王朝	2465—2323
ウセルカフ	2465—2458
サフラー	2458—2446
ネフェルイルカーラー カーカーイ	2446—2426
シェプセスカーラー イン	2426—2419
ラーネフェルエフ	2419—2416
ニウセルラー イジ	2416—2392
メンカウホル	2396—2388
ジェドカーラー イゼジ	2388—2356
ウナス	2356—2323
6王朝	2323—2150
テティ	2323—2291
ペピI世(メリラー)	2289—2255
メルエンラー	2255—2246
ネムティエムサエフ ペピII世 (ネフェルカーラー)	2246—2152
7/8王朝	
治世の短い王多数．ネフェルカーラーという王が何人かいる．	
第1中間期	2134—2040
9/10王朝	2134—2040
(ヘラクレオポリス朝)	
ケティとよばれる王数人；メリカーラー；イティ	
11王朝(テーベ朝)	2134—2040
インヨテフI世	2134—2118
(スヘルタウイ)	
インヨテフII世	2118—2069
(ウアファンク)	
インヨテフIII世	2069—2061
(ネケトネブテプネフェル)	
ネブヘペトラー メントゥヘテプ	2061—2010
中王国時代	2040—1640
11王朝(統一王朝)	2040—1991
ネブヘペトラー メントゥヘテプ	2061—2010
スアンクカーラー メントゥヘテプ	2010—1998
ネブタウイラー メントゥヘテプ	1998—1991
12王朝	*1991—1783
アメンエムハトI世	*1991—1962
(スヘテプイブラー)	
センウセルトI世	*1971—1926
(ケペルカーラー)	
アメンエムハトII世	*1929—1892
(ネブカーウラー)	
センウセルトII世	*1897—1878
(カケペルラー)	
センウセルトIII世	*1878—1841(?)
(カカーウラー)	
アメンエムハトIII世	1844—1797
(ニマアトラー)	
アメンエムハトIV世	1799—1787
(マアケルウラー)	
ネフェルセベク	1787—1783
(セベクカーラー)女王	
13王朝	1783—1640以降
約70王．比較的知られている王のみを記した．添えた番号は，全体のなかで何番目かを表す．	
インヨテフV世	c.1640—1635
(ネブケペルラー)1	
セベクエムザエフI世 (セケム	
ラー・ウアジュカウ)3；ネブイリルラー (ス	
ウアジュエンラー)6；セベクエムザエ	
フII世 (セケムラー・シェドタウイ)	
10；タアア(あるいはジェフティアア)	
II世(セケンエンラー)14	
カーメス	c.1555—1550
(ウアジュケペルラー)15	
新王国時代	1550—1070
18王朝	1550—1307
アハメス	1550—1525
(ネブペフティラー)	
アメンヘテプI世	1525—1504
(ジェセルカーラー)	
トトメスI世	1504—1492
(アアケペルカーラー)	
トトメスII世	1492—1479
(アアケペルエンラー)	
トトメスIII世	1479—1425
(メンケペルラー)	
ハトシェプスト	1473—1458
(マアトカーラー)女王	
アメンヘテプII世	1427—1401
(アアケペルウラー)	
トトメスIV世	1401—1391
(メンケペルウラー)	
アメンヘテプIII世	1391—1353
(ネブマアトラー)	
アメンヘテプIV世／アクエンアテン (ネフェルケペルウラー ワアエンラー)	1353—1335
スメンクカーラー	1335—1333
(アンクケペルウラー) (＝ネフェルテイティ?)	
トゥトアンクアメン	1333—1323
(ネブケペルウラー)	
アイ	1323—1319
(ケペルケペルウラー)	
ホレムヘブ	1319—1307
(ジェセルケペルウラー)	
19王朝	1307—1196
ラメセスI世	1307—1306
(メンペフティラー)	
セティI世	1306—1290
(メンマアトラー)	
ラメセスII世	1290—1224
(ウセルマアトラー セテプエンラー)	
メルネプタハ	1224—1214
(バーエンラー　ヘテプヘルマアト)	
セティII世	1214—1204
(ウセルケペルウラー　セテプエンラー)	
アメンメセス(メンミラー)，セティII世時代に王位を簒奪．	
シプタハ	1202—1198
(アクエンラー　セテプエンラー)	
タウセルト	1198—1196
(サトラー　メリトアメン)女王	
20王朝	1196—1070
セティネケト	1196—1194
(ウセルカウラー　メリアメン)	
ラメセスIII世	1194—1163
(ウセルマアトラー　メリアメン)	
ラメセスIV世	1163—1156
(ヘカマアトラー　セテプエンアメン)	
ラメセスV世	1156—1151
(ウセルマアトラー　セケペルエンラー)	
ラメセスVI世	1151—1143
(ネブマアトラー　メリアメン)	
ラメセスVII世	1143—1136
(ウセルマアトラー　セテプエンラー　メリアメン)	
ラメセスVIII世	1136—1131
(ウセルマアトラー　アクエンアメン)	
ラメセスIX世	1131—1112
(ネフェルカーラー　セテプエンラー)	
ラメセスX世	1112—1100
(ケペルマアトラー　セテプエンラー)	
ラメセスXI世	1100—1070
(メンマアトラー　セテプエンプタハ)	
第3中間期	1070—712
21王朝	1070—945
スメンデス	1070—1044
(ヘジュケペルラー　セテプエンラー)	
アメンエムネス	1044—1040
(ネフェルカーラー)	
プスセンネスI世	1040—992
(アアケペルラー　セテプエンアメン)	
アメンエムイプ	993—984
(ウセルマアトラー　セテプエンアメン)	
オソルコンI世	984—978
(アアケペルラー　セテプエンラー)

（タウタウイラー）1
アメンエムハトV世
（セケムカーラー）4
ホルネジュヘルイトエフ
（ヘテプイブラー）9
アメンエムウ 11b
セベクヘテプI世　c.1750
（カアンクラー）12
ホル（アウイブラー）14；アメンエムハトVII世（スジェファカーラー）15；セベクヘテプII世（セケムラー・クゥタウイ）16；ケンジェル（ウセルカーラー）17
セベクヘテプIII世　c.1745
（セケムラー・スワジュタウイ）21
ネフェルヘテプI世　c.1741—1730
（カセケムラー）22
セベクヘテプIV世　c.1730—1720
（カネフェルラー）24
セベクヘテプV世　c.1720—1715
（カヘテプラー）25
イイ　c.1704—1690
（メルネフェルラー）27
メントゥエムザエフ（ジェドアンクラー）32c；デトメススゥII世（ジェドネフェルラー）37；ネフェルヘテプIII世（セケムラー・スアンクタウイ）41a

14王朝
弱小な王たちの王朝で，たぶん13王朝が15王朝と並立していたのだろう．

第2中間期　1640—1532

15王朝(ヒクソス朝)
サリティス；シェシ；キアン（スウセルエンラー）
アポピス　c.1585—1542
（アアウセルラーや他の王たち）
カムディ　c.1542—1532

16王朝
弱小なヒクソスの支配者たち，15王朝と同時代．

17王朝　1640—1550
テーベの王多数．添えた番号は，全体のなかで何番目かを表す．
インヨテフV世　c.1640—1635
（ネブケペルラー）1
セベクエムザエフI世（セケムラー・ウグエフ　1783—1779

代表的な王名のヒエログリフ表記

ナルメル　アハ　デン　ペルイブセン　カセケムイ　ジェセル　スネフル

クフ　サフウラー　ウナス　ペピII世　メントゥヘテプ　アメンエムハトI世

センウセルトI世　センウセルトIII世　ネフェルヘテプI世　アポピス　タアア

イアフメス　トトメスIII世　ハトシェプスト　アメンヘテプIII世　アクエンアテン（アメンヘテプIV世）

セティI世　ラメセスII世　ラメセスIII世　ラメセスIV世　プセンネスI世

シェシェンクI世　ピイ　タハルカ　プサメティコス　アマシス

ダリウス　ネクタネボII世　プトレマイオスI世ソテル　プトレマイオスIV世フィロパトール　プトレマイオスXII世アウレテス

クレオパトラVII世フィロパトール　アウグストゥス　ドミティアヌス　トラヤヌス　セプティミウス・セウェルス

サアメン	978—959
（ネチェルケペルラー　セテプエンアメン）	
プスセンネスII世	959—945
（ティトケペルウラー　セテプエンラー）	
22王朝	**945—712**
シェシェンクI世	945—924
（ヘジュケペルラー　セテプエンラー）	
オソルコンII世	924—909
（セケムケペルラー　セテプエンラー）	
チェケレトI世	909—
（ウセルマアトラー　セテプエンアメン）	
シェシェンクII世	—883
（ヘカケペルラー　セテプエンラー）	
オソルコンIII世	883—855
（ウセルマアトラー　セテプエンアメン）	
チェケレトII世	860—835
（ヘジュケペルラー　セテプエンラー）	
シェシェンクIII世	835—783
（ウセルマアトラー　セテプエンラー／アメン）	
パミ	783—773
（ウセルマアトラー　セテプエンラー／アメン）	
シェシェンクV世	773—735
（アアケペルラー）	
オソルコンV世	735—712
（アアケペルラー　セテプエンアメン）	
23王朝	**c.828—712**
同時期に、テーベ、ヘルモポリス、ヘラクレオポリス、レオントポリス、タニスに別々の王統が存在、正確な相互関係や即位順については、まだ論争中．	
ペドゥバステ	828—803
オソルコンIV世	777—749
ペフチャウディバスト	740—725
（ネフェルカーラー）	
24王朝	**724—712**
テフネケト（シェプシェスラー？）	
	724—717
バクエンレンエフ	717—712
（ウアフカーラー）	
25王朝	**770—712**
（ヌビア朝の上エジプト支配）	
カシャタ（ニマアトラー）	770—750
ピイ	750—712
（ウセルマアトラーその他）	
末期王朝時代	**712—332**
25王朝	**712—653**
（ヌビア朝のエジプト全土支配）	
シャバカ	712—698
（ネフェルカーラー）	
シェビトク	698—690
（ジェドカーウラー）	
タハルカ	690—664
（クウラー　ネフェルテム）	
タヌウトアマニ	664—657
（バーカーラー）	
（たぶん後半はヌビアに戻った．）	
26王朝	***664—525**
（ネコI世）	*672—664）
プサメティコスI世	*664—610
（ウアフイブラー）	
ネコII世（ウヘムイブラー）	*610—595
プサメティコスII世	*595—589
（ネフェルイブラー）	
アプリエス（カイブラー）	*589—570
アマシス（ケネンイブラー）	*570—526
プサメティコスIII世	*526—525
（アンクカーエンラー）	
27王朝（ペルシア朝（1次））	☆ *525—404
カンビュセス	*525—522
ダリウスI世	*521—486
クセルクセスI世	*486—466
アルタクセルクセスI世	*465—424
ダリウスII世	*424—404
28王朝	***404—399**
アミルタイオス	*404—399
29王朝	***399—380**
ネフェリテスI世	*399—393
（バーエンラー　メリネチェルゥ）	
プサムティス	*393
（ウセルラー　セテプエンプタハ）	
ハコリス	*393—380
（クヌムマアトラー）	
ネフェリテスII世	*380
30王朝	***380—343**
ネクタネボI世	*380—362
（ケペルカーラー）	

テオス	*365—360
（イルウマアトエンラー）	
ネクタネボII世	*360—343
（セネジェムイブラー　セテプエンインヘル）	
ペルシア時代（第2次）	***343—332**
アルタクセルクセスIII世オクス	*343—338
アルセス	*338—336
ダリウスIII世コドマン	*335—332
土着の支配者カバパシャ（セネンタネン　セテプエンプタハ）より王朝の中断がある．	
グレコ・ローマン時代	***332BC—395AD**
マケドニア朝	***332—304**
アレクサンダー（III世）大王	*332—323
フィリップアルヒダウエス	*323—316
アレクサンダーIV世	*316—304
プトレマイオス朝	***304—30**
プトレマイオスI世ソテルI世	*304—284
プトレマイオスII世フィラデルフス	☆*285—246
プトレマイオスIII世エウエルゲテスI世	*246—221
プトレマイオスIV世フィロパトール	*221—205
プトレマイオスV世エピファネス	*205—180
プトレマイオスVI世フィロメトール	*180—145、*163—145
プトレマイオスVIII世エウエルゲテスII世（フィスコン）	*170—163、*145—116
プトレマイオスVII世ネオス　フィロパトール	☆145
クレオパトラIII世女王とプトレマイオスX世アレクサンダーI世	*107—88
プトレマイオスIX世ソルテルII世	*88—81
クレオパトラ　ベレニス女王	*81—80
プトレマイオスXII世ネオス　ディオニソス（アウレテス）	*80—58、*55—51
ベレニスIV世女王	*58—55
クレオパトラVII世女王	☆*51—30
プトレマイオスXIII世	*51—47
プトレマイオスXIV世	*47—44
プトレマイオスXV世カエサリオン	*44—30
これら以外に、アルシノエ、ベレニス、クレオパトラなどの女王が王と共治しているが、単独では支配しなかった．また土着の王が王位を簒奪している．ホルウンネフェル(205-199)、アンクウンネフェル(199-186)、ホルサイシス(131)．	
ローマ皇帝	***30BC—395AD**
（四分治制以前の皇帝で、ヒエログリフやデモティックのテキストに現れる者の名だけをあげた．）	
アウグストゥス	*30BC—14AD
ティベリウス	*14—37
ガイウス（カリグラ）	*37—41
クラウディウス	*41—54
ネロ	*54—68
ガルバ	*68—69
オト	*69
ウェスパシアヌス	*69—79
ティトゥス	*79—81
ドミティアヌス	*81—96
ネルヴァ	*96—98
トラヤヌス	*98—117
ハドリアヌス	*117—138
アントニヌス　ピウス	*138—161
マルクス　アウレリウス	*161—180
ルキウス　ベルス	*161—169
コンモドゥス	*180—192
セプティミウス　セウェルス	*193—211
カラカラ	*198—217
ゲタ	*209—212
マクリヌス	*217—218
ディアドゥメニアヌス	*218
セウェルス　アレクサンダー	*222—235
ゴルディアヌスIII世	*238—244
フィリップス	*244—249
デキウス	*249—251
ガルスとウォルシアヌス	*251—253
ウァレリアヌス	*253—260
ガリエヌス	*253—268
マクリアヌスとクイエトゥス	*260—261
アウレリアヌス	*270—275
プロビウス	*276—282
ディオクレティアヌス	*284—305
マクシミアヌス	*286—305
ガレリウス	*293—311

美術品に描かれた王たち

　エジプトの王たちの彫像は，一つの肖像というより，その理念を表現したものである．ここにあげた中で例外はアメンヘテプⅣ世とプトレマイオスⅣ世で，前者は非常に様式化されており，後者はヘレニズムの人物描写に影響されている．

　彫像の顔は，王の特徴を備えてはいるが，古い時代の作品には非常に洗練された技術で力強い王の性格をも表現している．波乱の時代の王，12王朝のネフェルヘテプⅠ世の像は，"苦悩する王"の姿を伝え，後の時代の王たちの頭像の表情はむしろ温和になっている．

　王像は通常，冠をかぶり，ウラエウスとよばれるコブラの像を額につけ，あごの下につけ鬚をつけている．冠の中で最も重要なものは，古来王権の象徴とされ，王を示す言葉ニストや，上エジプトにも関係した背の高い白冠と，18王朝以降に用いられた背が低く幅の広い青冠である．当時，青は最も誉れ高い色だった．その他，王の像の中には中王国時代の典型的な，ネメス頭巾と平らなふちなし帽子か頭蓋帽をつけているものもある．メルエンラー王が何もつけていないのは，かれの青年時代を刻んだものだからである．

ナルメルの化粧板．先王朝時代末期（約前2950年頃）．片岩製．

1王朝の王．約前2850年頃．象牙製．

カセケム，2王朝（約前2670年頃）．石灰岩製．

3王朝の王．約前2600年頃．赤色花崗岩製．

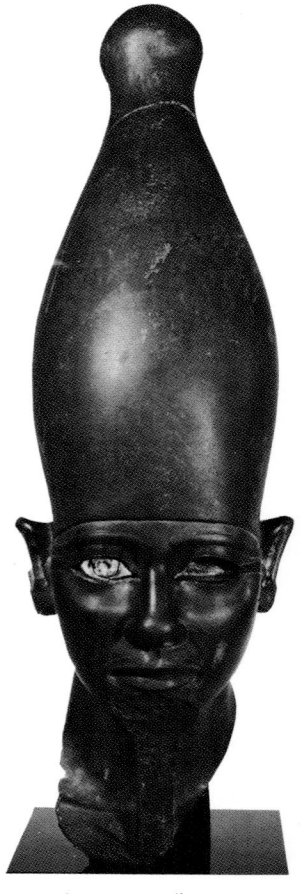

シェプセスカーフ，前2472-2467（？）年．閃緑岩製．

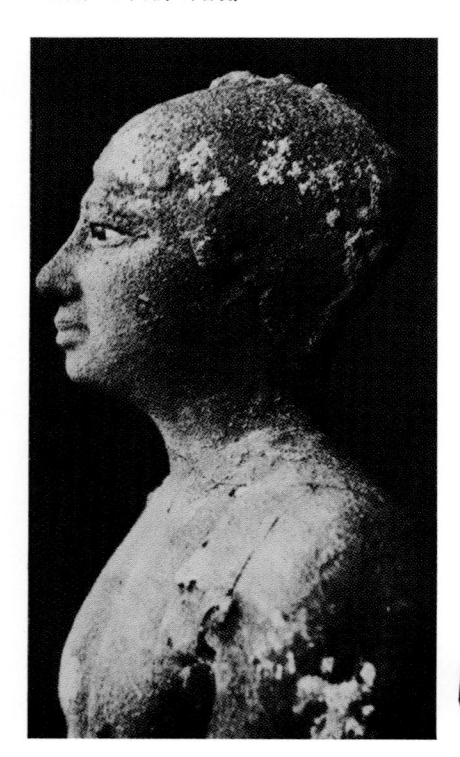

メルエンラー・ネムティエムサフ．約前2255年頃．銅製．

ネフェルヘテプⅠ世．約前1741-1730年頃．黒色玄武岩製．

アメンヘテプⅣ世／アクエンアテン．約前1350年頃．砂岩製．

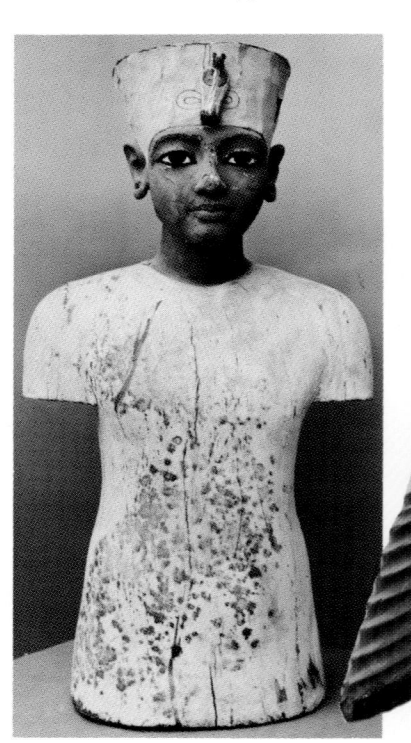

トゥトアンクアメン．前1333-1323年．木製漆喰．

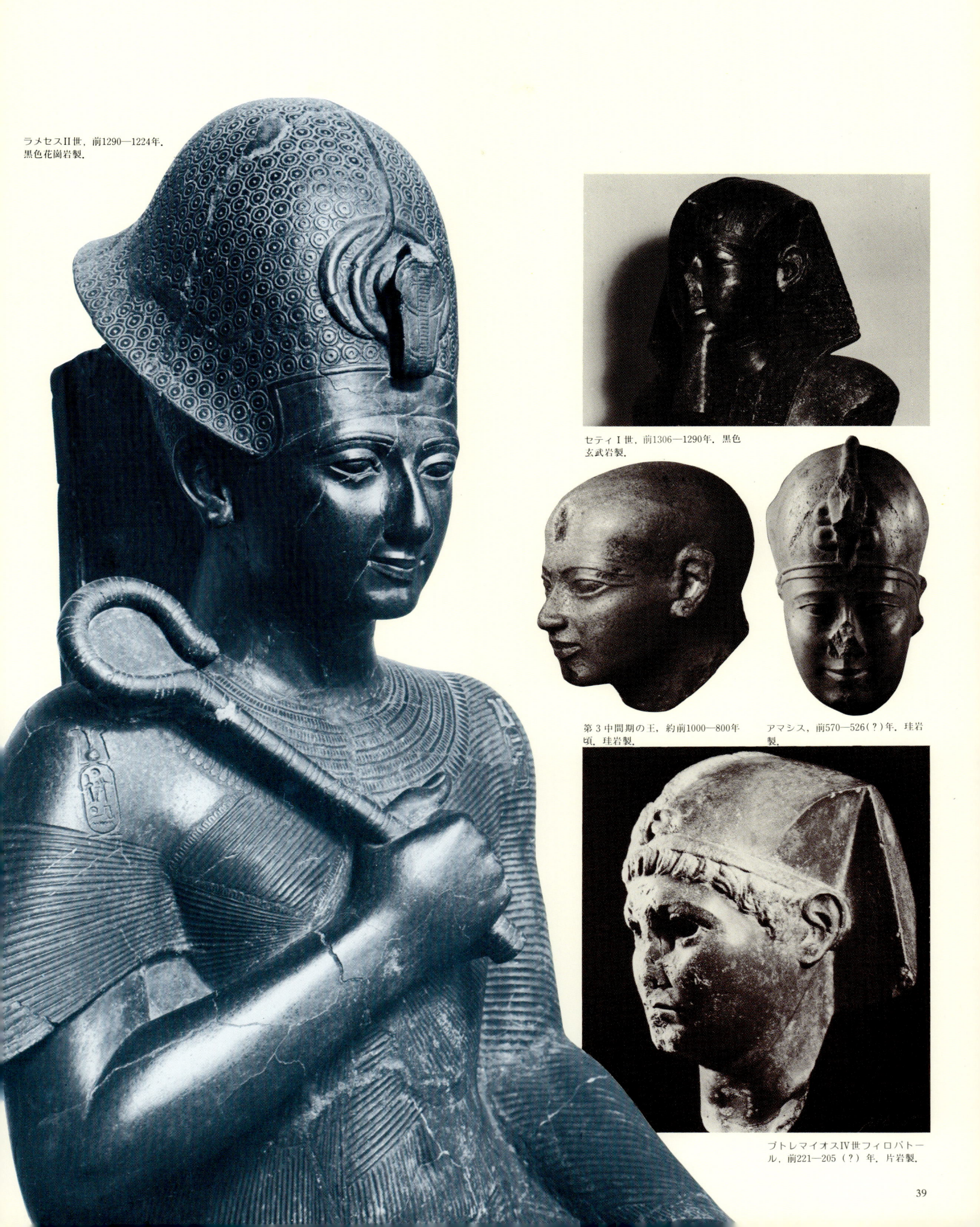

ラメセスⅡ世，前1290—1224年．
黒色花崗岩製．

セティⅠ世，前1306—1290年．黒色玄武岩製．

第3中間期の王，約前1000—800年頃．珪岩製．

アマシス，前570—526(?)年．珪岩製．

プトレマイオスⅣ世フィロパトール，前221—205(?)年．片岩製．

歴史的背景

中王国時代

11王朝末期の2人の王は，先代の王たちと同様，テーベを首都としていた．このときの第2の王であるネブタウイラー・メントウヘテプは，後に王名表からはずされており，正当な支配者として認められていなかったと考えられる．この2人の王の治世の間，エジプト国内の各地で建設事業が行われた．それにともない，採石場が各地に開かれたが，中でもワーディ・ハムママートの採石場は，紅海ルートを復活させたほど重要なものであった．このような社会の動きは，エジプトが強固であったことを示しているが，政治体制は長つづきはしなかった．

やがて政権は，12王朝初代の王となり，当時，ネブタウイラー・メントウヘテプの宰相であったアメンエムハトの手に握られる．アメンエムハトはエレファンティン島の有力な家系の出身であるが，誰が政権を握るようになったか，その経過は明らかにされていない．

アメンエムハトⅠ世（前1991-1962）は，王宮をテーベからメンフィス近郊に移し，新しく都市を建設し，イテイタアウィと命名した．新しい都市の名は，"アメンエムハトは2国を所有する"という意味である．当時メンフィスが依然，重要な都市であったにもかかわらず，この都市は区域内にアメンエムハトⅠ世やセンウセルトⅠ世のピラミッドが建てられ，政治的には中心都市となっていた．新しい都市は，革新的な面と古い時代の伝統を守ろうとする面の両方をあわせもっており，それは同時に，この都で生まれた芸術にも反映している．

外交政策上，アメンエムハトⅠ世は，ネブヘペトラー・メントウヘテプのヌビアでの業績を基にして，その治世の最後の数年間，何度かヌビアへ遠征を行っている．かれはヌビアの遠征に自らおもむくことはなかったが，この遠征でエジプトは第2急湍に至る全領域を征服した．ヌビア遠征の隊長は，アメンエムハトⅠ世の息子センウセルトⅠ世（前1971-1926）で，かれは10年間，父の共同統治者として，父以上に精力的に政務にたずさわった．アメンエムハトⅠ世は，息子のリビア遠征中に殺害されたといわれているが，それまでの共同治世のために，この事件が大きな混乱を招くようなことはなかった．

アメンエムハトⅠ世とセンウセルトⅠ世の共同統治中，エジプトでは多くの建築が行われ，下ヌビアではいくつかの強固な要塞が築かれた．建造物の増加にともなって多くの芸術作品も生まれ，センウセルトⅠ世の礼拝堂の壁に描かれた浮彫りなどは，後世に残る古典文学作品として知られている．18王朝初期の彫刻師たちは，これらの作品を手本としている．草創期の王たちは，このように多くの業績を残したが，その作品や記録はあまり残っていない．前2000-1900年の時代の遺物に比べると，センウセルトⅢ世（前1878-1841）やアメンエムハトⅢ世（前1844-1797）の時代と，それ以降の時代のものの方がより多く発見されている．

センウセルトⅢ世は12王朝を通じてもっとも名声を博した王である．かれはヌビア遠征によって国境を第2急湍の南端のセムナまで南下させ，新しい要塞を築き，それまでの要塞を拡張させた．当時，ケルマの王たちは，勢力を増し，エジプトの南をおびやかしつつあったからである．またセンウセルトⅢ世は，その権力が最も強勢だった頃，パレスティナ遠征も行っている．しかし，そのころ，パレスティナには半遊牧民が住んでいたために，12王朝末期まで人々は定住しなかった．最近の研究により，センウセルトⅢ世の大規模な常備軍の組織構造が解明されつつある．

センウセルトⅢ世は，地方長官の権力を剥奪し，国土を4地区に区分するという思い切った行政改革を行っている．区分された地区の一つはナイル川流域，デルタの半分にあたるほどの広大な地域であった．12王朝末期から13王朝期にかけての遺跡アル＝ラーフーンから出土した文書資料をみると，当時のエジプトには強固とした官僚組織ができあがっており，それが国を動かしていたことがわかる．

センウセルトⅢ世の業績の中で，最も評価されているものは，かれ自身の肖像である．当時文献に記されているほどの王権の重荷を象徴するかのように，年老いてやつれた王の姿はみごとに表現されている．このような表現の仕方は古い伝統を破ったものであり，かれの後継者，アメンエムハトⅢ世の彫像にも同じ様式が用いられている．しかし像からみる限り，アメンエムハトⅢ世の時代は平和だったと思われる．センウセルトⅢ世は後に，かれの領土で神格化されたが，アメンエムハトⅢ世もファイユームで神格化されている．かれはファイユームに自らの二つのピラミッドを建て，多数の記念物を建てた．そしてかれは，前任の王たちが関心をもっていた干拓事業を実行したと考えられている．

アメンエムハトⅢ世の後を継いだアメンエムハトⅣ世（前1799-1787）とネフェルセベク女王（前1787-1783）の治世の間，エジプトの繁栄はつづいていたが，女性が王位にあった，ということは，王族が衰えつつあることを意味している．しかし，王権の性格が，かなり変化してきてはいるものの，12，13王朝期の資料からみると，王位の継承には完全な連続性がある．

約150年におよぶ13王朝の時代，およそ70人の王があらわれ，そして消えていった．その間には，王位をめぐって争いもおこった．しかし，争いによって王が事実上存在しない期間は

右 中王国・第2中間期のエジプト
* パレスティナ中期青銅器文化（前18-17世紀）の遺物をともなう遺跡．
▽ 第2中間期の主要"パン・グレイブ"文化遺跡．この文化を担った人々は，東部砂漠の遊牧民で，大部分はいろいろな支配者の傭兵だった．この文化に類似した土器は，紅海沿いの山脈と南東スーダンのカッサーラで発見されている．新王国時代までに，かれらは完全にエジプトに同化し，かれらの名"ナジャイ"は警察を意味するようになった．

右奥 中王国時代の第2急湍近辺の砦
急湍地帯は，30kmの範囲にわたって急流のため，だいたい航行不可能である．12王朝の辺境砦の連続は，ナセル湖に水没するまでは，世界最大の遺跡群であった．北の砦はセンウセルトⅠ世治下に建設されはじめ，セムナとクムマはセンウセルトⅢ世によって追加された．

下 カルナクのセンウセルトⅠ世のキオスク（小聖所）の浮彫り．第3塔門から発見された石塊から復元された．この場面はアトゥム神が王をアメン＝ラー・カムトエフの前に導くところを示している．この手の込んだ洗練された様式が18王朝初期の芸術家に影響を与えた．

11–13王朝

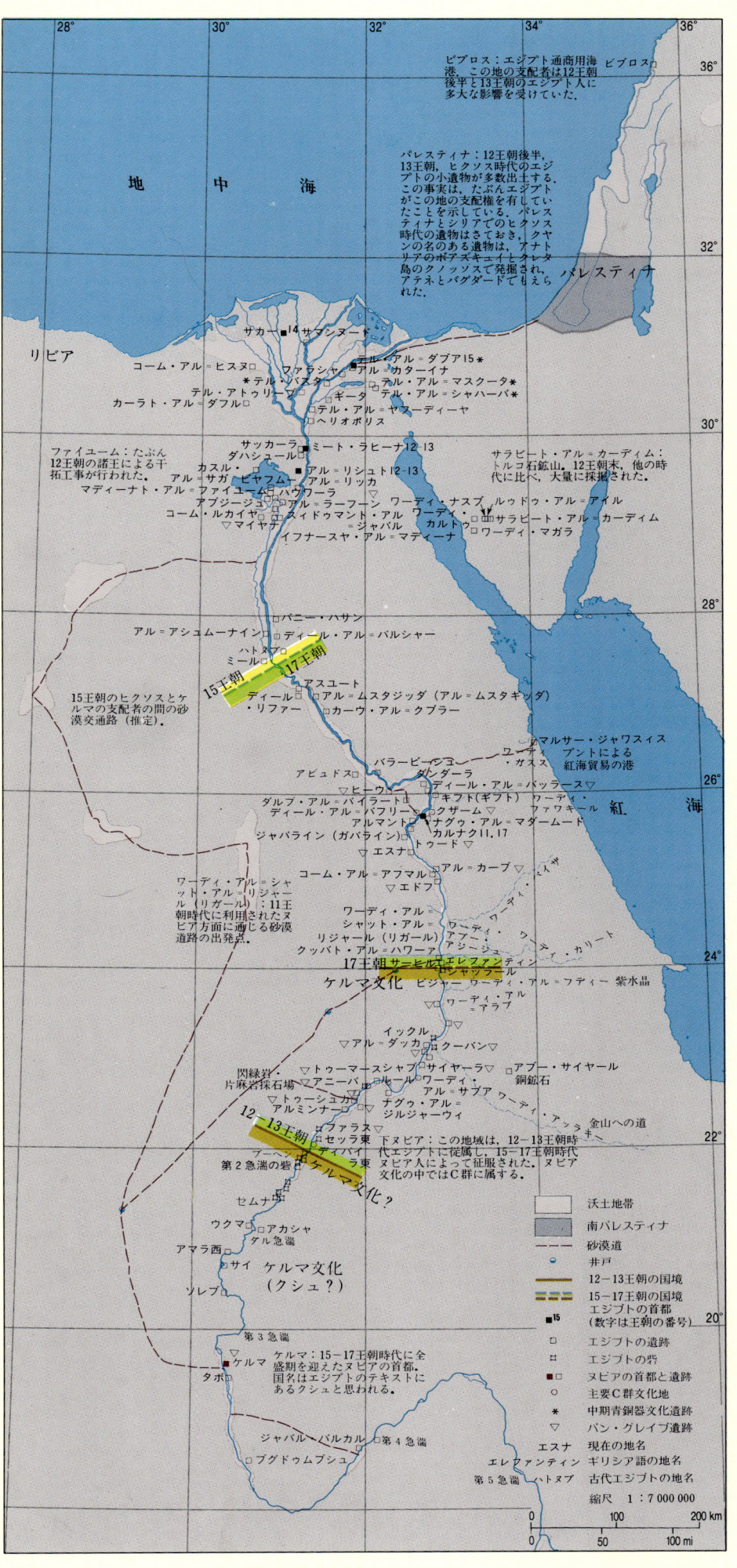

ごく短期の，そしてきわめてまれなことであり，通常，国は安定していた．このころ，王自身はほとんど実際の政務をとらず，代って最高位にある官吏，宰相がそれを行い，かつ重要人物となっていた．この時代，官僚たちの階級を示す官職称号が急増し，最高官吏の中には18世紀間にわたって，地位を保ちつづけた家系もある．このような官職称号の増加は，官僚政治の規模が膨張したために生ずるもので，歴史的にみると，国力が徐々に衰退していくときにあらわれる現象である．

前1720年に至っても，エジプトは，内外ともに権力や威光を失うようなことはほとんどなかったようである．一般の人々の墓から発見された遺物から推察すると，国の富はむしろ増大し，さらに王権を強力に行使してつくったと思われるような，王に関する遺物が少ないことから，富の平均化が進んでいたと考えられる．つまり平和がつづいたのである．この平和な時期に，パレスティナから多数の移住者がやってきた．かれらは前1800年以降，近東におこった民族移動の波に乗ってエジプトにやってきたと考えられている．かれらはエジプト社会の最下層に吸収された．しかし，パレスティナ人のケンジェルという者は，王位につくほどの権力をもつまでに至っており，このエジプトに移住したパレスティナ人が，第2中間期において外国支配を受ける先駆者になったと考えられている．

13王朝末期には，東のデルタにアジア人が密集して住むようになった．それらの中には，12王朝期には完全にエジプトの領土だったのが，後にヒクソスやラメセス王朝時代，首都となったカンティールといった地域が含まれていた．13王朝末期まで，エジプトは下ヌビアを支配していた．しかし，そ

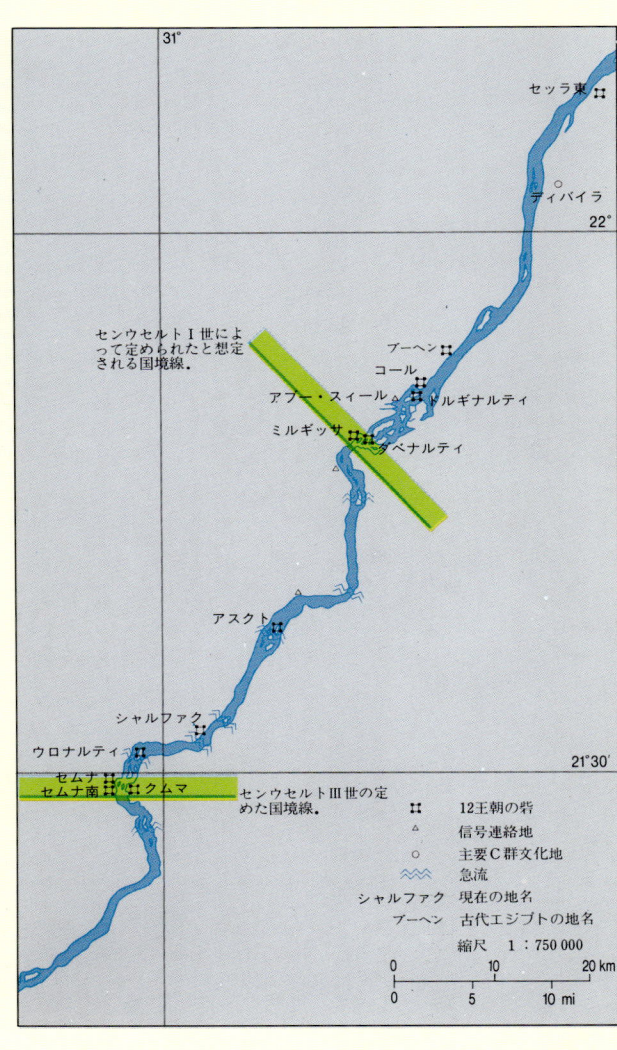

歴史的背景

こに派遣されていた駐屯軍は，しだいに独立性を増し，定住していった．下ヌビアに定住した者の中には，15, 17王朝初頭，南から侵略された後までも動こうとしない者がいたのである．

第2中間期

前1640年頃，13王朝はヒクソスとよばれる民族に，その地位を奪われた．ヒクソスという名は"外国の支配者"というエジプト語に由来するギリシア語で，慣習的にそのようによばれている．ヒクソスがいかなる民族で，どのようにしてエジプト王朝になることができたのか，詳しいことはいまだに謎である．

ヒクソスは15王朝を形成し，当時もっとも強い王朝だったと考えられている．かれらは敵に対して寛大であったために従来のエジプトの王朝，13王朝および，確定的なことはわかっていないが，北西デルタ地域の家系から出た14王朝は，同時に存続されていたようである．また後に16王朝となるヒクソスの別のグループも存在したようである．このグループは一定期間，自らを王と宣言し，アジア的な統治を行った．これらの王朝の中で最も重要だったのは，ナイル川流域，第1急湍からクサエ（アル＝クースィーヤ）までを支配していたエジプト王家の血をひく17王朝であった．南方，下ヌビアはケルマのヌビア人王によって征服され，12, 13王朝が所有していた土地は主要3地区となって存在した．ほぼ1世紀の間，このような状態で平和がつづいた．

15王朝期の王たちは非常に広い範囲にわたって外交や交易を行ったようで，かれらの名が，広範囲に散在する近東の遺跡から発見されている．この外国との交渉によって，以降，エジプトの技術の多くが革新され進歩し，アジア人の移住者たちとともに新しい技術も入ってきた．軍事的技術もこのとき進歩したようであるが，エジプトの軍事技術や装備の躍進は，主に18王朝初期の遠征中になされている．この時代までエジプトの技術は，近東に比べて遅れていたが，新王国時代には同水準を保っている．それまでエジプトは合金された青銅を輸入し，ヒ素銅を使っていたが，このとき新しい青銅製造法が導入され，さらに改良された陶工ろくろ，垂直織機，こぶのあるウシ，新種の野菜や果物，ウマ，戦車，複合弓，新型の新月刀，その他の武器なども入ってきた．また別の面では新しい楽器の流行がおこり，18王朝期，踊りもそれ以前のものとは変わってきたのである．

テーベの王家は17王朝のセケエンラー・タアアⅡ世とともにヒクソスを追い出す戦いをはじめた．この戦いの最後のエピソードは，新王国時代の物語"ヒクソス王アポピスとセケエンラーとの仲たがい"によって知られている．セケエンラーは，かれのミイラから察して，戦場で死んだと考えられる．セケエンラーの後継者カーメスの残した二つの石碑は，テーベがヌビアの王たちと同盟し，ヒクソスと何度も戦ったことを記録している．カーメスはヒクソスの首都アヴァリスの近くまで達し，南はブーヘンまで遠征している．しかし，かれの治世3年以後のことに関しては何の記録も残っていない．

新王国

カーメスの後継者アハメス（前1550-1525）は前1532年頃，何回もの戦いの末，ついにヒクソスを追放することに成功した．ヒクソス追放の経過に関しては，アル＝カーブ出身の戦士，エバナの息子，アハメスによって非常に簡単に記録されている．この後もアハメスの勝利はヒクソスを追ってパレスティナまでつづいた．ヒクソスはそこで同盟者をえるか，いくらかの支配権をえたようで，数年間そこに留まった．ヌビアでのアハメスは第3急湍近くにあるサイ島まで遠征したが，途中でエジプト国内に反乱がおこり，帰らざるをえなかったようである．かれは治世中，国のあちこちに多数の碑文を残した．その中には，かれの祖母に対する崇敬を示したものもある．この時代，王族の女性は，きわ立った存在とされていたのである．

アハメスはエジプトを非常に改善された，経済力をもった統一国家とし，その力は第2急湍の南からパレスティナの一部まで広がっており，当時の近東の最大勢力とされていた．アハメスの息子アメンヘテブⅠ世（前1525-1504）は，エジプトの勢力をさらに南へ拡大したようであるが，かれの治世中のアジアの事情に関しては何もわかっていない．18王朝末期から20王朝の間，アメンヘテブとかれの母アハメス・ネフェルタリは，王の墓が建てられたディール・アル＝マディーナの住民たちに崇拝されていた．これは，人々が王の墓造りにたずさわることのできる，制度化された集合社会を創設したからと考えられている．しかし実際に，王家の谷で最初の埋葬が行われ，そのために村が設立されたのは，つぎの治世に入ってからのことのようである．

歴代のエジプト王の中で，最もその武功により知られているトトメスⅠ世は，男子の後継者をもたなかった前王の縁戚であった．かれは治世のはじめの数年間に，北はユーフラテス川，南はナイル川第4急湍の上流，クルグスまで遠征を行った．これは，それまでの王たちが征服していた領土の最大のものである．しかしこの領土拡張は，かれの前任者たちの戦いを最終的にしたものであり，かれ以前にもエジプトは，領土をめぐって何度も遠征を行っている．アメンヘテブⅠ世の治世中，北シリアにはその世紀を通じて，エジプトの大敵であるミタンニ王国が形成されていた．トトメスⅠ世がユーフラテス川まで遠征を行ったとき，この王国が一番の敵であった．

当時，シリア，パレスティナ地方の小国家は，"臣従の誓い"によってエジプト帝国の一部を形成しており，エジプトに貢納物を献じていた．しかし，これらの国々は自治を維持しており，自分たちの政治を行っていた．エジプト人のこれらの国々における現地駐在は，比較的小規模の軍の分隊と少人数の高級官僚によって維持され，ヌビア地方は植民地として，エジプト王の指令を受けた宰相のもとに，エジプトの直接統治を受けていた．両方の地方は，エジプトの神殿にみられるように規制基金寄付地の一部をなしていた．ヌビア人に対するエジプトの過酷な要求は，19, 20王朝の大幅な人口減少の一因となったようである．

エジプトが近東とヌビアに遠征し，統治をはじめた動機の主なものは，長距離交易と原料獲得のためのルートを安定させるためで，防衛は2次的な要因だったと思われる．交易による利益とヌビアの金は，エジプトの富を増大させ，国際的立場をより高めていった．

領土拡大戦争がつづいたために，エジプト国内では常備軍の規模が大きくなった．それにともない，神官団と軍隊が国の内政に関して次第に対立するようになってきた．この新しい国内での動きは，後のエジプト史を変化させていく大きな要因になっている．しかし，18王朝期になってさえ，エジ

右　新王国・第3中間期のエジプト　ここに示される政治区分は第3中間期のもので，アル＝ヒーバを含む地域から南のアスワーンまでの範囲は，テーベの高級神官団によって支配されていた．この神官たちは，ただ名目的に，21-23王朝の諸王に従属していた．アル＝ヒーバより北は21, 22王朝の諸王に直接支配されていたが，後に，この地域は事実上独立した諸地域に細分化されはじめた（47頁の図参照）．

左　第2中間期の名前を彫った2個のスカラベと1個の子安貝型印章．この時代に典型的なもので，歴史や政治を知る上の主要な資料である．
a．王の長子，イベク，40個以上のスカラベに名が刻まれている．15王朝．
b．外国（"ヒクソス"）の支配者，キアン．15王朝第4代の王．
c．ニカーラー王の子安貝型印章．かれは16王朝の王らしいが不明な点が多い．凍石製．最大高17.5mm．フレイザー・フォン・ビッシング・コレクション蔵．バーゼル大学．

下　15王朝のネブケペシュラー・アポビス（アアウセルラーと同一人物らしい）の時代の短剣の柄．羚羊（レイヨウ）を狩っている男が"かれの主人〔アポピス〕の下僕，ナフマン"（セム系の名前）である．サッカーラ出土．柄の長さ11.4cm．カイロ，エジプト博物館蔵．

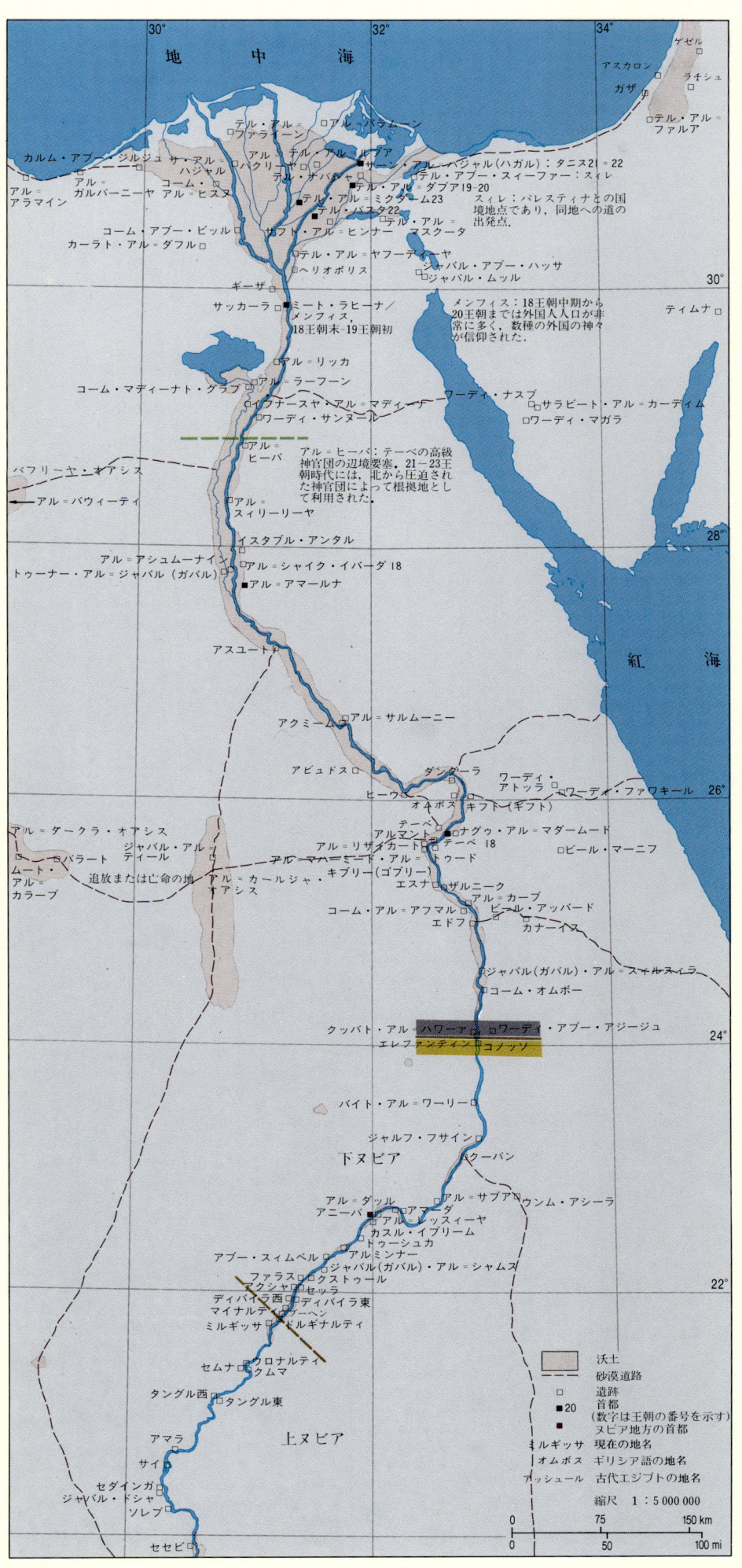

トにおける宗教の重要性は大きかった．神殿，とくにカルナクのアメン大神殿には，王たちが戦いに臨んでの勝利を願う寄進や，勝利に対する感謝の祭りが行われ，神々の託宣によって数人の王が選ばれている．この時代の重要人物の多くは，元軍人たちであり，戦いのないとき，軍隊は建設工事に徴用された．

トトメスII世（前1492-1479）の治世の間，ほとんど政治的な痕跡を残さず，かれは世を去った．トトメスII世が地位の低い妻との間にもうけた息子，トトメスIII世（前1479-1425）が幼少で王位を継ぐと，トトメスII世の妻ハトシェプストは，摂政となり国の実権を握った．トトメスIII世が王位について20年間，エジプトはほとんど軍事行動を行わなかった．そのためにアジアの領土を失っている．トトメスIII世の治世7年目，ハトシェプストは自らを王と宣言し，それまでのエジプトの概念"統治者としての王は男性である"を打ち破った．彼女はトトメスIII世の治世22年目に没するまでトトメスIII世と共治を行い，つねに優位な立場でエジプトを統治した．トトメスIII世は伯母であるハトシェプストに対して，望めば反乱をおこせるほどに成長していたが，彼女の強権をある程度黙認していた．

ハトシェプストには，平民出身の優秀な部下センムトがいた．かれはハトシェプストの娘の家庭教師であり，また世話役でもあった．センムトがどれほどの力をもっていたかということは，かれの彫像がテーベ地方の遺跡から20個発見されていることからもうかがえる．またかれは，ディール・アル＝バフリーのハトシェプスト女王の葬祭神殿の浮彫りの中に，自らの姿を彫り込むことのできることを許された唯一の人間であった．

センムトの監督下にあったネフェルラーは，トトメスIII世の未来の共治者または妻となるべく育てられたようで，記録の中でも目立っている．しかし彼女はトトメスIII世が支配権を握るとすぐに死んでしまった．

ハトシェプストの下でのアジア遠征の記録はないが，バニー・ハサン近郊のスペオス・アルテミドス神殿に残る碑文には，彼女がヒクソスを憎悪していたことが述べられている．しかし碑文には，彼女がよい秩序再建したことも同時に述べられている．ヒクソスを追放して2世代も後に彼女がこのようなことを主張するのは，ヒクソスに対して，彼女が前任の王たちの行ったアジア政策に従わないことを正当化するためのものだったと考えられる．

ハトシュプストの死後，トトメスIII世は近東に対する長い遠征を行っている．トトメスIII世はまず，エジプトに対して反抗をはじめたパレスティナ征服から遠征を開始した．そして20年間にわたってシリアへ遠征をつづけた．しかし，シリアのミタンニ王国は，執拗にエジプト軍に食いさがり，トトメスIII世は，征服地であるユーフラテス河畔を放棄せざるをえなかった．この戦いは，つぎの世代までつづいている．トトメスIII世はその治世末期には，ヌビア遠征を行い，第4急湍近くのナパタに，この地方の首都を設立した．遠征の途中で，かれは国のあちこちに建造物を建て，多くの墓をつくった．これらの事業は，領土拡大によって獲得した利益の象徴である．

トトメスIII世は，治世の末期，幼いころからもちつづけてきた，ハトシェプストに対する憎悪をあらわにし，建造物に描かれているハトシェプストの姿をことごとく消し去り，自分と2人の前王の姿に置き換えることや，彼女の像を打ち壊すことを命じた．トトメスIII世のこのような行為は，長期にわたってかれをないがしろにした，伯母ハトシェプストに対しての憎しみのほかに，当時の内政にも原因があったようである．

歴史的背景

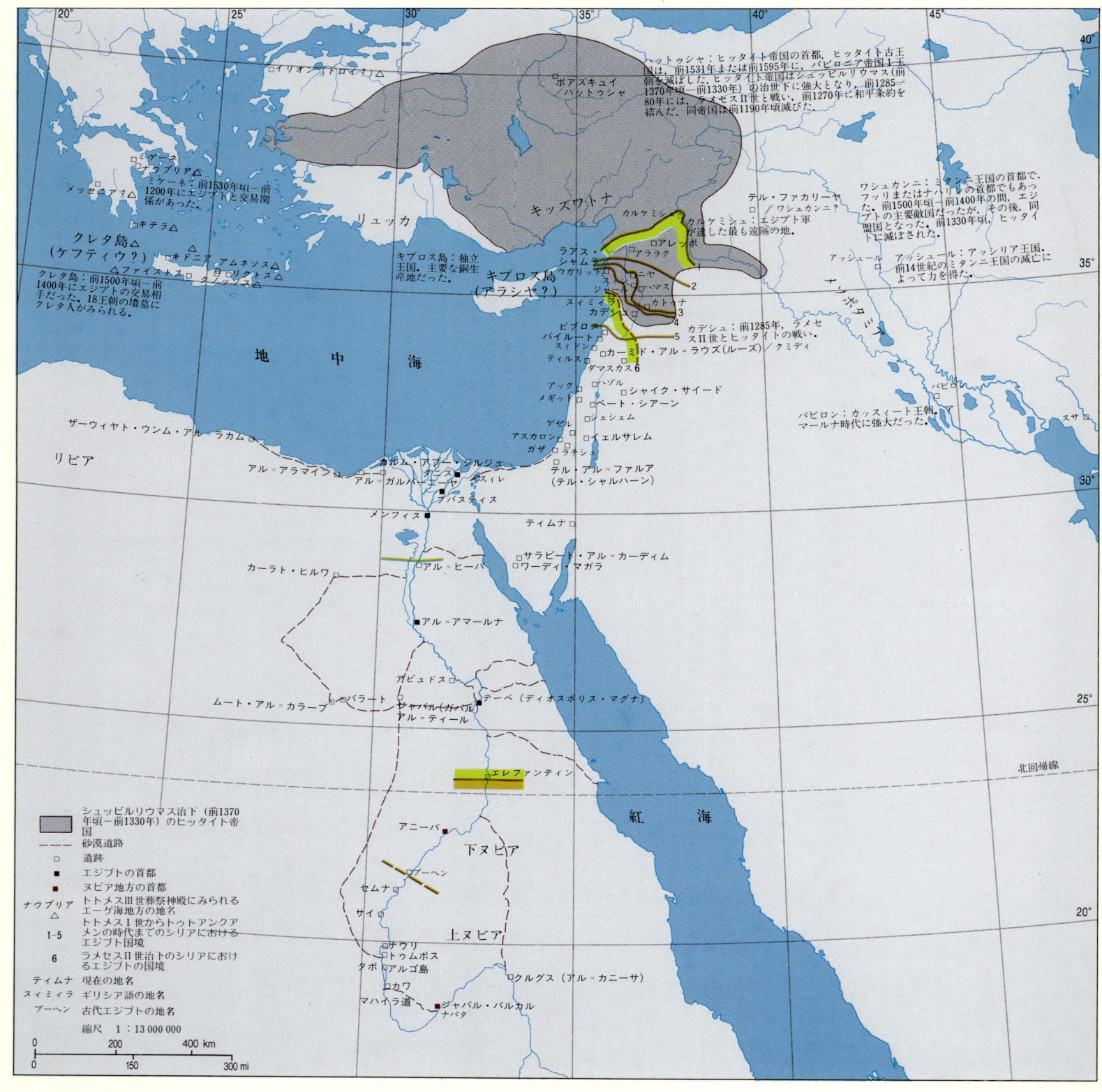

トトメスIII世は治世の晩年，かれの息子アメンヘテプII世（前1427-1401）をかれの共治者とした．アメンヘテプII世は父の死以前から，そして以後も遠征で戦っていた．当時，小国家の王たちの忠誠心や尊敬はエジプト自身より，征服を行ったり，権威をもった王に向けられていた．したがって，新しい王はしばしば権威をあらためて示す必要があったのである．

アメンヘテプII世の軍事行動は実際には戦略上の意義はなく，むしろそれは，シリアまでかれの権威を誇示するためのものであった．かれが恐るべき運動能力，体力をもっていることを示すことは，外国に対して大きな威圧となったのである．遠征が終った治世の9年目には，アメンヘテプII世は，当時三大勢力と唱われていたヒッタイト，ミタンニ，バビロンの国々から，外交交渉のしきたりとして，貢物を受け取っていた．当時，ヒッタイトとバビロンは弱体な小国家から，次第に勢力を増しつつあり，ミタンニはその繁栄の絶頂期にあった．

トトメスIV世（前1401-1391）とアメンヘテプIII世（前1391-1353）の治世は，それまでとは違った独特の時代をつくり出した．トトメスIV世の時代，エジプトは多くの土地をミタンニに引き渡した．しかし，トトメスIV世はミタンニの王女を妃とし，治世の末期には，両国間に平和をもたらしたのである．エジプトとミタンニのあいだの婚姻関係は，ミタンニからの一方通行であり，当時，エジプトが強固として認めら

前1530年頃-前1190年のエジプトと近東

シリア・パレスティナにおけるエジプト領の境界線を，ヘルクによって，北から南へ，年代順に示した．

━━━ 1. トトメスI世治下のエジプト領拡大範囲．
━━━ 2. トトメスIII世の治世末期．
━━━ 3. アメンヘテプII世の治世第7年．
━━━ 4. トトメスIV世時代．
━━━ 5. トゥトアンクアメン時代．
╌╌╌ 6. ラメセスII世時代．
△ アメンヘテプIII世葬祭神殿出土のリストの地名と，同一と認められるエーゲ海地域の地．

ていたことを示している．バビロン王に対するアメンヘテプⅢ世の言葉に，「古代より，エジプト王の娘は誰にも与えられたことがない」というのがある．アメンヘテプⅢ世の治世になると，かれは1人以上のミタンニの王女と結婚している．

こうして，平和とともに国の富はさらに激増した．アメンヘテプⅢ世の治世に建立された建造物の数と規模については，かれより長い治世を誇るラメセスⅡ世の建造物のみが比較しうる．この時代の建造物や彫刻はどれも巨大で非常に質が高かった．おそらくメンフィスも含まれると考えられるが，全テーベ地域の設計にあたり，主な大神殿を互いに結ぶスフィンクス参道をつくったり，様式に新しい型が取り入れられていった．

ナイル川西岸の巨大な人工湖であるビルカト・ハーブーは，アル＝マルカタの王宮や王の葬祭殿のまわりに発展していった新しい町の中心となっていた．大きなイデオロギーの変化としては，王が存命中に自ら神格化したことがあげられる．当時，王の最も親しい要人で友人でもあったアメンヘテプは，ハブの息子で退役軍人だった．かれはほとんどの建築事業の指揮をとり，自らの葬祭殿を建てる栄誉まであえて，後に神格化されている．かれがこのような名声をえたのは存命中の業績によるものである．

アメンヘテプⅣ世（前1353-1335）は，王子トトメスの死後，皇太子になり，自らに太陽神の大祭司という称号を与えることで治世をはじめた．大祭司の役割は歴代の王たちも伝統的に勤めてはいたが，王の正式な称号の中には組み入れられていなかった．アメンヘテプⅣ世は，太陽神のために新しい教義上の名称を公式化したのである．"地平線上でシュー（あるいは光）のまわりで日輪（アテン）として歓喜するラー・ホルアクティ"，この称号が二つのカルトゥーシュの中に組み入れられ，神に王の特権を与えたのである．この神の新しいあらわし方は，先端が人の手の形をした日輪であらわされ，王と女王に対して，その日輪と生命を意味するヒエログリフと差し出した手で描かれている．この時代，太陽神以外の伝統的な，どの神も存在する余地を残されていなかった．自己賛美ともいえるこの太陽神信仰の発展の促進が，在命中の王の第1の目的となった．

アメンヘテプⅣ世の第1王妃ネフェルティティは，太陽神信仰の強いこの時代，王と同じくらい目立った存在であった．アメンヘテプⅣ世治世の最初の6年間，他の多数の都市での建設に加えて，カルナク大神殿の建設計画があった．神殿のあらゆる場所は新しい美術様式の浮彫りと彫像で飾られ，廟の一つには一連の王家の彫像が置かれた．それらの像の4分の1は女王のものである．また治世の末期には，アル＝アマールナの神殿が建てられたが，そこの装飾画は王と女王の巨像が同数になっている．

アメンヘテプⅣ世は治世5年目に，名前をアクエンアテン（太陽の光の奉仕する者）と変え，アル＝アマールナに新都を建設した．アル＝アマールナはつぎの世代に徹底して破壊されたが，多数の貴重な遺物が発見されている．当時，最高位の官職についていたアイの墓にはアクエンアテンの太陽讃歌が刻まれ，その他の浮彫りや小物にも，かれの太陽神信仰の強さがうかがわれる．治世9年ころ，太陽神の教義上の名前が一層純粋主義的に変わった．"地平線上の支配者，ラー，（太陽の光として帰り来し）父親たるラーの名において地平線上で歓喜する者"となったのである．しかし，その後，この太陽神信仰の発展はなく，アクエンアテンの治世末期には建てられた記念物の数も少ない．第2の教義上の名が採用された時代，アクエンアテンは他の神々を祭った国中の神殿を閉鎖し，アメンという名前と，ときによっては他の神々の名前まで，建物から削り取らせたようである．この行動は，軍隊の力なしには考えられないほどの大事業で，王のこのような行動に対して，一般の人々はほとんど支持しなかったようである．

アクエンアテンとネフェルティティの間には6人の娘が生まれたが，息子には恵まれなかった．かれの2代後のトゥトアンクアメンは第2夫人ティイとの間に生まれた息子と考えられている．ティイの記録はアクエンアテンの治世末期には抹消されている．ちょうど同じ頃，共同統治者があらわれたことが記念物に描かれている．それはネフェルティティだったようである．彼女は王位を象徴する服を身につけ，第2の名前，ネフェルネフェルアテンを用い，王権を象徴する品をもっていた．あたかもそれは彼女以前の女王ハトシェプストのようであった．ネフェルネフェルアテンの名はつぎつぎに変化し，最後の名はスメンクカーラーである．この名が用いられた期間はアクエンアテンの死後，ネフェルティティによって行われた短い治世に一致している．後にトゥトアンクアメンと改名したトゥトアンクアテン（前1333-1323）は，7歳ぐらいのときに王位を継承した．アクエンアテンのつくり出した新しい宗教は，その完全な除外や迫害は時代がやや下るとしても，トゥトアンクアテンの治世の初期には放棄され，長い間エジプトの大都市であったメンフィスが首都となった．

トゥトアンクアメンが王位にあった間，エジプト治世の実権は大臣アイと将軍ホルエムヘブが握っていた．トゥトアンクアメンの残した碑文には神殿を再建したことが記録されているが，外交政策の詳細については何も記されていない．近東のエジプト領地はヒッタイト王，シュッピルリウマスが遠征を行って以来，乱れていた．トゥトアンクアメンの後，アイはごく短期間，王位についた．アイの後を継いだホルエムヘブ（前1319-1307）は通常18王朝とされていたが，当時のエジプト人たちは，かれをつぎの王朝の初代の王と考えていた．現在，ホルエムヘブの時代を19王朝とよんでいる．

ホルエムヘブはカルナクのアメンヘテプⅣ世の神殿を解体

上　ミタンニのトゥシュラッタ王からアメンヘテプⅢ世へあてた楔形文字の手紙．粘土板の下部には，エジプト語のヒエラティックで，アメンヘテプの36年と記した書類整理用の記事がインクで書かれている．この手紙は，ニネベのイシュタルの像を治療の神としてエジプトに送ったときに添えられていた．彫像はトゥシュラッタの前任者のシュッタルナⅡ世の時代にも一度エジプトに送られた．アル＝アマールナ出土．ロンドン，大英博物館蔵．

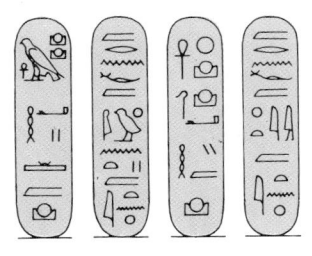

上　アメンヘテプⅣ世アクエンアテンの太陽神のカルトゥーシュ．左の二つは初期のもので，右の二つは後期のもの．訳は本文中にある．

右　ハブの息子，アメンヘテプの座像．肥満して年老いた男として表現されている（かれは80年以上生きた）．カルナクの第7塔門で発見された．この彫像は後に崇拝されるようになった．この鼻はその当時彫り直されたものである．高さ1.42m．アメンヘテプⅢ世の時代．カイロ，エジプト博物館蔵．

歴史的背景

し，そこにかれ自身の壮大な神殿を建設した．またかれはトゥトアンクアメンの碑文の大部分を流用したが，おそらく，それらが自らの功績によると考えたからであろう．ホルエムヘブの2代後の後継者，セティⅠ世（前1306－1290）は，莫大な数の記念物を修理し，アクエンアテンの痕跡を一掃し，アクエンアテンの名前と，その後の3人の王の名前を公式記録から削り取ることによって，ホルエムヘブの復興事業を完成させると同時に建設事業に力を入れた．また近東へ数回遠征を行い，ヒッタイトが弱体化したときに，シリアのエジプト領地をいくらか一時的に回復するのに成功した．かれの遠征記念は，戦闘場面として，より現実的な表現の浮彫りの中に描かれている．

セティⅠ世は治世末期，息子ラメセスⅡ世（前1290－1224）を共同統治者として王位につけた．ラメセスⅡ世は父のシリアでの活動を受け継ぎ，治世4年目に勝利をあげ，治世5年目には，カディッシュの戦いで，それまで勝敗が決していなかったヒッタイト軍と対決した．ラメセスⅡ世はこのカディッシュの戦いの模様を，多くの神殿の装飾として彫刻に残した．戦いは2，3年の間行われたと思われるが，その後，休戦状態に入り，ラメセスⅡ世治世の21年目に，公式にヒッタイトとの平和条約が結ばれた．この条約の本文は，エジプト語では，ラメセスⅡ世の神殿の浮彫りに記録され，アッカド語では，ヒッタイトの首都ボアズキュイ（ハットゥシャ）から出土した楔形文字板に残っている．その後，ラメセスⅡ世とヒッタイト王女たちの婚姻が行われ，50年にわたって平和がつづいた．

ラメセスⅡ世は，エジプトの王たちの中では最も多くの建造物を建てた王で，かれの建てた彫像も，より巨大なものであった．多くの古い建造物に，ラメセスⅡ世の名や姿が刻まれ，かれはアメンヘテプⅢ世のように，在命中に神格化された．数世紀の間，ラメセスという名は王権と同義語とされていた．ラメセスⅡ世による建造物は，ほとんどが公式のものであり，アメンヘテプⅢ世の時代のように私的，個人のものとして建てられたのではなかった．ラメセスⅡ世のすぐれた建築活動の多くは治世初期に行われ，末期には，その建造物から職人の技術低下がうかがえる．ラメセスⅡ世治世の末期，経済的にはきわめて悪化していたようである．

ラメセスⅡ世の行った最も重要な事業の一つはデルタ地帯にあるピーリアムセス（おそらく現在のアル=カターイナとカンティール）とよばれる土地に新しく首都を移転したことである．移転の理由は，王とその家族がこの地方出身ということもあったが，当時，国際上，経済上の中心がデルタに移動していったからだ，と考えられている．この首都の移転のために，末期王朝時代は新王国時代に比べて資料が少ない．

ラメセスⅡ世は非常に長命で，けたはずれに大規模な家族をもっていた．かれの後を継いだのは13番目の息子メルネプタハ（前1224－1214）である．メルネプタハの治世の初期，リビア人の攻撃があった．リビア人との争いは，すでにセティⅠ世のころからはじまっていたが，メルネプタハは，このために地中海岸沿いに，西方に向かって要塞を建設し，リビア人と戦うと同時に，地中海沿岸を基盤とする"海の民"とよばれる部族集団とも戦った．侵略者たちは，定住を意図して，妻や子供まで連れてきていたが，勝利をえることはできなかった．戦いの後，ある者は逃げ去り，またある者は戦争捕虜として強制的に定住させられた．

メルネプタハの死後，王朝内は政権をめぐって争いがおこるが，短命であったセティⅡ世の未亡人，タウセルト（前1198－1196）の短い単独政権によって，この内部闘争も終りを告げる．この時代，実際に国の権力をにぎっていたのは，ベイとよばれる高級官僚だったようである．ベイはシリア人の血をひいており，後の時代に，別名によって悪の天才として描かれている人物がかれではないか，と考えられている．

20王朝初代の王，セティネケト（前1196－1194）は，ある碑文の中で，この内戦時代のことを述べ，それがかれの治世の2年目と最後の年までつづいたと記している．またセティネケトは，自らが王位につく以前，国は無秩序状態だった，と述べているが，メルネプタハの治世代からラメセスⅢ世の治世代まで生きつづけていた官吏たちがいたことから，暴虐行為は官邸内と軍人グループ内に限られていたと考えられる．ラメセスⅢ世（前1194－1163）は安定した国内情勢を継続し，いくつかの建築事業を行った．この期間二度にわたるリビア人の侵略と"海の民"の攻勢により猛烈な圧迫を受けたが，エジプトはそれらに打ち勝ち，シナイと南パレスティナの支配権をも維持した．

ラメセスⅢ世の称号はほとんどラメセスⅡ世のものと同じで，マディーナト・ハーブの葬祭神殿複合体は，ラメセスⅡ世の建てたラメセウムを手本にして設計された．20王朝の王たちは，自らを表現することに対して異常なほど保守的で，古来の伝統に従った．それはあたかも独自のものをつくり出す自信のもち合わせがなかったかのようであったが，ラメセスⅢ世の事業は，後継者たちに比べると偉大なものであった．ラメセスⅢ世の死とともにエジプト王朝には再び王位をめぐって過激な継承争いがおこり，ラメセスⅢ世の死の前には，妻たちの間で自らの息子を王位につけようとする陰謀がうず巻いた．その後90年間に，ラメセスとよばれる王がさらに8人出た．かれらは即位時に，誕生名にラメセスの名を加えた．全員，ラメセスⅢ世の血筋のようであったが，王位は絶えず争いの源であった．この時期，エジプトはパレスティナの支配権を失い，ヌビアも20王朝末期にエジプト支配から離脱した．ラメセスⅢ世治世以降の唯一の大建造物は，カルナクにある王墓と，コンス神殿であるが，これらはプトレマイオス王朝期まで完成されなかった．

パピルス文書とオストラカには，19王朝から20王朝期の国政に関して多くの事柄が書かれている．長期にわたる20王朝期の最も重要な変化は，土地の多くが神殿，とくにカルナクのアメン神殿に帰属したことであった．このことは国政と神殿が結合していたことを示している．やがてアメン大神殿は上エジプトの事実上の支配権をえて，主要な神官職は世襲になり，王から独立し，高級神官たちは王に対立するようになっていった．当時，エジプトにおける大きな問題は，戦争捕虜を植民地に定住させることであった．中でもリビア人に対しては，エジプト人と認めるとともに，部族名メシュウェシュ（"Ma"と略されることもある）がそのまま認められる自治体としての活動を許され，エジプト第1の政治勢力まで発展していった．

しかしこのような王朝の方針は，エジプトを次第に網目状に分割させ封建社会をつくリ出していったのである．20王朝初期，近東の国々は鉄器時代を迎えていた．しかしエジプトはそれに至っておらず，東地中海全域は衰退の時期に入っていた．エジプトはそれらの国々から受けた損害が，他の国々に比べるときわめて小さかったが，近東の国々があまりにも急激に技術を進歩させたために，その卓越した地位を永久に失うことになってしまった．

ラメセスⅪ世（前1100－1070）の治世代，ヌビアの太守パネフシが，テーベ地域を奪おうとエジプトに侵入してきた．しかしパネフシは戦いに敗れ，下ヌビアのアニーバに退き，そこに埋葬された．この出来事の後，エジプト王朝に仕えていた高級官僚の多くがその地位を失った．当時，神官と軍人は非常に強い結びつきをもっており，ラメセスⅪ世の治世19年目には，ヘリホルとよばれる軍人がラメセスの後継者とな

18-20王朝

第3中間期末のエジプト

この地図はピイ戦争（前730年頃）頃のエジプトの政治勢力区分を示している．

■ 王に支配されていた都市．もし，ある王朝固有のものであれば，王朝の番号を記した．

＊ ピイの戦勝石碑に支配者の名とともに記録された都市．これ以外の数都市は記さなかった．49頁のアッシュールバニパルの地図と比較せよ．

ヘルモポリスとヘラクレオポリスの領域の境界線はまったく仮定上のものである．

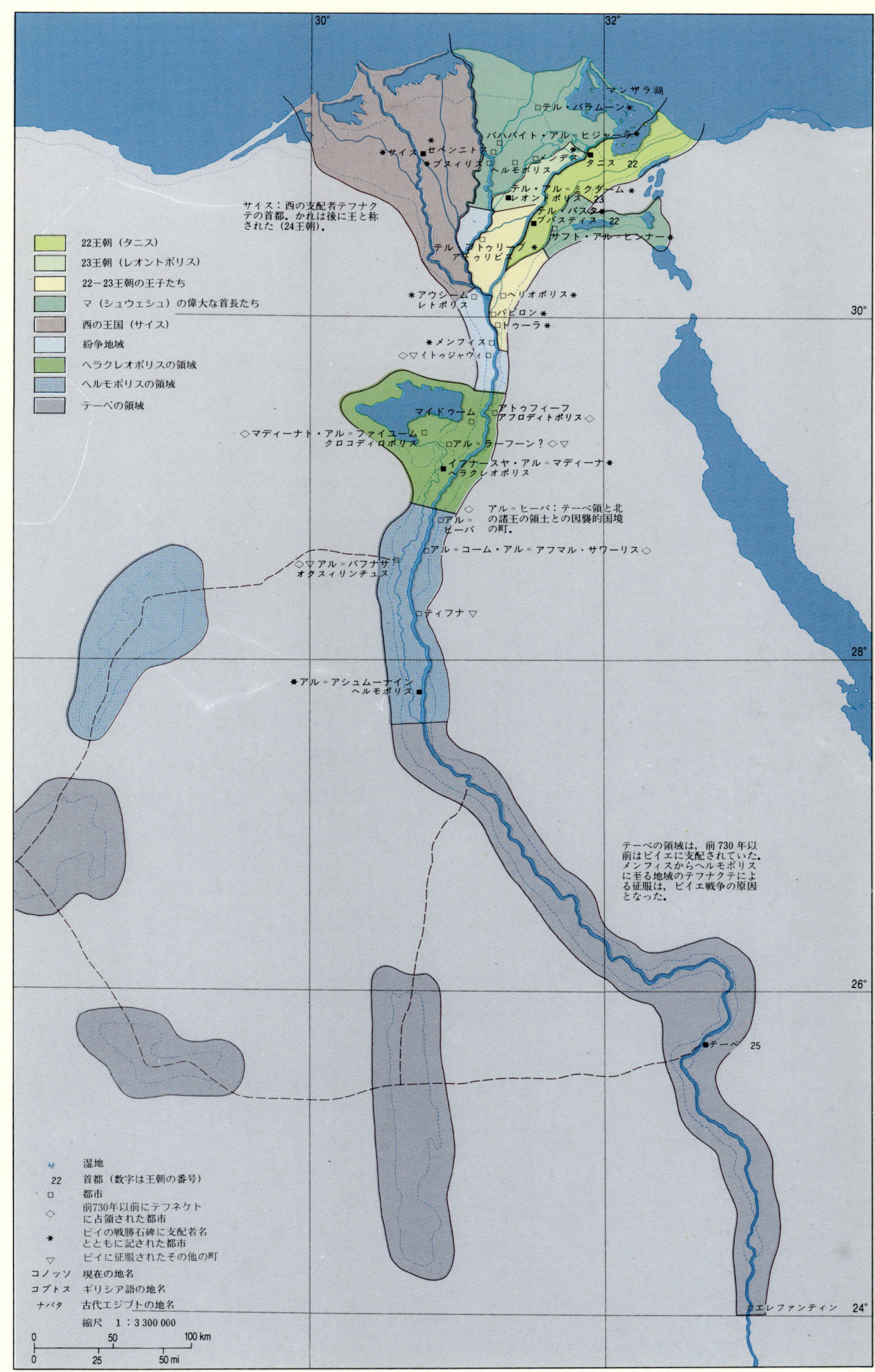

凡例:
- 22王朝（タニス）
- 23王朝（レオントポリス）
- 22-23王朝の王子たち
- マ（シュウェシュ）の偉大な首長たち
- 西の王国（サイス）
- 紛争地域
- ヘラクレオポリスの領域
- ヘルモポリスの領域
- テーベの領域

サイス：西の支配者テフナクテの首都．かれは後に王と称された（24王朝）．

アル＝ヒーバ：テーベ領と北の諸王の領土との因襲的国境の町．

テーベの領域は，前730年以前はピイエに支配されていた．メンフィスからヘルモポリスに至る地域のテフナクテによる征服は，ピイエ戦争の原因となった．

凡例:
- 湿地
- 22 首都（数字は王朝の番号）
- □ 都市
- ◇ 前730年以前にテフネケトに占領された都市
- ＊ ピイの戦勝石碑に支配者名とともに記された都市
- ▽ ピイに征服されたその他の町
- コノッソ 現在の地名
- コプトス ギリシア語の地名
- ナパタ 古代エジプトの地名

縮尺　1：3 300 000

っている．

ヘリホルはそれまでに類をみないほど王としての地位を強化している．かれは自らを王として描かせたり，それまで使用されていたものとは別系統の暦の制度を採用したが，これらのことは，エジプトに2人の王が存在したことを暗示しているのである．ヘリホルはわずか5年で死去した．そして，かれの後継者ピアンキも，ラメセスXI世より早く死んだ．この頃までにエジプトは，国土の細分化が事実上終り，以降，高級官僚が王の称号を広言するのはごくまれなことになった．エジプトはつぎの時代へ移るための準備段階に入っていったのである．

第3中間期

ラメセスXI世の後を継いだのは，21王朝初代の王，スメンデス（前1070-1044）であったが，ピアンキの地位もまたピネジェムI世によって引き継がれた．2人の王は20王朝の王家の傍系子孫で，北東デルタのタニスを中心に統治を行い，アル゠ヒーバ以北の国土を支配していた．この時代の首都は，以前からのエジプトの重要都市ではなく，そこに置かれた記念物もラメセスの都に近接したデルタ地方の都市から運ばれたものであった．2人の王が首都をそれ以前の場所から移動したのは，水路が沈泥によってふさがれてしまったためと思われる．

アル゠ヒーバからアスワーンにかけてのナイル川流域は，テーベの高級神官たちに支配されていた．かれらはタニスの王を承認し，自分たちの治世年によって，日付を決め，血族結婚をしていたが，事実上の国の支配者だった．かれらは国を軍事国家としての形態に戻していった．当時のテーベの支配者たちはその名前の多くにみられるように，国の北方にある主な植民地で活躍していたリビア人たちと同様リビア的な要素を強くもっていた．タニスの王朝，5代目の王，オソルコンI世（前984-978）は，植民地のリビア人の1人であった．同王朝最後の王，プスセンネスII世（前959-945）は，アメンの大祭司の称号をもあわせもったと考えられているが，王と大祭司を区別した二つの地位に戻すことはしなかった．

22王朝初代の王，シェシェンクI世（前945-924）は，ブバスティス（テル・バスタ）地方のリビア人一族の1人であった．この一族は，かれが王位をえる少なくとも1世代前からかなりの権力をもち，シェシェンクI世は，テーベの神官の継承者がとだえると同時に息子を送り込み，エジプトを再び中央集権化することを試みた．この試みは，かれの継承者たちにも受け継がれたが，完全に独立したテーベの支配者が存在しなかったにもかかわらず，以降300年間，テーベは国に統合されなかった．

シェシェンクI世はパレスティナ遠征を行い，その様子をカルナク神殿に浮彫りにして記録した．また，カルナク神殿自体にも多くの建築事業を行った．アジアではサアメン（前978-959）の後を継ぎ，サアメン以上に野心的に事業を行った．またフェニキア沿岸の昔からエジプトの交易相手国であったビブロスとの関係も復活させ，交易はその後，数世代にわたって継続される．シェシェンクI世の活動の基盤は富の増加にあり，かれの意欲は王朝初期の再開された建築事業に最もよくあらわれている．

ほぼ1世紀にわたって平和がつづいた．そしてチェケレトII世（前860-835）の治世以降，22王朝は闘争と衰退の時期に入っていく．22王朝の衰退の一番大きな原因は，チェケレト王の息子で王位継承者のオソルコンを，アメンの大祭司に任命したことにあった．チェケレト王は，息子の大祭司任命を軍事機構と結びつけて考えていたのだが，オソルコンはテーベの人々から拒否され，その結果として長い内戦をまねいてしまったのである．チェケレト王はカルナクの長い碑文の中にそれを記録した．

シェシェンクI世の息子，シェシェンクIII世（前835-783）は兄弟である大祭司オソルコンが継ぐべき王位を奪い，これを機に王朝の中には王位をめぐっての争いがおきた．争いのはじまりは23王朝のペドゥバステI世（前828-803）で，かれはシェシェンクIII世と並んで王位を公認された．それ以降，権力をもち，住民たちの信望を集めた者はだれでも，王として承認されるという形態がとられるようになり，前8世紀の終り頃には，22王朝から25王朝が同時に支配権をもつという事態に陥った．王名表も，公式の王の他にも王の名が記載されるまでになり，多くの王が一度に存在していた．前770年，この混乱に有力な勢力が加わった．ジャバル・バルカルを首都とするヌビアの王，カシャタ（前770-750）である．カシャタは上エジプトから北はテーベまでの支配者として認められ，エジプト25王朝出現の礎を築いた．

こうして王権が弱体化するにしたがって，高級神官の権力も弱くなってきた．23王朝のオソルコンIV世（前777-749）は，娘のシェブエンウエペトをテーベの"アメン神の神聖な崇拝者"という古来からの役職につけた．以降，この役職の者は結婚が認められず，役職は養子縁組により世襲されるようになり，王家の一員として，テーベ地域では宗教上最高位の人物とされるようになった．23王朝の"アメン神の神聖な崇拝者"の役職のこのような管理は，長くはつづかなかった．後になると，この役職の実権は名義上，低い位にある男性の官僚が握った形になっていく．シェブエンウエペトが当時，どの程度の実権を握っていたのかは明らかにされていないが，彼女はカシャタの妹，アメンイルディスI世を養女にしている．このような政治的動きの背後には一つの強力な力が働いていた．その糸を引いていたのはカシャタ王の兄弟で，後継者でもあるピイ（ピアンキともよばれている，前750-712）である．

前8世紀の後半，西部デルタ地帯のサイスの支配者であった二つの勢力が力をえてきた．のちにこの二つの勢力は24王朝と25王朝となる．前760年前後，かれらはおそらく，もとはテーベの領土であったナイル川流域の土地をめぐって闘争状態に入った．この二つの勢力はテーベをもゆるがすほどに拡大していたのである．ピイはエジプト全土，メンフィスまでを征服するために，まずサイスのテフネケトを服従させ，地方の支配者たちをも従わせようと，ナパタから遠征をはじめた．

ピイの遠征の模様はナパタのアメン神殿内に建てられた巨大な石碑に記録されている．石碑にはピイの遠征の記録と一緒に，カルトゥーシュによって名前が示されている4人の王が，ピイに頭を下げている場面が浮彫りによって描かれている．自らを王とはよばなかったテフネケトは，ピイに屈服せざるをえなかったが，自らピイの所へおもむいたりすることはなかった．しかしこのようなことが，さらに両者を衝突させたりはしなかった．そのとき，ピイは勝利をえて満足しており，王の承認をえぬまま，ナパタにもどっていったからである．

ピイの残した碑文にはピイがエジプト人よりエジプト人らしく描かれており，遠征は国の悪を正すための聖なる使節派遣団として描かれている．ナパタは古くからアメン神信仰の中心地であったので，この考え方は客観的には正当なものだったかも知れないが，一方，ピイが自らの政治的行為を宗教をもって正当化していったとも考えられるのである．

末期王朝時代のエジプトとナバタ＝メロエ国家（前712年-後4世紀）
エジプトの遺跡は黒太字で示した．
○ アッシュールバニパルの年代記に記録された諸王の都市（いくつかのアッシリア名はエジプト名と同一と認めることができなかった）．47頁の地図を参照せよ．
＊ ペルシア帝国の公用語アラム語のテキストにみられる遺跡．テキストはパピルス，オストラカ，岩壁刻文を含む．前591年にプサメティコスII世が派遣したヌビア遠征のルートは推測である．この遠征軍兵士は，ブーヘンとアブー・スィムベルそして，たぶんアル゠スィルスィラ山にギリシア語とカリア語の刻文を残した．
この地図にみられるナイル川と紅海を結ぶ運河は，ネコII世によって建設開始され，ダリウスI世によって完成された．ダリウスI世は，明示された地点に，前490年頃，石碑を建てた．運河は，この後，プトレマイオスII世フィラデルフス，トラヤヌス帝，ハドリアヌス帝，そしてアラブのエジプト征服者アムル・ビン・アル゠アースによって復旧された．テル・アル゠マスクタからスエズまでの距離は約85kmである．
ナバタ＝メロエ国家の遺跡は茶色で明示した．

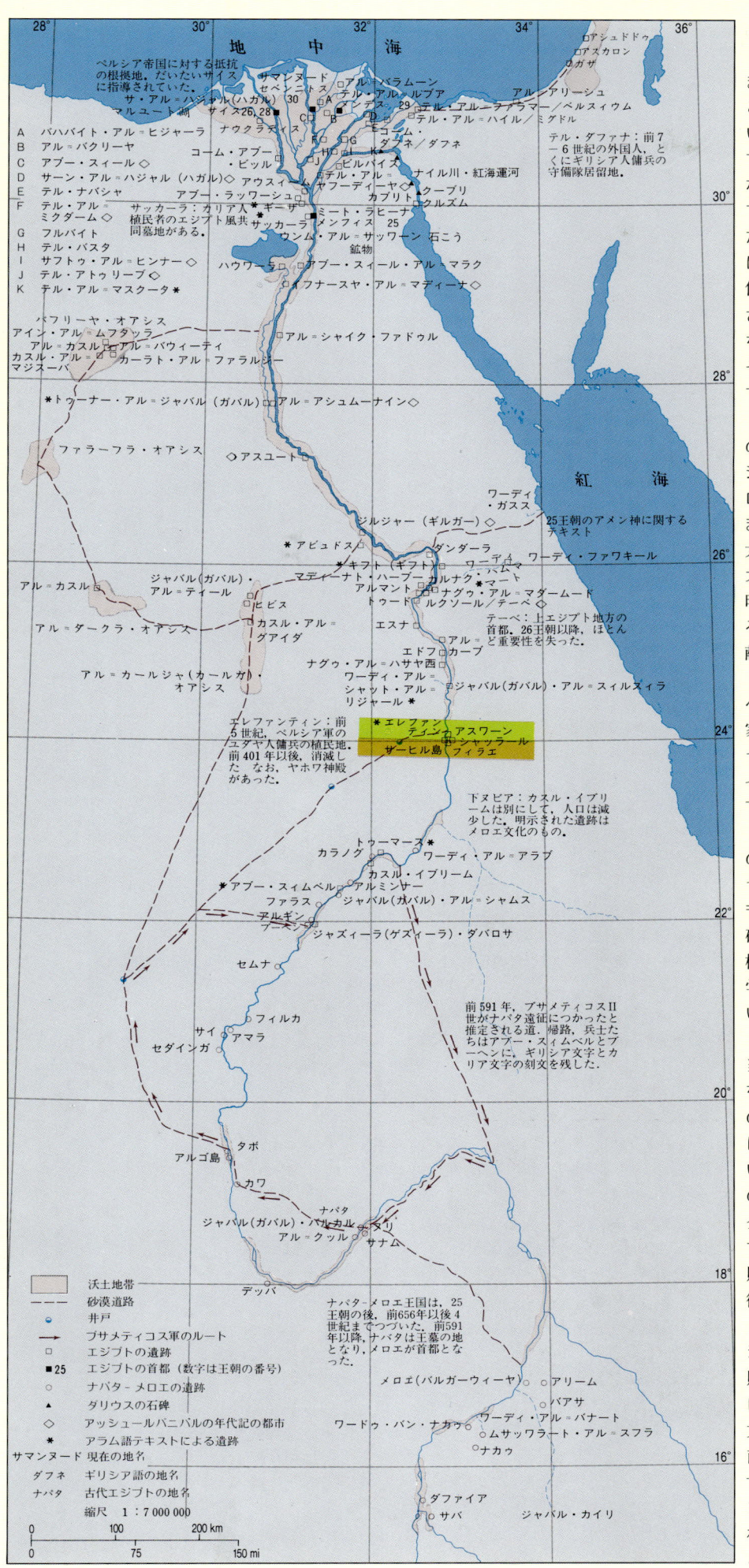

末期王朝時代

エジプト末期王朝時代は，シャバカ王（前712-698）に始まる．かれの治世の1年目，ナパタとサイスの間に争いがおこった．24王朝の王，ボッコリス（前717-712）は，この戦いの中で殺され，シャバカは国の他の王たちをすべて排除していった．シャバカの治世以降，ヌビア人はエジプトに大きな関心をもつようになり，メンフィスをかれらの首都に定めて，ある期間エジプトに住んだ．シャバカは他の王を排除したが，政治構造まで変えられなかった．地方の支配者たちは，ほとんどその独立状態を保っており，40年後のアッシリアの侵入の際，アッシリア側の記録には，かれらが王として記録されている．しかし，シャバカ王の行為は大きな経済的発展を生み出した．ヌビア人の支配によるこの半世紀は，さらにその後の2世紀間にも匹敵するほどの記念物がエジプトに建てられ，同時に古い時代を参考とした芸術の復興が行われた．

シェビトク王（前698-690）とタハルカ王（前690-664）の下に，エジプトの経済は上昇しつづけた．タハルカ王はエジプトとヌビアの各地に記念物を残した．後に首都となるメロエに建っている建造物には，かれの名前が刻まれている．また数個の碑文は，かれの治世6年目におこったナイル川の大幅な増水による豊作のことが記録されており，この事実は，カルナク神殿の波止場跡の水位記録にも記録されている．当時，ナイル川の増水水位は，一般的に上昇していたようである．これが事実とすれば，増水はエジプトの繁栄に大きく貢献していたことは間違いない．

テーベではシェビトクの姉，もしくは妹のシェブエンウエベトⅡ世がアメンイルディスⅠ世の養女になり，ヌビア人王家からエジプト伝統のアメン神信仰上の高位につくことになった．タハルカ王の下に，シェブエンウエベトⅡ世はアメンイルディスⅡ世を養女にしたが，その地域の実権は，あくまでも一つか二つの地方豪族が握っていた．

当時，テーベで最も重要人物とされていたのは，アメン神の第4神官で，テーベの王子でもあったモントエムハトであった．かれは上エジプトの大半の実権を握って，26王朝以降も存続した．モントエムハトの墓や，そこに残された彫刻，碑文は，末期王朝期における私人のものとしては最初の大規模な建造物であった．それらは新王国時代の墓より壮大で，学術，技術ともに完成された高い水準にあったことを示している．

エジプトとヌビアの統一により，国は一大大国になった．当時，近東の唯一のライバルといえば，前9世紀以来，拡大をつづけていたアッシリアであった．しかしアッシリア帝国の最南西の地域はパレスティナであり，その小さな国家は常にアッシリアからの独立を試み，エジプトを支援国として仰いでいた．初めはパレスティナの要請を無視していたヌビアの王たちも前701年，ついにエジプト軍の一端をになって，ユダヤ王に加勢し，パレスティナでアッシリア王，センナケリブ（前704-681）と戦火を交じえることになった．戦いは勝敗がつかず，エジプトとアッシリアは30年間にわたって，緩衝国としてこの小国を互いの間に保持した．

前674年，アッシリア王，エサルハドン（前681-669）はエジプトを征服しようと試みたが，国境の軍隊駐屯地スィレで敗れ去った．しかし前671年アッシリアの再度のエジプト攻撃は成功し，メンフィスは占領され，エジプトはアッシリアに貢物を納めることを義務づけられた．敗北したタハルカ王は南に逃げたが，2年以内に戻ってきて，メンフィスを取り戻す．このエジプトの勝利をさらに反撃しようと，エサルハドンはエジプトに遠征するがその途中で死去する．そして，かれの後を息子のアッシュールバニバル（前669-627）が継ぐことになった．前667年頃，アッシュールバニバルは，自らを

歴史的背景

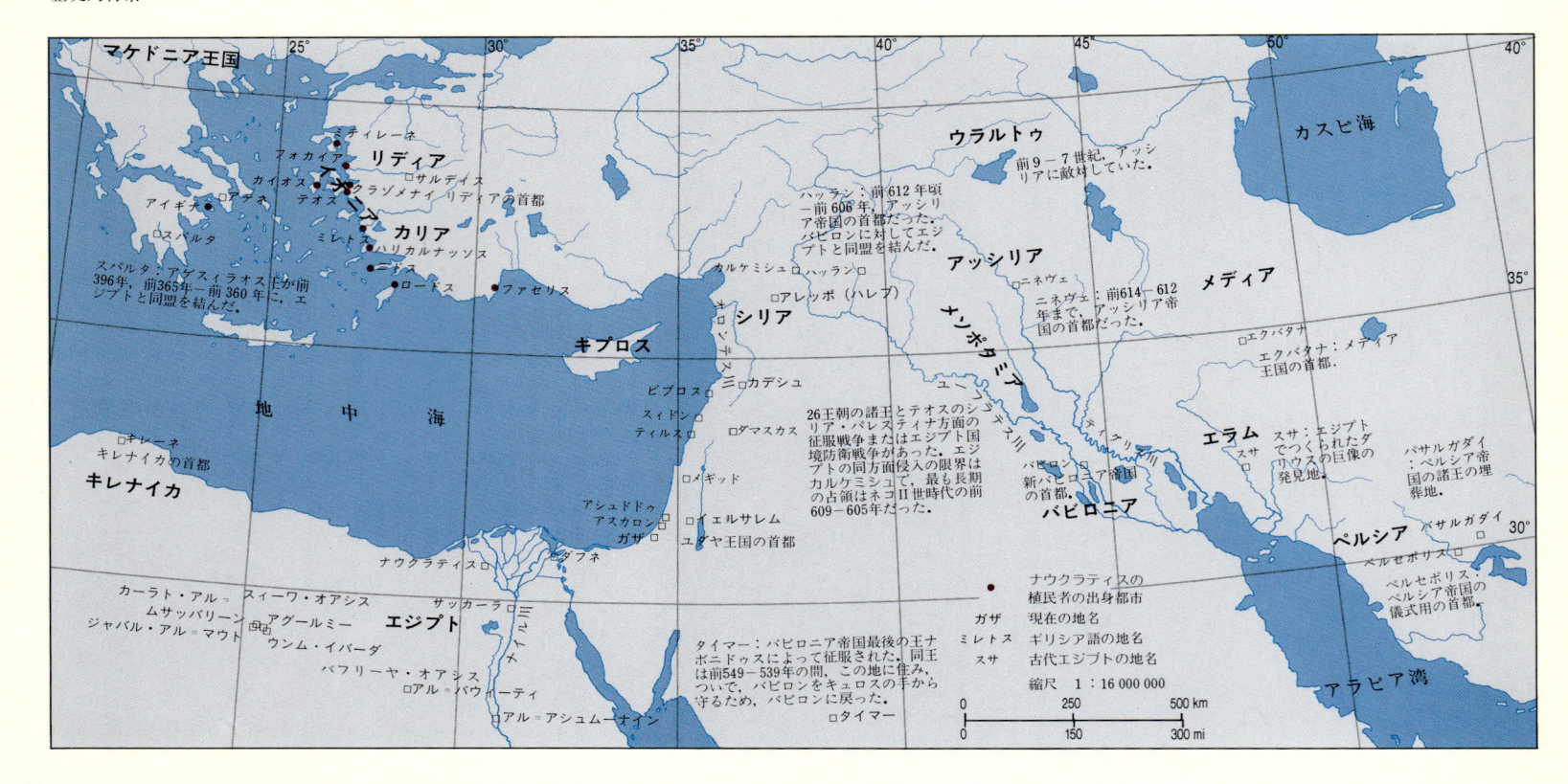

王と称していたサイスの支配者ネコⅠ世（前672－664）とその息子プサメティク（後のプサメティコスⅠ世）と同盟を結び，アッシリア支配を復興すべく，エジプトへの遠征を開始した．前664年（エジプトでは前664－657，ヌビアではそれより遅れて）タンタマニは，タハルカ王の後を継いでエジプト中に遠征を行い，急速にデルタまでを手に入れた（これに関する記録の中で，かれはアッシリア人のことにはふれていない）．ヌビア人の第1の敵であったネコⅠ世は，戦闘中に死去し，他の地方の支配者たちは，タヌウトアマニに全面降伏した．

前663年から657年の間に，アッシュールバニパルは，数回報復のための遠征隊を率いて全土を略奪し，タンタマニはヌビアに逃げ帰っている．さらにアッシュールバニパルはバビロンの反乱軍と戦わざるをえず，そのためにプサメティコスⅠ世（前664－610）は，前653年以前にアッシュールバニパルの傘下から独立することができた．これがアッシリアのエジプト支配政策の最後であった．この出来事はエジプトの孤立化の終りを告げ，再びエジプトは，古代から関係していた帝国との結びつきを強めることになったのである．

前664年から657年の間にプサメティコスⅠ世は，下エジプトのすべての支配者たちを征服していった．前656年，アメンイルディスⅠ世を無視したプサメティコスⅠ世は，娘のニトクリスをシェプエンウエペトⅡ世の養女にさせ，つぎの聖職に就任させた．その前の年まで，テーベではタンタマニの治世年による暦が使われていた．

プサメティコスⅠ世の遠征は，その直接目的の他にも意味があった．かれはエジプトの王としては初めてギリシア人とカリア人の庸兵を用い，300年間にわたって継続される軍制を設定したのである．前4世紀までには，すべての大きな勢力下にはギリシア人の軍隊が含まれるようになり，国際戦においては，しばしば戦況を決定させるほどの大きな力となっていった．庸兵の中にはエジプトに定住し，その交易や戦闘時にみせる特殊技術で，歴史的には無鉄砲ともいえる外国人の中にあって，核ともいえる立場をつくりあげていた．当時のことを知るには，ギリシアの資料による場合が多い．エジプト語で書かれた資料は，ギリシア古典時代のものに比べて数が少ないからである．

末期王朝時代のエジプトの経済は，それ以前に比べると自給率が少なくなっていた．そのころ，エジプトは最も重要な金属であった鉄をヌビアより近東から多く輸入していたようで，ギリシアやアナトリアのような鋳造貨幣をもたぬエジプトは，穀物やパピルスを鉄の代償として輸出していた．

エジプトが再統一され，それまでの地方の支配者たちに代わって，中央集権政府による政治が行われるようになると，エジプトの国富は増大していった．それは25王朝期，継続的に進み，26王朝期後半に頂点に達している．しかし，デルタ地帯に富が集中していたために，現在，その痕跡は比較的少ない．

最も例外的に残っているものは，前7世紀後半にテーベにつくられた壮大な墓のグループである．この墓にみる限り，美術の復興が行われ，いくつかの称号や宗教文書には古代の表現方法が用いられている．しかしほとんどの作品や記録に関しては，芸術の復興は表面的な模倣であった．この時代の王たちは，政治的意味からの神殿の重要性を無視し，昔のより王権の強い時代に戻ろうとしていたのである．この点に関して，かれらは完全に政策を誤っている．

26王朝の近東政策には二つの大きな特徴があった．一つは，強力な国の対立相手国を支援することで勢力均衡を保つこと，もう一つは，新王国時代のパレスティナ，シリア征服を再現することであった．プサメティコスⅠ世は，それまでアッシリアに対して同盟を結んでいたが，政策を変更し，前620年以降のアッシリア衰亡まで，アッシリアの敵，リディアを，その後はバビロンを支援した．前6世紀，ペルシアが大勢力になるまで，エジプトはバビロンの敵を支援し，ネコⅡ世（前610－595），プサメティコスⅡ世（前595－589），アプリエス（前589－570）は，プサメティコスⅠ世の業績をもとに積極的な外国攻撃政策に移った．ネコⅡ世はおそらくプサメティコスの指示に従い，前610年から605年の間，シリア遠征を行った．そのとき，エジプト軍は退却を余儀なくされたが，前601年，ネコⅡ世は，バビロニア王，ネブカドネザルⅡ世（前604－

右　エジプト人とペルシア人．スサで発見されたダリウスⅠ世の彫像の台座にあったもの．この台座にはペルシア帝国の州をあらわす24の人物像が描かれている．かれらはひざまずき，王を称えて両手をあげている．かれらの名前はその下の楕円形の中に書かれている．この彫像はエジプトでつくられたが，人物像は外国の様式を手本にして彫られている．この彫像は全体としてみると，帝国全土のための国際的様式を探る試作品であったようだ．テヘラン，イラン・バスタン博物館蔵．

左　末期王朝時代のエジプト，エーゲ海，近東

アッシリア帝国は前9世紀から勢力を拡大し，前8世紀にはシリアとパレスティナを占領した．また，同帝国は，前671―657年頃までエジプトを支配したが，前614―612年に，メディア人とバビロニア人によって滅ぼされた．

ユダ王国は，前586年のバビロン捕囚まで，パレスティナ地方における，アッシリアとバビロニアの主要敵国だった．そこで，同国はエジプトに助力を求めたが，だいたい成功しなかった．

リディアはアッシリアに対し，プサメティコスI世と同盟を結んだが，前653年頃キンメリアによって滅ぼされた．

カリアとイオニアは，プサメティコスI世の治世以降，エジプトに傭われた外人兵士たちの大部分の出身地である．

新バビロニア王国（前612―539年）は，前605年以前にアッシリア帝国を引き継いだ国家を滅ぼし，前591年と前567年にエジプトを攻撃したが，前539年ペルシアのキュロスに滅ぼされた．

ペルシア帝国は，メディアにとってかわって，前549年以後，勢力を拡大し，最盛期にはスィンド，アナトリア，キレナイカ，エジプトを領内に含んでいた．ところが，前336―323年，アレクサンダー大王は同帝国を滅ぼし，同帝国の領土を受け継ぎ，これらをマケドニアとギリシアに付け加えた．

アテネは，ペルシアに対し，しばしばエジプトと同盟を結んだ．西デルタでおこったエジプトの反乱に際しては，前460年に200隻の艦隊を送ってエジプトを助け，前454年には，ついにこれを全滅させた．また，前385―375年頃と前360年には，アテネの将軍カブリアスがエジプト人の対ペルシア反乱を指揮した．

キレナイカにはギリシア人植民者が定住し，前630年頃に地方王朝を樹立した．そして，前570年のエジプトによるキレナイカ遠征は，その軍の部将アマシスのエジプト王座奪取という結果を導いた．その後，アマシスと同盟を結んだが，前515年頃，ペルシア帝国に組み入れられた．

キプロス島は前567―526年まで，アマシスに支配された．王ユアゴラスは，前389―375年，ペルシアに対するため，エジプトと同盟を結んだ．

ナウクラティスは，ギリシアの交易拠点として，前7世紀後半に建設され，アマシスによって，エジプト唯一のギリシア人社会とされた．最初のギリシア人植民者は明示された都市国家の出身者だった．

562）のエジプト攻撃を撃退している．かれは地中海と紅海上にあるエジプト艦隊に3段オールの装備をほどこし，同時にナイル川と紅海を運河で連結することを試みた．前5世紀になると，この海路は国際的に重要なものとなるのだが，ネコII世はその後，虐待を受けたようである．ネコII世の名の示された記念物の数がきわめて少ないのである．

プサメティコスII世は一度アジア遠征を行ったが，それ自体大きな影響を残すほどのものではなかった．かれの政治上，最も重大な行為は，前591年の大ヌビア遠征である．この遠征により，ヌビアとエジプトの60年間にわたる平和的関係に終止符がうたれたのである．この遠征には，エジプト人のほかにギリシア人，カリア人が含まれていたが，遠征自体，征服を目的としてはいなかったようである．帰途，外人兵たちは下ヌビアのブーヘンやアブー・スィムベルに落書きを残しており，それらから遠征の道筋を知ることができる．前591年以降の25王朝の記録は，エジプト史の中から排除されている．

前595年，おそらく当時70歳代であったアメン神の聖職者ニトクリスは，プサメティコスII世の娘，アンクネスネフルイブラーを養女にし，彼女の後継者とした．アンクネスネフルイブラーは前586年に役職に就き，前525年にはまだ生存していた．こうして，わずか2人の女性が130年もの間，テーベの王家の代表者として活躍したのである．

つぎのアプリエス王も前任者たち同様，バビロンに対抗しているパレスティナの小国家を支援した．かれの治世代，ユダヤ人のバビロン捕囚がおこり，多くのユダヤ人がエジプトに逃れてきた．つぎの世紀から，ユダヤ人がエレファンティンに植民地をつくったという記録が残っている．アレクサンドリアのユダヤ人の祖先は，この時期にあちこちにつくられた植民地の一つに住んでいたユダヤ人と考えられる．

前570年，アプリエスはギリシア人の植民都市に対抗するキレーネにおけるリビア人支配を支援し，エジプト人で組織された軍隊を派遣した．しかし軍隊は戦いに負け，逆に反乱をおこしてしまったのである．アプリエスは反乱を鎮圧するために再度，将軍アマシスを派遣したが，アマシスもまた反乱軍に加わり，自らを王と宣言し（前570―526），アプリエスを追放したのである．前567年，アプリエスはネブカドネザルII世が派遣したバビロニアの侵略軍をともない，エジプトにもどってきたが，戦いに敗れ，殺害された．アマシスは国王の栄誉をもってかれを埋葬し，その功績を石碑に記録した．ただし，みずからの強力強奪に関する部分はそれに記されていない．

ギリシアの資料によると，アマシスの政策の中で最も注目すべき点は，ギリシア人対策であった．アマシスはギリシア人の交易をデルタ地帯にある町，ナウクラティスに限定し，外人兵士たちは，メンフィスの駐屯地内に留めおいた．ギリシア人たちは，交易拠点としてナウクラティスを与えられたことを恩典と考えていたが，実際は，外国人との接触を制限することで，エジプトとギリシアの間に生じる不和の可能性を減じるための政策であった．アマシスの特性としては，ヘロドトスや後のエジプトの資料でも述べているように，酒豪家で，女遊びが激しかった．

アマシスの治世の末期，当時，成長をつづけ強大な勢力をもつようになっていたペルシアが，エジプト侵略の機をねらっていた．アマシスの後を継いだ短命な王，プサメティコスIII世（前526―525）の時代にペルシアの侵略は開始され，成功を納める．27王朝初代の王，カンビュセス（前525―522）は，エジプトの歴史上初めての外国の王でエジプトを重要視していなかった．カンビュセスは，ヌビアと西のスィーワとよばれるオアシスに至るまでのエジプトの遠征に失敗しただけでなく，政治的な力までを有する神殿の収入を減らす政策をとり，後に恨みをかうことになる．

つぎの王，ダリウスI世（前521―486）は，カンビュセス以上に懐柔的な方針で政治を行い，ついに前1100年から300年まで完全な形で残っていたアル＝カールガ・オアシスのイビス神殿に権限を委任してしまった．この時代，オアシスはペルシアからラクダが伝わってくる接点ともいうべき重要な場所であったと考えられる．

またダリウス王はネコII世の試みたナイル川―紅海運河を完成させ，そこにエジプト様式と近東の様式を織り混ぜた記念碑を建てた．運河はその後，泥が運河を塞ぐまで，ペルシア，エジプト間の直接の海上通路として利用され，ダリウスの石碑に採用された混合様式はダリウス帝国の国際的な性格を誇示するものであった．

ダリウスの治世は繁栄したが，エジプトは，ペルシア人による支配を享受していたわけではなかった．前490年，マラトンの合戦でペルシアが敗北したことによって80年間におよぶエジプトの抵抗に火がつけられた．エジプト反乱軍は，ギリシアから武力援助を受け，その代償として穀物を提供した．エジプト反乱軍はデルタ地方西部を根拠地とし，活動をつづけたが，紅海までのルートのあったナイル川流域では，ペルシアの支配が容易に行われていた．

ペルシアの軍隊も，また外人部隊を含んでいた．このときペルシアが用いた外人部隊の中には，エレファンティンのユダヤ人国境駐屯軍が加わっていた．ペルシア帝国の行政上の公用語，アラム語で書かれたいくつかのパピルスが，エレファンティンや他の遺跡から発見されている．前480―400年のエジプト側の文書資料や記念物は少ない．このことはエジプト人の心の不安定さ，ペルシア人への遺恨，そして国土の窮乏化を反映している．

前404年，サイスのアミルタイオスはペルシアの支配下からデルタを解放し，前400年までには全土を取り戻した．ペルシアに反抗し，自らを王と称した者があらわれていた頃と同様に，アミルタイオスも自らを王と宣言した．しかし，かれが王と称するペルシアの叛逆者たちと違っている点は，28王朝の唯一の王として，公式の王名表にその名が記載されたことである．

前399年，メンデスのネフェリテスI世（前399―393）は王位を奪い，29王朝を創立した．ネフェリテスI世と，つぎのプサムティス（前393），つづいてハコリス（前393―380）の時代は，建築活動が活発に行われ，前385―383年の間に，エジプトはペルシアの攻撃を撃退している．当時のエジプト軍

歴史的背景

は戦いに際して，ギリシア人傭兵に頼るところが多かった．前4世紀頃，ギリシアの傭兵は重要視されていたが，エジプトに定住することはなく，忠誠を誓う相手もときと場合によって変化した．このようなギリシア人傭兵の存在が，ときとして致命的な結果をまねくことがあった．

ネクタネボⅠ世（前380—362）は，デルタ地帯にあるセベンニトス出身の将軍であった．かれはネフェリテスⅡ世（前380）から王位を奪い，30王朝を設立したのだが，自らの王家とまったく関係のない出身について率直に公表している．この時代，国中で建設事業が行われ，26王朝期の美術，芸術が復興され，さらに発展した．

ネクタネボⅠ世はこのように繁栄の時代の幕をあけただけでなく，前373年にはペルシアの侵略軍を打ち破り，前360年にはペルシア国の州によって構成されている防衛同盟に参加した．一時は共同統治者でもあった，かれの後継者テオス（前365—360）は，パレスティナへの攻撃を行ったが，かれの従兄のネクタネボⅡ世を王と掲げるエジプト国内の反乱と，同盟国スパルタがネクタネボⅡ世側に寝返ったことで失墜せざるをえなかった．

前350年，ペルシアはアルタクセルクセスⅢ世の下にエジプト侵略を行った．ネクタネボⅡ世は執拗に抵抗したが，前343年，ついにペルシア軍に敗北をきたした．その後10年間にわたって第2次ペルシア朝がつづく．31王朝ともよばれるこの王朝は，途中，約2年間，エジプトの王カババシャによって中断された．カババシャは下エジプトの支配者だったと考えられており，人々はこの王のことを後の時代にまで語りついだ．ペルシアによる支配はきわめて抑圧的であったが，エジプトとしては，いかなる要求をものまざるをえなかった．

グレコ・ローマン時代

前332年，アレクサンダー大王は，戦わずしてエジプトを占領した．かれはエジプトの神々に生贄をささげ，スィーワ・オアシスのアモン神の託宣を受けた．このアモン神は，エジプト古来のアメン神とは別の神と考えられている．アレクサンダー大王が死去すると，ラグスの息子プトレマイオスが，エジプトを管区として獲得することに成功した．プトレマイオスは，大王の遺体をメンフィスに埋葬し，前305年末から304年の初期の間に，他のアレクサンダー帝国の知事の形式を模倣しながらも，みずからをエジプトの国王と宣言したのである．

つづく250年の間，エジプトはギリシア人に支配された．しかし王がギリシア人とはいえ，この時代，エジプトはギリシアとは関係のない，別個の存在であった．たとえ国益が国民のためのものでなかったにせよ，エジプトは自立した独立国だったのである．プトレマイオス朝の支配は，先人のエジプト人王に比べると，その程度はひどい，といえるかどうかは疑問であるが，かなり厳しいものであった．そのために民族主義的な暴動が何度もおこっている．しかし，他の外国人支配者の場合と異なり，プトレマイオス朝はエジプトに根を下ろしていた．このことは，王たちがパレスティナを併合したり，王朝の後半，メロエ王国と共同統治ともいえる政治を行っていた下ヌビアに，伝統的な方法で接近し，領土を拡張しようとしたことにあらわれている．さらにプトレマイオス朝はキレーネ，前にアマシスが短期間支配したキプロス，アナトリアの一部，エーゲ海の島々のいくつかをもその支配下においた．

プトレマイオス王朝初期の3人の王の時代，エジプトは発展しつづけた．エジプトにとっては農業，商業の点で，ギリシア人にとっては生活，教育面でヘレニズムの世界に突入していったのである．最も重要な農業上の革新は，広く二期作が導入されたことで，経済上の変革は国家の独占となったことだった．しかし，これらの革新のためにプトレマイオス朝が，古来のエジプト王たちを模したのかどうかは不明である．王は外人兵たちをエジプトに定住させる政策をとり，兵士たちは兵役義務のかわりに耕作にたずさわった．ギリシア人の定住地も各地で成長していったが，ファイユームのように，土地干拓計画がある所ではとくに成長が著しかった．当時，

ギリシア，エジプト両者の特徴をもつテラコッタの小像．左：ナイフと盾をもつエジプトの神ベス．上：コルヌ＝コピイア（豊穣の角：ギリシア神話）をもち，フェニックス（エジプト神話）の上に座る，ヘラクレス＝ハルポクラテス（子供のホルス）の高浮彫り．大部分のテラコッタはエジプト的というよりギリシア的であるが，左はエジプトの様式に近く，上はほとんど完全に古典的様式である．ローマ時代．カイロ．エジプト博物館蔵．

左　等身大より大きいエジプト人の頭像．閃緑岩．前1世紀．ミート・ラヒーナ（メンフィス）出土．この威厳ある作品は末期王朝時代の人物描写の伝統をもちつづけている．わずかに髪の毛がギリシアの影響を示している．ブルックリン博物館蔵．

28王朝—前2世紀

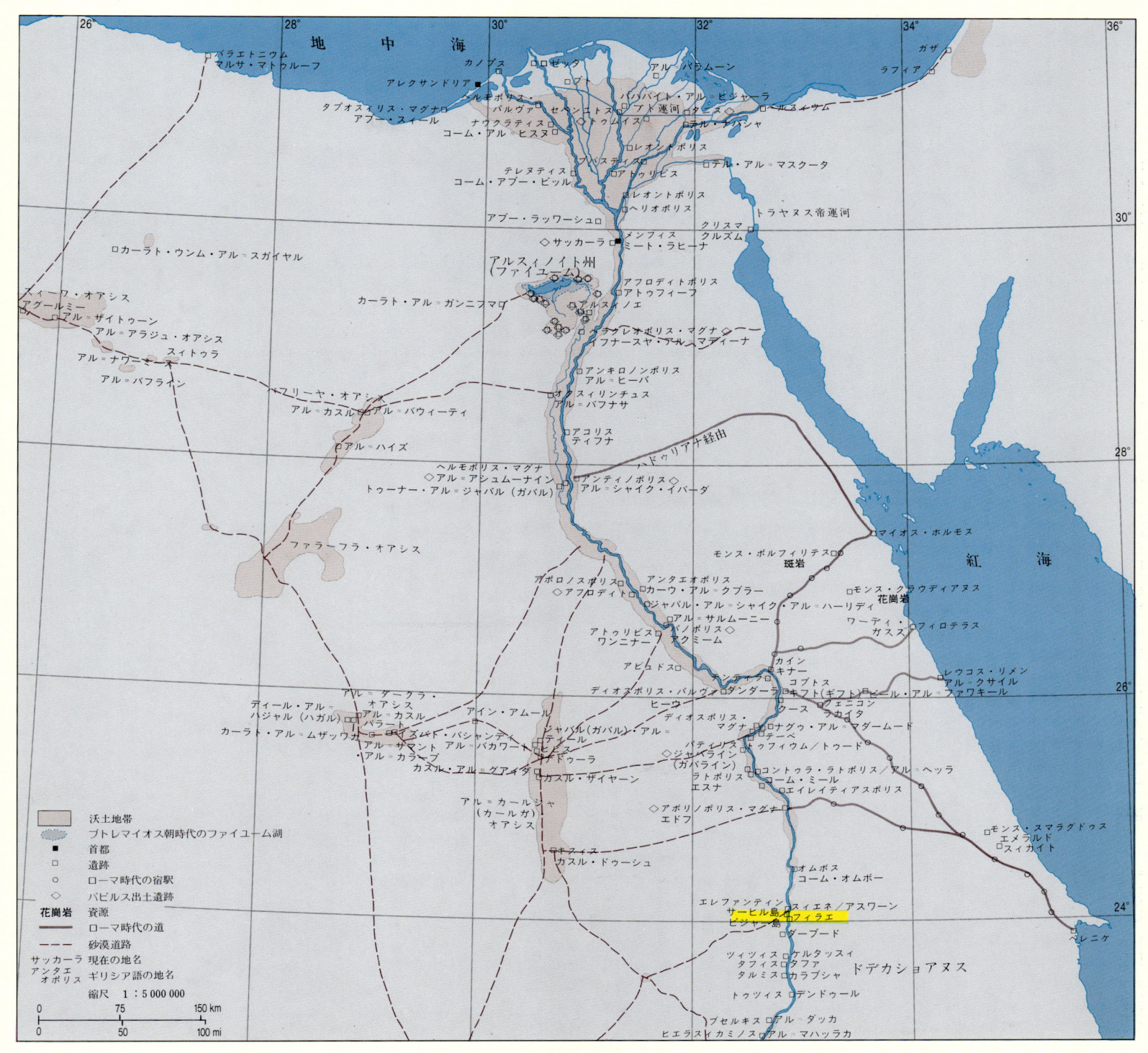

上　グレコ・ローマ時代のエジプト
◇ 重要なギリシア語パピルスとオストラカの出土地．
○ 東部砂漠の道路沿いに規則的間隔で置かれたローマの宿駅．
これらには普通，井戸があった．道は，この時代を通じて，東アフリカやインドと交易していた紅海の4海港に通じていた．

右　グレコ・ローマ時代のファイユーム
モエリス湖の干拓と砂漠灌漑はアルスィノイト州（ファイユーム）をギリシアの農業植民地の中で最も豊かな地域にした．
◇ 重要なギリシア語パピルスの出土地．遺跡の大部分は現在，砂漠の中にある．このため，パピルスは保存されやすいのである．

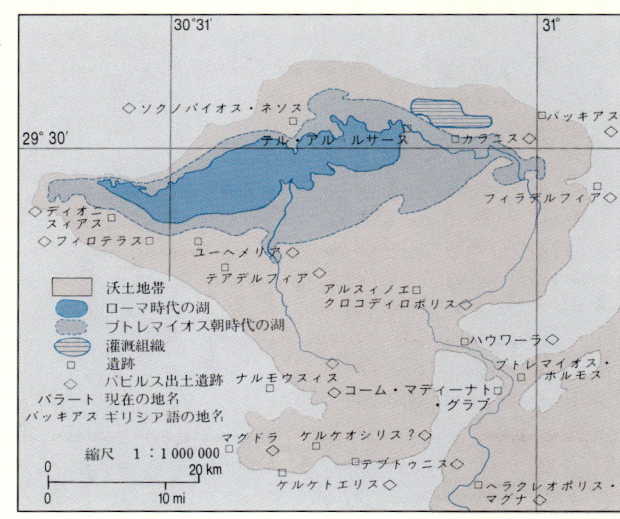

エジプト人とギリシア人との間の接触が制限されていたとしても，この新しい時代の動きと耕地面積の増大は国全体に繁栄をもたらした．

しかしこのような発展の中で最も発展したのは，ギリシア人の手になるアレクサンドリア市であった．アレクサンドリアはギリシア世界の主要都市となり，後には「アレクサンドリアは，エジプトに隣接しているのであって，その中にあるのではない」，とまでいわれるようになる．アレクサンドリアは国の富を引き寄せる磁石のような役割を果たし，王が最も警戒するエジプト国内の他の地域に強力な勢力をつくることを防いだ．とくに，この都市の位置がエジプトの最北西にあるということが，この効力を最大限に発揮する源になっていた．

前2世紀は，エジプト経済の衰退と政治闘争の時代であった．クヌム神を信奉するプトレマイオスIV世（前221—205）

53

歴史的背景

グレコ・ローマン時代のエジプトと東地中海

前3世紀の近東における主要勢力は、マケドニア王国とセレウコス朝ペルシア帝国、プトレマイオス朝エジプトであった。この地図は、プトレマイオス朝の領土がだいたい最大となったプトレマイオスⅢ世エウエルゲテスⅠ世とプトレマイオスⅣ世フィロパトールの治世のものである。領土の大部分は、図にみられる地中海世界全域がローマ帝国内に編入された、前30年までに失われた。

□ プトレマイオス朝が支配を及ぼしつづけた都市国家群。これらの王国は都市であって、地域を領してはいなかった。色彩をほどこした地域の境界は、それらの王国の支配の及んだおよその範囲を示していて、政治勢力の境界を示しているのではない。

△ 前3世紀のエーゲ海連盟に属していた島の名。不確実な島名には疑問符を付けた。なお、この連盟はプトレマイオス朝の影響の下に結成された。また無所属の国家カイオス島はプトレマイオス朝の同盟国であった。

マケドニア王国 — アブデラ、マロニア、キプセラ、サモトラス、ガッリポリス

セレウコス朝ペルシア

アテネ、メタナ（アルシノエ）、ケオス、スパルタ、キュドノス、スィフノス、メロス？、テラ、アスティパレア、レティムナ・アルシノエ、イタノス

レスボス、エレソス、カイオス、エリュトゥライ、アンドゥロス、サモス、テノス、エフェソス、レベドス、パロス、ミコノス、ミュンドス、ハリカルナッソス、アモルゴス、カウノス、テルメッソス、アリカンダ、パタラ（アルスィノエ）、ケリニア

ヘラクレイア、ソロイ、コラケスィオン、コリコス、セリオン、アネムリオン、チャラドゥロス、アンティオキア、サラミス、キティオン、アラドス、パフォス、トゥリポリス、ビブロス、バイルート、スィドン、ティルス、ダマスカス

地中海

エジプトは後1〜3世紀、ローマに年間15万トンの穀物貢物を送った。ポッツオリまたはオスティアへの朝走は1カ月またはそれ以上を要し、帰路は10〜20日間を要した。

キレナイカ — プトレマイス、テウケイラ、ベレニケ、アポロニア、キレネ

パラエトニウム、マルサ・マトゥルーフ、アレクサンドリア、タポスィリス・マグナ、ガザ、イェルサレム、ペルスィウム、ラフィア

エジプト — メンフィス、スィーワ・オアシス、アラジュ・オアシス、バフリーヤ・オアシス、ヘルモポリス・マグナ、フィロテラス、アル＝ダークラ・オアシス、アル＝カスル、ヒビス、テーベ、アル＝カールジャ（カールガ）・オアシス、キスィス、スィエネ、ベレニケ

紅海

ドデカスコイヌス：プトレマイオスⅣ世フィロパトール治下、プトレマイオス朝とメロエの共同統治下にあった長さ12ギリシア・スコイノイの地域。前23年のペトロニウス長官戦争後、アウグストゥス帝の治世に属する最も新しいものがある。スィエネ、前23年、メロエに略奪された。

カスル・イブリーム：前23年、メロエのスィエネ攻撃に関連して、ナパタに遠征したガイウス・ペトロニウス長官は、戦争後、ローマ人傭兵を残留させた。

ヒエラスィカミノス、カラノグ、プリミス、カスル・イブリーム、ファラス、ジャバル（ガバル）・アッダ

ブレムミェ族

後2〜3世紀のメロエの集中的定住地

セダインガ

メロエ王国

ナパタ：前23年、ペトロニウス長官戦争。

メロエ：ローマ人使節が訪れたアフリカの首都の中で、最も遠いところ。芸術と建築にローマの影響がある。

ナパタ、メロエ

凡例
- プトレマイオス朝の支配地
- プトレマイオス朝の同盟国
- メロエ王国
- ドデカスコイヌス（共同統治）
- メロエの集中的定住地
- 砂漠道路
- 航路
- □ プトレマイオス朝の都市と植民地
- ▼ プトレマイオス朝の同盟国
- ● その他の都市・村落
- △ エーゲ海連盟加盟都市
- カラノグ 現在の地名
- ベレニケ ギリシア語の地名

縮尺 1：10 500 000

0　150　300 km
0　　200 mi

右　プトレマイオスⅡ世フィラデルフォスとかれの妃，アルシノエⅡ世フィラデルフォスの一対の等身大より大きな彫像．王妃はその左手に首飾りのおもりを握っている．この様式と主題は完全にエジプト的である．その徴笑さえエジプトの作品にもともとみられるものである．1710年発見．ローマのピンツィオ山のサルティウス庭園の帝国パビリオンから出土．ドミティアヌス帝がハドリアヌス帝の治世下に設置されたが，もとはヘリオポリスにあった．非常によく磨かれた赤色花崗岩製．ローマ，バチカン博物館蔵．

下　肖像画が描かれたアルテミドロスの棺．ファイユームのハウワーラ出土．この棺の様式は末期王朝時代にさかのぼる．上段：アヌビスが香油で死体に防腐処理を行っている．中段：ホルスとトトがオシリスの標章を守っている．下段：オシリスの復活とトビの姿になって，かれの上に浮かぶイシス．このような肖像画は何百もあるが，棺に描かれたまま残っているのは，きわめてまれである．それらは古典古代の彩色された肖像画で，実際に残っている唯一のものである．2世紀．ロンドン，大英博物館蔵．

の治世以降，上エジプトで頻繁に現地エジプト人の反乱がおこりはじめ，王家の内部では，多くの陰謀がうず巻くようになった．相次ぐ反乱の最も深刻なものが弾圧されたのは，前85年に至ってからである．エジプトはほとんどの外国にある属国を失い，前168年非常に短期間ではあるが，シリアのアンティオコスⅣ世エピファネスに征服された．前1世紀もまた弱体な政府がつづいた．弱体な王はエジプト国民の利益のために働いていた，とすらいえる時代である．しかしローマの強大な勢力の影がさしはじめると，エジプトの独立は絶望的なものとなる．

プトレマイオス朝の王たちとローマ皇帝たちは，エジプトの記念物に，古来のエジプト王の形式をもって描かれた．かれらのうちの初期の人々は，エジプト語の碑文を建てて，自らがいかにエジプト国民の利益となる業績を行ったかを記した．また国民に対する布告文は，ヒエログリフ，デモティックスタイルのエジプト語，ギリシア語の3通りの文字によって書かれた．その中で現在もっとも有名なものは，ロゼッタストーンに記された勅令である．これは，前196年にプトレマイオスⅤ世エピファネス（前205—180）が公布したものである．

プトレマイオス王朝全体を通して，古典的な形式をふんだ神殿が建設された．しかし，神殿の財源となる神殿領全体の広さが前の時代と少しも変わらないことから，新しく建てられた神殿の建設費用は，王朝が負担したものと考えられる．また神殿建設のために多くの王による寄進が行われたが，プトレマイオス王朝は，それによりエジプトの神々を喜ばせること，つまり国民の支持をえることを意図しており，この政策は，王朝全体を通して一貫している．そして寄進自体，当時の経済を動かすほどの影響はなかった．しかし，伝統的な神殿の中で，古来の形式にもとづいて礼拝を行っているプトレマイオス朝の王の姿は，まさしく見せかけであった．混乱期に入ると，王の姿は神殿の浮彫りの中に刻みつづけられたが，その名を記入するためのカルトゥーシュは空白のまま残された．

この時代の一般の人々の残した彫刻には，みごとな芸術的，技術的な発展がみられる．神殿や碑文の中の敬虔主義や忍従の基調にうかがわれるように，かれらの活動範囲は狭められてはいたが，その作品には当時のエリートの活力と富が依然としてつづいていたことが示されている．前1世紀になると，記念物にはギリシアの影響があらわれるようになる．そしてギリシア人はグレコ・ローマンの影響を強く受けるようになるにつれ，エジプトの宗教に影響される度合も強くなっていった．

プトレマイオス王朝の時代は，エジプトの宗教の歴史の中で，最も動物信仰が発達した時代である．動物信仰はエジプト人とギリシア人の双方にとって魅力的であり，動物のミイラ作りと巡礼，信託相談のための埋葬の町を産み出した．

ローマ支配に入って（前30年以降），初めのうちは国の富は増大していった．しかし改善された行政は，ローマの富を増すことが目的とされたもので，エジプトの繁栄を主眼にしたものではなかった．1世紀の末になると，過度の課税や役人の公的強制が深刻になり，中でもハドリアヌス（後117—138）は暴君として有名である．ローマ皇帝の中の何人かはエジプトに特別な関心を示したが，エジプト人やエジプトに住むギリシア人を考慮するような政策がとられることはなかった．ローマ帝国の他の州と異なり，エジプトはいかなる地方自治も認められず，ローマ皇帝の管轄下にある知事が統治していた．

エジプトの後代の評判という観点からみると，グレコ・ローマン時代は非常に重要な時代であった．プトレマイオス朝期，エジプトの信仰は地中海世界に広がっていったが，それが最も一般的になったのは帝国時代の初期のことである．この時期，エジプト人神官が多数，産物とともにローマにやってきて，信仰が帝国各地に広がっていったからである．エジプトの信仰の中で，最も目立ったものはプトレマイオス朝初期に，ギリシアの神とエジプトの神を混合して創り出されたセラピス信仰であった．ローマにとってエジプトは，きわめて異国情緒あふれる国であり，ローマの絵やモザイクには，空想的なスタイルで，エジプトの風景が描かれた．

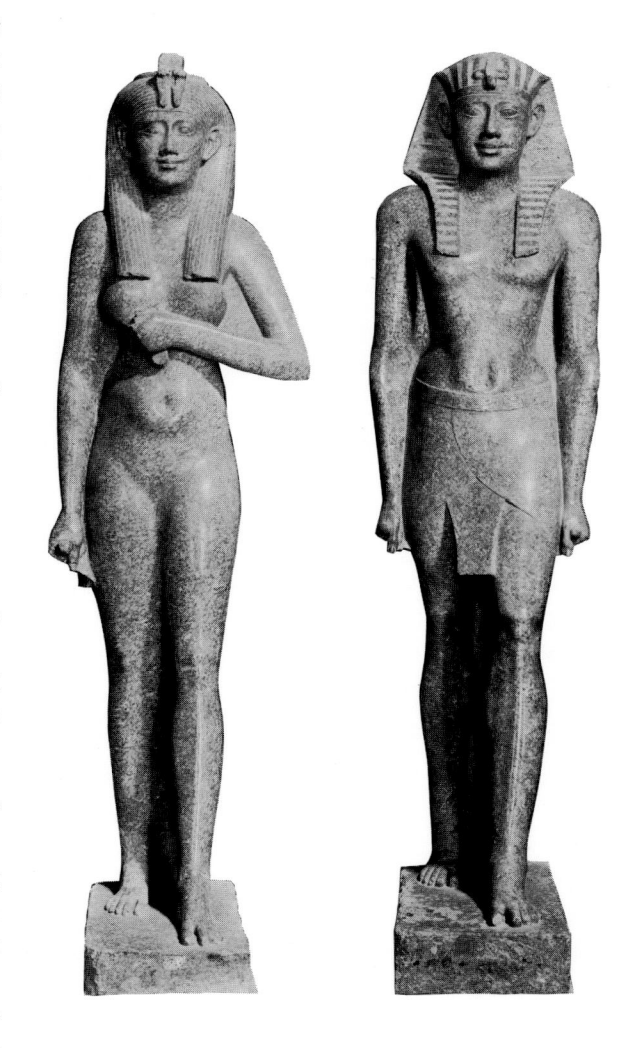

ローマ時代，エジプトには，古来の形式をもった神殿が建設され，エジプト本来の宗教がその役割を果たしていた．1世紀以後になると，国土の貧困化のためか，新たに建てられる神殿の数がきわめて少なくなった．しかし，王位争いのつづく中で既存の建築物の装飾はつづいた．ヒエログリフで書かれた碑文は後394年のものが最後だが，デモティックスタイルのエジプト語で書かれた行政文書と文学文書は，3世紀でもなお一般的なものであった．

やがて伝統的なエジプト文化を破壊し，記念物を毀損に導いたのはローマ支配でなく，キリスト教であった．エジプトにおけるキリスト教の成功は，それがローマ的でなかったことに起因すると考えられる．しかし，本来，エジプトの信仰もキリスト教に似たところがあった．つまり，聖母マリアにあたるのがイシス神，その幼な児はホルス神にあたるのである．概念上の395年における古代エジプト史の終焉は，そのときまでに強度のキリスト教国になっていたローマ帝国の分裂であった．帝国は東（ビザンティン），西に分かれ，エジプトは東に属することになったのである．

美術と建築

エジプトの丸彫り彫刻や浮彫り，絵画における美術の表現法は，王朝時代初期，すでに独特の個性をもっており，絵画描写や石製容器製作，象牙彫刻，家具製造，金銀細工といった装飾的，機能的な美術様式の分野で，きわめて高い水準をもっていた．建築もこの時代から，急速に発達し，その後，新素材や新形式を採用しながら発展をつづけた．古代エジプトの美術作品は，その初期のころから，広範囲にわたって非常に均質なものが生まれており，現代への唯一の遺産となっている．

各時代を通じて，芸術的変化は社会の変化を反映していると同時に，社会にも影響を与えている．しかし，芸術における発想は，社会自体より，作品の中に求められるものである．エジプト美術は，一見理解しやすいが，西洋美術とは違った性格をもっているといえる．

エジプトの作品の中には"芸術のための芸術"といったものはきわめて少ない．一般的に，日用品や保存用の品々は宗教上，葬祭用の機能をもっていた．それらの品々は，芸術品とはみなされないときもあったが，芸術的性格とその機能の間には共通性がある．つまり，作品の芸術的性質は，その機能上の性格に加えられる審美的な要素なのである．エジプト人の考えたエジプト美術と西洋人の考える西洋美術の間には，位置的にいくらかの差はあるが，本質的には同じものということができよう．エジプト社会でも西洋社会でも美術は，社会的権威の重要な象徴とされ，美術が果たす役割は非常に似ている．

浮彫りと絵画

古代エジプトの浮彫りと絵画の表現技法は両方とも彩色されており，基本的には同一であったが，浮彫りは肉付けと陰影によって，絵画は線と色によって，それぞれの効果を完成させた．浮き彫りには，浮き出させる方法（陽刻）と彫り込む方法（陰刻，沈み浮彫り）がある．陽刻の場合は，描く対象の周囲を表面から5mmほど削り，それを浮き出させる．また陰刻は，描くものの輪郭を直接彫り込んで表現する．一般的に，陽刻は室内で用いられ，太陽光線によってより効果を増す．陰刻は戸外で用いられた．時代によって，さまざまな流行もあったようだが，陰刻の方が手間がかからないことから，多くの場合，宗教関係の建造物や，中級以上の私人墓には陰刻がほどこされた．

質の悪い岩のために，浮彫りが不可能な私人墓の場合や経費を節約する場合，あるいは作品を長期保存する必要のない場合，私人墓や王宮の泥レンガのように装飾する表面が浮彫りに適さない場合などでは，絵画が描かれた．このような絵画は次善の策ではあったが，古代エジプトには多くの素晴らしい絵画作品が生まれている．そして，その技法は浮彫りにくらべて自由なため，当時の絵画にはさまざまな工夫がみられる．

第3に，きわめてまれであるが象嵌細工による表現様式がみられる．マイドゥームにある4王朝期の小規模な墓群の中に描いてある情景は，石に彩色ペーストをはめ込んでつくられている．また後世になると，ガラスや彩色石が同様の方法で使用されている．この方法は，主に小さな物や精巧な浮彫りの細部の表現に用いられ，アマールナ時代のものが代表的となっている．

エジプトでは文字と絵画は密接に関係していた．ヒエログリフは，それ自体が絵といえる．ヒエログリフを書く際，文字の並べ方を定める言語学上のきまりと，装飾のための手法を除くと絵画を描くのと大差ない．また古代エジプトの絵画の多くには，ヒエログリフによる説明が加えられており，絵画では表現しきれない部分を補っている．さらにいくつかの神殿の浮彫りにみられるように，絵画のかわりに，ヒエログリフのみで，ある出来事や情景があらわされることもあった．墓にほどこされる浮彫りの場合，死者の名は碑文とは別に，誇張されたヒエログリフで描かれたが，そのヒエログリフと碑文は互いにバランスをとり合っていた．

表現方法

エジプトの表現方法は，西洋美術や写真，映画撮影の場合のカメラのような遠近法をとっていない．つまり，短縮法と視点を1点に定める，という二大原則のいずれにも基礎を置いていない．図は描く対象物の略図のようであり，その意図するところは情報の伝達である．1枚の絵画の画面は，一つの場所を表現するのではなく，いくつかの場面を描く空間として用いられることが多かった．一つの画面を一つの場面として使用するのは，画面が小さい場合であった．遠近法は世界各地で絵画や対象物を描く場合の基準となっているが，いずれの場合も，直接または間接的にギリシアの影響を受けている．

略図的技法を使った作品を理解するには，一定の法則を知らなくてはならない．ちょうど地図を読む場合に，あらかじめ記号を学ばなければならないのと同じことである．古代エジプトの美術作品における表現方法は，理論的には地図の記号を理解するような心がまえが必要であった．実際は，作品が遠近法の技法に似ているために，遠近法で描かれたものと錯覚してしまう．遠近法以外の手法による表現法をみると，古代エジプトの場合，視覚映像描写法に近い．たとえば人物を描く場合，客観的にも数学的にも正確な描写が行われており，古代中国や中央アメリカの美術にみられる，綿密な規定によって描かれたものにくらべてみると，はるかに理解しやすい．

右 ひざまずいたアメンオブエムハトがプタハにハトホルの標章を差し出している片岩製彫像．もりあがった瞬間のふくらはぎの筋肉をはっきりとみることができる（前腕も緊張している）．これと匹敵する表現例はすでに古王国時代に出現している．約前630年頃，高さ64cm．ニューヨーク，メトロポリタン美術館蔵．

上 メチェティイの彫像．1個の角材から彫り出したもの．型通りの立像の様式とは違う，微妙な味わいをもった構成の中に，芸術的表現方法が発揮されている．右手でキルトをもっている細かい描写に注意．高さ61.5cm．ウナスの時代．サッカーラ出土．ブルックリン博物館蔵．

左 象嵌をほどこした浮彫り．マイドゥームのイテトの墓から発見．象嵌の大部分は復元されたものだが，男のキルトと右足のかなりの部分に，もとの練り物が残っている．4王朝初期．オックスフォード，アシュモレアン博物館蔵．

下 シェーファーによる浮彫りと沈み浮彫り．A：浮彫りの諸段階，B：沈み浮彫りの諸段階，C：角度をつけて彫られた沈み浮彫り，D：2層および1層の厚みをもった浮彫り．

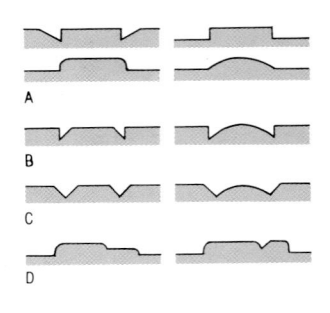

美術と建築

エジプトで，このような視覚映像描写法が美術表現として行われていた理由は，古代エジプト人が画像を描くことによって，人間の再生を信じていたためであろう．しかし，当時の絵画の中には極端に記号表現を採用しているものもある．それは"再生"に対する信仰が誇張されてきたことを考慮しても視覚映像を意識しているとは思えない．古代エジプト人が記号表現を用いながら，視覚映像に近い描き方をしようとしていたかはまだ解明されていないといわざるをえないのである．

一方，古代エジプトの美術表現における原則は，人々の価値観を端的に示している．エジプト人は，描く対象物の最も個性的な面を組み合わせるという方法で，一つの典型に従って対象物を表現した．対象物の輪郭の中には，作者が伝えようとする多くの情報が含まれ，多くの部分が短縮法は用いずに表現されている．これは，人や物の内容的，性格的な部分までをもあらわそうとするために行われ，たとえば，箱の正面と側面が互いに隣合わせになる，といった場合もある．しかし表面が弯曲した物件の場合には，まれに短縮法を使った．これは円形自体が深い意味をもたなかったためと考えられ，実際には遠近法を用いてもこのような物件は描くのが困難である．

美術表現の原則に基づいて，古代エジプトの絵画には，現実にはみえない物体が"偽の透かし絵"として描かれたり，器の中味が，その表面にあらわれたりする方法がとられている．このような方法によって抜き出される部分の数とその選択は，視覚的な立場から，示そうとする情報の価値によって行われた．

精巧な複合体である人体を描く場合，ほとんど一つの表現方法によって描かれた．たとえば，立っている人物を描く際，顔は右を向き，頭も横向きに描く．口は正面からみた大きさの半分より，やや小さめに，そして目と眉毛は正面からみた形に描かれた．肩は正面からみた形の通りの全長が示され，体の前面のわきの下から胴にかけての線は，横向きで乳首がついている．胸の広がりは，一般的には衣服の細部や首飾り，服のひもなどによって示された．そして不自然な姿勢をとっていたり，回転動作をしている人物を描く場合を除くと，姿勢や細部について，多くの変化づけが可能にもかかわらず，対象人物の特別な個性を出したり，細部を描写したりはしていない．

体の後のわきの下から胴にかけての線も，連続線となるようにはとてもみえない．胴は脚と足先と同様，横向きに描かれ，多くの場合ふくらみかげんに描かれている．人物は横向きのためにへそは描かれなかった．足の描写は，視覚的描写より組み立てによる描写法をとっている．18王朝中期まで，そしてその後にもしばしばみられるのであるが，両足は1本の指先と土踏まずで描かれ，足の内側からみたようになっている．また土踏まずは，くぼみを表現する方法がなかったために，足全体を大地から離して描いた．

このような古代エジプトの美術上の特徴は，やがて独自の働きをもつようになる．つまり，描かれている足の土踏まずと地面とのすき間に，もう一方の足が描かれるような視覚解釈や新しい表現法がつけ加えられていった．土踏まずの例は，エジプトの描写法体系にみられる多くの自然発生的精緻化の一つである．

古代エジプトの言語の中で，色，膚，自然に関するものは，類型的であった．色は輪郭同様，図の一部であり，彩色されていない人物像は完成していないもので，意図的に彩色されないことは，まれであった．陰影は遠近法を使っていないエジプトの画法では不適切だった．したがって，色は人物像全体に均質に塗られた．その際，使用される色は，黒，赤，白，黄，青，緑の単色や，木や動物の皮を描く際に用いられる織地色があった．18王朝以降，色数は多くなったが，依然単純で明るい色調がつづき，色が混ぜ合わされたり，画面の色調が変えられることはなかった．こうして画面はほとんど色付けされていたが，やはり主体は線であった．色彩だけでは情報伝達は完全ではないからであろう．対象物の輪郭は他の明るい色とは対照的な色，主に黒ではっきりと描かれた．

古代エジプト絵画を構成するには，主に二つの方法がとられた．第1は，画面を空間として用いずに一方からみた形を配置する方法，第2は，地図を書く場合のように画面を平坦な土地としてとらえる方法である．前者は古代エジプト全体を通じて採用された方法で，後者は特定の一時期に特別な目的のために採用された．

第1の方法では図柄をいくつかに区切るために，底辺に基線を引き，それぞれの段に画が描かれた．人物は基線の上に描かれ，基線は大地を表現している場合もそうでない場合もあった．この基線は画面を下から一定の間隔で区切っており，一つの段に同主題の図が並ぶか，もしくは，基線を上から下にたどるように一連の画面として構成された．またそれらの両方が混用される場合もあった．耕作から刈り入れまでの一連の場面を描く場合は，基線ごとに主題を変えることも，一連のつづきものとして描くこともできた．つまり基線自体意味をもっていないと解釈したほうがよい．

第2の方法は，主に家の設計図や砂漠の地形図をつくる際に用いられた．それぞれの中に描かれる物や地点は正確な位置を示してはいないが，図面，地図の範囲を限定している外形線は，描かれている人物に対して基線の役目を果たしている．非常にまれに，"地図"の構成要素である人物群が，垂直のわく中に描かれている場合がある．これは遠方の風景と同位置であることを示していることから遠近法，つまり1点に視点を定める方法もとられていた，という説の唯一の証拠となっている．しかしながら，この点のみを取り上げて遠近法の採用を認めようとしても，他の場合には矛盾してしまうのである．

エジプトの美術表現を考えるとき，重要な特徴として，描く対象の縮尺の割合がある．これは，イコノグラフィー同様，イデオロギーを表現する主要な方法である．人物を描く場合，体の各部分は，実際の体全体と各部分との比率を縮小，または拡大して描かれ，画面全体と人物の大きさとの比率も多くの場合，実際と同様に描かれた．しかし，さまざまな場面からなる全体の構図は，主要人物を中心に縮尺の度合を変化させている．つまり，像が大きければ大きいほど，その人物は重要人物ということである．

多くの私人の墓に描かれた墓のもち主の像は，画面となる壁と同じ高さに描かれ，他の部分に描かれた場面，6段分に相当する高さだった．人物は，横に描かれた数段にわたる場面に顔を向け，腕を人物の膝に置いた妻や，脇にいる子供たちの数倍の大きさで描かれる場合もあった．同様に，王を描いた作品では，王が，配下の者たちの頭上にそびえ立つように描かれている．

新王国時代の戦闘場面の浮彫りの中には，戦車に乗った王の姿が画面の半分を占め，残りの半分にエジプト軍や，敗走している敵兵たちや，王が攻め落している敵の要塞が描かれているものも多い．その場合は丘の頂にある要塞の中の敵兵は，ごく小さく，ひしめき合った形に描かれている．この画法は，実際の視覚に基づく論理より，対象に対する価値が強調された結果生まれたものである．

他の物や人物との比較のない作品は，神殿内の浮彫りにみることができる．ここでは，ただ王と神のみが描かれており，王と神が同等に考えられていたことを示している．画面の中

テーベのケンアメンの墓（93号墓）の中に描かれた狩猟場面の部分．斑点のついた絵の部分は砂漠をあらわしており，大地でもあり背景でもある．空白部は動物の形に対応しており，中には動物の巣になっているものもある．それらをとり囲む線は地表をあらわす線であり，あるいは小道でもあるのかもしれない．アメンヘテプⅡ世の時代．

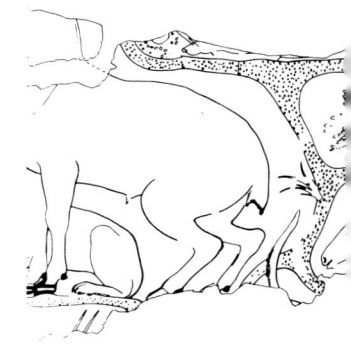

偽の透視の例．男が調理用大釜にひしゃくをいれている．大釜内部のひしゃくと内容物がみえるが，実際はみえるはずがない．ラメセスⅢ世の墓．

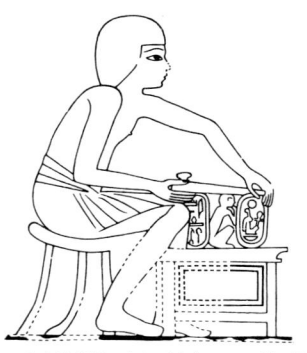

内容物が器の上に示されている例．男が宝石箱のふたをもち上げている．その中には王名を記した2個のカルトゥーシュの形をした別の箱があるが，それらは箱の上端に描かれている．テーベの181号墓．アメンヘテプⅢ世の時代．

描法規範の主観的精緻化．両足の土踏まずが基線上に弯曲として示されている．イヌの爪が実際には存在しない"空隙"を通してみえている．12王朝のステラ．東ベルリン博物館蔵．

の部分的な縮尺は、様式の上からなされることもある。たとえば、古代エジプト全体を通して、供物を運ぶ者たちの足元には小さな動物が描かれている。これは、その空間を何かでうめることによって、画面にまとまりをつけるためと思われる。これとは逆に、同じように供物を運ぶ場面でも、前4世紀のものの中には、巨大なガチョウを肩にとまらせている運搬人を描いたものがある。この場合は、運搬人の豊かさを示している。

このような古代エジプトにおける思想混入の表現技法の中で、最も共通した特徴として事物の理想化がある。つまり、現実にみたままでなく、対象物のあるべき姿を描くということである。しかし、この理想化の傾向も、縮尺の場合と同様に、選択によって行われた。主要な人物は、理想的な姿、主に若々しく成熟した姿で描かれ、女性たちの姿も、ほっそりとして若々しい。このように描かれる人物は、ふつう休息の姿勢をとっているのに対して、付随的な人物たちは、しわがよったり、坊主頭など、ぶかっこうな姿であったり、口論やけんかをしている姿で描かれたりしている。このような特徴は、古王国時代の大きな墓の中に、頻繁にみられる。そこでは、ぶかっこうな人物たちが、場面を引き立てるような形で描かれている。しかし、時間を超越した抽象的な世界を描いている神殿の浮彫りには、このような画法は用いられていない。

丸彫り彫刻

丸彫り彫刻と浮彫りや絵画の間には、様式上の類似がみられる。細かい部分が似ているのは、技法が両者とも共通しているためである。彫刻の場合、正確な軸線が引かれるのには深い意味があるとされるが、そのはっきりした理由はわからない。この特徴は、遠近法によらない2次元の描写と同様に世界中にみられる。そして、それは明らかに遠近法に至るまで継続し、相似していった。

古代エジプトの主要な彫像のほとんどが、両肩の縦断面と直角をなす線の先をみつめている。そして、腕は同じ縦断面の上に置かれ、休息の姿勢をとるか、または座っている。体の各部分の機能的な関係はほとんどあらわされていないので、彫像はそれぞれの部分を組み立てた2次元の"略図"を思わせる。他の美術作品とのこのような類似は、この形式が作品の要素ではなく、美術表現の基本的な特徴であることを示しているのである。彫刻というジャンルにおけるこのような絵画との類似は、おそらく彫刻家が、当時一般的であった2次元描写ともいえるデッサンに依存していたからだと考えられる。

このような厳しい幾何学的規則性の例外は、太陽をみるために上を向いている人物や、膝の上に広げたパピルスをみるために下を向いている書記の像である。また、ひざまずく人物像の中に、ふくらはぎの筋肉が盛りあがっているものが含まれているが、これはひざまずく人物が瞬間的な表敬の意をもっていることを示している。このような例外といえる像は、どれも素晴らしい作品であり、細部や体の機能的な関係が、わずかながらにあらわされている。しかし、柔らげられているとはいえ、依然、固さや厳格さが残っているのは、美的理由によるものと考えられる。

さらに、別の意味で原則から離れているものに、18王朝期後半の木製の彫像がある。これらには丸みがつけられたり、コントラポスト（人体がアシンメトリーな均衡をなすように、歪曲して構成された表現法）が採用されていたり、彫像の基本となる何本かの軸線が、痕跡程度にしか感じられない。このようなわずかな例外は、古代エジプト人が、厳格な形式のみにとらわれていなかったことを示しており、その点で重要である。

絵画、浮彫り、彫刻の技法

2次元、3次元の作品を描く場合、基本になるのはデッサンであった。正確な描写を行うために、古代エジプト人は四角い格子形に線を引いた。人体を描くための一つの格子目は26王朝期まで描かれる人物のこぶしを囲む大きさであった。その大きさと身体の他の部分の大きさが比例して描かれていた。格子目は異なった大きさの像を描くたびに引き直されたのだが、描く対象がそれほど重要な人物でない場合には、格子目によらず自由に描かれたようである。格子目の中には簡単なデッサンが書き込まれ、それが訂正され、精巧化され、完成されていった。当時、美術作品製作は分業化されていたようである。

絵画は、上質の石膏でつくられたしっくいを塗った石や、泥しっくいをほどこした平らな下地の上に描かれた。浮彫りははじめに彫刻されてから色が塗られた。これらは、簡単なデッサンから精密なものへと作業が進められ、完成していった。

彫刻は、まず四角い石塊の各面に格子目が記され、デッサンがほどこされる。つぎにデッサンをもとに石が刻まれ、作業の進行にともなってデッサンが何度も書き替えられた。顔の中央に垂直な軸線が印された当時の作品が残っている。最後の段階は浮彫り同様、表面をなめらかにし、道具を使用した痕跡を消して彩色することである。

彫刻の技術上の困難さは、素材によって大幅に異なる。エジプト人は、最も簡単な道具で、最も固い素材に細工をする達人であった。際限のない労働力がその大きな要因ではあったが、それだけでは多くの作品が芸術的にすぐれ、さらに洗練されていることの説明としては不十分である。

王朝時代が開始されるころには、すでに基礎的な技術はすべて修得されており、美術上の発展は、主に表現形式の精密化とイコノグラフィー構図の分野が残っていた。作業用の道具の主なものとしては、銅製（のちには青銅）のこ切り、

軟膏の壺をかかえた召使いの少女のツゲ材製小彫像。重いものをもっている身体のバランスをうまく表現しているこの像は、ほとんどのエジプトの彫刻がもつ軸線の束縛をほとんど受けていない。高さ15cm。アメンヘテプⅢ世の時代。ダーラム、ガルベンキアン・オリエント美術博物館蔵。

ペテミホスのブロック・スタテュ。ゆるやかに下る両腕の線が上を向く首と均衡を保っている。灰色花崗岩製。テル・アル＝ミクダーム出土。高さ46.3cm。ブルックリン博物館蔵。

表現上の規範

エジプト人の表現はエジプト文化に根づいている．それは遠近画法とは異なり科学的な法則にもとづいているのではないが，認識を容易にする"最小公倍数"ともよぶべきものを尊重している．表現されているものを，われわれがよく知っている場合は，誤解はしやすいものの，われわれは難なくそれが何かを理解する．表現された物や場面がなじみの薄い場合は，それが何であるかを決定できないかもしれないし，謎めいた形を説明できる法則を適用することができないかもしれない．この頁では，さまざまな表現方法を図解した．いずれも表現上の原則に適合している．

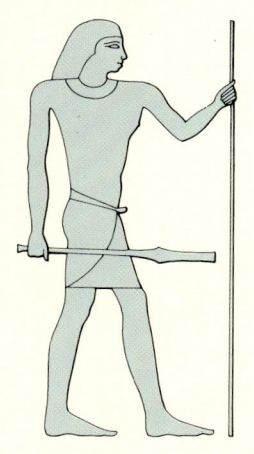

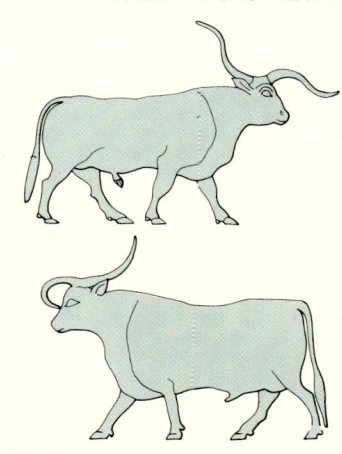

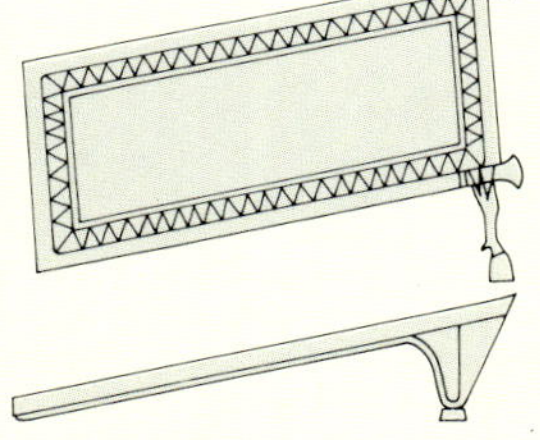

方向

人物は右を向くように描かれ，この位置での右と左の関係が象徴的に重要視される．人物が左を向いている場合，標章が"正しい"方の手にもたれるように描かれている．この図では，右腕のようにみえる腕の先についた左手が棒をもち，右手が笏をもっている．おそらくこの視覚的不調和がおこるために，左を向いた人物像のこの問題に対してはいくつかの異なった処理法が用いられている．

故意に変形された角をもつ雄ウシたちも同じ点を示している．それらの左の角は下に曲がっているが，雄ウシが左を向いている場合，下がっている角は一見"右の"角にみえる．その効果はあまりに自然なので，この細かな特徴は誤解されやすい．

部分の組み立ておよび振り向いた人物の描写方法と珍しい観察描写の例

婦人の彫像は，彼女たちが衣服を身につけ幅広の肩ひもが彼女たちの胸を隠していたことを示している．

浮彫りでは婦人像は裸の胸を示している．身体の前部の線が胸部では側面から描かれているからである．肩ひもは胴の内側に描かれている．

人物が振り向いているときには，通常の規範は一部変更されうる．ときおり，裸の人物は正面からと側面から描かれた二つの乳房を示している．こういう描かれ方をするのは，身体が魅力的であることが大切だった楽士の場合が多かった．まれに，入り組んだグループの中にいる人物たちが正面を向いた顔で描かれていることがあるが，かれらの像もまた，さまざまな角度から描かれた身体の諸部分からなっている．

女性が炉の中に息を吹きこんでいるこのスケッチのように，非常に自由な絵においては人物はほとんど完全に側面から描かれうる（眼は例外）．息の図示は普通はみられないものである．不完全なヒエラティック（神官文字）のテキストは，彼女の"頭は室（炉の口のこと？）に向き"，そして彼女は"炉の中に息を吹きこんでいる"と記している．

ライオンの彫像のいくつかは身体の線に直角に頭を向け，前脚を交差させている．絵画ではライオンは真直ぐ正面を向いているようにみえる．絵画から彫像の表現形式を導き出す方法はない．

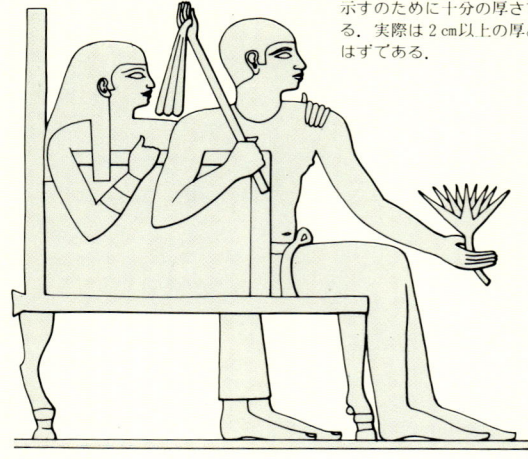

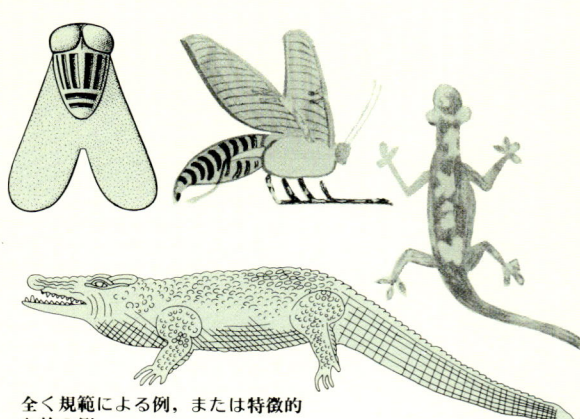

各部分の関係，および素材の表現方法

家具類をわかりやすく描写することは，とくに困難である．というのは，それは3次元的であり，かつ直線で囲まれているからである．

この古い絵は座部が傾斜して床につく，2本脚の寝椅子を示している．座部を図示したり，していなかったりはするが，これらは両方とも側面から描かれている．座部は直角には描かれてはいない．二つの座椅子があるようにみえるが，これらは同一物を描いた二つの絵なのかもしれない．

2人の人物が一つの椅子に腰かけている場合には，かれらの順位が示される．この男性は女性の前に座り，女性は下座であるかれの左側にいる．しかしこの位置では，かれの肩に回した彼女の右腕か，椅子のひじ掛けに置いている左腕のどちらか一方を示すことは不可能である．一見して椅子の奥行きにみえるものは，おそらく椅子の幅である．男性は，かれの身体が椅子のひじ掛けに隠れてみえなくなるのを避けるため，適当な位置に描かれている．

ある物体をつくっている素材は予想できない方法で示されていることがある．この男性の小屋は刈ったばかりのアシを編んでつくったものであり（緑色に着色），かれの椅子はアシでつくったマットの上に置かれている．"壁"の厚みはそれがアシを編んでつくったことを示すために十分の厚さで描かれている．実際は2cm以上の厚みはなかったはずである．

全く規範による例，または特徴的な絵の例

ある例においては，適当な規範がにた形のものの間に区別を設けることを助けている．たとえば，ワニは常に側面から描かれ，一方トカゲは真上からみた姿で描かれる．これらはこの生物たちの大きさを考慮したもので，それゆえ，かれらが通常みえる角度が考えに入っている．しかしハエやハチにおいては，その区別にはこのような合理性はなく，単なる約束の問題といえる．

浮彫リ製作

浮彫リと絵画は，その準備段階のデッサンで大きく左右された．デッサンは基準線，また中王国時代以後は正方形の格子を頼リに描かれた．格子は摸写を簡単にするために既存の作品の上にもひかれた．

初期の例では身体の中央を縦断する垂直線と交わる6本の水平な規準線が身体の比率を決めた．水平な線はしばしば人間の長い行列を通して延ばされていた．人間の姿を描くためには，基準線も格子もともに比率の規則にしたがって引かれた．比率の規則は通常のエジプト人の長さの単位と緊密に関係していた．末期王朝時代にその単位が変化すると，規則もまた修正された．現存の線は赤色で示し，推測した線は黄色で示した．

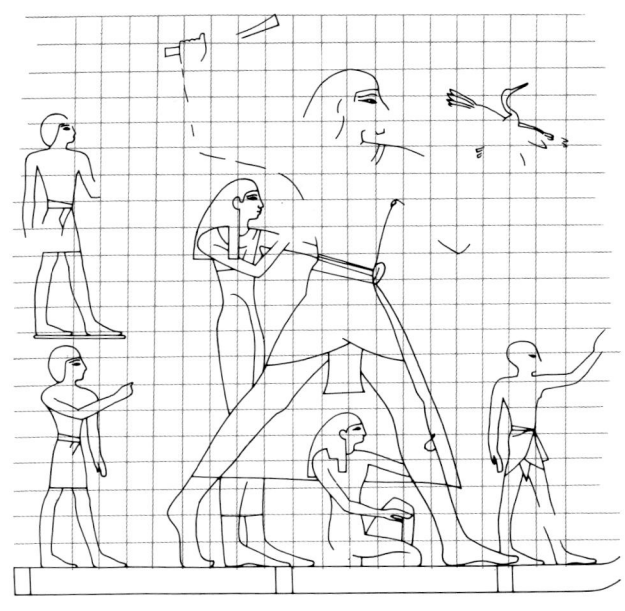

初期の格子の基本は，床から髪の高さまでに描かれた18個の正方形の格子目である（それより上の部分は頭につけている被リものの型にしたがって大きさがさまざまである）．ある大きさの格子は，同じ大きさの人物像にしか適応できないにもかかわらず，ときにはいろいろの大きさの人物像を含む1場面全部に引かれている．その場合は，図案は同じように格子を引いた小さな下絵から機械的に拡大されたのかもしれない．ときどき格子はさらに細かく分けられている．

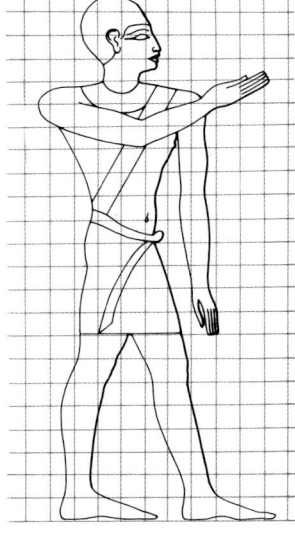

後期の格子では，新しく，前より低い計測点として眼が基準とされ，そこまでに21個の正方形の格子目が描かれた．しかし，以前の方式との比率の差はわずかである．

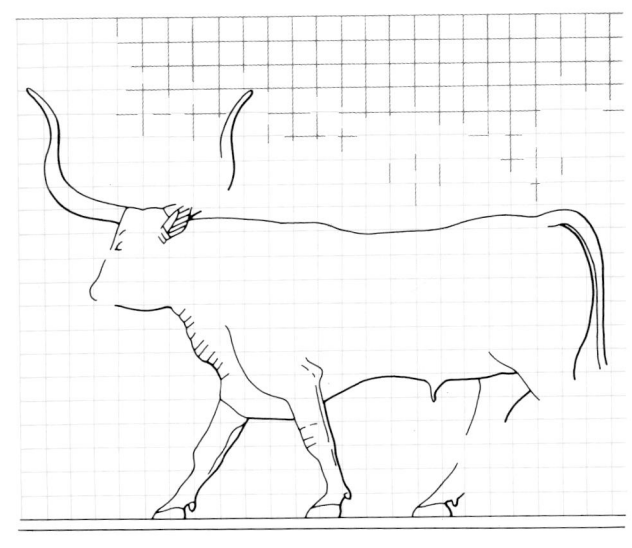

格子は動物を描くのにも用いられた．この例では格子目が雄ウシの上方に残っている．しかし，像自体はもとの石の表面とデッサンを削り取ってつくられていたので，その上には格子目は残っていない．

錐，のみが使われた．道具を使用する際にはいつも，研磨剤として湿った砂が用いられた．また，非常に硬い石でできた槌があり，その形はさまざまであった．大ピラミッドから発見された槌は，大きさも形もほぼテニスのボールと同じくらいである．木製の彫刻用の道具とそれらを使う技術は，大工の道具や技術と似ていた．鉄製の道具は前650年前後に出現している．

巨大な彫刻をつくるときの技術上の問題は，土木工事をするときの問題と同じである．大彫刻の製作の第1段階では，美術的な立場より石切リの方法が問題とされた．また，運搬する際の重量を軽減するために，巨大な作品は石切場でほぼできあがった状態にされ，建立地点に運ばれたのちに，最終的な調整が行われ，完成された．石切場から建立現場まで，彫刻を運搬するために特別に，運搬用の道路がつくられ，運搬用のそリが用意され，現場では彫像を建てる地点の整地が行われた．

建 築

古代エジプトの建築物で現存しているのは，ほとんど宗教上の建築物である．それらのすべては宗教上の象徴として建てられ，建築物としては，ごくわずかな機能しかもたなかった．ピラミッドやマスタバ，岩窟墓のような葬祭用建造物については，死者の象徴としての意味をもっていたほかは，正確な使用目的，使用法はわかっていない．しかし，神殿の場合はかなり多くのことが明らかにされている．いずれにしても建造物に対する思想は共通しており，宇宙あるいは，その一部を再創造することにある．これらの建物に描かれている宇宙は，現実のものではなく，純化された空想上の宇宙で，日常生活との関係は，現実にある物との類似という形で描かれている．このような描き方の目的は，神殿や墓の住人を宇宙の創造過程の中や宇宙の周期，とくに太陽周期の中に参加させることであった．

この象徴主義は，神殿の立地場所の選定や設計，そして壁や天井に描かれた装飾の中にあらわれており，とくにグレコ・ローマ時代の神殿には，この傾向が強い．そしてグレコ・ローマ時代の象徴主義も，新王国時代のものと意味上ほとんど変わっていない．神殿の内部は，巨大な泥レンガ製の周壁によって外の世界から隔離されており，周壁は，おそらく宇宙創造時の水っぽい状態を模してつくられている．周壁の内側には，第1塔門または入口の壁があり，その外壁には王が敵を打ち倒している場面が描かれている．この絵は，神殿の中に無秩序が入ってこないことを保証する魔術的な意味をもっていた．

塔門は神殿の最大構成要素であり，背後の建造物一帯をその高さでおおっている．また，あいだに割れ目のある山塊状の塔門は，"地平線"という意味のヒエログリフ ◯ に似ている．ほとんどの神殿の方位は西－東とされているが，実際には，地軸上の基本方位（東西南北）と相当なずれがある．これはナイル川を基準にして建てられているためだが，逆に，そのおかげで，太陽は軸に平行につくられた聖所内部に光を投げかけながら，塔門の入口から登リ，神殿内部を通る軌跡を描くことになる．

主神殿の最も特徴となる部分は，多柱室あるいは円柱広間である．これは神殿全体の装飾的な役目を果たしている．円柱の柱頭には水生植物を模した装飾がほどこされ，壁の最下段には同じ植物が描かれている．広間の装飾は創世紀の沼を模しており，柱の台輪と天井には，全世界を包み込む形で天空を描いた浮彫リがほどこされている．壁面の装飾は現世での行為が描かれ，最下段には沼が描かれたリ，供物運搬人が描かれている場合もあった．当時，土地の産物を貢ぐことは

墓碑

墓碑（墓石）とミイラを納めた棺が（単純な墓とは異なり），エジプトの墳墓の中で最も重要な要素だった．

ステラ（石碑）は，ふつうその名前と称号によって故人が誰であるかを明らかにし（エジプト人たちは，ステラが"かれの名前を生かしめる"といっていた），また，かれが供物を積んだテーブルの前に座っているところや，かれの家族から供物を受け取っているところを示していた．後のステラには故人が神々と一緒にいる姿が描かれた．これは誰もが自分のカーに望んでいた理想的な状態であった．したがってステラはその状態を永遠に存続させるのを手助けしたのである．古い時代には，カーがその存続のために必要とした生活必需品の目録あるいは描写は，ステラの重大な要素だった．一貫した特徴であった，決まり文句，ヘテプ＝ディ＝ネスウなどは，このような日用品がもたらされることを確実にすると考えられていた．"王がオシリスに与えし恩恵，オシリスが故人のカーに祈願供物のパン，ビール，雄ウシ，鳥，アラバスター，衣類，そのほか神の生活必需品すべてのよき純粋なものを与えるように"という古代のこの文句は，どのようにして墓に生活必需品が納められたかを示している．すなわち，王は冥界の支配者であるオシリスに供物をささげる．そしてそのオシリスを通して故人のカーはその分け前を受け取ったのである．訪れるもの，通りすぎるものはかれらが，決まり文句の中に含まれている願望を現実のものにするためにこの文句を唱えるように求められた．

埋葬室とちがって墓碑までは通常はいくことができた．定められた日に，供物が碑の前にある供物台に運ばれて供えられることは，故人の葬祭儀式の最も重要なことであった．

1王朝の王のステラ（右）はアビュドス出土の有名なものである．丸い上辺をもち，互いに対称的にデザインされ，台座のない二つのステラがマスタバの外壁の一つの前に据えつけられた（下）．それらには王名だけが刻まれていた．

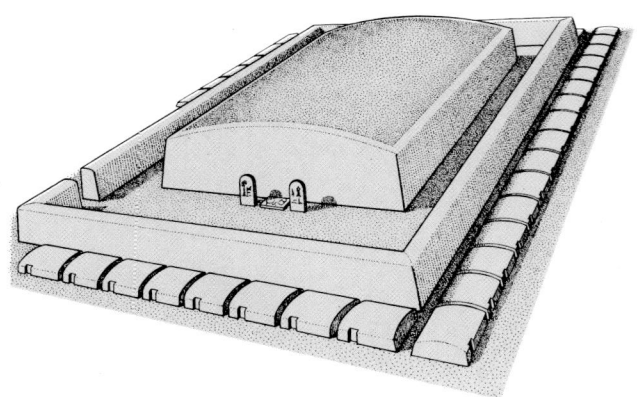

偽扉（左）は古王国時代の典型的なステラで，昔の"宮殿の正面"やその壁がんステラから発達した．ステラは偽扉の鏡板としてなお残っているが，"宮殿の正面"は本物の入口（下）の外形をまねて設計された脇柱やまぐさ石からなる複雑な構造に変形されている．このみかけばかりの"入口"は生者の世界と死者の世界とを結びつけており，カーは自由にこの扉を往き来すると信じられていた．偽扉は通常，石でできており，まれには木でできていた．そして墓に付属している礼拝堂の西壁の一部をなしていた．

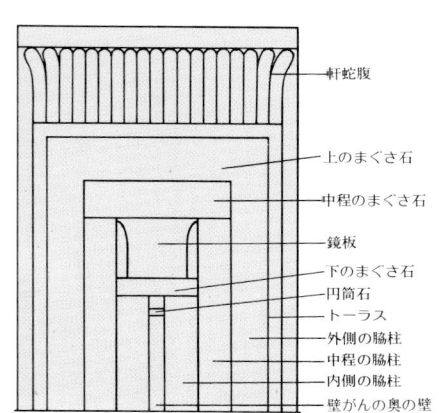

- 軒蛇腹
- 上のまぐさ石
- 中程のまぐさ石
- 鏡板
- 下のまぐさ石
- 円筒石
- トーラス
- 外側の脇柱
- 中程の脇柱
- 内側の脇柱
- 壁がんの奥の壁

第1中間期の地方のステラ（左）は，壁がんステラの伝統を回顧するかのように，平板な長方形の形と簡単な装飾を好んで，偽扉の複雑なデザインを放棄した．その表現はしばしば粗雑で，碑文の文字は粗末であった．しかし，このような特徴は非常に正確に，ステラとその製作地であるエジプトの特定の地域とを結びつけることを可能にする．

中王国時代のステラ（左と右）は第1中間期のステラから発達したもので，長方形をしているかあるいは上辺が丸い．その主題や碑文は非常に多様だったが，多くの基準が設けられており，その結果（たとえば決まり文句，ヘテプ＝ディ＝ネスウ呪文の形式によって）時代決定ができ，また（たとえば描かれている神々の種類によって）特定の墓地と結びつけることができるのである．

初めの三つの王朝の時代，レンガで建設された私人墓の上部構造は，複雑な凹部構造（壁がん）からなる"宮殿の正面"を備えていた（上）．マスタバの上部構造の南東のコーナー近くにある一番奥まった壁には，石か木でできた壁がんステラがあった．"宮殿の正面"構造は，ときおりマスタバ内部の礼拝堂に用いられた．その場合には壁がんステラの数が増やされた．

石板のステラ（上）は，4王朝にギーザで最初に建設された石製の上部構造をもつマスタバの特徴であった．これらはマスタバの東の外壁に据えつけられており，墓そのものと同様，王から授けられたもので，最もすぐれた職人がつくったものだった．

形態や装飾が非常に多様であるにもかかわらず，設計者は簡単な建設上の手順を採用した．それは神秘的な"方式"ではなく，この末期王朝時代のステラに示されているように，比率の相互作用を順守したものであった．

いくつかの新しい形のステラを別にすると，新王国時代のステラ（上）で最も目立つ特徴は，その浮彫りの主要場面に神々（とくにオシリス）が登場したことであった．

王に対する義務であった．いずれの場合も，チェス盤のように，場面が組み合わされ，王が聖所に向かい，神に供物をささげたり，儀式をとり行っている場面などからなっている．神々はそれぞれ神殿内に場所が定められ，顔を外に向けた形で描かれている．

どの神殿でも，礼拝される神々の神域より広い範囲に，他の神々が浮彫りにされている．神殿に描かれている場面の多くは神殿内で行われる儀式をあらわしているが，他の場面は，それほど意味はない．神殿においては，王と神の間の会話や関係が最も重要であり，神殿内の浮彫りのほとんどは同一の主題を扱っている．

神殿の奥は多柱室より床が高く，天井も低くなっている．これは，外部構造に包み込まれ保護されていることを意味しており，聖所とよばれ，さらに神聖な場所なのである．聖所の周囲には比較的小さな部屋が多数つくられ，その外壁は神殿の外側に似ている．ちょうど，建物の中に建物を建てたような構造なのである．聖所は創世紀の丘を表現しており，多柱室の沼と関連づけられている．多柱室から聖所へ向かう行列は，いくつかの天地創造の諸段階を通り過ぎていったのである．

技　術

エジプトの石工は，建造物をつくる場合，採石技術を応用して石を切り，その石を積み重ねてピラミッドや他の日常的な建物を築いた．

ピラミッド建設に関しては，設計や現地調査がどのように行われたか明らかにされていない．したがって，現在多くの推論が出されているだけである．しかし大ピラミッドを建造するには，厳密な計画が立てられたこと，その計画を遂行するために，高度な専門技術を要したことは明らかであり，勾配をもった塔門の壁などをみると古代エジプト人は，その技術をもっていたと思われる．

エジプトの建造物の基礎は，しばしばきわめて簡単な原理を採用している．たとえば，溝の中に砂をつめ，表面を数列の石細工でおおったりしている．砂は，エジプトでは機能上の目的に使用されるだけでなく，砂漠の国を象徴するものだったと考えられている．グレコ・ローマン時代になって初めて，石工技術に基づく適切な基礎が築かれるようになったが，この時代の建造物の多くは破壊された古い時代の建物の上に建てられた．

石工はしっくいを非常に控え目に使った．しっくいを使うのは石を積むときであり，並べた石の上部に薄くしっくいを塗り，つぎの段の積み石をその上に滑らせて並べる，という方法がとられた．つまり，しっくいは潤滑剤の役目をするのである．

積み石の底面と，他の石との接合面は，積み上げられる前に仕上げられ，石は一つ一つ接合されていった．作業が一つ一つ行われたのは，他の石と接合する側面が常に水平面に垂直ではなく，底面に直角でないこともあったからである．また積み石が内角を形成することもあり，横に並べられた石は，短い距離の水平面しかつくり出さなかったであろう．

しっくいが乾く間，補強とずれを防ぐために，しばしば表面に出ない水平接合面に木製のかすがいがとり付けられた．複雑な接合技術は，実用となる最大限の石を積み上げることを可能にし，空費を最小限にとどめた．積み石の角は積み上げてから，測って切られ，表面の石は仕上げられないまま残された．

エジプト人は石を積み上げるための機械や装置をもたなかった．重い物をもち上げたり，積み上げたりするときの基本的な方法は，斜面を築き，その上を通って積み上げた．斜面の建造は建造物が十分高くなるまでつづけられ，積み上げが終ると斜面を取り除きながら，建造物の壁面に浮彫りをほどこしたり，建造物の後につくられた木製の足場を利用して仕上げが行われた．建築作業のさまざまな段階は同時に進行し，石工，製図工，左官，浮彫り師，塗装工は同時に働くことができた．

アル＝アマールナの私人墓や，王家の谷のホルエムヘブ（前1319―1307）の墓の中には，このような古代エジプトの建築方法が描かれている．エジプトの墓や神殿には，完成されたものが少ない．これは作業の同時進行の結果，混乱などが生じたためと考えられる．

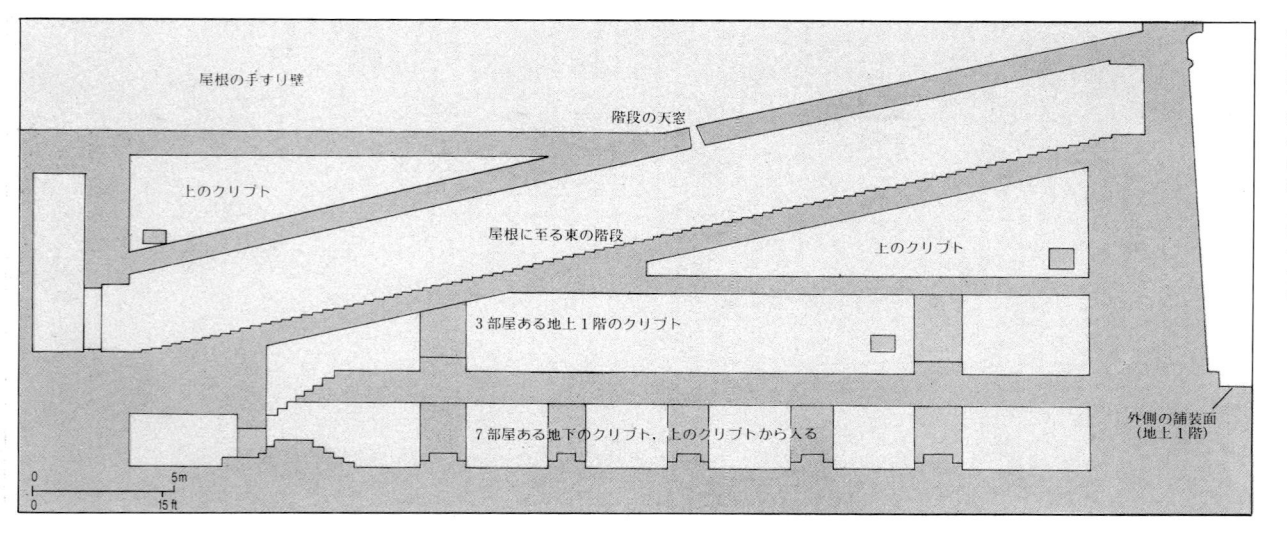

ダンダーラ神殿，東壁部の断面図．厚い壁の中にクリプトとよばれる一連の部屋と一つの階段を備えている．一番下の一連のクリプトは地下にあり，基礎の中，約10mの深さにあった．屋根の部分も同様に厚く，左の天井の上では，外壁が8.5mの高さの手すり壁を形成している．地上1階のクリプトと上のクリプトの中の青い四角形は神殿内部からの入口である．上のクリプトへの入口は地上4mの高さにあった．全入口は，それらがある部屋の装飾の中に隠されていた．前1世紀．

第2部　ナイル川下りの旅

A JOURNEY DOWN THE NILE

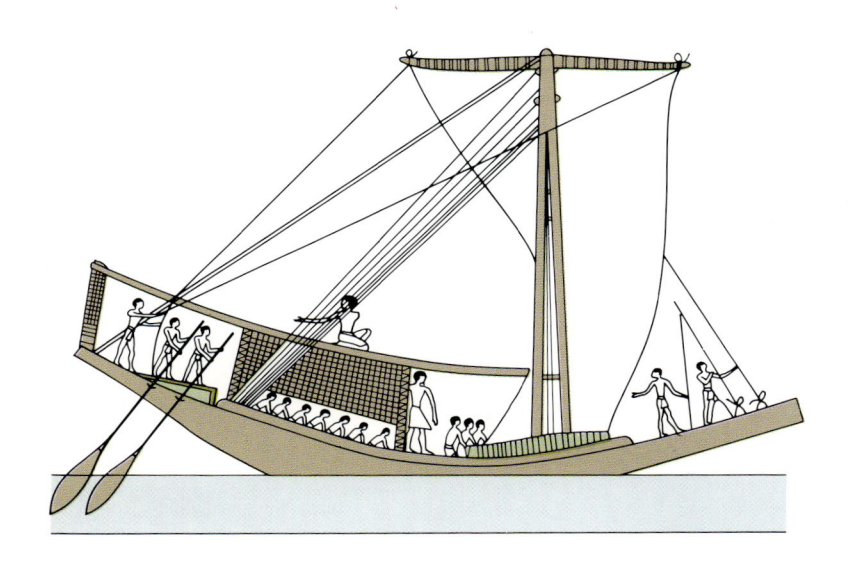

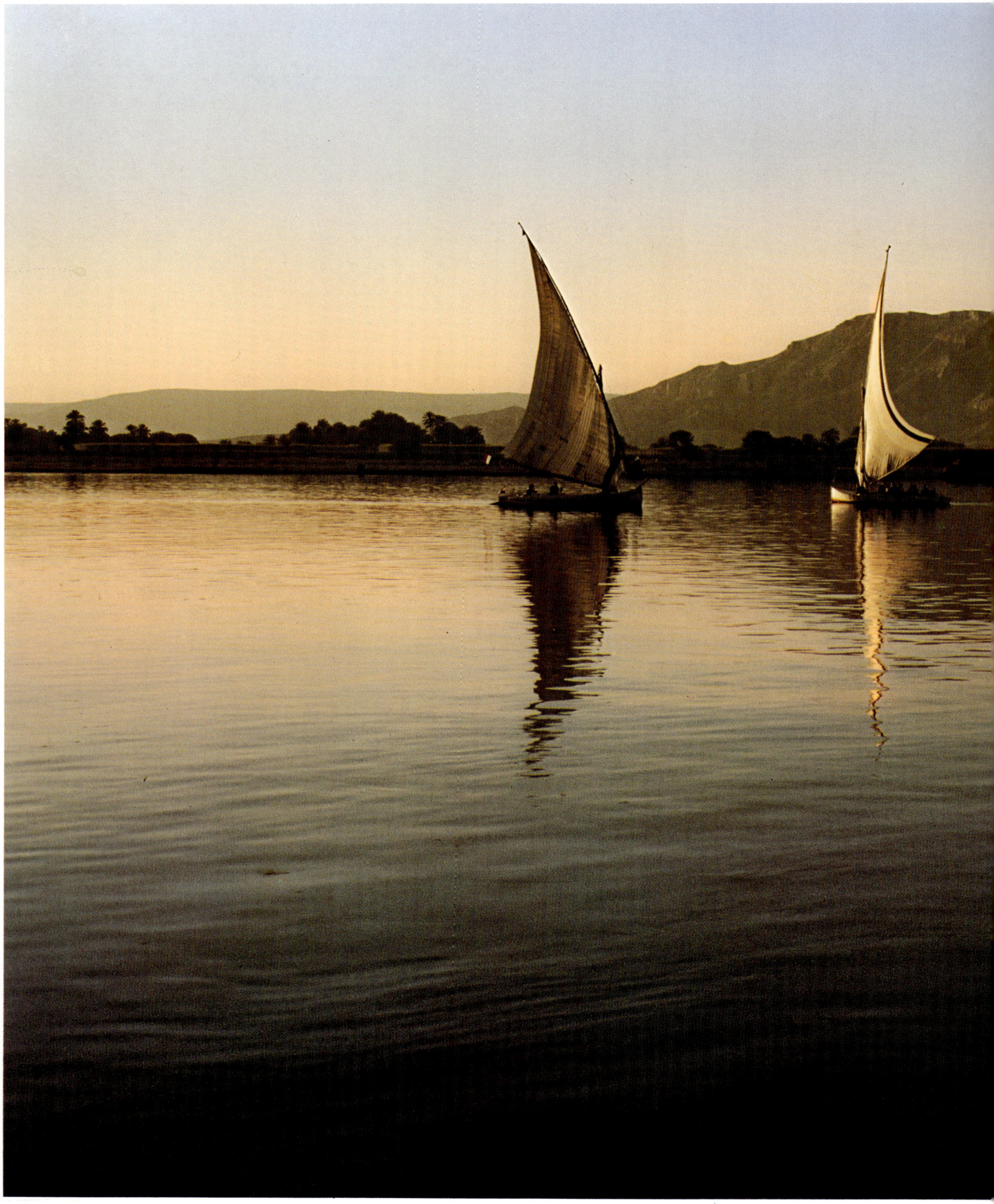

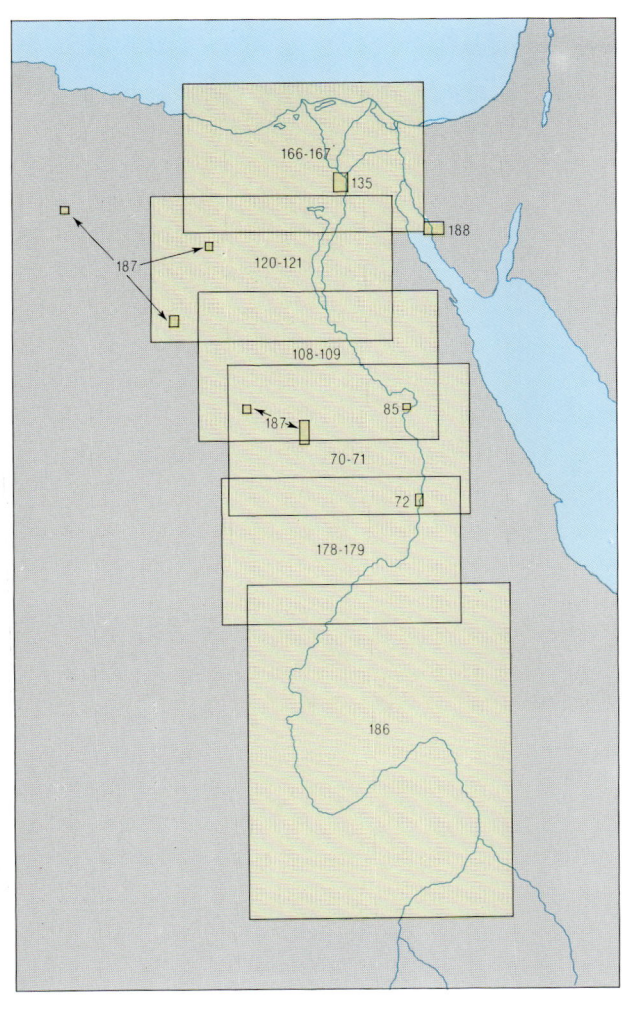

エジプトはしばしばロータスにたとえられる．非常に細長いナイル川流域の茎の上に咲く，重たい花がデルタ地帯，そして茎に寄りそうつぼみがファイユーム地方である．ナイルの西岸で，川と平行して点在する一連のオアシス地帯を除くと，周辺の地域は荒れ果てた不毛の地で，定住にも適さない所である．

　19王朝時代に舞台が北へ移動するまで，エジプト史の中で主役を演じていた都市が二つある．デルタ地帯の頂点近くに位置するメンフィスと，それより南のテーベである．そしてこの両地点は，古代のエジプトをくまなくみようとするわれわれの空想の船旅で，ナイル川下りの船が長く停泊する所でもある．本書での船旅の出発点は，南に位置するナイル川の第1急端である．

　ヌビア地方やオアシス地帯，そしてシナイ半島はエジプトの一部分として記されることはなかった．しかしヌビア地方やオアシス地帯は植民地化され，シナイ半島へはしばしば遠征が行われていたので，実質的にはこれらの地域もエジプトに含まれる．実際には，川をさかのぼってヌビア地方へいくことは，ナイル川をゆっくりと下るより難しく，またオアシス地帯やシナイ半島への旅には，船のかわりにロバを使わなければならない．

ナイルにうかぶ船

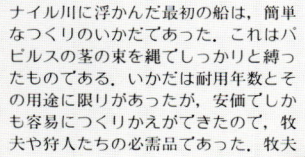

ナイル川に浮かんだ最初の船は，簡単なつくりのいかだであった．これはパピルスの茎の束を縄でしっかりと縛ったものである．いかだは耐用年数とその用途に限りがあったが，安価でしかも容易につくりかえができたので，牧夫や狩人たちの必需品であった．牧夫はデルタ地帯で家畜を放牧する際にワニが出没する川を渡らなければならなかったし，また狩人は沼地で野鳥狩りを楽しむときにこれを利用した．"縛る"を意味するセビという語は，後に木造の舟をつくるという意味にも用いられた．

小型の舟の船体の構造は，エジプト産の良質な材木が不足していたことを反映している．舟大工はかなり短い厚板を使わなければならなかった．そこでほぞを彫ってつなぎ合わせたり，あるいは材木どうしをしっかり結びつけたりして舟をつくった．大型船や外洋航海に使用する船の材木は輸入された．少なくとも新王国時代以前のエジプトの舟で一番目立つ構造上の特徴は，竜骨がない点である．

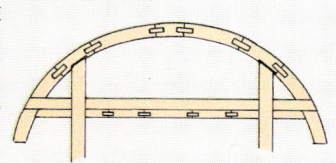

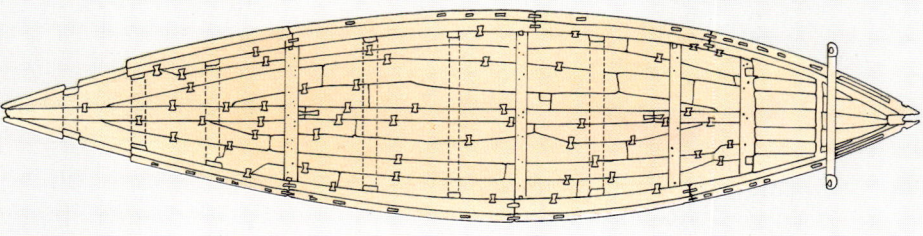

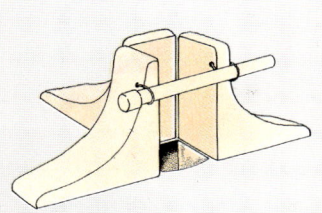

単純ではあるが効果的なつくりの櫓根座．これは帆走から手こぎに，あるいはそのまた逆にと頻繁に変わる走法のため必要とされたもの．

かじ取り装置の主要部は，舟の船尾とかじ座に取り付けられた大型のかじ取り用オールである．舟は舵柄を横に移動させることによってかじ取り用オールの柄とその水かきの部分が回転し，かじが取られた．

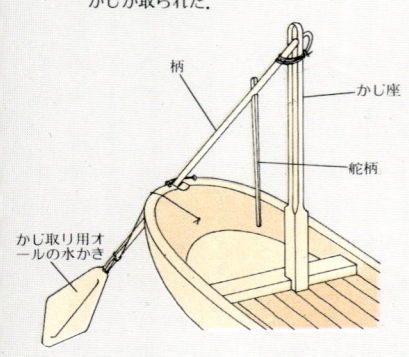

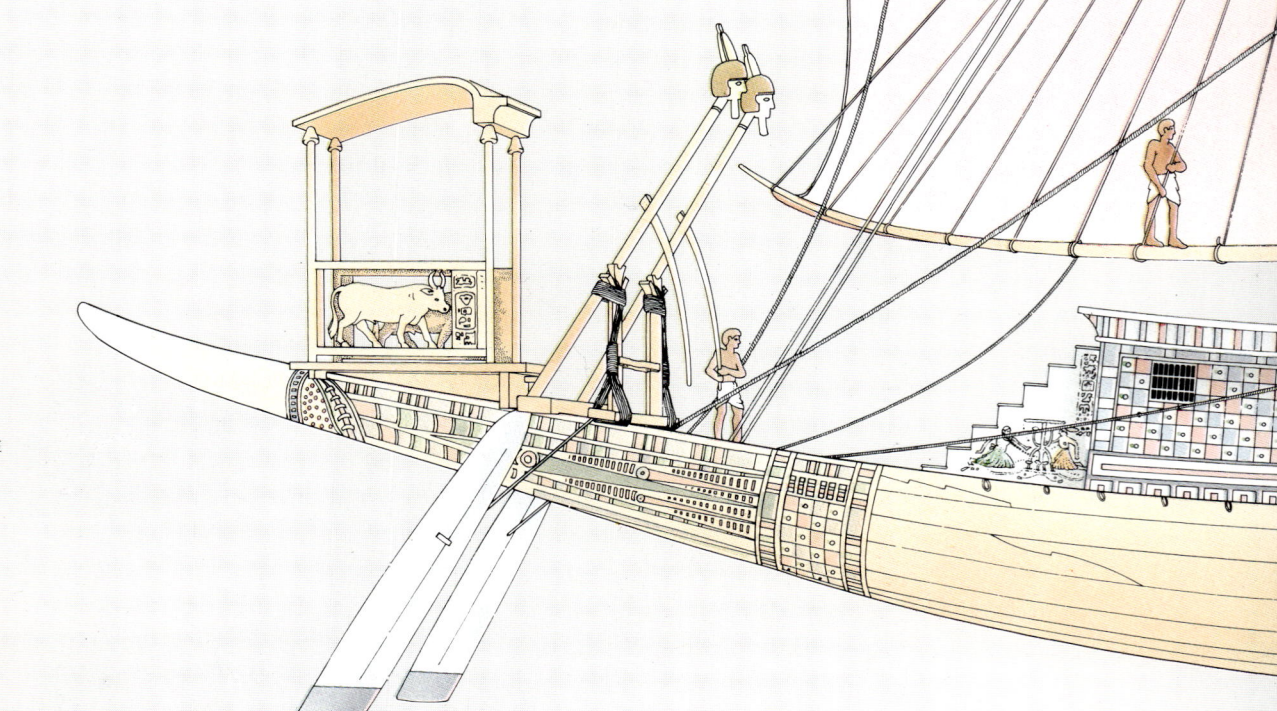

柄
かじ座
舵柄
かじ取り用オールの水かき

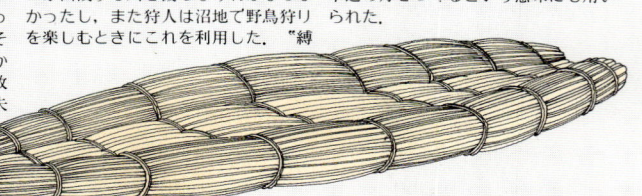

地理的立場からみれば，古代エジプトの地形ほど不合理な地形は他にあまりない．長くて幅が狭く，ちょうど自動車道の両側にまたがって伸びている町のようである．しかしこのような地形の利点は交通の便がよいことである．ナイル川，つまり自動車道が，すべての要所に通じており，そこでは舟が最も重要な輸送手段となった．

川をさかのぼって帆走するのに都合のよい北風が，ナイル川流域ではよく吹いた．しかし，川を下るにはオールに頼らなければならなかった．このことはヒエログリフにもあらわれている．"北へ旅する"("ナイル川を下って旅する")という語と，"南へ旅する"("帆走でナイル川をさかのぼる")という語がそれである．さらに陸路の旅を記す場合でさえも，この舟の文字が適宜使われた．

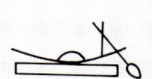

古代エジプトの舟に関するわれわれの知識は，具象的な資料(浮彫りや絵画)や墓から出土した模型の舟，さらにギーザやダハシュールで発見された単独で埋められていた葬祭用の舟からえている．そして文字で書かれた資料は乏しく，あっても有益ではないのであるナイル川を航行した古代エジプトの舟にはその用途別にいろいろな種類（航海用や輸送用の舟，儀式の際に使われる聖舟など）があった．そこで種々多様な舟の年代を決定するには，次の六つの点がきわめて信頼のおける指標となろう．(1) 船の型．(2) かじ取りの方法．(3) 帆柱と帆の形．(4) 船のかい，またはオール．(5) 甲板室の配置．(6) 著しい特徴．

先王朝時代：(1) 船首と船尾が極端に上を向いている舟をときにみかける（ナイル川航行用の大型船でさえも大部分がパピルスやそれと類似した材料でつくられた）．(2) 1本またはそれ以上の大型のかじ取り用オール．(3) 長方形の帆．(4)(5) 2群のかい（中央の甲板室から分かれる）．(6) 3本枝(?)の船首の装飾．甲板室の近くの旗印．

古王国時代：(1) "古典的"なエジプトの船体の形（いまや木が建材の主流となる）．動物の頭の形をした船首がしばしばみられる．(2) いくつかの大型のかじ取り用オール．6王朝以後は特殊なかじ取り用装置．(3) 2本足の帆柱が一般的．横幅より縦が長い不等四辺形と思われる帆．(4)(5) 5王朝以後はオール．

中王国時代：(1) 高めの船尾．(2) 巨大なかじ座と1本の大きなかじ取り用オールの間に立つ操舵手が動かすかじ取り用装置．(3) 1本の帆柱，川を下るときには帆柱が，又の形をした支柱の上におろされる．(5) かじ座の前に甲板室．

新王国時代(特殊な形の舟が多い)：(2) 2本のかじ取り用オールからなるかじ取り用装置．かじ座の前に立つ操舵手がこれを操作する．(3) 縦より横広の帆．(5) 中央には甲板室．船首と船尾にやぐら．

末期王朝時代：(1) だんだん高めの船尾になる傾向がある．

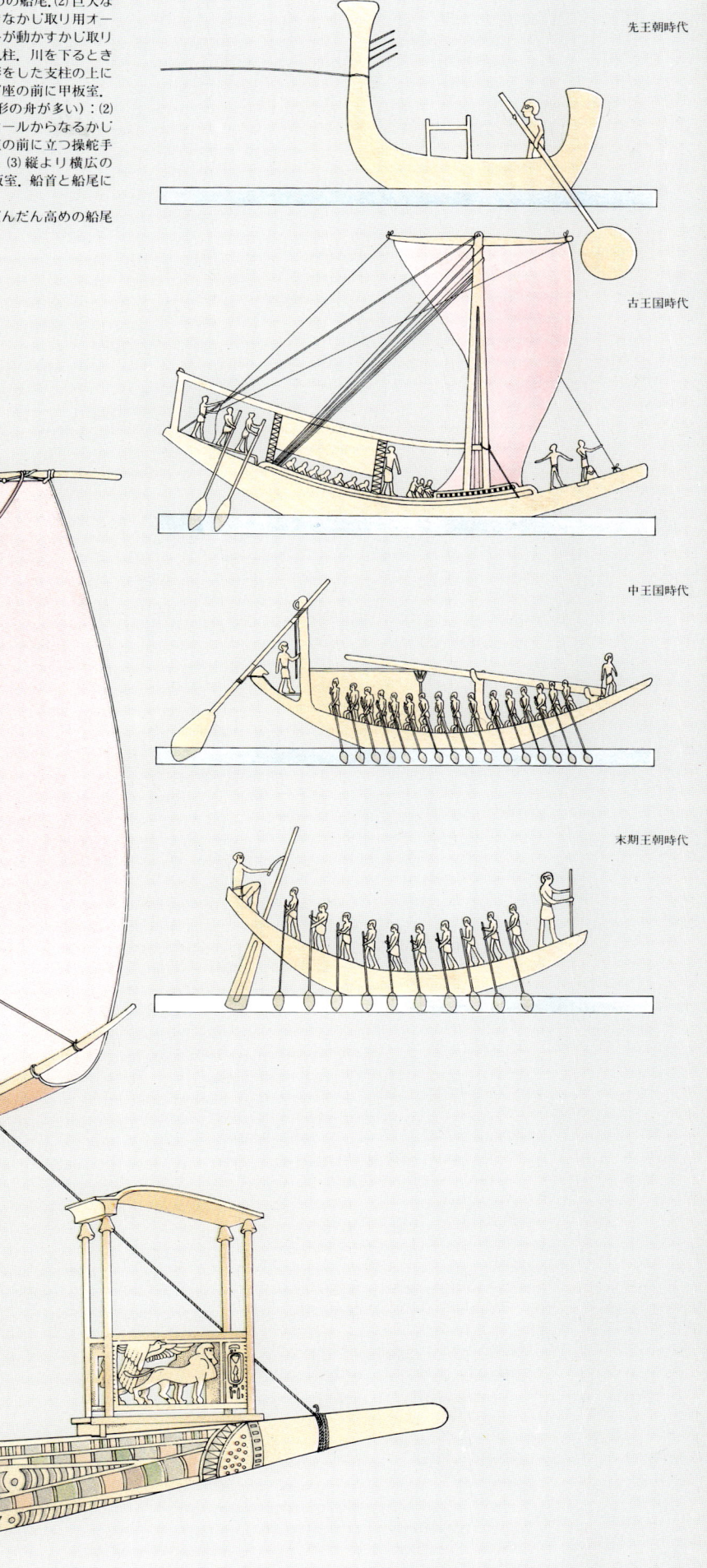

先王朝時代

古王国時代

中王国時代

末期王朝時代

新王国時代

69

上エジプト南部

　エジプト人の関心は南へ向けられていたので,事実上の国境線があったビジャー(ビガ)島の北に位置するアスワーンは,エジプトの"第1番目"の町であった.

　エジプトの最南部は,上エジプト第1州の区域に含まれるビジャーからジャバル・アル=スィルスィラ(シルシラ)の北までで,そこからテーベまで第2－4州が置かれていた.第1州と第2－4州の地域とではナイル川沿いの長さがだいたい同じであった.第1州はヌビアの砂岩地帯にあって,人を寄せつけない不毛の地で,砂漠が大部分を占めていたが鉱物資源には富んでいた.今日にいたるまでその土地柄はヌビア色が濃い.

　コーム・アル=アフマルは最も古い都市の中心地の一つであったが,歴史時代になるとその重要性は薄らいだ.その理由は,テーベの地位が最も優勢であったためと思われ,新王国時代には,南の区域はヌビアの太守の管轄下に置かれた.またここは,長く伸びたナイル川流域の中でも居住可能な地域が狭く,テーベ地区のように大人口を擁するのは不可能でもあった.しかし,ここには古代から重要な意味をもつ砂漠の道が通っており,人々はこの道を通って東方や西方と交易を行い,鉱物資源を求めて遠征をしたのである.

　古代エジプト史の中で,はじめは重要な役割を果たしていただけに,上エジプト南部には先王朝や初期王朝時代の遺跡が数多くある.またこのほかにも,古王国時代末期や第1中間期,さらに新王国時代初期やグレコ・ローマン時代の遺物も残っている.これらの時期には政府の中央集権力が弱体化していたために,このような辺ぴな地方が栄えたのであろう.この地域は,ナイル川からのながめが最も壮大だといわれている.ジャバル・アル=スィルスィラの礼拝堂や祠堂,そしてフィラエやコーム・オムボー,エドフ,エスナにあるグレコ・ローマン時代の大神殿が,最も大きな遺跡である.

左上　東岸から望むエレファンティン島.手前はナイロメータ付近に復元されたローマ時代の壁.

左下　フィラエ島のトラヤヌス帝の小聖堂.手前にみえるのは小礼拝堂の基礎部分.ハイ・ダム建設前の1964年に撮影したもの.

右上　タカの巨像.エドフ神殿の多柱室入口にある.灰色花崗岩製.プトレマイオス朝時代のものと思われる.

右下　ペピナクトおよびそのほかの人々の複合墓.アスワーン北,クッバト・アル=ハワーにある.前庭部と円柱,階段は砂岩の崖を刻んだもの.6王朝末期.

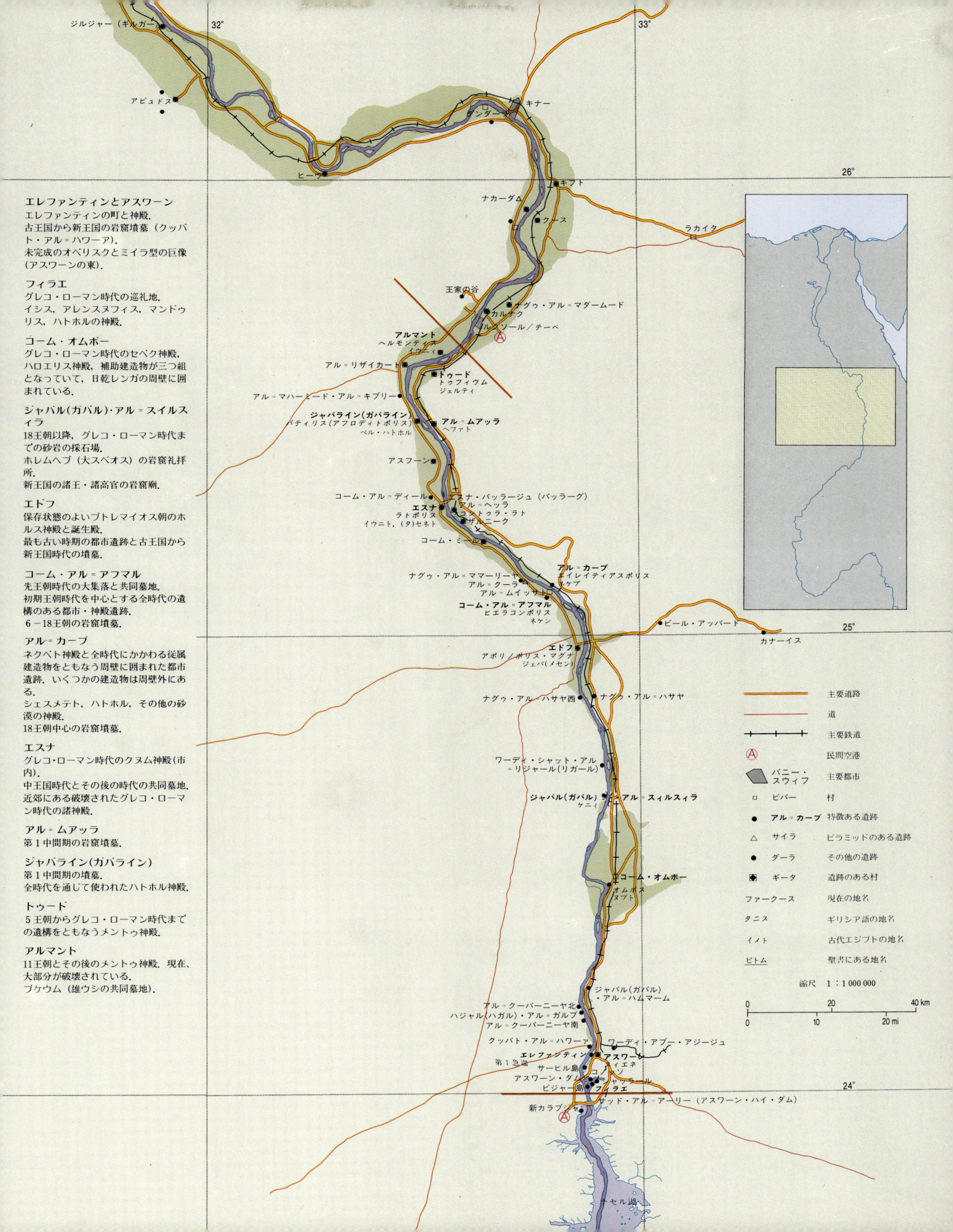

エレファンティンとアスワーン
エレファンティンの町と神殿．
古王国から新王国の岩窟墳墓（クッバト・アル＝ハワーア）．
未完成のオベリスクとミイラ型の巨像（アスワーンの東）．

フィラエ
グレコ・ローマン時代の巡礼地．イシス，アレンスヌフィス，マンドゥリス，ハトホルの神殿．

コーム・オムボー
グレコ・ローマン時代のセベク神殿．ハロエリス神殿．補助建造物が三つ組となっていて，日乾レンガの周壁に囲まれている．

ジャバル(ガバル)・アル＝スイルスィラ
18王朝以降，グレコ・ローマン時代までの砂岩の採石場．
ホレムヘブ（大スペオス）の岩窟礼拝所．
新王国の諸王・諸高官の岩窟廟．

エドフ
保存状態のよいトレマイオス朝のホルス神殿と誕生殿．
最も古い時期の都市遺跡と古王国から新王国時代の墳墓．

コーム・アル＝アフマル
先王朝時代の大集落と共同墓地．
初期王朝時代を中心とする全時代の遺構のある都市・神殿遺跡．
6–18王朝の岩窟墳墓．

アル＝カーブ
ネクベト神殿と全時代にかかわる従属建造物をともなう周壁に囲まれた都市遺跡．いくつかの建造物は周壁外にある．
シェスメテト，ハトホル，その他の砂漠の神殿．
18王朝中心の岩窟墳墓．

エスナ
グレコ・ローマン時代のクヌム神殿（市内）．
中王国時代とその後の時代の共同墓地．近郊にある破壊されたグレコ・ローマン時代の諸神殿．

アル＝ムアッラ
第1中間期の岩窟墳墓．

ジャバライン(ガバライン)
第1中間期の墳墓．
全時代を通じて使われたハトホル神殿．

トゥード
5王朝からグレコ・ローマン時代までの遺構をともなうメントゥ神殿．

アルマント
11王朝とその後のメントゥ神殿．現在，大部分が破壊されている．
ブケウム（雄ウシの共同墓地）．

凡例
——	主要道路
——	道
—+—	主要鉄道
Ⓐ	民間空港
⬢ バニー・スウィフ	主要都市
□ ビバー	村
● アル＝カーブ	特徴ある遺跡
△ サイラ	ピラミッドのある遺跡
● ダーラ	その他の遺跡
⊕ ギータ	遺跡のある村
ファークース	現在の地名
タニス	ギリシア語の地名
イメト	古代エジプトの地名
ピトム	聖書にある地名

縮尺 1：1 000 000

上エジプト南部

エレファンティンとアスワーン

　エレファンティンは上エジプト第1州の州都であり，王朝時代の始まりとともに，エジプトに併合されたと考えられている．エレファンティンは戦略上重要な地点でもある．それはすぐ南に自然の要塞である第1急湍が位置していることと，近隣に豊かな埋蔵量を誇る鉱床がひかえているからだ．しかし一方では，地味のまったく肥えていない土地なので，町の生活は常に北から運ばれてくる食料に頼らねばならなかった．駐屯地のような生活を強いられていたこの町は，交易で成り立っていた．アスワーンという名前の由来である古代エジプト語の"スウネト"は，一般に"交易する"を意味する言葉である．

　町の中心部と神殿地区はエレファンティン島の南端にあった．ここには初期王朝時代から常に人々が住んでいた．この地区では目下長期にわたる発掘計画が進行中である．発掘中に初期王朝時代の層から，奉納されたと思われる小立像が出土した．像はコーム・アル＝アフマル（ヒエラコンポリス）から出土したものと似ていて，すでに初期王朝時代にここに神殿があったことを間接的に示している．

　古王国末期の層からは，木製の素晴らしい浮彫りのパネルがみつかった．これは6王朝時代の要人の1人を記念してまつった礼拝堂の入口をおおっていたものである．そして対岸には当時の人々の墓がある．これと同じような性格のものに，ヘカイブの祠堂がある．ヘカイブは6王朝時代の役人で，死後神として崇められるようになり，中王国時代には地方信仰の対象となった人物である．

　ローマ時代まで下る最も新しい時代の層からは，浮彫りの断片が発見された．それはクヌム，サティス，アヌキスのこの地方の3柱神をまつった神殿から出土したものであるが，神殿の遺構は完全ではなく，また本来の位置にあるものもほとんどない．しかし小列柱室のあるアメンヘテブⅢ世の神殿は，トトメスⅢ世の建物のように，1820年までは事実上完全であった．

左上　北西から望んだエレファンティン島の聖域の跡．うしろにみえるのは現在の村．所々にみえる石製の壁は，いろいろな時代のものである（そびえ立つ門は復元されたもの）．

左下　オシリスの型をした巨像．アスワーンの東にある花崗岩の石切場に捨てられていたもの．第1急湍一帯の岩肌は露出しているのが特徴である．像のまわりにみえる丸石は，ここが石切場であったことをはっきりと示している．この像自体はひどく侵食され，また顔面はこれまでにこの地を訪れた人々の手でみがき上げられている．19王朝頃のもの．

上　セトカーの墓の装飾された柱．この柱はアスワーンにある古王国時代の浮彫りの中で最も美しいと思われる．長老格の神官の装いであるヒョウの毛皮をまとい，長いキルトをつけて頭髪を短く刈りこんでいる死者の像である．かれは"伯爵で上エジプトのフィレス（神官団）の監督者"という肩書きをもつ．セトカーは墓を訪れる人々の方を向いて立っている．柱の左の面にはささげられる供物や動物が，死者に向かって描かれている．6王朝末期．クッバト・アル＝ハワーァ．

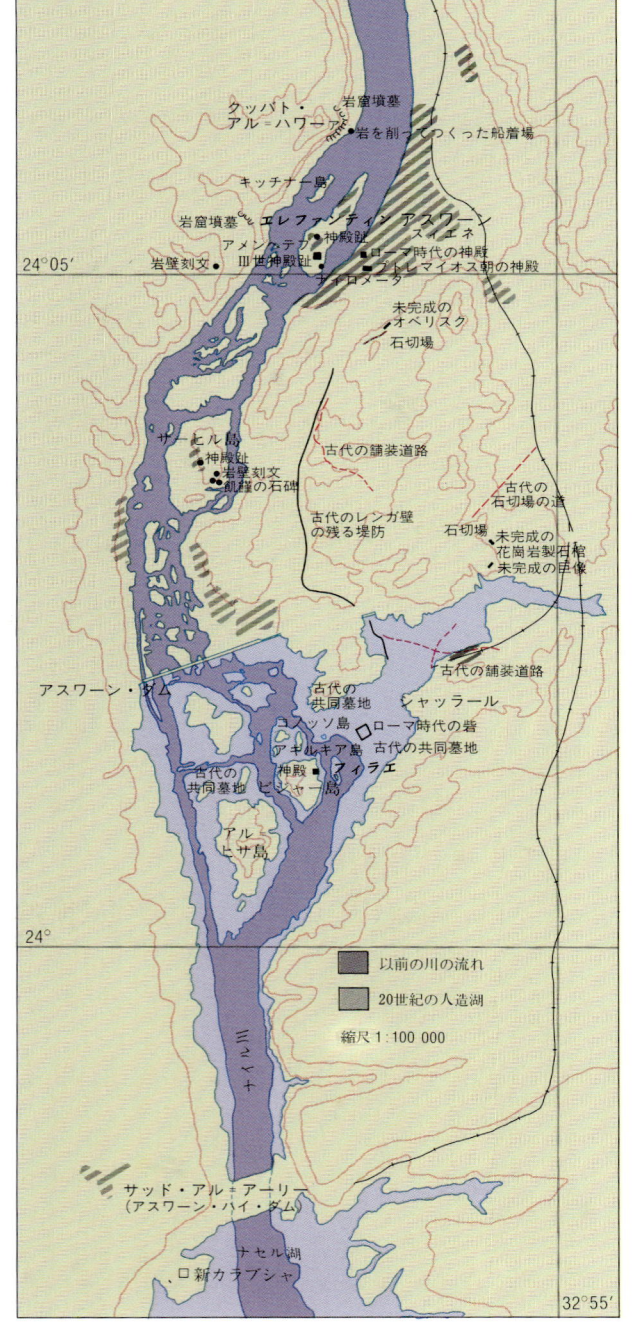

アレクサンダーIV世の神殿がある地区からは，グレコ・ローマン時代に埋葬されたクヌム神の聖なるヒツジが発掘されている．ヒツジの頭部は，金を被せた凝ったつくりの兜でおおわれ，石棺に納められたままで発見された．現在この兜は近くの博物館に展示されている．

エレファンティン島に現存するモニュメントの中で最も有名なのは，ナイロメータである．これは，ナイル川の水面の高さを測定するために島の東側に設けられたもので，階段の脇に1キュービットずつ目盛りが刻んである．そこに記録されている洪水時の水面の高さは，ローマ時代のものである．

エレファンティンの町の北方，ナイルの西岸側に，アラビア語で"風穴"という意味のクッバト・アル＝ハワーァがある．ここには古王国時代の遠征隊の隊長や中王国時代の州知事たち，そして新王国時代の役人たちの岩窟墓がある．中でも6王朝時代の墓は，家族の複合墓とつながっていて，墓には貴重な伝記体の文章が書かれている．しかし墓の装飾は貧弱で洗練されていない．12王朝時代の長老サレンブトの墓は，浮彫りのほどこされている部分が2，3カ所であるにもかかわらず，建築上そして装飾の面でもすぐれた墓である．

エレファンティンの南にある第1急湍の花崗岩の岩には，石を切り出した跡が何カ所も残っている．石切場は町の中心から東へ約6kmのところにも広がっている．ここで最も驚かされる遺構は，置き去りにされているオベリスクとほぼ完成しているオシリス型の巨像だ．オベリスクの方は明らかに傷があるが，なぜここから巨像が運び出されなかったかは不明である．ナイル川の中にある島々にも，そして川岸の陸地にも，古代に書かれた走り書きがたくさん残っている．あるものは石切りのための遠征を記念して記し，またあるものは単なる落書きであった．この中で最長の走り書きがエレファンティンの南約3kmに位置するサーヒル島にある．

アスワーンの町にはとりたてて述べるような遺跡はほとんどない．その理由は，この町に今日まで間断なく人が住み，住居がいく度も建てかえられたからであろう．この町には，元来の聖域のごく一部をなしていたと思われる，グレコ・ローマン時代の小神殿が二つ残っている．

フィラエ

雄大な第1急湍にあって，草木がうっそうとおい繁るフィラエ島は，19世紀にこの国を旅行した者にとっては最も神秘的な魅力にあふれる場所だった．しかし最初のアスワーン・ダムが建設されてからは水位が上がり，この島はほとんど1年中水没するようになった．今日ではアスワーン・ハイ・ダムも建設され，フィラエ島の諸神殿は解体されて隣のアギルキア島に移築されている．

フィラエ島で最古の遺跡はネクタネボI世の時代のものだが，その基礎部分から発見されたブロックは，この島の歴史がタハルカの時代までさかのぼることを物語っている．島にはヒエラティック（神官文字）で記された最後の碑文（後394年）と，それよりやや新しいデモティック（民衆文字）の走り書き（最後のものは後452年）が残っている．

フィラエという名前の語源は，古代エジプト語の，"〔ラー〕の時代の島"だといわれている．つまりこの島は，太陽神が地球を支配していた頃の太古の世界を再生した場所という意味をもっている．一方，隣のビジャー島には，アバトンあるいは"清められた塚"がある．これは国内に数多くあるオシリス神の墓の一つである．アバトンへはフィラエ島の向かいにあるビジャーの小神殿を通っていった．かつてフィラエ島

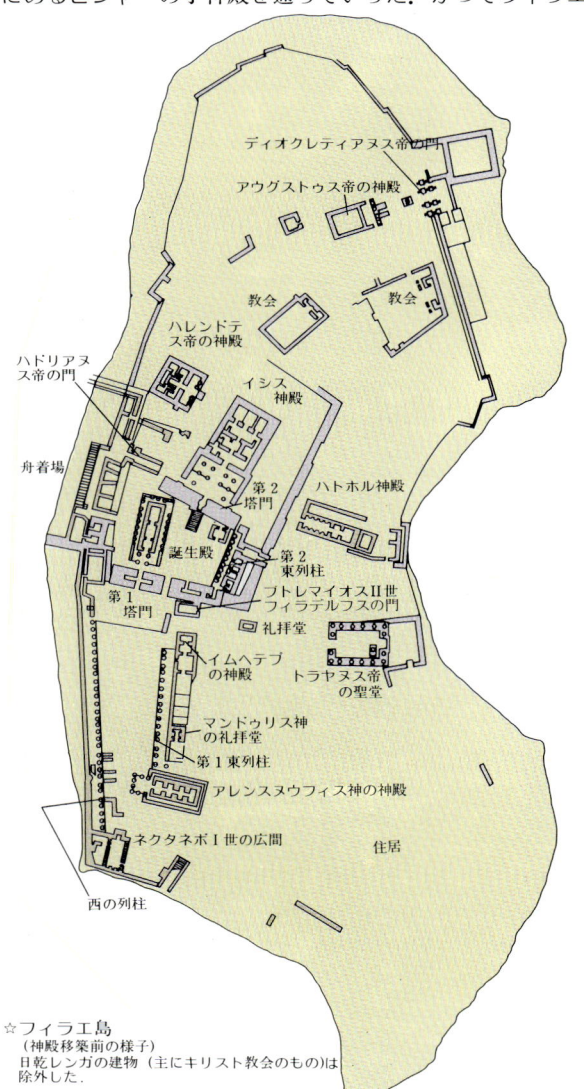

上　近くのビジャー島からみたフィラエ島の神殿地区．デビッド・ロバーツ筆の水彩画（1846年出版）．手前にみえるのは一部が教会に改造されたビジャー島の神殿．フィラエ島神殿の西の列柱のうしろの壁はフィラエ島の端に位置する．そこからさらに左へ舟着場とハドリアヌス帝の門への入口がつづく．背後にみえるのは右から左へ，第1東列柱，トラヤヌス帝の小聖堂，第1塔門，誕生殿，第2東列柱，第2塔門，イシス神殿である．イシス神殿の屋上には当時の人々の住まいのあとがある（19世紀に撤去された）．

下　フィラエ島のハトホル神殿の主室の入口にあるプトレマイオスVI世フィロメトール時代のシストラムの像．このモチーフはよく柱頭にみられるが，ここでは黄金（これはハトホル女神の鉱物である）の印の上に，女神の頭部がのっていて，その両側を一対の聖蛇が取り囲んでいる．さらに女神の頭上にはナオスの形（実際のシストラムにこの形がある）がのっている．

☆フィラエ島
（神殿移築前の様子）
日乾レンガの建物（主にキリスト教会のもの）は除外した．

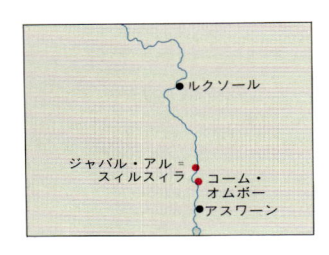

上エジプト南部

下　フィラエ島のハドリアヌス帝の門．ビジャー島の聖なる樹々にミルクを注ぐイシス女神（雌ウシの頭をもつ）の浮彫り．木立の上にはよみがえったオシリス神の"魂"がのっている．女神の背後は岩のごつごつしたビジャー島の"風景"．洞穴から洪水が流れ出ているのがみえる．上にはタカとハゲタカがいる．

右　東側からみたコーム・オムボーのソベク神とハロエリス神の神殿．手前にみえるのは外壁の泥レンガ．そのうしろは外周壁と内周壁．巨大な浮彫りの像はローマ時代のもの．

で最高の建物はイシス神殿であった．したがって当時最も重要な神であったオシリスとイシスの夫婦神は，それぞれの島をもっていたことになる．イシスはエジプトで最も有名な女神で，国中の人々から信仰されていた．

プトレマイオス時代に短期間だが，この島は，エジプトとメロエの両王の共同支配地となった．当時を物語るものとしては，アレンスヌウフィスの神殿の装飾がある．そこにはこの神殿がプトレマイオスIV世フィロパトールとメロエ王アルカマニ（前220―200頃）の名において建設されたことが記されている．また前3世紀から後3世紀にわたる日付のあるメロエ文字の走り書きもみられる．しかし建物はまったくエジプト風で，おそらくエジプトの建築資材を使って建てられたと思われる．

島の南東部には居住区があったらしい．ここを訪れた人々はまず南のネクタネボI世の広間付近に上陸し，ついて西の列柱と第1東列柱とで囲まれた広場へと進んでいった．この二つの建物はおそらく，一群の建築物を完成した後に建てられたものであろう．またこの広場は，ちょうど古典古代の時代にあった公共の広場を思い出させる．なお西の列柱の装飾は大部分がローマ時代のものである．

東側にはヌビア地方の神々であるアレンスヌウフィスやマンドゥリスにささげられた神殿や，イムヘテプの神殿がある．イムヘテプはジェセル王の時代の役人で死後神格化された人物で，さらにこのほかにも，北に位置するサーヒル島のプトレマイオス朝時代の石碑で，かれのことが述べられている．第1東列柱の少し北にはプトレマイオスII世フィラデルフスの門がある．そこから島の東岸に向かっては，小礼拝堂と，建築群の中では年代の新しいトラヤヌス帝のキオスクが点在している．

イシス神殿の最初の部分の建物は，いろいろな要素を寄せ集めて構成されている．第1塔門のうしろの中庭には誕生殿が建てられているが，ここの軸線は慣例に反して神殿の軸線と平行ではない．また背後に部屋を備えた第2東列柱も，第1塔門から始まっている．これらの建物に施工されている装飾は，プトレマイオス朝末期からローマ時代初期のものである．さらに神殿の主要部の装飾は，最も古いものでプトレマイオスII世フィラデルフスの時代である．このイシス神殿は，いくつもの塔門や中庭，多柱室を備えた完全な神殿建築の様式を省略して建てられているので，当時の他の大神殿に比べると小規模なつくりである．屋上にはオシリス神にささげられた礼拝室がいくつもある．

フィラエ島に残る神殿の中で最も注目すべきものは，ハトホル神殿である．ハトホルはここでは怒りの女神であり，南のヌビアまでも荒しまわった神であった．伝説によると，女神が引き返してくる前に，トト神が彼女をなだめたとされている．神殿の入口にある中庭の柱には，女神の気を静めるために演奏を行った楽士たちの姿が描かれており，その中にベス神もみられた．

島の北端にはアウグストゥス帝の神殿と"ディオクレティアヌス帝（後284―305）の門"がある．さらにこれらの建物とイシス神殿の間には教会が二つある．ここでは4世紀中葉からキリスト教と異教徒の礼拝が一つ屋根の下で行われていたが，東ローマ帝国の皇帝ユスティニアヌス（後527―565）はついに異教徒の礼拝を禁止した．イシス神殿の多柱室はキリスト教の教会としても使われたが，その時に他の多くの遺跡同様，人の手のとどく範囲内にある王や神々の像は摩損してしまった．

コーム・オムボー

ナイル川が屈曲するその突端に位置するコーム・オムボーは，ジャバル・アル＝スィルスィラの南に広がる広大な農耕地の北端でもある．農業技術の進歩によって，プトレマイオス朝のときにコーム・オムボーは重要な町になったためにほとんどの遺跡はこの時代のものである．けれどもシャンポリ

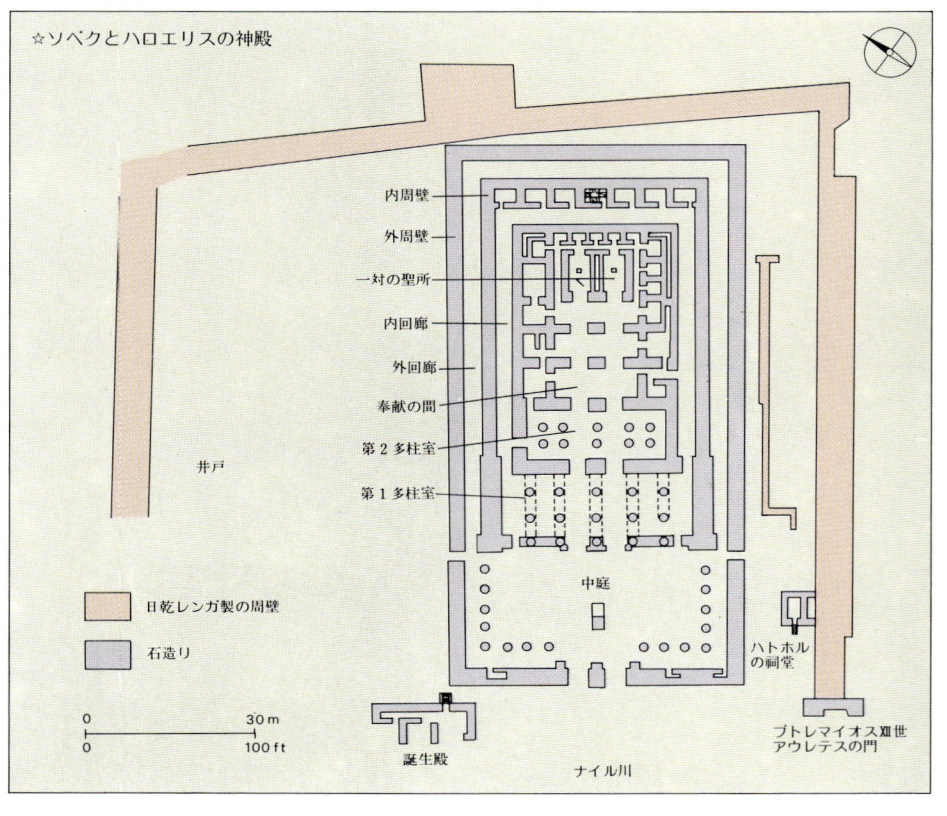

供物の前に座す神の像．台の上の供物の中には，手術用具と思われる道具を納めた背の高い箱が置かれている．外回廊．ローマ時代．

通常よりはるかに数の多い中ほどの部屋を通って，二つの聖所まで軸線が通っている．第1多柱室を起点として，神殿の内側全体をとり囲むように回廊がめぐらされ，そのうしろには小部屋がいくつも並んでいる．さらに内回廊を囲むように今度は外回廊と外周壁がめぐらされ，中庭に通じている．このように2本の軸線は二重構造を示している．内回廊とその小部屋の浮彫リの中には未完のものがあるが，それらの浮彫リは，当時の彫刻師の手法に関する貴重な見識を与えてくれる．外回廊の内側部分には一風変った場面が描かれ，外科医のものと思われる道具が一揃い彫られている．

第1多柱室のハロエリス神の像には，古い時代の浮彫リ装飾の技術がみられる．眼の部分として彫られた穴には特別の石が象嵌され，神像に生気を与えていたにちがいない．

中庭の南にあるローマ時代のハトホル女神の小祠堂は現在，近くの墓地から出る聖なるワニのミイラの保管場所となっている．神殿の北側にある井戸は，海抜を考慮して，非常に深くかつ複雑に掘られている．この水は俗界の不浄を避けるべく，太古の流れから聖域内に引き込まれているので，神域内にある井戸がみなそうであるように，この井戸も清らかな水を貯えているとされていた．

前庭の円柱に彫られた王像の一部．彩色され，よい状態で残っている．オヌリス＝シュウと関連のある冠をかぶる王．王のうしろには保護を象徴する記号が記されている．ティベリウス帝時代．

オンは南の周壁に18王朝時代の出入口があるのを発見し，また神殿では新王国時代のブロックが散乱しているのもみつかっている．神殿の前庭の部分はすでにナイル川によって浸食をうけ，周壁のうしろ側の地域はほとんど調査されていないので，さらに古い時代のものは押し流されたり，埋まってしまったりしている可能性もある．

この神殿にある王名の中で最も年代の古い名前は，プトレマイオスVI世フィロメートルである．神殿の装飾のほとんどが完成したのは，プトレマイオスXII世アウレテスのときであった．さらにローマ時代初期には中庭が飾られ，外回廊が建てられた．この神殿は2組の3柱神ソベクとハトホル，コンスの組と，ハロエリス（良き姉），パネブタウイ（2国の支配者）の組にささげられた神殿である．このうち最後の2神の名前は造語で，おのおの，3神が1組をなしたときにみられる女神の役と，国王となるべき若い神の役割をになっている．セベク神の組の方は古くから伝わる神々で，神殿の南の部分を占めている．その理由は，エジプトの配列では北よりも南が重視されたからである．

この建物は主神殿の塔門に非常に接近して建っているが，それは古代にすでに土地が不足していたためと思われる．神殿のうしろ側も同じく外壁にはばまれている．塔門には出入口が2カ所あるが，これは神殿が複合プランによって建てられていることを示している．最初の印である各出入口から，

ジャバル・アル＝スィルスィラ

アスワーンの北方約65kmに位置するジャバル・アル＝スィルスィラは，急勾配の砂岩の崖が川幅を狭め，ちょうど水上交通における自然の要塞のようになっている．古代エジプト語でここはケニィ（あるいはケヌ）とよばれた．これは"1列に並ぶ所"という意味で，まさに地理的状況をあらわしている．東岸にある石切場は，とくに18王朝時代に開発され，グレコ・ローマン時代まで採掘が行われた．

西岸にはホルエムヘブの大スペオス（岩窟礼拝堂）がある．礼拝堂は7柱の神にささげられ，神々の椅子座像はこの地方の神であるワニのセベクやホルエムヘブ王とともに，聖所の背面に設けられた壁がんに納められている．このスペオスの

上エジプト南部

南には空墓としてつくられた"祠堂（部屋）"がたくさん岩に掘りこまれている．これは王たち（セティⅠ世やラメセスⅡ世，メルネプタハ）がつくらせたもので，高官たち，とくに18王朝の高官たちの祠堂も知られている．

ナイル川両岸の岩には石碑や走り書きがとても多い．

エドフ

川に近く，しかも周囲の広大なナイル川の流域から一段高い所にあるエドフは，洪水の危険のない理想的な定住地である．しかし砂漠には近い．町の西方に残る広大な遺跡とつり合うように，今日の町の下には，かつてプトレマイオス朝時代の神殿が，東や南に広がっていたにちがいない．西側にある内周壁と外周壁は古王国時代に築かれた．また外周壁のさらに外側にある壁は，第1中間期頃のものと思われる．この二つの周壁の内側やあるいはその上に，古王国時代の遺跡やグレコ・ローマン時代の町の跡がみられる．一番外側の壁は古王国末期や第1中間期の墓域と重なりあっていて，この墓域はさらに西へ広がっている．墓域には相当大きなマスタバも何基かあり，また第2中間期から新王国時代にかけてのステラや彫像，供物卓などの遺物があちこちから発見されている．

またラメセスⅢ世の建てた神殿の塔門の基礎部分だけが現存している．塔門は慣例にしたがってナイル川の方向を向いて建てられ，その大きさから判断すると，この塔門はラメセスⅢ世の後継者のものよりはるかに小さな神殿の一部をなしていたにちがいない．これより後に建てられた神殿ではラメセスの建物を参考にして，第1中庭の出入口と古い塔門の間にある入口とを一直線上に配置した．神殿は，南の小さな出入口とその真南に，主神殿と直角に建てられている誕生殿からなる複合体である．

この神殿はエジプト中で最も完全な形で残っているもので，その建築様式は原型的である．建物の外側部分に横書きで刻まれている建築碑文は，神殿の建設過程を詳細に記している．まず前237年（プトレマイオスⅢ世エウエルゲテスⅠ世のとき）に建設が着工され，内部は前212年（プトレマイオスⅣ世フィロパトールのとき）に完成し，その装飾は前142年（プトレマイオスⅧ世エウエルゲテスⅡ世のとき）に行われた．第1多柱室はこれとは別に建てられ，前124年（プトレマイオスⅧ世エウエルゲテスⅡ世のとき）に完成した．この多柱室とそのほか外側部分の装飾は前57年に完了した．神殿の建設作業はほとんど政局におかまいなしにつづけられたが，途中プトレマイオスⅣ世とプトレマイオスⅤ世エピファネスのときに上エジプトでおこった動乱のため，20年以上も作業が中断した．

神殿の方向が通常とちがって南を向いているのは，地形によると思われる．塔門のうしろにある中庭は遺構の中では最大のもので，特色のある複合柱頭をもつ柱で囲まれている．この時代につくられたほかの建物でもそうだが，複合柱頭は画一的な神殿建築に変化をもたらしている．神殿の内部へとつづく門を入ると，中庭の外壁に接続する石製の周壁で仕切られている所に出る．ここと周壁の外側部分には，さまざまな場面や碑文が記されている．民衆文字の原本から転写されたと思われる，神殿へ寄進された土地のリストや神話に題材をとった物語，あるいはホルス神がその敵であるセト神を打ち負かしたことを示す一連の巨大な浮彫りが，描かれている儀式を物語る劇的な文章とともにきざまれている．

神殿内部に入って驚かされることは，かすかな光あるいは暗闇を上手に利用している点である．いくつかの部屋は真っ暗だが，それ以外どこでも，多柱室の柱の間にできる隙間や屋根の開き口，あるいは屋根と壁の間の角から光が入ってきている．一般に奥へ進むほど暗くなっていき，聖所には一条の光しかさしこまないようになっている．浮彫りの色があせていなかったときは，この光の効果は絶大だったにちがいない．

聖所には，よく磨きあげられた閃長岩製の中空礎石造りの神殿の雛形がある．この中には黄金と貴石で飾られた高さ約60cmの木製の神像が，やはり木製の厨子におさめられていた．この像は神殿の中では最も古いもので，ネクタネボⅡ世の時代のものである．

誕生殿の周囲の土地は荒れ果ててはいるが，聖所と回廊は

上　1932年に北側から撮影した航空写真．神殿地区と，町があった丘のほぼ全体がよくみわたされる．周壁の外側に刻まれた印象的な浮彫りは，遠くからでもくっきりとみえる．

下　前庭にある各種の柱頭．右と中央は複合柱頭．右はパピルスの花がいくつもあるもの．中央は一つの花をあらわし，茎の飾りがある複合柱頭．左のヤシの葉の柱頭は古くからある形で太陽との連想がある．またナツメヤシは水辺に生えているのをよくみかけるので，ヤシには水との連想もある．台輪には太陽の絵が描かれている．

右　東側からみた多柱室．柱が高く，しかも接近して立っているので空間が狭く感じられる．その結果，この部屋は沼地，あるいは茂みを象徴することになった．柱の下部は植物のようにつくられ，中央の奉納の場面の上下には表象的なモチーフが横に数本，帯状に刻まれている．

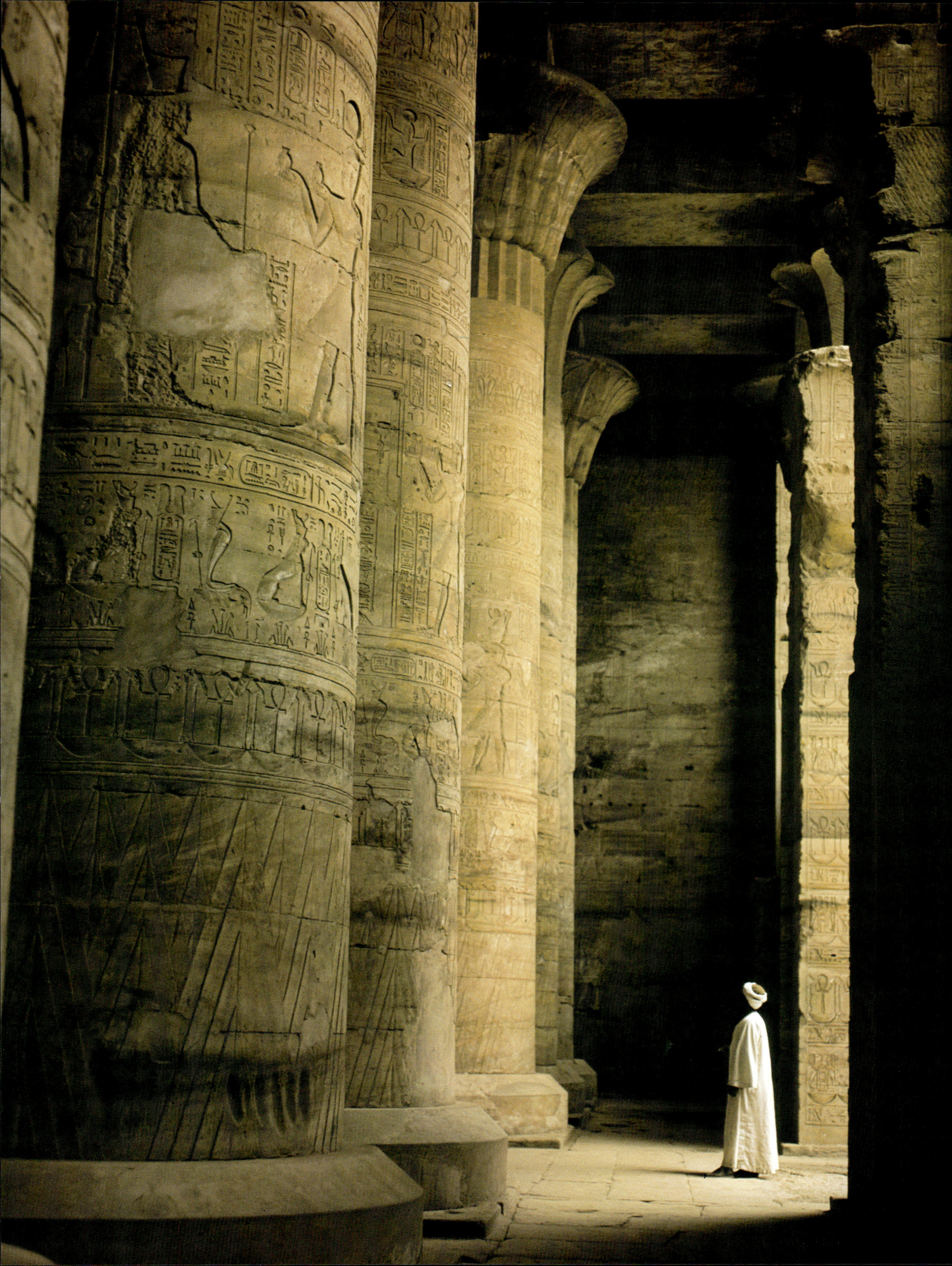

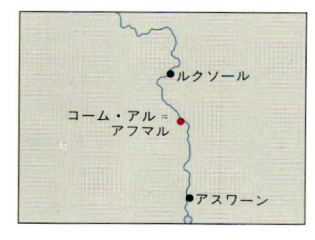

上エジプト南部

きわめてよく残っている．南の回廊の浮彫リは，頻繁に吹きつける北風を避けて残っていた．中には元来の色をそのままとどめている浮彫りもあるので，当時，さらに広い範囲にわたって，同じような色調が使われていたことがうかがわれる．

比較的新しい時代に建てられた神殿がそうであるように，ここエドフでも神殿が使われなくなると，建物に付随していた品々がなくなってしまった．しかし幸いにして，数点の像が残されていた．それは入口の脇をかためていた一対のタカの巨像と，多柱室に通じる入口の横に置かれていた一対の巨像である．また現在は中庭にころがっているが，かつては神殿の記念碑的な装飾にされていたと思われる．一群の裸の少年たちの巨像（おそらく若い神イヒかハルソムトゥス神の像と思われる）があった．これらの像は閑散としている神殿の風景を救っている．

コーム・アル=アフマル

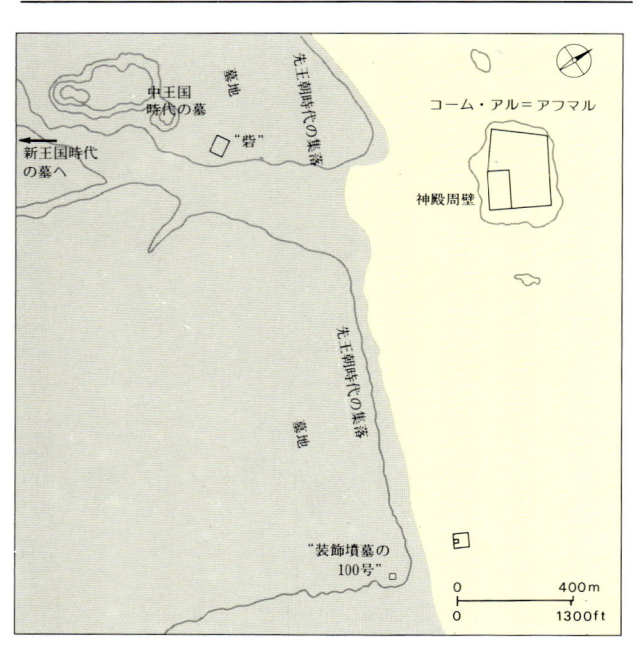

コーム・アル=アフマル（"赤い丘"の意）は，古代にネケンとよばれていた土地で，アル=ムイッサト村の南西約1kmのナイルの西岸に位置する．ネケンはエジプト神話で重要な役割を果たしていた．それは対岸のネケブ（アル=カーブ）とともに，デルタ地帯のペとデプ（現在のテル・アル=ファライーン）という二つの地域からなる町と同じように，上エジプトにおける一対の町をなしていた．ジャッカルの頭をもつ像として知られる"ネケンの魂"は，ネケンの町の古き支配者たちの化身とされていた．この町の主神は2枚の長い羽を頭上にいただくハヤブサの神（ネケニィ，"ネケンの者"とよばれた）であった．ネケンは非常に古くはホルス神（"ネケンの者であるホルス"）と同化されていたが，それはこの町がギリシア語でヒエラコンポリスといわれていたことからも知られよう．ネケンは上エジプト第3州（ノモス）の初期の中心地であったが，新王国時代になるとその役目はアル=カーブに移り，ネケンはクシュの太守の行政下に組みこまれた．

先王朝時代の集落と墓地は，アル=ムイッサトの南および南西の砂漠の端に，約3kmにわたって広範囲に残っているのが認められる．そして，とくにコーム・アル=アフマルの反対側のワーディの東に密集している．初期王朝時代のものと思われる用途不明のレンガ造りの建物（"砦"）は，ワーディの中，約500m入った所に立っている．19世紀末に有名な"装飾墳墓100号"が先王朝時代の集落と墓地の東のはずれで発見されたが，いまはない．この墓はレンガ造りで地下にあり，こじんまりとした規模（4.5×2×1.5m）で，西側の壁は舟と動物，男たちをあらわしたすばらしい絵で飾られていた．おそらくこの墓の主は，先王朝時代末期にこの地方の首長を務めた1人であったであろう．さらにこの墓は，エジプト芸術における慣習とモチーフが形成されていく過程を示していると同時に，エジプト社会に階級が形成されつつあることを示すものとして重要である．

1王朝が開始されるとそれまでの集落があった砂漠の端には，コーム・アル=アフマルとして知られる町の周壁が築かれるようになった．全体の約6分の1の面積を占めるこの周壁内の南の地区には，神殿複合体があった．その一部は1897－99年にかけて行われたヒエラコンポリスの主要部の発掘の

上　象牙製（上）とファイアンス製（下）の小像．初期王朝時代の奉納品．コーム・アル=アフマルの神殿の"隠し場"より出土．オックスフォード，アシュモレアン博物館蔵．

左　ライオン座像．陶製で光沢のある赤色の釉薬がかかっている．この像には通常とちがう点がいくつかみうけられる．中でも，耳とたてがみが図式化されて，頭巾を模したよだれかけのようにライオンの胸部にたれさがっている点が注目される．3王朝頃のもの，高さ42.5cm．神殿出土．オックスフォード，アシュモレアン博物館蔵．

上エジプト南部

"さそり"王の石灰岩製儀式用鎚矛頭（"さそり"とは，王の顔面近くにあるさそりの印にちなんで名付けられたもの）．王はナルメルと同一人物とも思われる．中央の浮彫りは，王が神殿の建立にあたって，くわ入れの儀式をしている場面．高さ25cm．"隠し場"より出土．オックスフォード，アシュモレアン博物館蔵．

際に掘りおこされている．この時点ではまだエジプト考古学が確固たるものになっていなかったので，発掘者であるJ・E・キーベルとF・W・グリーンは幾多の技術的困難に直面した．

レンガ造りの神殿の最初の形は，外側を石で固めた中に砂で丘を築いたものであった．神殿の形は，おそらくネケンの名前にも書かれているヒエラティックの⑪の字の原型をしていたと思われる．ナルメル王はカセケムまたはカセケムイとならんで，この神殿への主な寄進者であった．後世のある時点で，神殿に奉納された多くの品々はすべて隠し場（いわゆる"中央寄進室（Main Deposit）"とよばれる場所）に移され積み上げられた．いつ，何の理由で，このような処置がとられたかは明らかではない．神殿の再建のためかあるいは政情不安が原因かも知れない．

"中央寄進室（Main Deposit）"にあったたくさんの遺物（パレットやほこ頭，石製容器類，象牙製の彫像など）には，前述の初期王朝時代の2人の王の年代が記されているが，何も文字が書かれていないものの中には，これよりも新しい年代とおもわれるものがある．その他にも新しい年代のものはすべて神殿内でみつかっている．しかし，その数は少なく，みばえのしないものがほとんどである．その中で6王朝時代のもの（ペピⅠ世とメルエンラーを表現した大きな銅製の2体の像，ホルスとハトホルにともなわれたペピ王のことを記した花崗岩製の石碑，ペピⅡ世の像基部，そして黄金製のハヤブサの頭部像）は，おそらくこの時代の例外的な作品である．これらの作品は，当時その革新的な様式が生まれたことを示している．

"砦"のあるワーディやその周辺から6王朝から18王朝期の装飾や碑文の記された岩窟墓がみつかっている．

上エジプト南部

アル＝カーブ

アル＝カーブの土地で活動した最初の人間の痕跡は，前6000年頃までさかのぼる．これはいわゆるカビア人とよばれる人々で，上エジプトに認められる新石器文化に先立つ細石器の技術をもつ人々であった．ナイル東岸の古代のネケブと西岸のネケン（コーム・アル＝アフマル）は，先王朝と初期王朝時代にきわめて重要な定住地だった．

そこでネケブの女神であるハゲタカのネクベトは，下エジプトのコブラの女神ウアジェトとともに，エジプトの王たちを守護する女神の中でも高い地位を占めるようになった．ネクベトは上エジプトの女神の中では最もすぐれた神であると同時に，"ネケンの白い者"として知られ，女神は王の聖なる誕生に臨席する神々の1人でもあった．そこで，この町がエイレイシアスポリスとよばれたグレコ・ローマン時代には，ネクベトはギリシアの神であるエイレイシアと同一視された．少なくとも18王朝時代の最初から，ネケブは上エジプト第3州の州都であったが，のちにエスナが台頭して州都はそこに移った．

アル＝カーブの町はほぼ550×550mの大きさで，周囲を頑丈なレンガ造りの壁がとりまいているのが特徴的である．この周壁の内側に，ネクベト女神をまつる主神殿と付属の建物がいくつかあり，その中には誕生殿をはじめ小神殿や聖池，古い時代の墓が何基か含まれている．

小規模な神殿がアル＝カーブに建ったのは，カセケムイの名前がある花崗岩製のブロックが存在することから初期王朝のはじめの頃と思われる．中王国時代には，ネブヘペトラー・メントゥヘテプやセベクヘテプⅢ世（セド祭用礼拝堂），ネフェルヘテプⅢ世（セケムラー・スアンクタウイ）の諸王がこの地に注目した．ネクベト神殿で大規模な建築活動が展開されたのは18王朝時代である．この時代のほとんどすべての王が，小規模にあるいは大々的に神殿の建設に貢献したが，中でもトトメスⅢ世とアメンヘテプⅡ世の活躍はめざましかった．アマールナ時代をはさんだ後ラメセス時代には，ネクベトをたたえて女神の神殿はさらに増築された．25王朝のタハルカや26王朝のプサメティコスⅠ世，27王朝のダリウスⅠ世の建物もみられるが，現在非常に荒廃している神殿の建物は，考古学者によると主に29，30王朝の王たち（ハコリスとネクタネボⅠ世，Ⅱ世）の活動によるものとされている．

現在では崩れ去ってしまっているが，かつては周壁の外側に二つの礼拝堂があった．一つは，周壁の北西約750mにあるトトメスⅢ世が建てた礼拝堂で，もう一つは，周壁北東部にあって，ネクタネボの王の1人が建てたものである．周壁の北東約2.2km，ワーディ・ヘラルの入口には，いわゆる"砂漠

左　アル＝カーブにある砂漠の神殿の一つ．プトレマイオス朝のシェスメテト女神の岩窟聖所を南より望む．

"カーブという場所で，われわれは太古の断片を発見した．……われわれは古代の神殿跡にやってきたのだ．そこは6本の柱が2列に並び，屋根でおおわれた柱の破片がごろごろあって，ほかの残骸も散らばっていた．柱やそれ以外のものにもヒエログリフが入念に刻まれていた．云々"（C・ベリー，A View of the Levant，1743年，p.361，ネクベト神殿のハコリスの多柱室の柱について述べたもの）

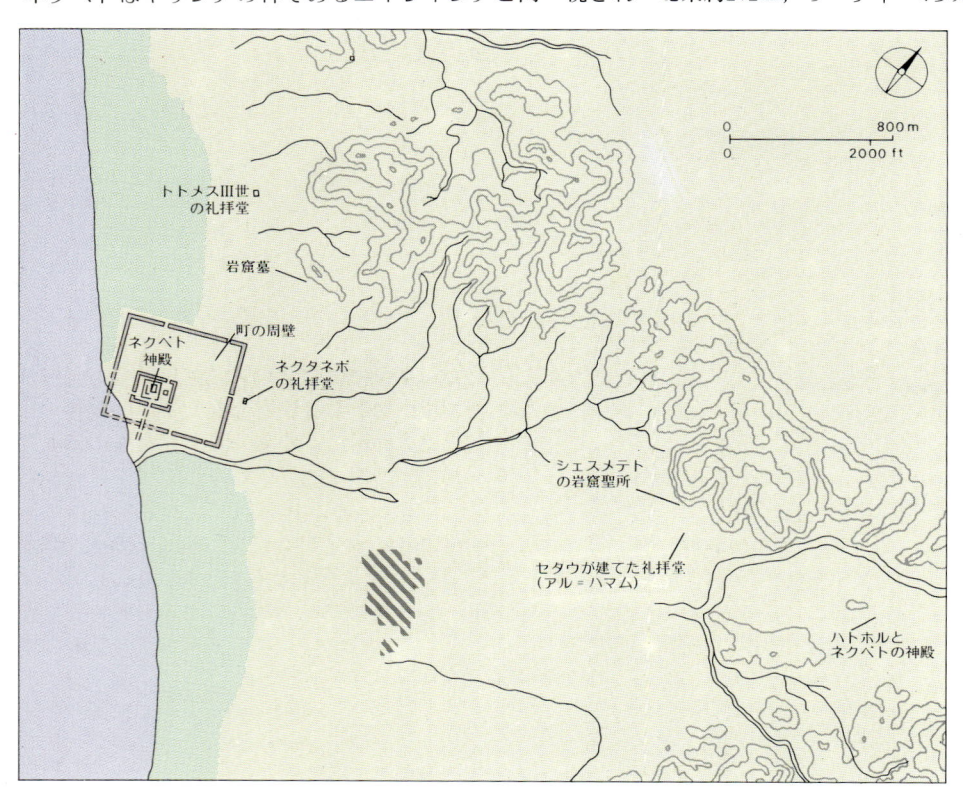

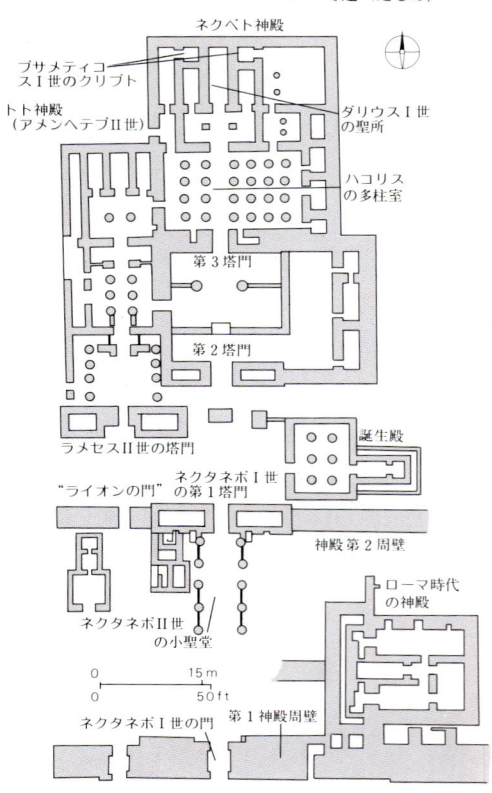

コーム・アル゠ディールのクヌム神殿．
ここはエスナの北西にあたるが，現在
神殿は壊れてしまっている．1798－
1800年のナポレオン遠征時に作成され
た銅版画による．

（2号墓）とエバナの息子アハメス（5号墓）の墓は，かれらの伝記碑文があることで有名である．その伝記文の中では，王アハメスがヒクソス人が首都を置いていたアヴァリスを攻略したこと，また18王朝はじめの王たちが，シリアやヌビア地方へ遠征したことなどが，その他の歴史的な事件とともに記されている．さらにネケブの市長パヘリの墓は浮彫リが素晴らしい．川の近く，墓群の北西部には，プトレマイオスIII世エウエルゲテスI世時代のものと思われる装飾のある墓が1基ある．

エスナ

古代エジプト語でイウニトまたは（タ）セネトとよばれたエスナは，ギリシア語ではラトポリスの名でよばれていた．これは魚のラテスにちなんで名づけられたもので，エスナではこの魚が神聖なものとみなされ，町の西にあるラテスの墓地には中王国から末期王朝までの人々も埋葬されている．

エスナの神殿は，ナイル川から200mほど入った現在の町の中心にある．神殿は瓦礫と沈泥物におおわれて，いまでは通りの約9m下になっている．儀式で使われた道は神殿の舟着場の横を通っていたらしいが，現在はなくなっている．舟着場にはマルクス・アウレリウス帝のカルトゥーシュが残っており，今日でもこの舟着場は使用されている．神殿の碑文には，これ以外にも4カ所の舟着場があって，このうち3カ所は北に，残る1カ所は東岸にあったことが記されているが，この4カ所とも現在では跡かたもなく消え去っている．しかしながら，19世紀には上記の舟着場の一部がまだ残っていた．エスナより12km南のコーム・ミールで最近，エスナの神殿と同時代の神殿が発掘されている．

エスナの神殿は，クヌム神とそのほかの神々の中で最も有力なのはネイトと，"魔法の力"を意味する名前をもつヘカで，ヘカはここでは子供の姿をした神である．この神殿は，現在も完全に残っている多柱室だけで構成されている．多柱室の西側の壁は，内陣の部分のはじまりでもあった．この壁は建物の中でもはじめに建てられたもので，プトレマイオスVI世フィロメートールとプトレマイオスVIII世エウエルゲテスII世の浮彫りがある．多柱室でも西側の壁以外の部分は，この大神殿で最後に建てられ，現在も残っているが，ここの内側と外側の部分は，後1世紀から3世紀にかけて彫られた浮彫りで飾られている．このうち神々と王が，鳥を網で捕獲している場面をくっきリと描いている浮彫りは，非常に印象的である．

装飾の中で最も重要なのは柱に刻まれている一連の碑文である．そこにはエスナの聖年の祝祭が丹念に描かれ，ある柱には祝祭の暦が刻まれていて，詳しく説明されている．さらにヒエラティックで記されクヌム神にささげられた珍しい一対の讃歌がある．このうち一つはほとんどすべて雄ヒツジのヒエラティックで刻まれ，他の一つはクロコダイルで刻まれた讃歌である．

エスナのクヌム神殿の正面．後1世紀．多柱室へ通ずる両脇の出入口には重要な神話のテキストが刻まれている．ここは通常神官たちの出入口として使われた．

の神殿"とよばれる最初の神殿が位置している．

この神殿は女神シェスメテト（スミティス）にささげられたもので，岩窟の聖所と離れた所に建つ建物と構成されている．これを建てたのは主としてプトレマイオスVIII世エウエルゲテスII世とプトレマイオスIX世ソテルII世である．さらにこの南東約70mの地点には，"アル゠ハマム"として知られる遺構の状態のよい礼拝堂がある．この礼拝堂はラメセスII世時代にクシュの太守を務めたセタウが建てたもので，プトレマイオス朝時代に再建された．建物は，ラー・ホルアクティ神，ハトホル女神，アメン神，ネクベト神，そしてラメセスII世にもささげられたようである．町の周壁から約3.4km離れた所には，トトメスIV世とアメンヘテプIII世が"谷の入口の女主人"ハトホル女神とネクベト女神のために建てた神殿がある．

町の周壁の北方約400mの地点には岩窟墓がある．これは主に18王朝前半のものだが，中王国時代やラメセス時代の墓も含まれている．このうち2基の墓，アハメス・ペンネクベト

上エジプト南部

アル゠ムアッラ

　アル゠ムアッラ(モアラ)(古代エジプト語でヘファトとよばれていた所と思われる)で最も重要な遺跡は，岩を刻んでつくられた2基の装飾墳墓である．これは第1中間期のはじめのもので，墓の主はアンクティフィとセベクヘテブである．アンクティフィの墓に描かれている絵画は伝統的なものではないが，碑文には，古王国時代末の南の地方の諸州の情勢を描いた興味深い伝記が記されている．

ジャバライン

　この地名の意味は，古代エジプト語でもアラビア語でも"二つの丘"という意味である．この名は上エジプト第3州と第4州の境界にあたるナイル川西岸で，最も目立つ陸標(ランドマーク)に由来する．
　ここでは，主として第1中間期の墓が西の丘で発見された．一方，ハトホル神殿(ジャバラインはギリシア語でパティリス，あるいはアフロディトポリスとよばれたが，パティリスはこの神殿，ペル・ハトホルつまり"ハトホルの家"という名前にちなんで付けられた)は東の丘に建っている．ハトホル神殿は3王朝時代にすでにここにあったようだ．さらに神殿内の浮彫りや石碑あるいは碑文には，ネブヘペトラー・メントゥヘテブをはじめ13王朝の王たち(ジェドネフェルラー・デトメッスゥⅡ世，ジェドアンクラー・メントゥエムザフ，セケムラー・スアンクタウイ・ネフェルヘテブⅢ世)や15王

左上　アンクティフィの墓．死者はパピルスの舟から魚を突いている．かれの背後に立っていた妻と娘たちの姿は，最近の墓泥棒たちによって破壊されている．絵画．第1中間期．

右上と左下　ジャバラインのイティの墓．3人の裸体の若者たちが膝をついて運動をしているところらしい(左下)．穀物倉庫へ穀物を搬入し，貯蔵している場面(右上)．絵画．第1中間期．トリノ，エジプト博物館蔵．

左　プトレマイオス朝時代の神殿．トゥード．

上エジプト南部

家令セベクエムサウフの像．セベクエムサウフは，第2中間期の王の1人と義兄弟の関係にあった人物．この像は19世紀後半アルマントでジョン・ガードナー・ウィルキンソンもみているが，現在はウィーンの美術史博物館にある．なお足がのっている台座（写真のものは，型をとって複製したもの）は，ダブリンのアイルランド国立博物館に収蔵されている．黒色花崗岩製．高さ1.5m．

朝の王たち（キアン，アアウセルラー・アポピス）の名前も見出される．神殿はグレコ・ローマン時代にもなおその機能を果たしており，神域内からは数々のデモティックやギリシア語で書かれたパピルスが発見されている．町はかつて東の丘の麓の平地にあった．

トゥード

すでに5王朝のウセルカーフの時代には，ここナイル東岸の古代エジプト語でジェルティ（グレコ・ローマン時代はトゥフィウム）とよばれた地に，レンガ造りの礼拝堂が建っていた．この土地で崇拝されていたメントゥ神に関係する大々的な建築活動は中王国時代に開始され，ネブヘペトラー・メントゥヘテプやスアンクカーラー・メントゥヘテプ，センウセルトⅠ世の時代に行われたが，これらの時代に建設された神殿は今日では壊れてしまっている．新王国時代にはトトメスⅢ世がメントゥ神の帆船用に祠堂を建てた．アメンヘテプⅡ世をはじめセティⅠ世やアメンメセス，ラメセスⅢ世，Ⅳ世はこの建物の改築工事を行ったが，現在トトメスⅢ世の祠堂の一部が残存している．プトレマイオスⅧ世エウエルゲテスⅡ世の神殿は，センウセルトⅠ世の神殿の前に聖池とともに建設された．なおこの近くにローマ時代の小聖堂がある．

アルマント

ナイル川西岸に位置するアルマントは，上エジプト第4州に属する古代のイウニィで，戦いの神メントゥ信仰では，最も重要な霊場の一つであった．この土地は18王朝が開始されたときすでに，テーベも含めた第4州の州都でもあった．今日のアルマントという名前は，イウヌ＝メントゥ，コブト語のエルモント，ギリシア語のヘルモンティスに由来している．

アルマントには早くも11王朝の頃にメントゥ神をまつった神殿が存在した．おそらく11王朝の諸王のうちの1人がここに創建したと思われるが，確証のある最初の施工主はネブヘペトラー・メントゥヘテプである．12王朝や新王国時代にも重要な増築が行われ，中でもトトメスⅢ世の塔門の遺構は現在目にすることのできる唯一のものである．神殿は末期王朝時代のある時期に破壊されたので，その歴史をたどるには，再利用されているかあるいは別の場所にもっていかれたブロックにたよるしかない．

ネクタネボⅡ世の時代に新しい神殿の建設が始められたようで，その工事はプトレマイオス朝の王朝たちも継続して行った．この神殿の建設に最も貢献したのは，クレオパトラⅦ世フィロパトールとプトレマイオスⅩⅤ世カエサリオンで，池を配備した誕生殿を建てた．建物は19世紀前半まであったが，いまでは完全に壊れている．門も2基発見されていて，そのうち1基はアントニヌス・ピウス帝が建てたものである．ブケウム（古代エジプト語のベクに由来する）はアルマントの聖なるブキス牛の埋葬所で，アルマントの北にある砂漠の端に位置している．最初の埋葬が行われたのはネクタネボⅡ世の時代で，以後ブケウムは約650年間にわたって，ディオクレティアヌス帝の時代まで使用された．"ブキスの母"である雌ウシの埋葬所もここにある．なおアルマントの近くには，全時代にわたる墓地が広がっている．

テーベ

　ギリシア人たちは古代エジプトのワセトをテーベとよんだが，その語源ははっきりとしていない．いままでに，タ＝イペト（イペト＝レシトはルクソール神殿のこと），あるいはジェメ（マディーナト・ハーブー）というエジプト語の名前の発音のひびきが，古代ギリシアのボエオチアの都市の名前と同じであったという説が示されているが，その確証はない．

　ワセトは上エジプト第4州にあり，その州内でも南の奥の方に位置する．この町が歴史上重要であったのは，地理的な条件によるところが大きかった．それはヌビア地方と，貴重な鉱物資源を埋蔵し，交易路のある東部の砂漠に近く，北方の権力の中枢からは遠かったからである．

　エジプト史の最初の部分で，テーベを支配していた地方豪族たちは，積極的な領土拡張主義政策をとっていた．なかでも第1，第2中間期がそうであった．そして第2中間期にはこれが，異民族の侵入者（ヒクソス人）に対するエジプト側の反発へと変質していった．

　古王国末期より早い時代の遺跡はほとんどなく，そのころのワセトは地方の町にすぎなかった．テーベが優勢になってきたのは11王朝のときであった．その後12王朝のはじめに州都はイトウジャウィに移ってしまったが，アメンを市神としていただくテーベは，上エジプト南部における行政の中心地となった．

　18王朝のときに絶頂期を迎えたテーベは，エジプトの首都となっていた．この町の神殿は国中で一番重要であるばかりでなく，最も豊かな財力を保持していた．テーベの住人であるエリートたちは，西岸に自分たちの墓を用意したが，それらはそれまでになく豪華なものであった．宮殿や王の活動の中心が北部（アル＝アマールナやメンフィス，ピ−リアムセス）へ移った18王朝末やラメセス時代でさえもテーベの諸神殿は隆盛をきわめ，王たちも前時代と同じく王家の谷にも埋葬されて，依然，この町はエジプト行政の中心として重要であった．

　第3中間期になるとアメンの高級神官を頂点とするテーベは，北のデルタ地帯のタニスに拠点を置く，21，22王朝の王たちに相対する南の勢力となった．テーベの影響力が薄れたのは末期王朝になってからである．

　主要な，おそらくは最も古い神殿や町の部分は，東岸にある．ナイル川を横切って西岸には，墓地と葬祭神殿，そして町の西の部分がひろがっている．アメンヘテプⅢ世はアル＝マルカタに王宮を造営し，ラメセス時代には，テーベの中心は，この王宮の北に位置するマディーナト・ハーブーであった．

"下エジプトで目にするピラミッドやカタコンベ，そしてこれ以外のもろもろの物は非常な驚きであり，まったくよその国のどんな物よりも誇れるものだ．しかし一方で，これらドエジプトの遺産が最も卓越したものであるという挑戦を全エジプト世界に対してすれば，その栄えある栄光はサアイド（上エジプト）の古代の多くの諸神殿などに譲られるにちがいない．" （C・ベリー．A View of the Levant, 1743年, 序文より）

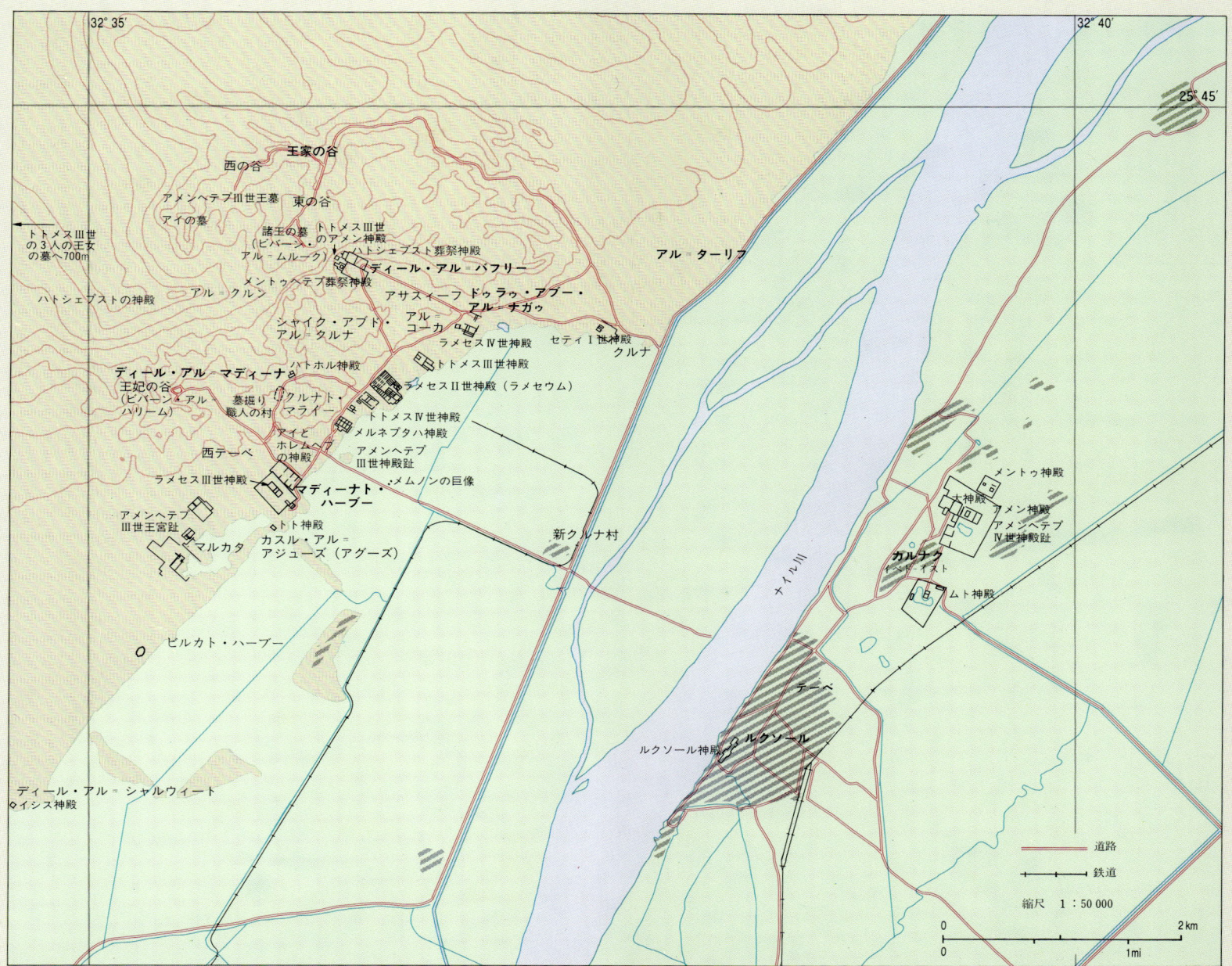

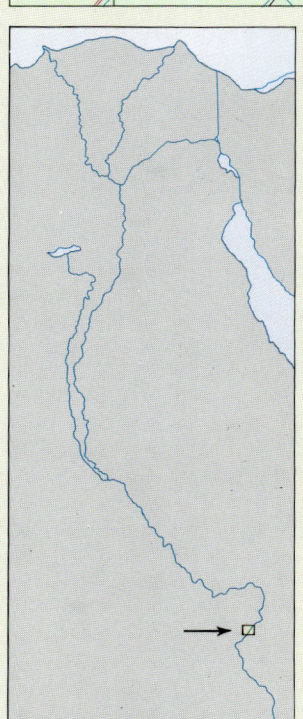

ルクソール
アメン神殿．主な建造者はアメンヘテプIII世，ラメセスII世，アレクサンダー大王．

カルナク
アメン・メントゥ・ムトの聖領域．コンス神殿他多数の神殿・礼拝所をともなう．12王朝からグレコ・ローマン時代まで使用された．

西岸の神殿
ディール・アル＝バフリー：ネブヘペトラー，メントゥヘテプ，ハトシェプストの葬祭神殿，トトメスIII世のアメン神殿がある．
ラメセウム：ラメセスII世の葬祭神殿．
マディーナト・ハーブー：18王朝とそれ以後のアメン神殿，ラメセスIII世の葬祭神殿がある．
クルナのセティI世葬祭神殿，メムノンの巨像のあるアメンヘテプIII世葬祭神殿などの葬祭神殿がある．

王家の墓
アル＝ターリフ：11王朝．
ドゥラゥ・アブー・アル＝ナガゥ：17王朝．
王家の谷：トゥトアンクアメン王墓を含む18－20王朝の墓．
ディール・アル＝マディーナ：墓掘り職人の村．

私人墳墓
6王朝からグレコ・ローマン時代までの墓．

テーベ

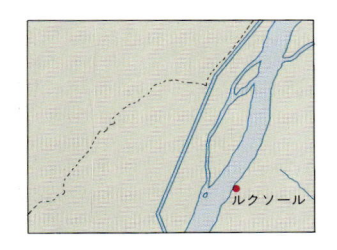

ルクソール

碑文および考古学的な資料から，ルクソール神殿，あるいはその近くに聖所が建ったのは，18王朝のはじめかそれよりも前であったことが判明している．しかし今日まで残っている神殿は，アメンヘテプIII世（建物の奥の部分）とラメセスII世（前の部分）によって建てられたものである．このほかにもトゥトアンクアメンをはじめ，ホルエムヘブやアレクサンダー大王などいく人かの王が浮彫りをほどこしたり，小規模な建物を増築しあるいは改築したりしている．ラメセスII世の中庭には，テーベの3柱の神をまつった比較的古い時代の祠堂が組み入れられている．神殿の塔門から一番奥の壁までの距離は約260mである．

この神殿はアメン（アメンモペ）神にささげられたもので，ルクソールではアメン神は男根を前に突き出したミン神の姿をとっていた．ルクソール神殿はカルナクのアメン神殿と密接な関係にあり，1年に1度，洪水期の第2月と第3月には長期にわたる宗教的な儀式が，ルクソール神殿でとり行われた．このときカルナクのアメン神の像は，かれのイペト＝レシト，つまり"南のイペト"とよばれたこのルクソール神殿を訪問するのであった．

ローマ皇帝ディオクレティアヌスの治世末，後300年の直後に，神殿の内陣にある最初の前室は改築されて，この土地の軍の守備隊と町で信奉されていたローマ帝国の信仰の聖所となった．そこには軍団の旗と記章が印された．19世紀まで，美しい絵が残っていたが，いまではほぼ完全に消えてしまっている．

ラメセスII世の中庭にはアイユーブ朝（13世紀）時代に小さなアブー・アル＝ハッジャージモスクが建てられ，このモスクは今日でもそこに建っている．

ネクタネボI世の人頭のスフィンクスが両側に並ぶ小道が，ここより約3km北にあるカルナクからルクソールまで通じていて，この道をやってくると，レンガ造りの周壁につきあたる．ルクソール神殿の前にある前庭には，シャバカの列柱（これは後に解体された）やタハルカが建てたハトホル女神の礼拝室，ハドリアヌス帝のセラビス神の礼拝室など，後世に建てられた建物がいくつかある．神殿の東西両側に焼成レンガ造りの壁がみえるが，これはローマ時代末の町の遺構で，前述の帝国の聖所と同時代のものである．

ルクソール神殿のはじまりは，ラメセスII世の塔門からである．塔門の外側部分には，前1285年シリアのカデシュでヒ

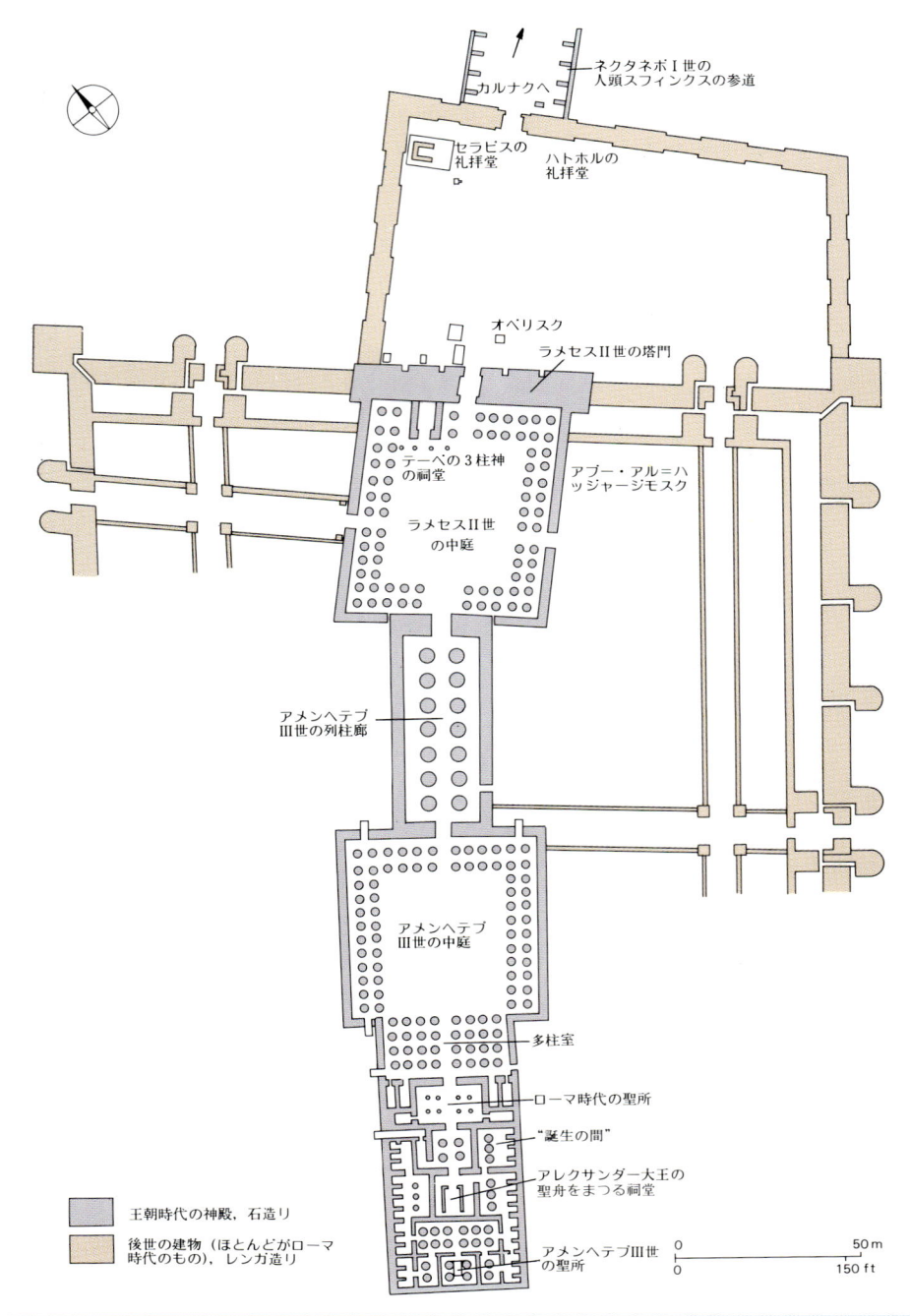

テーベ

前頁の左　アメンヘテプⅢ世の列柱廊を南西よりのぞむ．そのうしろにみえるのはラメセスⅡ世の塔門．右にアブー・アル=ハッジャージモスク．

前頁の右　北側からみた塔門と中庭の側壁にある出入口の外側に立つラメセスⅡ世の巨像の残骸．右はアメンヘテプⅢ世の列柱廊の重厚なパピルス柱．

中央　1838年，北側のオベリスクを移した直後の塔門の様子．スコットランド人の画家，デビッド・ロバーツ（1796－1864）による．塔門の外にあるラメセスⅡ世の巨大な椅座像は，瓦礫の中に半分うもれたままである．

右上　多柱室の柱．未開花式のパピルスの花型の柱頭をもち，冠板と台輪には，アメンヘテプⅢ世の名と碑文が刻まれている．

上と右下　ローマ時代の小聖堂にあった壁画．東壁の部分と，アプス（以前からあった神殿の第1および第2前室の間にある戸口を改造した半円形の壁がん）に残っていた絵画の一部．1856年かそれ以前にジョン・ガードナー・ウィルキンソン卿が記録したもの（1856年以前のウィルキンソンについては，あとに1項目を設けてある）．絵画は現在完全に消滅している．

88，89頁の図　アメンヘテプⅢ世と思われる像の部分．メルネプタハのカルトゥーシュが加えられている．花崗岩製．ルクソール．
"立派な任務は，王の任務である．王には，その記念物を長く保存してくれる息子も兄弟もいない．他人の面倒をみるのは，たった1人だけである．つまり，後任の王だけが，前任者のために働き，後任者に自分の業績に注意を払って欲しいという前任者の望みを叶えるのみである"（レニングラード・パピルス　1116A．表，116－18）

ッタイト人と対戦した，有名な戦いを物語る浮彫りと碑文がほどこされている．塔門の前には，はじめ赤色花崗岩製の2本のオベリスクが立っていたが，現在は高さ約25mのものが1本残っているだけである．もう1本のほうは，1835－36年にパリのコンコルド広場に運ばれた．このほかにラメセスⅡ世の巨像が何体かあって，そのうち2体の王の座像は入口の両脇を固めている．塔門の中央出入口には，シャバカによる装飾が一部認められる．

塔門の背後にはラメセスⅡ世の建てた周囲が列柱式の中庭が広がっている．そこにはいろいろな神を前にした王の姿が描かれたパピルス柱が74本立っている．柱は中庭の周囲をめぐるように2列に配置されているが，祠堂の所で途切れている．

この祠堂はハトシェプストとトトメスⅢ世が建てたものを，ラメセスⅡ世が再装飾したもので，アメン（中央）とムト（左），コンス（右）の3神の礼拝室（または聖舟休息所）である．ラメセスⅡ世の建物の軸線と，それ以前に建てられたアメンヘテプⅢ世の神殿の軸線とが大幅にずれている原因は，たぶんこの祠堂があったためだと思われる．中庭の南端にある円柱の，前列の柱の間には，ラメセスⅡ世の巨大な立像がある．

1列が7本の柱で構成されているアメンヘテプⅢ世の行進用列柱室へ通じる入口には，ラメセスⅡ世の大きな座像が2体ある．そして，像の北側，王の左脚部には王妃ネフェルタリが，南側にはアメン神とムト女神が座す1組の像がある．列柱のうしろの壁は，トゥトアンクアメンとホルエムヘブによるオペト祭を描いた浮彫りで飾られている．このうち西側の壁には，カルナクからルクソールへ向かう聖舟の行進が描かれ，東側の壁には，ここからカルナクへ帰る聖舟の旅が描かれている．

アメンヘテプⅢ世の周囲が列柱になっている前庭は多柱室と一体となっている．多柱室は神殿の内陣部分の最初の部屋で，もとは屋根でおおわれていた．背後には，付属の部屋を備えた前室が4部屋つづいている．第2前室の東側にあるいわゆる"誕生の間"は，アメンヘテプⅢ世の母ムテムウィアとアメン神の結合から生まれたⅢ世の"神聖な誕生"を象徴する浮彫りで飾られている．

アレクサンダー大王は第3前室に聖舟をまつる祠堂を建てた．アメンヘテプⅢ世の聖所は，神殿を貫く中央軸線の最後部にある部屋である．

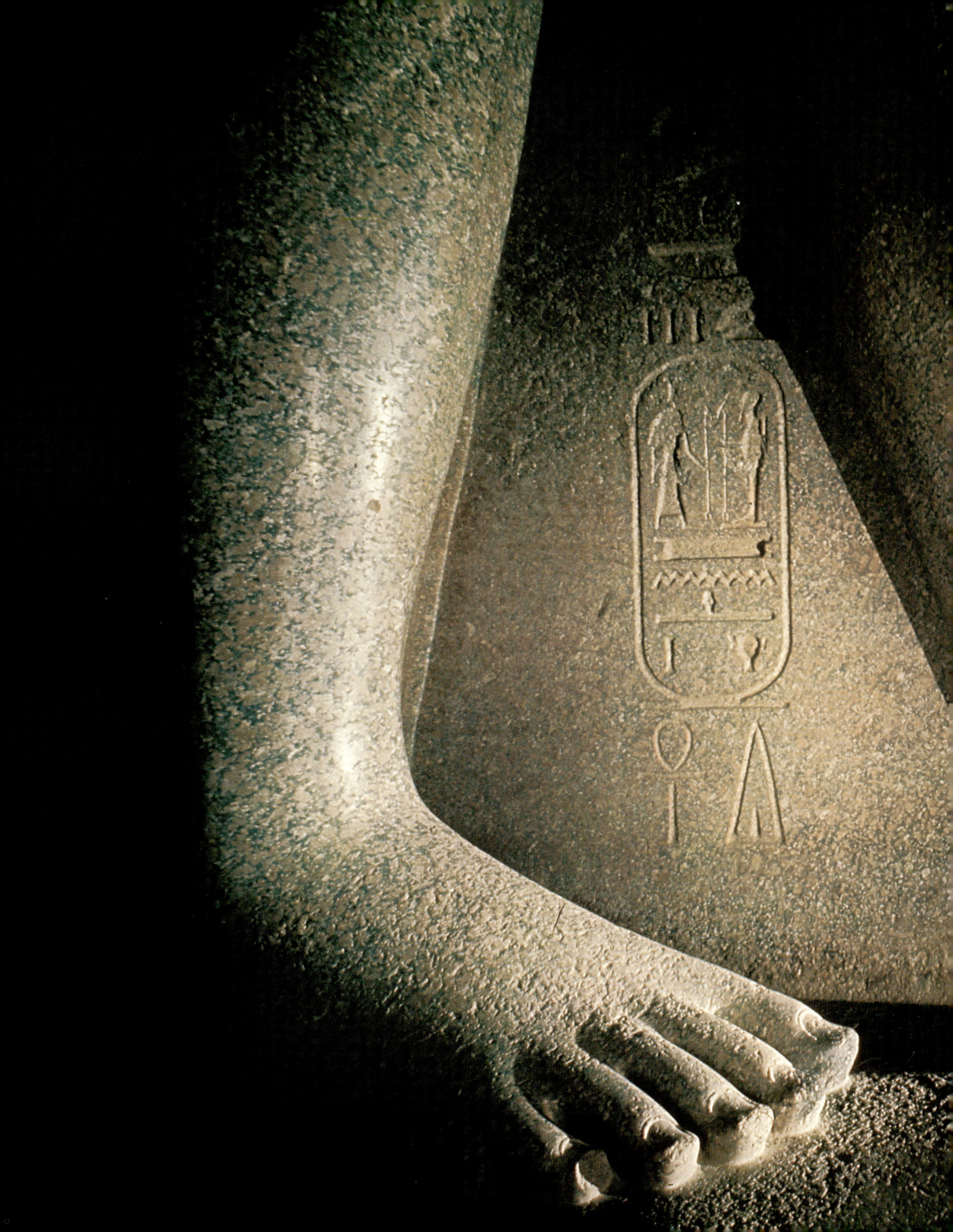

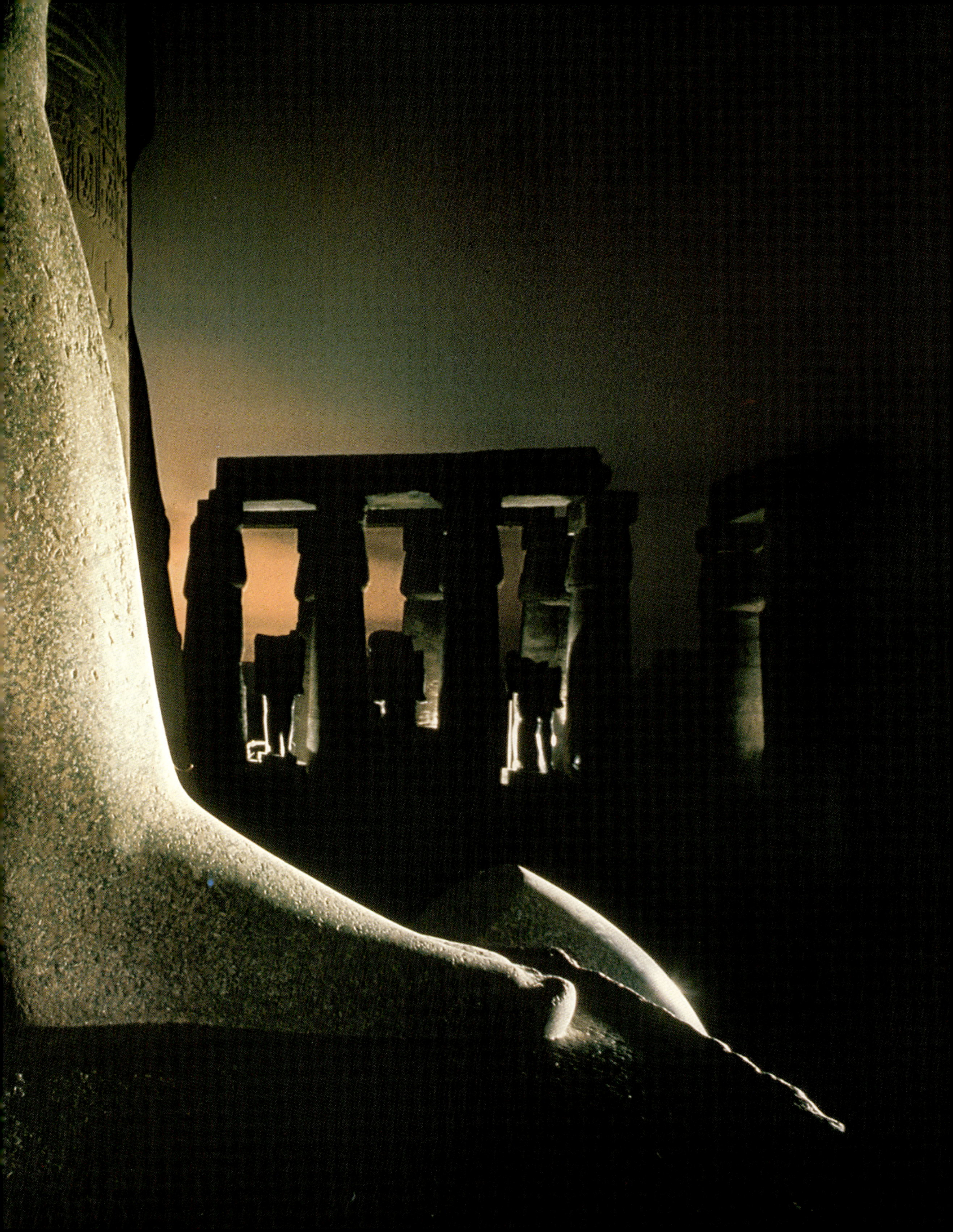

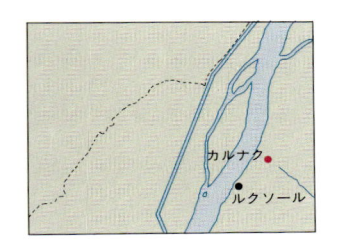

カルナク

　カルナク（カルナック）という名前は，近くにある現在の村（アル＝カルナク）の名前にちなんでつけられたものだが，およそ1.5×0.8kmの範囲内に点在する，いろいろな時代の神殿や礼拝堂，そのほかの建物の遺構が大々的に寄り集まっている状態を意味している．ここは古代エジプトのイペト＝イスト，つまり"最も選りすぐれた土地"であり，アメンを頂点とするテーベの3柱神が崇拝されていた中心地で，重要な神々の総本山でもあった．壁やオベリスク，円柱，彫像，石碑，そして飾りのあるブロックが一見ごちゃまぜになっているここカルナクほど，人々を圧倒し，永久不変の印象を与える遺跡はエジプトでもほかにない．中王国時代はじめには，テーベ地方の王とアメン神が優勢になってきたが，とくに18王朝の開始とともにエジプトの首都がテーベに確定されると，歴代の王たちは，2000年以上にわたってカルナクに神殿を建立したり，拡張したり，取り壊したり，また増築や再建を行ったりという種々の建築活動を展開した．アメン神殿は宗教上でも，そして経済的にも全エジプトで最も重要な神殿であった．

　遺跡は，便宜上三つのグループに分けられる．各グループは神域をとり囲むレンガ造りの壁の遺構によって，地理的に分けられたものである．最も広くかつ重要なのは，中央に位置する神域で，アメン神殿の本体である．ここはまた一番よく残っている所でもある．北にはテーベ元来の地方神であるメントゥの神域が，一方南にはムト女神の神域があり，ムトとアメンの両神域は雄ヒツジの頭をしたスフィンクスの小道で結ばれている．カルナクからルクソールの神殿へはスフィンクスが両側に並ぶ広い参道が通じていて，アメンとメントゥの両神殿は運河でナイル川とつながっている．

アメンの神域

　カルナクの中央に位置する不等辺四辺形の周壁の中にはアメン大神殿があり，その2本の軸線（東西線と南北線）にそって数多くの小神殿や礼拝堂，聖池が配置されている．周壁の東側には，かつてアメンヘテプⅣ世（アクエンアテン）の神殿が巨大な大きさで建てられていたが，いまや完全に破壊されている．さらに，ここにはプトレマイオス朝時代の小さな建物が二つあったが，これも現在では壊されている．カルナクではじめて建てられた建物の遺構がみつかった．それはセンウセルトⅠ世の時代のもので，大神殿の東部，第6塔門の背後にある中央中庭とよばれる場所で，原位置のまま発見されたものである．

　大神殿の設計はつぎのようにいうことができるだろう．いろいろな時代に建てられた一連の塔門があって，それぞれの塔門の間に中庭や広間がつくられ，そこを通って一番重要な聖所に導かれるという具合である．最初にトトメスⅠ世によって第4，第5塔門が建てられ，今度はそこから西と南の方向に向かって神殿の建物が拡張されていったのである．

　第1塔門の前には舟着場（おそらく25王朝時代に現在の形に再建されたもの）と，王を護るように座っている雄ヒツジの頭をしたスフィンクスの並ぶ参道がある．このスフィンクスの大部分には，21王朝時代のアメン神の高級神官であったピネジェムⅠ世の名前がみられる．この参道の南側には小規模な建物がいくつかあって，その中にはプサムティスとハコリスの聖舟をまつる祠堂や，テーベの3柱神の壺を再び満たす儀式に関係のあるテキストを記した，25, 26王朝時代の欄干もある．第1塔門自体の年代は明らかではないが，30王朝頃のものと思われる．塔門の背後には前庭が広がっている．そこにはセティⅠ世がアメン，ムト，コンスの3神にささげた聖舟をまつる祠堂があって，三つの礼拝堂から構成されている．前庭の中央部にはタハルカの建てた一風変った小聖堂（キオスク）の遺構があって，1本の円柱がそこに立っている．南側には，ラメセスⅢ世の小神殿（聖舟休息所）が前庭に向かって建てられている．

　第2塔門はホルエムヘブの作と思われるが，これをつくるにあたり，王は，前に建てられていた建物のブロックを相当

上　第1塔門の外側に並ぶ雄ヒツジの頭のスフィンクス（"クリオスフィンクス"）．雄ヒツジはアメン神の聖なる動物．動物や鳥あるいはヘビが，王あるいは私人までをも"守護"しているというモチーフは，エジプトの平面や立体の彫刻では一般的である．

下左　供物卓をもちひざまずくセティⅡ世の像．写真では頭部を欠いているが，現在は復元されて多柱室の中央通路の北側，4番目の円柱の北にある．

下右　東側からみたアメン大神殿のうしろの部分．

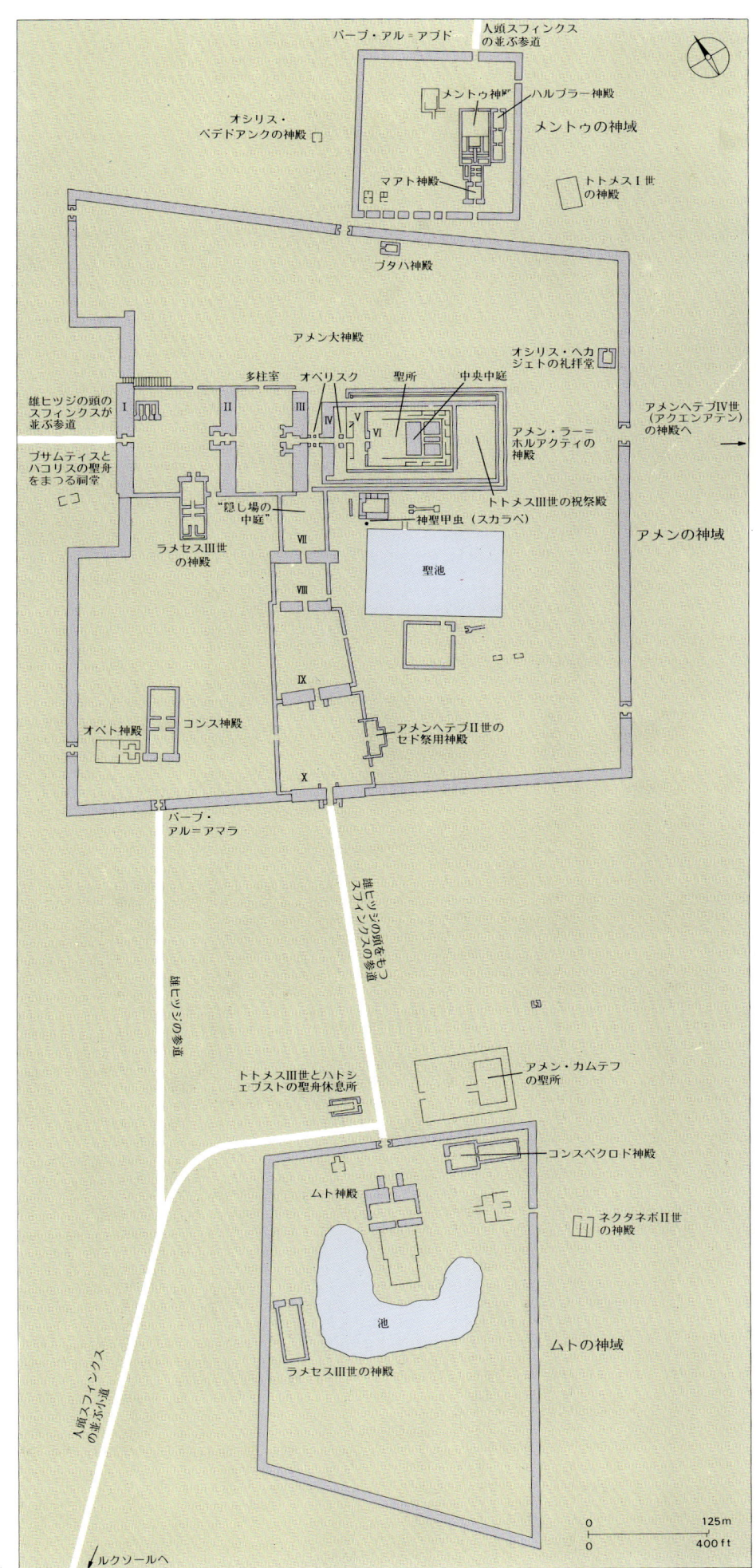

第1塔門と第2塔門の間にあるラメセスIII世の小神殿．神殿の入口から中庭西側を望むとオシリス柱がみえる．柱の側面に刻まれた浮彫りは，さまざまな神の前にいる王をあらわしている．

量利用している．塔門の前にはラメセスII世の巨大な像が立っていて，そのうちの一対（北側の像）は王女ベントアンタをつれている王である．塔門の背後には，この神殿複合体で最も印象的な多柱室がある．ここは現在屋根がなくなってしまっているが，134本のパピルス柱で構成され，そのうち中央の通路に配置されている12本の柱は，他の柱よりも大きく，パピルス型とはちがう柱頭がついている．多柱室の浮彫り装飾は，セティI世とラメセスII世が行った．外側の壁にはパレスティナやシリア地方で展開された両王の軍事遠征が描かれ，この中にはラメセスII世のカデシュの戦いの浮彫りもある．

第3塔門はアメンヘテブIII世が建てたものだが，その前にあるポーチはセティI世とラメセスII世が装飾した．この塔門では以前の建物のブロックが多数再利用されていた．それらのブロックは，センウセルトI世のセド祭用祠堂（"白い礼拝堂"とよばれ，現在多柱室の北側に再建されている）をはじめとして，アメンヘテブI世とII世の祠堂やハトシェプストの祠堂（この建物は使われている石材が赤色石英岩なので"赤い礼拝堂"とよばれる），トトメスIV世の祠堂およびアメンヘテブIII世の柱廊玄関に使用されていたものである．第3塔門のうしろには4本のオベリスクが立っていた．これは一番はじめにつくられた神殿の入口を示すもので，トトメスI世とIII世が建てたものだが，今日ではトトメスI世のオベリスクが1本そびえているだけである．

トトメスI世の建造した第4，第5塔門の間には，この神殿でも最も古い部分が現在まで残っている．そこには14本のパピルス柱があって，もとは金色でおおわれていた．さらにハトシェプストのオベリスクが2本（1本は立ち，1本は横倒しになっている）ある．

第6塔門とその前にある中庭はトトメスIII世がつくった．そのうしろには，上下エジプトの象徴を彫りこんだ花崗岩製の巨大な2本の柱がそびえる入口の間がある．これより前のトトメスIII世が建てた祠堂の場所にフィリップ・アルヒダエウス時代の聖舟をまつる祠堂（聖所）が立っている．

中央中庭の背後にトトメスIII世の祝祭殿がある．そのうちの1室には，外国の植物や鳥，動物が描かれていることから，"植物園"の名で広く知られている．

このほかに4基の塔門が，アメン大神殿から南へ伸びる新しい軸線にそって加えられた．第7塔門の北側にある中庭は，

テーベ

"隠し場の庭"として有名である．元来，神殿内に安置されていた彫像が，今世紀はじめに大量に発見されたのがこの庭である．また中庭では古い時代の建築遺構もみつかり，その中にはセンウセルトⅠ世の柱やアメンヘテプⅠ世の礼拝室も何室か含まれている．第7塔門，第8塔門はトトメスⅢ世が建設し，その間にある中庭には王の聖舟休息所がある．

第9塔門，第10塔門はホルエムヘブによって建てられた．アメンヘテプⅣ世（アクエンアテン）の建物に使われていた"タラタート"とよばれるブロック（ほとんどがⅣ世のアル＝アマールナへの移転前の年代が記されている）が，この2基の塔門に大量に発見された．両塔門の間にある中庭には，アメンヘテプⅡ世のセド祭用神殿がたっている．

神殿の聖池の北西の隅には，アメンヘテプⅢ世の大きな神聖甲虫の像がある．周壁の南西の隅にコンス神殿がある．

プトレマイオスⅢ世エウエルゲテスⅠ世が建てた神殿の前塔門（周壁につくられている門）はバーブ・アル＝アマラとして知られ，その南にアメンヘテプⅢ世を護る雄ヒツジの並ぶ参道がつづいている．神殿の塔門はピネジェムⅠ世が，前庭はヘリホルが装飾し，内部はラメセスの諸王たち（神殿の一部はラメセスⅢ世が建てたもの）による装飾である．またここにはプトレマイオス朝時代の作である浮彫りもある．

コンス神殿の隣には，カバの女神であるオペトをまつる神殿がある．ここは主にプトレマイオスⅧ世エウエルゲテスⅡ世が建てたもので，その装飾を完成したのはプトレマイオスⅧ世の後継者たちで，アウグストゥスもその1人である．神殿の背後にある聖所の地下には，"オシリス神の納骨所"がある．

アメンの神域内にはこのほかにも小礼拝堂や小神殿が20近くある．トトメスⅢ世をはじめ，シャバカやプトレマイオスの諸王たち，ティベリウス帝が建てたプタハ神殿（大神殿の北，周壁の近く）や，オソルコンⅣ世とシェビトクが建てたオシリス・ヘカジェト，つまり"時の支配者"の小礼拝堂（大神殿の北東，周壁の近く）などである．

メントゥの神域

アメンの神域の北にあり，四角い形をした境内は，三つの神域の中で最も小さい．ここにはメントゥの神殿を中心に，小規模な建物（とくにハルブラーやマアトの神殿）と聖池がある．1970年に周壁東側の外で，トトメスⅠ世が建てた初期のメントゥ神殿が発見されている．

メントゥ神殿の前には舟着場があり，神殿の北側からは人頭のスフィンクスが並ぶ参道が通じている．プトレマイオスⅢ世エウエルゲテスⅠ世とプトレマイオスⅣ世フィロパトールがつくった前塔門は，バーブ・アル＝アブドとして知られている．神殿はアメンヘテプⅢ世が建てたが，後世の王たち，中でもタハルカは最初のプランに若干の変更を加えた．

ムトの神域

南の境内にはムト神殿がある．神殿の周囲には三日月型の池がめぐらされ，付属の建物がいくつかあるが，その中には，18王朝時代にはじめて建立されたコンスペクロドの神殿や，ラメセスⅢ世の神殿もある．

ムト神殿はアメンヘテプⅢ世が建てたものだが，ここにもプトレマイオス朝時代（プトレマイオスⅡ世フィラデルフスとプトレマイオスⅢ世エウエルゲテスⅠ世）の前塔門が周壁のところに建っている．タハルカやネクタネボⅠ世もこの神殿の増築を行っている．アメンヘテプⅢ世は，黒色花崗岩製の雌ライオンの女神セクメトの像を何百体もムト神殿に奉納した．そのうち何体かの像は，今日でもカルナクでみることができる．

左　パレスティナへの遠征から本国へもどるラメセスⅡ世．戦車にのる王の前には，"レチェヌの首長たち"が捕虜としてとらわれている．多柱室の南外壁第2塔門近くの最下段の部分に刻されている．

次頁の図　王女ビントアナトと思われる．王女は父ラメセスⅡ世の巨像の足元に立っている（像にはラメセスⅥ世と21王朝のアメンの高級神官，バネジェムⅠ世のカルトゥーシュが付加されている）．アメン大神殿の第2塔門の前，入口の北側に現在再建されている．

下　数えきれないほど多くの私人が，カルナクの諸神殿に自分の像を安置した．これらの彫像の主な機能は奉納されたステラと同じである．つまり像の寄進者が神の恩寵にあずかるために，神殿内に末代まで居つづけようとした．

中央　家令長セ(ネ)ンムト．ハトシェプスト女王時代の人．センムトは王女ネフェルラーの家庭教師の役にあった．黒色花崗岩製，高さ53cm．シカゴ，Field Museum of Natural History 蔵．

下　メントゥ神の第3予言者，バケルコンス．オシリス神の像を納めたナオスをもってひざまずく．黒色花崗岩製，高さ42cm．第3中間期．ボルチモア(Md.)，Walters Art Gallery 蔵．

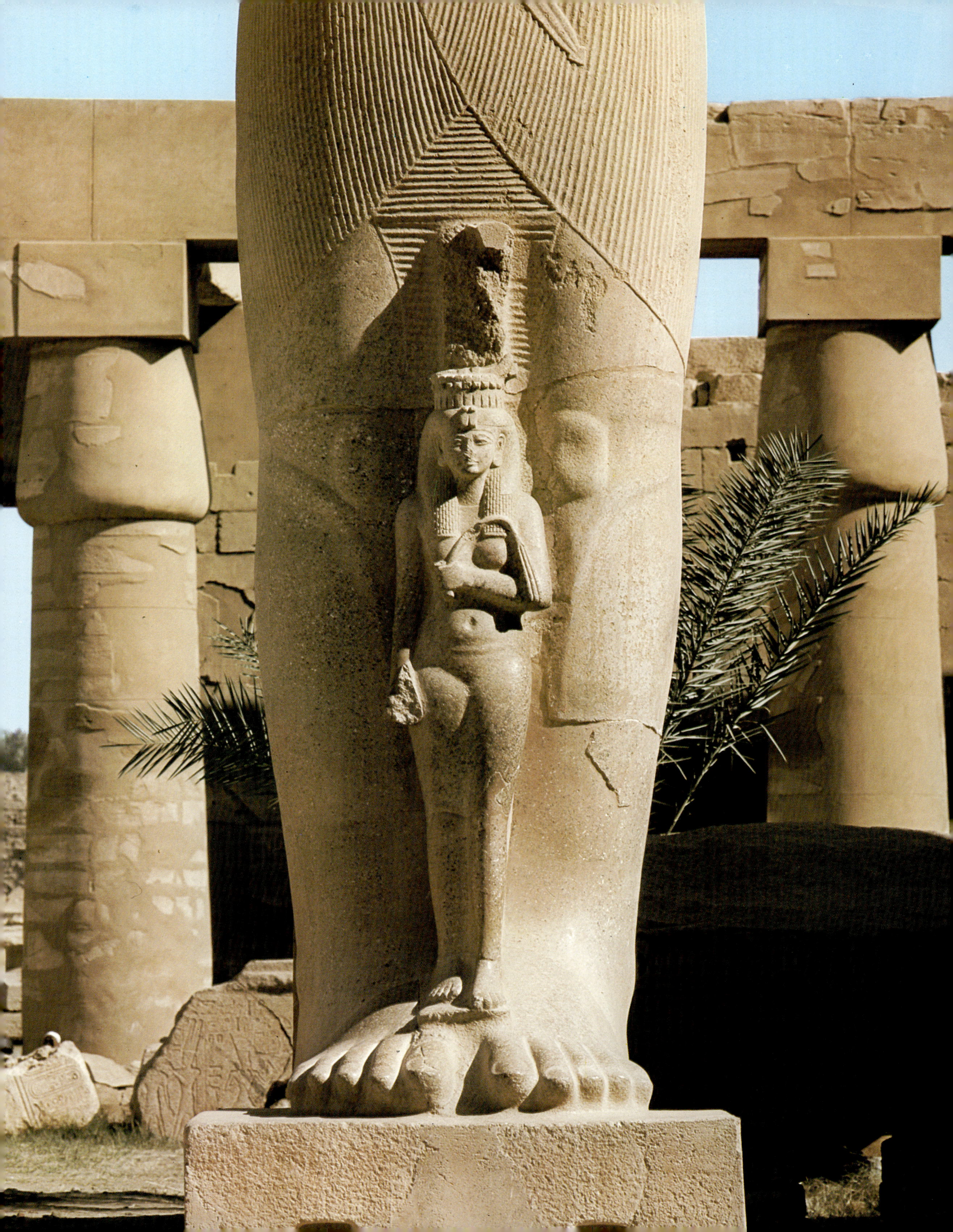

テーベ

"北側の像は，メムノンの像とよばれ，ギリシア語やラテン語でかかれた無数の碑文でおおわれている．そこには，日の出のときに像がすすり泣く声を聞いたという人々の証言が，たくさん記されていた．"（C・ペリー，A View of the Levant, 1743年, p.348）

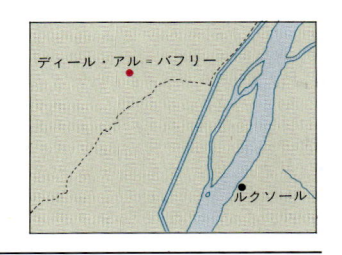

西岸

諸神殿

カルナクやルクソールの神殿のある対岸には，約7.5kmにわたって諸神殿の遺跡が広がっている．これらのほとんどは，新王国時代の王の葬祭殿で，そこでは，西のかなたの崖に掘られた王墓に埋葬されている死せる王への祭式が行われ，神々への礼拝もささげられていた．中でもアメンとラー・ホルアクティがとくに崇拝されていた．

西岸で最も重要な葬祭殿はディール・アル＝バフリーやラメセウム，マディーナト・ハーブーである．またセティⅠ世の葬祭殿はクルナにある．アメンヘテブⅢ世の葬祭殿跡には現在，巨大な座像である，"メムノンの像"と彫像の残骸がいくつかあるだけで，当時をしのばせるものはほとんどみあたらない．

西岸にある諸神殿の中でも，ハトホルの神殿やトトの神殿，イシスの神殿などのグレコ・ローマン時代の神殿は，葬祭殿ではない．

ディール・アル＝バフリー（デル・エル・バハリ）

ディール・アル＝バフリーは代々地方信仰の雌ウシの女神ハトホルと関係の深い地で，ちょうどカルナクの真西にあたる．ここは11王朝のネブヘペトラー・メントゥヘテプと18王朝のハトシェプスト女王が，自らの葬祭殿の地として選んだ所である（メントゥヘテプの場合，葬祭殿と埋葬とは直接関係していたが，ハトシェプストの場合は，ディール・アル＝バフリーの裏手にある遠くの谷，ワーディ・シケト・タケト・サイドと，王家の谷に二つの墓を用意していた）．ハトシェプストの葬祭殿が完成してまもなく，トトメスⅢ世はすでに建っているメントゥヘテプとハトシェプストの建物の間に，アメン神にささげる神殿複合体ジェセル＝アケトとハトホルの礼拝堂を建て，さらにメントゥヘテプの葬祭殿の庭に小聖堂（ジェセル＝メヌ）をつくった．

ネブヘペトラー・メントゥヘテプの葬祭殿（アク＝イスト）

いろいろな高さのテラスの上に，神殿の各部分を意識的に

テーベ

配置した設計がエジプトで用いられたのは，ネブヘペトラー・メントゥヘテプのディール・アル＝バフリーにある墓がはじめてであった．この設計の基本的な構想は，古王国時代のピラミッド複合体をつくった建築家の心の中にすでにあったにちがいない．しかし，それを実現したのはメントゥヘテプであった．さらにここで採用されたもう一つの新しい要素は，テラスの背後にある列柱室（柱廊玄関）で，これは11王朝はじめの王たちのサフ型墓に起源があるようだ．

葬祭殿の本体から離れている前の部分には，かつて存在していた河岸神殿から幅46mの参道がつづいている．ここは三方を壁で囲まれた前庭とテラスで構成されている．現在，テラスの上には太陽神信仰と関連があると思われる，非常に荒廃したマスタバ型の建物が残っている．前庭の東側には"バーブ・アル＝ホサン"の名で知られる門があって，そこから長い地下通廊が空墓と思われる未完成の部分に通じている．西側にはテラスと前庭を結ぶ傾斜路があり，建築当初その西側にはギョリュウとエジプトイチジクの樹々が植られていた．

前庭の最西部にある列柱の背後とテラスの上に，舟の行進や海外遠征，狩猟の場面などを描いた浮彫りが残っている．これらの浮彫りは，いまではたくさんの小片となって，いろいろな博物館に収蔵されている．葬祭殿の中心をなしているマスタバの周囲には柱廊がめぐらされていた．柱廊の西側の壁にはネブヘペトラーの時代の王室の貴婦人たちの像を納める厨子が六つある（北から順に，ミト，アシャイト，ザデフ，カウイト，ケムシト，ヘンヘネト，）．貴婦人たちの墓はここよりさらに西にある

葬祭殿の内陣は崖を削ってつくられており，王墓への入口の東西両側にはそれぞれ周柱式と多柱式の中庭がある．またこの入口から墓までは約150mの地下通廊が通っている．王の遺体も副葬品も墓からは発見されていない．内陣の一番奥に岩を掘ってつくった祠堂があるが，ここは葬祭殿内で亡き王をまつる中心部であった．

ハトシェプストの葬祭殿（ジェセル＝ジェセルウ）

葬祭殿は，一部は崖を削って，また一部は平地に建てられた階段上の構造をした建物である．葬祭殿の建設を担当した者は，この北側に建つ550年前の建物から建築上すぐれたアイデアを取り入れ，それをさらに発展させた．この葬祭殿は，未完成のままではあるが，周囲の自然と人間の創作した建物とがみごとな調和をみせている．建設当初あった木々や花壇，多くのスフィンクスや彫像は，人々を圧倒したにちがいない．

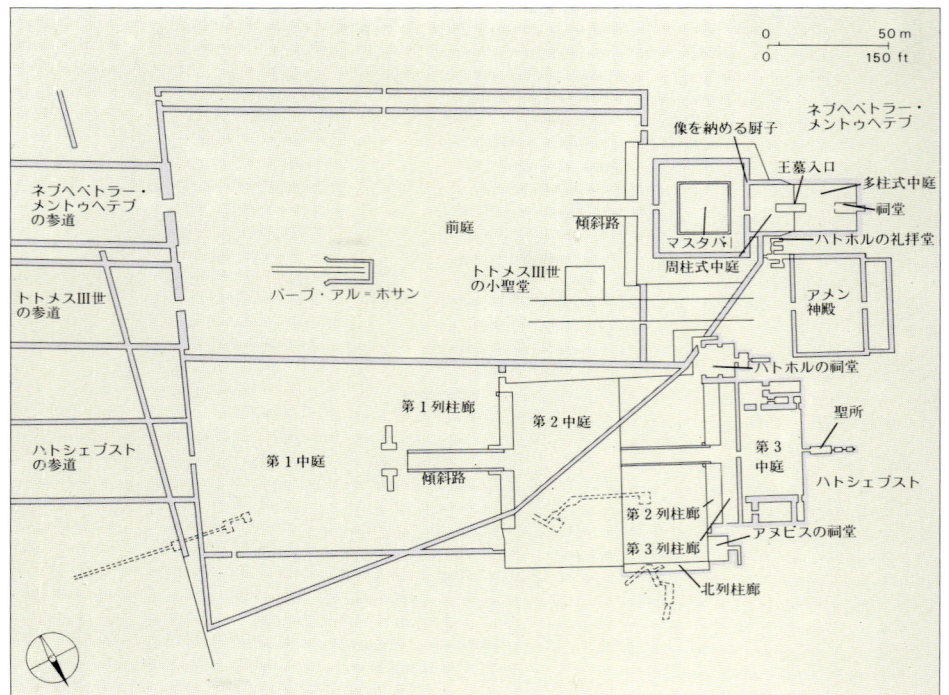

葬祭殿はハトシェプストとトトメスIII世の治世第7－22年にかけて建てられたが，その建設には多くの政府高官がかかわり，その中には当時強い影響力をもっていた"アメンの家令長"のセンムトもいた．神殿複合体をなしていた河岸神殿が存在していたことは，その基礎部分から明らかであるが建物自体はなくなっている．消失した理由としては，河岸神殿の近くに，後世ラメセスIV世が神殿を建てたこともその一因であった．

幅が約37mでスフィンクスが1列に並び，聖舟の礼拝堂のある印象的な参道をすすむと，高さのちがう三つの中庭につきあたる．それぞれの中庭は傾斜路で結ばれ，今日広く知られている浮彫りのある列柱室（柱廊玄関）で分けられている．浮彫りには，アスワーンからカルナクのアメン神殿へ，オベリスクを運ぶために特別製の巨船を建造している場面（第1列柱廊）や，ハトシェプストの聖なる誕生と即位式の場面（第2列柱廊北半分），エキゾティックなアフリカの地プントへ海路をたどった交易遠征の場面（第2列柱廊南半分）などが描かれている．

第3中庭の前には，女王の巨大な像がオシリス柱となって両脇に並ぶ第3列柱廊がある．この中庭の南北両端にはアーチ型の天井をした部屋があって，これらの部屋はハトシェプ

左上　舟の行進に参加する兵士たち．ハトシェプストの神殿の南側にあるハトホルの祠堂，多柱室北壁の浮彫り．

上　北側の崖よりのぞむディール・アル＝バフリーの神殿群．

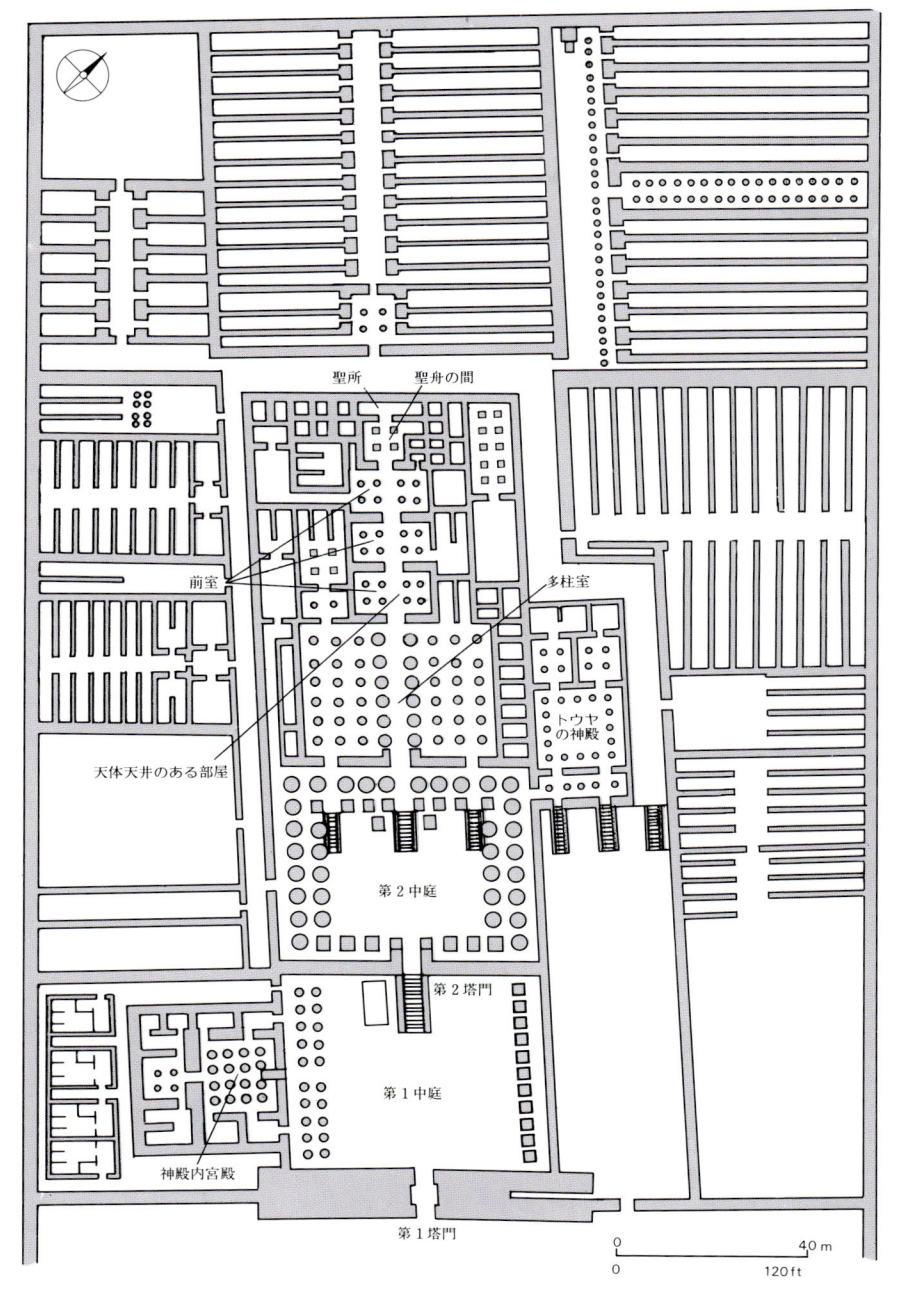

右上　南西方向からみたラメセウムの多柱室．

右下　ラメセウムの多柱室の東壁，入口の南の最下段に刻まれている浮彫り部分．ダプルの砦を襲撃している場面．ダプルはラメセスⅡ世の治世第8年，"アモルの地にあって陛下が略奪なさった町"である．北部シリア，おそらくはアレッポの付近にあったらしいが，正確な位置はいまだに不明である．

ストと父トトメスⅠ世，そしてラー・ホルアクティとアメンの神々にささげられていた．葬祭殿には前述の2人の王と2柱の神が主にまつられていた．

第3中庭の背面（西側）には一連の壁がんがあって，そこには女王の像が納められていた．また同じくここの壁には聖所への入口がもうけられていた．現存する聖所の一番奥の部屋はプトレマイオスⅧ世エウエルゲテスⅡ世のものである．この聖所以外の葬祭殿の建物には，後世に手が加えられた跡がまったくみられない．第2中庭は，アヌビスとハトホルの特別の祠堂へ通じている．

ラメセスⅡ世の葬祭殿（クネムト゠ワセト）またの名をラメセウム

ラメセスⅡ世の葬祭神殿複合体は，ディオドロスが"オジマンディアス（ラメセスⅡ世の即位名の一部ウセルマアトラーに由来する）の墓"とあやまって記述した場所で，今日ではラメセウムとして知られている．ここは葬祭殿本体とそれをとりまくレンガ造りの倉庫，およびそのほかの建物から構成されている（ラメセスⅡ世の墓は王家の谷にある）．石造りの葬祭殿内部の部屋の配列は伝統にのっとったものであるが，通常の神殿よりもいくぶん凝ったつくりになっている．ここには二つの中庭と多柱室，ひとつづきになっている前室，そして付属のいくつもの部屋と聖舟の間，聖所がある．葬祭殿全体のプランはいつもとちがって，長方形というよりはむしろ平行四辺形の形をしている．このような形になった原因は，はじめに建てられた小神殿（ラメセスⅡ世の母であるトゥヤにささげられたもの）の方位をそのまま踏襲して，葬祭殿の建設を行ったためと思われる．これに対して2基の塔門は，東岸のルクソール神殿の方角を向いて建てられている．トゥヤの神殿はラメセウムの多柱室の北側にある．

第1塔門と第2塔門はさまざまな浮彫りで飾られているが，その中にはカデシュの戦い（この戦いを表現したものは，カルナクやルクソール，アビュドスやアブー・スィムベルにもある）を描いた浮彫りもある．ラメセスⅡ世の花崗岩製の2体の巨像は，当初多柱室の前に位置する基壇の前に立っていた．しかし現在は，南側にあった像の上部が大英博物館にあり，その頭部はラメセウムに置かれたままという状態である．多柱室の背後につづく前室の一番はじめの部屋の天井には天体図が描かれている．ここは葬祭殿の図書室として使用されていたようである．第1中庭の南には，神殿内宮殿が建っている．

マディーナト・ハーブー

ルクソールの対岸に位置し，古代エジプト語でチャメト（またはジャメト），コプト語でジェメ（またはジェミ）とよばれたこの地は，アメン神と密接な関係にあるテーベ地区内の場所の中では，最も古い場所の一つである．ハトシェプストと

テーベ

1 捕虜を打ちすえるラメセスIII世	3 アメンとムトへ捕虜をさし出すIII世	5 ミンとアメンの祭儀
2 狩猟をするIII世	4 ソカルの祭儀とリビア人との戦争	6 リビア人、アジア人、"海の民"に対する戦い

トトメスIII世はマディーナト・ハーブーにアメン神にささげる神殿を建立した．さらにその隣にラメセスIII世が葬祭殿を建て，ハトシェプストとトトメスIIIのアメン神殿の建物も一緒にレンガ造りの壁で，周囲をとり囲んだ．周壁内には倉庫や工房，諸官庁の建物，神官や役人たちの住居があった．マディーナト・ハーブーはテーベ地区全体の行政および経済生活における中心地となり，その役割は数百年のちまでつづいた．ここには墓や墓付属の礼拝堂までつくられるようになり，とくに25，26王朝時のDivine-Adoratricesのものは注目に価する．マディーナト・ハーブーには中世（9世紀）まで，たえず人が住んでいた．

アメン神殿（ジェセル＝イセト） 最初の建物はハトシェプストとトトメスIII世が建てたが，その後1500年にわたって，神殿の改築や拡張事業がたびたび行われた．それは主に20王朝（ラメセスIII世）や25王朝（シャバカとタハルカ），26王朝，29王朝（ハコリス），30王朝（ネクタネボI世），そしてグレコ・ローマン時代（プトレマイオスVIII世エウエルゲテスII世，プトレマイオスX世アレクサンダーI世，アントニヌス・ピウス）の各時代に行われた．その結果，列柱室や2基の塔門，正面の中庭が加えられて，神殿の規模は大きくなったのである．

ラメセスIII世の葬祭殿（クネムト＝ネヘフ） かつて葬祭殿は，ナイル川と運河で結ばれていた．運河は，宗教的な儀式の際に重要な役割を果たす，舟の進行にはなくてはならないものであり，その舟着場は周壁の外に建設されていた．葬祭殿の周壁から中へは，東と西に設けられていた二つの砦のような門をくぐりぬけて入った．東の門は，ときに"パビリオン"とよばれ，現在この門だけが残っている．

葬祭殿自体は伝統的な設計で，ラメセスII世の葬祭殿（ラメセウム）と非常に似ており，ラメセウムを意識して模倣したように思える．第1中庭の南側にはレンガ造りの宮殿がある．ここはマディーナト・ハーブーで宗教上の儀式が行われ

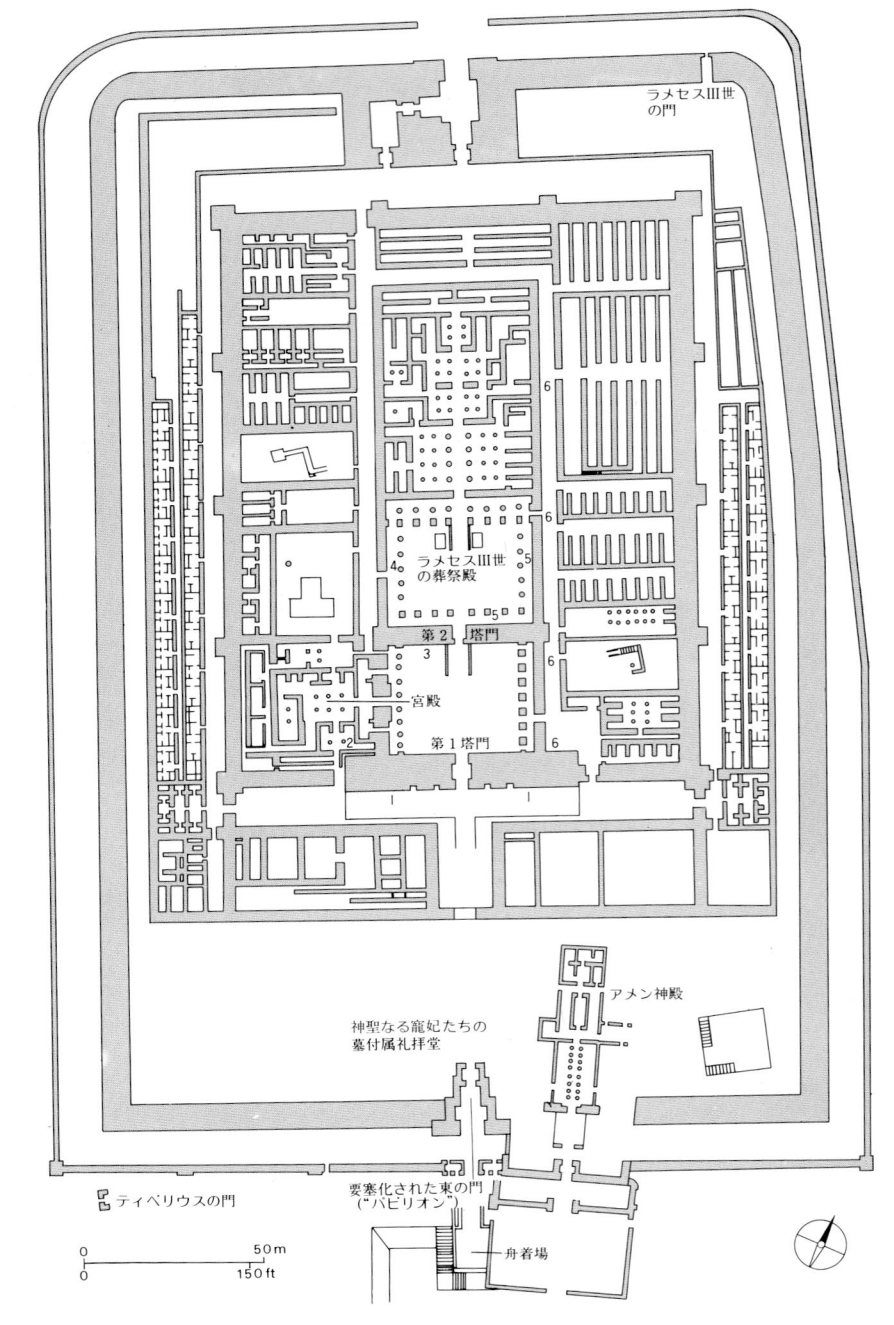

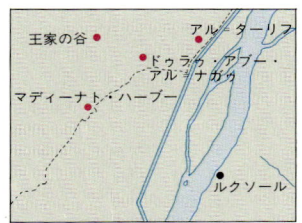

上左　ひざまずくラメセスⅢ世．王は王冠を頭上にいただき，テーベの3柱神からセド祭の表象を受けとっている．テーベの3柱神は，王座に座すアメン・ラーと，この神にしたがうコンストムト（写真ではみえないが王のうしろにいる）の神々である．マディーナト・ハーブーのラメセスⅢ世の葬祭殿，第1多柱室の南壁，東側，下段．

上右　王家の谷．

左　ラメセスⅢ世の葬祭殿．写真は右から順に，第1塔門，三つの出入口をもつ第1中庭の壁，第1中庭とその南にある宮殿を結ぶ"臨見の窓"，第2塔門，第2中庭の南壁そして葬祭殿の内陣である．

る期間中，王が使用した建物であるが，今日破壊されている．しかし建物の形状を示すものが二つ確認されている．一つは，この宮殿の内壁を飾っていた，入念に仕上げられたファイアンス製のタイルである．このタイルの装飾はデルタ地方（テル・アル゠ヤフーディーヤやカンティール）の同時代の宮殿でもみられる．さらにもう一点は，宮殿と葬祭殿が"臨見の窓"で結ばれていたことである．

マディーナト・ハーブーにある浮彫りには，芸術上のみならず歴史上重要なものが何点かある．それは浮彫りに，ラメセスⅢ世の治世中におこった歴史的事件が刻まれているからである．

第1塔門：　外側には勝利を記念して，王がアメンとラー・ホルアクティの神々の前で，外国の捕虜たちを打ちすえている場面が描かれている．征服した外国の土地や町の名は，人間の頭部が上に描かれている円の中に記されている．狩猟の場面は，塔門にむかって南側の石塊の西側面にある．

第2塔門：　南側の石塊の外側（東の面）には，アメンとムトの2神へ王が捕虜を差し出している場面がある．塔門の内側の壁および第2中庭の南北両壁面には，ソカル神とミン神の祭儀が描かれている．

葬祭殿の外まわり：　北側の壁にはリビア人，アジア人，"海の民"に対してとられた軍事遠征が表現されている．

葬祭殿の内陣の部屋の壁は，きわめて宗教的な場面でおおわれている．

王　墓

アル゠ターリフ

11王朝のはじめに，北のヘラクレオポリス朝（9，10王朝）と全エジプトの覇権をめぐって争っていた，テーベの支配者たちは，アル゠ターリフに自分たちの墓を築いた．アル゠ターリフとは川の用語で，ここはテーベの墓地の最北端に位置する．アル゠ターリフの墓は，ほかの地方にある同時代の墓と型が似ているが，その堂々たる大きさと，まったく記念碑的な建築様式からは，全エジプトの支配権をついに掌中に納めたネブヘペトラー・メントゥヘテブ王が，ディール・アル゠バフリーに建てた葬祭殿と墓を連想させる．

アル゠ターリフの墓は岩盤を切りくずしてむき出しに掘られ，そこが巨大な中庭（長さ300m，幅60m）を形づくっている．中庭のうしろには一連の扉のような開口部があって，柱廊玄関のような印象を与えている．このような墓をサフ型墓（サフとはアラビア語で"列"のこと）とよんでいる．小じんまりとした玄室とそのほかの部屋は，正面入口の背後の岩を掘りこんでつくられ，レンガ造りの河岸神殿とともに複合体をなしている．サフ型墓の装飾はまったく残っていない．サフ型墓としては，下記の3基が知られている．

インヨテフⅠ世（ホルス・セヘルタウィ）：サフ・アル゠ダワバ

インヨテフⅡ世（ホルス・ワファンク）：サフ・アル゠キサシヤ

インヨテフⅢ世（ホルス・ナクトネブテプネフェル）：サフ・アル゠バカル

ドゥラウ・アブー・アル゠ナガゥ

17王朝のテーベ出身の支配者とその家族たちは，アル゠ターリフとディール・アル゠バフリーの間にある，ドゥラウ・アブー・アル゠ナガゥの小じんまりとした墓に埋葬されている．これらの墓の位置とその主については，前1080年頃に行われた検察の記録をとどめるパピルス（アボット・パピルス）によって知られている．

1860年より前にマリエットが行った発掘では，武器や宝石で飾りたてられたリシ型棺とよばれるものも含めて，文字の記されている遺物が大量に発見されている．小規模なレンガ造りのピラミッドをもっていたと思われる墓の建築に関しては，まだ明らかにされてはいない．

王家の谷（"ビバン・アル゠ムルク"）

ヒクソスを打ち負かした後，テーベ出身の18王朝の支配者たちは，全エジプトの王としてふさわしい形の自らの墓をつくりはじめた．アメンヘテブⅠ世の墓はドゥラウ・アブー・アル゠ナガゥにあったと思われる．この墓の正確な位置は判明していないが，Ⅰ世が王墓造りにたずさわる専門の職人集団をもっていたことから，アメンヘテブⅠ世の墓が，新しい型の王墓としては最初のものだったといわれている．

ディール・アル゠バフリーの裏手にある荒涼とした谷，今日，王家の谷として知られているこの谷の崖に墓を掘ったのは，トトメスⅠ世がはじめてであった．この地域にはアル゠クルン（"角"の意味）という丘の頂きがあって，谷は主に二つの支脈から構成されている．東の谷には王家の墓のほとんどが集まっており，一方，西の谷にはアメンヘテブⅢ世とアイの墓がある．

王家の谷で番号のついている墓は全部で62基（このうち62号墓は，最後に発見されたトゥトアンクアメンのもの）あるが，中には王墓でないものも含まれている．さらにこれ以外

テーベ

の墓の所有者についてもいまだに議論をよんでいる．墓と葬祭殿は離れた場所に建設され，葬祭殿は耕地の端に建っている．葬祭殿と墓とを分離した理由は，安全性に重点を置くためだけではなかった．それは宗教上，建築上の理由からでもあった．

王家の谷にある，18王朝から20王朝までの王墓（最後はラメセスⅪ世の墓である）の構造は，岩盤を掘り下げた長い下降通路と，一つあるいは数室の部屋（中には柱が建っている部屋もある）をもち，その一番奥に玄室があるというものであった．18王朝はじめの墓では，下降通路が途中から右または左へほぼ直角にまがっているが，この王朝の終りころからはこの通路が一直線に伸びるようになった．下降通路の長さはきわめて長く，ホルエムヘブの墓では105m，シプタハでは88m，ラメセスⅥ世では83mも，まっすぐに掘り進んでいる．

墓内の装飾はもっぱら宗教的なもので占められている．神々を前にした王の場面は数えきれないほどあるが，墓内で最も人目をひくのは，文書とそれに付随したさまざまな宗教的作品（"～の書"）のさし絵である．たとえば "アルドゥアトの書"（"あの世にあるものの書"）や，"門の書"，"大洞窟の書"，"ラーの連禱" などいろいろな書物がある．18王朝初期の墓では，これらの文書が壁面いっぱいに描かれ，ちょうど分厚い埋葬用パピルスの巻物が，解かれて広がっているような印象を与えている．この王朝の末期から，墓の装飾として浮彫りが彫られるようになった．

王墓には，はじめどのくらいの財宝や家具，調度品がつまっていたかを想像するのは容易なことではない．トゥトアンクアメンの墓はほぼ完全な状態で発見された唯一のものだが，ここでも何が盗まれてなくなってしまったかはわからないので，この墓にあった財宝をその典型的な例とするのは少々無理がある．

ディール・アル＝マディーナの労働者村

王家の谷で王墓の建設に従事していた労働者集団（"真実のクルナト・マライーの丘のうしろの小さな谷あいにあるディール・アル＝マディーナでは，周囲を壁で囲まれた中に，約70軒の家がある住居趾が発見されている．ここにはトトメスⅠ世の時代から労働者とその家族が住んでいた所で，近くには労働者たちの墓と，かれらが信仰していた地方神の礼拝堂がある．

労働者たちは，1組が60名か，あるいはそれ以上の人数の "組" に組織され，各組が2"班" に分かれて，それぞれの班には職工長と副職工長が各1名，そして書記が1名もしくはそれ以上が配属されていた．労働者を統括するのは大臣で，ときどき自ら出向いてきたり，あるいは王の "執事" の1人をつかわしたりして，現場を訪れ，仕事の進行状態を視察していた．

労働者の賃金は各月末に現物（主として穀物）で支払われた．魚や野菜，ときには肉やブドウ酒，塩などの産物も支給された．20王朝時代には賃金の未払いがしばしばおこったので，労働者たちがデモに訴えることがたびかさなった．"労働者たちの実力行使" がはじめて行われたのは，ラメセスⅢ世の治世第29年であったことが記録されている．ふつう労働者たちは，王家の谷の墓の現場に "週" 10日間滞在して働き，村には休みの日や宗教的な祭りのときに帰ってきた．

王家の谷．
上左　ホルエムヘブの墓（57号墓）．王はブドウ酒の壺を，"偉大な神であり神々の王，天の支配者" であるタカの頭をしたハルシエスにささげている．また "テーベの女主人ですべての神の中の淑女，天の女主人" であるハトホルを礼賛して立っている（玄室の手前の部屋の東壁，浮彫りに彩色）．

上右　トトメスⅢ世の墓（34号墓）．"アムドゥアトの書" の中の第3の "時"（区間）の碑文とその場面（楕円形をした玄室にある壁画）．

左　ディール・アル＝マディーナの労働者村．

トゥトアンクアメン秘話

"とうとう王家の谷で素晴らしい発見をしました．完全に封印されている立派な墓です．閣下が到着なさるまで元のままにしておきます．おめでとうございます．"（1922年11月6日の朝，カーターからカーナボン卿宛に打たれた電報）．

トゥトアンクアメンの墓（王家の谷の62号墓）は1922年，イギリスのエジプト学者ハワード・カーターが発見した．この仕事はカーナボン伯爵の財政的援助を受けて行われたものである．新王国時代の王墓でほとんど荒されずにみつかったのはこの墓だけで，たぶん今後もこのような発見はないだろう．トゥトアンクアメンの墓は今世紀に入ってからエジプトで発見されたものの中では最も大々的に公表され，世界中で催された展覧会を通じて広く一般の関心をも引きつけたのである．しかしながらトゥトアンクアメンの大部分の財宝はいまだにエジプト学者による正しい評価をうけていないので，この前例をみない発見も，古代エジプトに関するわれわれの知識を十分に満たしていないのである．トゥトアンクアメンの遺物は，現在カイロのエジプト博物館に収蔵されている．またカーターとその協力者たちが数年かけて墓を丹念に精査したときに取った詳しい記録は，オックスフォードのグリフィス研究所にある．

墓から出土した遺物は次のようなものである．

ミイラに関する遺物
　外側から，木製の厨子4，石英岩製の石棺，木製の棺2，一番内側に黄金製の棺．黄金製のマスクと装身具．黄金の頭飾り，黄金の短剣．カノピス容器．カノピス容器用の櫃．

副葬品
　王の小像，分解されている戦車，寝椅子と寝台．枕，木製黄金張りの玉座（右）．椅子（背のあるもの，ないもの），箱類，壺類とランプ，弓とそれを納める箱，盾，王杖．むち，王笏．衣服，筆記用具，遊戯盤．宝石類．扇，楽器類，模型の舟．木製，黄金張りの厨子．神々の小像．シャワブティ．

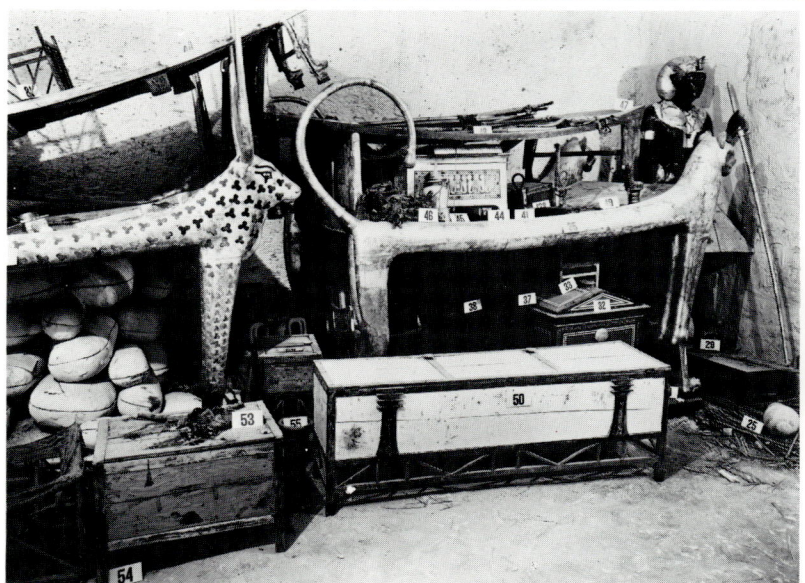

テーベ

前頁の写真　大臣ラモーゼの墓（55号墓）．アメンヘテプⅣ世の治世初期の墓．浮彫り．シャイク・アブド・アル＝クルナ．

左　ソテルの棺の内部．ヌト女神を取りまくように獣帯の絵が描かれている．後2世紀はじめのもの．シャイク・アブド・アル＝クルナの共同墓地出土．ロンドン，大英博物館蔵．

下　神父アメンエムオネの墓（277号墓）．死者の埋葬式に関する挿話を描いたもの．絵画．19王朝初期．クルナト・マライー．

私人墓

　比較的規模が大きくかつ重要なテーベの墓は，西岸の数カ所に集中している．その場所は北から南へ順に，ドゥラゥ・アブー・アル＝ナガゥ，ディール・アル＝バフリー，アル＝コーカ，アサスィーフ，シャイク・アブド・アル＝クルナ，ディール・アル＝マディーナ，クルナト・マライーである．これらの場所にある墓には，すでにエジプト考古局の手で正式な番号がつけられている．墓は合計409基あるが，最近さらに5基の墓が新たに付け加えられている．墓の年代は6王朝からグレコ・ローマン時代におよんでいるが，その大多数を占めるのが新王国時代の墓である．この409基以外にもやや大きめで装飾のある墓が多くあるが，単なる墓穴にすぎない．私人墓で最も重要なのはディール・アル＝マディーナの南にある王妃の谷の墓と，その近くの小さな谷にある墓であろう．小さな谷のワーディ・グバネト・アル＝キルド（"サルの墓の谷"の意）には，トトメスⅢ世時代の"3人の王女の墓"があり，そこから出土した黄金や銀製の容器は，現在ニューヨークのメトロポリタン美術館に収蔵されている．

　アル＝ターリフやドゥラゥ・アブー・アル＝ナガゥには規模の小さい墓と埋葬がたくさんみられるが，テーベの墓のように正式に登録されている墓はなく，その年代は11王朝や17王朝の王墓と同時代である．そのような中で，ドゥラゥ・アブー・アル＝ナガゥは末期王朝時代まで埋葬所として常に使われていた．さらに，ディール・アル＝バフリーの11王朝や18王朝の諸神殿に通じる参道の周囲にあるアサスィーフとアル＝コーカの墓地や，ディール・アル＝バフリーにある墓地も上記2地区にある墓と同じ性格をもっている．

　何体もの遺体をまとめて埋葬していた重要な隠し場がいくつも発見されている．E・グレボとG・ダルシーの2人は，1891年にディール・アル＝バフリーで，第3中間期の"アメンの神官たち"の棺が隠されていた広い場所を発見した．この種の発見ではかれらは2番目で，すでに1858年にマリエットが"メントゥの神官たち"の棺の隠し場を発見していた．秘密の隠し場としては最も素晴らしいものが1881年に320号墓で発見された．この墓はディール・アル＝バフリーの南につづくいくつかの谷の一番はじめの谷にある．隠し場には21王朝時代に盗掘を避けるために集められた，17王朝から20王朝までの非常に有名なファラオたちのミイラと棺が納められていた．

　ディール・アル＝バフリーの南，シャイク・アブド・アル＝クルナには，ハトシェプスト時代に勲功のあった平民のセ

テーベ

下 アメンエムオネの墓（277号墓）。葬式の期間中、墓の入口の外側には、死者のために用意された二つの人型棺が置かれている。絵画。19王朝初期。クルナト・マライー。

右 "正義の場所の下僕"バシェドゥの墓（3号墓）。絵画で装飾されている玄室。セティⅠ世時代。ディール・アル＝マディーナ。

ンムトの家族の墓が数基ある。さらに第3中間期の墓（"プリンス・オブ・ウェールズの墓"として知られる）からは、約30の棺（この隠し場は少なくともその一部が近代になって設置されたらしく、棺はほかの場所から運ばれてきたもの）が発見され、このほかにもハドリアヌス帝時代の墓から14の棺がみつかっている。王妃の谷（"ビバン・アル＝ハリム"）という名前が示すように、この谷には王妃たちと王族、とくにラメセス時代の王子たちの墓がある。

規模の大きいテーベの墓はほとんど岩窟墓で、平地に上部構造をもつ墓はない。墓のプランは非常に立派である。以下は各時代の墓の一般的な特徴である。

古王国末期 不整形の部屋が1室あるいは2室あり、部屋の内部に柱が建っている場合もある。1室またはそれ以上ある玄室へは下降通路が通じている。

中王国 戸外にある前庭の背後の壁が、墓の正面入口である。長い下降通路が礼拝室へ通じていて、ここと玄室とは傾斜路で結ばれている。

新王国 戸外につくられた前庭には石碑が置かれる場合もあり、これにつづく正面入口の上部には、陶製の"埋葬用の円錐形"の列がみられる。横長の（"広い"）広間にはその細長い壁にときどき石碑が置かれている。つづいて"たて長"の広間が墓の中央軸線上に配置されている。聖所には像を納める壁がんや偽扉がつくられている。墓内のすべての部屋は柱を建てることができる広さである。玄室への下降通路は通常前庭に掘られている。

ディール・アル＝マディーナにあるラメセス時代の墓は、地上につくられた建物（塔門や戸外の中庭、柱廊玄関、そしてレンガ造りのピラミッド、上部に像を納める壁がんを備えたドーム型天井の礼拝室）の全部あるいは一部と、岩の中に掘られた部屋とが組み合わさっている墓で、上部と下部は下降通路で結ばれている。

末期王朝 この時代の墓の中には、非常に大きくて複雑な構造をしているものがある。レンガ造りの塔門や戸外にある中庭のうしろに、地下につくられた一連の部屋がつづいている。部屋にはふつう柱が建っていて、そこを通って玄室へ出られるようになっている。

テーベの墓の装飾は、ほとんど絵画によるものであるが、浮彫りによる装飾も行われている。これらの題材としては日常生活や宗教的なテーマを扱ったものがみられるが、中でもラメセス時代以降は宗教的な場面が圧倒的に多くみられる。

テーベ

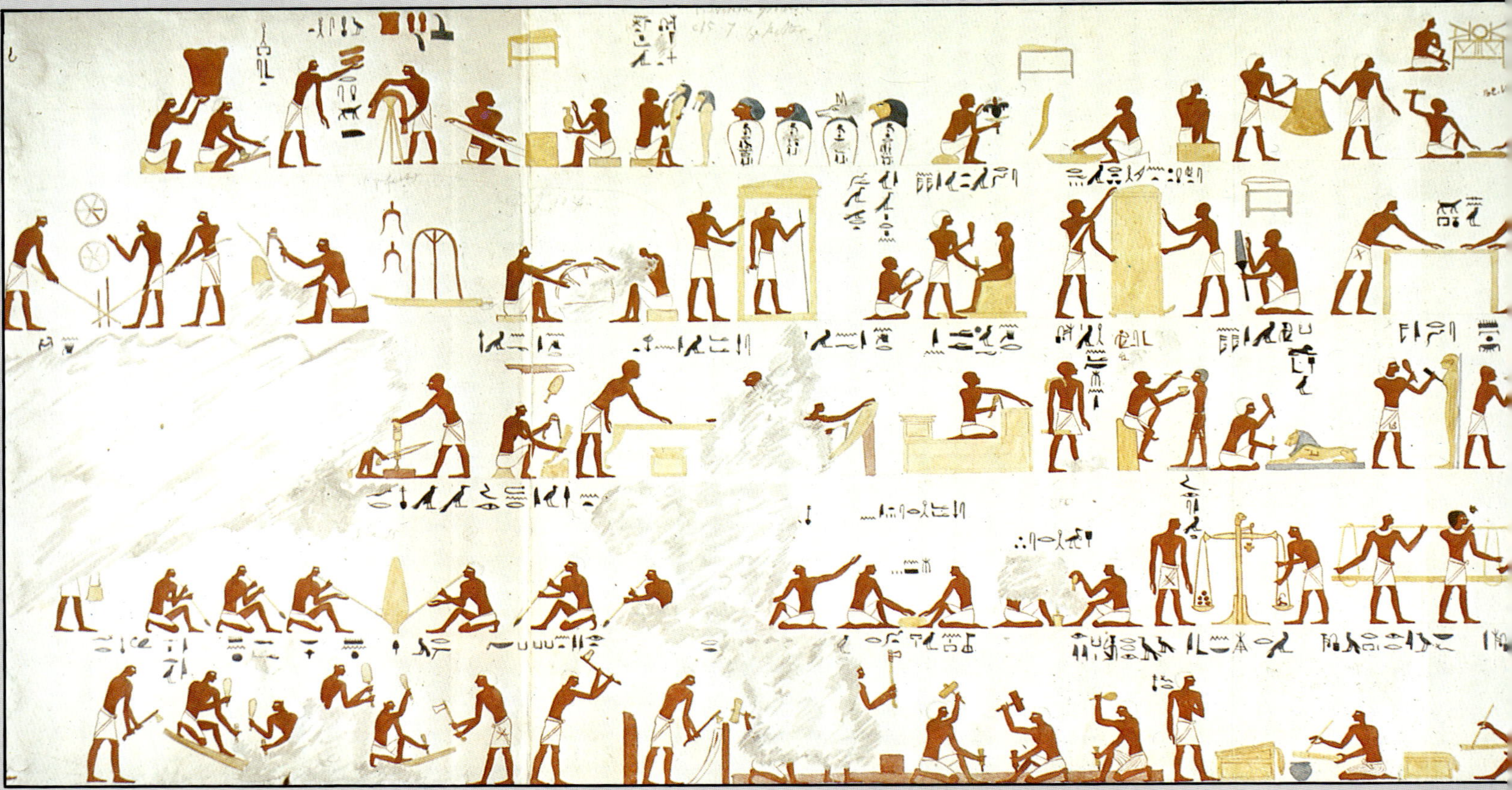

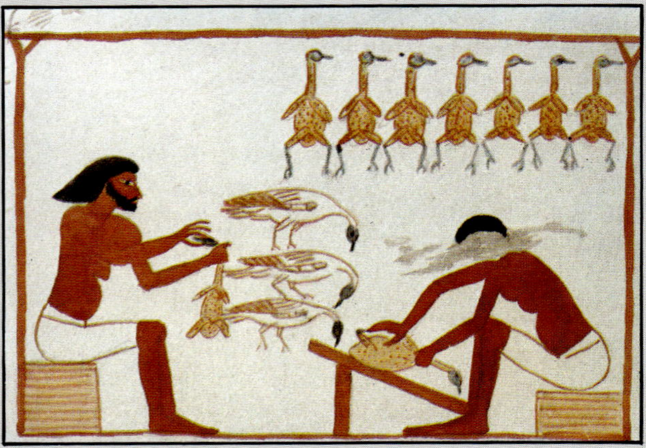

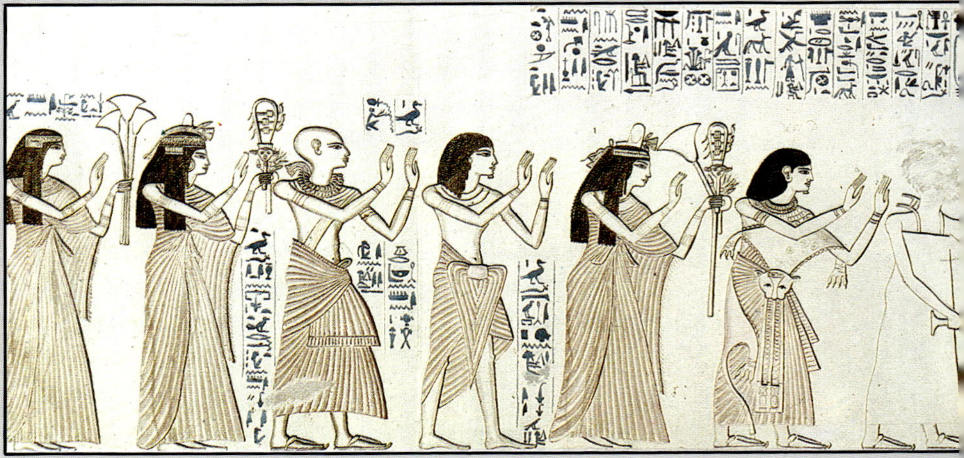

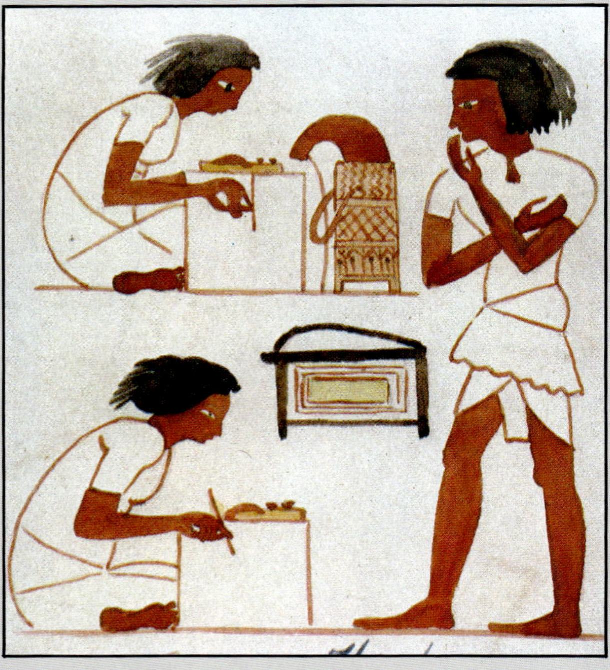

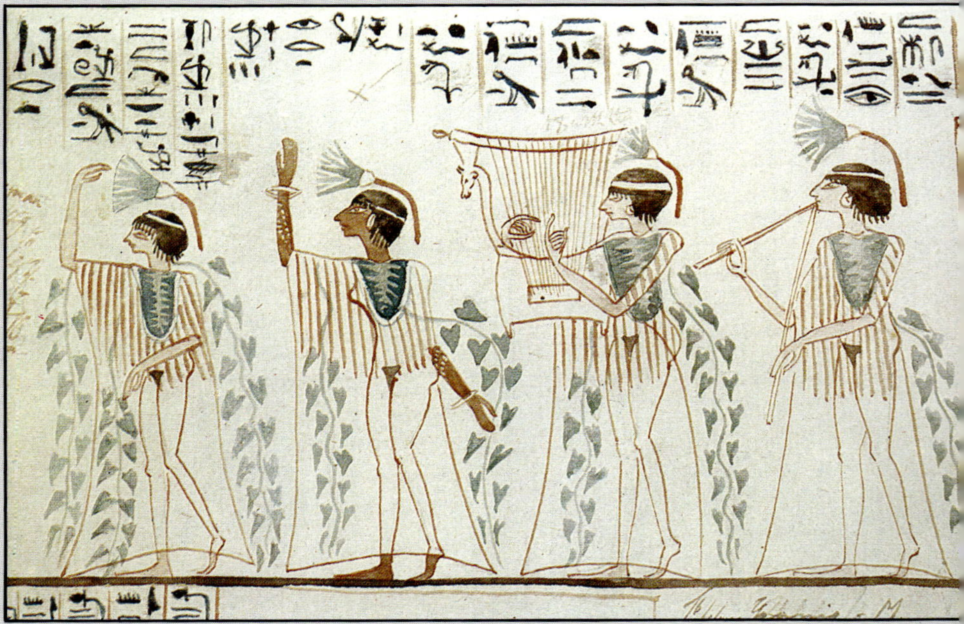

テーベのJ・G・ウィルキンソン

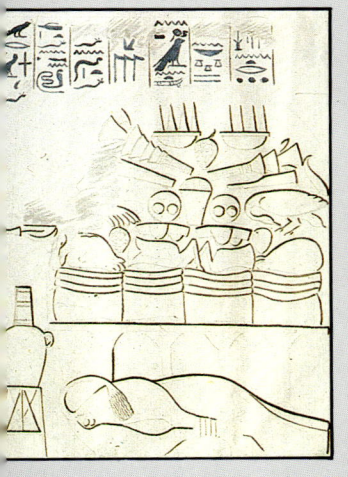

　現在のエジプト学者の研究は，19世紀前半の困難な状況の下で，学問を進めた先駆的な学者たちの業績の上に成り立っている．19世紀のエジプト学は，研究を進めるための基本的な資料を集めていた時期で，エジプトの碑文や浮彫り，絵画を徹底的に記録し，写しとっていた．当時出版された本の中には，150年の歳月をへた今日でもなお，一流の書物としてエジプト学関係の書庫になくてはならないものがある．

　ジョン・ガードナー・ウィルキンソンがエジプトへやってきたのは1821年，まだ24歳のときだった．これはちょうど，シャンポリオンがエジプト語の文字の法則を再発見した前年にあたる．以来12年間，常時エジプトに滞在していたので，この腕の立つ精力的な研究者が訪れ，自分のノートに記さなかった古代エジプトの遺跡は一つもないくらいであった．かれは魔物にとりつかれたように興味を示した．どんなに小さくても，あるいは未完成であっても，かれにとって碑文は重要な意味をもっていた．ウィルキンソンはエジプト語の表記法を最初に修得した人物の１人であったばかりでなく，かれの筆写はまったく信頼のおけるものだった．おかげで現在オックスフォードのグリフィス研究所に保管されているかれの残した記録は，古代エジプトのいろいろな様相を提供してくれる情報源となっている．ウィルキンソンは自らの仕事で得た学問的な結果を多くの本にまとめて出版したが，かれが筆写したものをすべて出版したわけではなかった．かれの著書の中で最も重要なのは，『古代エジプト人の風習と慣習…古代の作家たちの記述および現存する絵画，彫刻，モニュメントを比較してえた古代エジプト人の私生活，政府，法律，芸術，工業，宗教，農業および初期の歴史について』(Manners and Customs of Ancient Egyptians, including their private life, government, laus, arts, manufactures, religion, agriculture, and early history, derived from a comparison of the paintings, sulptures, and monuments still existing, with the accounts of ancient authors.)である．この本は３巻にまとめられて1837年に出版され，その後50年間にわたり，古代エジプトの概説書としてはこの本が最高であった．さらにウィルキンソンは，この著作によって1839年にナイトの称号を与えられ，イギリスのエジプト学者の中では最初に有名になった人物である．

　多くの難題もウィルキンソンの筆写を参考にして解決されてきている．筆写には1821年から1856年（かれが最後にエジプトを訪れた年）にかけて記録された数多くのモニュメントがのっているからである．テーベの私人墓で行った仕事はその適例であろう．かれが写した多くの場面は今日傷ついたり完全に壊れているが，かれがとった全部の墓の写しは，いまだに出版を望まれ，現在では得難いものとなっている．

上　仕事に励む職人たち．テーベの36号墓，"神の寵妃の家令頭"であるイビの墓の浮彫り（場面は一部，ディール・アル＝ジャブラーウィーにある６王朝の浮彫りをまねている）．ここにあらわされている職業はつぎのようなものだ．最上段左から，サンダルをつくる革職人，石製容器やシャワブティ，カノビス容器をつくる職人，金属を扱う職人，２段目より，戦車をつくる職人，彫刻師，指物師，石製容器をつくる職人，３段目左より，指物師，彫刻師，宝石細工職人，４段目左より，金属を扱う職人，木の厚板を運ぶ人たち，舟大工，最下段左より，舟大工と書記たち．現在浮彫りは非常に傷ついている．

前頁の中左　ガチョウの羽根をむしる裸の２人の男．テーベの88号墓，"２国の主の旗もち"であるベフスケル・チェネヌの墓の壁画．小屋の中の場面で，鳥はすでに羽根をむしり終り，たる木にぶらさげてある．地面にはガチョウが３羽死んでいる．今では左側の人物は完全に消えてなくなり，絵は傷みが激しい．トトメスⅢ世またはアメンヘテブⅡ世時代．

前頁の下左　２人の書記とその監督官．家畜を数えている場面．テーベ76号墓，"王の右の扇もち"チェヌナの墓の絵．男たちはエジプトの書記にみられる典型的な姿勢をとって座っている．あぐらをかいて，その上にパピルスの巻物を広げている姿である（古代エジプトでは書きもの机は使用されなかった）．パピルスを収納する入れ物が近くに置かれている．現在では絵の損傷が激しい．トトメスⅣ世時代．

前頁の中右　宰相バセルとその妻．肉親や縁者をしたがえた夫妻は，供物の清めの儀式にのぞんでいる．清めには，香と水が使われている．テーベ106号墓，バセルの浮彫り．バセルはセティⅠ世とラメセスⅡ世の宰相をつとめた．この墓に関する完全な報告はいまだなされておらず，今日墓自体はほとんど崩壊してしまっている．

前頁の下右　ヌビア人の踊り子とリラ，２管フルート，ハープを演奏する男女の楽士たち．テーベ113号墓，"神官，アメンの荘園の秘密を司る者"であるケイネブの墓の壁画．ラメセスⅧ世時代．ヌビアのこの踊りは，たぶんケスクとよばれるもので，このほかの記念物にも何点かみられる．ヌビア人の踊り子のほかにケイネブの息子や娘たちもこの踊りに加わっている．これはラメセス時代に踊りが流行していたことを示しているのかもしれない．壁画は現在完全に破損している．

上エジプト北部

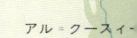

上エジプト北部はテーベからアスユートにかけて広がっている．この地域は古代エジプトの心臓部にあたり，初期の王朝が生まれ育っていった所である．そしてさらに王朝が，危機の時代でもここはやはりエジプト人のもので，人々はテーベを頂点とする新しい政治的統一をつくり出そうとしたのであった．経済的には東部の砂漠に埋蔵されていた黄金や鉱物を支配し，管理することがいつの時代にも最重要事項であったし，一方，政治的には，11王朝時代から南のテーベが政治の主導権を握った．

ナカーダやキフト，アビュドスは先王朝や初期王朝時代に優勢をほこっていた地で，ダンダーラは古王国時代に重きをなしてきた．アビュドスは，中王国時代に全エジプトの宗教の中心地としてかなり重要となった．そして新王国時代にテーベが勢力を強めると，その北に隣接する地域はテーベの圧倒的な力の下で抑えられるようになってしまったが，アビュドスは以前とかわらぬ地位を保ちつづけ，キフトでも王たちは好んで建築活動をつづけた．上エジプト北部では，古代の終りに建てられたダンダーラの神殿が，最も印象深い建築である．

下右 オックスフォードのアシュモレアン博物館にあるこの玄武岩製の小像は，"マッグレガーの男"とよばれている．これは1922年にサザビー社が像をウィリアム・マッグレガー牧師から取得したのにちなんで名付けられたものである．この有名なコレクターは一群の象牙製の小立像とともにこの像を購入したのである．サザビーが獲得したこれらの像はすべて，先王朝や初期王朝時代の遺物を数多く出土するナカーダ遺跡で発見されたものだといわれてきた．さらに，エジプト芸術を扱う本のほとんどは，第1頁目にこのきわめてすぐれた像をのせているが，最近ではこのスタイルから像の真偽に疑問がなげかけられている．高さ39cm．先王朝時代．

下左 石灰岩の崖がつづくナイル川西岸の典型的な風景．ナグゥ・アル＝ハムマーディの近くでは，このように川沿いの平地が非常に狭い．何層にも重なり段ができているこの崖から，地質学者は氷河時代の歴史を読みとることができる．

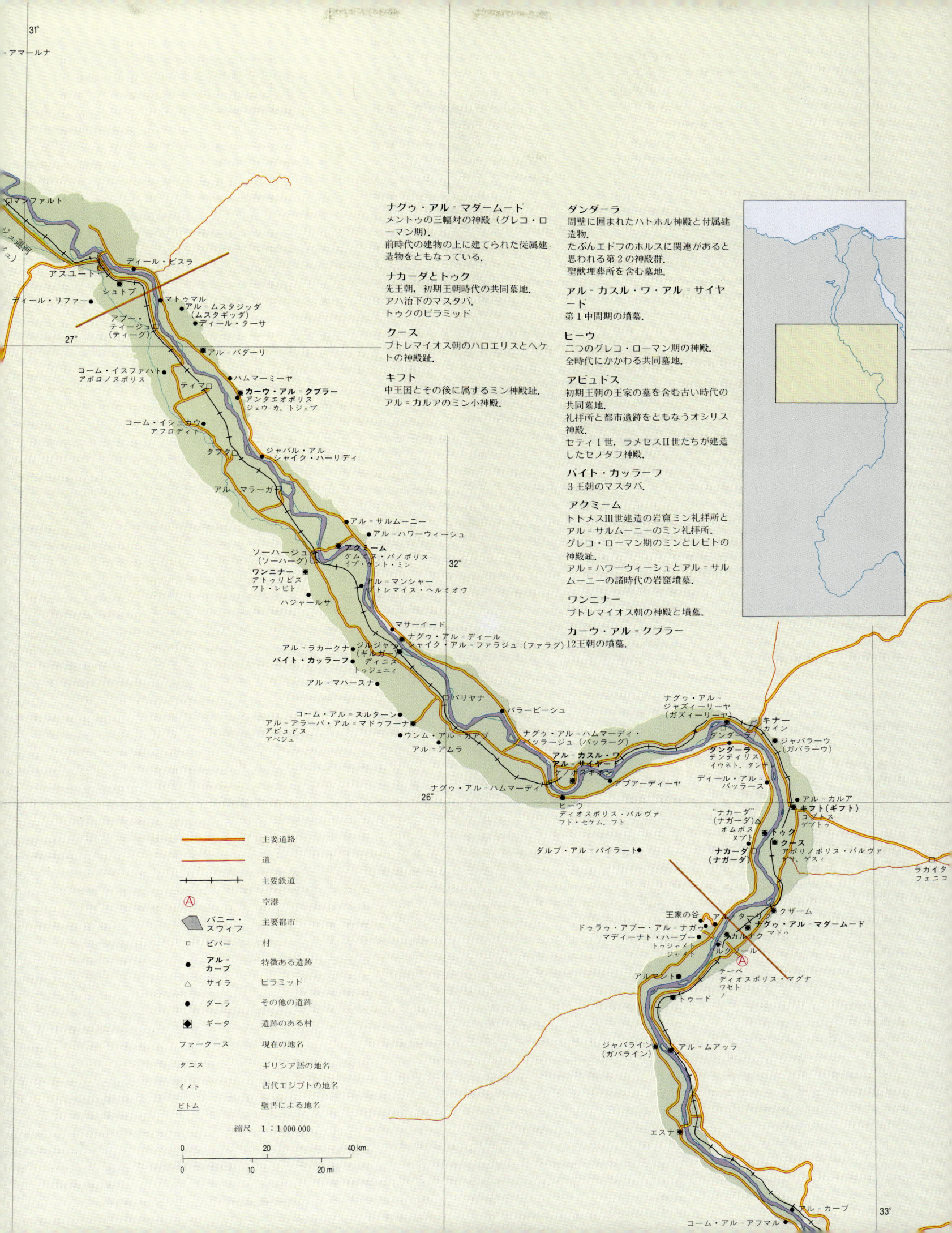

ナグゥ・アル＝マダームード
メントゥの三幅対の神殿（グレコ・ローマン期），前時代の建物の上に建てられた従属建造物をともなっている。

ナカーダとトゥク
先王朝，初期王朝時代の共同墓地．アハ治下のマスタバ，トゥクのピラミッド

クース
プトレマイオス朝のハロエリスとヘケトの神殿址．

キフト
中王国とその後に属するミン神殿址．アル＝カルアのミン小神殿．

ダンダラ
周壁に囲まれたハトホル神殿と付属建造物．たぶんエドフのホルスに関連があると思われる第２の神殿群．聖獣埋葬所を含む墓地．

アル＝カスル・ワ・アル＝サイヤード
第１中間期の墳墓．

ヒーウ
二つのグレコ・ローマン期の神殿．全時代にかかわる共同墓地．

アビュドス
初期王朝の王家の墓を含む古い時代の共同墓地．礼拝所と都市遺跡をともなうオシリス神殿．セティⅠ世，ラメセスⅡ世たちが建造したセノタフ神殿．

バイト・カッラーフ
３王朝のマスタバ．

アクミーム
トトメスⅢ世建造の岩窟ミン礼拝所とアル＝サルムーニーのミン礼拝所．グレコ・ローマン期のミンとレビトの神殿址．アル＝ハワーウィーシュとアル＝サルムーニーの諸時代の岩窟墳墓．

ワンニナー
プトレマイオス朝の神殿と墳墓．

カーウ・アル＝クブラー
12王朝の墳墓．

凡例
- 主要道路
- 道
- 主要鉄道
- Ⓐ　空港
- バニー・スウィフ　主要都市
- □　ビバー　村
- ● アル＝カーブ　特徴ある遺跡
- △　サイラ　ピラミッド
- ● ダーラ　その他の遺跡
- ◆　ギータ　遺跡のある村
- ファークース　現在の地名
- タニス　ギリシア語の地名
- イメト　古代エジプトの地名
- ピトム　聖書による地名

縮尺　1：1 000 000

上エジプト北部

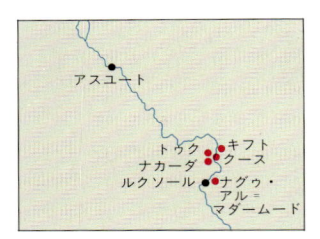

下左　プトレマイオスⅧ世エウエルゲテスⅡ世の第1多柱室の遺構、ナグゥ・アル＝マダームードのメントゥ神殿．写真は北西側から撮ったもの．

下右　センウセルトⅢ世を刻んだまぐさ石．王が"テーベの支配者"であるメントゥ神に，白パン（左）とケーキ（右）をささげているところをあらわしている．ナグゥ・アル＝マダームード出土．パリ，ルーブル美術館蔵．

ナグゥ・アル＝マダームード

　ルクソールの北東約8kmに位置する古代エジプト語のマドゥは，カルナクやトゥード，アルマントと並んで，ハヤブサの頭をした神メントゥの，テーベ地域における重要な霊場であった．

　マダームードで古い神殿は今では壊れてしまっているが，中王国時代（おそらくネブヘペトラー・メントゥヘテプと主にセンウセルトⅢ世が建てたもの）に建設されたものである．またこの神殿はさらに古い時代の祠堂があった場所に建てられたと思われる．中王国時代末と第2中間期の王たち，中でも13王朝のアメンエムハトⅦ世（スジェファカーラー）やセベクヘテプⅡ世（セケムラー・クゥタウイ），セベクヘテプⅢ世（セケムラー・スワジュタウイ），17王朝のセベクエムザエフⅠ世（セケムラー・ウワジュカウ）は，ここで建築活動をつづけたが，当時の建物は何一つ残っていない．新王国や末期王朝時代の遺跡も数少ないが点在しているので，この場所が当時も要所になっていたことを示している．

　現在も一部分が残っているメントゥとラアトタウイ，ハルポクラテスの神殿はグレコ・ローマン時代のものである．この神殿は古い時代の建物の上に建設され，完成するまでに何人もの王たちの手をわずらわせた．舟着場とスフィンクス参道の遺構の後方に，レンガ造りの周壁に設けられたティベリウス帝の門がある．神殿の正面にはプトレマイオスⅫ世アウレテスの小聖堂が3棟建っている．ここからアントニヌス・ピウス帝の中庭を通って進んでいく．プトレマイオスⅧ世エウエルゲテスⅡ世の第1多柱室から神殿のプランは伝統的なものになっている．この多柱室のすぐうしろに，聖牛メントゥにささげられた第2神殿がある．神殿内の数室は，実際にウシを世話するのに使用されていたらしい．両神殿の外壁はドミティアヌス帝とトラヤヌス帝が装飾したものである．

　メントゥ神殿の南に聖池がある．その基礎部分とブロックから，周壁の南西の角にかつてプトレマイオス朝初期（プトレマイオスⅡ世フィラデルフスやプトレマイオスⅢ世エウエルゲテスⅠ世，プトレマイオスⅣ世フィロパトール）の神殿が，建っていたことが判明した．

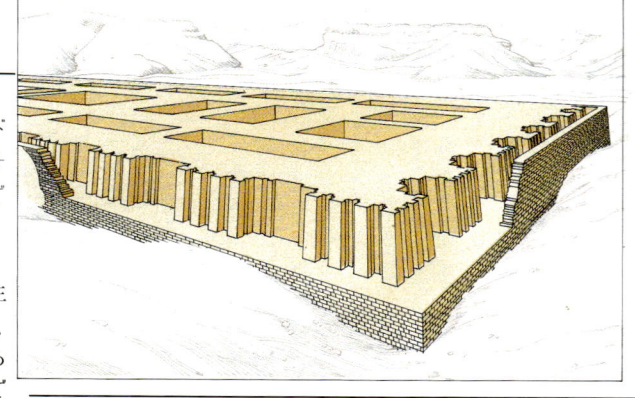

ナカーダとトゥク

　考古学者たちは考古学上の文化全体を解説する用語として，しばしば重要な遺跡の名前を用いる．エジプトの先王朝時代の文化の中でも最後の二つの文化は，通常ナカーダⅠ期，ナカーダⅡ期とよばれている．これはW・M・フリンダース・ペトリーが1895年に発掘した墓地にちなんで名付けられたものである．しかし，この場合の用語には若干の誤りがある．現在のナカーダはこの地域では最大の居住区になっており，古代の墓地が実際にあった場所は，ナカーダよりも約7km北のトゥクとディール・アル＝バッラースの間だからである．

　1897年J・ドゥ・モルガンは，ナカーダ村の北西約3km，砂漠との際に，初期王朝時代のマスタバ墓が1基あるのを発見した．マスタバ（54×27m）は大きなレンガでできており，側面全部が"宮殿の正面玄関"になっていた．墓からは象牙製の銘板や容器の破片，アハ王とネイトヘテプの名前のある粘土製の印章がみつかった．ネイトヘテプはアハ王の妻で，夫のあとを継いで女王として君臨した人物らしい．このマスタバ自体は1王朝はじめにこの地方を治めていた長官のものと考えられている．さらに近くの墓地からも，古王国末期や第1中間期の石碑がたくさん出土している．墓地はナイルの東岸，クース（グース）の町にある．

　ペトリーが発掘した墓地と集落の遺跡（いわゆる"ナカーダ"）の規模は，古代のヌブト（ギリシア語ではオムボス）が

上左　J・ドゥ・モルガンがナカーダで発見した初期王朝時代のマスタバ墳の復原図．建物は約1.1mの厚さをもつ周壁で囲まれていた．マスタバ墳の中心部には玄室と副葬品を収納する部屋が5室あり，それを取りまくように16あまりの部屋が設けられ，そこには砂利と砂が詰められていた．

上右　ナカーダⅠ期の白色交線文土器．オックスフォード，アシュモレアン博物館蔵．

上エジプト北部

セド祭の儀式でミン神の前を走るセンウセルトⅠ世．王はヘブ（儀式で使うもの．起源は不明である）とオールを手にもっている．キフトの北神殿のさらに下に建っていた古い建物にほどこされていた浮彫り．石灰岩製．ロンドン，ペトリー・コレクション（ユニバーシティ・カレッジ）蔵．

町であったことがうかがえる．それは当時のクースが，ワーディ・ハムママートの石切場や紅海への遠征の出発地点にあったかららしい．現在ここには，プトレマイオス朝時代のハロエリスとヘケトの神殿の，2基の塔門だけが残されている．

キフト

ゲブトゥの町（コプト語ではゲブトまたはケフト，ギリシア語ではコプトス〔ただしこれは"コプトの"という語とは無関係〕とよばれた）は今日のキフト（ギフト）で，かつて上エジプト第5州の州都であった．この町が台頭してきたのはその地理的な条件によるところが大きかった．すなわち，ナイル川流域から紅海沿岸への交易遠征や，東部の砂漠に鉱物資源を求めて遠征を行う場合の出発点となったのが，このキフト（あるいは少し南に位置するクース）であったからだ．やがてゲブトゥはこの地域で最も重要な霊場となり，その地方神であるミンは東の砂漠地帯の神としてもみとめられるようになった．とりわけグレコ・ローマン時代には，州旗についていた2羽のハヤブサがホルスとミンであると解釈されていたことからイシスとホルスの2神が，キフトと結びつきの深い有力な神々となっていたことがわかる．キフトで発見される遺跡は，エジプト史全般にわたっていると，だれしもが期待するのだが，元の位置のままみつかったのは末期王朝とグレコ・ローマン時代の神殿の遺構だけであった．

まわりに周壁をめぐらした三つの神殿群の遺構がみつかったのは，W・M・フリンダース・ペトリー（1893-94年）やR・ウェイルとA・J・ライナッハ（1910-11年）らによる発掘のときであった．

神殿の大部分に装飾がほどこされていないミンとイシスの北神殿は，いまでもそこに建っている．神殿はセンヌウという役人がプトレマイオスⅡ世フィラデルフスのために建設したもので，のちにプトレマイオスⅣ世フィロパトールやカリギュラ，ネロ（とくに3基の塔門）らが増築を行っている．神殿は，アメンエムハトⅠ世やセンウセルトⅠ世，トトメスⅢ世によってこれより古い建物のあった場所に建設されている．なおトトメスⅢ世の建物の基礎部分はかなり残っている．アマシスが建てたオシリスの礼拝堂の遺構が，北神殿の第3塔門南側で発見された．中央神殿も北神殿同様，長い歴史をもつ場所である．ここにはセンウセルトⅠ世のブロックや，トトメスⅢ世の門があり，さらにオソルコン（Ⅱ世と思われる）が増築している．また6，7王朝時代の1組の石碑"コンプト勅令"が，神殿とそこで働く人々に対する勅令の写しとともに発見された．中央神殿はプトレマイオスⅡ世フィラデルフスが建立し，それにカリギュラとクラウディウス，トラヤヌス帝らが小規模ながら増築をしている．

南神殿の遺構からはネクタネボⅡ世やカリギュラ，クラウディウスの3基の門と，クレオパトラⅦ世フィロパトールとプトレマイオスⅩⅤ世カエサリオンの礼拝堂がみつかった．

クラウディウスは，キフトの北東に位置するアル＝カルアに，ミン，イシスならびにホルスの3神にささげた小神殿（約24×16m）を建てている．

先王朝時代の末期に，いかに重要な町であったかを示している．ヌブトはペトリーの"ナカーダ"の南東約4kmに位置し，だいたい今日のトゥクのあたりであると考えられる．ヌブトという名前は古代エジプト語のヌブ，つまり"黄金"に由来するといわれている．この近くの東部の砂漠の金鉱へはワーディ・ハムママートを通っていくことができたからである．この町が有力になっていったのは，この金鉱への中継地となったからである．この地方の神はセト神（ヌブティ，"オムボスの者"）で，のちには上エジプトの神々の中で最高位の神とみなされるようになった．これまでにセト神にささげられた新王国時代の神殿が一つだけみつかっている．神殿は18王朝の諸王たち（トトメスⅠ世，トトメスⅢ世，アメンヘテプⅡ世）やラメセス時代の王たちが建てたものである．

トゥクには"ピラミッド"とよばれる遺跡があり，建造物の石はきちんと整形されていない．また建造物の年代やピラミッドという呼び名に対してもはっきりとした確証はない．

上　ローマ皇帝，おそらくカラカラ帝と思われる巨大な頭像．キフトのミンとイシスをまつる北神殿の第2塔門で発見されたもの．赤色花崗岩製．高さ51cm．フィラデルフィア（Pa.），ペンシルベニア大学博物館蔵．

下　ナポレオンのエジプト遠征当時のクース．ハロエリスとヘケトの神殿にある西の塔門と当時の町の様子．

クース

ナカーダの北西のナイル東岸に位置するクース（グース）は，古代エジプト語でゲサまたはゲスィ（グレコ・ローマン時代にはアポリノポリス・パルヴァ）とよばれていた．その墓地から判断すると，クースがエジプト史初期の頃に重要な

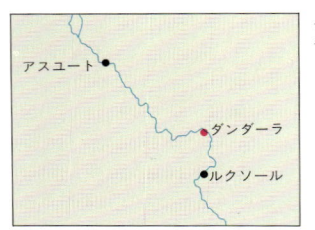

上エジプト北部

ダンダーラ．主要神域の中心地区のプラン．

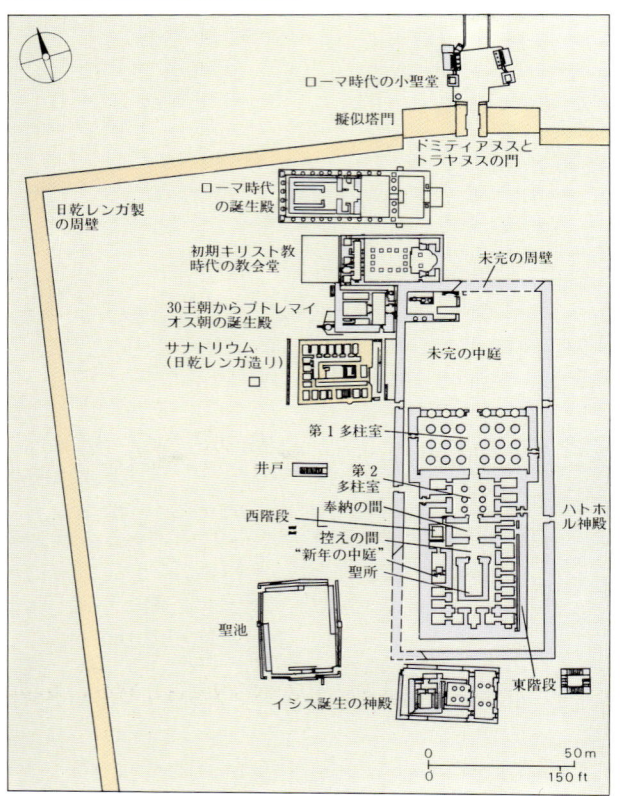

ダンダーラ (デンデラ)

ダンダーラは古代エジプト語でイウネトまたはタンテレ，ギリシア語ではテンティリスとよばれ，上エジプト第6州の州都と同時に重要な町でもあった．しかし古来より，この地区の住民の住む中心は東岸のキナーへ移ってきている．現在では神殿複合体が砂漠の端にぽつんと離れてたっている．

ダンダーラの墓地には初期王朝時代の墓もあるが，中で最も重要なのは古王国末と第1中間期の墓である．中央から遠く離れていた地方は当時，事実上独立した状態にあって，ダンダーラも上エジプトではあまり重要な町ではなかった．しかしこの町の要人たちはある程度の規模をもつマスタバをたくさん建設した．そのうちの1基だけは，石碑や偽扉を別にしてもかなりの装飾がほどこされたマスタバである．墓地の西側には，トリやイヌを中心とする動物を埋葬したドーム型の天井をもつ，レンガ造りの地下墓地がある．一方，墓地内のいろいろな場所から手厚く葬られた雌ウシがみつかっている．雌ウシはハトホル神を具現化するときの一つの姿である．

墓地からはネブヘペトラー・メントゥヘテプの小礼拝堂が新たに発見されたが，この建物は今日カイロ博物館に移築されている．さらにメルネプタハの名前の刻まれている建物は，ハトホル女神のためというよりも王をまつるために建設されたもので，当時の主神殿に付属する建物と思われる．

慣例によって神殿はナイル川の方を向いて建てられているが，ここでは川は東から西へ流れているので神殿の正面は北にある．このように実際は北の方角を指してたっていても，エジプト人たちにしてみれば，それは"東"を象徴していた．

上　南西からみたハトホル神殿．プトレマイオスXV世カエサリオンとクレオパトラVII世フィロパトールの浮彫りが刻まれている．破損した巨大なシストラムには，もとは木製のひさしがついていた．特徴的なライオンのとい口は，屋根の雨水を流し出すためのもの．

左　ローマ時代の門．主要神域の東にある．この門とわずかに残っている壁の基礎部分は，たぶんエドフのホルス神にささげられた複合体の一部をなしていた．

方位の説明には羅針盤がいつも使われる．

泥レンガ造りの，がっしりとした周壁のすぐ側にあるドミティアヌス帝とトラヤヌス帝の堂々とした門を入ると，その西側にローマ時代の誕生殿が建つ広々とした場所に出る．誕生殿はこの種の神殿で現存しているものの中では最後に建てられたものである．ここはハトホル女神がその子イヒを分娩したという儀式的な場所で，イヒは一般に創造の神々の若いときの姿をあらわしている．ハトホルにささげられた主神殿の第1中庭（未完成のまま）はネクタネボI世が基礎の部分の建設を開始し，プトレマイオス朝時代初期に，装飾がほどこされた．この神殿の建設は古い建物の上に建てられている．二つの誕生殿は現在も残っており，近くまでいって見学することができるが，そのプランも装飾もまったく異なっている．

年代の古い誕生殿のすぐ南には，泥レンガ造りの"サナトリウム"がある．来訪者たちはここで聖なる水を浴びたり，あるいはハトホル女神の夢をみて，病気がいやされることを願いつつ夜を過ごす"沈思黙考"にふけったりした．

主神殿は当時としては一番壮麗で精巧な飾りがほどこされている．また神殿の基礎には，これより古い建物のブロックがたくさん含まれているとみられている．主神殿からは古い時代の遺物も発見されているが，建築物は一つも残っていない．そんな中でペピI世とトトメスIII世の名前が神殿の碑文中に認められた．主神殿の中で一番はじめに建設されたのは最後部で，前2世紀末のころであったらしい．ここでは最も古い時代の王として，プトレマイオスXII世アウレテスの名前があがっているが，大部分のカルトゥーシュには名前が記されていない．これは前1世紀におこった王家の内紛によるものと思われる．第1多柱室は，アウグストゥス帝からネロ帝の時代にかけて装飾されたもので，そこにはギリシア語で書

左　ローマ時代の多柱室．北側から射すかすかな光は，浮彫りの表面を効果的に浮き上がらせる．浮彫りにはところどころに白の地色が残っている．

下　トラヤヌス帝時代の誕生殿．王がハトホル女神に供物をささげている浮彫りが丹念に彫りこまれている．女神はまだ幼いイヒに乳を飲ませている．そのうしろにいるのはまた別のイヒ．

かれた後35年の奉納碑文がある．

　ハトホル神殿は伝統的なプランを踏襲している．二つの多柱室と"新年の中庭"の柱には，ハトホル女神にささげられたシストラムという楽器の形をした柱頭がのっている．このシストラムはちょうど，宇宙の沼地におい茂る植物の間から出現する雌ウシのように，ハトホルの神像をよびだすのに用いられる．南側の外壁の中央にもシストラムの浮彫りがあって，その重要性を示すために"神々の黄金"であるハトホル女神を心によびおこすために，ここのシストラムは金色に輝いていた．しかし，これらのシストラムはすべて初期キリスト教時代になってひどく傷めつけられてしまった．

　神殿内できわめて特異な部分は，飾りたてられた"小礼拝室"群である．ここは3階建てのつづき部屋で構成されていて，外壁の分厚い壁の中にある部屋である．これらの部屋は主として祭祀用具や公文書，神殿を護る魔術的な紋章を保管するのに使用された．部屋の装飾は神殿の軸線にそってほどこされ，最も重要な浮彫り群（ここでもやはりシストラムが目立つが）は軸線上にあった．さらにこの分厚い壁には屋根との昇降用階段もつくられている．屋上には小聖堂があって，そこでハトホル女神と太陽円盤との結合の儀式が行われた．同じく屋上には一対をなすオシリス神の祠堂があり，そのうちの一つから，有名なダンダーラの獣帯図が発見された．この獣帯図は現在パリのルーブル博物館に収蔵されている．ダンダーラは各地にたくさんあるオシリス神の墓所の一つで，この祠堂もハトホル女神とは直接関係ないが，オシリスの復活を祝う儀式に使われていた．オシリスの死を祭る儀式は，神殿の西の聖池で何回も行われたに違いない．

　ハトホル神殿の南隣にはイシスの誕生殿がある．ここはアウグストゥス帝のときに装飾され，建物の基礎部分のブロックには，プトレマイオス朝時代の建物を壊したものが使用されている．神殿内へは，ローマ時代につくられた周壁につくられた東門から入る．この神殿では建物の方位が二つあるのが特徴である．つまり神殿の外側の部屋は東を向いており，内側の部屋は北のハトホル神殿の方角を向いているのである．なおイシス女神誕生の中心的な場面は崩壊しつつある．

　神殿の東にはかつて町が広がっていて，中心にエドフのホルス神にささげられた神殿があった．この神殿は神域の主要部分から約500m離れた所にある，ローマ時代の神殿の遺構と同じ建築物かもしれない．エドフとダンダーラで崇拝されていた3柱神は非常に似ていて，ホルスとハトホル（またはイシス），そしてイヒまたはハルソムトゥスの神々であった．ハトホルが南へ巡幸したときには，ダンダーラのこの女神とエドフのホルス神は聖婚の儀式で相まみえたのであった．

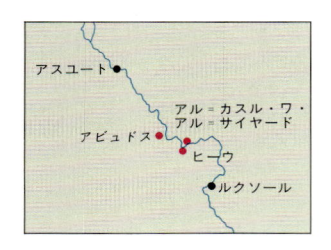

上エジプト北部

アル=カスル・ワ・アル=サイヤード

　今日のアル=カスル・ワ・アル=サイヤード村の近くには岩窟墓がある．この村はヒーウの北東のナイル川右岸に位置し，かつては上エジプト第7州に属していた．岩窟墓の年代は第1中間期のはじめである．墓のうち，"州の偉大な支配者"であったイドゥ・セネニとチャウティの2基の墓だけには浮彫りの装飾が残っているので，とくに注意すべきであろう．

ヒーウ

　センウセルトⅠ世の治世のとき，上エジプト第7州のナイル川西岸に，"ケペルカーラー（センウセルトⅠ世），正しき者は強大なリ"という名前の王領が築かれた．ここはやがて第7州の州都よりも重要な土地となり，その長い名前もフト=セケム，あるいはフトと省略されるようになった．フト=セケムとは"システラムの家"という意味で，これはシストラムの姿をしていて人間の頭をもち，ウシのような耳と角をはやした，この地方の神であるバアト女神のことをいっているらしい．しかし，すでに新王国時代には，このバアト女神は近くのダンダーラのハトホル女神と完全に習合してしまった．グレコ・ローマン時代になると，ヒーウはディオスポリス・ミクラまたはディオスポリス・パルヴァの名で知られるようになった．さらにコプト語ではホ（あるいはホウ）と訳され，これから現在のヒーウという名がきている．

　エジプト語の文書（たとえばハリス・パピルスⅠ．これはラメセスⅢ世の治世中に行われたある神殿への寄進を記録したもの）の中に，王朝時代の諸神殿の記載があるにもかかわらず，現在までにヒーウで発見された王朝時代の神殿は一つもない．ただグレコ・ローマン時代の神殿が二つだけ残っていて，一つはプトレマイオスⅥ世フィロメートールが建てたものらしく，もう一方はネルヴァとハドリアヌスが建設したものである．

　神殿の南約1.5kmのところには，プトレマイオス朝時代のハルシエス・ディオニシウスという人物の墓があった．しかし，いまでは破壊されてしまっているが，幸いなことに，初期のエジプト学者たち（ウィルキンソンをはじめネストール・ロトやバートン，ヘイなど）が，19世紀前半にその墓の文書や浮彫り装飾を記録に残している．

　町の東には全時代にわたる広大な墓地が広がっている．そこにはグレコ・ローマン時代に埋葬された聖獣たち（イヌやイビス，ハヤブサ）も眠っている．

アビュドス（アビドス）

　古代エジプトのアブジュウ（コプト語ではエボットあるいはアボット）は，初期王朝時代はじめに国中で最も重要な埋葬地であった．さらにここからは，先王朝のナカーダⅠ期にまでさかのぼる集落の跡がみつかっている．アビュドスが政治的にどれほど重要な町であったかということ，そして州都のトゥジェニィ（現在のジルジャー（ギルガー）らしい）とどのような関係にあったかは明らかでない．

　この土地の墓地の神であるケントアメンティウ（"西方の住人の第1人者"，つまり死者を治める神）の神殿は，王朝時代のはじめに重要な霊場の一つであった．5，6王朝時代になると，この神は元来下エジプトの神であるオシリスと同一視されるようになり，さらに中王国時代には，アビュドスがエジプトで一番よく知られたケントアメンティウの霊場となった．

　オシリス神の死とその復活の儀式が演じられる"オシリスの秘儀"は，国中からやってくる巡礼の人々を魅了した．多くの人々は，オシリス神の復活にあやかり，この"秘儀"で来世を約束されることを望んだのであった．そして巡礼者たちは，オシリス神殿と墓地との間の土地に，レンガ造りの小さな空墓を建て，石碑を据えた．墓地自体はコーム・アル=スルターンの南西約1.5kmからセティⅠ世の神殿まで広がっていて，よその場所の埋葬地よりもはるかに広い．中王国時代になると，王たちはアビュドスに空墓をつくりはじめ，19王朝のときにはこれが最高点に達して，セティⅠ世やラメセスⅡ世の神殿となった．アビュドスの末期王朝時代の私人墓は一般に，石製のピラミディオン（笠石）のあるレンガ造りのピラミッドを備えている．

　ここでは，末期王朝時代やグレコ・ローマン時代に埋葬されたイヌまたはジャッカルやイビス，ハヤブサも発見されている．

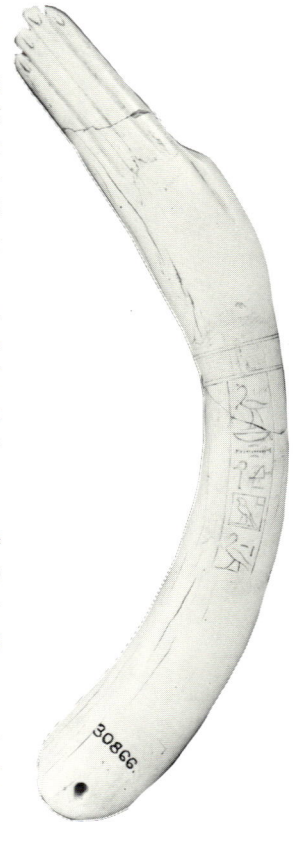

左　アビュドスの初期王朝時代の王墓より出土した家具の断片．左は何に使われていたかは不明であるが，片岩製で，きわめて精巧に彫られている．右は雄ウシのうしろ足の形をしている寝台の脚．脚には寝台の枠に差し込むようにほぞがつくられ，皮紐を縛りつけるための穴があいている．象牙製．オックスフォード，アシュモレアン博物館蔵．

下左　ほえるカバ．陶製．ヒーウのナカーダⅡ期のはじめの墓から出土したもの．先王朝や初期王朝時代の動物彫刻には，同時代の人物彫刻に比べて質的にすぐれたものをよくみかける．オックスフォード，アシュモレアン博物館蔵．

下　前腕の形のクラッパー（拍子木）（一般的な楽器）．骨からつくられ，ヘケト女神の女召使い，サトハトホルの銘がある．第2中間期．ヒーウ出土．ロンドン，大英博物館蔵．

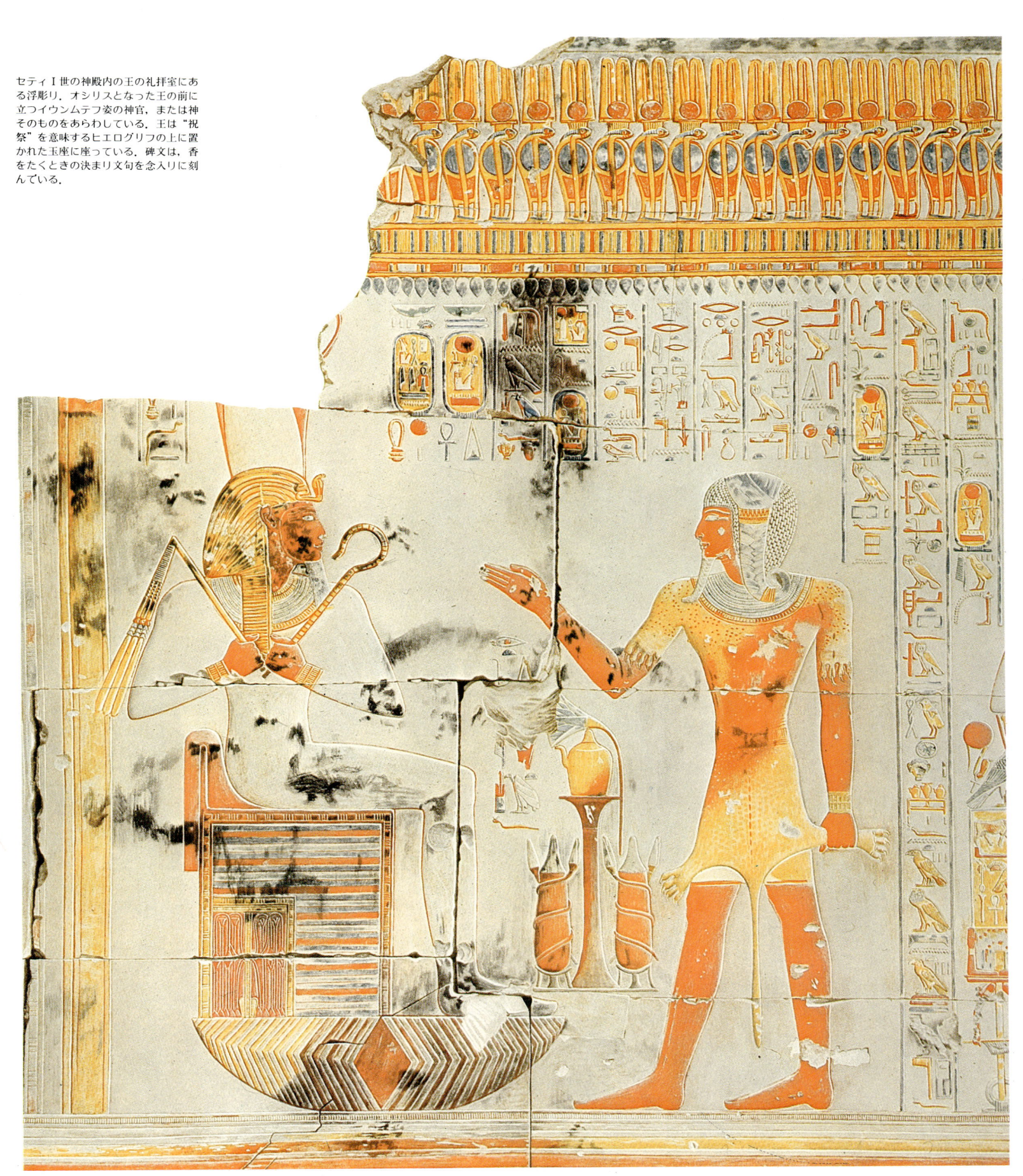

セティⅠ世の神殿内の王の礼拝室にある浮彫り．オシリスとなった王の前に立つイウンムテフ姿の神官，または神そのものをあらわしている．王は"祝祭"を意味するヒエログリフの上に置かれた玉座に座っている．碑文は，香をたくときの決まり文句を念入りに刻んでいる．

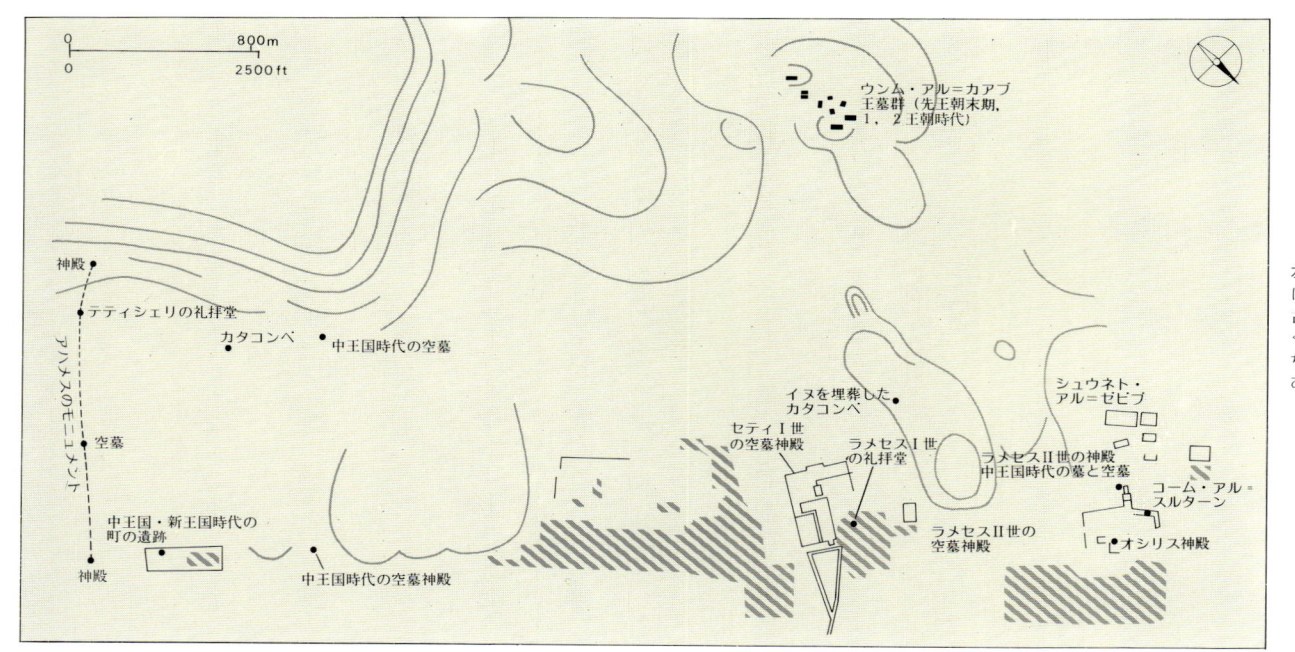

上エジプト北部

左　古代遺跡の地図．遺跡は耕地の端にそって5kmにわたり広がっている．古代の町は氾濫原に築かれていたらしく，北端に集中していて，王や私人たちの葬祭用のモニュメントは南の方にある．

左写真　北西方向より望むラメセスII世の神殿．建物のうち大部分は高さ約2mのところまで残っている．写真手前は，埋葬の場面をほどこした内陣のつづき部屋．そのうしろには，円柱ではなく角柱が並ぶ二つの多柱室と，柱廊玄関がみえる．現在の入口の外側にはさらにもう一つの中庭があって，その中庭の横には礼拝堂，正面には塔門があった．
建物の支柱はかなりの幅をもつ砂岩であるが，浮彫りの刻まれている表面は石灰岩でおおわれている．二つの門は灰色花崗岩製．このように各種の石を組み合わせて建てる工法は，セティI世の神殿でもみられる．

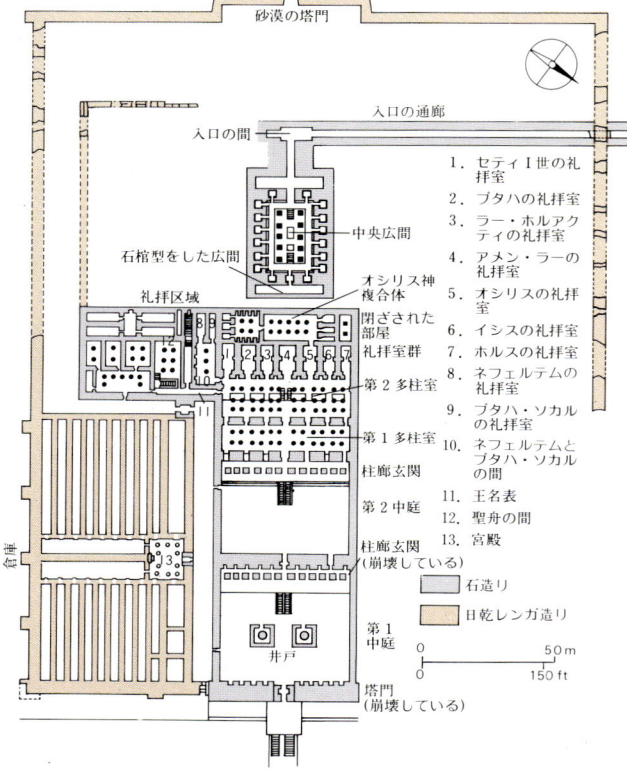

1. セティI世の礼拝室
2. プタハの礼拝室
3. ラー・ホルアクティの礼拝室
4. アメン・ラーの礼拝室
5. オシリスの礼拝室
6. イシスの礼拝室
7. ホルスの礼拝室
8. ネフェルテムの礼拝室
9. プタハ・ソカルの礼拝室
10. ネフェルテムとプタハ・ソカルの間
11. 王名表
12. 聖舟の間
13. 宮殿

初期の王墓

1895年から96年にかけてE・アメリノーはウンム・アル゠カアブ（"壺の母"の意．ここから大量の土器が発見されたので，このようによばれる）で一連の墓を発掘した．墓には初期王朝時代の王たちの名前のある副葬品があった．アメリノーが行った若干不十分な発掘のあと，1900－1年にW・M・フリンダース・ペトリーは同じ場所を再発掘した．1王朝の全部の王と2王朝の2人の王（ペルイブセンとカセケムイ）の遺跡が発見された．墓の上部構造はすでに失われ，付属に埋葬されたものがならぶレンガ敷きのたて穴だけが残っている．発見された遺物の中には，王たちの名前を刻んだりっぱな石造りのステラや，粘土製の印章をはじめ象牙製や黒炭でできたラベル，石製容器の断片や調度類の破片などの小さなものも含まれていた．ジェルの墓はのちにオシリス神自身の墓とみなされ，墓は18王朝やその後の時代に奉納された土器で周囲をとり囲まれていた．

墓地の年代は1王朝のはじめの頃までさかのぼり，先王朝時代の最後の王たちもここに埋葬されたと考えられている．さらに耕地の近くにあるオシリス神殿の神域には初期王朝時代の遺跡がある．これらの遺跡は墓地で，そのまわりには，かつて特定の王たちの葬祭を行うために建てられた仮の建物があったようであるが，いまは何もない．砂漠へ少し入った所にある，がっしりした泥レンガ造りの周壁はシュウネト・アル゠ゼビブとよばれ，この一帯の地域を印象づけるものの一つである．サッカーラにある階段ピラミッドは，この周壁を手本にしたといわれている．北にあるコプトの修道院も，やはり初期王朝時代の巨大な壁の基礎部分に建てられた痕跡が残っている．

町およびオシリス神殿

古代に築かれた壁で囲まれた町の中心に，コーム・アル゠スルターンとよばれる丘がある．この町で最も重要なのは神殿で，最初はケントアメンティウの，そして12王朝時代からはオシリスの神殿となった．この神殿はレンガ造りで，扉のわき柱やまぐさ石といった二，三の場所だけが石造りである．神殿にある石材が極端に少ないのは，ほとんど完全に破壊されているためであろう．発見されたものの中で，最も年代の古いのは，1王朝のはじめのものである．それはアハ王の壺の破片や，人間，動物，さらには爬虫類を型どった石製やファイアンス製の数々の小さな像である．4王朝のクフ（クフ

上エジプト北部

上左 ラメセスⅡ世の神殿，中庭，祝祭の供物の行進の場面から，まるまると太った雄ウシをひく人．雄ウシは，この神殿の荘園で飼育されたもの．右手には，カモシカの頭とそれを連れていく人がみえる．

上右 ラメセスⅡ世の神殿，第1多柱室北壁，供物用食料と神酒を運ぶ一連の場面から，ダンダーラの化身の浮彫り．肉付きのよい体格は豊穣をあらわし，青く彩色された肉体と緑色のかつらは様式化されたもので，象徴的でもある．碑文には，この化身が王であって，"ラメセス王が供物用食料をもって来られた"と記されている（右側の行はつぎの絵の碑文）．上は聖舟を運ぶ神官たちの行進の場面の部分．

の面影を伝える唯一の像，象牙製の小像が発見された）に始まってペピⅡ世までの古王国のほとんどすべての王たちが，発見された遺物の中に認められる．中王国時代には，ネブヘペトラー・メントゥヘテプが現存する神殿に小祠堂を付け加え，それ以降17王朝までの多くの王たちの名が認められる．さらに18王朝時代は，アメンヘテプⅠ世やトトメスⅢ世，アメンヘテプⅢ世らが神殿の再建事業を行い，またラメセス時代の主な王たちの名前がそこにあらわれている．ラメセスⅡ世はこの近くに完全な神殿を建てている．一方，末期王朝時代の王としてはアプリエス，アマシス，ネクタネボⅠ世らが建築活動を行っている．神殿はグレコ・ローマン時代に入っても，その役割を十分に果たしつづけていた．コーム・アル＝スルターンの遺跡がっしりとした泥レンガの壁で囲まれたのは，30王朝のときである．

王の空墓神殿

空墓神殿はそれを建てた王たちの第2の葬祭殿である．ここでは，決まった神々とオシリス神となった死せる王への礼拝がささげられた．センウセルトⅢ世はこの空墓神殿を建てた最初の王として知られている．かれの神殿はコーム・アル＝スルターンの南約3kmのところにある．その場所でセンウセルトⅢ世以外の建物はアハメスと関係があるようだ．建物の中には，王が祖母のテティシェリのために建てたものがある．18王朝のいくつかの神殿は文書から知られているが，いまだにその場所は判明していない．

セティⅠ世の神殿（ストラボンのいう"メムノニウム"）は非常にかわったL字型の構造をしている．しかし，内部の配置は標準的な構造の変形である．神殿には2基の塔門（外側の塔門はほぼ完全になくなっている）や二つの中庭と柱廊玄関があり，そのうしろには二つの多柱室と七つの礼拝室が並んでいる．礼拝室は南側から順に，セティⅠ世，プタハ神，ラー・ホルアクティ神，アメン・ラー神，オシリス神，イシス女神，そしてホルス神にささげられたものである．このうちオシリスの礼拝室は，オシリス崇拝のために建てらた場所へ通じている．ここは神殿の幅いっぱいに建っていて，二つの広間とオシリス，イシス，ホルスの三つの礼拝室が2組ある．この建物で一番かわっている点は，絶対に近づけないように設計された2本の柱のある部屋である．神殿の南側の拡張部分には，メンフィスの神であるネフェルテムとプタハ＝ソカルの礼拝を行う部屋がある．さらに通廊には，セティⅠ世とラメセスⅡ世が投げ縄で雄ウシを捕まえている素晴らしい浮彫りがあり，この反対側には，数少ないエジプトの王名表の一つが残る部屋があり，王室の祖先崇拝に使われていた．通廊からは一対の貯蔵室へいける．この拡張部の前には倉庫を備えたレンガ造りの宮殿があって，そこは王が祭礼の期間中滞在したときに使用されたらしい．

セティⅠ世が完成した神殿の内陣にある浮彫りのできは格別である．第1多柱室のある外側の部分はラメセスⅡ世が仕上げたが，中には父の作品の上に自分の浮彫りをかさねている所もみられる．

セティⅠ世の神殿の背後に，神殿と同一軸線上に空墓がつくられている．空墓のプランと装飾（メルネプタハが主に仕上げた）は，ともに王墓と似ている．ここへは北側から長い傾斜路が通じている．主な部屋は，島をまねてこしらえてある広間と，石棺に似せてつくられた天体天井のある部屋である．島の形をした広間はその中心を吹き抜けにして，まわりの部分だけを大きな花崗岩の軒縁でおおっていた．これは太古の水の流れ（島は地面を水にみたててとり囲まれている）を再現したもので，その中央に位置する原始の堅牢な丘の上では，オシリスの復活を象徴するオオムギが芽を出すのである．

ラメセスⅡ世は父の神殿の北西に自分の小神殿を建てた．ここの浮彫りはそのすばらしい色彩をとどめていることで注目に価する．ただし，それは太陽の光を十分にうけないとみられないかもしれない．神殿の構造はマディーナト・ハーブーの神殿の構造と非常に似ている．

上エジプト北部

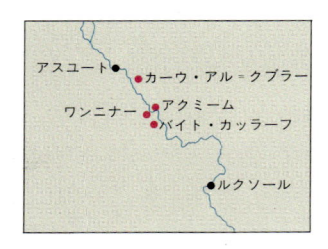

バイト・カッラーフ

　アビュドスの北西約20kmのバイト・カッラーフ村の近くで，レンガ造りの大きなマスタバが5基（そのうちK.1の大きさは85×45m）発見された．そこからはザネケトとネチェルケト（ジェセル）の名前のある粘土製の印章もみつかっている．これらの墓は，3王朝時代初期にティニテ地方を治めていた者たちのためにつくられたものと考えられている．

アクミーム

　ナイル川東岸にあるアクミーム（古代エジプト語ではイプあるいはケント・ミン，コプト語ではクミンあるいはシミンとよばれ，そこでギリシア語ではケムミスといわれて現在の名前に至っている）は，上エジプト第9州の中心地として重要な地位を占め，隆盛をきわめていた．しかし，往時の栄光を今日にとどめているものはほとんどなく，町には何も残っていない．諸神殿はほぼ完全にといってよいほどバラバラに分解されて，中世の時代には，その建材が近隣の村々で再利用された．古代のアクミームの広大な墓地は，いまだに組織的な発掘調査が行われていない．

　アクミームの北東のアル゠サルムーニーには，この地方の神であるミンにささげられた岩窟礼拝堂がある．ギリシア人たちはミンとパンを同一の神とみなしていたので，古典古代の時代にアクミームの町には別名パノポリスという名前がつけられた．礼拝堂はトトメスIII世が岩を刻んでつくらせたものらしい．さらに，アイの時代には"ミン神の第1予言者"であったナクトミンが礼拝堂を飾った．浮彫りにはもろもろの神を前にしたアイとその妻ティエが描かれている．そしてこの約千年後には，"ミン神の神官長"であったハルマケルが，ときの王であったプトレマイオスII世フィラデルフスの浮彫りを礼拝堂に加えた．現在のアクミームの町の西には，かつ

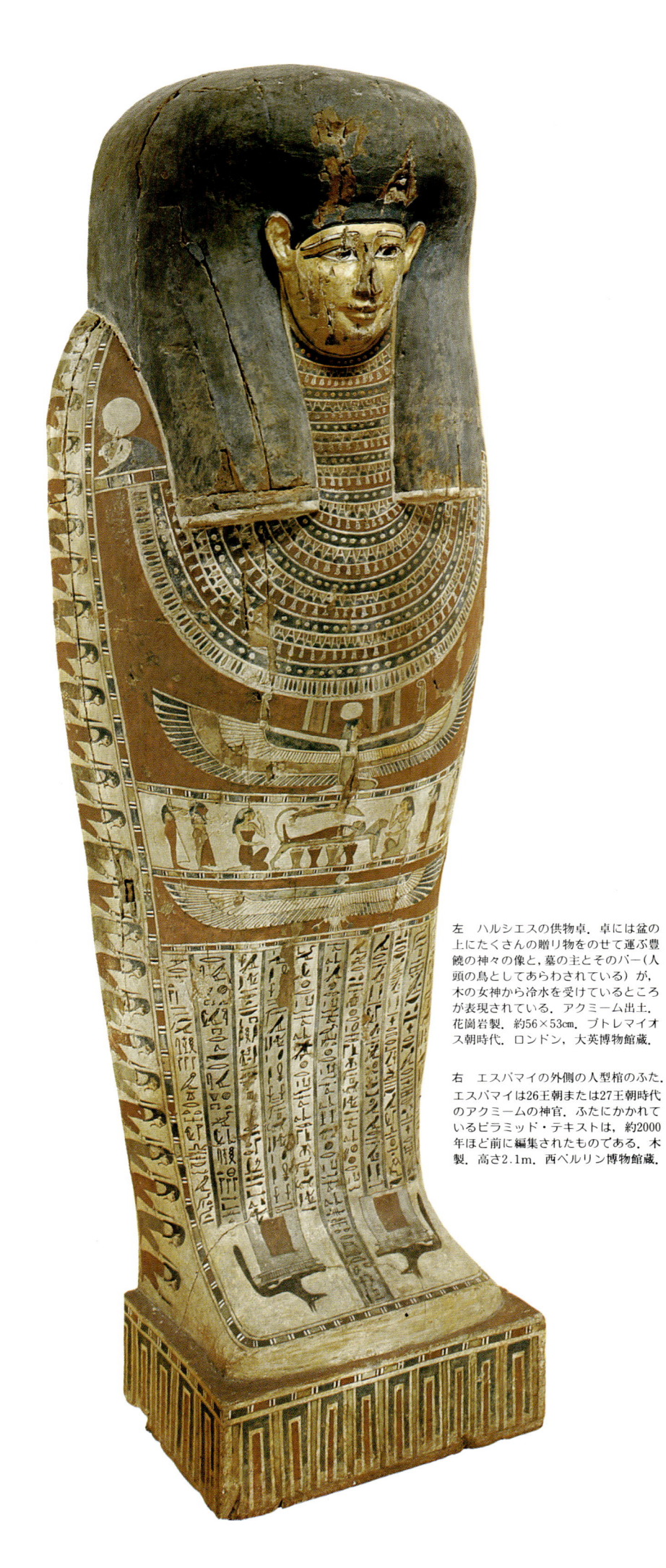

左　ハルシエスの供物卓．卓には盆の上にたくさんの贈り物をのせて運ぶ豊饒の神々の像と，墓の主とそのバー（人頭の鳥としてあらわされている）が，木の女神から冷水を受けているところが表現されている．アクミーム出土．花崗岩製．約56×53cm．プトレマイオス朝時代．ロンドン，大英博物館蔵．

右　エスパマイの外側の人型棺のふた．エスパマイは26王朝または27王朝時代のアクミームの神官．ふたにかかれているピラミッド・テキストは，約2000年ほど前に編集されたものである．木製．高さ2.1m．西ベルリン博物館蔵．

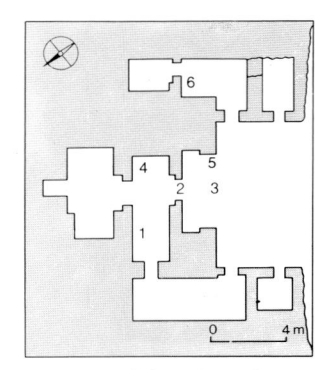

上エジプト北部

1. 2段：ミン神をはじめそのほかの神々を前にしたプトレマイオスII世フィラデルフス．
2. 戸口の上：ミン神そのほかの神々を前にしたアイと王妃テイ．
3. 戸口の上：ミン神とハトホル女神やホルス神とメヒト神を前にしたアイと王妃テイ．
4. ミン神を前にしたトトメスIII世．
5. アメン・ラー神を前にしたトトメスIII世．
6. 神々の前のトトメスIII世．

上 アクミームの近くにあるミンの岩窟礼拝堂．

右 予言者シェベン＝ミンの石灰岩でつくられた棺のふた．シェベン＝ミンはヘブレンブウとタシェネト＝ミンの息子で，プトレマイオス朝時代の人物らしい．神々の名を含んだ名前は，石棺の出所を十分に証明するものである．そしてこの場合，棺の主とその母親の名前はともに，この地方の神であるミンと結びついている．高さ1.8m．コペンハーゲン，ニー・カールスベルク彫刻館蔵．

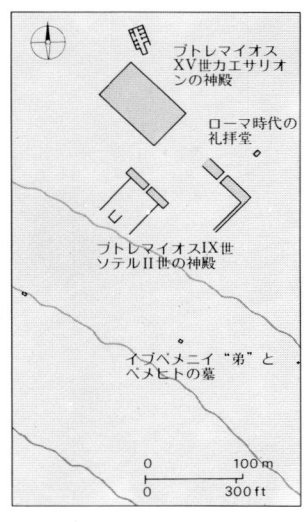

ワンニナー．

右 イブの像頭部．イブはおそらくセンウセルトIII世時代の人物．カーウ・アル＝クブラーのかれの墓より出土したもの．石灰岩に彩色．高さ25cm．トリノ，エジプト博物館蔵．

ワンニナー

アクミームの南西約10kmのワンニナーには，プトレマイオスXV世カエサリオンがトゥリフィス（レピト）女神のために建てた神殿（古代のフト＝レピト．ギリシア語ではアトゥリビスといわれた）の遺跡がある．さらにその南には，これよりもやや時代の早いプトレマイオスIX世ソテルII世の神殿がある．近くにある墓のうち1基は，後2世紀末のイブペメニイ兄弟の"弟"とペメヒトの墓で，その天井には獣帯図が二つ描かれている．

カーウ・アル＝クブラー

現在のカーウ・アル＝クブラー（カビール）の村（古代はジェブ，のちにジェウ・カといわれた．グレコ・ローマン時代のアンタエオポリス）には，12王朝の上エジプト第10州の役人たちが建てた広いテラス状になっている葬祭複合体がいくつかある．これらの建物は，中王国時代における個人の葬祭用建築物としてはその頂点に位置するものである．ここではナイル川流域から伸びている参道が，部分的には岩の中につくられている一連の中庭や広間に通じている．さらに礼拝堂の一番奥の部屋と玄室とは下降通路で結ばれている．

上記以外の時代の墓地もこの近くで発見されている．ナイル川の近くにたっていたプトレマイオス朝時代の神殿（おそらくプトレマイオスIV世フィロパトールの神殿でプトレマイオスVI世フィロメトールとマルクス・アウレリウス帝の時代に拡張，修復された）は，19世紀前半に壊されてしまった．

て二つの神殿が建っていた．それらはミン（パン）神とレピト（トゥリフィス）女神のために建てられたもので，女神はミン神の妻であるとみなされていた．両神殿は明らかにグレコ・ローマン時代に創建されたものであるが，それよりも若干古い時代のブロックもみつかっている．しかし，それらのブロックがこの両神殿のものか，あるいはまた再利用されたブロックであるかは明らかでない．

アクミームの北東に位置するアル＝ハワーウィーシュと，それよりさらに約3km北にいったアル＝サルムーニーは，いろいろな時代の岩窟墓が7，8群あることで知られている．アル＝サルムーニーのグレコ・ローマン時代の墓の天井は，彩色された円形の獣帯図で飾られている．またアル＝ハワーウィーシュにある数基の墓は，古王国末期と中王国初期の時代に，パノポリス州の役人をつとめた人々のものである．

現在各地の博物館の収蔵品として知られる数々の遺跡の中でも，とくに石碑と木棺の類は，それらの遺物が発見されたときの正確な事情は明らかでないが，アクミームから出土したものだと思われる．

中部エジプト

中部エジプトの岩窟墓では木製の舟の模型がよく発見される．これはバニー・ハサンでみつかった帆船．12王朝．長さ71.5cm．オックスフォード，アシュモレアン博物館蔵．

　"中部エジプト"という言葉は，アスユート（アシュート）とメンフィスとの間の地域を指す用語である．そこで慣用的に使われている"上エジプト北部"という用語と多少の混乱をきたす．しかし，中部エジプトと上エジプト北部の範囲は地理的に十分区別できるし，歴史的にも重要である．アスユートは，第1中間期にはヘラクレオポリスの王国の力がおよぶ最南端の地域となった．南と北の行政区域の境界は，新王国時代末までこのアスユートの近くに置かれていた．

　中部エジプトを特徴づけるものは，砂漠台地の端にある崖を掘ってつくった，古王国末期や第1中間期のこの地方の人々の墓である．イフナースヤ・アル＝マディーナには，ヘラクレオポリス朝の支配者たちの邸宅が建てられていた．12王朝時代になると，首都はここよりもさらに北のアル＝リシュトに近いイトゥジャウィに置かれた．ファイユーム地方は中王国時代に重視されるようになり，その重要性はのちのちまで失われなかった．

　アル＝アマールナには18王朝時代に数年間だが王宮が築かれた．第3中間期と末期王朝時代には中部エジプトが，デルタ地帯と南の地方との境界の地であった．この地域は古代末期に栄え，オアシス地方との交易も大々的に行われていた．南の地方にある同時代の遺跡に比べれば，中部エジプトで目にする遺跡は，規模が小さくて見劣りするが，この地域の多くの神殿は，中部エジプトの町々が再び活気をとり戻したことを証明している．

地名一覧（地図左側の説明）

アスユート
第1中間期と中王国の墳墓。

ディール・アル＝ジャブラーウィー（ガブラーウィー）
6王朝の州知事の墳墓。

ミール
6，12王朝の州知事の墳墓。

アル＝アマルナ
アケトアテン（アクエンアテンの首都）
都市遺跡、王宮跡、神殿跡、住居跡、そして王家、貴族高官の墓がある。

アル＝シャイク・サイード
6王朝の州知事の墓。

ディール・アル＝バルシャー
12王朝の州知事の岩窟墳墓。

アル＝アシュムーナイン
12王朝とラメセス期のトト神殿、末期の神殿をともなう都市遺跡、ローマ末期のバシリカ（長方形の会堂）。

トゥーナー・アル＝ジャバル（ガバル）
アクエンアテンの境界石碑、イビスとヒヒの地下墳墓、ペトゥオシリスの墓、グレコ・エジプトの死の町。

アル＝シャイク・イバーダ
アンティノポリス遺跡、ラメセスII世初期の神殿がある。

バニー・ハサンとスペオス・アルテミデス
11，12王朝の州知事の岩窟墳墓。スペオス・アルテミデスのハトシェプスト女王建造のパクヘト岩窟神殿。

ザーウィヤト・アル＝アムワート
階段ピラミッド、古王国末期の岩窟墳墓。

ティフナ・アル＝ジャバル（ガバル）
古王国の岩窟墳墓、グレコ・ローマ期の3神殿と大墓地。

アル＝バフナサ
オクスィリンクス都市遺跡、数千点のギリシア語パピルスが発見されたところ。

アル＝ヒーバ
シェシェンクI世神殿。

ディシャーシャ
古王国末期の墳墓。

イフナースヤ・アル＝マディーナ
12王朝とその後のハルサフィス神殿、第1中間期の墳墓。
コーム・アル＝アカリブのラメセスII世神殿。
スィドゥマント・アル＝ジャバル（ガバル）の第1中間期からグレコ・ローマン期までの墳墓。

コーム・マディーナト・アル＝グラブ
トトメスIII世神殿、アメンヘテプIII世王宮、都市と共同墓地。

アル＝ラーフーン
センウセルトII世のピラミッド複合体と都市、全時代にわたるマスタバと墳墓。

ファイユーム
グレコ・ローマン期を中心とする神殿と村。
ハウワーラのピラミッド（アメンエムハトIII世）、サイラのピラミッド（3王朝）。

マイドゥーム
最初の真正ピラミッド（フニ／スネフル）。
4王朝初期のマスタバ。

アル＝リシュト
アメンエムハトI世とセンウセルトI世のピラミッド。
上記2王と同時代の墳墓。

凡例

━━━	主要道路
━━━	道
━┼━	主要鉄道
Ⓐ	空港
	バニー・スウィフ 主要都市
□	ビバー 村
●	アル＝カーブ 特徴ある遺跡
△	サイラ ピラミッド
	ダーラ その他の遺跡
◈	ギータ 遺跡のある村

ファークース　現在の地名
タニス　ギリシア語の地名
イメト　古代エジプトの地名
ピトム　聖書による地名

縮尺　1：1 000 000

0　　10　　20　　40 km
0　　10　　20 mi

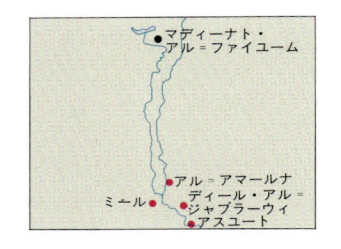

中部エジプト

40人の兵士の集団，模型．兵士たちは槍と盾で武装している．アスユートのメセフティの墓出土，12王朝頃．木製彩色．長さ1.93m．カイロ，エジプト博物館蔵．

アスユート（アシュート）

アスユート（アシュート）（古代エジプト語ではサウティ）は上エジプト第13州の州都であった．さらにここはエジプトの歴史を通じて，戦略的に重要な地点として確保されていた．その理由は，この場所ではリビア砂漠が耕地を浸食してナイル川流域を狭め，戦略的に有利な条件をつくりだしており，またこの町がアル＝カールガ・オアシスや，それよりもさらに南へ向かうダルブ・アル＝アルバイーン隊商路の起点であったからである．

アスユートの町とその祠堂（中でもこの地方のオオカミの神であるウプワウトの神殿）は，エジプト語の文書の中にしばしばでてくるが，いままでに実際にみつかっている遺跡はもっぱら，現在の町の西にあるアスユートの墓地に関係したものばかりである．その中でも最も重要な墓は9，10王朝と12王朝時代の墓で，ラメセス時代の墓も2基（シェセとアメンヘテプの墓）発見されている．

第1中間期には，"リコポリス州の偉大な支配者"であるケティⅠ世とイテフイビ，ケティⅡ世の3人が，ヘラクレオポリス朝の王たちの忠実な味方であって，この州がヘラクレオポリス朝の支配のおよぶ最南端となっていた．さらにアスユートでみつかった伝記体の文書は，"南の諸州（つまり11王朝のこと）"との戦いの歴史を伝えてくれる貴重なものである．この戦いで結局最後に勝利をおさめたテーベは，今度は逆に12王朝の州の役人たち，ジェフアイピⅠ─Ⅲ世の地位を襲った．これらの墓は，前の時代の高度な芸術的水準を保っていた．

ディール・アル＝ジャブラーウィー

6王朝時代，上エジプト第12州の有力な州知事たちは，現在のディール・アル＝ジャブラーウィー村の近くにある二つのグループの岩窟墓に埋葬された．これらの州知事の中には，"アビュドス州の偉大な支配者"という称号もあわせてもっている人が数人いることから，かれらが，南は第8州（アビュドス）から北は第12州，または13州に至る広大な地域を治めていたことがわかる．

州知事の1人イビの墓に描かれていた装飾の中のいくつかが，1600年後のプサメティコスⅠ世の時代に，テーベにある同名の人物の墓（36号墓）に模写されたことは驚くべきことである．

ミール

ナイル西岸のアル＝クースィーヤには，ここがかつて上エジプト第14州の中心地であった古代のキス（クサエ）の跡であることを示すものは何もない．アル＝クースィーヤの西約7kmの地点にはミールの村がある．ミールという名前は，村よりさらに西の砂漠台地へとつづくなだらかな傾斜地にある，7，8群の墓につけられた名前でもある．

岩窟墓の中で最も重要な墓は，6王朝および12王朝時代にこの州を統括していた人々のものである．ある人物からその息子あるいは弟へと，世襲の職が引き継がれていったので，両時代ともに墓の順序が乱れてはいない．このことは，たいへんに興味深いことである．墓の装飾は一般に浮彫りで仕上げられた．

たとえば，アメンエムハトⅠ世時代のセンビのB.1墓にある砂漠での狩猟の場面のように，驚くほど生き生きとした場

"ウィリアム"といわれる青色ファイアンス製のカバ．カバの体は水生植物で飾られている．この像はミールのセンビの墓（B.3）で発見されたもの．センウセルトⅠ世─アメンエムハトⅡ世時代．高さ11.5cm．ニューヨーク，メトロポリタン美術館蔵．

中部エジプト

面が，12王朝の職人たちによってつくりだされた．しかし，これらの中で一番最後につくられたワク＝ヘテプの墓(C.1)では，壁面に彩色がほどこされているだけである．

ミールは過去に行われた盗掘で多大の損害をこうむった．一方，20世紀前半にこの地で発掘を行った考古学者の中で，最もすぐれた業績をあげたのは，アイルワード・M・ブラックマンであった．

アル＝アマールナ（テル・エル・アマルナ）

アル＝アマールナ（同じくテル・エル・アマルナともいわれる）は，古代エジプト語ではアケトアテン（"太陽円盤の地平線"の意）といわれ，短い間だがエジプトの首都であった．またここにはアクエンアテン王の治世の大部分の間，王宮が置かれ，当時導入された新しい国家宗教の中心地でもあった．アル＝アマールナはかなり重要な部分まで発掘することができた数少ないエジプトの町の一つである．町は，建設後15年あまりで放置されてしまったが，その後ここには引きつづいて人々が住まなかったために，破壊をまぬがれたのである．町の配列や建築はかなり詳しく研究されている．アクエンアテンは民衆やその神々が以前に存在しなかった処女地に町を建設した．しかし，ナイルの東岸，ジャバル・アブー・フェーダの主峰の北に位置し，かなり広大な崖に囲まれている土地を，アクエンアテンが選んだ本当の理由が何であったかはわからない．最近，この土地の眺望が大きな"地平線"の神聖文字 ☼ に似ているという提示がされているが，これもその理由の一つかも知れない．

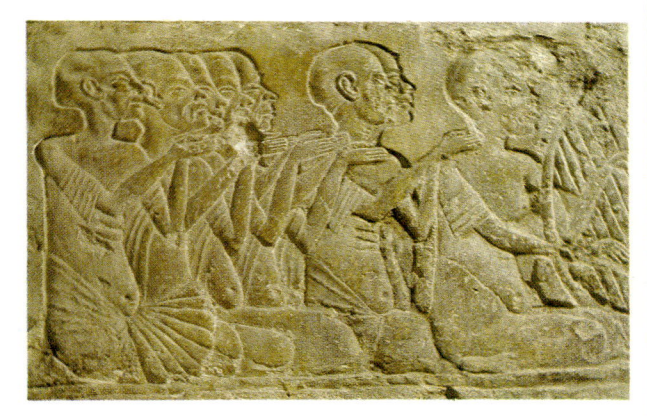

アケトアテンの境界はこの地域をとり囲むようにして，ナイル川の両岸に建てられた一連の石碑によって限定された．西岸のトゥーナー・アル＝ジャバル（ガバル）には，最も北に建てられた石碑（石碑A）があり，一方，東岸のアケトアテンはアル＝シャイク・サイードの墓の近く（石碑X）まで広がっていた．

アル＝アマールナは数々の有名な美術作品をうみ出しているにもかかわらず，この地を訪れる人々は，そこに何一つ建物が建っていないので失望してしまう．町が見捨てられた後まもなくして略奪が始まり，近隣の建設現場，とりわけアル＝アシュムーナインに略奪した石材が運ばれた．

ナイル川沿いの一帯は別として，アル＝アマールナの平野

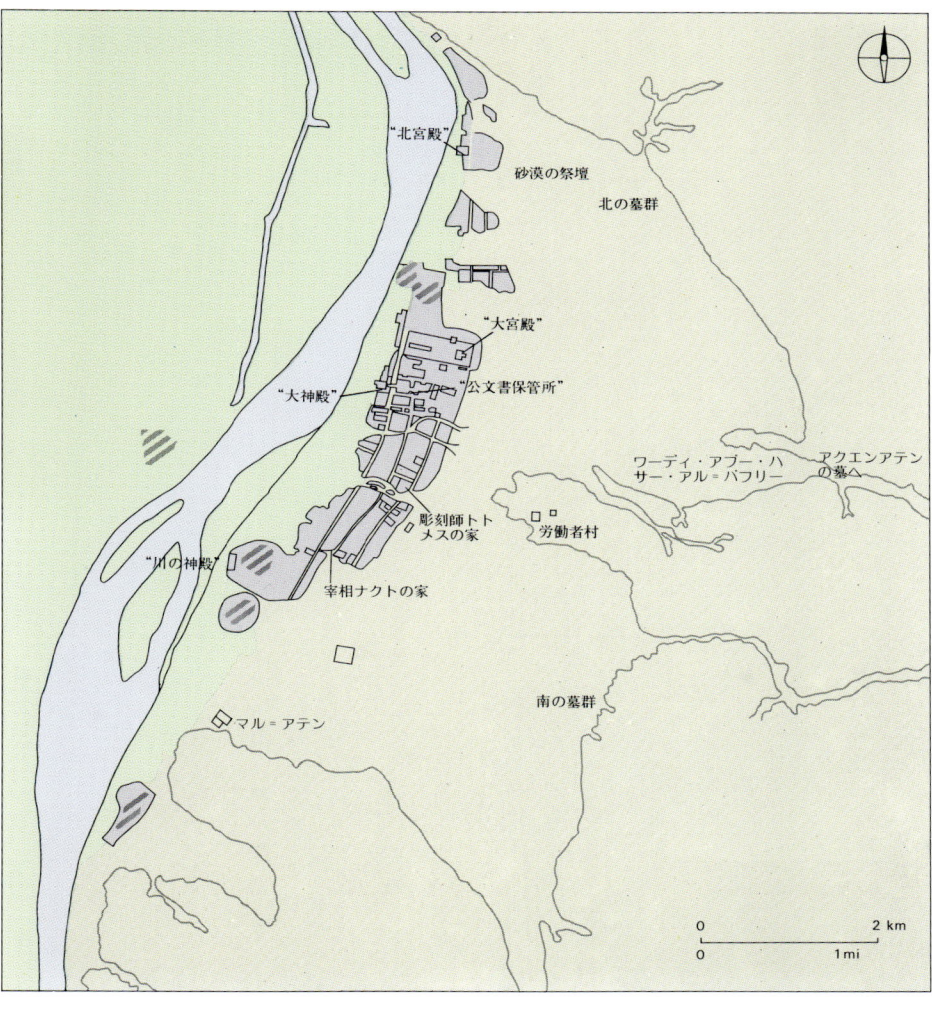

左　ウェク＝ヘテプ（ミールのC.1号墓の主）と2人の妻，そして小さな娘の像．妻の名前はケネムヘテブとネブカウである．花崗岩製．高さ37cm．センウセルトII世またはIII世の時代．ボストン（マサチューセッツ），ボストン美術館蔵．

下左　盲目の歌い手たち．アクエンアテンと家族が，アテン神にささげものをしている大きな場面の下にある小群の浮彫りの一つ．アル＝アマールナのメリラーI世の墓（4号墓），柱の間の南壁東側にある．

中部エジプト

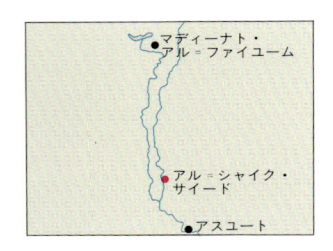

をとりまくように崖がめぐっていて，崖はところどころワーディでとぎれている．平野は長さ約10km，奥行きが5kmくらいあって，町自体はこのうちナイル川に一番近い部分を占めているにすぎない．町で最も重要な中心部には，"大神殿"として知られる"ペル＝アテン＝エム＝アケトアテン"（"アケトアテンのアテン神殿"のこと）と官庁舎の"大宮殿"があった．この"大宮殿"を構成していた主な建物は，つぎにあげる三つである．（1）"儀式用大広間"．一つづきになった中庭と列柱室からなり，石造りの建物である．（2）"後宮"．召使いの部屋が隣接している．（3）いわゆる"戴冠の間"．アクエンアテンの私的な住まいは"大宮殿"から道を隔てた向かい側にあり，"大宮殿"とは橋で結ばれていた．近くには"公文書保管所"があって，1887年には，ここから楔形文字で書かれた外交書簡（"アマールナ文書"）が発見された．これらの書簡はアメンヘテプⅢ世やアクエンアテン，さらにはトゥトアンクアメンと，パレスティナやシリア，メソポタミア，小アジアの地方の支配者や君侯たちとの間で交わされたものである．アル＝アマールナではこのように公的な建物が集合して建っていて，そのまわりに個人の住宅や工房，彫刻師のアトリエなどが南北両側に分かれて建っていた．住宅のうち多くはその家主の名前が，発掘の際にみつかった碑文のある建材から判明している（彫刻師トトメスや大臣ナクト，そのほかの人々の名前）．

アマールナの平野の南端近くにマル＝アテンがあった．マル＝アテンは一群の建物で構成されていて，池や丘の上に建つ小聖堂，花壇があって，そこは彩色された床で飾られていた．一方，この平野の北端には"北宮殿"があって，ここはもう一つの王宮であったらしい．けれどもアル＝アマールナの建物の中には，その正確な用途に関していまだに推測の域を脱していないものがある．

アル＝アマールナの役人たちは，平野をとりまく崖に自分たちの墓をつくった．テーベやサッカーラを別にすれば，ここアル＝アマールナは，新王国時代の重要な墓地がある唯一の場所である．墓は大きく2群に分けられ，その構造は18王朝時代のテーベの墓と似ている．その構造はつぎのようである．（1）外庭．（2），（3）細長い部屋と横広の部屋．これ

左　ネフェルティティの胸像．ネフェルティティは彼女独特のウラエウス（聖蛇）のついた冠をかぶっている．像は1912年のドイツ隊によるアル＝アマールナの発掘の際に，彫刻師トトメスのアトリエから他の多くの作品とともに発見された．石灰岩に彩色．高さ48cm．西ベルリン博物館蔵．

上　アクエンアトンの2人の幼い娘たち，ネフェルネフェルアテン＝タシェリトとネフェルネフェルラー．王の私的な宮殿から発見された絵画．この絵は，アクエンアテンの家族全員が描かれている，より大きな場面の一部である（右側の王女の頭のそばには，椅子に腰かけているネフェルティティの足のかかとの部分がみえる）．オックスフォード，アシュモレアン博物館蔵．

中部エジプト

左 ネフェルティティと思われる女性像の断片．像はアマールナ時代の女性の身体をきわめて繊細に表現した習作の一つである．同様のものとしては，ロンドンのユニバーシティ・カレッジのペトリー・コレクションやオックスフォードのアシュモレアン博物館に収蔵されている一部が欠けた王女の彫像がある．赤色珪岩製．高さ29cm．パリ，ルーブル美術館．

下 "タラタート" とよばれるブロック．これはアクエンアテンの建てた建物で使用された特徴のある建材のことである．写真はオリーブの枝を握る王の手と，臣従の礼をつくして地面にキスをする供の者．ニューヨーク，Schimmel collection.

らの部屋にはときどき円柱が建っている．（4）彫像を納める壁がん．また墓は沈刻浮彫りの装飾がほどこされている．墓の年代は，そこに表現されているアマールナ芸術の新しい題材と，新しい芸術上のしきたりによって知ることができる．しかし，実際に使われた墓がこのうち何基くらいあったかということに関しては，はっきりしていない．それは，何人かの墓のもち主は，アル＝アマールナへ移る前かあるいは移った後で，よその場所にまた別の墓を用意したからである．南群にある25号墓はアイのために準備された墓であるが，のちに18王朝の最後から2人目の王となったこの人物は，テーベの王家の谷の墓（23号墓）に埋葬されている．

アクエンアテンは自分の家族の墓をつくる場所に，川幅の広いワーディ・アブー・ハサー・アル＝バフリーの河口から約6km上流の峡谷を選んだ．

アル＝シャイク・サイード

6王朝時代に"野ウサギ州"（上エジプト第15州）を治めていた人々の岩窟墓が険しい崖に刻まれている．遺跡の名前は，この地に葬られたイスラム教の聖者の名前にちなんでつけられた．第15州の州都だったアル＝アシュムーナインに同時代の遺跡がないことから，当地の岩窟墓は非常に貴重である．

中部エジプト

ディール・アル＝バルシャー

　マッラウィの町の真向かいのナイル東岸にワーディ・アル＝ナクラとよばれる谷がある．谷は崖を押し分けて南東の方向へ走っている．ここは，いろいろな時代に石灰岩の石切場として利用されたが，それは別にしても谷には多くの岩窟墓がある．

　この中には，12王朝時代に上エジプト第15州の州知事をつとめた人物の墓が何基かあるが，これよりも少し年代が早いと思われる墓も数基ある．ディール・アル＝バルシャー（ベルシャ）という名前は，その遺跡で有名であるが，ワーディの西にある村の名前からきている．

　墓の中でも最も壮観なのは，ジュフティヘテプという名の"野ウサギ州の偉大な支配者"のものである．かれはアメンエムハトII世，センウセルトII世，センウセルトIII世の時代の人物である．

　礼拝堂は2本のヤシ柱がある，奥深い柱廊玄関をもち，内陣の背後には壁がんがつくられている．装飾は非常に浅い浮彫りで仕上げられているが，浮彫りがなく彩色だけがほどこされている場所もある．内陣の西側の壁には，ハトヌブのアラバスターの石切場から巨像を運搬する，有名な場面が描かれている．

　バルシャーの墓は，1891年から1893年にかけて行われたエジプト調査基金の調査隊（P・E・ニューベリーら）や，1915年のハーバード大学とボストン美術館の合同隊（G・A・ライスナーら）によって発掘された．

アル＝アシュムーナイン

　アル＝アシュムーナインは，古代エジプト語でクムン（"8の町"）といわれた．この名は，天地創造前の世界を代表していた8柱の神々（八つの組）にちなんでつけられたもので，ギリシア語ではヘルメス神（エジプトのトト神）にちなんで，町はヘルモポリスとよばれた．ここは上エジプト第15州の州都で，病気治療と知恵の神であり，書記たちの保護者であったトト神の主要な霊場でもあった．アル＝アシュムーナインでは古い時代の遺跡がまったく発見されていないが，これはおそらく，偶然におこった自然災害の結果であろう．遺跡はナイル川流域の，幅が広く肥沃な土地にある．いまではすっかり荒れ果ててしまっているが，荒石の上に建てられた神殿の一部が多少残っている．このような中で，初期キリスト教の教会堂のあるローマ時代のアゴラだけが比較的保存状態がよい．アゴラや教会堂は，古代末期にこの町がたいへん栄えたことの証でもある．

上　ワーディ・アル＝ナクラ．

下　ディール・アル＝バルシャーのジュフティヘテプの墓の壁画（ジョン・ガードナー・ウィルキンソンが1856年以前に行った模写）．

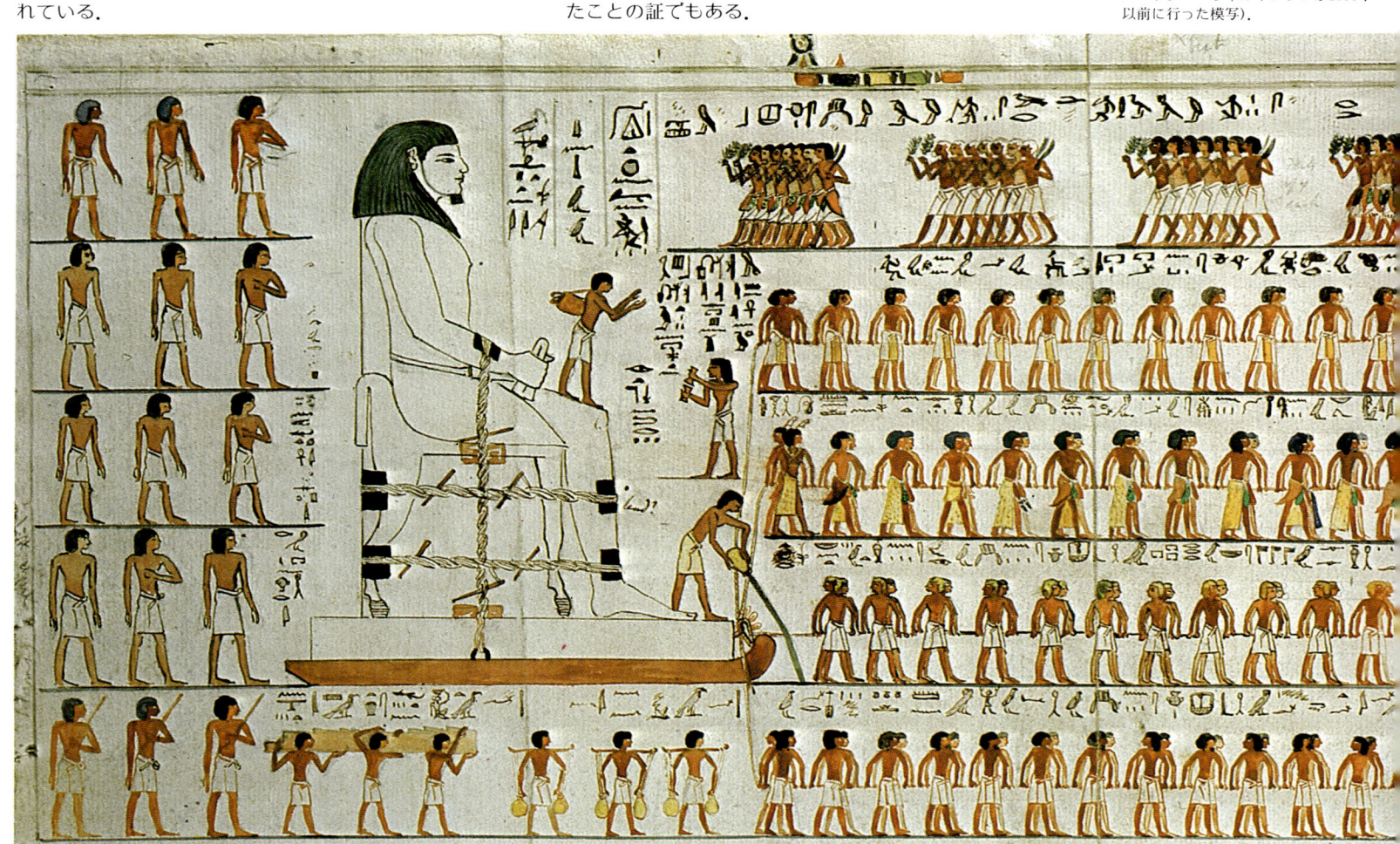

中部エジプト

下　ローマ時代後期のバシリカの円柱．花崗岩製．これはエジプトに建設された大規模なバシリカ建築の中で唯一残っているもの．アル＝アシュムーナイン．

エジプト本来の遺跡は，1820年まで残っていた．遺跡はトト神殿の多柱室にあった2列の柱で，アレクサンダー大王とフィリップ・アルヒダエウス帝の時代のものである．トト神殿の南約200mのところには，これより古いラメセスⅡ世の塔門が1基ある．塔門の基礎が，アル＝アマールナのアクエンアテンの諸神殿からはがしてきた1500個以上ものブロックでつくられていることが，1929-39年にかけてのギュンター・ローダー指揮によるドイツ隊の発掘でわかった．このほかに現在みることのできる王朝時代のモニュメントは，アメンエムハトⅡ世の神殿入口と，セティⅡ世の浮彫りがある19王朝時代のアメン神殿の第1塔門である．これらの建物はすべて町の聖域内にあって，まわりを30王朝の泥レンガ製の周壁がとり囲んでいた．

グレコ・ローマン時代にこの町が繁栄したのは，農業とトト神の威光による．トト神は，エジプト人と同じくギリシア人にもヘルメス・トゥリスメジストス（"3倍も偉大なるヘルメス"）として崇拝されて，ヘルメス全集の魔術の書を書いた神であるとされている．ヘルモポリスとトゥーナー・アル＝ジャバルは，ギリシア人やエジプト人たちの巡礼の中心地となった．

トゥーナー・アル＝ジャバル

トゥーナー・アル＝ジャバル（ガバル）の遺跡は，アル＝アシュムーナインの西7kmにある砂漠に沿って，約3kmにわたって点在している．アクエンアテンが建てた1本の境界碑は最も古い遺跡であって，一連の境界碑の中では一番近づきやすいものの一つである．これは一群となった6本の境界碑の中の，北西にある碑（石碑A）で，その碑文には，これらの境界碑が背後にひかえる農耕地をも含めたアル＝アマールナの境界をしるす，と書かれている．遺跡は急斜面を少し登った所にある岩窟の"祠堂"で，その横に非常にぼろぼろになった碑文が記されたこの石碑が立っている．石碑の頂上には，太陽円盤を崇拝する王夫妻を描いた浮彫りがほどこされている．また石碑の横には王と王妃の像が2組，やはり岩に刻まれている．両人の手はそれぞれちがった動きをみせていて，それは神を崇拝する様子とささげものをするしぐさらしい．この2組の像には，それよりもはるかに小さい王女たちの像がついている．

南にはさらに年代の新しいアル＝アシュムーナインの墓地がある．ここから発見された遺物で一番古いものは，前5世紀のアラム語のパピルスである．ペルシア占領時代に記されたこれらの行政文書は，イビスやヒヒを埋葬したカタコンベの壺の中におさめられていた．このカタコンベは墓地の大部分を占めていて，その中にはペルシアの王ダリウスⅠ世時代のヒヒの石棺もあった．カタコンベから出土した遺物のほとんどはグレコ・ローマン時代のもので，精選された土器類や青銅製の小像，ミイラである．現在，遺物は近くのマッラウィの町の博物館に展示されている．イビスとヒヒは，アル＝アシュムーナインの神であるトトの主要な聖獣である．

墓地にはただ一つしかないと思われる，フィリップ・アル

上　ラメセス時代の神官の小像．方解石製．神官はヒョウの毛皮をまとい，首のまわりにはヒヒがしがみついている．この人物はアル＝アシュムーナインのトト神殿に，1匹のヒヒを奉納したらしい．オックスフォード，アシュモレアン博物館蔵．

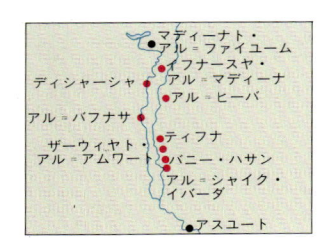

中部エジプト

バニー・ハサン（ベニ・ハッサン）と スペオス・アルテミドス

　バニー・ハサンはアル＝ミニヤの南約23kmのナイルの東岸にある．ここはアスユートーメンフィス間で最も重要な，そして最も豊富な知識を与えてくれる，中王国時代の地方の墓地があるところである．バニー・ハサンには39基の大きな岩窟墓があって，そのうち少なくとも8基は，11王朝末から12王朝はじめにかけての"大カモシカ州（上エジプト第16州）の偉大な支配者"たちの墓である．

　この称号をもっていた最後の人物，アメンエムハトの墓（2号墓）には，センウセルトⅠ世の治世"第43年，洪水期の第2月，15日"の日付のある伝記体の文書が書かれている．かれの後継者であるクヌムヘテプⅡ世（13号墓）とクヌムヘテプⅢ世（3号墓）の2人の墓では，副葬品などの物質的な財宝の量がすぐにわかるほどの減小はしていないが，12王朝の初期の王たちが徐々に築き上げていった中央集権体制は，結局は中部エジプト全体の州知事一門の絆を断ち切ってしまい，大きな岩窟墓も建設されなくなった．一番最後につくられた墓のプランは，（1）2本の柱のある柱廊玄関をもつ外庭，（2）4本の多角形の柱がある矩形の主室，（3）彫像をおさめる壁がんで構成されている．装飾は現在急速に悪くなってきているが，すみからすみまで彩色されていて，たとえば包囲攻撃の場面のような軍事行動の絵はたいへんすばらしい．これらの墓の下にはさらに規模の小さい墓があって，中には6王朝時代にまでさかのぼる墓もある．

　バニー・ハサンの南にはスペオス・アルテミドス（地元ではイスタブル・アンタルとして知られる）がある．これはハトシェプスト女王が，当地のライオンの女神パクヘトのために建てた岩窟神殿である．その軒縁には長文の奉納文書が刻まれていて，中にはヒクソスを公然と非難した有名な文が書かれている．

左　トゥーナー・アル＝ジャバルの埋葬の"家"21号にあるギリシア・エジプト混合様式で描かれた絵画．後2世紀頃のもの．最下段の装飾パネルを除けば，絵画のモチーフはエジプト風であり，ヒエログリフもわかりやすく書かれている．上段：ホルス神とトト神が死者である女性に灌奠の水を注いでいるところ．死者はギリシア様式で描かれ，右側にはやせ衰えた肉体をした彼女の"影"が黒色で象徴的にあらわされている．下段："西方の女主人"，アトム神，さらにほかの2神が建物の入口に向かって礼拝している像．

右　ハルサフェス神の黄金の小像．台座の下には碑文がほどこされていて，ネフェルカーラー・ベフチャウアウイバストの名前が刻まれている．かれは25王朝のピイと同時代の人で，ヘラクレオポリスを中心に治める王であった．高さ約6cm．イフナースヤ・アル＝マディーナにある神殿の多柱室から出土したもの．ボストン（マサチューセッツ），ボストン美術館蔵．

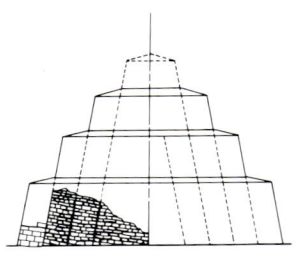

ヒダエウス帝時代のペトシリスの家族墓がある．墓は神殿のような造りで，入口は柱廊玄関，そしてその奥に礼拝室がある（死者たちは地下の部屋で眠っている）．この柱廊玄関には日常の生活や供物を運ぶ人々の場面が，エジプトとギリシアの折衷様式で描かれている．さらに，礼拝室には伝統的な宗教上の場面と，ヘルモポリスの諸神殿におけるいろいろな仕事を印した，長い碑文を含む重要な文書がある．

　ペトシリスの墓の南は，紀元後しばらくは，ギリシア人たちの広大な死者の町となっていた．そこには，ギリシアとエジプトの様式を複雑に混ぜ合わせた装飾をほどこした墓や埋葬の家がある．カタコンベもこの死者の町もともに，エジプト人のエジプト学者，サムイ・ガブラが両大戦の間に発掘したものである．

ザーウィヤト・アル＝アムワート

　ザーウィヤト・アル＝アムワートで最も重要な遺跡は，3王朝時代のものと思われる階段ピラミッドと岩窟墓のある墓地である．岩窟墓のほとんどは古王国末期のもので，この墓地は上エジプト第16州の最初の州都であった古代のヘベヌ（現在のコーム・アル＝アフマル）に属していた．

アル＝シャイク・イバーダ

　ここは古代のアンティノポリスがあったところで，後130年，皇帝ハドリアヌスが当地で溺死した寵臣のアンティノウスを記念して建設した町である．これよりも年代の早い遺跡の中で最大のものは，ラメセスⅡ世がアル＝アシュムーナインとヘリオポリスの神々にささげた神殿である．

ティフナ・アル＝ジャバル

　ティフナの岩窟墓（"Fraser Tombs"）は古王国時代のものである．ここから北へ約2kmいった現在の村の近くに，古代のアコリスの町の遺跡と三つの小神殿，さらにグレコ・ローマン時代の墓地がある．

ザーウィヤト・アル＝アムワートの階段ピラミッド断面図．

中部エジプト

エジプト学の探偵的な面：鋭い観察力とよい記憶力，そしてすみずみまでいき渡った感覚はしばしば，出所不明のモニュメントの由来をつきとめる助けとなる．右側の墓の浮彫りは，現在マドリッドの国立考古学博物館にあるもので，イフナースヤ・アル＝マディーナのハルサフェス神殿の南に位置する第１中間期時代の墓地を1968年に発掘した際に発見されたものである．左側の破片はすでに1964年にニューヨークの美術市場に出ていたもので，由来をごまかすために年代も不正確で出土地の表示も異なったものになっていた．

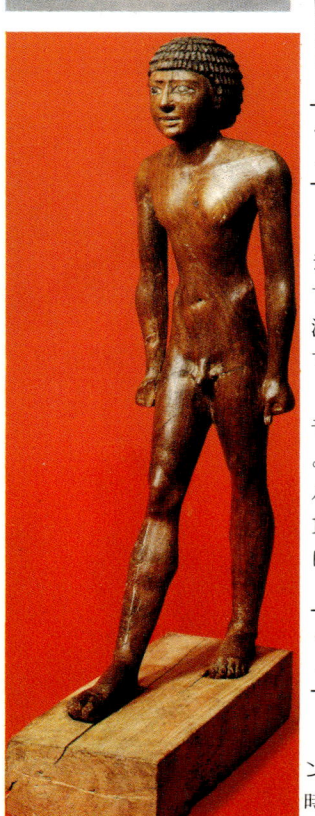

アル＝バフナサ

王朝時代から，上エジプト第19州の州都であったペル＝メジェド（コプト語ではペムジェ）についてはほとんどわかっていない．ここはエジプトの神話の中で，ある重要な役割を演じた地であるにもかかわらず，王朝時代の遺跡は発見されていない．

町はグレコ・ローマン時代に台頭してきた．当時この町は，モルミルスの魚の地方信仰にちなんでオクスィリンチュスとよばれていた．町の廃物の山からは，何千ものギリシア語のパピルスが発見されたが（グレンフェルとハントによる，1896－1907年），その数はこの２人がファイユーム地方の町々でみつけたパピルスの数と同じであった．

アル＝ヒーバ

ここは古代エジプトのテウジョイの町の遺跡で，シェシェンクⅠ世の建てた荒れ果てた神殿がある．当地は21－25王朝時代のテーベ地方の北限であった．

ディシャーシャ

ディシャーシャは古王国末期の墓があることで知られ，当時の上エジプト第20州の重臣たちの墓もいくつか含まれている．インティの岩窟墓には，砦のような町を攻略しているめずらしい場面がある．

イフナースヤ・アル＝マディーナ

バニー・スウィフの約15km西，バハル・ユースフ川の右岸に，現在のイフナースヤ・アル＝マディーナの村がある．村の名前は上エジプト第20州の州都であった古代エジプト語ヘネン－ネスト（コプト語ではヘネス）に由来する．州都は現在の村の近く，たぶん村の西にあったらしい．古代の町の主神は雄ヒツジの頭をしたハルサフェス（エジプトのヘリシェフ，文字通り"自分の池にいる者"の意）で，後世これがギリシアのヘラクレス神と同一視されて，町は古典古代にヘラクレオポリス・マグナと名づけられた．

ハルサフェスの神殿趾は村の南西にあって，E・ナヴィーユ（1891－92年）やW・M・F・ペトリー（1904年）が発掘を行ったが，最近ではスペイン隊（J・ロペツ）も発掘している．最古の遺跡の年代は12王朝である．18王朝時代に神殿は拡張されたが，大々的に改築を行ったのはラメセスⅡ世である．神殿は第３中間期や末期王朝時代にもひきつづき使用されていた．

ヘラクレオポリスがエジプト史上はじめて，重要な役割を担ったのが第１中間期のときである．そのとき，ここが９，10王朝（ヘラクレオポリス朝）の支配者たちの拠点となった．第１中間期あるいはそれ以前の時代の神殿はいまだに発見されていないが，この時代の役人たちの墓が前述の神殿の南約300mの地点でみつかっている．

ハルサフェスの神殿の南東に位置するコーム・アル＝アカリブには，ラメセスⅡ世が建造した別の神殿があった．西へ約7kmいったところスィドゥマント・アル＝ジャバルは，ヘラクレオポリスの町の主要な墓地に当てられていたらしく，第１中間期からグレコ・ローマン時代におよぶ墓穴や岩窟墓がある．

上　裸体の青年として表現された朗唱神官メリラー＝ハイシュテフの木製の像．この型の木像は古王国末期の特徴であり，同種の作品は各地の墓地やメンフィスの墓地からも出土している．高さ51cm．６王朝．スィドゥマント・アル＝ジャバル出土．ロンドン，大英博物館蔵．

中部エジプト

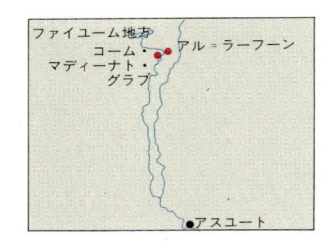

コーム・マディーナト・グラブ

ファイユーム地方への南側の入口，アル＝ラーフーンから南西へ約3km入った砂漠の端には，二つの神殿とそれに隣接する市街地や墓地の遺構が，わずかながら残っている．規模の大きい神殿のほうは，トトメスⅢ世が建てたもので，その場所は，18王朝後半から19王朝にかけて繁栄したところである．

遺跡から発見された多くの遺物は，アメンヘテプⅢ世と王妃ティイをあらわしたものや，あるいはまたこの2人に関係のあるもので，建物の中の一つは，アメンヘテプⅢ世の時代に宮殿であったことが数カ所に記されている．

アル＝ラーフーン

現在のアル＝ラーフーンの町から北へ約3kmの地点に，センウセルトⅡ世の建てたアル＝ラーフーンのピラミッドがある．ピラミッドの入口の前を，バハル・ユースフ川がファイユーム地方へと流れ，対岸はコーム・マディーナト・グラブにあたる．そしてはるか遠くには，12王朝の王たちがたいへんな関心を寄せた地を望む．ピラミッドを建設した人々は，岩でできている自然の小山を利用してピラミッドを設計し，そこに確固とした中王国時代のピラミッドの特徴ある建設法を用いて，これを建てたのである．ここでは石の擁壁が基礎として中心から放射状に置かれ，その擁壁の間に各部屋が詰め物のように泥レンガでつくられていた．外側の石のおおいは，完全な石造リのピラミッドのおおいに匹敵するほどの効果をもたらした．しかし現在では，この擁壁がなくなり，建物はなんの変哲もない大きな土まんじゅうのようになっている．ピラミッドの内部へは南面付近にある2本の下降通廊で通じていた．これはきわめてめずらしいことで（通常入口は北面にある），発掘者であるW・M・フリンダース・ペトリーに多くの問題点を提示した．

ダハシュールで発見されたものに匹敵するような美しい中王国時代の宝石類が，ピラミッドの南に位置する王女シトハトホルイウネトのたて穴墓でみつかった．

ピラミッドの近隣には，エジプト史の全時代にわたるマスタバや墓穴がある．

東へ1kmほどいった耕地との境近くに河岸神殿がある．神殿のそばにはペトリーが発掘した，壁で周囲をとりまいたアル＝ラーフーンの集落（ここはカフンの名でも知られる）があり，町のほとんどの部分は設計と地取りが同時に行われ，家並みや通りが，整然と幾何学的に配置されていた．町には少なくともつぎのような3地区があって，それぞれ壁で区切られていたことが明らかにされている．（1）"城砦"．王のために用意された地区らしい．（2）東部地区．中庭を中心にしてその周囲に大邸宅（40×60mほどの規模）が集まっている．邸宅内には70あるいは80もの多くの部屋がある．（3）西部地区．1軒の部屋数が4－12ある同じ型の小さな家（約10×10m）が並んでいる．町では神官や役人たちの住む家をピラミッドの近くにあてがった．これはいままでに1例だけ発見されているにすぎないが，神官や役人たちの家は，ピラミッド複合体の近くに建てられていた多くの建物の一つであったにちがいない．この町はヒエラティック（神官文字）で書かれた何百ものパピルス（"カフン・パピリ"）がみつかったことでも有名である．発見されたパピルスの内容はさまざまで，たとえば文学をはじめとして，数学，医学，獣医学に関する作品や法律文書，神殿文書，勘定書，そして手紙類などであった．

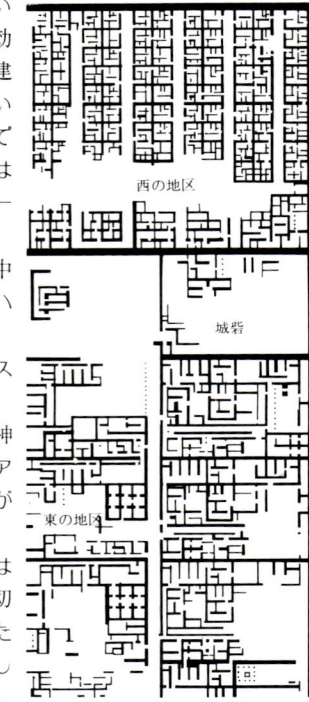

アル＝ラーフーンの町の北部のプラン．

左　アメンヘテプⅢ世の妻ティイと思われる王妃の頭．鋭い顔つきをしながらもどこか厭世的な表情をしているこの王妃の頭部は，古代エジプトの女性を描いた肖像の中では最も個性的なものといえるだろう．コーム・マディーナト・グラブ出土，イチイ材，ガラス，石膏，布などでつくられている．高さ9.5cm．西ベルリン博物館蔵．

下　センウセルトⅡ世のピラミッド．アル＝ラーフーン．

中部エジプト

右　カスル・アル＝サガの神殿．

右下　王（アメンエムハトIII世といわれている）の巨像（部分）．王は神官の着衣をまとい，あまりみかけない重厚なかつらをつけて，タカの頭を戴く2本の旗（地方神にささげられた長いさおがついている）をたずさえている．黒色花崗岩製．高さ1m．12王朝．ファイユーム地方のミート・ファリス出土．カイロ，エジプト博物館蔵．

下に記すのが，ファイユームで最も重要な場所である．

コーム・アウシーム（カラニス）
地方神ペテスコスとプネフェロスをまつるグレコ・ローマン期の神殿．

ディマイ（ソクノパイオネソス）
ワニの神セベクの形をしたソクノパイオスをまつるプトレマイオス朝の神殿．

カスル・アル＝サガ
未完成の中王国の神殿．

カスル・カールーン（ディオニスィアス）
プトレマイオス朝末期の神殿．

バトゥヌ・イフリート（テアデルフィア）
プトレマイオス朝のプネフェロス神殿．

ビヤフムー
アメンエムハトIII世の巨大な一対の坐像の石造土台．

マディーナト・アル＝ファイユーム，またはアル＝マディーナ（クロコディロポリスまたはアルスィノエ）
12王朝のセベク神殿，後世，改築または増築された．

アブジージュ
センウセルトI世の大きな石碑．これは以前，オベリスクと称されていた．なお，現在はマディーナト・アル＝ファイユームに移された．

ハウワーラ
アメンエムハトIII世のピラミッド（同王のピラミッドはダハシュールにもある）．ギリシア人によって"迷宮"の名で知られた巨大な葬祭神殿は，かつてピラミッドの南にあった．中王国，末期王朝，グレコ・ローマン期の岩窟墳墓と共同墓地．

サイラ
小さな階段ピラミッド．たぶん3王朝のものであろう．

マディーナト・マーディ（ナルモウスィス）
ヘビの女神レネヌテト（テルムティス）神殿複合体．アメンエムハトIII，IV世が主に建造し，プトレマイオス朝に増築された．

テル・ウンム・アル＝ブライガート
プトレマイオス朝の神殿と町．

コーム・ルカイヤ
たぶん12王朝のものと思われる岩窟墳墓．

ファイユーム地方

ファイユーム地方はふつうオアシスと記されるが，ここはナイル川とはバハル・ユースフ（アラビア語で"ヨゼフの川"の意）の支流で結ばれている．ファイユーム地方（古代エジプト語でジェ＝レシイ，つまり"南の湖"が，のちにシェ＝レシイとメル＝ウェル，つまり"大きな湖"という意味で，ギリシア語ではモエリス"二つに分かれた"の意味）は，東西約65kmにおよぶ広大でたいへん地味の肥えたくぼ地であった．そしてその北西部に湖（現在のビルカト・カールーン，古典古代の作家たちはモエリス湖とよんだ）がある．今日湖はファイユーム地方の1/5ほどを占めているにすぎず，水深も約44mである．しかし，かつては湖もたいへん大きく，多くの野生の生物がここに生息し，岸辺では植物が豊かににおい茂っていた．ここではクロコダイルをよくみかけたので，この地方の主神（セベク，ギリシアのスコス）となったのであろう．ファイユームという名はコプト語の湖の名，ペイオムからきている．

エジプト史を通じて，この地方が非常に重要視された時期が二度ある．最初は12王朝時代にエジプトの首都がアル＝リシュトに移ったときで，この近くに位置していたファイユーム地方の経済的な重要性は当時増大した．それはおそらく，湖へ流れこむ水量を減らして埋め立て地をつくったためであろう．以来グレコ・ローマン時代に至る長い間，この地方の神殿や集落の大部分はほったらかしにされていた．しかし，グレコ・ローマン時代には再び王の注目を集める地となった．湖はさらに広い耕地を獲得するために人工的に縮小され，プトレマイオスII世フィラデルフスは，新しい住人たち，とくにグレコ・マケドニア朝の老練兵たちをここに入植させた．エジプト語（デモティック）やギリシア語で書かれた何千ものパピルスが，ファイユーム地方のグレコ・ローマン時代の町の遺跡から発見されている．

中部エジプト

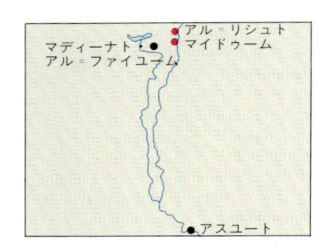

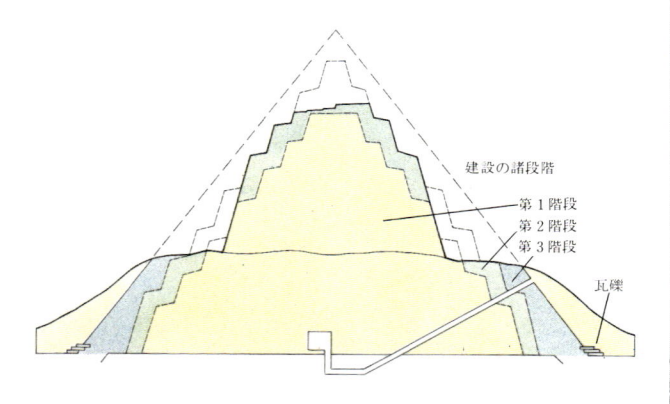

マイドゥーム（メイドゥム）

　マイドゥームを象徴する光景は，瓦礫が堆積する丘の上にそびえ立つ，巨大なやぐら型の建物である．これはエジプトで最初につくられた真正ピラミッドの遺構で，ダハシュールにある"屈折ピラミッド"とともに，はじめてピラミッドが複合体として建設された．

　現存している形からピラミッドの設計がどのようになされたかがわかる．このピラミッドは当初7段の階段ピラミッドとしてつくられたが，その後階段は8段に変更になった．さらに最後は，階段のところに詰め石をはめて外側のおおいとし，これで真正ピラミッドへの改装工事が完成した．このピラミッドの建設に着手した王は，これまで3王朝最後の支配者であるフニと考えられてきた．

　しかし，新王国時代の走り書きでは，当時のエジプト人たちがこのピラミッドをフニの後継者，スネフルと結びつけているので，おそらくスネフルがピラミッド完成の責務を負っていたと考えられる．

　ピラミッドはもともと階段の面が一番外側になるように設計されていたので，その壁面（いまでも所々にみられる）は平らに仕上げられた．この仕上げはのちにつめた詰め石を固定させるには不十分な石積みであった．その上，外側のおおいがしっかりした基礎の上にのっておらず，そのブロックの

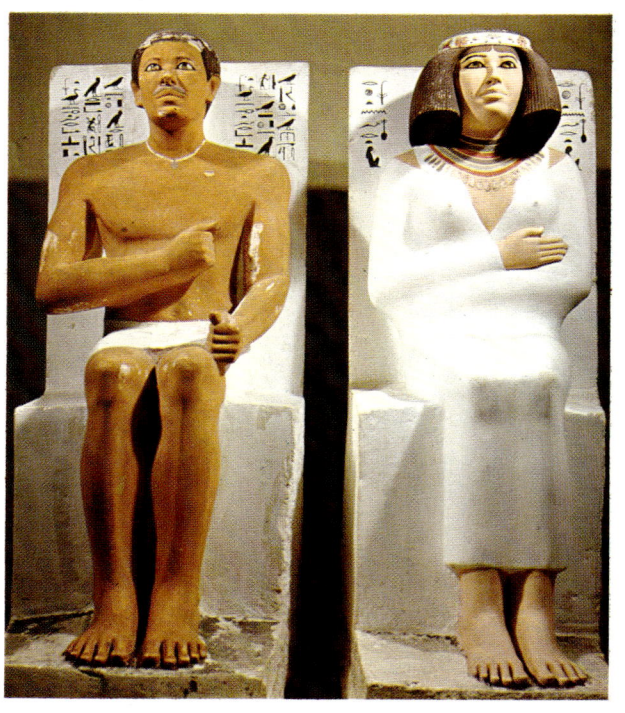

上左　扶壁の外側の石積みと粗雑につくられている内側部分．

上右　東側から撮影したピラミッドの航空写真．参道や葬祭殿とともに膨大な量の建材がみえる．ピラミッドが部分的に崩壊したときに剥落した建材は現在，残された核のまわりを取り囲んでいる．

ピラミッドの西側断面図．

左　"ヘリオポリスの予言者のうちで最も偉大なる者(つまり最高神官)，スネフルの肉体をうけた王の息子"であるラーヘテプとその妻ネフェルトの像．石灰岩にほどこされた彩色は，従来の色を驚くほど鮮明にとどめている．高さ1.2mと1.18m．カイロ，エジプト博物館蔵．

積み方もよくなかった.

このように構造上の欠陥が重なった結果, 四つある外側の壁の基礎は崩れ, 壁はずり落ちて壊れ, ピラミッドは今日みられるようなやぐら型になってしまったのである. この崩壊がおこった年代については, いまもなお熱心に論じられている.

"建築災害"とダハシュールの"屈折ピラミッド"の角度の変更を関連させるという説もあるが, マイドゥームにはピラミッドと同時代の広大な墓地があることから, こんなに早い時期に崩壊したという説には異論が唱えられている. この問題に関して満足のいく解答をえるためには, どこかで碑文や絵画などの証拠が発見されるか, ピラミッドのすぐ近くをさらに発掘するしかないであろう.

ピラミッドの北と東には, 4王朝はじめのレンガ造りの大きなマスタバのある墓地がある. 中でも最も有名なのは, ラーヘテプとその妻ネフェルトの対をなすマスタバと, ネフェルマアトとその妻イテトの夫婦のマスタバである.

当地では組織的な調査が行われていないが, 多くの発掘者がここで仕事をしてきた. そのうちA・マリエットやW・M・フリンダース・ペトリー, アラン・ロエらの功績が最も大きい.

下左　射手の浮彫り. アメンエムハトⅠ世がアル゠リシュトで再利用した古王国時代のメンフィスのブロックの一つに刻まれていたもの. これらの浮彫りの大部分は王の記念物を飾っていたもので, 華麗なできである. 石灰岩製. ニューヨーク, メトロポリタン美術館蔵.

下右　外国の捕虜と戦利品を記録するセシャト女神. 古王国時代の王の諸神殿を飾っていた同じような場面を, 伝統的に受け継いでいる12王朝時代の浮彫り. 石灰岩製. アル゠リシュトのセンウセルトⅠ世の葬祭殿出土. ニューヨーク, メトロポリタン美術館蔵.

アル゠リシュト

12王朝のアメンエムハトⅠ世はその治世初期に, エジプトの行政府と王宮をテーベからイトゥジャウィ(イチュタウイ)へ移した. イトゥジャウィはファイユーム地方とメンフィスの間の地点に新しく建設され, 城壁をめぐらした町であった. しかし, 町からはいまだに何も発見されておらず, その正確な位置さえ判明していない. しかし, アル゠リシュトのピラミッドの周辺地域は町の主要な墓地であったことは確かなので, おそらくイトゥジャウィの町は, この東にある耕地に広がっていたのであろう. 町は第2中間期に, ヒクソスの拠点が置かれたデルタ地帯北東部のアヴァリスとテーベにその地位を明けわたすまで, 少なくとも300年の間, 重要な町であった.

アル゠リシュトを代表するものは, アメンエムハトⅠ世とその息子センウセルトⅠ世のくずれかかった2基のピラミッドである. 両ピラミッドは1.5kmほど離れていて, その周囲を王族や役人たちの小ピラミッドやマスタバ, そしてふつうの墓穴や墓地がとり囲んでいる. メンフィスの墓地が近くにあるので, アメンエムハトⅠ世は墓の建築資材をこの便利な供給地からあてがったと思われる. その結果, さらに古い時代の王の諸神殿からもってきた装飾のある多量のブロックが, 考古学者たちの手でピラミッドの中心部から発見されている.

アメンエムハトⅠ世の北ピラミッド周辺にある12王朝のマスタバの中でも最も興味深いのは, 大臣インヨテフオケルや家令長のナクト, "封印係りの監督官"のレフエルジェルセン, "家の女主人"のセネブトイシらのマスタバである. 一方, センウセルトⅠ世の南ピラミッドの近くには, "ヘリオポリスの高級神官"イムヘテプをはじめ, 家令のスヘテプイブラー゠アンク, "メンフィスの高級神官"センウセルト゠アンクや, そのほかの人々の墓がある. アル゠リシュトの遺跡は, フランス東洋考古学研究所(1894-95年)とニューヨークのメトロポリタン美術館(1906-34年)の調査隊が発掘している.

メンフィス

現在では，ほとんど完全に廃墟となっているメンフィスの町は，かつては下エジプト第1州（ノモス）の政治と宗教の中心地であった．この町は，初期王朝時代と古王国時代には王の居住地であり，都がおかれていた．その後も，多くの王たちの宮殿がつくられた．この町の神殿は，国家で最も重要な地位を占めていた．メンフィスは，エジプトだけでなく，常に古代の全世界で最も人口があり，最も有名な町の一つであった．ここには，国際的な考え方をする人々が多く住んでいた．この町の港とこの地域の仕事場は，エジプトの外国交易で，一つの重要な役割を果たしていた．

メンフィスの規模をみると，長さは30km以上におよび，各所に墓地を擁し，ナイル川西岸の砂漠の端に伸びている．そして，つぎにあげるような場所がいっしょになって，メンフィスの墓地を形成している．それらは，(1) ダハシュール，(2) サッカーラ，(3) アブー・スィール，(4) ザーウィヤト・アル＝アルヤーン，(5) ギーザ，(6) アブー・ラッワーシュなどである．行政区分では，ギーザとアブー・ラッワーシュは，もともと下エジプト第2州にはいっていた．

メンフィスの墓所の各地区の名称は，付近にある村の名に由来していることが知られている．古代エジプト人は，この墓所全体を指す特別な名をもっていなかったが，ラセト（おそらくギーザの南の部分）などのような，各地区につけられたいくつかの古代エジプト名の場所がある．王家のピラミッド群などの墓所の最もきわ立った特色は，もともと神官やピラミッド官僚たちの"ピラミッドの町"から発達した隣合った地域に，しばしばこの墓地の名を与えたことである．これらの名称の一つが，サッカーラにあるペピ1世のピラミッドの名，メンネフェルである．この語のコプト語の形がメンフェで，ギリシア語がメンフィスである．そして，18王朝の頃から，この名が町全体を指すものとして使われるようになった．

墓地の東の耕作地に将来発見されると思われる町の遺跡や，王宮，神殿，住居などのすべての遺構は，ナイル川の氾濫であとに残された堆積した泥土の下に埋まり，現在では住居や畑・草木に上をおおわれている．ミート・ラヒーナやサッカーラ（テティのピラミッドの東の地域）などで，遺構がわずかな場所だけに姿をみせているにすぎない．この町の位置は，少なくともその中心部に関しては，エジプトの歴史を通じてしっかりと存続してはいなかった．新たに繁栄した地域は，衰えてしまった地域にかわって，有力な地位をえるようになった．これは，大規模なピラミッド建造計画に合わせてつくられた遺跡の探査からわかるように，明らかに他の遺跡も存在していたが，この町の墓地が非常に広い範囲をおおっていたために勢力が分かれてしまったのであろう．メンフィスの町やその影の部分に相当するメンフィスの墓所に対する現在の見方は，それらのどれもが，ある一時期に完全な形で存在していたものではなく，また非常に人為的なものであるとしている．

考古学的発見と同様に古典的文献資料は，メンフィスが，前2920年以後すなわちエジプト史の最初の頃から，国の最も重要な政治の中心地の一つになったことを示している．ヘロドトスは，この町をナイル川の氾濫から保護するために，堤防を築いたのは，伝説上の初代のエジプト王のメネスであったと述べている．マネトーによれば，アトティスとよばれるメネスの後継者が，メンフィスの王宮をつくった最初の人物である．この地の最も古い名前は，"白い壁"を意味するイネブ＝ヘジュであり，おそらくこの名は，白く塗られた防御のための壁をもつ王宮の姿に由来するものと思われる．中王国時代にあらわれたアンク・タウイという名が，この町をあらわす言葉の中で最も適切なものだろう．この言葉は，"2国を結ぶもの"という意味で，経済的に重要なデルタのつけ根，慣例的ないい方では上下エジプトの間にあるという，この町の戦略上の位置を強調したものである．実際この点が，1王朝の支配者たちが，この地域に都を置く土地として選んだ理由となっている．

宗教や政治・経済の重要性において，メンフィスと比べることができたのは，南方のテーベだけであったが，それにもかかわらず，この真にエジプト国家の霊場ともいうべきメンフィスの遺跡に関するわれわれの知識は，はなはだ少ない．外国人にとって，メンフィスはエジプトを代表するものであった．数人の学者たちによると，新王国時代の神殿の一つの名で，この町の隣接地域の名でもあるヒクプタハ（"プタハ神のカーの神殿"）が，国家全体をあらわすギリシア語のエギプトス，英語のエジプトという語になった．この語は，また"コプト"という言葉の語源でもある．

メンフィスの町は，紀元後の最初の数世紀に，古代エジプト文明が徐々に衰えていく中で，生き残ることはなかった．経済的には，アレクサンドリアが成長するよりもずっと以前から衰退していた．メンフィスの宗教上の重要性は，テオドシウス1世（後379—95年）が，キリスト教をローマ帝国全体の宗教にすると宣言したときに失われた．最後の一撃は，641年に加えられた．この都市に，イスラム教徒の征服者であるアムル・ビン・アル＝アース将軍が，現在のカイロ市南端のナイル川東岸に，エジプトの新しい都であるアル＝フスタートを創設したのだった．

メンフィスの最も馴染みのある顔の一つ：ミート・ラヒーナの方解石製スフィンクス．

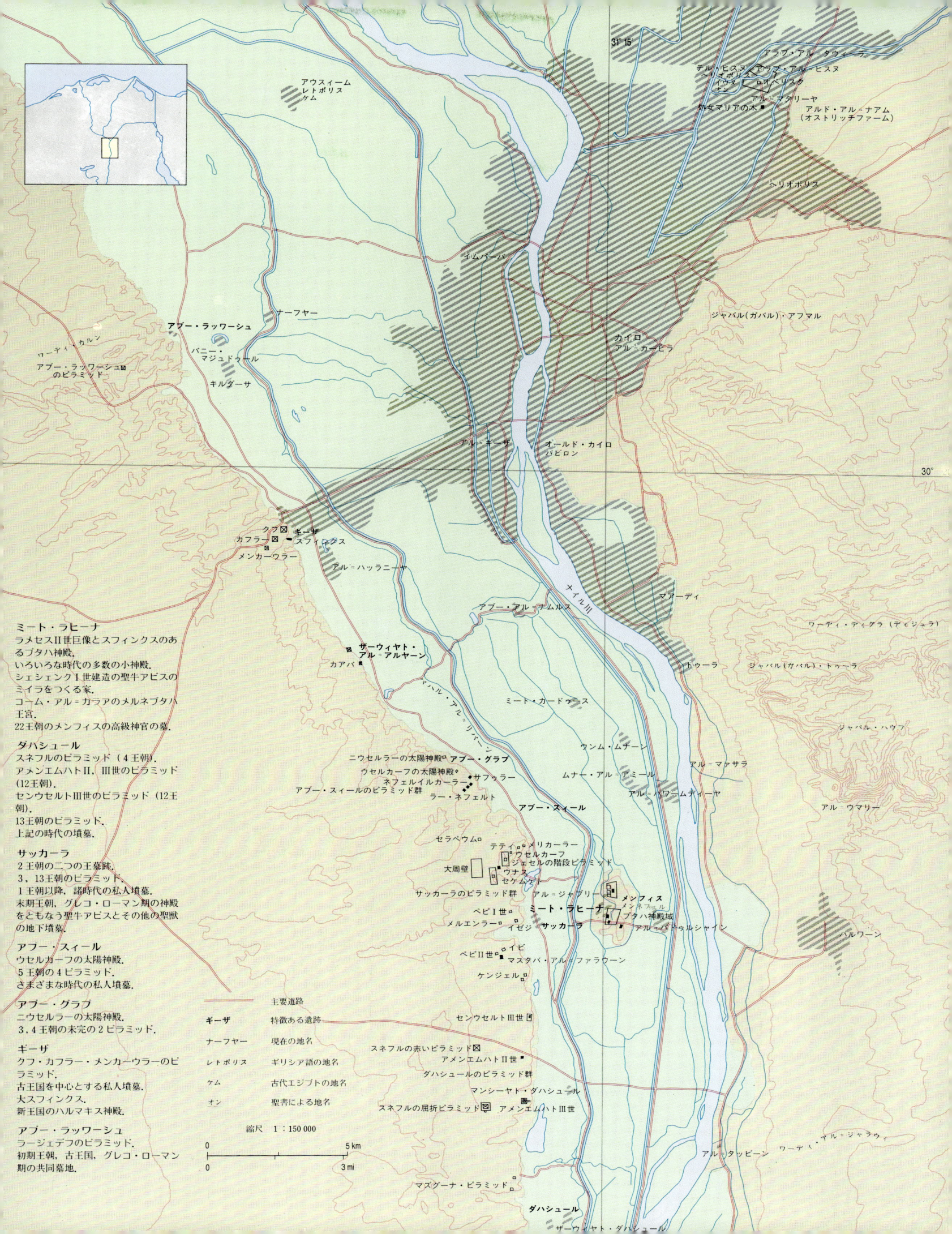

ミート・ラヒーナ
ラメセスⅡ世巨像とスフィンクスのあるプタハ神殿.
いろいろな時代の多数の小神殿.
シェシェンクⅠ世建造の聖牛アピスのミイラをつくる家.
コーム・アル=カラアのメルネプタハ王宮.
22王朝のメンフィスの高級神官の墓.

ダハシュール
スネフルのピラミッド（4王朝）.
アメンエムハトⅡ, Ⅲ世のピラミッド（12王朝）.
センウセルトⅢ世のピラミッド（12王朝）.
13王朝のピラミッド.
上記の時代の墳墓.

サッカーラ
2王朝の二つの王墓跡.
3, 13王朝のピラミッド.
1王朝以降, 諸時代の私人墳墓.
末期王朝, グレコ・ローマン期の神殿をともなう聖牛アピスとその他の聖獣の地下墓.

アブー・スィール
ウセルカーフの太陽神殿.
5王朝の4ピラミッド.
さまざまな時代の私人墳墓.

アブー・グラブ
ニウセルラーの太陽神殿.
3, 4王朝の未完の2ピラミッド.

ギーザ
クフ・カフラー・メンカーウラーのピラミッド.
古王国を中心とする私人墳墓.
大スフィンクス.
新王国のハルマキス神殿.

アブー・ラッワーシュ
ラージェデフのピラミッド.
初期王朝, 古王国, グレコ・ローマン期の共同墓地.

凡例:
- 主要道路
- ギーザ　特徴ある遺跡
- ナーフヤー　現在の地名
- レトポリス　ギリシア語の地名
- ケム　古代エジプトの地名
- オン　聖書による地名

縮尺 1：150 000
0　　　5 km
0　　　3 mi

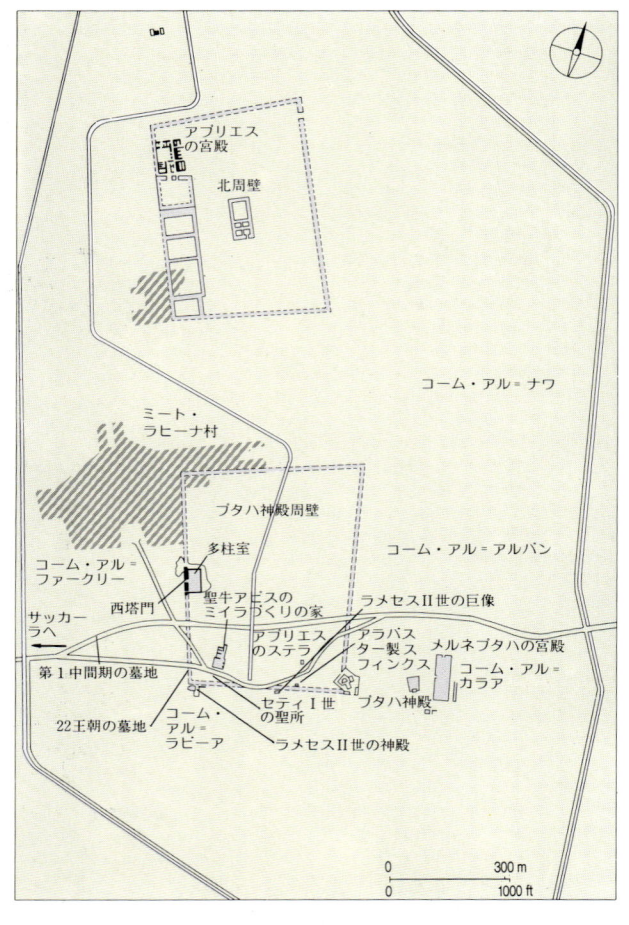

ミート・ラヒーナ

現在のミート・ラヒーナの村の近くにある，ヤシの木立の茂る絵のような美しい場所に，古代メンフィスの大規模な遺跡がある．

今もなお識別できる建造物のなかで最も重要なものは，プタハ神殿の周壁である．ここにはラメセスⅡ世の巨像と，それとほぼ同時期の大きなアラバスター製のスフィンクスがある．プタハ神はメンフィスの主神で，古典古代にはヘフェストス神やバルカン神と同一視された．エジプトで最大規模のものではあったが，神殿複合体の西側のほんの小さな部分だけが組織的に発掘された（主として，1908年から1913年にかけて，W・M・フリンダース・ペトリーによる）．このことは，技術的な困難さに加えて，遺跡が村落に接近していることにも起因している．列柱室に通ずる西の塔門は，ラメセスⅡ世が建造したものであるが，周壁のほかの場所で，近くに昔の建物があったと思わせる，分解された，より古い時代の建物の部分（アメンエムハトⅢ世のまぐさ石，アメンヘテブⅢ世のブロックなど）が発見された．列柱室のある西の塔門のほかに，ラメセスⅡ世は，周壁の北側と南側にも門を建造した．そして，これらの門の外側には，独特な様式としてかれ自身の巨像が置かれた．さらにラメセスⅡ世の治世の間に，別の小神殿が周壁の南西コーナーのすぐ外側に建てられた．後世の王たちも，ひきつづき周壁内部で建設作業を行った．シェシェンクⅠ世は，聖牛アピスのミイラ作りの家をつけ加え，シャバカとアマシスは，そこに小礼拝堂をつくった．

プタハ神殿の西で発見された建物の基礎部分は，トトメスⅣ世が建造し，18王朝のほかの王たちが拡張した古い神殿の遺構である．末期王朝時代の周壁はプタハ神殿の北側にみられる．そこでは，26王朝のプサメティコスⅡ世アプリエス，30王朝のテオスの名が発見されている．

継続的に居住が行われたことによって形成されたいくつかの小丘が，プタハ神殿の周壁の南と東にある．それらの中で最も重要なものは，ラメセスⅡ世が建てたハトホル神殿のあるコーム・アル＝ラビアと，プタハ神にささげられた小神殿とメルネプタハの王宮跡のあるコーム・アル＝カラアの二つである．メルネプタハの王宮跡は，約50年前に，C・S・フィッシャーとフィラデルフィア（ペンシルベニア州）のユニバーシティ・ミュージアムの調査隊によって発掘されたが，その報告書はいまだに出版されていない．

ミート・ラヒーナには少数の墳墓しかない．それらのうちで最も重要なものは，コーム・アル＝ファクリーにある第1中間期か中王国時代初期のものと考えられる墓と，プタハ神殿の南西コーナー付近にある22王朝時代の墓（シェシェンクやチェケルティ，ペティーセ，ハルシエスという名のメンフィスの高級神官たちの墓）である．

横たわる白冠をつけたラメセスⅡ世の花崗岩製巨像．同王の有名な石灰岩製巨像から約30m離れたプタハ神殿の周壁南門近くで発見された．この巨像は，なおももとの色を部分的に保持している．この巨像の対になる別の像の破片や，これより小さな座像の下半部なども発見された．

ダハシュール

　ダハシュールのピラミッド群は，メンフィスの墓所の最も南の範囲を形づくっている．このピラミッド複合体は長さが約3.5kmあり，"屈折"，"先のとがっていない"，"菱形"，"にせの"などといろいろの形容詞がつけられている．その形はエジプトで唯一であり，ダハシュールの地平線上で最もめだった目標となっている．

　王墓にとって，3王朝から4王朝への変化は，階段ピラミッドから真正ピラミッドへの移行によって特徴づけられる．この基本的変化は，3王朝の最後の王フニと新しい王朝の最初の王スネフルの治世の間に開始され完成された．この変化の過程にあるピラミッドは，マイドゥームとダハシュールでみることができる．ダハシュールの南のピラミッドは，真正ピラミッドとして最初から計画されたものでは，最古のものであった．しかしながら，計画された高さの半分ほどに達したときに，外装の傾斜が急激に変更された（54°27′44″から43°22′へ）．こうして特徴的な"屈折"の姿がつくられるようになり，外装や詰め物のブロックの積み方が改められた．この設計の変更は，おそらくこのピラミッド自体の構造か，マイドゥームにある同時代のピラミッドの構造か，どちらかにあらわれた構造上の欠陥をみて，行われたものと思われる．屈折ピラミッドは独特なもので，北面と西面に一つずつの合計二つの離れた入口をもっている．ピラミッドの表面の大部分には，創建当時のなめらかな外装石が残っている．ピラミッドの南には，ごく一般的な儀式用の副ピラミッドがある．河岸神殿は，ピラミッドの北東約700mの所にあり，そこには一連のみごとな浮彫りがほどこされている．それらの浮彫りのいくつかは，上下エジプトにおけるスネフルの身分を擬人化した女性の彫像が行進している場面が描かれている．

　スネフルは，ダハシュールに築いた一つだけのピラミッドでは満足せずに，もう一つ別のピラミッドをもった．これが，いわゆる"赤いピラミッド"や"ピンクのピラミッド"（この名は，ピラミッドに使用されている赤い石灰岩の色に由来している）とよばれるピラミッドで，屈折ピラミッドの北約2kmの場所に建てられた．理由は確定していないが，あとで建造されたピラミッドの表面の傾斜は，最初から屈折ピラミッドの上部の傾斜に等しい．この事実は重大な意味をもっていると思われる．このピラミッドの底辺の長さ（220m四方）は，ギーザにあるクフの大ピラミッドにつぐ長さである．

　ダハシュールにある残りのピラミッドは，ピラミッド間の距離がある程度開いているため，とくにグループは形づくってはいない．そして，これらのピラミッドは，アメンエムハトⅡ世（いわゆる"白いピラミッド"）やセンウセルトⅢ世，アメンエムハトⅢ世（いわゆる"黒いピラミッド"）など12王朝の王たちのもので，それ以前のピラミッドよりずっと小さい構造物である．最後にあげた二つのピラミッドはレンガ製である．センウセルトⅢ世のピラミッドの近くで，素晴らしい発見があった．それは少なくとも6隻を数える木造舟の発見で，ギーザのクフの分解された舟の発見に匹敵するものである．アメンエムハトⅢ世のピラミッドの付近には，短命な王アウイブラー・ホルの墓とアメニケマウのピラミッドの形をした建物があり，ともに13王朝の時期のものである．

　通常，ピラミッドには王族や役人・神官などの墓が付随している．アメンエムハトⅡ世とセンウセルトⅢ世のピラミッドの近く，ピラミッドの周壁の内部には，王女たち（アメンエムハトⅡ世の娘であるイティやクヌムト，イティウレト，サトメルフート，そしてセンウセルトⅢ世の娘のメントとセントセネブティシ）と王妃たちのマスタバ墳がある．これらの墳墓には，中王国時代の宝石の素晴らしい作品（腕輪や胸飾り，えり飾り，首飾りなど）が納められていた．それらの出土品は現在カイロ博物館に展示されている．

　ダハシュールを発掘した考古学者の中で，2人の名が特筆される．われわれに中王国時代のピラミッドと墓の知識を与えてくれたJ・ドゥ・モルガン（かれの調査は1894−95年）と，屈折ピラミッドを調査した（1951−55年）アハマド・ファクリーである．最近，ダハシュールでの発掘調査は，ドイツ考古学協会の手で行われている．

南サッカーラの目印となっている"ファラウーンのマスタバ"とペピⅡ世のピラミッドの後方にみえるダハシュールの"屈折ピラミッド"と"赤いピラミッド"．サッカーラとダハシュールとの境界がいかに人為的なものかわかる．

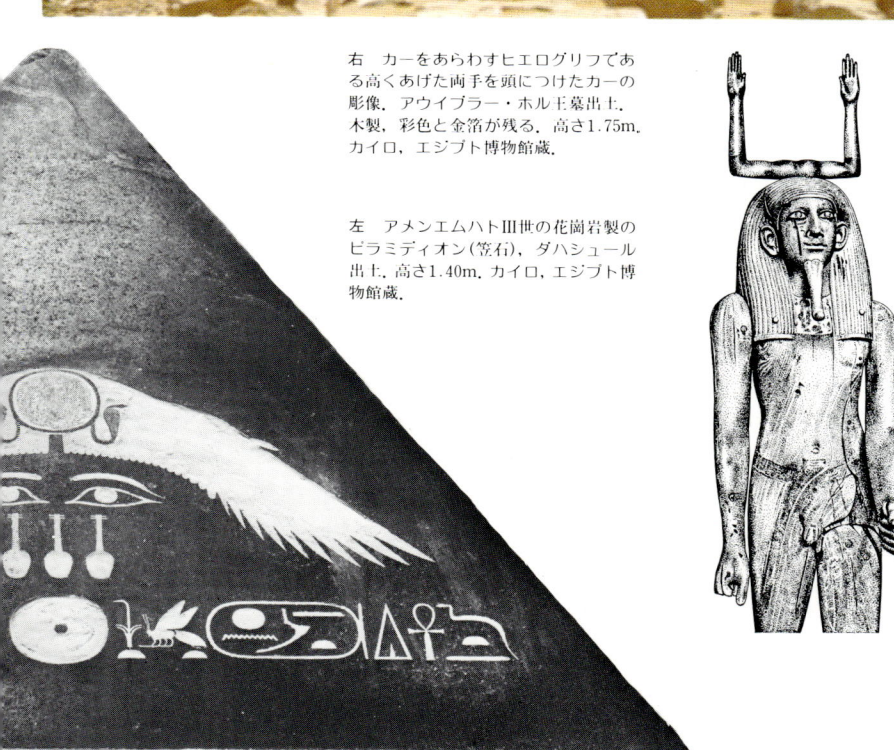

右　カーをあらわすヒエログリフである高くあげた両手を頭につけたカーの彫像．アウイブラー・ホル王墓出土．木製，彩色と金箔が残る．高さ1.75m．カイロ，エジプト博物館蔵．

左　アメンエムハトⅢ世の花崗岩製のピラミディオン（笠石）．ダハシュール出土．高さ1.40m．カイロ，エジプト博物館蔵．

ピラミッド：形と構造

前2630年から1640年までの間，エジプトの王たちは，みずからのためにピラミッドの形をした墓をつくった．宗教上の配慮と同じように建築上の配慮が，ピラミッドの導入とその発達において一つの役割を演じた．つまりピラミッドは，その目的は一貫しているものの，その形態，大きさ，内部装飾や，そのほか細部が異なっている．ピラミッドには，二つの基本的タイプがある．階段ピラミッドと真正ピラミッドである．

階段ピラミッド

補助通路
下降通路
玄室

最古のピラミッドは，3王朝の時期のもので，数段の「階段」をもっている．埋葬室は地下にあり，北からの下降通路によって通じている．地下の回廊（倉庫）は，東，北，西側でピラミッドを取り囲んでいる．おそらく完成された唯一のものと考えられる最初の階段ピラミッドは，サッカーラにあり，ネチェルケト・ジェセル王のものである．

ピラミッドと付属する建物は，周壁で囲まれている．周壁の主軸は，南北方向を示している．

サッカーラにあるネチェルケト（3王朝）の階段ピラミッドの周壁内

4 階段ピラミッド
6 周壁
5 南の墓
1 入口の建物

真正ピラミッド

真正ピラミッドは，4王朝の初めに導入された．これは，初期の階段ピラミッドからの自然な発展段階を示している．

発展したピラミッド複合体の主な新しい要素は，河岸神殿と参道である．葬祭殿は，ふつうピラミッドの東面に接してつくられ，ピラミッドの南東コーナー付近にはしばしば副ピラミッドが1基置かれた．ピラミッド複合体の長軸は東西方向を示している．

アブー・スィールにあるサフゥラー（5王朝）のピラミッド複合体

3 葬祭殿
6 周壁
4 ピラミッド本体
5 副ピラミッド

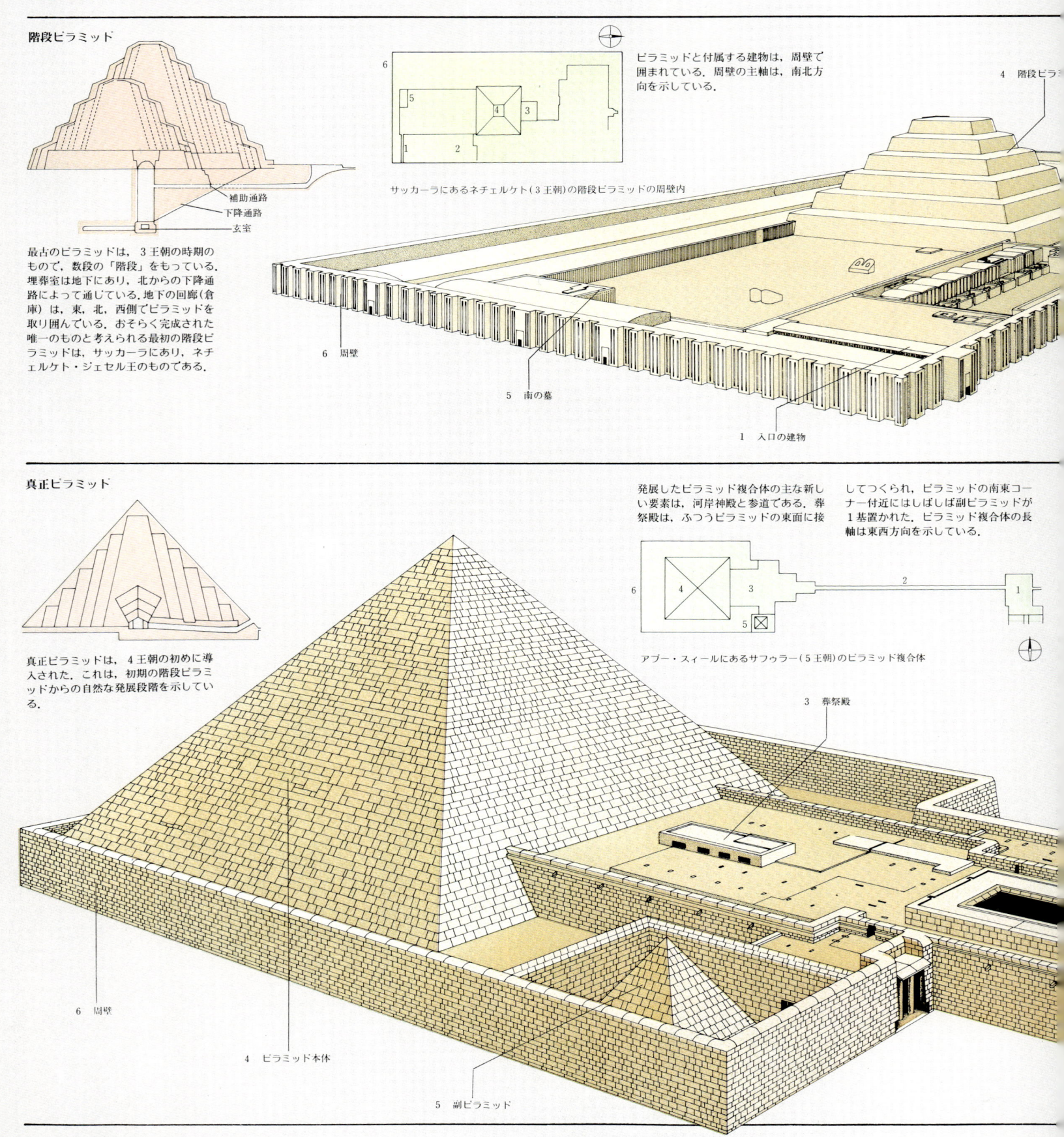

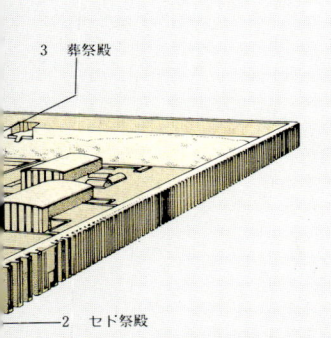

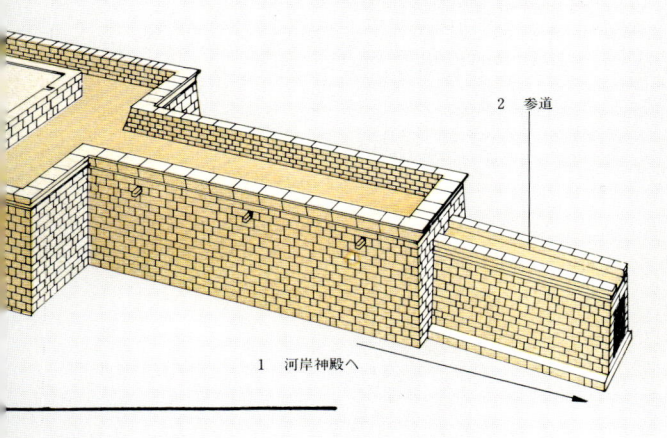

内部構造

大部分の真正ピラミッドでは、内部に中心核をとり巻く連続した構造壁（外側から支える構造）をもっている。これらの構造壁は、中心から外側に向かって徐々に低くなっている。つまり、ほとんどの真正ピラミッドの内部に階段ピラミッドがあるといってもよい。このすぐれた内部の配置は、構造に安定を加えたが、ピラミッド本体とともに歴史的に発展した。詰め石が、一番外側の構造壁で構成される「階段」を埋めるのに使われた。そして、化粧用ブロック（しばしばトゥーラ産の良質の石灰岩）が、真正ピラミッドの形に仕上げるために置かれた。

異なった建設方法が、12、13王朝のピラミッドに採用された。これは、おもに経済的理由からであった。そして、粗悪な材料でつくられた比較的地味な構造物には、適当なものであった。頑丈な石の壁体が、ピラミッドの中央から延びており、一方、交差する短い壁が、切石や粗石、泥レンガなどを詰めた連続する内部の部屋を形づくった。ピラミッドには、通常の外装が行われた。実際、短時間で完成することもできたが、この方法は、それ以前の建設方法とは比較にならないものであった。それゆえ、今では、この方法で建造されたピラミッドは、すべて荒れはててしまっている。

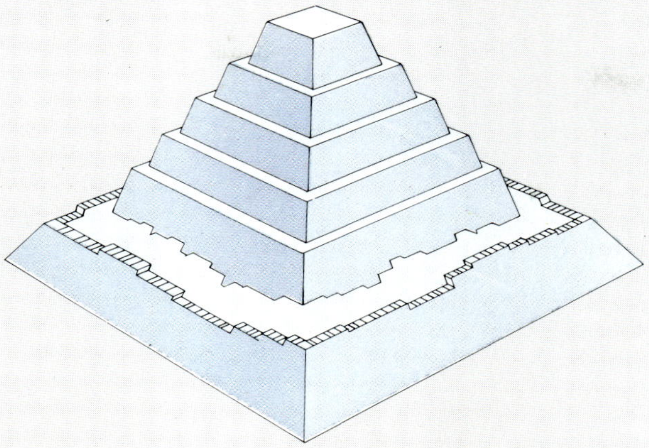

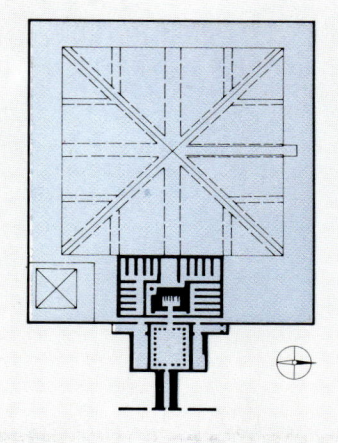

建造用斜路

ピラミッド建造における問題点は、いかにして希望する高さに、重い切石を運び上げるかということであった。古代エジプト人が採用した唯一の方法は、斜路に基礎を置くものである。それは、泥レンガや粗石でつくられた傾斜した滑らかな面をもつものであり、そこを切石がソリで運ばれていった（ピラミッド時代には、車による輸送手段は使用されなかった）。ピラミッドの高さが大きくなるにしたがい、一定の傾斜（約10分の1勾配）を保ち、しかも崩壊しないように、斜面の長さと、その基底部の幅は、徐々に増していった。異なった方向からピラミッドに接近する、いくつかの斜路もおそらく使われていた。

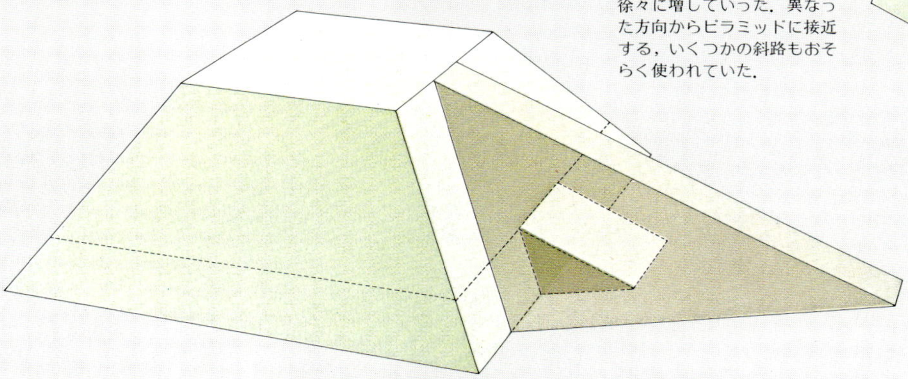

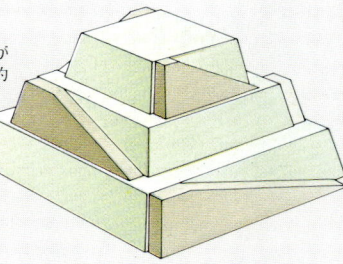

建設用斜路が実際にどのように配置されたかということに関しては、数多くの説がある。「ピラミッド内部の階段ピラミッド」が、最初に建造されたと仮定すると、斜路はピラミッドの面に直角に近づいていくものではなく、一つの段から次の段へとつくられていったと考えられる。

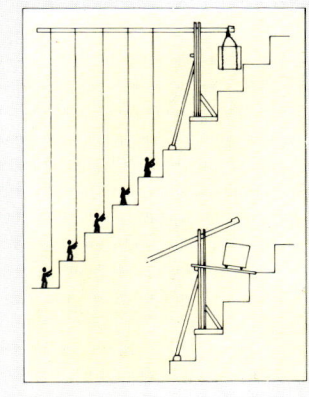

他の積み上げ方法

斜路の規模や斜路をつくるのに要する資材の量が、石を積み上げる問題を解決する他の方法を考え出させた。一つは、L・クルーンが提案したもので、シャドゥーフの原理を使ったものである。古代エジプト人は、水を汲み上げるためのシャドゥーフは知っていたが、かれらが、重量のあるものをもち上げるために、同様な装置を使用したという証拠は何もない。

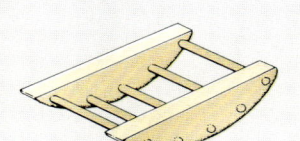

幾何学の問題

ピラミッドの傾斜角の非常にわずかな誤差は、頂点でずれを生じさせたはずである。ピラミッド建設の原理は知られているが、実際にどのような手順や方法でなされたかはわかっていない。

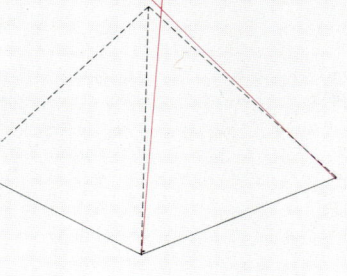

ピラミッドの計測のいくつかは、πの正確な使用を示している。たとえば、

クフのピラミッドの高さ＝基底部の周囲の長さ/2π

古代エジプト人の数学の知識は、計算によってこの結果を得るには不十分であったが、おそらく、たとえばドラムの回転数を数えることによって距離を計測したことなどを通じて、「偶然に」導き出されたものであろう。

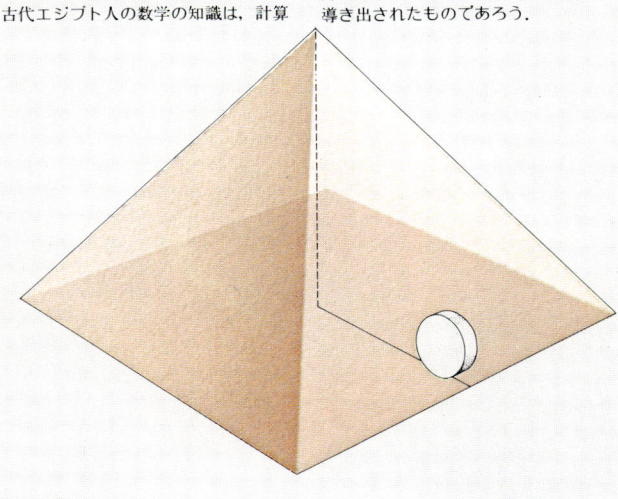

このことが、この説や同様な考え方に対する主たる反論である。

木製の揺りかごに似た装置である「振動機」の模型が知られており、これらは切石を積み上げるのに使われたと考えられている。切石をその上に載せた振動機は、その側面の下にくさびを置き、振動させて、くさびの上に載せることによって引き上げられたと考えられる。ある段階においては、この方法で石は取り扱われたかもしれないが、主要な積み上げ方法としては適当なものであるとは思えない。

---

3 葬祭殿

2 セド祭殿

付属の建物群、中でも南の墓や葬祭殿といった建物は、死せる王の来世での平安を保障し、王の祭儀をとり行う用をなした。ジェセル王のセド祭複合体は、特別なものであり、他のものにはみられない。

アブー・スィールにあるサフゥラーの葬祭建造物は、ピラミッド複合体のよい例である。河岸神殿の上陸場は、舟で訪れたことを示している。上り坂になっている参道は、河岸神殿と葬祭殿を結んでいる。葬祭殿は、入口の通路と柱のある内庭からなる外陣と、彫像を安置する五つの壁がんや北と南側にある倉庫、そして聖所などのある内陣とからなっている。ほとんどのピラミッドには、北面から内部に達する下降通路が存在している。玄室の天井部分は、建物全体で最も大きくて重いブロックでつくられている。

1 河岸神殿へ
2 参道

ピラミッド：チェック・リスト

　このリストには，エジプトで現在まで知られている王のピラミッドのすべてが含まれている．ピラミッドは，その近くにある現在の村の名でよばれ，いくつかのピラミッド地域を形づくっている．これらのグループがつくられるためには，さまざまな理由があった．一般的にいって，古王国時代のピラミッドはメンフィスの近くに集中しているのに対して，中王国時代のものは，その時代に都が置かれていたイトゥジャウィ（現在のアル＝リシュト付近）の近くに建てられた．4王朝の初期になるとピラミッドは，ピラミッドと関連する建物といっしょに名が付けられるようになった．12王朝の間には，ピラミッド複合体の各部分は，おそらくそれ自体をあらわす名称をもっていた．

- △ 真正ピラミッド
- 階段ピラミッド
- 屈折ピラミッド
- 石棺型ピラミッド

リストに示した項目は，次のようなものである（利用できるもののみを示す）：王名と王妃名，ピラミッドの古代名（ヒエログリフ文字表記と意味），現在名，寸法（αは傾斜角度），関連するピラミッド（△）．

アブー・ラッワーシュ

△ ラージェデフ／4王朝
『セヘド星のピラミッド』
104.5m四方．α＝60°．
付属ピラミッド△．
未完成．花崗岩製化粧石残存．

ギーザ

△ クフ／4王朝
『日の出，日没の場所のピラミッド』
現在名「大ピラミッド」あるいは「ギーザの第1ピラミッド」
230m四方．α＝51°50′35″．創建時の高さ146m．
付属ピラミッド△．王妃のピラミッド△△△．
五つの舟坑，そのうちの一つから分解された木製の舟が発見された．また，一つは今も封がしたままである．

△ カフラー（ラーカエフ）／4王朝
『偉大なピラミッド』
現在名「ギーザの第2ピラミッド」
214.5m四方．α＝53°7′48″．高さ143.5m．
付属ピラミッド△．
下段の化粧石は花崗岩製；頂部付近に創建時の石灰岩製化粧石残存．
五つの舟坑．

△ メンカーウラー／4王朝
『神聖ピラミッド』
現在名「ギーザの第3ピラミッド」
105m四方．α＝51°20′25″．創建時の高さ65.5m．
王妃のピラミッド△△△．
26王朝時代に，ペヘド星のピラミッドをもつ木棺が納められた；下部16段に花崗岩製の化粧石．

ザーウィヤト・アル＝アルヤーン

△ 被葬者不明（おそらくカフラーの後継者）．
古代名不明．
現在名「未完成ピラミッド」
209m四方．
地下の部分のみ着工されていた；めずらしい型の石棺が埋葬室の床に埋めこまれていた．

おそらくカバー／3王朝
現在名「層状ピラミッド」あるいは「アル＝ムダーワラ」
78.5m四方．
被葬者は付近で発見された．いくつかのアラバスター製容器にある名から推測された．未完成．

アブー・スィール

△ サフウラー／5王朝
『魂・バーが出現するピラミッド』
78.5m四方．α＝50°11′40″．創建時の高さ47m．
付属ピラミッド△．

△ ニウセルラー／5王朝
『あらゆる場所の中で最も確立されたピラミッド』
81m四方．α＝51°50′35″．創建時の高さ51.5m．
付属ピラミッド△．
河岸神殿と参道の一部は，元来ネフェルイルカーラーのために造営されたものを簒奪した．

△ ネフェルイルカーラー／5王朝
『魂・バーのピラミッド』
105m四方．α＝53°7′48″．創建時の高さ70m．
葬祭神殿と参道は，王の死んだときには未完成であり，のちにニウセルラーによって簒奪された．

△ おそらくラーネフェルエフ／5王朝
『あらゆる魂・バーの中で最も神聖なピラミッド』
65m四方．
着工しただけであった．ピラミッドの名は，関連する神官たちの称号によって類推できるが，それを支持する証拠は何もない．

サッカーラ

△ テティ／6王朝
『あらゆる場所の中で最も不朽のピラミッド』
78.5m四方．α＝53°7′48″．創建時の高さ52.5m．
付属ピラミッド△．王妃のピラミッド△（イプトⅠ世），△（クイト）．
ピラミッド・テキスト．

おそらくメリカーラー／9または10王朝
『あらゆる場所の中で最も繁栄したピラミッド』
およそ50m四方．
付近に埋葬された神官たちの称号を除くと，被葬者に関する何の証拠もない．未発掘．

△ ウセルカーフ／5王朝
『あらゆる場所の中で最も清らかなピラミッド』
現在名「アル＝ハラム・アル＝マハルビーシュ」
73.5m四方．α＝53°7′48″．創建時の高さ49m．
付属ピラミッド△．
葬祭殿が通常と異なり，ピラミッドの南に位置している．

ネチェルケト（ジェセル）／3王朝
現在名「階段ピラミッド」，「アル＝ハラム・アル＝ムダルラジュ」
140m×118m．高さ60m．
当初マスタバ墳として着工され，6回の設計変更ののち，最終的に上部構造が六つの段をもつピラミッドとなった．エジプト最古のピラミッド．

△ ウナス／5王朝
『あらゆる場所の中で最も美しいピラミッド』
57.5m四方．α＝56°18′35″．創建時の高さ43m．
付属ピラミッド△．
ピラミッド・テキスト．
参道には，一連のみごとな浮彫りがほどこされている．二つの舟坑．

セケムケト／3王朝
現在名「埋もれたピラミッド」
120m四方．
未完成．7mの高さまでしか積まれていない．封をされていたが，内部が空の石棺が埋葬室で発見されている．

（おそらく）被葬者不明（おそらく3王朝の王の1人）．
現在名「巨大な囲い」
周壁の輪郭だけ残る．未発掘．おそらく着工しただけである．壮大な規模をもつ．ピラミッドではなく，3王朝のものでない可能性あり．

△ ペピⅠ世／6王朝
『確立された，美しきピラミッド』
78.5m四方．α＝53°7′48″．創建時の高さ52.5m．
ピラミッド・テキスト．
このピラミッドの名がメンフィスという町の名になった．

△ イゼジ／5王朝
『美しきピラミッド』
現在名「アル＝シャウフ」
78.5m四方．α＝53°7′48″．創建時の高さ52.5m．
王妃のピラミッド△．

△ メルエンラー／6王朝
『輝く美しきピラミッド』
78.5m四方．α＝53°7′48″．創建時の高さ52.5m．
ピラミッド・テキスト．

△ イビ／8王朝
名称不明．
31.5m四方．α＝？．創建時の高さ？．
ピラミッドの損傷激しく，正確な測定は不可能．
葬祭殿はレンガ製．明らかに河岸神殿も参道も存在せず，ピラミッド・テキスト．

△ ペピⅡ世／6王朝
『確立された生けるピラミッド』
78.5m四方．
付属ピラミッド△．王妃のピラミッド△（ネイト），△（イプトⅡ世），△（ウジェブテン）．
ピラミッド・テキスト．

シェプセスカーフ／4王朝
『浄化されたピラミッド』
100m×72m．
真のピラミッドではなく，石棺型の構築物である．ただし，古代エジプト人は，しばしばこの形をピラミッドを表すものとして使用していた．

△ ケンジェル／13王朝
名称不明．
52.5m四方．α＝55°．創建時の高さ37m．
王妃（？）のピラミッド△．
主にレンガ製．

△ 被葬者不明／13王朝
名称不明．
80m四方．α＝？．創建時の高さ？．損傷激しく正確な測定は不可能．主にレンガ製．現在の高さわずかに3m．

ダハシュール

△ センウセルトⅢ世／12王朝
名称は確定されていない．
105m四方．α＝56°18′35″．創建時の高さ78.5m．
レンガ製．ピラミッドの近くに6隻の木造の舟が埋められていた．

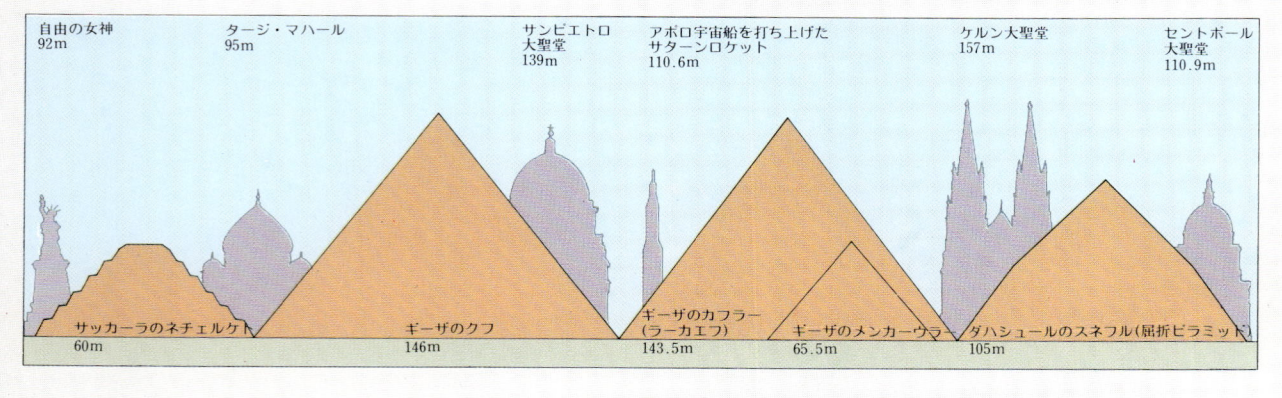

- 自由の女神 92m
- タージ・マハール 95m
- サンピエトロ大聖堂 139m
- アポロ宇宙船を打ち上げたサターンロケット 110.6m
- ケルン大聖堂 157m
- セントポール大聖堂 110.9m

- サッカーラのネチェルケト 60m
- ギーザのクフ 146m
- ギーザのカフラー（ラーカエフ） 143.5m
- ギーザのメンカーウラー 65.5m
- ダハシュールのスネフル（屈折ピラミッド） 105m

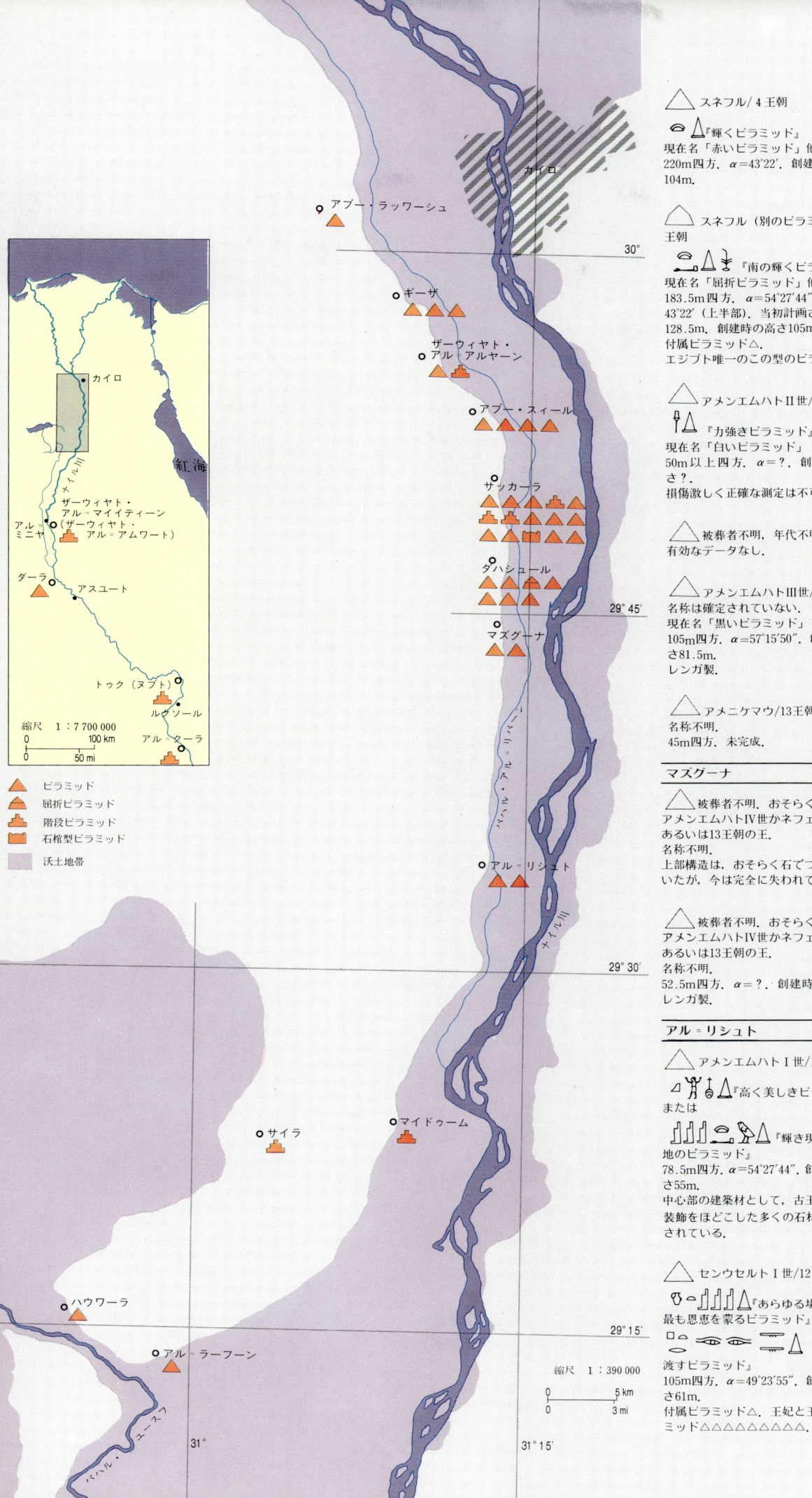

マイドゥーム
△ または △ おそらくフニ/3王朝
147m四方．α＝51°50′35″．創建時の高さ93.5m．
付属ピラミッド△．
おそらくスネフルによって完成された．

サイラ
△ 被葬者不明（王のピラミッドでないことも大いにありうる）．3王朝のものと考えられる．
26m四方．
いまだに十分な調査は、なされていない．

ハウワーラ
△ アメンエムハトIII世/12王朝
100m四方．α＝48°45′．創建時の高さ58m．
名称は確定されていない．
レンガ製．

アル＝ラーフーン
△ センウセルトII世/12王朝
△ 『輝くピラミッド』 他にも名称があった．
106m四方．α＝42°35′．創建時の高さ48m．
王妃のピラミッド△．

ザーウィヤト・アル＝マイイティーン（またはザーウィヤト・アル＝アムワート）
△ 被葬者不明（王のピラミッドでない可能性も大）．3王朝のものと考えられる．
18m四方．

ダーラ
△ おそらくクイ/7-10王朝
名称：不明．
130m四方．
レンガ製．現在の高さ，わずか4m．

トゥク（ヌブト）
△ 被葬者不明（王のピラミッドでない可能性も大）．3王朝のものと思われる．
18m四方．

アル＝クーラ
△ 被葬者不明（王のピラミッドでない可能性も大）．3王朝のものと思われる．
18m四方．

場所不明
△ メンカーウホル/5王朝
サッカーラにあったことは疑いない．
△ 『あらゆる場所の中で最も神聖なピラミッド』
△ ネフェルカラー/7または8王朝
サッカーラにあったことは、ほとんどまちがいない．
△ 『不朽にして生けるピラミッド』
△ イティ/9-10王朝
△ 『すべての魂・バーのピラミッド』

△ スネフル/4王朝
△ 『輝くピラミッド』
現在名：『赤いピラミッド』他．
220m四方．α＝43°22′．創建時の高さ104m．

△ スネフル（別のピラミッド）/4王朝
△ 『南の輝くピラミッド』
現在名：『屈折ピラミッド』他．
183.5m四方．α＝54°27′44″（下半部），43°22′（上半部）．当初計画された高さ128.5m．創建時の高さ105m．
付属ピラミッド△．
エジプト唯一のこの型のピラミッド．

△ アメンエムハトII世/12王朝
△ 『力強きピラミッド』
現在名：『白いピラミッド』
50m以上四方．α＝?．創建時の高さ?．
損傷激しく正確な測定は不可能．

△ 被葬者不明．年代不明．
有効なデータなし．

△ アメンエムハトIII世/12王朝
名称は確定されていない．
現在名：『黒いピラミッド』
105m四方．α＝57°15′50″．創建時の高さ81.5m．
レンガ製．

△ アメニケマウ/13王朝
名称不明．
45m四方．未完成．

マズグーナ
△ 被葬者不明．おそらく12王朝のアメンエムハトIV世かネフェルセベクあるいは13王朝の王．
名称不明．
上部構造は、おそらく石でつくられていたが、今は完全に失われている．

△ 被葬者不明．おそらく12王朝のアメンエムハトIV世かネフェルセベクあるいは13王朝の王．
名称不明．
52.5m四方．α＝?．創建時の高さ?．
レンガ製．

アル＝リシュト
△ アメンエムハトI世/12王朝
△ 『高く美しきピラミッド』 または
△ 『輝き現われる土地のピラミッド』
78.5m四方．α＝54°27′44″．創建時の高さ55m．
中心部の建築材として，古王国時代の装飾をほどこした多くの石材が再利用されている．

△ センウセルトI世/12王朝
△ 『あらゆる場所の中で最も恩恵を蒙るピラミッド』 または
△ 『二国を見渡すピラミッド』
105m四方．α＝49°23′55″．創建時の高さ61m．
付属ピラミッド△．王妃と王女のピラミッド△△△△△△△△．

メンフィス

下左　石灰岩製ゲーム用円盤．方解石を埋め込んだ黒色ペーストの縁と翼をひろげた2羽のフクロウが示されている．デン王の高官，ヘマカ他の44個の品物とともに発見されている．直径：9.7cm．カイロ，エジプト博物館蔵．

右　"イェプタハの息子である書記アハメスが，ジェセルの神殿を見にきた．かれは，まるで天国がこの神殿の中にあるように，太陽神ラーがその中に昇っていくのに気づいた．"（18王朝のヒエラティックの落書きより）

サッカーラ

デルタでは，遺構が保存される可能性が非常に少ないために，多くの研究にもかかわらず，ある程度の正確な事実すら知ることはむずかしい．しかし，サッカーラは，下エジプトで最も魅力的で，興味深い遺跡である．サッカーラは，古代のメンフィスの町にある一連の墓地の中で最も重要なものであり，長さ6km以上，最大幅1.5km以上もある地域を占めている．

ピラミッド以前（1，2王朝）

サッカーラで，考古学者たちが発見した最古の王の名は，いままでのところナルメルのものである．ナルメルは，いくつかのエジプト学者たちが，メンフィスの町の伝説上の創設者であるメネスと同じであるとみなしている人物である．それは，ジェセルの階段ピラミッドの地下の倉庫から，みごとな技術でつくられた何千という完全な形や破片となった容器とともに発見された，斑岩製の容器に刻まれていたものである．サッカーラで最古のマスタバ墳は，それよりもほんの少しだけ後のアハ王（別の学説によるとメネス，もしくはナルメルの後継者）の治世のときのものである．

1王朝のマスタバ墳は，ジェセルの階段ピラミッドの北，現在のアブー・スィールの村の上部にある大きな台地の東端にそってほぼ連続してつくられている．日乾レンガでつくられ，"宮殿の正面"を模した羽目板を備えているこれらのマスタバ墳の上部構造は，かなり大規模である．たとえば，ウアジュ王の時代のS3504墓は，大きさが56.45m×25.45mである．副葬品を納めた部屋は，マスタバ墳本体の中央にあり，またマスタバ墳の地下の中央には玄室と付属の部屋が置かれた．

これらのマスタバ墳の中でも，1936年から56年にかけてW・B・エマリーが発掘したものが，最も重要なものである．当初は，その規模から少なくともそれらのうちの数基が，王の墳墓であると信じられていたが，いまではほとんどの学者たちは，これらの墳墓がメンフィスに住んでいた高級官僚たちの墓であると考えている．

1王朝の末に，マスタバ墳の外面の"宮殿の正面"を模した羽目板は，二つの壁がんへと形を変えていった．これらの壁がんは，墓の南東コーナーに近い東面に設けられた．そのため，この場所は死者を供養する儀式において，とても重要となり，その中心となっていた．概して小型な2王朝の貴族のマスタバ墳は，1王朝の大型の墳墓がある地域の西に，きわめてばらばらに造営されていった．

ウナスのピラミッドの東側と，それよりも約140m東の場所に，地下に岩をくリ抜いたいくつかの部屋をもつ大きな複合体がつくられている．レンガでつくられたそれらの上部構造はまったく残っていないが，もともとは壺やその他の副葬品の封印として使われていた粘土製のいくつかの封印にある王の名前から，これらの地下の通廊が，2王朝初期の2人の王，ラーネブとニネチェルの時代に建造されたことを示している．おそらく，付近の村で再利用されていたと思われるラーネブのステラが発見されたことにより（その発見の正確な状況は明らかではないが），この地下の複合体は，かつては王の墳墓であって，2王朝の初期までにエジプトの王たちが，サッカーラにはじめて埋葬されるようになったと考えられる．

ピラミッド時代（3—13王朝）

ピラミッド　ここで年代順にとりあげる15基の王のピラミッドは，すべてサッカーラで知られているものである．現在では，これらのほとんどが厳密に幾何学的な形をしていた当初の姿を失い，人工の丘へとかわってしまっている．これからの発掘調査によって，これ以外のピラミッド（たとえばメンカーウホルのピラミッドなど）も，将来さらに発見されるとみられている．

（1）ネチェルケト・ジェセルの階段ピラミッドは，前2630年の少しのちに建造されたエジプト史上初のピラミッドであり，これほどの大きさのものとしては，世界でも最古の石造建築物であった．この計画が先駆的であったことは，その形が何回もためらいつつ変化していったことからも明らかである．おそらく新しい建築材料が大いに影響を与えたのであろう．

建設していく過程で，全部で六つの異なった計画が採用された．この建物は，サッカーラで確立された伝統にしたがい最初巨大なマスタバ墳として工事が開始されたが，最後には6段の階段をもつピラミッドとなった．階段ピラミッドの設計は，昔からイムテス（エジプト名，イムヘテプ）が行ったとされていた．

この階段ピラミッドがつくられて約2400年ほどのち，マネトーは，イムテスのことを"切石を使った建物の技術の考案者"と記述している．事実，1925，26年に行われた階段ピラミッドの入口部分の発掘調査で，ネチェルケトの像の台座に書かれたイムヘテプの名が発見された．これはマネトーの記述が正確であったことを立証する，実に魅力的な同時代資料である．

ピラミッド本体の南東コーナー近くの建物複合体は，セド祭の儀式のための聖所と建物群を石で模倣したものである．

メンフィス

メンフィス

1 ネチェルケト・ジェセル	6 イゼジ	11 ペピII世
2 セケムケト	7 ウナス	12 イビ
3 "大周壁"	8 テティ	13 メリカーラー（?）
4 シェプセスカーフ	9 ペピI世	14 ケンジェル
5 ウセルカーフ	10 メルエンラー	15 13王朝の名の不明な王

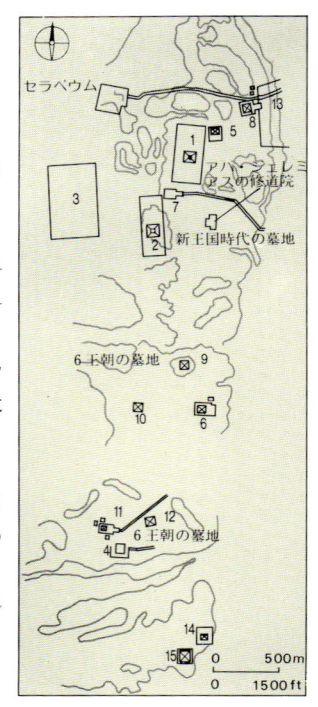

セド祭は，王の治世に新しい段階のはじまりを画すために行われるものである．そして，これらの建物が石という永続性のある材料でつくられているということは，ジェセルが自らの死後の生を享受することを望んで，セド祭の多くの儀式を準備したことをあらわしている．ピラミッドの北東コーナー近くの密室（セルダブ）には，王の座像が納められていた．この像は，エジプトで知られている等身大の最古の石でつくられた王像である．

ここ50年間以上，階段ピラミッドといえば，フランス人エジプト学者，ジャン=フィリップ・ロエの名を思い浮かべる．現在，かれはセド祭殿の中庭にある礼拝道を中心にめざましい仕事を行っている．サッカーラを訪れるものは誰でも，その当初の美しさを復元したエジプト最古の石造建築のユニークな例をみる機会をもつことができる．

（2）セケムケト王は，かれの前任者のジェセル王のピラミッドの南西に，それよりやや大きい階段ピラミッドを建造することを企てたが，このピラミッドは完成されないまま，徐々に砂の下に埋もれてしまった．そして，1950年になって，エジプト人のエジプト学者，M・ザカリア・ゴネイムが，このピラミッドを発見した．かれは，このピラミッドを"埋もれたピラミッド"と適切に命名した．

（3）セケムケトのピラミッド周壁の西のいまだ発掘され

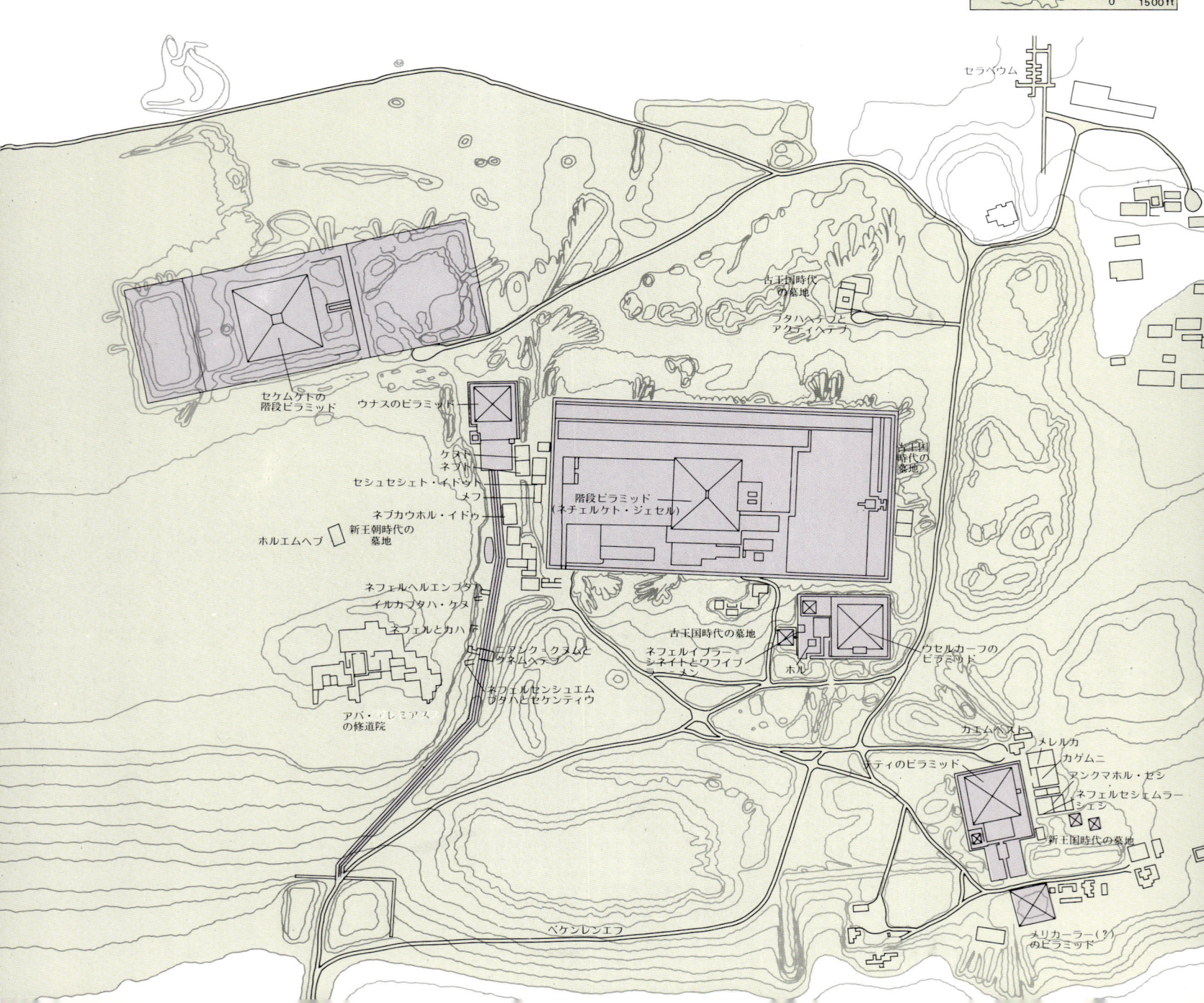

メンフィス

上左 ネチェルケト・ジェセルの階段ピラミッド．へこみのある周壁の南東コーナ付近の入口．
上右 溝のついた柱（うしろの壁に一部分がついている）をもつ柱廊．ピラミッドの南の中庭と入口とをつないでいる．
下左 セド祭殿の"南の建物"．ほとんどすべてが復元されたものである．

下中 セルダブで発見されたジェセルの石灰岩製座像の上部．王は，儀式用のガウンをまとい，珍しい頭飾りをつけている．右手が曲げられ，胸の所で握られている姿勢は，典型的な古拙期のものである．皮膚の黄色，髪やあごひげの黒色などの彩色の多くは失われている．象嵌された眼はくりぬかれたため，その顔は不完全なものとなっている．高さ1.40m．カイロ，エジプト博物館蔵．

下右 ウナスのピラミッド複合体．約39mの長さがある二つの舟坑．ピラミッドの約180m東の参道の南にある．

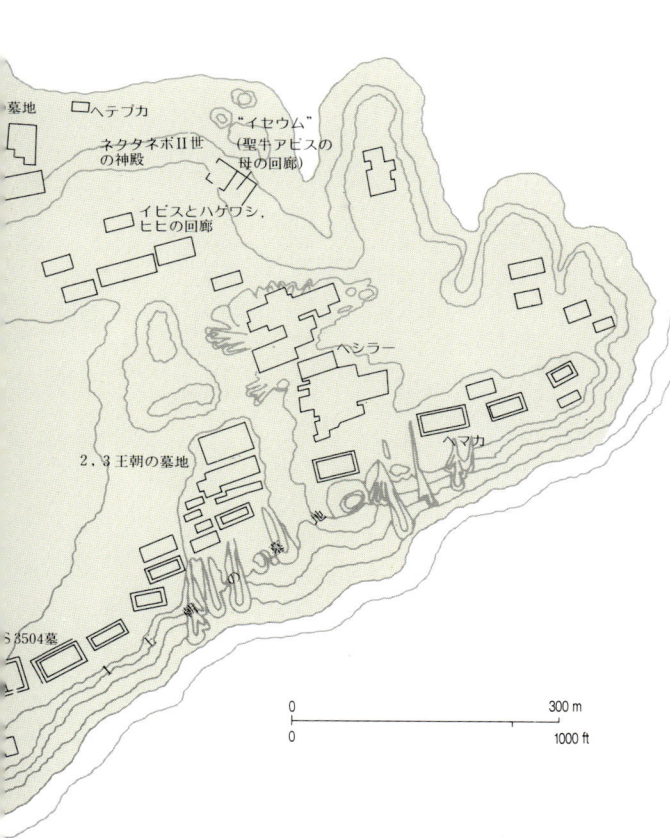

ていない地域に，巨大な周壁で囲まれた範囲があることが，航空写真によって明らかにされている（エジプト学者たちは，"巨大な周壁"とよんでいる）．ジェセルの階段ピラミッドの真西に，それと同じ型の別の建物があったと考えられている．これらは，おそらく3王朝の建物と思われるが，将来行われる発掘調査が，それらの年代と被葬者についての問題を明らかにするであろう．

（4） 4王朝の最後の王の1人であるシェプセスカーフの埋葬複合体は，ピラミッドではなく，巨大な石棺を模した建造物である．これは"マスタバ・アル＝ファラウン"の名で知られている．これと類似の形をもつものとしては，ギーザにある5王朝の初期の王たちの母であるケントカウスの墓だけがあるのみである．

（5） 5王朝の最初の王であるウセルカーフは，ジェセルのピラミッド周壁の北東コーナー付近に，そのピラミッドを造営したが，かれの後継者たちは，サッカーラからずっと北のアブー・スィールへ，ピラミッド建造の場所を移した．メンカーウホルのとき，再びピラミッドがサッカーラに築かれるようになったが，このメンカーウホルのピラミッドの位置は，いまだにわかっていない．

（6） メンカーウホルの後継者であるイゼジのピラミッドは，サッカーラの南部に造営された．

（7） 5王朝最後の王，ウナスのピラミッドは，ジェセルの階段ピラミッド周壁の南西コーナー近くに建てられている．このピラミッドの内壁には，ピラミッド・テキストが記されている．このテキストは，おそらく埋葬の儀式のときに使われた，冥界で死んだ王を助けるための呪文を集めたものである．ウナスのピラミッドは，ピラミッド・テキストをもつ最初のピラミッドであり，その後の古王国のピラミッドの，しばしば標準的な特徴をもつものとなった．

メンフィス

左 ウナスの参道．葬祭殿とピラミッドの遺構もみえる．

下 3王朝の歯科医と外科医の長ヘジラの木製パネル．元来，かれの墓の壁がんにあった．カイロ，エジプト博物館蔵．

このピラミッドの南面には，ラメセスⅡ世の息子の1人であるカエムウスのヒエログリフの碑文がある．これは，古い記念物に興味をもっていた，カエムウス王子によってなされた復元の仕事を記録したものである．カエムウスは，プタハ神の高級神官という職において，メンフィスの地とつながりがあった．

ピラミッドの東面にある葬祭殿と河岸神殿とを結んでいる参道は，浮彫りで装飾されている．これらの浮彫りであらわされたさまざまな光景の中には，アスワーンの近くの花崗岩の石切場からウナスのピラミッドの建設現場に，花崗岩の柱や軒縁を運ぶ舟を描いた場面がある．この舟旅にはほぼ7日を要した．

（8） 6王朝の創始者であるテティのピラミッドは，サッカーラの王家のピラミッドの中で最も北に位置している．しかし，ペピⅠ世（9）やメルエンラー（10），ペピⅡ世（11）など他の6王朝の王たちは，イゼジのピラミッドと同じく，サッカーラの南の地域にピラミッドを造営した．1965年以来，6王朝のピラミッドの内部の通路や部屋の様子が組織的に明らかにされている．それらの壁に記されたピラミッド・テキストは，ジャン・ルクランやジャン＝フィリップ・ロエによって写しがとられ，研究がなされた．

（12） 8王朝のほとんど知られていないイビ王のピラミッドも南の地域にある．

（13） 北サッカーラの，テティのピラミッドの東側に認められる未発掘のピラミッドの遺構は，おそらくメリカーラー王のものと考えられる．この王は，ヘラクレオポリス期（9，10王朝）のかなりよく知られている2人の王のうちの1人である．テティのピラミッドに隣接するメンフィスの地区は，その時代非常に栄えていた．そこには，神官メリカーラーの墓を含む，この時代の墳墓が数多くあり，またこの町の一角は，テティのピラミッドの名に由来する，ジェド＝イスウトの名で"メリカーラーの教訓"として知られる古代エジプト文学にも記されている．

（14），（15）は，13王朝の王のもので，サッカーラの南端にある二つのピラミッドであり，この時期の特徴である日乾レンガで建造されている．このうちの一つは，ケンジェルのものであり，もう一つは，だれのものか不明である．

貴族の墓 ピラミッドと同時期の貴族の墓が最も集中している場所は，ジェセルの階段ピラミッドの北の地域である．この地域は，1，2王朝に属する初期の墓地が次第に規模が大きくなってできあがったものである．主に3-5王朝のものを中心とするこれらの墳墓の多くは，フランス人考古学者オーギュスト・マリエットの指揮のもとで，いまから1世紀以上も前に部分的に発掘された．この発掘で使用された考古学の技術や方法は，その当時のものであった．これらの墳墓は，発掘後まもなく再び砂に埋もれ，いまでは近づくのも困難になっている．

すべての古王国のピラミッドは，その周囲を貴族の墓がとり巻いている．階段ピラミッドの南にある貴族の墓のいくつかは，ウナスのピラミッドが建設される際に邪魔となったために，ウナスのピラミッドの参道の下に埋められてしまった．そのためこれらの墓は，後世の破壊と盗掘を避けることができた（それよりずっと後のテーベの王家の谷にあるトゥトアンクアメン王墓も，同様な理由から盗掘をまぬがれた）．これらの墓のいくつかは，部分的に岩をくりぬいてつくられている．

サッカーラの岩は，岩窟墓をつくるにはあまりにも適していないために，ほとんどつくられていない．テティのピラミッドの北と東の地区や，ペピⅡ世のピラミッドの周囲に発見されている古王国末期や第1中間期に属する墓は，主としてそれらの浮彫り装飾や建築に特徴があることから，貴重な遺跡とされている．

サッカーラの貴族の墓は，少なくとも最初の10王朝の間（前2920-2040年）は絶え間なく墓の増築が行われ，おそらくも

次頁左 シャイク・アル＝バラド，"村長像"．1860年に発見されたときに土地の作業員たちが名付けた．木製（腕は別の木からつくられ，胴に付けられている）で元来は表面にしっくいが塗られ，彩色がほどこされていた．また眼は象嵌されている．両足と杖の下半分は復元されているが，銘はないが，5王朝初期の朗唱神官長カーアベルの墓で発見された．肥満した中年の明らかに写実的な肖像となっている．このタイプの傑作の一つである．高さ1.10m．カイロ，エジプト博物館蔵．

次頁右 古王国時代の墳墓の浮彫り．上から，（1）鳥の飼育場．ガンとツルに無理にエサを与える男たち（5王朝の名称不詳の墓のもの．東ベルリン博物館蔵）．（2）雄ウシを押し倒す屠殺者のグループ（メレルカの墓，テティ王時代）．（3）主人の墓にそなえる供物をもって，死者に近づく家人たち．一部未完成（アクティヘテプの墓，5王朝末期）．（4）運河を渡るウシの群．カバと魚がみえる（カゲムニの墓，テティ王時代）．（5）墓にそりで引いて行かれる死者の像を納めた厨子（ヘテプカの墓，5王朝末期あるいは6王朝初期）．

メンフィス

147

メンフィス

の後も墓は増していった．1，2王朝のマスタバ墳の東面にあった礼拝用壁がんは，3，4王朝のときには，マスタバ墳の本体内部へと位置をかえた．これはおそらく，その装飾された部分をずっと効果的に保護するために行われたものであろう．

マスタバ墳の内部は，通路によって外部とつながれ，サッカーラの古典的十字形礼拝堂をつくりだしている．この最も簡略化された墓の礼拝堂は，5，6王朝の間に，より多くの部屋を付け加えることによって，ずっと大きくなっていった．日乾レンガや石で充塡されていたこれらの部屋は，浮彫り装飾をするのに適した広い部分を提供することとなった．浮彫り装飾は最終的にはマスタバ墳の本体のほとんど全体にほどこされた．柱のある玄関や柱のある中庭，そのほか四つの部屋をもつティのマスタバ墳やメレルカの家族墓など古王国時代の最も有名なサッカーラのマスタバ墳は，この型のものである．

新王国時代

貴族の墓　いままでにサッカーラで発見されている貴族の墓の中で，18王朝が興隆する直前の時期のものは，唯一葬祭殿があるだけである．これは，この時期のエジプトが政治的，社会的に不安定な状態だったからと考えられる．しかし，国内が比較的安定していたアメンヘテブIII世の治世以前の，18王朝初期や中期の墓もないのは不思議である．いくつかのテキストには，ギーザ地区でエジプトの王子たちが，狩りやその他の行動をしたことが記録されており，メンフィスには一時的に，王自身を含む王家の人々の住居があったことがわかる．おそらく王家の人々やそれを維持する人々を収容する施設が必要だったのであろう．

さらに，メンフィス地区を管理しているものがまったくなかったと考えることは困難なことであり，むしろメンフィスの神殿群は，一つの恒久的な神官団によって管理されていたと考えられる．これらの人々の墓が，サッカーラにあると仮定するなら，それらの墓はまだ発見されていないのだと推測しなければならない．これらの墓が存在する可能性の最も強い地域は，墓所の東端の急斜面である．その中でもとくに，テティのピラミッドと，その北の台地の北端との間の部分が有力である．それらの墓は，おそらく岩窟墓であった．しかし，他の地域（たとえばアル＝カーブ）の18王朝の地方墓をみると，そうした墓はほとんど存在していない．これまでに，新王国時代の二，三の岩窟墓がサッカーラで発見されているが，この中には，アペリアとよばれた宰相の墓も含まれている．

アメンヘテブIII世の治世に，サッカーラに大きな石造の墓（岩窟墓に対して）が出現したが，いままでに知られているそれらの墓の大部分は，いくらか後の時代のものである．トゥトアンクアメンが，アル＝アマールナを放棄した際に，王の居住地はテーベではなくメンフィスに移された．メンフィスとその最も重要な墓地であるサッカーラは，活動の中心が北東デルタに移されたラメセスII世の治世になるまで，王の居住地としての地位を保っていた．そのため，サッカーラにある新王国時代で最も素晴らしい墓は，トゥトアンクアメンの治世とラメセスII世の治世との間にはさまれた時代のもので

ある．それらの墓は約100年ほどにわたって，明らかに一様なグループをつくっている．国家で最もすぐれた職人たちや芸術家たちが宮廷に仕えて，そうした墓の造営に参加していた．

この時期のサッカーラの浮彫り技術は，高い芸術的水準を誇っており，新王国時代の貴族の記念物では，再びこの水準に達することはなかった．これらの墓の開封は，統制された発掘調査によるものではなかった．墓は，きわめて地表に近く，ときどき古王国時代の墓の上に重なるようになっている．そのために19世紀の骨董品の収集家たちによって，容易に略奪を受けることとなった．

さらに，サッカーラがカイロに距離的に近い状況が，このことに拍車をかけた．石のブロックを並べた墳墓を分解し，装飾された浮彫りをはずすことは非常にたやすいことだったからである．現在までに知られている新王国時代の墓は，サッカーラのつぎに記す二つの地域に集中している．それは，（1）テティのピラミッド複合体の近く，（2）東はアパ・エレミアスのコプト教修道院の廃墟，西はセケムケトのピラミッドの周壁の間にある，ウナスのピラミッドの参道の南域である．

前頁上 職人の監督官アメンエムオネは、かれの妻タヘシトと息子たちを連れ、雌ライオンの頭をしたメンフィスの女神セクメトにパピルスとロータスの花をささげている。18王朝末期。カイロ、エジプト博物館蔵。

前頁下 ナイルを航行する舟の、帆を上げる場面。ネフェルの墓東壁。
上 西壁の部分。さまざまな家族の人人を描いた連続する偽扉。歌い手の監督官ネフェルの墓の礼拝室。5王朝の中期から後期。

下中 偽扉の脇柱と奥壁に描かれた髪結いの視察官ヘテプカー。5王朝末期か6王朝初期。

下右 パピルスを読む書記の彩色石灰岩製座像。その眼は聴く人を凝視している。パピルスの巻物は、あぐらをかいたために平らに広がった腰布の上に置かれ、左手は巻物の最初の部分をおさえている。また右手は必要に応じて巻物を広げる用意をしている。このパピルスにはインクでテキストが書かれた痕跡が残っているが、この像自体には銘がなく、正確な発見の状況も知られていない。そのため、この像が誰のものかが不明である。この型の彫像は4王朝時代に導入され、広くつくられた。高さ49m。5王朝。カイロ、エジプト博物館蔵。

メンフィス

メンフィスにあるホルエムヘブの墓。第2列柱室東壁。18王朝末流行の，前がふくらんだ長い襞のついた衣装を着た廷臣たちのグループ。かれらは握りに飾りのついた長い歩行用杖をもって，公式行事に参加している。かれらは好みで，それぞれ異なる型のかつらをかぶっている。この出来事は，"将軍の中の将軍"ホルエムヘブが行った海外への軍事遠征で連れてこられたアフリカ人やアジア人捕虜の観閲式である。捕虜たちは，かれらを護送するエジプト人兵士たちに無理やり引きずり出され，いろいろな侮辱を受けた。こういった場面は先例が全くなく，外国人たちが受けた荒々しい処遇と廷臣たちの柔弱で優美な服装とが著しい対照をみせている。この浮彫りは男たちの手にみられるように，美しく形づくられた細部をもつ大変繊細なもので，多くの点で最もよいアマールナ美術の伝統を引継ぐものである。長い間知られてきた浮彫りのいくつかの断片は，この墓が再発見されたことで，この壁にぴったりと合うこととなった（黒人の捕虜を描いたブロックは，ボローニアのチビコ博物館蔵。その他はアレクサンドリアのチチニア・コレクションにあったもの）。

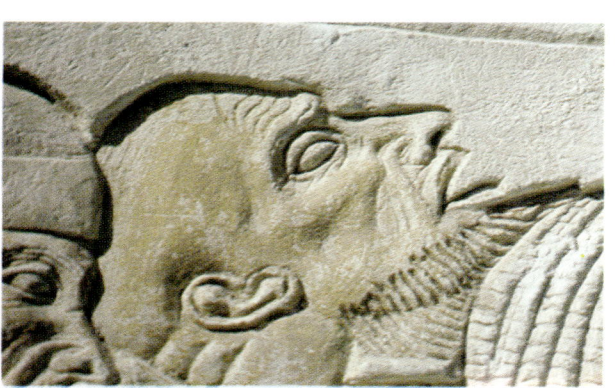

　長い間のエジプト学の一つの論争に決着をつけた，めざましい発見が2，3年前になされた．この発見は，G・T・マーチン率いるエジプト探査協会と，ライデンの国立考古博物館との英蘭調査隊の手によってなされた．19世紀の前半以来，ベルリンやボローニア，ライデン，レニングラード，ロンドン，ウィーンなど各地にある多くの国立博物館は，軍の偉大な司令官ホルエムヘブの墓から出土した浮彫りやステラを誇らしげに展示している．

　ホルエムヘブは，アマールナ時代の後，つまりトゥトアンクアメンとアイの時代に，王座の陰で軍事力を握っており，のちに自らも18王朝最後の王となった人物である．かれの王墓はテーベの王家の谷にあるが，多くの博物館に置かれているかれの記念物は，ホルエムヘブが王に即位する前に，自分のために造営した，墓から出土したものにまちがいない．これらの記念物が出土した墓の場所は，どこにも正確に記録されておらず，それがエジプトのどの地域にあったのかということさえも確かではなかった．ベルギーのエジプト学者ジャン・カバールが，1921年にメンフィスにホルエムヘブの墓があるという強力な議論を展開するまでは，最初にテーベとメンフィスの双方が候補として考えられていた．しかし，墓の

動物を埋葬するときに動物の墓所の地下の部分に立入りを許されたものは，かれらの敬虔さの証しとして小さな奉納碑をあとに残した．今日では，碑をはめ込んだ枠が，残っているだけである．

位置が確実に定められたのは，それから54年ものちの1975年の1月のことであった．

新王国時代の典型的なサッカーラの墓の礼拝堂のプランの主な特徴は，ときおり一つかそれ以上，柱の並ぶ中庭があり，礼拝室がマスタバ墳の奥に位置している点であった．礼拝堂の主要な要素は，一つのステラであった．このステラは通常，墓の中央の東西軸上に置かれており，しばしばそれ以上のステラや彫像は，マスタバ墳の他の場所に置かれた．通常，礼拝堂の上部には小さなピラミッドがつくられた．地下の玄室を結ぶ竪坑の入口は，中庭に通じていた．

聖牛アピスの墓 聖牛アピスの信仰は，メンフィスの主神プタハの信仰と密接な関係があった．アメンヘテプⅢ世の治世の，ミイラ化した聖牛アピスを葬った墓が，サッカーラのセラペウムに発見されている．

末期王朝，グレコ・ローマン時代

貴族の墓 26王朝のときに，エジプトの墓の設計者は，それまで2000年もの間，試みられながら成就しなかったことを，成しとげた．ほぼ完璧に安全な墓を設計したのである．この時期の多くのサッカーラの墓では，丸天井をもつ玄室が大きく深い竪坑の底につくられたが，この竪坑はのちに砂で満たされてしまった．盗掘者たちにとって，莫大な量の砂を竪坑から取り除くことは，非常にむずかしかった．実際，その作業は，竪坑をつくるために石のブロックを切り出すことより，ずっと技術的に困難なのである．この時期につくられた他の形式の墓は，伝統的な形式の岩窟墓である．

王朝時代末期とグレコ・ローマン時代の大部分の墓は，階段ピラミッドの周壁の近くにある．

（1）北はセラペウムに通じるスフィンクス参道沿いに点在する．主に30王朝とグレコ・ローマン時代のもの．

（2）東とくに竪坑墓はウセルカーフのピラミッド地域にある．さらに東には，崖につくられた岩窟墓がある．主に26王朝時代のもの．

（3）西は主にグレコ・ローマン時代のもの．

（4）南はウナスのピラミッド付近．主に26, 27王朝時代のものであるが，プトレマイオス朝時代の大きな墓も含まれている．

セラペウムと他の聖なる動物の墓地 聖なる牛アピスは，サッカーラに埋葬され崇拝された動物たちの中で，群をぬいてもっとも重要なものであった．すでに新王国のラメセスⅡ世のときに，初期の独立した墓は遺棄され，地下の回廊（いわゆる小丸天井）がつくりはじめられた．この地下の回廊の両側にある大きな壁がんには，聖牛アピスのミイラにされた遺体が置かれた．聖牛アピスの埋葬は，約14年に1回の割合で行われて，一度に1頭が葬られた．ラメセスⅡ世の回廊は，最終的に68mの長さにまで達した．最初の回廊から右折して掘られた第2の回廊（いわゆる大丸天井）は，26王朝の時期に着工された．そこに埋葬された最初の聖牛は，プサメティコスⅠ世の治世第52年に葬られたものである．この回廊は全長が198mもあり，グレコ・ローマン時代まで使われていた．

礼拝堂と小神殿の複合体は，セラペウム（ウシル＝ハピすなわち，死んだ聖牛アピスという語のギリシア語形オソラピスに由来する．のちにプトレマイオス朝の，人為的に導入された神セラピスと同一視された）の形成とともに，聖牛アピスの地下墓地の近くに発達した．30王朝のネクタネボⅠ世とⅡ世は，セラペウムの建設において非常にきわ立った活躍をした．おそらくネクタネボⅠ世は，東のサッカーラ台地の下にあるメンフィスの町からセラペウムに通じる，人頭のスフィンクスの参道もつくったと思われる．1850年にオーギュスト・マリエットは，砂の上に顔をみせていたこれらのスフィンクスのうちの一つをみて，古典古代の作家が記したセラペウムを，サッカーラで捜すことを思いたったといわれている．新しい未発表の資料によれば，イギリス人の古物家A・C・ハリスが，それよりも5, 6年前に同じ結論に達していた．

メンフィスの町に隣接するスフィンクス参道の東端には神殿群が存在していた．それらの中には，プトレマイオス朝時代にそのほとんどが建られた有名なアヌビエイオンとアスクレピエイオンがあった．そして，この付近には，ミイラ化されたヤマイヌと猫の墓地があった．

1964年以降，サッカーラの墓所の北西の端近くで，エジプト探査協会の手で行われている発掘によって，ミイラ化された"アピスの母"なる動物たち，雌ウシ，ハゲタカ，トキ，ヒヒを埋葬した回廊が発見されている．

メンフィス

下　北東よりみたアブー・スィール。手前にサフゥラーのピラミッド，後方にニウセルラーとネフェルイルカーラーのピラミッド，ラーネフェルエフの建物跡がみえる。この航空写真は，チェコスロバキア・エジプト学研究所の発掘（現在なお進行中）が開始される前に撮られた。

右　耕地は河岸神殿の近くに広がっている。もっとも，ピラミッドに到着する前に，なおも長い参道を登っていかねばならなかった。サフゥラーのピラミッド参道は，約230mあるが，ネフェルイルカーラーの未完成の参道は，ほとんどその2倍の長さに計画されていた。

アブー・スィール

太陽神殿

アブー・スィールで最も北にある建造物は，アブー・グラブとアブー・スィールのピラミッドの中間にあるウセルカーフ王が建てた太陽神殿である。この建物は，他のすべての建物から孤立しており，エジプトで残っている最古の太陽神殿である。

ウセルカーフのわずか7年という短い治世では，かれがこの神殿を完成させることはできなかったようであり，構造は単純で浮彫り装飾などもない。いくつかのエジプトのテキストには，周壁に囲まれたオベリスクの基台にだけみられるヒエログリフで記された，この神殿の名が書かれている。このことは，オベリスク本体は後世のものであったということを示唆しているように思える。また，H・リックとG・ヘニーが，1954年から1957年にかけて行った，この神殿の発掘と建築学的考察からも，このことが裏付けられている。神殿上部で認められる全部で四つの建設段階のうち，最初の三つは5王朝の頃のものである。

この建造物の下部に隣接するはっきりしないいくつかの遺構は，いわゆる河岸神殿である。この建物がネイト女神の信仰と関係があったとする説（S・ショットとH・リックによる）が提起されている。このネイト女神は，元来はデルタ地方の神であったが，古王国時代の頃には，メンフィス地区で非常に広く知られていた。

よく使われたこの女神のメンフィスでの形容辞は，"壁の北"（おそらくこの地域のこの女神の聖所が，王都メンフィスの町の周壁の北に位置していたことを示していると思われる）とか，"道を開くもの"（"開拓者"という彼女のもつ好戦的特徴に関係している）とかいったものであった。いままでのところ，この女神の神殿の確実な位置は不明である。しかしながら，ネイト女神に関する何の文字資料もアブー・スィールでは発見されていないため，この問題は慎重に検討されなければならない。

ピラミッド

5王朝の創始者であるウセルカーフは，みずからのピラミッドをサッカーラに造営したが，ウセルカーフにつづく5人の王のうち4人がアブー・スィールにそのピラミッドを建造した（シェプセスカーラーのピラミッドの位置は不明）。

サフゥラーのピラミッド複合体は，その規模や装飾からみて，壮麗な建造物であった。その構造は，5王朝のエジプトの王の埋葬建築の典型的な例となっている。建築資材としては，神殿の基礎には付近で採掘された石灰岩が使われ，浮彫りをほどこす部分には，トゥーラの石切場から切り出された良質の石灰岩（東岸から川を横切って運ばれた）が，柱やドアのわき柱，まぐさ石などには，アスワーン産の赤色花崗岩が，またペイブメントには黒色玄武岩が使われていた。ピラミッドも付近で採掘された石灰岩を使って建てられ，外装と通路の内張りにはトゥーラ産の石灰岩が使用された。ピラミッドの内部のつくりはきわめて貧弱なものであった。これは，元来は化粧石の下にかくれてみえないために，労働力を節約したからである。しかしながら，その結果として，このピラミッドはいまや巨大な瓦礫の山と化している。

神殿出土の石灰岩の浮彫り装飾や碑文の多くは，後代の熱心な事業家たちが，砕いて石灰に変えてしまったたにもかかわらず（現在，残っている装飾は，もとあった1万㎡のうちのわずか1/100ほどにすぎない），断片で残っている場面は，その技術とともに主題においても壮大なものである。これ以前のピラミッド神殿で，装飾が保存されているものはない。しかし，比較する材料が欠如してはいるが，サフゥラーのピラミッド複合体の建設に従事した建築家と芸術家たちは，建築上のまったく新しい問題に直面したことは確かである。かれらの功績は，つぎにくる多くの世代のために，基準を設定したことだった。

浮彫りの主題は，神々に対する王の位置を特徴づけるのと

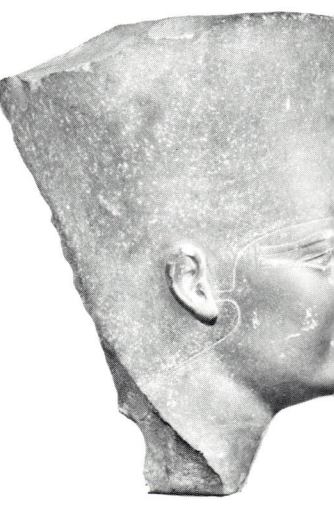

ウセルカーフ王あるいはネイト女神？。エジプトの赤冠をつけた，ほぼ完全に保存された灰色片岩の彫像頭部で，太陽神殿の近くで発見された。この型の冠は王がつけたものであるが，ネイト女神もつけた。ウセルカーフ王の像である可能性がずっと強いと思われる。カイロ，エジプト博物館蔵。

同様に，王の現世での行動や業績などといった王自身に関するものである．おそらく最も顕著なものは，サフゥラーが弓矢で砂漠の動物たちを狩りする場面と，アジア遠征からもどってくるエジプトの船を描いた大浮彫りである．その技術は，石の表面上ほんの2，3mm浮き出した図やテキストのある"下段"の高浮彫り（つねに彩色されていた）が最もすぐれている．

ネフェルイルカーラーとニウセルラーのピラミッド複合体は，かれらの前任者たちの複合体よりもずっと被害をこうむっている．ネフェルイルカラーは，かれの埋葬複合体をサフゥラーのものより大規模なものとして企画したが，それを完全に成就することはなかった．実際，その未完成な下部は，ニウセルラーが奪い，自分のピラミッド神殿に通ずる参道に転用した．一般的に，ラーネフェルエフのものと認められている4番目のピラミッドの遺構を，かれのものとする確実な証拠はなにもない．それにもかかわらず，ラーネフェルエフのピラミッドの名が，エジプトのテキストに記されており，この認定はかなり正確だと思われる．

今世紀のはじめに，L・ボルヒアルトが，アブー・スィールでピラミッドの探査を実施した．

マスタバ墳

アブー・スィールの貴族の墓の中で，最も重要なものは，宰相（国家の高級官僚）でニウセルラーの義理の息子であるプタハシェプセスの家族のマスタバである．この墓は，古王国時代で最も大きな貴族の墓の一つであり，19世紀の前半にC・R・レプシウスは，これをエジプト19番目のピラミッドとして数えた．このマスタバ墳は，最近チェコスロバキアのエジプト学研究所の手で発掘が行われている．

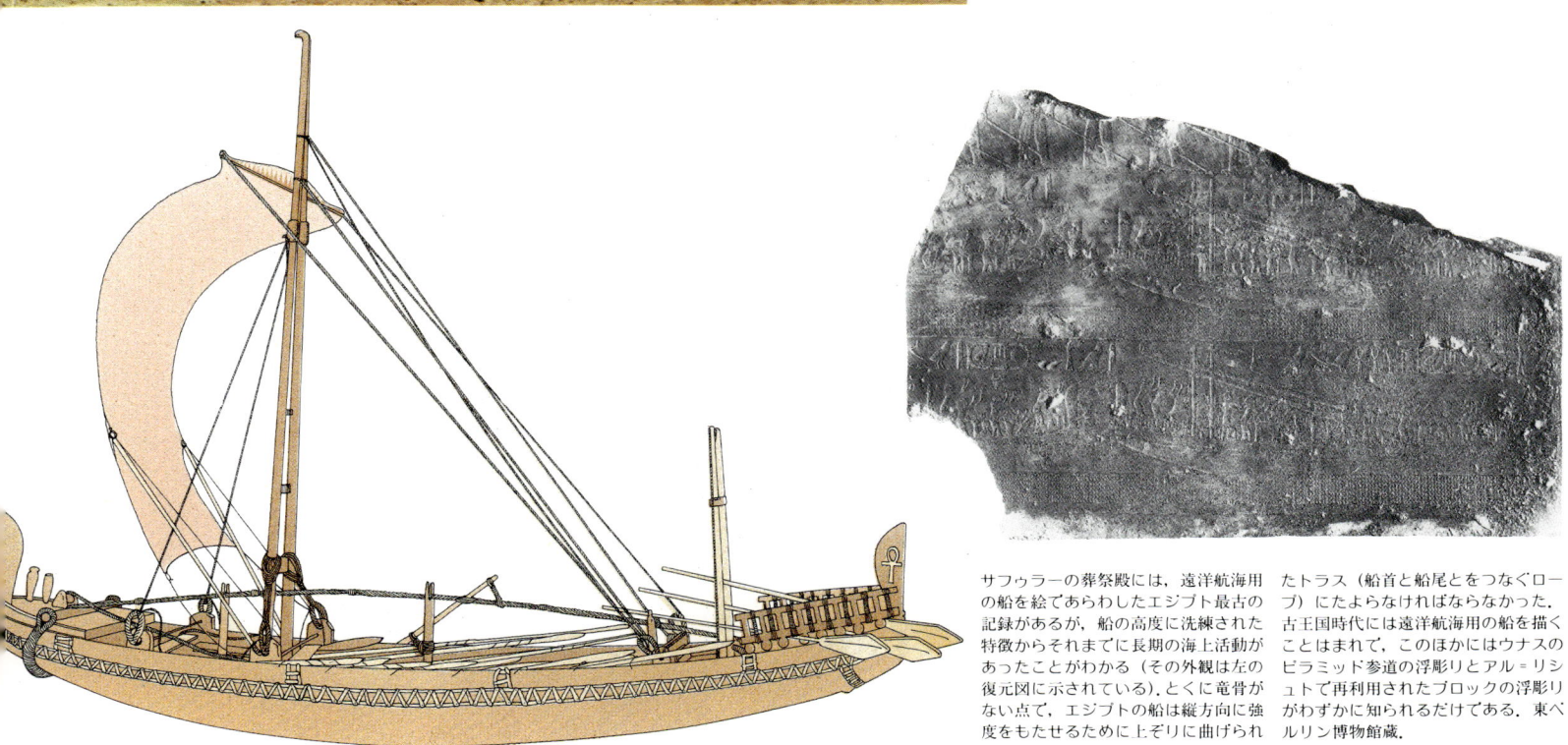

サフゥラーの葬祭殿には，遠洋航海用の船を絵であらわしたエジプト最古の記録があるが，船の高度に洗練された特徴からそれまでに長期の海上活動があったことがわかる（その外観は左の復元図に示されている）．とくに竜骨がない点で，エジプトの船は縦方向に強度をもたせるために上ぞりに曲げられたトラス（船首と船尾とをつなぐロープ）にたよらなければならなかった．古王国時代には遠洋航海用の船を描くことはまれで，このほかにはウナスのピラミッド参道の浮彫りとアル=リシュトで再利用されたブロックの浮彫りがわずかに知られるだけである．東ベルリン博物館蔵．

メンフィス

アブー・グラブ

　5王朝の支配者たちは、最後の2人を除いて、太陽神崇拝のために設計された特別な神殿を建てることで、ヘリオポリスの太陽神ラーに対する偏愛をあらわした。これらの神殿のうち、エジプトのテキストで知られているものが全部で六つあるが、いまのところ、考古学者たちが位置を決定したのは、わずかに二つの遺構だけにすぎない。

　アブー・グラブにニウセルラー王が建てた太陽神殿は、この型の建物としては代表的なものである。将来同じような建造物が発見されるとしても、この建物を越えるものはないであろう。その一般的特徴をみると、同時代の典型的なピラミッド複合体に非常に影響を受けている。その主軸は東西方向であり、つぎのような部分からなっている。

（1）河岸神殿（運河に近く、そのため舟で近づくことができた）
（2）参道（河岸神殿を複合体の上部とつないでいる）
（3）上神殿

　上神殿の大きな特徴は、祭壇と石造りの（1本石ではない）太陽神の象徴であるオベリスクをもつ大きな中庭である。神殿とオベリスクの南にある礼拝堂は、セド祭の儀式に参加する王を描いた場面で装飾されている。"四季の部屋"にある場面は、めずらしいもので、アケト（洪水期）とシェムウ（収穫期）の季節におけるエジプトの田園の代表的な光景が描かれている。これは太陽神が自然におよぼした創造的影響を表現したのである。この型の浮彫りは、古王国時代の王の記念物では非常にまれな例であり、ただアブー・スィールの同王のピラミッドとサッカーラのウナス王のピラミッド複合体の、それほど大規模でない壁画が、ある程度類似しているだけである。

左　オベリスクの台座と祭壇のあるアブー・グラブの上神殿の中庭を東からみたところ。

右　西からみたアブー・グラブの太陽神殿の祭壇。特別な型をしたアラバスター製の祭壇は、四つのヘテプの文字（供物用マットにのせたパンをあらわしている）を組み合わせたもので、その径は約6mある。中庭の南東コーナーにある、大きな方解石製受皿は、北に屠殺場に付属するもので、いけにえの動物たちの血を受けたものと思われる。

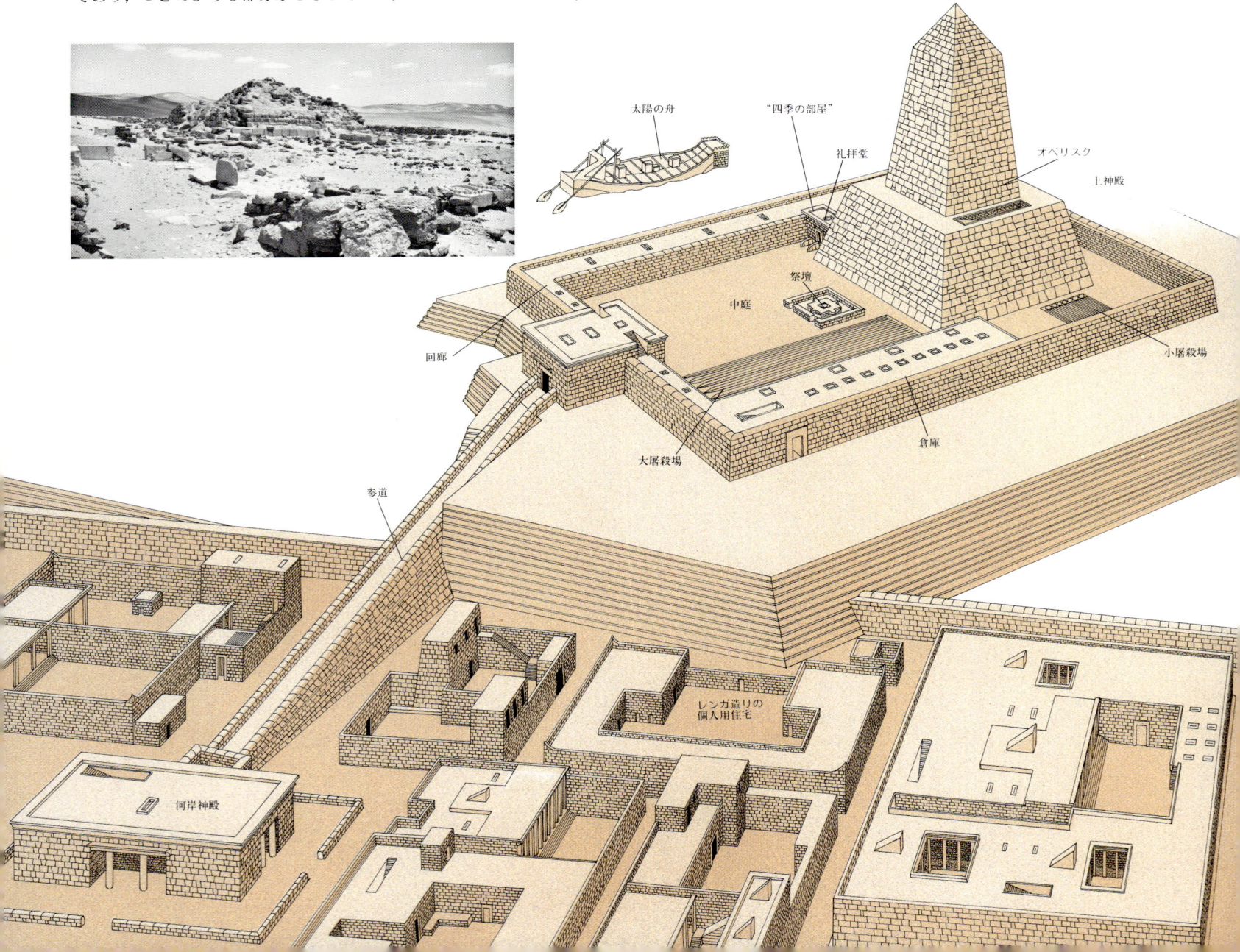

上神殿の南には，太陽神の聖舟のレンガ製の模造品（長さ30m）があった．

"リーガーのピラミッド"として初期の旅行者たちに知られていたこの神殿は，1898－1901年に，ルドウィック・ボルヒアルトやハインリッヒ・シェーファー，F・W・フォン・ビッシングといったドイツの考古学者たちによって発掘された．そして，その浮彫りの破片は，主にドイツ国内の多くの博物館や収集家の手にわたり，そのうちの多くは，第二次世界大戦で失われた．"四季の部屋"でみつかった浮彫りの記録は，最近になってようやく出版されたが，発見から80年近くもたっているため，それらの評価はいまだに完全ではない．

ザーウィヤト・アル゠アルヤーン

下夏（シェムウ）のエジプトの田園．アブー・グラブの"四季の部屋"西壁浮彫り．水中にはボラがおり，下2段には動物たちがいる．それらの何頭かは子を産んでいる．アダックス（オオカモシカの一種）（上段左から5番目）やオーリックス（オオカモシカの一種）（上段左から4番目と下段）そしてガゼルとダチョウ（上段）などがみえる．下段左の猟犬は，生けどりにした動物の子を運ぶために肩にさげた籠だけがみえている狩人が連れているものである．東ベルリン博物館蔵．

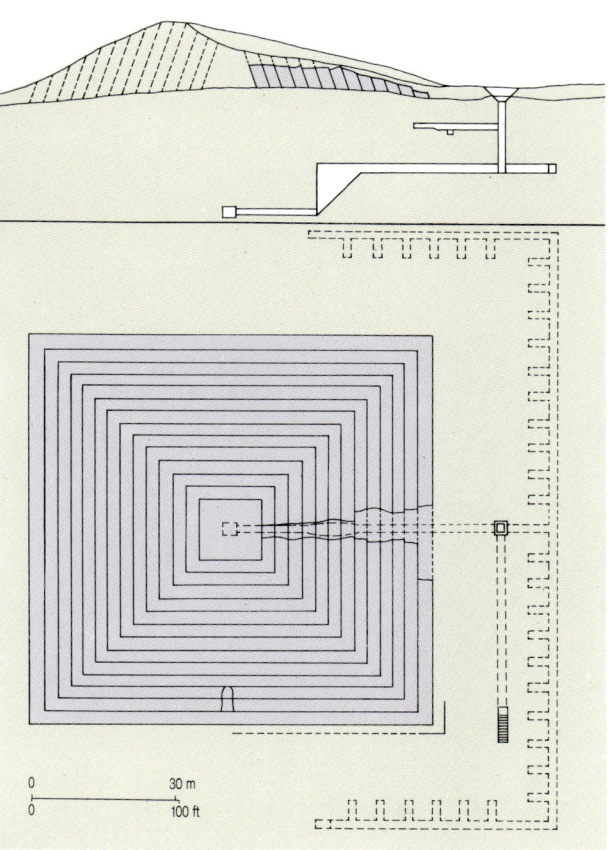

層状ピラミッドの平面図と断面図．

ザーウィヤト・アル゠アルヤーンにある二つのピラミッドは，どちらも未完成である．そのうちの古い方は"層状ピラミッド"とよばれ，3王朝のカバー王のもので，階段ピラミッドとして建設が始められた．また，もう一つの"未完成ピラミッド"は，前者より進歩した建築学的特徴から4王朝期のものと考えられる．

カアバのピラミッドの近くの墳墓の一つからは，先王朝時代末の支配者ナルメルの名をもつ，粘土の印影と土器片が発見されている．

メンフィス

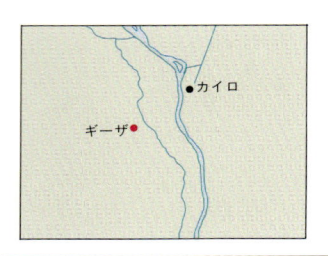

ギーザ

　シャリア・アル゠アハラム（ピラミッド通り）にそって，カイロ郊外を南西方向にすすむと，4王朝のギーザの三大ピラミッドが地平線上にぼんやりと姿をみせはじめる．ギーザの遺跡の歴史は4王朝期よりも古く，少なくとも2王朝のニネチェル王の治世にまでさかのぼる．ニネチェル王の名は，この遺跡の南部の墓で発見された，いくつかの壺の封印に記されていた．さらに，古いウアジュ王時代の墓も，通常ギーザの墓所として記録されている地域の南の部分に位置している．

　ギーザは，ピラミッドやマスタバ墳の建設材として利用される，化石を多く含んだ石灰岩の採掘や建築の際に出る廃物を敷くことによって，地面がならされた．つまり，人為的に作られた地形なのである．最も明瞭な採掘活動の跡は，カフラー（ラーカエフ）とメンカーウラーのピラミッドの南東の石切場にみることができる．

　ギーザの遺跡は，高台に位置し，幅広い涸谷（ワーディ）によって二つの地区に，ごく自然に区別される．そのうちの一つは，ずっと大きくて重要なものであり，そこにはピラミッドとそれを取り巻く貴族のマスタバ墳群がある．ピラミッドに付属する河岸神殿と，付近にいくつかの神殿がある大スフィンクスとは，この高台の下に位置している．小さくて，それほど重要でないもう一つの地区は，南東の高台にあり，そこには貴族の墓がある．

　この遺跡の組織的研究は，19世紀の前半に開始された．初期の研究者たちの中で最も重要な人々としては，ジョバンニ・バッチスタ・カヴィグリアやジョバンニ・バッチスタ・ベルツォーニ，R・W・ホワード・ヴァイス，J・S・ペリングなどがいた．C・R・レプシウスとプロシアの調査隊は，1840年代の初期にそこで作業をした．オーギュスト・マリエットとW・M・フリンダース・ペトリーは，前世紀の後半と今世紀のはじめにこの遺跡で活躍した．

　しかし，ギーザに関する研究において，他のだれよりも貢献したのは，ジョージ・アンドリュー・レーズナーやハーマン・ユンカー，セリーム・ハッサンといった人々だった．おそらく，他のエジプトのどの遺跡よりも，ずっと組織的に発掘されていながら，その研究は今でも完全なものとは認めがたい．

クフのピラミッド複合体

　クフ王のピラミッドは，ふつう"大ピラミッド"とよばれ，世界で最も有名な建造物の一つである．その巨大な規模と建築技術の極致は，昔からメンフィス地区へ向かう人々の目標となっていた．古王国時代の末以後，中央の王権が崩壊するにともない政治が不安定になり，社会が不穏な状態にあったときに，おそらく，このピラミッドの中に副葬された品々は，ほとんど盗まれてしまったのであろう．アメンエムハトⅠ世のときに，アル゠リシュトで装飾のあるクフ王のピラミッドの石材の再利用が始まった．近代の探究者たちが研究を始めたときには，大ピラミッドの中は空であった．そして，わず

メンフィス

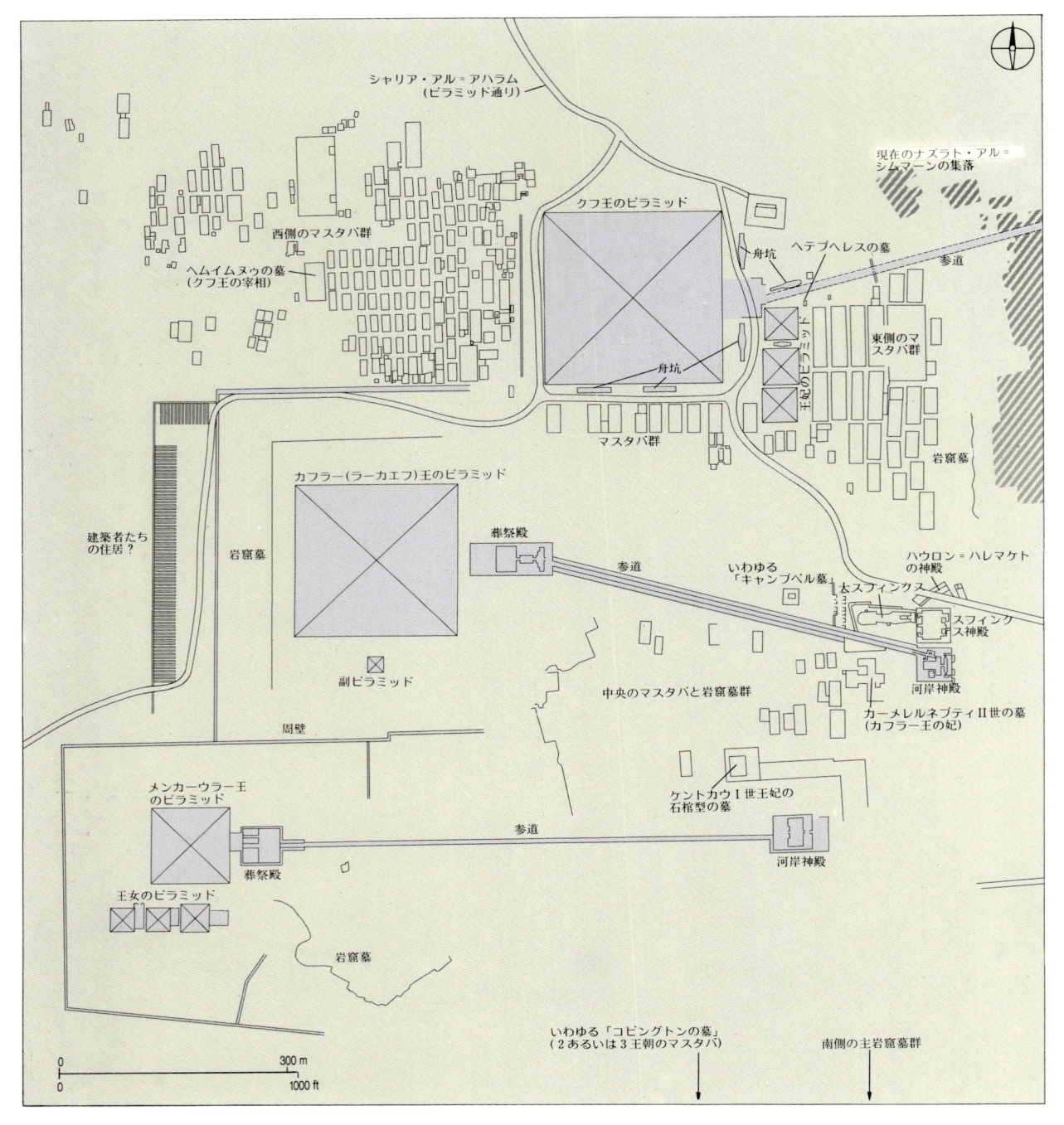

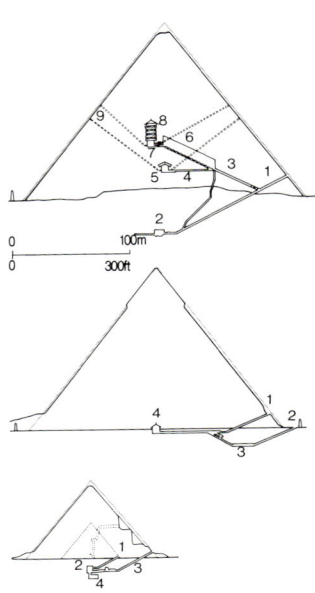

メンフィス

かに構造上，3番目の部屋である玄室で，ピラミッドの元来の目的を暗示する巨大な花崗岩の石棺がみつかっただけであった．

中世には，ピラミッドの外側の石灰岩の化粧石は，完全にはがされてしまった．盗まれた大ピラミッドの石材は，おそらくオールド・ギーザやカイロの多くの建物の石材として利用されたのであろう．今日，クフの王妃たちの小ピラミッドを別にすると，この大ピラミッドは，初期のピラミッド複合体として，かなり完全な形を保っている，唯一のものである．

そしてすべて略奪されているにもかかわらず，全く犯されていないようにみえるのである．その河岸神殿は，現在のナズラト・アル＝シムマーン村の住居の下のどこかに埋もれているが，近い将来それが発見される機会はほとんどない．この遺跡の古い地図に記され，前世紀には，目にみえる状態で残っていた参道もまた，現在の村が大きくなるにつれて消滅してしまった．わずかにピラミッドの東面に残る玄武岩をつなぎ合わせた敷石が，ピラミッド神殿の位置を明らかにしている．

クフは自分が死後，永遠に休むことができる安全な場所を建造するという企てには，成功したとは思われないが，ほとんど不滅の記念物を建設するということでは，完全に成功したようである．

大ピラミッドの内部（断面図参照）は，建設の過程で最初の設計を少なくとも2回変更したことが明らかである．現在，ピラミッドを訪れるものは，9世紀にカリフ・マムーンの部下たちがあけた入口をとおって中にはいる．この入口は，ピラミッドのもともとの入口の下，やや西のところに位置している．

下降通路は地下の最初に設計された玄室まで通じている．この通路が完成する前に，2番目に設計された玄室をつくるために計画は拡大，変更された．この2番目の玄室は，ピラミッドの中央に位置し，上昇および水平通路で結ばれている．さらに，これさえも放棄する別の設計変更が行われ，上昇通路は，3番目に設計された玄室に到達する大回廊によって拡張された．

上　三大ピラミッド断面図（向かって右が北）．クフ：1．下降通路，2．最初の計画における玄室，3．上昇通路，4．水平通路，5．第2の計画における玄室（"王妃の間"），6．大回廊，7．第3の計画における玄室（"王の間"），8．重量拡散の間，9．"通気孔"（たぶん宗教的意味をもつ）．カフラー（ラーカエフ）：1．上部入口，2．下部入口，3．最初の計画における玄室，4．第2の計画における玄室．メンカーウラー：1．最初の計画における下降通路，2．最初の計画における玄室，3．下降通路，4．第3の計画における玄室．

右　"頂上からはじめるより他にそれを破壊する方法は何もない．それは非常にしっかりと基礎の上に築かれているので，基礎の部分からとりかかることはできない．そしてそれに手をつけるものはだれでも，それをこわすことが，それを建てるのと同様に非常に困難なことに気づくであろう"（F・L・ノルデン，『エジプトとヌビアの旅』，i，1757年，p.72）．

メンフィス

メンフィス

　高いもち送り式の天井をもつ大回廊は，内部全体の中で最も印象的な場所であることは疑いない．王の棺の納められた玄室の入口には巨大な花崗岩の石が置かれ，恒久的に封印がなされた．大回廊の目的の一つはおそらく，埋葬ののち，上昇通路をすべらす花崗岩の石塊を置いておく場所を提供することにあった．

　大ピラミッドが何度も設計変更されたのは，建築家たちが"完成のとき"を王の死という不確かな時間的目標に合わせなければならなかったためである．王が亡くなったときに，ピラミッドは，すぐに王の埋葬が行えるように，完全な複合体になっていることが期待されたのである．

　今日でも，大ピラミッドを建設するとなると，かなりの技術上，管理上の問題がある．ピラミッドの建設計画は，クフの治世第23年の末までに，ほとんど完成されていたと思われる．現代の計算によると，一つの平均の重さが2.5tの巨大な石が，毎年10万個（すなわち1日に約285個）切り出され，加工され，建設場所に運ばれ，適当な位置に置かれなければならない．

　建設がすすむにつれ，石塊をもち上げる高さは増加し，一方では，同時にピラミッド上部にある作業する場所の広さが急速に狭くなっていった．ひとたびこの作業が"地面から離れる"と，資材の運搬はほとんど確実に，もっぱら人力で行われた．それは，場所が制限され，けん引動物の使用を妨げたからである．

　滑車や車輪のついた運搬車などのような簡単な装置さえも，まだ考案されておらず，重い石塊を動かしたり，もち上げたりすることに関する問題はたくさんあったに違いない．少なくとも，実際に石塊をあつかうのと同じくらい大勢の人人が，石塊を引きあげる傾斜路の建設や道具の手入れ，食物とか水の準備といった補助的仕事に従事していたに違いない．エジプト人たちが実際に使用した方法が明らかでないため，労働力の規模についてのいかなる見積りも，推測の域を出ていない．

　全体の規模の大きさや，設計や建設作業の正確さ，大ピラミッドでは，王のほかにはいかなる埋葬も行われなかったという事実は，一見ばかげてみえるが，使用目的が1人の個人のための墓として用意されたものであるということが，長い間，学者たちを悩ましつづけてきた．こうした問題はいまだに研究対象になっている．ピラミッドの秘密の研究は，ふつう"ピラミッド学"とよばれている．しかし，残念ながら，大ピラミッドの"研究者たち"のすべてが，厳格な研究方法に立脚しているわけではなく，エジプト学者たちが，こうした問題や他のピラミッドについての，すべての問題を解決したと主張しても，それを実証するにはなお時間が必要なのである．

　1950年代のはじめに，クフのピラミッドの南面近くの長方形の杭の中で，注目すべき発見がなされた．分解された木製の舟の部分が発見されたのである．気密化された環境の中で，それらはほぼ完全に保存されていた．長さが40m以上，排水量が約40tのこの舟は，現在組み立てが行われているために，一般には公開されていない．ほぼまちがいなく，もう1隻の舟が納められている別の舟杭の場所が知られているが，いまだ

左　クフのピラミッドの大回廊．ナポレオンのエジプト遠征に同行した画家による．"あなたは，かがんで前進する．というのは高さが22ftもあり，両側が高い通路となっているが，非常に急ですべりやすいために，もしあなたが登るためにつくられた穴を踏みはずすと，思わず後方へすべって，またもとの休む場所までもどってしまう．"（F・L・ノルデン，『エジプトとヌビアの旅』，i，1757年，p.79）．今日では，"前進"はずっと容易である．

右　カフラー（ラーカエフ）の河岸神殿には，東側正面の二つある出入口の一つから中に入る．短い通路が，前室に通じ，そこからさらに別の短い通路が，柱のある大きなT字型の広間に通じている．

下　C・R・レプシウスとその調査隊が，1842，43年にギーザを訪れたとき，クフの参道はまだ明確にみることができた．ヘロドトスによれば，参道は"石がすべて磨かれ，像が彫られていた．"いくつかの装飾されたブロックがみつかっているが，かれの記述はまだ十分には確認されていない．

に発掘されていない．これらの舟は，おそらく，亡くなった王の死体を清めの場や，死体に香油を塗る場，そして最後に河岸神殿へと運ぶために使用された．

カフラー（ラーカエフ）のピラミッド複合体

クフの息子で後継者であるラージェデフは，ギーザの北，アブー・ラッワーシュに自分自身のピラミッドの建設を始めたが，クフのもう1人の息子で，そのつぎの王であるカフラー（ラーカエフ）は，父のピラミッドのそばに自分の埋葬複合体を建造した．それは，いくぶんひかえめな規模で計画されたにもかかわらず，ピラミッドの表面の傾斜がわずかに増したために，大きさが大ピラミッドに匹敵する外見を生みだした．このピラミッド（通常"第2ピラミッド"として知られる）は，その頂上付近に創建当時のなめらかな化粧石のいくつかを残しており，たぶんこれは，石を置く方法に変化があったために残ったものと思われる．

大スフィンクスに隣接するカフラーの複合体の河岸神殿は，質素に設計された建物である．表面をみがいた花崗岩製の神殿の部屋の壁や方解石製の床には，ほとんどなんの装飾も浮彫りもほどこされていない．いくつかある部屋の一つの竪坑の中から，のちの時代にそこに置かれたカフラーの緑色閃緑岩や灰色片岩製のそろいの彫像が発見された．それらの中で，背もたせにタカが止まっている玉座に王が座っている刻像が，最も有名である．

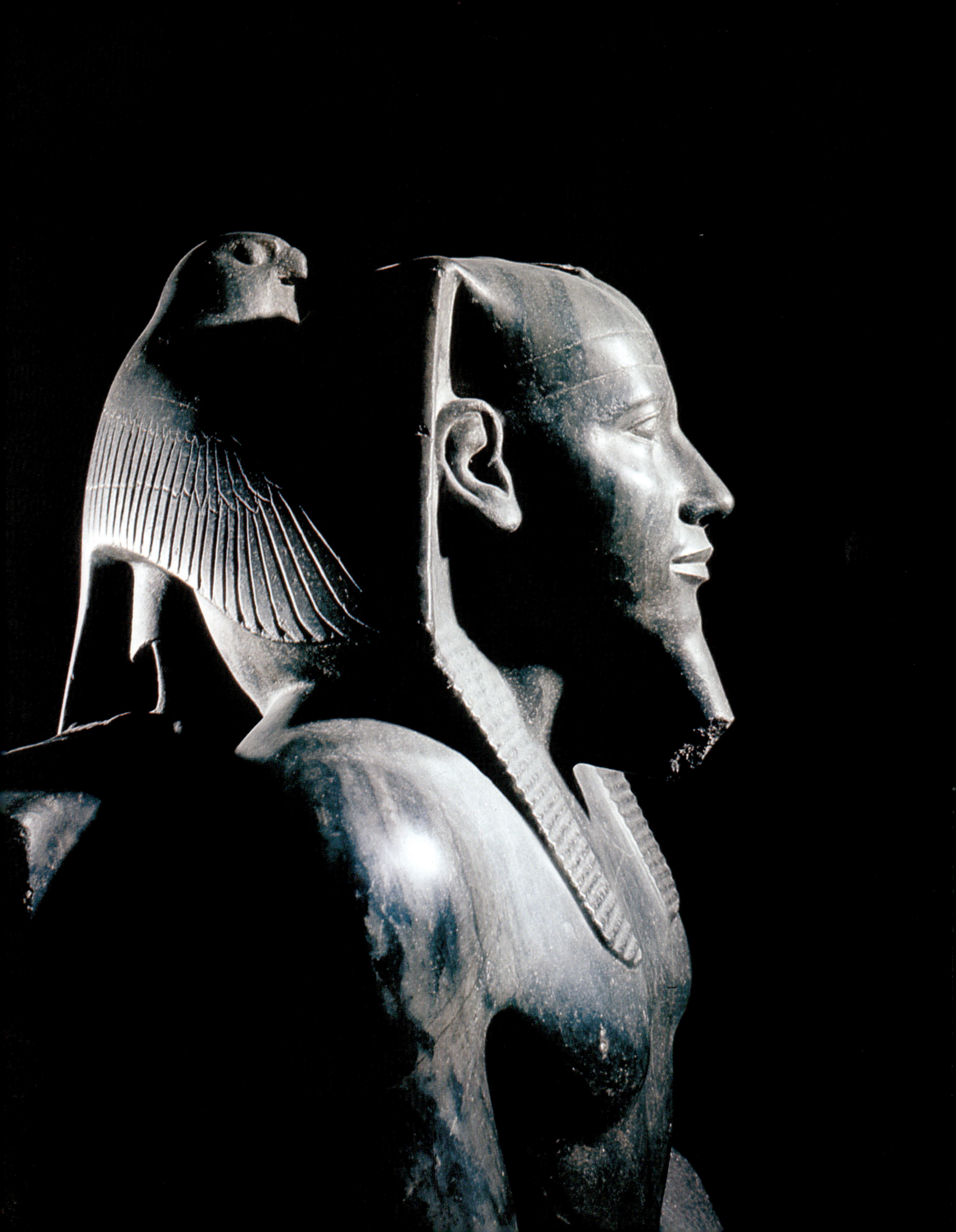

左　カフラー（ラーカエフ）とホルス．ファラオのもつ威厳と，王が神々と近い関係にあることをあらわしている．抽象的概念を石で表現したものである．この型の彫像は，おそらくクフ王時代にすでにつくられていたと思われる．カフラーの神殿のために明らかに複数つくられた．この作品を模倣したものがいくつか存在しているが，すべて比較するほどのできではない．閃緑岩製．高さ1.68m．カイロ，エジプト博物館蔵．

右上　メンカーウラー王と2女神像．向かって左は，"（礼拝される所には）どこにでもあるイチジクの婦人" ハトホル女神，右は上エジプト第7州（ノモス）をあらわす女神．片岩製．高さ96cm．メンカーウラー王の河岸神殿出土．カイロ，エジプト博物館蔵．

右中　セシェムネフェルの家族墓の復原された柱廊．クフのピラミッドの南東コーナー付近にある．入口の側面には，元来，二つの座像と6本の小さなオベリスクが据えられていた．5王朝末期か6王朝初期の時代のもの．

下右　小人セネブとその妻センティオテス，そしてかれの幼い息子と娘の像．彩色石灰岩製．高さ33cm．6王朝中期かやや後の作品．クフのピラミッドの西にあるセネブの墓出土．カイロ，エジプト博物館蔵．

下　名の不明な女性の "予備の頭像"．石灰岩製．高さ25cm．クフ王の時代のもの．クフのピラミッドの西にあるカーネフェルの墓出土．バークレイ（カリフォルニア州），ロバート・H・ロウイー人類学博物館蔵．

メンカーウラーのピラミッド複合体

4王朝の別の王であるメンカーウラーのピラミッド複合体は，ギーザにある他の二つのピラミッド複合体に比べると，いくぶん小さい．急いで日乾レンガで仕上げたにもかかわらず，その河岸神殿からは，素晴らしい王の彫像がいくつか発見された．これらの彫像のあるものは，3体像（トリアド，三つの像のグループ）であり，またメンフィスの女神ハトホルとエジプトの州（ノモス）の化身をともなう王をあらわしたものもある．王とかれの妻の1人との2体像も含まれていた．これは，この型式のものとしては，エジプト彫刻で最古のものである．

メンカーウラーのピラミッド（"第3ピラミッド" として知られる）は，おそらく26王朝期，ギーザに埋葬された王たちへの崇拝が復活したときに再利用された．玄室で発見された玄武岩製の石棺は，不幸なことに，イギリスへ船で運ぶ途中の海で失われてしまったために，その石棺がいつの時代のものか確かめることはできない．しかし，メンカーウラーの木棺とよばれる木棺の残骸は，確実に約1800年のちにこのピラミッドに入れられたものであった．1968年に，ピラミッドの入口付近の，化粧石の残っている部分で発見された碑文は，おそらく，この時代の注目すべき復元の努力について言及している．

貴族の墓

それぞれのピラミッド複合体の近くには，官僚や神官たちの墳墓群がある．これらの墳墓群が，ピラミッドから近い距離につくられたということは，王自身がこれらの墓の建設を許可し，王の職人たちが建設したことを示している．そしてまた，官僚や神官たちは，付近のピラミッド複合体に運ばれた供物の再分配の利益にあずかったのである．これらの墓に埋葬された数多くの人々は，その生前に神官の職務で，ギーザの墓所と関係があった．

最も大規模なマスタバ群は，クフのピラミッドの西，南，そして東にある．西と東の中心にあるマスタバは，大ピラミッドと同じ時期のもので，一定の規模で規則正しく並んでいる．これらの地域は，古王国時代を通じて，大きなマスタバ墳の間に，小さな墓をしばしば付け加えるなどして使用されつづけた．カフラーとメンカーウラーのピラミッドの南東の石切場は，人為的につくられた岩肌をしており，岩窟墓としては，エジプト最古の墓がつくられる理想的条件を満たしていた．

クフの治世にギーザに建造されたマスタバ墳のなかで，典型的なものとして，形が長方形で，わずかに傾斜した側面をした石造の上部構造をもっていた．竪坑は，この上部構造をつきぬけて，岩盤を掘り込み，簡単な玄室に達していた．この竪坑は，玄室内部に埋葬が行われたのち，恒久的に封印された．

礼拝室はマスタバ墳の東面に接する，一つか二つのレンガ製の部屋からなっていた．この原始的な礼拝室には，食卓の前にすわる死者の姿と供物のリストが刻まれている，1枚の板石のステラがあった．供物は，死者のカー（魂）のために，指定された日にこのステラの前に運ばれた．墓にはそれ以外の装飾は何もなかった．

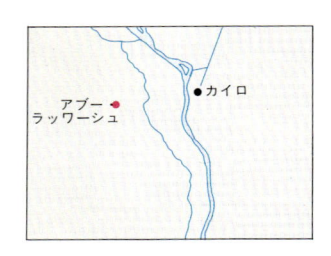

メンフィス

胴体をおおう砂が除去される前の大スフィンクス．1875年以前に撮られた写真．

ギーザのマスタバ墳は，エジプトで最古の石造による貴族の墓であった．そのため，従来の簡潔なデザインが急速な発達をとげたのである．最大の変化は，礼拝室であった．いくつかのマスタバ墳には，内部に礼拝室が導入された．すなわち，供物室と副室がマスタバ本体の中心につくられるようになったのである．板石のステラは，偽扉のそばに戻され，礼拝室の壁には，美しい石灰岩が用いられ，浮彫りで装飾されるようになった．一方，他のいくつかのものは，外部に礼拝室をもつという従来の方法で建てられている．

王自身を除くと，第1王妃だけが，中心をなすピラミッドの近くにあった小ピラミッドに埋葬されるという特権を認められていた．しかし，スネフルの妃であり，クフの母であったヘテプヘレス王妃の墳墓は，1925年に大ピラミッドの東側で発見されたが，いかなる種類の上部構造もなく，墓で最も重要である王妃のミイラは見あたらなかった．全体としてこの墓は，むしろ，急な再埋葬といった印象を受けた．また，もともとの墓であったかどうかについては，ただ推測しうるのみではあるが，ダハシュールのスネフルの2基のピラミッドの，どちらか一つの近くにあった本来の王妃の墓が略奪され，王妃のミイラが破壊され，ギーザに再埋葬されたとも考えられる．

大スフィンクス

人の頭とライオンの胴をもつ動物というスフィンクスの概念は，カフラー（ラーカエフ）のすぐ前の王であるラージェデフのときまでエジプトでは知られていなかった．この二つの調和しない要素が，大スフィンクスという巨大な規模での融合を完成させたことはみごとであるが，この動物の背後にある思想は，あいまいである．その正面にある神殿は，のちの5王朝の王たちが，アブー・グラブやアブー・スィールに建てた太陽神殿と多少類似している．古王国時代には，大スフィンクスの宗教的意味に関しては何の記録も残されていない．この巨像が，ハルマキス神（"地平線上のホルス"）と同一視されるようになったのは，1000年もあとになってからのことである．

しばしばスフィンクスをおおってしまう砂漠の砂は，いくたびも取り除かれたにちがいない．おそらく，最初の除去は，トトメスⅣ世が行ったもので，かれはその記録をスフィンクスの前足の間に建てた，いわゆる"夢の碑文"に残している．

古王国時代終末以後のギーザ

古王国時代が終りを迎えるにともない，ギーザの栄光の全盛期は幕を閉じた．そして，つぎの600年の間，そこではなんら重要なことはおこらなかった．この遺跡は新王国時代に，メンフィス（ミート・ラヒーナ）の重要性が復活した際にいくらか再注目されただけであった．18王朝のアメンヘテプⅡ世は，大ピラミッドの北東に，ハルマキスのために小さなレンガの神殿を建造した．そして，のちにセティⅠ世がこれを拡張した．この遺跡は，巡礼の行われる場所となって，5，6人の王たちや多くの民間の個人たちが，そこに奉納碑をささげた．

21王朝のときには，クフの複合体の王妃のピラミッドの南にある礼拝堂が，"ピラミッドの女主人"イシスの神殿に改築された．この神殿は26王朝のときに拡張されたが，第3ピラミッドへの埋葬の準備は，この神殿の神官たちの手によって行われたのではないかと思われる．

この時期において独立した5，6基の大きな墓が，カフラーの参道にそって散在している．そして，ほかの略奪された遺構に通ずる入口を，大ピラミッドの西の岩肌にみることができる．

左　女神（おそらくイシス女神）に抱かれるセティⅠ世．ハルマキス神殿第1広間への出入口の柱に刻まれている．

下　プタハヘテプの玄武岩製人型棺蓋．ダリウスⅠ世時代．クフの参道近くの通称"キャンブベル墓"出土．オックスフォード，アシュモレアン博物館蔵．

アブー・ラッワーシュ

東にあるアブー・ラッワーシュ（アブー・ラワシュ）の村にその名を由来するこの遺跡は，エジプト史の最初から，ある重要な行政の中心地に付随する墓所であった．発掘調査によって，1王朝の2人の王であるアハとデンの名前が記された品物が発見されている．ラージェデフ王は，自分のピラミッド複合体をつくる場所として，見晴らしのよいアブー・ラッワーシュの台地を選んだが，これは前述のように，はじめてこの場所に建造したのではなかった．かれのピラミッドは，メンフィスの墓所の北端にあり，建設資材の残骸から，このピラミッドの少なくとも一部分が赤色花崗岩で外装されるように計画されていたことがわかる．長さ約1500mもある参道は，ピラミッドから神殿に，慣例に逆らって東からではなく北東方向から伸びているが，これは宗教的な配慮というよりは地形の特徴から決定したものである．

ラージェデフは，その治世がわずか8年だったために，かれの埋葬複合体はほとんどその最初の建設段階を越えるには至らなかった．その最も重要な部分は発掘中で，現在，玄室までは到達していない．

ピラミッドは未完成ではあるが，このピラミッド複合体から，破片になってはいたが，4王朝前半の王のすぐれた彫像がいくつか発見された．これらの像は，ジャバル・アフマル産の硬質の赤色珪岩でつくられている．王像は，いくぶん理想化されており，それらのうちの一つには，ひざまずいて夫の足を抱く王妃ケンテトカの小像をともなう，魅力的な王の座像があった．個人の彫像を製作するものたちが，熱心に技術を受け継いだにもかかわらず，この型の像は，王像彫刻でくリ返されることはなかった．

アブー・ラッワーシュの地は，ラージェデフのもとで，つかの間ですら重要な地位を回復することはけしてなかった．しかし，ピラミッドの北にあるワーディ・カルンの後期のいくつかの建物の一つからは，プトレマイオスⅡ世フィラデルフスの妹で，妻でもあった，王妃アルシノエⅡ世の美しい小像の頭部が発見された．

上　1922，23年にF・ビソン率いるフランス・オリエント考古学研究所の発掘でみつかったときには，まだ，このアルシノエⅡ世のアラバスター製の頭部には，同様に魅惑的な胴体がついていたが，いまは失われている．現在の高さ12.2cm．ニューヨーク，メトロポリタン美術館蔵．

右　聖蛇ウラエウスのついた王の頭布ネメスをかぶる珪岩製のラージェデフ王の頭部．最少20個体分ある多くの破片のなかで最もよく保存されているもの．元来は彩色がほどこされていた．1900，1901年に，E・シャシナが発見した．高さ28cm．パリ，ルーブル美術館蔵．

下エジプト—デルタ

地中海

上 プスセンネスⅠ世の銀製棺，サーン・アル゠ハジャル出土，カイロ，エジプト博物館蔵．
中 テル・アル゠ルブアにある花崗岩製ナオス（廟）．
下 サーン・アル゠ハジャルの神殿の遺構．

アウスィーム
末期王朝の遺跡・遺物が散在する．

コーム・アブー・ビッル
プトレマイオス朝初期のハトホル神殿．6王朝から紀元後数世紀まで使われた墓地．

コーム・アル゠ヒスヌ
中王国とそれ以後のセクメト-ハトホル神殿．
中王国と新王国の共同墓地．

ナウクラティス
ギリシアの商業都市．アメン神殿，トト神殿とともに，ギリシアの神々の神殿がある．

アレクサンドリア
プトレマイオス朝とローマ期のセラピス（セラペウム）神殿．
彫刻と浮彫りのある地下墳墓．コーム・アル゠シュカーファを含む．
多くの断片的ギリシア遺跡．

アブー・スィール（タプオスィリス・マグナ）
未完成のプトレマイオス朝の神殿．
聖獣の墳墓．

サ・アル゠ハジャル（ハガル）
ネイト神殿．いくつかの遺構はみられるが，遺物の多くは美術館にある．

テル・アル゠ファラーイーン
三つのマウンドがあり，うち二つは都市遺跡，一つは周壁のある神殿跡である．

バハバイト・アル゠ヒジャーラ
末期王朝・プトレマイオス期のイシス女神殿．

テル・アトゥリーブ
アマシス神殿．
グレコ・ローマン期の都市，神殿，墓地．
王妃タクトの墓．

テル・アル゠ミクダーム
ミホス神殿跡．
王妃カママの墓．

サマンヌード
末期王朝・プトレマイオス朝のオヌリス-シュウ神殿跡．

アル゠バクリーヤ
テル・アル゠ナークースの町とトト神殿．
テル・アル゠ズィライキのイビスの共同墓地をともなう大墓地．
テル・アル゠ルブアの遺跡．

テル・アル゠ルブアとテル・アル゠ティマイ
古王国末期のマスタバ，アマシス神殿，雄ヒツジの共同墓地（テル・アル゠ルブア）．
グレコ・ローマン期の遺構（テル・アル゠ティマイ）．

ヘリオポリス
ラー神殿と同神殿に付随するテルヒスヌの諸時代にわたる建造物，そしてセンウセルトⅠ世のオベリスク．6王朝のヘリオポリスの高級神官の墓と末期王朝の墳墓．
アラブ・アル゠タウィーラの雄ウシのムネビスの墓（ラメセス王朝）．

テル・アル゠ヤフーディーヤ
中王国末期または第1中間期の土塁に囲まれたラメセスⅡ世の神殿と王宮．
ウナスの神殿と都市の跡．
中王国とその後の共同墓地．

テル・バスタ
オソルコンⅡ世その他の建造したバステト神殿．
6，12，18，22王朝，グレコ・ローマン期の小神殿．
猫を中心とする動物の共同墓地．

サフト・アル゠ヒンナー
周壁に囲まれたソブド神殿．

アル゠カターイナとカンティール
中王国，第2中間期，ラメセス時代の集落のあるマウンド．
テル・アル゠キルカファにある12王朝の礼拝所跡．
テル・アル゠ダブアのセト神殿（アヴァリス?）．
イズバト・ルシュディ・アル゠サギーラにある中王国の都市と神殿．
カンティールにある19，20王朝の宮殿（ピ゠リアムセス?）．
テル・アブー・アル゠シャーフィアのラメセスⅡ世の巨像．

テル・ナバシャ
周壁に囲まれたラメセス時代のウアジェト神殿とアマシス神殿．
グレコ・ローマン期の都市遺跡．
末期王朝の共同墓地．

サーン・アル゠ハジャル（ハガル）
周壁に囲まれた，プスセンネスⅠ世その他の建造によるアメン神殿と付属建造物．
サアメン・アプリエス，プトレマイオスⅣ世フィロパトールによって建てられたムト神域．
21，22王朝の六つの王家の墓．

テル・アル゠マスクータ
神殿周壁．

デルタの最古の歴史はいまも堆積土の下に深く埋もれており，ほとんど知られていないが，デルタの町の古さや，デルタが非常に古い時代から経済的に重要であったことは疑問の余地はない．

デルタ東部は，エジプトがアジアと触れあう，人の体でいえば敏感な肩のような場所であった．中王国時代の末には，アジア人たちによって侵略され，のちには，この地域はエジプト人がアジアへ遠征するための基地となった．

19王朝になって王宮がピ゠リアムセスに移されると，デルタはエジプトで指導的な地位を占めるようになった．第3中間期と末期王朝時代には，デルタのいくつかの町の支配者がエジプトを指導していた．古代世界の政治と経済の中心地，ギリシアやローマに近いことから，プトレマイオス朝の人々やローマの人々のもとで，デルタの発達が促進された．

凡例：
- 主要道路
- 道
- 主要鉄道
- Ⓐ 空港
- バニー・スウィフ 主要都市
- 村
- ● アル゠カーブ 特徴ある遺跡
- △ サイラ ピラミッド
- ▽ クーブリ 石碑のある遺跡
- ▼ ダーラ その他の遺跡
- ■ ギータ 遺跡のある村

ファークース 現在の地名
タニス ギリシア語の地名
イメト 古代エジプトの地名
ピトム 聖書による地名

縮尺 1：1 000 000
0 20 40 km
0 10 20 mi

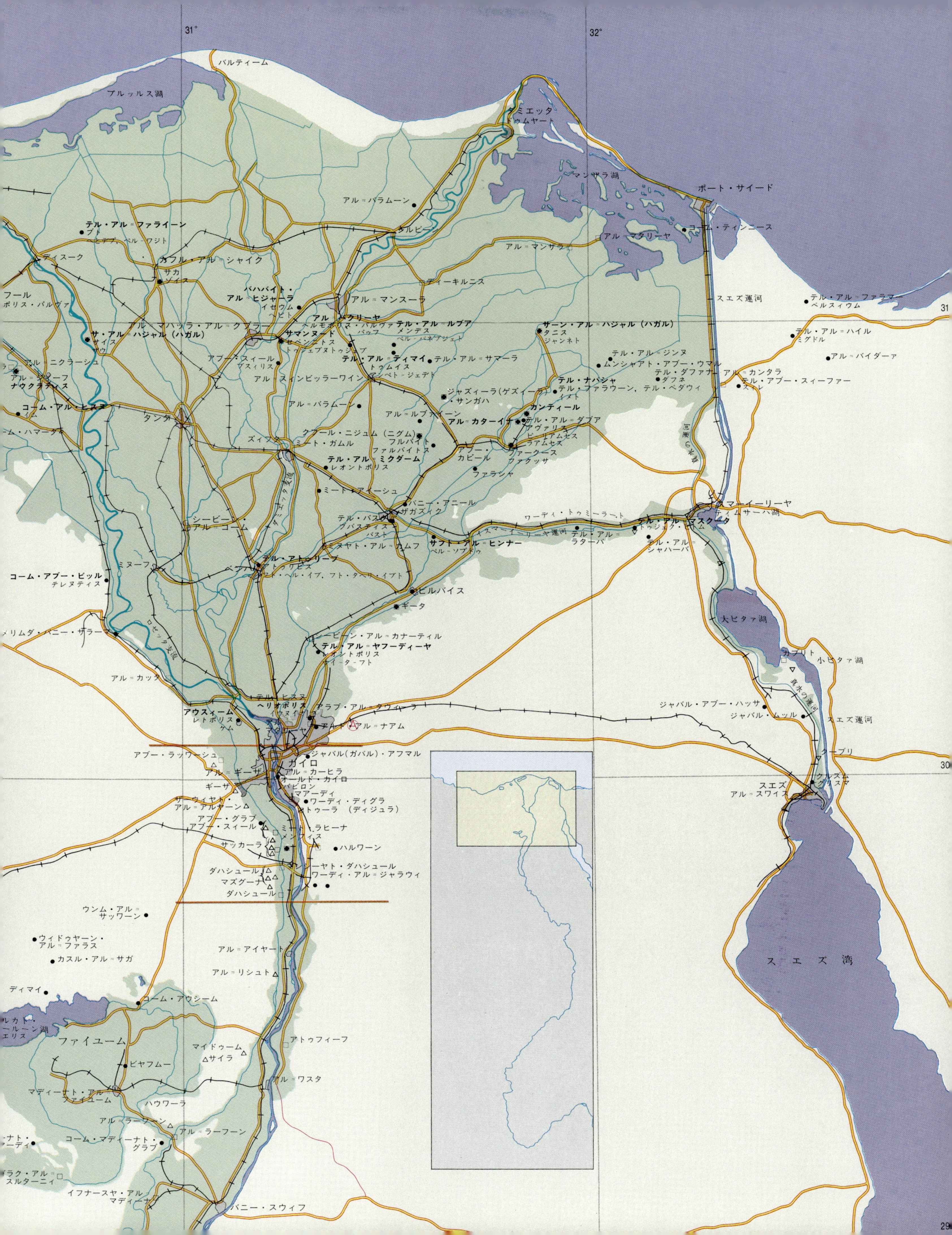

31°
32°
バルティーム
ブルッルス湖
ダミエッタ
マンザラ湖
ポート・サイード
アル＝バラムーン
テル・アル・ファラィーン
カフル・アル・シャイク
ディスーク
アル＝マンサラ
アル＝マタリーヤ
バハバイト・アル・ヒジャーラ
アル＝マンスーラ
ディーキルニス
スエズ運河
テル・アル・ファラマー
ペルスィウム
テル・アル・ムクダム
サマンヌード
テル・アル・ルブア
メンデス
サーン・アル・ハジャル（ハガル）
タニス
テル・アル・ハイル
アル・バイダーア
サ・アル・ハジャル（ハガル）
サイス
テル・アル・ティマイ
トゥムイス
テル・アル＝サマーラ
テル・アル・ジンヌ
テル・ダフアナ
ダフネ
アル＝カンタラ
テル・アブー・スィーファー
ナウクラティス
コーム・アル・ヒスン
タンタ
アル＝バラムーン
ジャズィーラ（ゲズィーラ）・サンガハ
テル・ナバシャ
カンティール
アル・カターイナ
テル・アル・ミクダーム
レオントポリス
ファクーサ
ファラシャ
ザガズィク
テル・バスタ
ブバスティス
サフト・アル・ヒンナー
ワーディ・トゥミーラート
テル・アル・マスクータ
アル＝イスマーイーリーヤ
ティムサーハ湖
テル・アトリーブ
ベンハ
コーム・アブー・ビッル
テレヌティス
ビルバイス
ギータ
大ビタァ湖
小ビタァ湖
カブリット
テル・アル・ヤフーディーヤ
アル＝カッタ
ヘリオポリス
アウスィーム
アラブ・アル・タウィーラ
アイン・シャムス
アル＝ナアム
ジャバル・アブー・ハッサ
ジャバル・ムッル
スエズ運河
シャッルーファ
ジャバル（ガバル）・アフマル
アブー・ラッワーシュ
カイロ
ギーザ
アル＝カーヒラ
オールド・カイロ
バビロン
マアーディ
ワーディ・ディグラ
トゥーラ
ヘルワーン
アブー・グラブ
アブー・スィール
サッカーラ
メンフィス
ダハシュール
マズグーナ
ワーディ・アル・ジャラウィ
スエズ
アル＝スワイス
クルズム
スエズ湾
ウンム・アル＝サッワーン
ウィドゥヤーン・アル・ファラス
カスル・アル・サガ
ディマイ
コーム・アウシーム
ファイユーム
アル＝アイヤート
アル＝リシュト
アトゥフィーフ
マイドゥーム
サイラ
ビヤフムー
アル＝ワスタ
マディーナト・アル・ファイユーム
ハウワーラ
アル＝ラーフーン
コーム・マディーナト・グラブ
イフナースヤ・アル・マディーナ
バニー・スウィフ

下エジプト―デルタ

アウスィーム

　古代エジプト語でケム（ギリシア語でレトポリス）とよばれていたこの町は，カイロの北西約13kmに位置しており，かつては下エジプトの第2州の都だった．この州とその守護神であるハヤブサ神ケンティ・イルティ（ホルスの形をしており，ケンティ・ケム，「ケムの第一人者」の意，ともよばれている）に関する記述は，4王朝の頃からエジプトのテキストにみられるが，現在までのところ，この遺跡からはネコII世やプサメティコスII世，ハコリス，ネクタネボI世などの名前をもつ，末期王朝時代のわずかばかりの記念物しか発見されていない．

コーム・アブー・ビッル

　ワーディ・アル＝ナトゥルームから通じる道が，ナイル川のロゼッタ支流に出あう場所に，タラナ（コプト語のテレヌティ，ギリシア語でテレヌティス）の町がある．町の名は，おそらくこの地域で崇拝されていたと思われる．ヘビの女神レネヌテット（テルムティス）の名に由来している．神殿と墓所の遺構が，付近のコーム・アブー・ビッルの丘で発見されている．
　"メフケトの女主人"（古代のタラナ，またメフケトはトルコ石という意味もある）であるハトホル女神にささげられたコーム・アブー・ビッルの神殿は，1887，88年にF・Ll・グリフィスによりその位置が確認された．この神殿の完全な構造は明らかではないが，プトレマイオスI世ソテルが壁面にきわめて美しい浅く彫られた浮彫りをほどこし，プトレマイオスII世フィラデルフスが建物を完成させた．付近のウシの埋葬は，おそらくハトホル女神の崇拝と関連があるものと思われる．
　コーム・アブー・ビッルの巨大な墓地には，4王朝から後6世紀に至る長期にわたる埋葬が行われている．いくつかの新王国時代のグロテスクな顔を型どっている陶棺（"スリッパ棺"とよばれてる）の蓋が発見されている．この遺跡はとくに後4世紀はじめの独特の型をした墓碑（"テレヌティス"ステラとよばれる）があることでよく知られている．これは死者が，腕をもち上げて立っているか，寝台に寄りかかるというような非エジプト的な形であらわされ，下方には，デモティック（民衆文字）もしくはギリシア文字で，短いテキストが記されているステラである．

コーム・アル＝ヒスヌ

　コーム・アル＝ヒスヌ（ヒセン）とよばれる，直径が約500mある大きな丘は，古代のイムの町の遺構でおおわれている．イムの町は，新王国時代からのち，場所がいまもって不明なそれまでの都，フト＝イヒトにかわり，下エジプト第3州の都となった．
　コーム・アル＝ヒスヌで最も重要な特徴は，長方形の輪郭をもつ神殿の周壁である．セクメト＝ハトホルの神殿とみなされるこの神殿趾からは，アメンエムハトIII世とラメセスII世の影像が発見されている．ハトホル女神は，この地域の伝統的な守護神であった．
　神殿周壁の南西で，中王国時代の"予言者の監督官"ケスウエルの墓が発見されている．
　中王国時代および新王国時代の大規模な墓地（少なくとも700墓）が付近で発掘されている．中王国時代に埋葬された男性の多くの遺体は，武器をたずさえていた（戦闘斧，槍，短剣など）．

ナウクラティス

　アル＝ジィーフやアル＝ニバイラ，アル＝ニクラーシュ（おそらく古代の名を残している）などの村の近くにある遺跡は，下エジプトの第5州（サイスのある）にあったギリシア人の通商居留地ナウクラティスの遺跡である．26王朝のしばらくの間，この地にはギリシア人たち（最初はミレシア人）が居留していた．そして，アマシス王のもとで，この町は，ギリシア交易の独占が認められていた．ナウクラティスには，ギリシアの神々のいくつかの神殿があったが，町の南には，お

上　コーム・アブー・ビッルのプトレマイオス朝初期の浮彫り．ハトホル女神．ボルトン美術館蔵．
下　プトレマイオスI世ソテル．オックスフォード，アシュモレアン博物館蔵．

下　玄武岩製の王の頭部．おそらくアメンエムハトIII世と思われる．コーム・アル＝ヒスヌの神殿付近に元来はあったものであるが，そばのケスウエルの墓から発見された．これが王のもので，神殿に元来あったことは神殿で発見された，他のアメンエムハトIII世の影像との比較から推測されている．高さ35cm．カイロ，エジプト博物館蔵．

右　アレクサンドリア．墓地の地域は，市の中心から離れており，そのほとんどが岩盤を地下に掘込んだものであるため，きわめてよく保存されている．しかし，市の中心部は，絶えず建て直され，海は埋めたてられている．

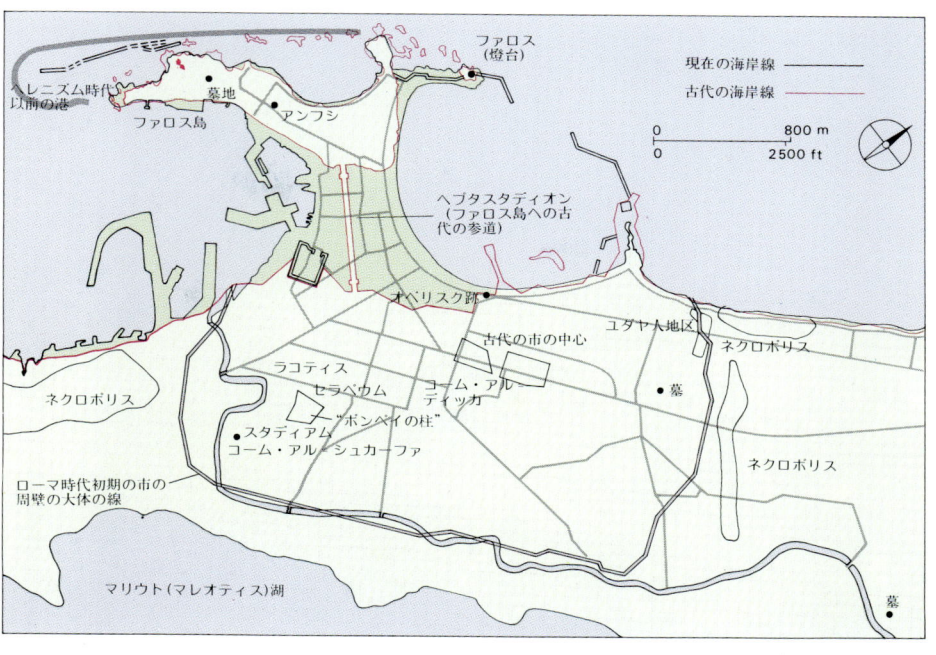

下　ナウクラティスの発掘地域．

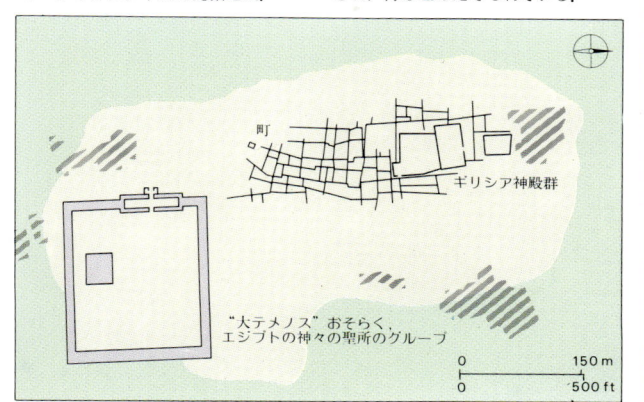

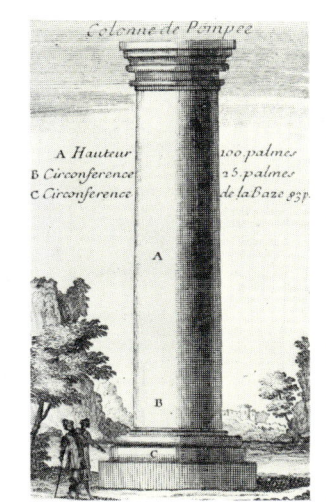

上　アレクサンドリアのセラペウムにある"ポンペイの柱"（ディオクレティアヌス帝の治世のもの）．ジェメリ・カレリの『世界の旅』，i，パリ，1729年，36頁の銅版画．絵——明らかに作者の自由な創作がみられる——が，記録しているものは，その大きさだけである．形やプロポーションは，もとのものとは異なっている．この光景は，ヨーロッパの風景から示唆を受けたもので，近東の町の光景ではない．

右　アレクサンドリアのコーム・アル＝シュカーファ付近の彩色墓．2世紀頃．装飾は，古典的なものであるが，主な題材は，エジプトからえられたもので棺台のミイラの上には太陽円盤がみられ，イシス女神とネブティス女神にどちらにも由来する2人の悲しんでいる人物と，2羽のトビが棺台のそばにいる．

そらくアメン神とトト神とにささげられたエジプトの神殿も一つあった．これらの建造物は，現在ではほとんどみることはできない．

アレクサンドリア

アレクサンドリアは古代エジプト語で，ラクテとよばれていたが，この名はプトレマイオスⅠ世ソテルが前305年に王を宣言する前に，あるテキストに記していたものである．そしてかれは，この地のエジプト人の村を接収したのであった．ラクテのほかにも，プトレマイオス朝以前の防波壁が，ファロス島の北と西の海底で発見されているが，いつの時代のものであるかはわかっていない．ギリシア系住民は町の一角をラコティスとずっとよんでいた．そこには，土着のエジプト人たちが住んでおり，エジプト固有の建物が建っていた．また別の昔からの一角は，ファロス島内にある壁で囲まれた居住区で，付近にはプトレマイオス朝末期のエジプト風の墓地がある．アレクサンドリアには非常にさまざまな民族が住み，下層階級の間では，ギリシア人とエジプト人との結婚が広く行われていた．しかし，やはりアレクサンドリアは，ギリシア人の町であった．非ギリシア系の住民の中で最も重要な役割を果たしたのはユダヤ人であった．アレクサンドリアはヘレニズム世界の主要な都市であり，また地中海一帯の重要な貿易港であったが，さらに古典古代で，エジプトの知識を積極的に広める役割も果たした．

ギリシアとエジプトの神を合体させた神，セラピスの最も重要な神殿であるセラペウムは，ラコティス地区にある．その基礎には，プトレマイオスⅢ世エウエルゲテスの治世の2国語併記の飾り板がある．現在，遺跡に残っている，ディオクレティアヌスの治世の有名な"ポンペイの柱"は，主に後1世紀の時代のものである．しかし，最も目立つスフィンクスやその他の大きな像などには，エジプト王朝時代のかなりの量の資材が使われている．これらの遺物は柱をおく道具立てに使われたと思われる．当時の作品や多くの小品は，アレクサンドリアを通じて海外に流出し，セラピスやイシスをまつったローマの神殿や，チボリにあるハドリアヌス帝の別荘地，スプリットのディオクレティアヌス帝の宮殿などに置かれた．そうした場合には，それらの記念物は，エジプト式には置かれなかった．

セラペウムの近くには，コーム・アル＝シュカーファのカタコンベがある．これは後1，2世紀のもので，エジプト風の場面や主題をもつ，顕著な埋葬複合体である．地面の高さに近い部屋には彩色された浮彫りがあり，より深い部分には彫像や浮彫りだけが残っている．エジプト人の芸術家たちが描いた，ギリシア風の場面のあるトゥーナー・アル＝ジャバル（ガバル）のペトシリスの墓とは異なり，このカタコンベは，簡略化された古典期の形式でエジプト的主題をあつかっている．イシス信仰が地中海一帯に広まるにつれて，そうした作品はローマ世界に広く影響をおよぼした．はじめは，純エジプト製品の使用と並行して受け入れられたが，最後にはずっと重要なものになっていった．その形式はおそらく，アレクサンドリア起源である．

アブー・スィール

アレクサンドリアの西約45kmの所に，アブー・スィールの町がある．古代にはタプオスィリス・マグナとよばれ，プトレマイオス朝時代の重要な町であった．ここにはエジプト固有の形式をもつ未完成の神殿がある．その神殿の周壁は伝統的に使われた日乾レンガにかわり，石灰岩でつくられているが，日乾レンガの技術が使われている．周壁の東側に塔門の入口がつくられている．神殿には何の碑文も記されていないため，その正確な時代は不明である．付近には，動物たちの大きな墓所があったが，これが，この町の活動の中心がなんであったかを暗示しているように思われる．

下エジプト―デルタ

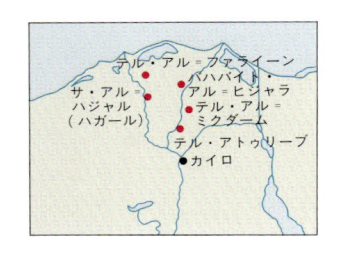

ネイト女神のナオスをもってひざまずく医者の長ブサメティコス＝セネブ．元来，この玄武岩製の像は，サ・アル＝ハジャルのネイト神殿に安置されていた．大々的に復元されている（おそらく18世紀に）．高さ63cm．26王朝．バチカン博物館蔵．

サ・アル＝ハジャル

サイス（古代エジプト名ザウ）とその女神ネイトは，エジプトの歴史のなかでも非常に古い時代から知られている．この町は，下エジプト第5州（ノモス）の都で，12王朝までは，のちに第4州にはいる町の南の地域をも併合していた．政治的には，前8世紀の末頃になって，やっと頭角をあらわしたが，そのころ，野心的な地方州侯であるテフネケトとバクエンレンエフ（24王朝）は，25王朝（ヌビア朝）の支配者たちと対立した．

26王朝の間，サイスは国家の都であった．そこには，神殿やサイス王朝の王たちの王宮や王墓が営まれた．前5世紀の中頃に書かれたヘロドトスの記述によって，この町の地勢を断片的に想像することができる．この町は重要な都であったにもかかわらず，いくつかの孤立した石塊を除くと，この地域には現在，当時を忍ばせる記念物は何もない．

19世紀の末になっても，巨大な長方形の周壁（1898年にG・フーカートが発表したプランによれば，約800×700m）の跡が，ナイル川流域，ロゼッタ支流の右岸にあるサ・アル＝ハジャル（ハガル）の村の北に認められた．それよりも約50年前，すなわち19世紀のなかばに，レプシウスの調査隊に随行した画家たちは，かなり大きい壁の遺構の跡を記録した．この周壁は長い間に壊されたり，崩れたりしたが，比較的最近の破壊は，安価な肥料の原料として古い日乾レンガを捜していたサバーキンのしわざであった．

石のブロックは，中世に建設材料として使用するために，ほとんど他の地域に運ばれてしまった．それのうちのいくつかは，ロゼッタ支流にそったさまざまな町や村にあると思われる．

いろいろな博物館で，それがサイス出土と記されている彫像，ステラ，石棺などの記念物は，非常にたくさんある．それらの大部分が26王朝のものであり，第3中間期より古いものはいまのところ何もない．

サ・アル＝ハジャルの調査は，ほとんど行われていない．ごく少数の小規模な発掘も，たいして成果を上げてはいない．

テル・アル＝ファライーン

下エジプト第6州（ノモス）にあるテル・アル＝ファライーン（"ファラオの遺丘"の意）は，ブト（"ウアジェトの家"を意味する古代エジプト語ペル＝ワジト，コプト語のプトに由来する）の遺跡である．この町は，ぺとデブとよばれる二つの部分からなっており，下エジプトの保護女神で，コブラの女神ワジトの家であった．ここでは，上エジプトのネケブ（アル＝カーブ）やネケン（コーム・アル＝アフマル），それにハゲタカの女神ネクベトも崇拝されていた．ブトと関連するハヤブサの頭をした人物"ぺの魂"は，この地域の初期の地方支配者（"下エジプト王"）をあらわしたものと思われる．

テル・アル＝ファライーンの遺跡は三つの丘よりなり，二つは町の跡で，一つには神殿の周壁がある．これはブト神の神話が示す配置に相当するが，発掘が行われた結果，町の規模は，エジプト史を通じての，この町の重要性とつり合いがとれているとはいえないことが明らかになった．発掘された遺物は，唯一の初期王朝時代の円筒印章を別にすると，いたる所にあるようなラメセスⅡ世の二，三の品々やシェシェンクⅤ世の治世第38年の寄進碑文などがあり，そのほかは，末期王朝時代のほとんど重要でない品々である．

上 供物をささげる人々．テル・アル＝ファライーンのハルヘテブ墓のもの．おそらく30王朝のもの．カイロ，エジプト博物館蔵．

下 サ・アル＝ハジャルの廃墟．1842年のレプシウス調査隊の画家の手による．

下 典型的な神殿彫像．ネブアンクとヘテブヘルの息子ジェホの像．オシリスの納められたナオスをもち，ひざまずいている．硬質黒色岩製．高さ54cm．プトレマイオス朝時代．場所に関する記録はないが，その碑文からみて，テル・アトゥリーブ出土と思われる．リスボン，Fundacao Calouste Gulbenkian．

プトレマイオス朝初期の花崗岩製浮彫り．バハバイト・アル＝ヒジャーラのイシス神殿出土．コンス神と思われる，月輪を戴くタカの頭をもった神の前で香をたく王．この両側につづく場面がある．リッチモンド（バージニア），美術館蔵．

らわすのに重要な役割を演じた．とりわけ，帝国初期のローマでは，イシスの神殿が建てられたとき，しばしば神殿は，ここにみられるような繊細な浮彫りや装飾で飾られた．ネクタネボやイシスの記念物はとくに好まれていたらしい．この神殿の石塊が，ローマの第1イシス神殿で発見された．

バハバイト・アル＝ヒジャーラ

バハバイト・アル＝ヒジャーラは，エジプトで最も重要なイシス神殿の一つがある遺跡である．この地は，特別なイシス信仰をもっていたとされる30王朝の王たちの出身地サマンヌード（古代のセベンニトス）の近くにある．その時代に基礎がつくられたか，巨大な神殿が，たいして重要でない前の神殿の場所に建造されたらしい．

この神殿は硬い石（この場合は花崗岩）で建てられているという点で，多くの末期王朝時代の建造物と似ているが，硬い石だけが使用されているこの規模の建造物としては，残っている唯一の例である．80×55mの範囲を占めるこの廃墟は，二つの側の壁が周壁の中にある．しかしながら，神殿それ自体は，採掘活動かその後の地震のどちらかで，完全に崩壊しているのでその構造は復元できない．

神殿は浮彫りをほどこした乱雑な石塊といくつかの建築の部分だけが残っている．ネクタネボⅠ世やネクタネボⅡ世，プトレマイオスⅡ世フィラデルフス，同じくⅢ世エウエルゲテスⅠ世などの非常に素晴らしい浮彫りは，上エジプトのグレコ・ローマン時代の神殿の浮彫りよりも繊細なものである．この型の浮彫りと材料は，古典期のエジプトのイメージをあ

テル・アトゥリーブ

ナイル川ダミエッタ支流の右岸にベンハの町がある．その北にあるテル・アトゥリーブ（テル・アトリブ）は，その名が，古代エジプト語のフト・ヘリ・イブ（あるいは，フト・タヘリ・イブト）やコプト語のアトフレビ，ギリシア語のアトゥリビスに由来している．この町は，下エジプト第10州（ノモス）の都であり，ケム・ウルの名が，ここの地方神や州，その都に等しくつけられていた．王朝時代には，ワニ（またはハヤブサ）の神ケンテクタイが，最も傑出した地方神になった．

エジプトのテキストは，テル・アトゥリーブの歴史が少なくとも4王朝のはじめまでさかのぼることを示しているが，そこで発見された最も古い神殿の遺構は，基礎堆積によってアマシスの時代のものとされている．グレコ・ローマン時代の町や神殿，墓地なども場所が決められている．ほとんど発掘されていないために，テル・アトゥリーブの地勢は現在のところ明らかにされていない．

12王朝より古いものは何もないが，発見されたいろいろな時代の記念物に記された碑文から，これらの品々が，テル・アトゥリーブのものと確認されている．すべてのデルタ地帯にある遺跡とともに，他の場所からもってこられたり，再利用されたと思われる品物を取り扱うときには，注意する必要がある．

この遺跡を大々的に調査したサバーキンは，多くの記念物を発見している．1924年，かれは25－30王朝のものであるインゴットや護符，リング，イアリングなどを含む銀製品の隠し場所を発見した．他の記念物，たとえば，王妃タクト（プサメティコスⅡ世の妻）やタドゥバステとよばれた女性，ペフテウアウイアメン・チャイエムホリムなどの末期王朝時代の墓など，すべてこの遺丘の北の部分にあるものは，農夫や労働者たちが，偶然に発見したものである．

銘のない12王朝の彫像．テル・アトゥリーブ出土．花崗岩製．高さ63.5cm．ロンドン，大英博物館蔵．

テル・アル＝ミクダーム

エジプトのデルタで最も大規模な人工的な土の丘のいくつかは，ナイル川のダミエッタ支流の右岸，ミート・ガムルの南東約10kmのテル・アル＝ミクダーム（ムクダム）にある．テル・アル＝ミクダームは，下エジプト第11州の重要な町で，プトレマイオス朝の間，古代のレオントポリスとして栄えた．テル・アル＝ミクダームが23王朝の一連の王たちの主要な埋葬場所であったいくつかの痕跡があるが，いままでのところ

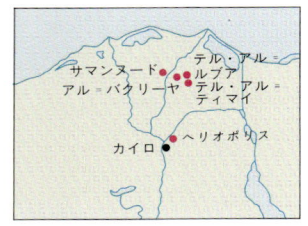

下エジプト─デルタ

わずかに，オソルコンIV世の母である，王妃カママの墓がみつかっているだけである．

この地方のライオン神ミホス（ギリシア語でミイシス）の神殿は，この廃墟の東の部分にあり，デルタ地方の他の多くの神殿と同じ運命をたどった．神殿の石のブロックはほとんどが運び去られ，再利用されて，建物の時代さえわからない状態で残されている．近くのミート・アイーシュにあるもう一つの遺丘からは，22王朝（オソルコンIII世の碑文）とプトレマイオス朝の遺物が発見されている．

発見されている初期のいくつかの遺物（大部分が彫像）は，後世の支配者たちがそれ以前の記念物の中から運んできたものであった．テル・アル＝ミクダームで発見されたものの中には，14（または13）王朝の王ネヘシの像と思われるものがある．この像はメルネプタハが奪ったもので，おそらく他のもの，とくにセンウセルトIII世のいくつかの像も同様だと思われる．

統制のとれた発掘で発見された記念物の数は少ないが，他のもの（ラメセスII世かそれ以前の時期の）のもとあった場所は，その碑文や他のしるしで推定することができる．多くの品物，とくに青銅やその他の材質のライオンの小像は，テル・アル＝ミクダームにあったもので，1922年に散逸してしまったが，かつてはD・M・フクエットの個人コレクションに含まれていた．

ネボII世やアレクサンダーIV世，フィリップ・アルヒダエウス，プトレマイオスII世フィラデルフスの名が書かれている．古王国時代のセスニの偽扉や，アメンエムハトI世の祭壇，プサメティコスI世の時代の彫刻，ネフェリテス（おそらくI世）の祠堂の破片，ネクタネボI世の治世の彫刻などを含む，いくつかのより古い記念物は，サマンヌードかその付近から運ばれてきたものといわれている．30王朝より古いブロックや，そのほかの建造物に関しては，何も報告されていない．

上 ミホス神の聖獣の青銅製象嵌細工．神殿の家具の部分であったと思われる．プトレマイオス朝初期のもの，テル・アル＝ミクダーム出土．高さ14.7cm．正式にはフクエット・コレクションのものであるが，現在，ブルックリン博物館（ニューヨーク）にある．

サマンヌード

現在，ナイル川のダミエッタ支流の左岸にある古代のトゥジェブヌトゥジェブ（コブト語でジェベノウテあるいはジェムノウティ，ギリシア語でセベンニトス）は，下エジプト第12州の都であり，王朝時代の末頃には重要な町だった．かれ自身セベンニトス生まれのマネトーによれば，30王朝の王たちはここの出身とされている．

現在の町の西にある大きな遺跡は，ここの地方神オヌリス＝シュウの神殿の跡である．花崗岩のブロックには，ネクタ

アル＝バクリーヤ

現在のアル＝バクリーヤの南の耕作地の地表から，わずか2，3mの高さしかない三つの低い丘には，下エジプト第15州の都であった古代のバウフ（グレコ・ローマン時代のヘルモポリス・パルヴァ）の遺跡がある．

テル・アル＝ナークースは，地方神トトの町と神殿の上につくられた．約350×384mの規模の周壁の輪郭は明らかにされているが，その内側の遺構はほとんど残っていない．周壁の外側には，おそらくこの遺丘の名（"ベルの丘"）となった，パピルス柱の大きなベル型の柱頭を含む，いくつかの花崗岩

下左 ネクタネボII世にかわって，オヌリス＝シュー神に象徴化された供物を運ぶ化身の行列．サマンヌード神殿から出土した花崗岩製浮彫リ．ボルチモア（メリーランド（Md.）），ウォルターズ美術館蔵．

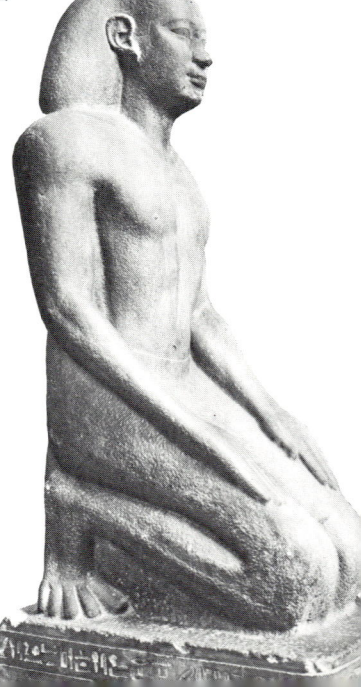

下 ネケト＝ハルヘビの像．かれは，"よき名"をネケト＝ハルメンキイブと称した，プサメティコスII世時代の人物で，デルタ地帯のさまざまな場所から出土した6体の彫像によって知られる．かれの石棺は，サ・アル＝ハジャルで発見されている．アル＝バクリーヤ出土と思われる．砂岩製．高さ1.48m．パリ，ルーブル美術館蔵．

テル・アル＝ルブアのマスタバ墳と住居趾．1977年にニューヨーク大学美術研究所の調査により発掘された．

ネケティの息子，不動産管理人テトゥの像．キルトの全面に，"ヘリオポリスの主"アトゥムに祈る，ヘテブ＝ディ＝ネスウの決まり文句が記されている．このことから，この像がヘリオポリスにあったことがわかる．花崗岩製．高さ27cm．西ベルリン博物館蔵．

のブロックが横たわっている．

イビスの墓地を含むこの町の墓地は，おそらく，テル・アル＝ズィライキにあった．

テル・アル＝ルブアは，いままでのところ，はっきりとはしないが，さらに別の遺構でおおわれているようである．ここでアプリエスがトトにささげた珪岩の1枚岩のナオス（祠堂）が，ネクタネボⅠ世の花崗岩製の胸像と同じように発見された．

プサメティコスⅠ世とネクタネボⅠ世のブロックや26王朝のアハメスのものと思われる玄武岩製石棺の破片が，アル＝バクリーヤ地区でみつかっている．

最近，ネクタネボⅠ世の別の彫像が発見され，1970年には，ラメセスⅡ世と同時代の，ネヘシとよばれた書記のブロック彫像がみつかっている．ネヘシのブロック彫像は，小規模な発掘が行われたアル＝バクリーヤで発掘された，最も古い遺物である．

テル・アル＝ルブアとテル・アル＝ティマイ

デルタ地帯中部の，現在のアル＝スィンビッラーワインの町の北西，数百mにある二つの遺跡は，下エジプト第16州の都だった所である．北のテル・アル＝ルブア（古代エジプト語でペル－バネブジェト，'ヒツジ神ジェデトの家'の意，ギリシア語でメンデス）は，グレコ・ローマン時代に，この地位を南のテル・アル＝ティマイ（ギリシア語でトゥムイス）に引き渡した．テル・アル＝ルブアの古い名としては，アンペトやジェデトがある．

もともとは，魚の女神ハトメヒトが，ここの地方神であったが，王朝時代には，メンデス（ジェデト）の雄ヒツジ神（バー）が，この地で最もさかんに崇拝された．大きな石棺に納められた，聖なる雄ヒツジが埋葬されている墓地が，テル・アル＝ルブアの周壁の北西コーナーにある．

エジプトのテキストには，この州の4王朝の頃からの記述がある．テル・アル＝ルブアで発見された最古の記念物は，古王国時代末のマスタバ墳である．ラメセス時代の王たちのいくつかの独立した記念物，とくにラメセスⅡ世やメルネプタハ，ラメセスⅢ世の時代のものは，その時代に神殿があったことを想像することができるが，いまのところ何も発見されていない．

最古の神殿は，その基礎からみてアマシスが建てたものである．高さが8m近い1枚岩からつくられた，同王がささげた赤色花崗岩製のナオス（廟）が存在しているが，保存が完全ではない周壁を別にすると，神殿の跡や神殿をおおっていた浮彫りの破片などは，この地域では何もみつかっていない．

末期王朝時代に，テル・アル＝ルブアはその栄光のピークを迎えた．そして29王朝の王たちが，この地の出身であるといわれていることから，この町は王宮や都として機能していたと思われる．

テル・アル＝ティマイは，グレコ・ローマン時代の日乾レンガの遺構などをもつ遺跡であるが，サバーキンによって略奪されている．

ヘリオポリス

下エジプト第13州の都である古代エジプトのイウヌウ（コプト語や聖書ではオン）は，現在のアル＝マタリーヤの北西（実際はカイロ郊外，ミスル・アル＝ゲディーダの北）のテル・ヒスヌとその周辺にある．ヘリオポリスには太陽神ラーやラー・アトゥム，ラー・ホルアクティなどの神殿があり，経済的にも，イデオロギー的にも，国内に大きな影響をおよぼした聖地であった．

さらに，創造神アトゥムと太陽神ラー（この町のギリシア名は，太陽をあらわすヘリオスに由来する）を中心とするヘリオポリス神学の中心地であり，エジプトの宗教と政治史において非常に重要な役割を演じた．ベヌウ鳥（フェニックス）とムネビスの雄ウシが神をあらわすものとして崇拝されていた．そして"ヘトベトの女神"，ハトホルとイウサスとが，ヘリオポリスと関連する女神であった．

この町の重要性にもかかわらず，現在この地区には，センウセルトⅠ世のオベリスクを除けば，顕著な記念物は何も残っていない．カイロから非常に近いために，神殿からほとんどの石がはずされ，ずっと以前に再利用されていたり，また耕作されたり，あるいは，建物がその上につくられているといった事実が，考古学的作業を妨げている．主神殿や，おそらくテル・ヒスヌにあるこの町も，がっしりした二重のレンガ製の壁で囲まれていた．その囲まれた地域は，約1100×475mの寸法があると見積られているが，この遺跡の建築の歴史やその正確な地形は明らかではない．

3王朝（ジェセル）からプトレマイオス朝にかけての時代の独立した記念物（彫像，浮彫り，オベリスク，供物台など）が多数発見されている．また近年行われたり，いまも行われている発掘により，アメンヘテプⅢ世（ラメセスⅡ世により復元された）やセティⅠ世，ラメセスⅡ世，同Ⅸ世，メルネプタハといった，さまざまな新王国時代の王たちが建造した

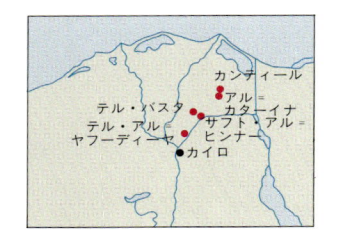

下エジプト―デルタ

神殿が明らかになっている．これらの建物が，独立して，ラーの大神殿に付属していた神殿であるか（少なくとも10の神殿が新王国時代にヘリオポリスにあったことが知られている），またラー神殿の一部分であるかどうかはまだ明らかになっていない．

6王朝の時期のヘリオポリスの高級神官たちの墓は，周壁の南東コーナー近く，センウセルトⅠ世のオベリスクの南東約550mのところに位置している．オベリスクから同じ方向に約950mのところのアル＝マタリーヤには，末期王朝時代の墳墓があった．一方，ヘリオポリスから約3km離れたアルド・アル＝ナアム（"ダチョウ農場"）では，ラメセス王朝と末期王朝時代の墳墓の存在を示す品物が発見されている．主にラメセス王朝時代のムネビスの聖牛の墓地が，オベリスクの北東約1.3kmのところにあるアラブ・アル＝タウィーラで発見されている．

下 ロータスの花をあらわす多彩色のファイアンス製小タイル．おそらくテル・アル＝ヤフーディーヤのラメセスⅢ世の神殿内宮殿から出土したもの．ニューヨーク，ブルックリン博物館蔵．

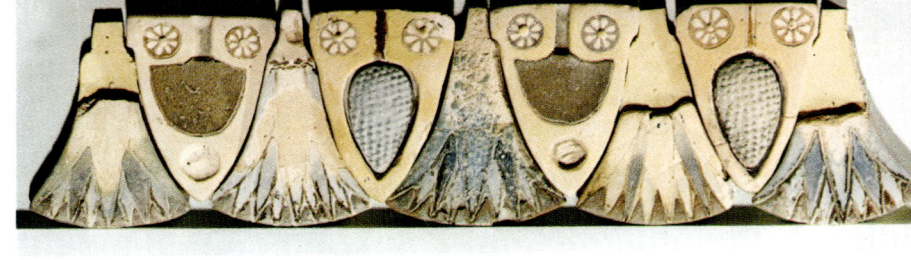

ヒクソス時代に北西アジアからやってきた人々ではないかといわれている．しかしながら，この建造物は軍事的機能よりも，むしろ宗教的意味をもっている可能性が強い．

周壁内の北東部分で，ラメセスⅡ世の巨像が発見されたことから，ここが当時の神殿の跡であるみられている．その西側にはラメセスⅢ世の神殿が建っていた．現在さまざまな博物館のコレクションとなっている，ロゼットや王の権力の象徴であるレキト鳥，カルトゥーシュ，異国の捕虜たちなどを描いたファイアンス製のタイルは，ここの神殿から出土したものである．

周壁の外側，北東のコーナー近くには，プトレマイオスⅥ世フィロメートールが，亡命者であるユダヤ人の神官オニアスに建設許可を与えた神殿と町の遺構がある．この居住区は，後71年にウェスパシアヌスが神殿を閉鎖するまで，約200年以上にわたって繁栄した．中王国時代からのいろいろな時代の墓地は，周壁の東側に広がっている．

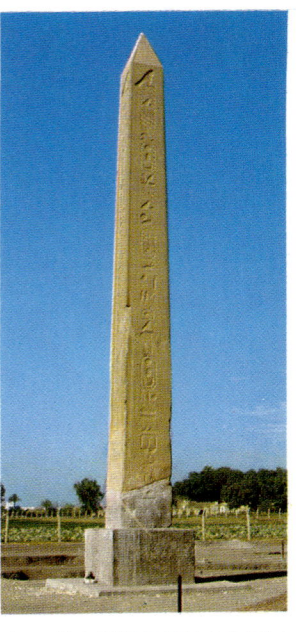

テル・アル＝ヤフーディーヤ

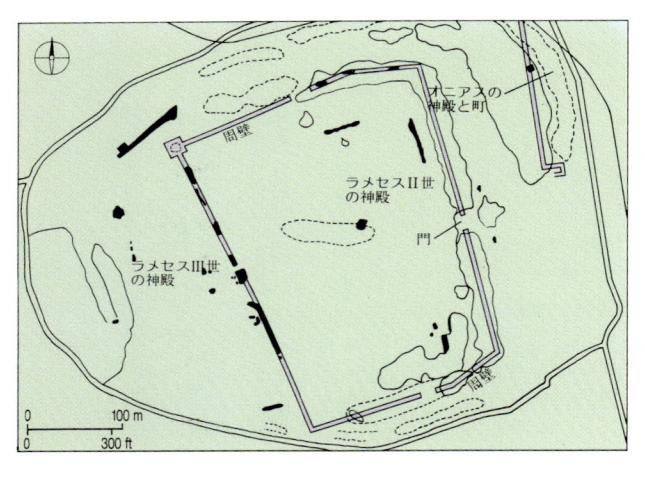

古代エジプト語でナイ＝タ＝フト，ギリシア語でレオントポリスとよばれるテル・アル＝ヤフーディーヤ（"ユダヤ人の遺丘"）は，シービーン・アル＝カナーティル村の南東，約2kmに位置し，古代下エジプトの第13州（ヘリオポリス）に属していた．

最も謎に満ちているこの遺跡には，いわゆる"ヒクソスの陣地"とよばれる長さ約515×490mほどの土でできた長方形の周壁が残っている．これは通常，防備施設として解釈されており，中王国時代の終り頃か，第2中間期のものと考えられている．その表面には，プラスターが塗られ，外側はゆるやかな斜面になっており（斜堤），内側はほぼ垂直になっている．

このような巨大な防備に適した周壁の例は，エジプトでは他にみることができない．そのため，この周壁の建造者は，

上 ヘリオポリスにあるセンウセルトⅠ世のオベリスク．花崗岩製．高さ約20m．

テル・バスタ

ザカズィクの南東にあるテル・バスタは，ライオンの女神バステト（ブバステス）の町である古代のバスト（ギリシア語でブバスティス．これはペル＝バステト，"バステトの家"に由来する）の遺跡で，末期王朝時代には，下エジプト第18州の都であった．この町は，メンフィスからシナイやアジアへの経路（ワーディ・トゥミーラート）を支配するという戦略上重要な位置を占めていたことから，エジプトでは非常に古くから重要であった．

この町の政治的な影響力は，王たちがブバスティスの出身

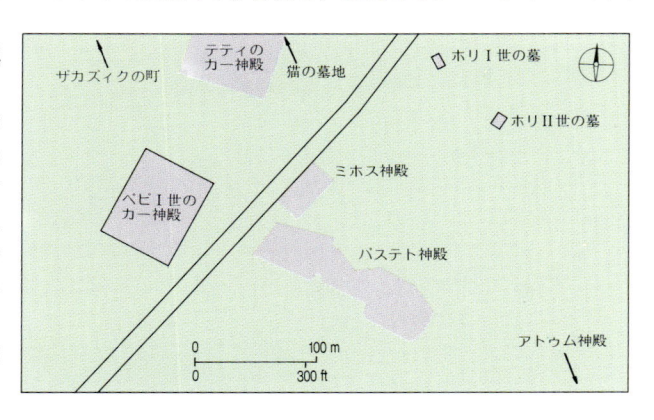

右 青銅製の猫の小像．猫はブバスティス（テル・バスタ）のバステトの聖なる動物であった．おそらく末期王朝時代のもの．オックスフォード，アシュモレアン博物館蔵．

上 金製のヤギの把手のついた銀製杯．1906年にテル・バスタで金や銀製容器，宝石などを納めた19王朝の宝物庫から発見された．高さ16.8cm，重さ602g．カイロ，エジプト博物館蔵．

右奥 青銅製の王の胸像．おそらくカンティール出土．通常はラメセスⅡ世をあらわしているものと思われているが，もっと後代のものであるらしい．高さ36cm．Hildesheim Roemer-Pelizaeus-Museum．

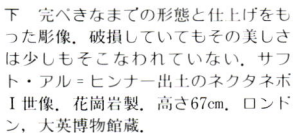

下 完べきなまでの形態と仕上げをもった彫像．破損していてもその美しさは少しもそこなわれていない．サフト・アル＝ヒンナー出土のネクタネボⅠ世像．花崗岩製．高さ67cm．ロンドン，大英博物館蔵．

であった22王朝のときにピークに達した．ブバスティスの衰退は，後1世紀におこった．

バステト女神にささげられた主神殿は，1887年から1889年にかけて，E・ナヴィーユによって発掘された．200か300mの長さをもつ，この建物の構造を確定することは不可能であったが，オソルコンⅡ世の入口広間やオソルコンⅢ世のセド祭の広間と列柱室，そしてネクタネボⅡ世の広間などが確認された．

前5世紀の中頃に，ヘロドトスは，この神殿が島に建っていて，二つの水路がそのわきを通り，町の中央に位置していたが，周囲の町よりも神殿はずっと低い場所にあったと記録している．発掘はこれら二つの記述が正確であることを確認した．水路は，聖なる池の二つの腕として描かれていた．いくつかの4王朝の王たちの名が記されたものも含む，いろいろな時代のブロックが，神殿で再利用されているのが発見された．

テル・バスタで発見されたその他の建物としては，テティのカー神殿(108×50mの規模で，バステト神殿の北西約250mの地点にある)やペピⅠ世のカー神殿，アメンエムハトⅢ世やアメンヘテプⅢ世のセド祭の礼拝堂，オソルコンⅡ世が建てたアトゥム神殿，オソルコンⅢ世がミホス（バステト女神の息子とされるライオン神）にささげた神殿，そしてローマ時代の神殿などがある．

いくつかの重要な官吏たちの墓が，テル・バスタで発見されている．それらの中には，19王朝の大臣イウティの墓や，ホリとよばれた19王朝の末から20王朝にかけての，父子2人のクシュの太守の墓などが含まれている．最近になって，古王国の墓の存在を予想させる，その時代のいくつかの記念物がみつかっている．聖なる動物たち，とくに猫（第3中間期以降，バステト女神と結びついた）の大規模な墓地も発見されている．

サフト・アル＝ヒンナー

ザカズィクの東にあるサフト・アル＝ヒンナーの村は，下エジプト第20州の初期の都があった古代のペル－ソブドゥ（"ソブドの家"の意）の遺跡の上にある．1885年にE・ナヴィーユは，規模が約75（あるいはそれ以上）×40mある，この地方の神殿のレンガ製の周壁を部分的に発掘した．

また，数多くの文字の書かれていない玄武岩製のブロックの調査も行った．サフト・アル＝ヒンナーでは，文字のある記念物はほとんど発見されていない．遺物の中では，ラメセスⅡ世の彫像片が最も古いものであるが，ネクタネボⅠ世がソブド神にささげた花崗岩製のナオスの残骸も，発見されている．

アル＝カターイナとカンティール地区

北東デルタのアル＝カターイナとカンティールは，ファークースの北，それぞれ約6kmと9kmのところにある村である．この地区には，中王国や第2中間期，ラメセス王朝時代の多くの居住の跡を示す遺跡がみられる．第2中間期の間，ヒクソスの中心地であったアヴァリスやラメセス王朝のデルタ地帯の王宮があったピ－リアムセスや，そしてエクソドスが記したラームセスなどは，おそらくこの地区のどこかに位置するものと思われる（たぶんアヴァリスは南のテル・アル＝ダブアに，ピ－リアムセスはおそらく北のカンティール付近であろう）．

アル＝カターイナの南にある最も重要な遺跡が，テル・アル＝キルカファである．ここからは，アメンエムハトⅠ世とセンウセルトⅢ世の柱のある礼拝堂の花崗岩製の門の遺構が

下エジプト─デルタ

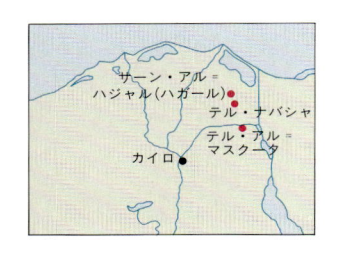

発見されている．

テル・アル゠キルカファの東にあるテル・アル゠ダブアで発見された12王朝末期から13王朝にかけての遺物の中には，王妃ネフェルセベクとホルネジュヘルイトエフ王の彫像が含まれている．第2中間期，テル・アル゠ダブアでは，アジアから異民族の移民の大きな流入があり，同時に15（ヒクソス）王朝の興隆をみた．18王朝のときに明らかな中断があったが，その後，ホルエムヘブやラメセス王朝の王たちによって建設活動が行われた．これらの建物の中には，おそらく，セト神にささげられた巨大な神殿建築（180×140m）が含まれていた．

アメンエムハトⅠ世が建設した中王国時代の町や神殿は，テル・アル゠ダブアの北にあるイズバト・ルシュディ・アル゠サギーラで発見された．

1920年代には，カンティール付近で発見されたという，釉のかけられた装飾タイルが報告された．その後の発掘により，花模様や魚，アヒル，植物などが描かれたタイルが19，20王朝の王宮趾から出土した．これらのタイルのいくつかには，セティⅠ世とラメセスⅡ世の名を記したものがあった．重要なことに，同時代の碑，彫像，門扉のブロックや，その他の記念物もまた発見された．

カンティールの北にある，テル・アブー・アル゠シャフィーアには，ラメセスⅡ世の巨大な座像の基台が残っており，かつてここに神殿があったことを予想させる．

テル・ナバシャ

北東デルタにある，直径がおよそ1.5kmもある巨大な丘には，古代エジプトのイメト遺跡がある．新王国時代，ここは，あとで下エジプトの第18州（都，ブバスティス）と第19州（都，タニス）に分割される以前の都があったところである．この地の現在の名は，テル・ナバシャあるいは，テル・ファラウーン，テル・ベダウィである．

規模がおよそ215×205mほどのウアジェト女神の神殿のレンガ製周壁の輪郭が現在も残っている．この周壁の中には，かつて少なくとも二つの神殿があった．東側にある，大きい方の神殿（約65×30m）は，おそらくラメセス王朝時代（ラメセスⅡ世や他の王たちが建てたことを記録している）に建てられたものである．後代の王たちが奪った中王国時代のスフィンクスが発見されているが，これらは他の場所からもってこられたものと思われる．神殿の北東コーナー近くにある，建物の長軸が南北を向いている小さな方の神殿（約30×15m）は，その基礎部分の研究からアマシスの時代のものと考えられている．再利用された中王国時代の建造物の一部がここでも発見されている．

グレコ・ローマン時代の町の跡は，神殿の周壁の南東に位置しており，また大部分が末期王朝時代のものである墓地が，そのはるか東の平地にある．

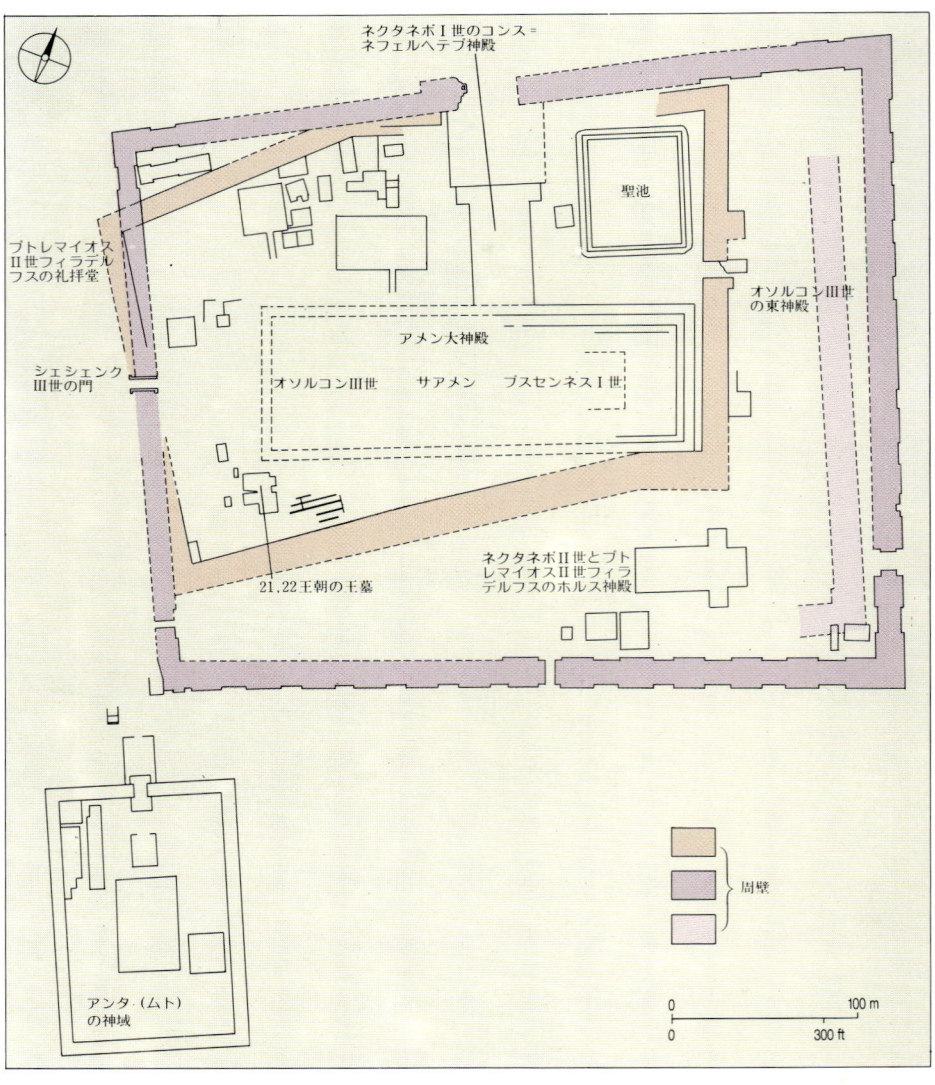

サーン・アル゠ハジャル

ナイルデルタの北東部分に位置する古代のジャネト（ギリシア語でタニス，現在名サーン・アル゠ハジャル（ハガル））には，21，22王朝の王たちの王宮や埋葬地があった．末期王朝時代，ここは下エジプト第19州の都となった．デルタでは最も大きな遺跡の一つである．サーン・アル゠ハジャルでの最も著名な発掘者は，19世紀の後半に調査したA・マリエットとW・M・フリンダース・ペトリー（1883－86年調査），P・モント（1929－51年調査）などである．

サーン・アル゠ハジャルで最も目立った遺跡は，規模がおよそ430×370mもある巨大なレンガ製の長方形の周壁である．この周壁は厚さが15mもあり，高さもおそらく10mあった．この周壁の内側には，もう一つ別の周壁があり，アメン大神殿を構成していたプセンネスⅠ世時代の刻印のあるレンガが残っている．

いまでは，この大神殿は文字や装飾のあるブロックや柱，オベリスク，そして各時代の彫像などが山積みになった廃墟になっている．これらの彫像の中のいくつかには，古王国時代や中王国時代の支配者の名の記されているものもある（クフ，カフラー，テティ，ペピⅠ世，ペピⅡ世，センウセルトⅠ世）．

しかし，文字の書かれている遺物の大部分は，ラメセスⅡ世と関連のあるものであった．このことによって，タニスの記念物に関する一番の専門家であるP・モントは，タニスが，

上　サーン・アル゠ハジャル．

下　ラメセスⅡ世の巨像．テル・ナバシャ出土．花崗岩製．高さ2.02m．ボストン美術館蔵（マサチューセッツ）．

擬人化された獣性（？） 顔を窮屈に囲む、たてがみのあるスフィンクス像。エジプトの彫像で、これほど力強く、畏怖の念をおこさせるものは、他にはあまりない。もともと12王朝の作品（アメンエムハトⅢ世のものと思われる）で、ラメセスⅡ世やメルネプタハ、プセンネスⅠ世など、後世自分の名をこの像に書き加えた王たちによって"簒奪された"。プセンネスⅠ世が、サーン・アル＝ハジャルに据付けられる以前に、このスフィンクス像は、いく度となく動かされている。花崗岩製。長さ2.25m。カイロ、エジプト博物館蔵。

ラメセス王朝のデルタにおける都、すなわち古代のピ-リアムセスの遺跡ではないかと考えた。すなわち古代のピ-リアムセスの遺跡ではないかと考えた。それにもかかわらず、いままでに発掘された建物の中には、21王朝のプセンネスⅠ世の治世以前のものと確認できるものは、なにも発見されなかった。

このことから、すべてのラメセス王朝時代やそれより古い記念物は、他の場所から運ばれてきたにちがいないと考えられるのである。運ばれてきたものは建築資材として再利用され、一方、別のあるものは、新しく建てられた神殿の装飾として使われた。

大神殿の東の端にある聖所は、その基礎部分の研究によって、プセンネスⅠ世が建てたものであることを示している。のちにサアメンは、ほとんど同じ地域で建築活動を行い、おそらく塔門と中庭（外側から2番目のもの）とをつけ加えた。

一方、22王朝のオソルコンⅢ世（この人物もかれの建物の基礎部分から名前が発見されている）は、別の塔門と中庭をつけ加えることで、この神殿の構造を完全なものとした。最後にシェシェンクⅢ世が、第1塔門に通ずる周壁に門を築いた。おそらくここで再建工事を行ったとみられるネクタネボⅠ世の名前だけが、このサーン・アル＝ハジャルの大神殿と関連ある唯一の後世の名前である。

神殿の内側にある周壁の中には、大神殿のほかにいくつかの小さな建造物があった。とくに、シェシェンクⅤ世の神殿とセド祭の礼拝堂や、プサメティコスⅠ世の神殿など、これらの建物のいくつかのブロックは、後世ネクタネボⅠ世が、聖なる池とその近くのコンス・ネフェルヘテプ神殿を建造す

る際に再利用された。周壁の外側、大神殿へ通ずる門の近くに、プトレマイオスⅡ世フィラデルフス礼拝堂がかつて建っていた。

オソルコンⅢ世（"東神殿"）やネクタネボⅡ世とプトレマイオスⅡ世フィラデルフス（ホルス神殿）などの王たちが、内側と外側の周壁との間に神殿を建造した。外側の周壁の南西コーナー付近の外側には、主としてサアメンとアプリエスが建造し、プトレマイオスⅣ世フィロパトールが再建したアンタ（ムト）の神域があった。

1939年にP・モントは、大神殿の南西コーナー近くの内側の周壁の中で、21王朝と22王朝の一連の王墓を発見した。神殿の近くに墓を造営する慣習は、第3中間期の特徴であり、おそらく国家の不安定な状況によって王が命令したものであろう。

プセンネスⅠ世、アメンエムイプ、オソルコンⅢ世、シェシェンクⅢ世と名前の不明な二つの墓の合計6基の墓が、サーン・アル＝ハジャルで発見された。これらの墓は、少なくとも上部構造に関しては何もみつかっておらず、おそらく上部は存在しなかったとみられる。大部分の場合、5、6室よりなる地下の部分は、石灰岩（これらのブロックの多くが、より古い時代の材料を再利用したものである）や花崗岩、日乾レンガでつくられ、竪坑を利用して中にはいるようになっていた。

プセンネスⅠ世やオソルコンⅢ世、シェシェンクⅢ世の墓の壁は、浮彫りと碑文とで装飾されていた。いくつかの墓では、数体の埋葬がみられ、しばしば他から簒奪した石棺をともなっていた。

王の追葬の跡が二つ発見された。チェケレトⅡ世が使用した石棺が、オソルコンⅢ世の墓の1室で発見され、一方、シェシェンクⅡ世の銀製のハヤブサの頭の飾りのついた棺が、プセンネスⅠ世の墓に置かれていた。アメンエムイプの石棺と棺も、プセンネスⅠ世の墓で発見された。銀製の棺、ミイラの黄金のマスク、胸飾りや腕輪、首飾りなどの宝石類が最も素晴らしい発見物である。

18王朝のトゥトアンクアメン墓を除くと、サーン・アル＝ハジャルの王墓が、本来の手つかずのままで発見された唯一のものである。

テル・アル＝マスクータ

1883年にE・ナヴィーユは、ワーディ・トゥミラート（末期王朝時代に、このワーディ（涸谷）を通る運河を使って、舟がナイル川から紅海へ航行することが可能であった）のテル・アル＝マスクータで、非常に破壊された神殿をともなう巨大なレンガ製の周壁（およそ210×210m）を発掘した。ほとんどの学者たちが、このテル・アル＝マスクータを古代エジプトのトゥジェクやエクソドスのピトム（おそらく"アトゥム神の家"を意味するペル-アトゥムに由来している）、または下エジプト第8州の都と同一視している。

ヌビア

　第1急湍の南の地域であるヌビアは，非常に古い時代からエジプトに属する地域として認められていた．南の境界の緩衝地帯であるとともに，ヌビアはエジプトにもたらされる，めずらしいアフリカの産物が通過する地域であった．また，金やその他の金属，木材の重要な産地であるばかりでなく，エジプトの軍隊や警察力にとって，優秀な人材を徴集する地域でもあった．

　古王国時代の乱暴な搾取の方法は，捕虜や家畜を略奪することを目的とした一種の襲撃であった．中王国時代になると，この地域は，軍の支配下に直接おかれるようになり，戦略的に築かれた一連の要塞を通して権力が行使され，その範囲は第2急湍にまで拡大された．新王国時代のエジプト人たちは，第4急湍を越えて進んでいった．下ヌビアでは，主にラメセスⅡ世の治世の頃に，多くの岩窟神殿が建造された．末期王朝時代には，ヌビア出身の王朝であるエジプトの25王朝があらわれたが，アッシリアとの戦いに敗れたあと，この25王朝のナパタ人の支配者たちは，第4急湍に撤退し，エジプトに対する積極的興味をもつことをやめて，かれら独自のメロエ文化を発達させた．プトレマイオス朝とローマ支配時代初期の二つの文化の共同統治の時期に，数多くの神殿が下ヌビアの北部に建てられた．

　1960年代，多くのヌビアの神殿が，考古学の歴史では前例がないほどの国際協力の結果，新しい場所に移された．

アル＝マハッラカにあるローマ時代のセラピス神殿．フランスの建築家ヘクトール・ホロウが1838年に描いたもの．この神殿は，1965，66年にアル＝サブアの近くに移築された．

左　アル＝サブアのラメセスⅡ世の神殿．ナセル湖の完成前の姿．
左上　外庭にあるスフィンクスの一つ．

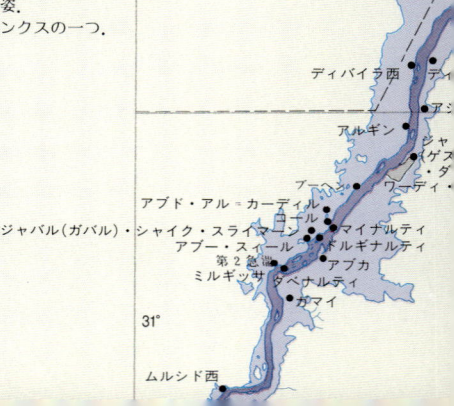

地図凡例・地名一覧

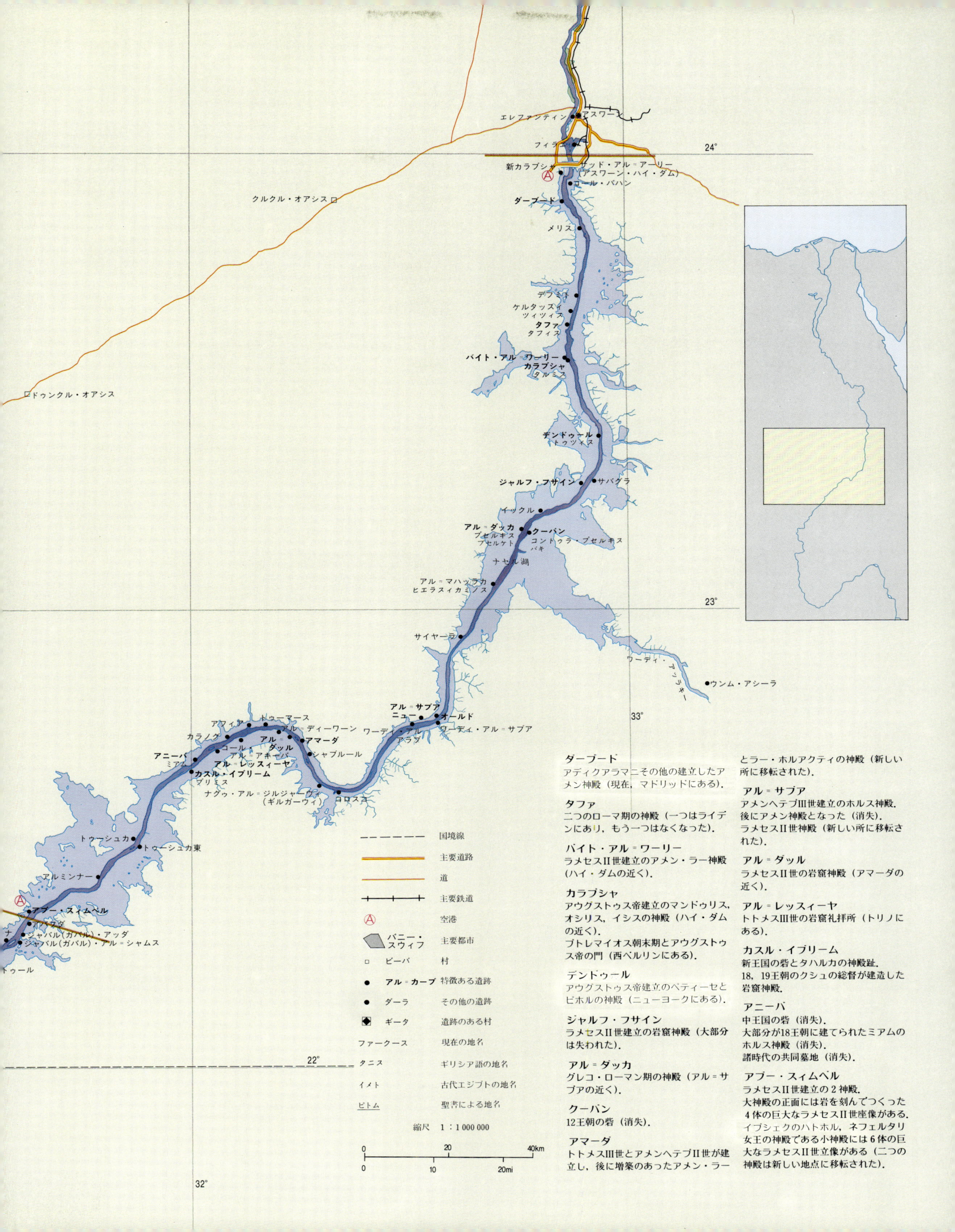

地図上の地名（北から南へ）

- エレファンティネ／アスワン
- フィラエ
- 新カラブシャ
- サッド・アル＝アーリー（アスワーン・ハイ・ダム）
- コール・バハン
- ダーブード
- メリス
- デラミス
- ケルタッシィ／ツィツィス
- タファ／タフィス
- バイト・アル＝ワーリー
- カラブシャ／タルミス
- デンドゥール／トゥツィス
- ジャルフ・フサイン／サバグラ
- イックル
- アル＝ダッカ／プセルキス
- クーバン／コントゥラ・プセルキス／バキ
- ナセル湖
- アル＝マハッラカ／ヒエラスィカミノス
- サイヤーラ
- ワーディ・アッラキー
- ウンム・アシーラ
- アル＝サブア（ニュー／オールド）／ワーディ・アル＝サブア
- アラブ
- アマーダ
- シャブルール
- アル＝ダッル
- アル＝アキーバ
- アル＝レッスィーヤ
- トゥーマース
- アフィア
- カラング
- コール
- アニーバ／ミアム
- カスル・イブリーム／プリミス
- ナグゥ・アル＝ジルジャーウィ（ギルガーウィ）
- コロスコ
- トゥーシュカ／トゥーシュカ東
- アル＝ミンナー
- アブー・スィムベル
- ジャバル（ガバル）・アッダ
- ジャバル（ガバル）・アル＝シャムス
- トゥール

凡例

- ――――― 国境線
- ━━━━━ 主要道路
- ───── 道
- ┼┼┼┼┼ 主要鉄道
- Ⓐ 空港
- ■ 主要都市（バニー・スウィフ）
- □ 村（ビーバ）
- ● 特徴ある遺跡（アル＝カーブ）
- ・ その他の遺跡（ダーラ）
- ■ 遺跡のある村（ギータ）
- ファークース 現在の地名
- タニス ギリシア語の地名
- イメト 古代エジプトの地名
- ビトム 聖書による地名

縮尺 1:1 000 000

0　20　40km
0　10　20mi

遺跡解説

ダーブード
アディクアラマニその他の建立したアメン神殿（現在、マドリッドにある）。

タファ
二つのローマ期の神殿（一つはライデンにあり、もう一つはなくなった）。

バイト・アル＝ワーリー
ラメセスII世建立のアメン・ラー神殿（ハイ・ダムの近く）。

カラブシャ
アウグストゥス帝建立のマンドゥリス、オシリス、イシスの神殿（ハイ・ダムの近く）。
プトレマイオス朝末期とアウグストゥス帝の門（西ベルリンにある）。

デンドゥール
アウグストゥス帝建立のペティーセとピホルの神殿（ニューヨークにある）。

ジャルフ・フサイン
ラメセスII世建立の岩窟神殿（大部分は失われた）。

アル＝ダッカ
グレコ・ローマン期の神殿（アル＝サブアの近く）。

クーバン
12王朝の砦（消失）。

アマーダ
トトメスIII世とアメンヘテプII世が建立し、後に増築のあったアメン・ラーとラー・ホルアクティの神殿（新しい所に移転された）。

アル＝サブア
アメンヘテプIII世建立のホルス神殿、後にアメン神殿となった（消失）。ラメセスII世神殿（新しい所に移転された）。

アル＝ダッル
ラメセスII世の岩窟神殿（アマーダの近く）。

アル＝レッスィーヤ
トトメスIII世の岩窟礼拝所（トリノにある）。

カスル・イブリーム
新王国の砦とタハルカの神殿趾、18、19王朝のクシュの総督が建造した岩窟神殿。

アニーバ
中王国の砦（消失）。大部分が18王朝に建てられたミアムのホルス神殿（消失）。諸時代の共同墓地（消失）。

アブー・スィムベル
ラメセスII世建立の2神殿。大神殿の正面には岩を刻んでつくった4体の巨大なラメセスII世座像がある。イブシェクのハトホル、ネフェルタリ女王の神殿である小神殿には6体の巨大なラメセスII世立像がある（二つの神殿は新しい地点に移転された）。

ヌビア

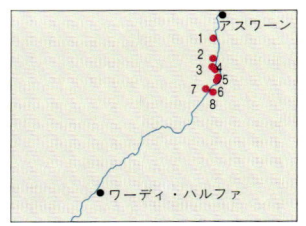

| 1 ダーブード
| 2 タファ
| 3 バイト・アル゠ワーリー
| 4 カラブシャ
| 5 デンドゥール
| 6 ジャルフ・フサイン
| 7 アル゠ダッカ
| 8 クーバン

ダーブード

　メロエ王国の支配者であるアディクアラマニが建造し，装飾をほどこしたダーブード（ダボド）の初期の神殿は，おそらく前3世紀の前半のもので，アメン神にささげられたものである．グレコ・ローマン時代になって，プトレマイオス朝の数人の王たち（プトレマイオスⅥ世フィロメトール，同Ⅷ世エウエルゲテスⅡ世，同Ⅻ世アウレテス）が，この神殿を拡張して，イシス女神の神殿にかえた．玄関部分の装飾は，ローマ帝国のアウグストゥス帝とティベリウス帝の時代のものである．元来は，神殿の前方に三つの連続した塔門が建っていたが，今世紀に入って，塔門は二つだけとなった．
　1960，61年に神殿は分解され，1968年にスペインへ贈与された．そして，1970年以来，首都マドリードにある公園に展示されている．

タファ

　以前タファには，二つのローマ時代の神殿があった．浮彫り装飾のない，いわゆる"北神殿"は，1960年に分解され，ライデンの Rijksmuseum van Oudheden に与えられた．一方，"南神殿"は19世紀の末までに消失してしまった．この地域には，同じ時代のイシス女神のための二つの礼拝堂があったが，そのうちの一つはバーブ・アル゠カラブシャの"小"急湍の激流をみおろすようにして建っていた．

バイト・アル゠ワーリー

　ナイル川の西岸，バイト・アル゠ワーリーの小岩窟神殿は，ラメセスⅡ世が建てたもので，アメン・ラー神やその他の神々にささげられたものである．この神殿の構造は簡潔なもので，もともとは前方にレンガ製の塔門があり，つぎに入口の広間（ある時期には，レンガ製の丸天井をもつ屋根でおおわれていた）があり，柱のある広間，聖所とつづく構成である．この神殿は，現在アスワーン・ハイダム近くの新しい場所（新カラブシャ）に移築されている．

カラブシャ

　アウグストゥス帝の時代にカラブシャ（古代のタルミス）に建てられた神殿は，エジプト領ヌビアで最大の独立した神殿であり，塔門から奥壁までが約74m，幅が約33mあり，オシリス神とイシス女神とにともなわれたヌビアの神マンドゥリスにささげられたものであった．塔門の正面には，船着場とテラスがあり，前庭と列柱室，二つのポーチを経て至聖所に通じている．

　三つしかない内部の部屋は，全面が浮彫りで装飾されている．神殿の周囲の壁は，誕生殿（南西コーナーにある）と，おそらくプトレマイオスⅨ世ソテルⅡ世が建てたと思われる礼拝堂をも取り囲んでいる．
　今世紀のはじめから，この神殿は1年のほとんどが水の下に没していた．1962，63年に，この神殿は解体されて，その13 000のブロックは，新しいアスワーン・ダム付近（新カラブシャ）に運ばれて，そこに再建された．解体作業中，プトレマイオス朝末期からアウグストゥス帝時代に建てられた門のブロックが再利用されているのが発見された．高さが7.35mあるこの門は，現在西ベルリンのエジプト博物館に再建されている．

デンドゥール

　ナセル湖の水から救うために，デンドゥールの神殿は，1963年に分解され，その2，3年後にエジプト政府からアメリカに贈与されることになり，ニューヨークにむけて船積みされた．この642個のブロックに分けられた神殿は，現在メトロポリタン美術館に再建されている（1978年9月以来）．

1839年当時のカラブシャ神殿．ヘクトール・ホロウによる水彩画．

右　南からみたジャルフ・フサインのラメセスⅡ世神殿の前庭．ナセル湖完成前の姿．

アウグストゥス帝は，クーベルの2人の息子"聖人"，ペティーセとピホルのために小さな神殿（メインの建物がおよそ13.5×7 m）を建造した．デンドゥールで，かれらが神聖視されている正確な理由は明らかではないが，たぶんかれらがこの地で溺死したためと思われる．もともとかれらをまつっていた場所は，神殿の背後の岩の祠で，それは26王朝の時代にまでさかのぼることができる．テラスが前にあるこの神殿の構造は単純で，塔門とその背後およそ10mのところにある主要な建物からなっている．後者は，柱のあるプロナオスと控えの間，聖所で構成されている．

神殿の壁の浮彫りには，さまざまな神々の前に立つアウグストゥス帝の姿がみられ，それらの神々の中には，神格化された2人の兄弟とヌビアの神である，アレンスヌウフィスとマンドゥリスも含まれている．

下右　アスワーン・ハイ・ダム近くの新しい場所に移されたカラブシャ神殿．

下右　カラブシャ神殿の神々．特徴的な頭飾りをしたマンドゥリス神がイシス女神をともなっている．列柱室への入口の北，前庭の後方の内側に柱をもつ壁の浮彫り．

ジャルフ・フサイン

ジャルフ・フサイン（ゲルフ・フセイン）にある"プタハの家のリアムセス＝メリアメン（ラメセスⅡ世）の神殿"は，ラメセスⅡ世の治世35年から50年の間のある時期に，クシュの太守セタウが建造したものである．ここにささげられた神々は，至聖所の奥の壁がんに納めた4体の座像であらわされている．それらは，プタハ神，神格化されたラメセスⅡ世，頭にハヤブサを戴くプタハ・タネン神，それにハトホル女神である．

ナイル川の西岸にあるこの神殿は，ある部分は石造で，また他の部分は岩をくりぬいてつくられている．その構造はアブー・スィムベルの大神殿に酷似していた．不幸なことに，そのほとんどが近代文明の発展の犠牲となり，新たにつくられたナセル湖の下に消え去った．

アル・ダッカ

いく人かの支配者たちが，アル＝ダッカ（古代エジプトのプセルケト，ギリシア語のプセルキス）の神殿の建設とその装飾とにかかわっている．とくにプトレマイオスⅣ世フィロパトールやプトレマイオスⅧ世エウエルゲテスⅡ世，前3世紀のかわり目の時期の，メロエの王アルカマニ，ローマ皇帝アウグストゥスやティベリウスなどが有名である．

1962年と1963年の間に神殿は解体され，アル＝サブア近くの新しい場所に移された．この作業中に，数多くの再利用されたブロックが発見された．これらは，おそらく川の対岸にあったハトシェプストとトトメスⅢ世がバキ（クーバン）のホルス神のために建造した古い神殿からもってこられたものである．

クーバン

クーバン（古代エジプトのバキ，ギリシア語のコントゥラ・プセルキス）の要塞は，12王朝の初期，おそらくセンウセルトⅠ世の時代に建造されたが，古王国時代にその前身にあたるものがあったと思われる．新王国時代には，クーバンはアニーバの北のヌビアで最も重要な地域であった．ここは，ワーディ・アッラキーの金鉱への道を支配していた．いくつかの神殿建築の跡がこの地域で発見されている．

ヌビア

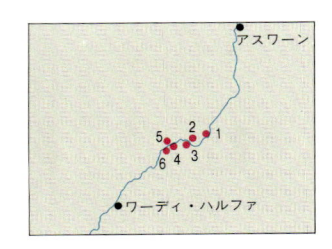

1	アル＝サブア
2	アマーダ
3	アル＝ダッル
4	アル＝レッスィーヤ
5	アニーバ
6	カスル・イブリーム

アマーダ

　アマーダ神殿は，最初トトメスⅢ世とアメンヘテプⅡ世が建造したもので，アメン・ラー神とラー・ホルアクティ神とにささげたものであった．トトメスⅣ世が，のちに列柱室をつけ加えた．19王朝の王たち，中でもセティⅠ世やラメセスⅡ世などは，小規模な復元を行ったり，神殿の装飾をつけ加えた．

　アマーダ神殿には，二つの重要な歴史的碑文がある．そのうちのアメンヘテプⅡ世の治世3年の日付けのある，古い方の碑文は，聖所の裏（東）にある上部が丸くなった碑に刻まれている．このテキストには，アジアへのある勝利に満ちた軍事遠征がつぎのように記されている．

　"陛下は，タケシの地方の7人の首長を棍棒で殺したあと，喜びに満ちて父なるアメン神に報告した．そしてこの首長たちを自分の船の船首に逆さまにつるした．"

　もう一つの碑文は，入口部分の左側（北）の厚くなった部分に彫られた碑に記されているもので，メルネプタハが治世4年目に，リビアからエジプトへの侵入を打ち負かしたことに関するものである．

　1964年12月から1975年2月にかけて，この神殿は，もとあった場所から，高さにしておよそ65m高く，距離にして2.5km離れている新しい場所に移動された．約900tの重量があるこの神殿は，解体することをせずに新しい場所に輸送された．

アル＝サブア

　ナイル川西岸のアル＝サブアには，新王国時代の二つの神殿の遺跡がある．

　古い方の神殿は，アメンヘテプⅢ世によって建てられた．その最初の段階では，岩窟の礼拝堂（約3×2m）があり，その前に部分的に壁画で装飾されたレンガ製の塔門と，中庭，広間が建てられていた．元来，この神殿はホルスの姿をしたヌビアの地方神にささげられたと思われるが，後にアメン神のものへとかえられた．

　アマールナ時代，アメンの像に対する迫害が行われていた間に，装飾は被害を受けた．しかし，ラメセスⅡ世がそれを復元し，さらにもとあった塔門の正面に建物をつくり神殿を拡張した．

　"アメンの家のリアムセス＝メリアメン（ラメセスⅡ世）の神殿"の名で知られるアル＝サブアの大神殿は，アメンヘテプⅢ世の神殿の，北東約150mの場所に建造された．クシュの太守セタウの記念物と像とによって，この神殿が，ラメセスⅡ世の治世35年から50年の間に建てられたことがわかる．この神殿のある部分は石造で，他のある部分は岩窟形式である．

　神殿の中心線にそって進むと，連続する三つの塔門と，そこから神殿の岩窟部分がはじまる列柱室（後世，コプト教会に転用された）に通じる中庭をすぎる．前室は，二つの脇室

左　アル＝サブアの神殿の第1塔門．南にラメセスⅡ世の巨像が立っている．移築前の姿．

下左　タカの頭をしたバキ（クーバン）のホルス神に香をささげるラメセスⅡ世．アル＝サブアのラメセスⅡ世神殿の南礼拝堂西壁の浮彫り．

下中央　アル＝ダッルにあるラメセスⅡ世神殿のオシリス柱をもつ第1列柱室．

下右　典型的冥界の審判の場面．ペンニウトの心臓が，マアトと重さを比べられている．ヤマイヌの頭をしたアヌビスが，釣合いを調べ，イビスの頭をしたトトが，その結果を記録する．恐ろしい"むさぼる者"が，死者に不利になるよう期待して待っている（この場合，いうまでもなくこの怪獣は失望する）．アニーバのペンニウト墓の壁画．ラメセスⅥ世の時代．

と二つの脇礼拝堂，それに聖所に通じている．聖所の壁がんの像は破壊されているが，それらはほとんど疑いなくアメン・ラー神，ラー・ホルアクティ神，そしてラメセスⅡ世のものである．

ヌビアの遺跡救済のためのユネスコのキャンペーンの間に，この神殿は約4km西の新しい場所に移された．

アル＝ダッル

かつてアル＝ダッル（アル＝デール）にあった神殿は，ヌビアのナイル川東岸にラメセスⅡ世が建造した唯一の岩窟神殿であった．おそらくこれは，ここがナイル川のコロスコの弯曲部に向かって南東に"不自然"に流れ込んでいく場所であるためと思われる．1964年にこの神殿は解体され，アマーダの近くの新しい場所に移された．

"ラーの家のリアムセス＝メリアメン（ラメセスⅡ世）の神殿"は，王の治世の後半に建造され，その構造や装飾は，アブー・スィムベルの大神殿と類似している（正面の巨大な座像は失われているが）．クリーニングした結果，この神殿の浮彫り装飾は，われわれが他の場所でみられるような落ち着いた色の調子とはとても対照的に，めずらしく輝き，生き生きしていた．

この神殿で崇拝されていた主な神々は，聖所の壁がんに座像として安置されていた．すなわちそれらは，ラー・ホルアクティ神，ラメセスⅡ世，アメン・ラー神そしてプタハ神である．

アル＝レッスィーヤ

ナイル川の東岸にあるアル＝レッスィーヤには，トトメスⅢ世の時代に小礼拝堂が築かれた．その構造は，壁がん（2×3m）をもつ一つの部屋（5.5×3m）と，ヌビアの神デドウェンや神格化されたセンウセルトⅢ世を含む，いろいろな神々の前にいる王を描いた浮彫り装飾とから成り立っている．この壁がんには，本来ミアム（アニーバ）のホルスとサティスとの間に立つトトメスⅢ世の像が納められていたが，それはアマールナ時代に破壊され，ラメセスⅡ世が，それらをアメン・ラーとミアムのホルスとの間に立つ自分の像として復元した．

この礼拝堂は，1966年にイタリアに寄贈され，現在トリノのエジプト博物館にある．

カスル・イブリーム

カスル・イブリームの砦はナイル川東岸のイブリーム（この名はおそらくギリシア語のプリミスに由来するものと思われる）の村の南に，かつてぼんやりとみえていた，三つの砂岩の山の中央の頂部にあった．

この砦は疑いもなく王朝時代の基礎の上に建っていたものであった．多くの新王国時代に再利用された跡や，独立した記念物（最古のものはアメンヘテプⅠ世の治世8年の碑），タハルカの神殿建築（王が神に供物をささげている場面が描かれている）などが残っているこの砦のいくつかの部分は，アウグストゥス帝の治世に，長官ガイウス・ペトロニウスの指揮下のローマの守備隊が，短期に滞在しているときに建設された．それ以来，このカスル・イブリームに19世紀のはじめまで残っていた．

支配者である王と，さまざまな神々とにささげられた岩窟の聖所（礼拝堂）は，崖の底部に18，19王朝のクシュの太守たちが建造したものだった．新しいアスワーン・ダムの建設中に行われた引き上げ作業で，それらの浮彫りは引き離され，アル＝サブアの近くに移された．

セティⅠ世と同時代のクシュの太守であるアメンエムイブの大きな岩の碑は，かつて砦の南にあったが，これは現在，アスワーンに再建されたカラブシャ神殿の付近に移転されている．

アニーバ

古代のミアムであるアニーバは，新王国時代，ワワト（下ヌビアのこと，第1急湍と第2急湍の間にある）が行政の中心であったときに繁栄した町である．この町にはおそらく中王国時代に建てられた砦とミアムのホルス神殿があった．この神殿がはじめて建てられたのは，12王朝の初期（センウセルトⅠ世）にまでさかのぼると思われるが，大部分のものは，18王朝時代のもの（トトメスⅢ世やそのあとの王たち）である．

付近には，新王国時代を含むさまざまな時代の墓地が三つあった．これらのうちの一つに，ラメセスⅥ世の治世にワワトの大使をしていたペンニウトの岩窟墓があったが，現在アマーダ近くに移されている．

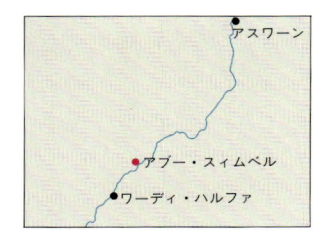

ヌビア

アブー・スィムベル (アブ・シンベル)

ラメセスⅡ世はヌビアに七つの神殿を建てた(バイト・アル＝ワーリー,ジャルフ・フサイン,アル＝サブア,アル＝ダッル,アブー・スィムベルの二つの神殿,それにアクシャの神殿).これらの中でも,ナイル川西岸のアブー・スィムベル(アブ・シンベル)にある岩窟神殿が最も代表的なものである.

大神殿は,1813年にJ・L・ボルヒャルトにより,はじめてその存在が報告され,1817年にG・B・ベルツォーニの手によって開かれた.今世紀に入ってから解体,移築作業が広く報道された結果,この神殿は,現在,エジプトで最もよく知られている記念物の一つとなっている.この神殿は,古代には単に"リアムセス＝メリアメン(ラメセスⅡ世)の神殿"とよばれており,王の治世の初期に建てられたものと考えられる.

入口は前庭からさらにテラスへと通じている.ここで高さ30m,幅35mの神殿の岩を切りとった正面部分があらわれる.この正面には,ラメセスⅡ世の巨大な4体の座像(高さ約21m)があり,座像の足の脇には,小さな王の家族の立像が彫られている.それらの像はつぎのようになっている.

1番南の巨像: 王の左足の脇に王妃ネフェルタリ,右足の脇に王の母であるムゥトトゥヤ,そして正面に王子アメンヘルケプシェフ.

南から2番目の巨像: 左足の脇に王女ベンタンタ,右足の脇に王女ネブトタウイ,正面にたぶんエセネフェルと思われるが名前のよくわからない王女.

1番北の巨像: 右足の脇に王妃ネフェルタリ,左足の脇に王女ベケトムゥト,正面に王子リアムセス.

北から2番目の巨像: 右足の脇に王女メリトアメン,左足の脇に王の母ムゥトトゥヤ,正面に王妃ネフェルタリ.

神殿入口上部にある壁面のくぼみには,ラメセスⅡ世の即位名ウセルマアトラーの暗号文字を示す,象徴的な彫刻のグループがある.ハヤブサの頭をしたラー神の右足のところには,ウシルと読むことのできる,ある動物の頭と首とを書いたヒエログリフがあり,左足のところにはマート女神が書かれている.神殿正面の上部には,1列のマントヒヒの像がある.これらの像は,昇ってくる太陽を迎え,崇拝する姿勢をとっている.

神殿は,年2回,太陽がナイル川東岸の地平線上に昇ると,その光線が神殿の入口に差し込み,王の巨像をかたどった8本の柱がある大広間,第2列柱室,控えの間,聖所を通って,その奥の壁がんに安置された四つの像に十分に光があたるように建てられていた.それらの像は,ラメセス王朝時代の三つの最も重要な国家神をあらわしたものである.それはメンフィスのプタハ神(向かって1番左),テーベのアメン・ラー神(左から2番目),そしてヘリオポリスのラー・ホルアクティ神(左から4番目)である.向かって左から3番目の像は,王自身である.

アブー・スィムベルの大神殿には,神聖化された王が聖なる舟の前で,儀式を行う場面(第2列柱室の北壁と聖所の北壁にみられる)が描かれ,ラメセスⅡ世が,かれの生存中から神聖視されていたことを立証している.大広間にある浮彫りには,王の歴史的な業績が描かれている.長い北壁にはシリアにおけるカデシュの戦いが,そして南壁にはシリアやリビア,それにヌビアとの戦いが描かれている.

大神殿と同時代のアブー・スィムベルの小神殿は,イブシェクのハトホル女神と王妃ネフェルタリにささげられた.その正面は,岩を掘ってつくられた6体の巨大な立像(高さ約10m)で構成されている.それらの像のうちの四つは王自身をあらわし,二つは王妃をあらわしている.そして,それぞれ王子や王女たちを脇に配している.

小神殿の構造は,大神殿を縮小したもので,ハトホル柱のある広間と側室のある控えの間,そして聖所からなっている.奥壁の壁がんには王を守護するハトホルの雌ウシの像が置かれている.

1964年から1968年にかけて,この二つの神殿は,ナイル川から210m離れた,もとの場所から65mも高い新しい場所へ,約4千万米ドルの費用をかけて移動された.

左 大神殿の至聖所の壁がんに納められた神々.

右 ロマンチックな姿の19世紀前半のアブー・スィムベルの姿(1838年11月,デビッド・ロバーツ画).

下右 "アブー・スィムベルの移築作業"は,アスワーン・ハイ・ダムの建設によるヌビアの水没遺跡救済のため,ユネスコがすべての加盟国に対してよびかけたキャンペーンの結果であった.自然の岩膚を切りとってつくられたアブー・スィムベル神殿の保護は,かなりの技術的,財政的困難をともなった.いくつかの計画が考え出された.最終的に神殿の正面と内部の部屋の壁を大きなブロックに切りとって分解し,これらをよく似た環境のもとに移動して,コンクリート製のドーム状の建物のなかに神殿を再建することとなった.ナセル湖の水位が,すでに上昇していたため,分解作業を進める一方で,水を排除するためコファダムをつくる必要があった.この巨大な積み木細工は,みごとに完成し,移築された神殿は,1968年9月22日,正式に再公開された.

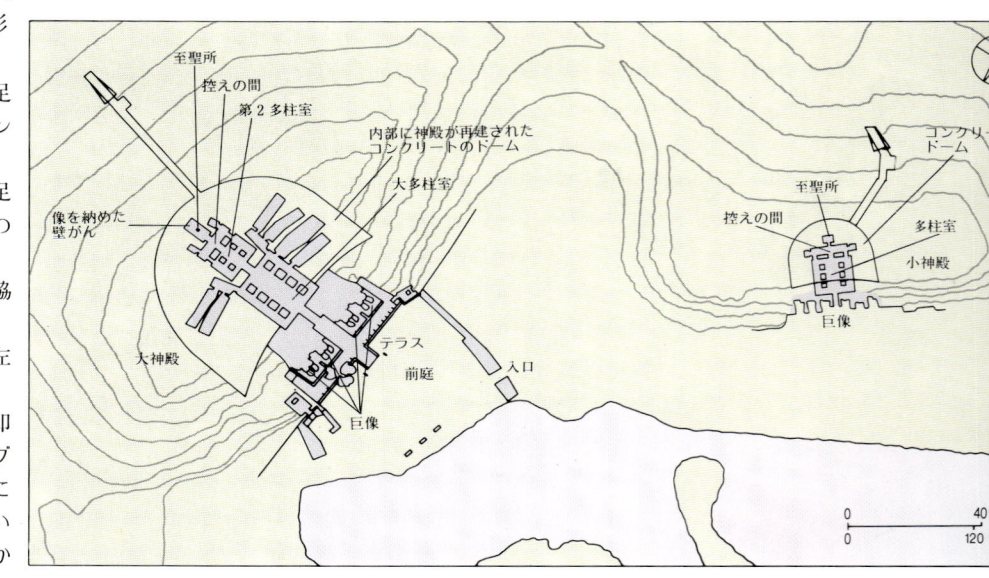

ヌビア

上ヌビア

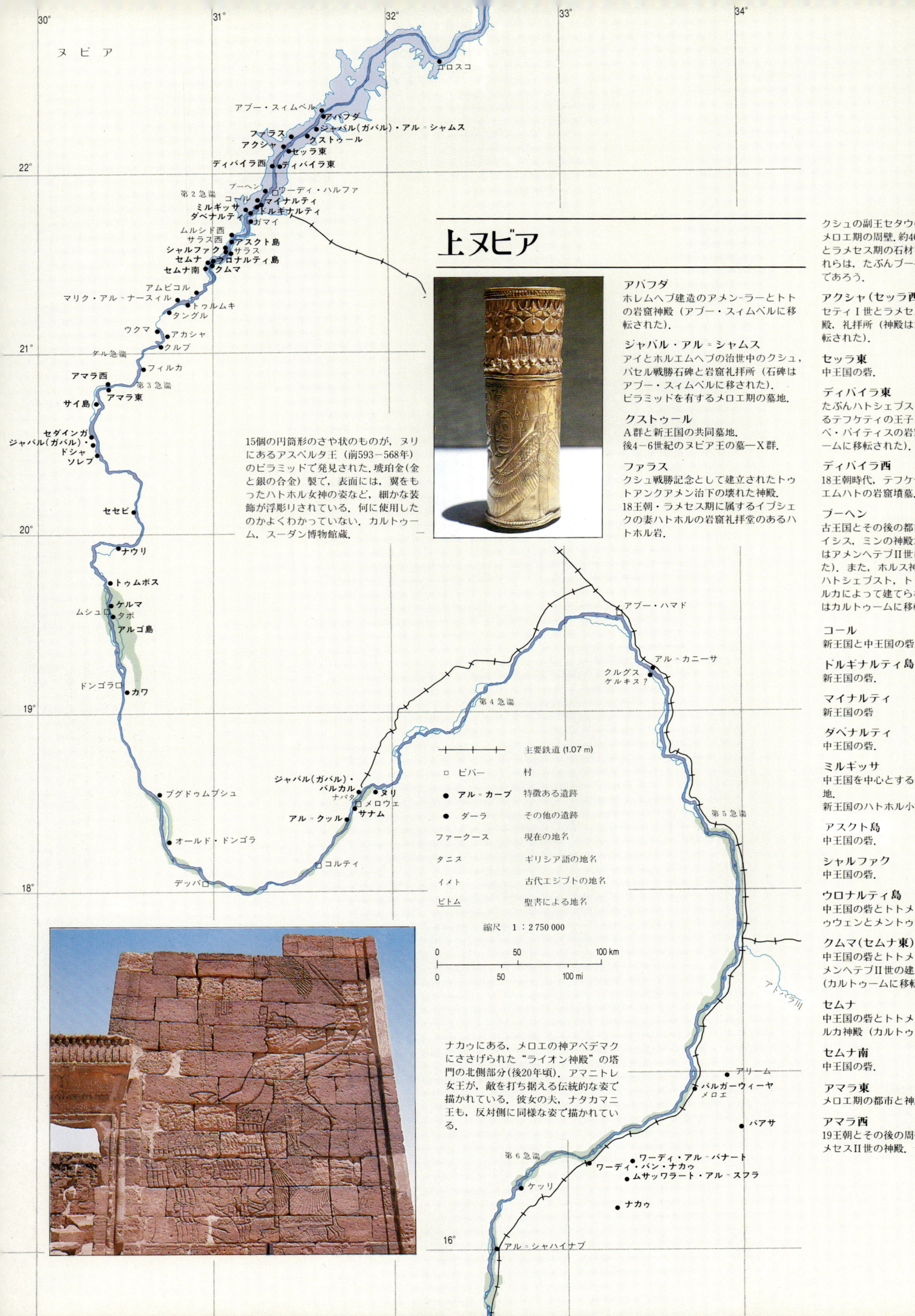

アバフダ
ホレムヘブ建造のアメン-ラーとトトの岩窟神殿（アブー・スィムベルに移転された）．

ジャバル・アル=シャムス
アイとホルエムヘブの治世中のクシュ，バセル戦勝石碑と岩窟礼拝所（石碑はアブー・スィムベルに移された）．ピラミッドを有するメロエ期の墓地．

クストゥール
A群と新王国の共同墓地．後4－6世紀のヌビア王の墓—X群．

ファラス
クシュ戦勝記念として建立されたトゥトアンクアメン治下の壊れた神殿．18王朝・ラメセス期に属するイプシェクの妻ハトホルの岩窟礼拝堂のあるハトホル岩．

アクシャ（セッラ西）
セティI世とラメセスII世の都市，神殿，礼拝所（神殿はカルトゥームに移転された）．

セッラ東
中王国の砦．

ディバイラ東
たぶんハトシェブスト治世中と思われるテフケティの王子ジェフティボトゥペ・パイティスの岩窟墳墓（カルトゥームに移転された）．

ディバイラ西
18王朝時代，テフケティの王子アメンエムハトの岩窟墳墓．

ブーヘン
古王国とその後の都市，中王国の砦とイシス，ミンの神殿がある（北の神殿はアメンヘテプII世によって建立された）．また，ホルス神殿（南の神殿）はハトシェブスト，トトメスIII世，タハルカによって建てられた．南北の神殿はカルトゥームに移転された．

コール
新王国と中王国の砦．

ドルギナルティ島
新王国の砦．

マイナルティ
新王国の砦．

ダベナルティ
中王国の砦．

ミルギッサ
中王国を中心とする砦，都市，共同墓地．新王国のハトホル小神殿．

アスクト島
中王国の砦．

シャルファク
中王国の砦．

ウロナルティ島
中王国の砦とトトメスIII世建立のデドゥウェンとメントゥの神殿．

クムマ（セムナ東）
中王国の砦とトトメスII世，III世，アメンヘテプII世の建立したクヌム神殿．（カルトゥームに移転された）．

セムナ
中王国の砦とトトメスIII世神殿，タハルカ神殿（カルトゥームにある）．

セムナ南
中王国の砦．

アマラ東
メロエ期の都市と神殿．

アマラ西
19王朝とその後の周壁のある都市とラメセスII世の神殿．

クシュの副王セタウの壁がん．メロエ期の周壁．約400個のトトメス期とラメセス期の石材を再利用した．これらは，たぶんブーヘンにあったものであろう．

15個の円筒形のさや状のものが，ヌリにあるアスペルタ王（前593－568年）のピラミッドで発見された．琥珀金（金と銀の合金）製で，表面には，翼をもったハトホル女神の姿など，細かな装飾が浮彫りされている．何に使用したのかよくわかっていない．カルトゥーム，スーダン博物館蔵．

ナカゥにある，メロエの神アベデマクにささげられた"ライオン神殿"の塔門の北側部分（後20年頃）．アマニトレ女王が，敵を打ち据える伝統的な姿で描かれている．彼女の夫，ナタカマニ王も，反対側に同様な姿で描かれている．

縮尺 1：2 750 000

主要鉄道 (1.07 m)	
□ ビバー	村
● アル=カーブ	特徴ある遺跡
● ダーラ	その他の遺跡
ファークース	現在の地名
タニス	ギリシア語の地名
イメト	古代エジプトの地名
ビトム	聖書による地名

周辺地域

サイ島
18王朝とメロエ期の, 神殿のある町と砦.

セダインガ
アメンヘテブIII世神殿, メロエ期の共同墓地.

ジャバル(ガバル)・ドシャ
トトメスIII世の岩窟礼拝所.

ソレブ
アメンヘテブIII世神殿, 新王国の共同墓地.

セセビ
アテンとテーベ3神の神殿のある, 新王国の都市.
アクエンアテンとセティI世が建立した.

ナウリ
セティI世治世第4年の岩窟壁碑.

トゥムボス
トトメスI世その他の石碑. これにはラメセスII世のクシュ・セタウ戦勝碑も含まれている.

ケルマ
第2中間期の集落と, 像, 石碑, 石製容器などを含むエジプトのものを再利用した塚のある共同墓地. 巨大な日乾レンガの塔.

アルゴ島
タボにある神殿. 25王朝とメロエ期のもの. 25王朝のタハルカは新王国の石材を再利用した.

カワ
トゥトアンクアメン, タハルカ, ナバタ諸王, メロエ諸王が中心になって建てたアメン神殿.

アル・クッル
25王朝の王の墓所を内含するピラミッド群.

サナム
25王朝の王宮, 倉庫, 共同墓地. タハルカ建造のアメン・ラー神殿.

ジャバル(ガバル)・バルカル
メロエ期のピラミッド群.
多数のアメン・ラーの神殿と礼拝所.
建造者は新王国諸王, ピイ, タハルカ, ナバタとメロエの諸王.

ヌリ
タハルカとナバタ・メエロ諸王の墓所を含むピラミッド群.

メロエ(バルガーウィーヤ)
メロエ期の神殿とピラミッド群.

バアサ
メロエ期の神殿.

ワーディ・アル=バナート
壊れたメロエ期の神殿.

ワーディ・バン・ナカウ
壊れたメロエ期の神殿.

ムサッワラート・アル=スフラ

ナカウ
メロエ期の神殿.

アル=カールガ(カールジャ)
ローマ期のアイン・アムール神殿と町. ダリウス, ネクタネボII世, プトレマイオス朝によるヒビスの保存状態のよいアメン神殿.
25王朝からプトレマイオス朝のアメ

オアシス

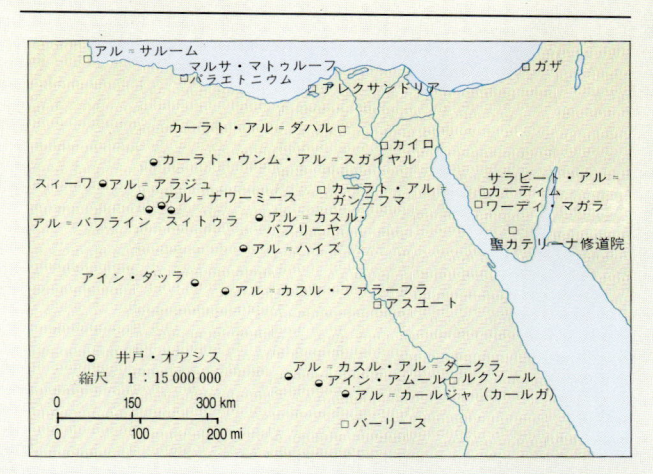

西のオアシスは, リビア砂漠の, 風で浸食された連続するくぼ地からなっている. そこには自然の泉があり, 井戸は地下100m以上の深さに掘られている. 農業をするには十分な水があるが, 井戸は分散しておりその数は不足している. 人口(1966年に75 000人)は, 広汎な地域に分布しており, 居住地と居住地の間には不毛な土地が広がっている. オアシスには, 旧石器時代から人が住みついていた. 最大のアル=カールガ(カールジャ)・オアシスには, 非常に早い時期の農業の痕跡がみられる. しかし, それらの重要性は, その産物よりもむしろその地理的位置にあった. オアシスの経済的地位は, エジプト本土の経済によって変動していた. ローマ時代には, ナイル流域とローマとの交易中継地であったことを示す十分な証拠がある.

この地域の初期の歴史に関するわれわれの知識は, いまだに不完全なものである. 古王国時代から新王国時代にかけて, エジプトのテキストには, 南の四つのオアシスが記されている. 主にアル=ダークラでいくつかの証拠が認められている. おそらくそれらのオアシスはすべて, この時代エジプトの支配下に置かれていたと思われる. 第3中間期からの遺跡はずっと数多くなり, ローマ時代までその繁栄はつづいた. ローマ時代には, いくつかのオアシスでギリシア人の居住が行われた. スィーワは26王朝頃に入植が行われエジプトの支配下に置かれた. 現在ベルベル語を話すそこの住民は, おそらく常にエジプト人というよりもリビア人であったと思われる.

ローマ時代後期になると, 広汎な部分で人口の減少がみられた. オアシス経済は二度と完全に回復することはなかった. この現象は遺跡保存に良好な自然条件となったのである.

左下 アル=ダークラ・オアシス, そこにはアル=サマント・アル=カラーブの村落がある. 古代では, オアシスにある湖は現在よりもはっきりしていた. 保存状態がよいので, 最近捨てられた農家とローマ時代の農家を識別することはむずかしい.

ン・ムト, コンス神殿(カスル・アル=グアイダ).
26王朝からプトレマイオス朝の岩壁刻文(ジャバル・アル=ティール).
ローマ期の神殿(ナドゥーラ).
プトレマイオス朝とローマ期の神殿(カスル・ザイヤーン).
ローマ期のセラピスとイシス神殿(カスル・ドゥーシュ).

アル=ダークラ
多数の古王国の村と共同墓地.
都市遺跡. 6王朝と第1中間期のマスタバ. 新王国のムート神殿, 第3中間期とローマ期の墳墓(バラート).
第1中間期の墳墓(アムハダ).
破壊された神殿, 第3中間期のもの(ムート).
グレコ・ローマン期のトト神殿, ネクロボリス(アル=カスル).
後1世紀の神殿(ディール・アル=ハジャル).
ローマ期の装飾のある墳墓(カーラト・アル=ムサッワカ).
小神殿跡のあるローマ期の都市遺跡(アル=サマント・アル=カラーブ).

ファラーフラ
エジプト土着民の遺跡はないが, ローマ人の遺跡がある.

バフリーヤ
アル=カスルとアル=バウィーティ付近の遺跡.
18, 19王朝のアメンヘテブ・フイの墓.
アプリエスとアマシス治下そしてグレコ・ローマン期の礼拝所と墳墓. アレクサンダー大王の神殿.
破壊されたローマ期の凱旋門.
ローマ期の小さな中心地(アル=ハイズ).

スィーワ
アレクサンダー大王が, アモンの神託をうかがったと想像される26王朝とプトレマイオス朝の神殿(アグールミー).
ネクタネボII世の神殿(ウンム・アル=イバーダ).
いくつかの装飾された墳墓のある26王朝とグレコ・ローマン期の墓地(ジャバル・アル=マウト).
その他, 多数の遺跡にある共同墓地と小さな装飾のある神殿.

古代の遺跡のある小さなオアシス
カーラト・ウンム・アル=ズガイヤル, アル=アリグ, アル=ナワーミース, アル=バフライン, スィウトラ.

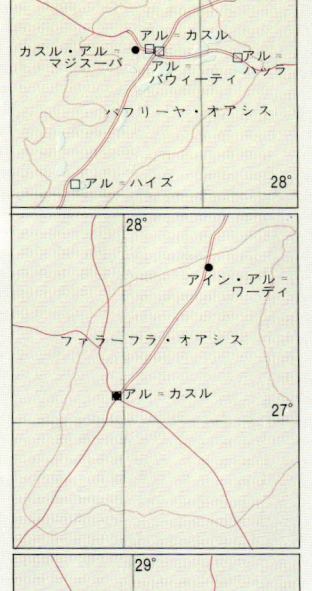

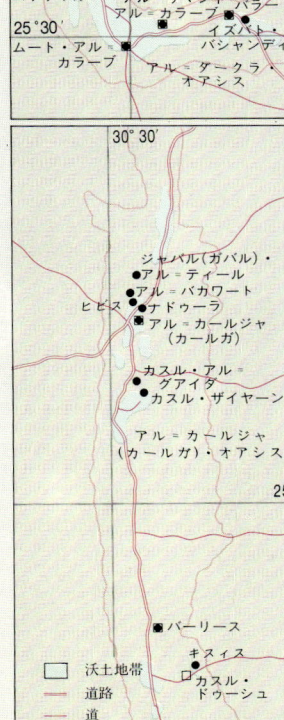

シナイ

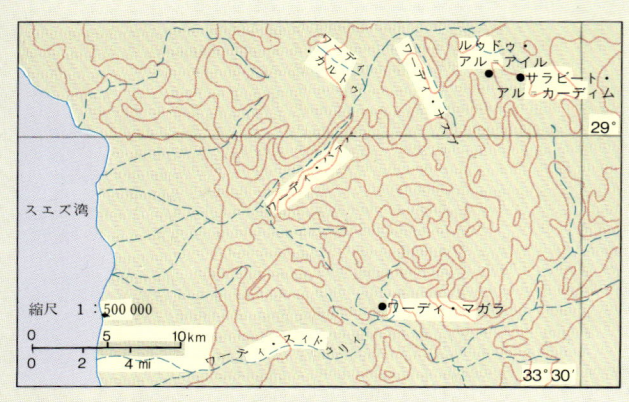

右 小像頭部．かつらにあるカルトゥーシュから，この人物は，アメンヘテプⅢ世の第1王妃ティであるとわかる．緑色滑石製．高さ6.5cm．サラビート・アル＝カーディム出土．カイロ，エジプト博物館蔵．

下左 セケムケト王の浮彫り．1973年にワーディ・マガラで再発見された．南に約35m離れたところに，ほぼ同様なものがある．これら二つの浮彫りは，エジプト語の碑文を含めるものとしてはシナイ半島最古のものである．

下 サラビート・アル＝カーディムにあるハトホル神殿の近影．ステラのいくつかが，いまも立っている．

　エジプト人たちは，3王朝の頃から南西シナイの谷あいにある鉱床に魅せられていた．古王国時代から新王国時代まで鉱山を経営するために，定期的に派遣された遠征隊の目的は，トルコ石をもち帰ることと，銅を獲得することにあった．古代エジプトでシナイ半島以上の銅の採掘場所は他になかった．しかし，シナイでのエジプト人の活動は，新王国時代の末に終った．

　これらの遠征には，つぎにあげるようないくつかのルートがあった．そして，その選択は，おそらく時期によって異なっていたと思われる．スエズ湾沿いの長距離の陸上ルート，またおそらく最初の段階であろうが，東の砂漠の横断を含む，陸と海とを組み合わせたルート，そしておそらく，ワーディ・トゥミラート運河を通り，ナイル川から紅海に出て陸上をいくルートなどがあった．

　ワーディ・マガラの鉱山は，最初に採掘されたもので，ザネケトとネチェルケト（ジェセル），それにセケムケトの日付のある岩の碑文と浮彫りが残されていた．古王国最後の遠征は，ペピⅡ世の"二度目の調査の年"（同王の治世3年頃）に行われた．数人の中王国や新王国時代の支配者たち（アメンエムハトⅢ世，同Ⅳ世，ハトシェプスト女王，トトメスⅢ世，そしておそらくラメセスⅡ世）が，この地に遠征した記録があるが，当時，この地は古王国時代のような重要性をとりもどすことはなかった．

　シナイでのエジプト人の活動を示す最も重要な遺跡は，サラビート・アル＝カーディムにあるハトホル神殿である．中庭と柱廊式のポーチが前にある"ハトホルの洞穴"とよばれる岩窟は，この神殿の最も古い部分であり，12王朝のはじめに建てられた．新王国時代になると，東の砂漠の神であるソプド神のために祠堂が南に建てられ，ハトホル神殿はずっと拡大された（主にハトシェプストとトトメスⅢ世がこれを行った）．この地方では，とくにスネフル王などいく人かの神格化された過去の王たちとともにトト神もまた崇拝されていた．ラメセスⅥ世が，いままでに名前がみつかっている最後の王である．最近，サラビート・アル＝カーディム神殿の西方約1.5kmのルゥドゥ・アル・アイルで，中王国時代の岩に記されたテキストが新しく発見されている．そこからは，ほかのいくつかのテキストも発見されている．

　サフウラー王の岩の碑文とセンウセルトⅠ世時代の巨大なステラは，ワーディ・カルトゥにある，3番目に重要なトルコ石の鉱山の中心地に建てられていた．その付近のワーディ・ナスブでは，アメンエムハトⅢ世の治世20年の岩のステラや中王国，ラメセス王朝時代のテキストが発見された．

第3部 エジプト社会の概観
ASPECTS OF EGYPTIAN SOCIETY

日常生活

　古代エジプト人の日常生活を研究する方法は一つではない．多くの種類の資料を手がかりとする様々な方法があり，モザイク模様のように結び合っている．とくに墓の浮彫りや絵は当時の様子を克明に語ってくれるのである．大きくて装飾の豊富な墓に葬られたのは上流階級の人たちだけだったが，その墓に描かれた場面からは民衆たちの日常生活もほのかに読みとれる．墓に収められた模型や日用品からも生活を知ることができる．遺跡の発掘でみつかった遺物からわかることもある．パピルスや陶器片類に書かれた文学作品や行政文書は，ほかのものよりずっと細かな部分がわかるので，貴重な資料となる．

テーベ1号墓の農耕の図．この墓はディール・アル＝マディーナにあり，セティⅠ世時代のセンネジェムのものである．神話にでてくるイアルの野の景色が描かれ，センネジェムは妻のイイネフェルティと一緒に穀物を刈り，2頭のまだらのウシで土地を耕し，亜麻を取り入れている．穀物は穂先だけを刈り入れる．刈り入れにはフリントの鋭い剥片をのこぎりの歯のようにはめ込んだ木のかまが使われる．わらの利用価値が高いので，刈り取った後の茎は，あとで抜いて使われた．センネジェムの墓に描かれているような形のかまやムチは，現在まで実物がたくさん残っている．

農地とブドウ園

種まきの前に土を耕す。これには普通，ウシが引く犂やくわを使う。種をまいたあとはウシやヒツジやヤギを歩かせて，種を土の中に踏み入れさせる。刈り入れには笛吹きがいて，人々を作業の単調さから救う。刈り入れられた穂先は籠に入れ，人やロバが脱穀場に運ぶ。脱穀はウシやヒツジやヤギがする。穂の上を歩かせて，穀粒を落とす。もみがらはふるいにかけてより分けるが，これが重労働である。より分けた穀粒は穀倉に貯える。

ブドウの木に水をやったり，ブドウの実をつんで絞る場面はよく描かれる。ブドウ絞りは，大桶の中で人が踏んで行う。棒を打ち鳴らし拍子をとりながら行う場合が多い。できたブドウ液は袋に入れ，絞りながら漉す。発掘されたブドウ酒壺には，ヒエラティックのラベルがついていて，ブドウ園の名前やブドウ商人の名だけでなく，入っていたブドウ酒の製造年までわかる。

農地を耕す．中王国時代．

穀物の刈り入れ．5王朝．

穀物倉．中王国時代．

もみがらをふるい分ける．穀倉に穂を運ぶ．18王朝．

ウシを使った脱穀．18王朝．

ブドウつみ．18王朝．

日常生活

家畜と牧夫

牧夫の生活を描いた場面には、ウシの交尾やウシのお産、子ウシに乳をやる母ウシ、乳しぼり、闘う雄ウシ、えさを食べるウシ、それに木ややぶの若芽を食べるヤギの絵などがある。畜牛やヤギ、ロバ、ヒツジ、家禽の調査は領主が行い、頭数を数え記録する。この調査は定期的に行われた。牧夫が料理をするところ、食事をするところ、ヤギを木に吊して皮をはぐところ、むしろを作る場面などが描かれている。むしろ作りは、牧夫の一番好きな娯楽だったらしい。家畜の飼育はすぐれた仕事とされた。これは、役人の肩書きに飼育と関係するものが多いことでわかる。

畜牛の調査. 18王朝.

牧夫とヤギ. 19王朝.

乳しぼり. 5王朝.

狩人と猟犬. 5王朝.

雌ウシのお産. 5王朝.

狩りと魚取り

砂漠の獣を狩りしても、エジプトの経済にはさほど役に立たなかった。そこで狩りはすぐに金もちのスポーツにかわった。沼地で人々が魚や鳥をとったり、パピルスを刈り入れてパピルスのいかだをつくっている場面は、家畜を飼育する場面と一緒に描かれることが多い。漁師が引き網（や投網）で魚を引き上げる場面がよくあるが、別の漁法も描かれている。とくに籠や手でもてる小さなすくい網で魚をつかまえる場面が多い。魚をもりでついたり、釣ったりするには、パピルスの小さないかだを使った。これは楽しい遊びだったにちがいない。カバ狩りはスポーツというより、やらなくてはならない仕事だったろう。

網で魚をとる．5王朝．

釣り針，18／19王朝．釣り．6王朝．

すくい網と釣り糸で魚とり．6王朝．

すくい網で魚をとるところとカバ狩り．6王朝．

カバ狩り．5王朝．

日常生活

職人の仕事

職人がものをつくる主な場面が、墓に浮彫りや絵で描かれている。仕事は驚くほど的確にあらわされている。金細工師は金の重さを量り、指物師は厨子に使う（永続の象徴の）木製のジェド柱に最後の仕上げをしている。船大工は、大きな木の船体をほとんどつくりあげている。吹桿をくわえた男たちは金属を溶かすのに忙しい。ほかの職人でよく描かれるのは彫刻師（像を彫るのは芸術でもあり技術でもあった）、大工、皮細工師、陶工、石製容器作り、縄作り、レンガ職人などだった。職人の道具の実物のほかに道具の模型もたくさんみつかっている。
肉がまちがえなく供えられるように、

金細工師と指物師、宝石細工師、彫刻師。18王朝。

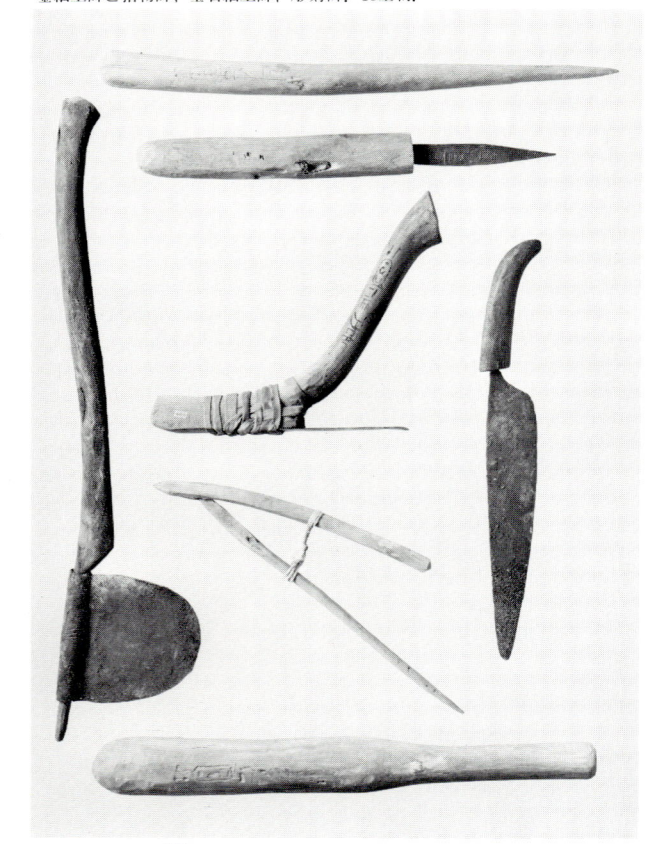

道具の模型。18王朝。

船大工。5王朝。

金属細工師。5王朝。

日常生活

墓に屠殺人の姿を描いたり模型を置くことがよく行われた．
パンや菓子にはいろいろな質と形のものがあった．穀物を粉にして使うところはどんな場合でも同じだったけれど，焼き方がそれぞれちがっていた．こねた粉を，あらかじめ温めておいた入れ物に流し込んで，直火を使わず焼く方法もあった．エジプトのビールは，少し焼いたパンを発酵させてつくられた．たらいに入れたパンを踏みつけたり，大きな入れ物の前にかがんでビール種を漉しているビール職人の姿は，像や模型や浮彫りにたくさんつくられている．

屠殺人．18王朝．

屠殺人とパン職人，ビール職人．中王国時代．

ビール職人と料理人，粉をひく女．第1中間期．

パンを焼くために前もって容器を暖める．5王朝．

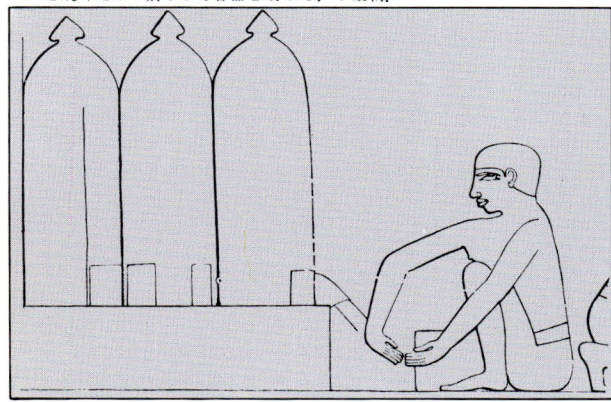

穀物を入れた穀物倉．5王朝．

ビール造り．中王国時代．

日常生活

家庭生活

エジプト史上の最初から,数々の楽器が知られており,たくさんの数が発掘されている.吹奏楽器の主なものでは,フルート,二管クラリネット,二管オーボエ,トランペットがあった.弦楽器には,いろいろな形のハープ,リュート,ライア,打楽器ではタンバリンと太鼓をよく使った.儀式に使う打楽器にはシストラムと拍子木があった.たまに家の模型がみつかると,発掘できた住居についての情報にいつも新しい知識が加わる.それほど古代エジプト人の住宅建築についての現在の知識は不完全なのである.とくに初期王朝時代と古王国の住宅建築についての知識は,同じ時代の神殿や墓の建築に比べて少ない.

古代エジプト人の家事が毎日どのように過ぎていったか,細かな点についてははっきりわからない.墓から知ることのできる情報はどれも同じようで,片寄った情報以上の知識をえられるのは異例のことである.古代エジプトのある家族の日常生活のある日,ある月,ある年がどのようだったか復元しようとすると,まだ大部分推測に頼るほかないだろう.このようにエジプト学者の前にはむずかしい問題が立ちふ

女楽士と踊り子たち.18王朝.

家の模型.中王国.

アシでつくった刷毛.18王朝.

籠とむしろ.中王国時代.

供物を運ぶ人々.中王国.

サンダル.18王朝かグレコ・ローマン時代.

さがっている．
「没薬を頭にのせ，上質の亜麻を身にまとえ」と「竪琴弾きの歌」が勧めている．エジプトの裕福な人たちは，日用品にきれいなものを使うのが好きだった．とくに櫛，（楽士，大壺をかつぐ召使い，泳ぐ少女などを象った）軟膏用のサジ，（アイシャドーのための）化粧墨入れ，化粧びん，（磨き上げた銅や青銅の円盤に装飾的な柄をつけた形の多い）鏡などの化粧用具にみごとなものがある．身のまわりに趣味のよい家具類（椅子や寝台，櫃，小箱）を置き，上等な衣服やかつらや宝石類を身につけるのも好きだった．美味しい食べ物や飲み物，音楽や歌や踊りも楽しんだ（裕福なかれらは自分たちが踊るよりは，踊るのをみる方が好きだったようである）．

いろんな所に宴会の絵が描かれている．とくに新王国のテーベの墓には多い．これらの陽気な宴で目につくのは，集まって浮かれる人たちのかつらの上にのった練り香のかたまりである（これが「竪琴弾きの歌」の「没薬」である）．練り香は宴が進むにつれて少しずつ解け，心地よい香りをただよわせた．

古代エジプトの子供たちの遊びは，現在のエジプトの子供たちとよく似ている．ただ，車のついた木馬ができたのは，グレコ・ローマン時代になってからのことである．簡単なおもちゃがたくさん残っていた．

宴会の図（部分）．18王朝．

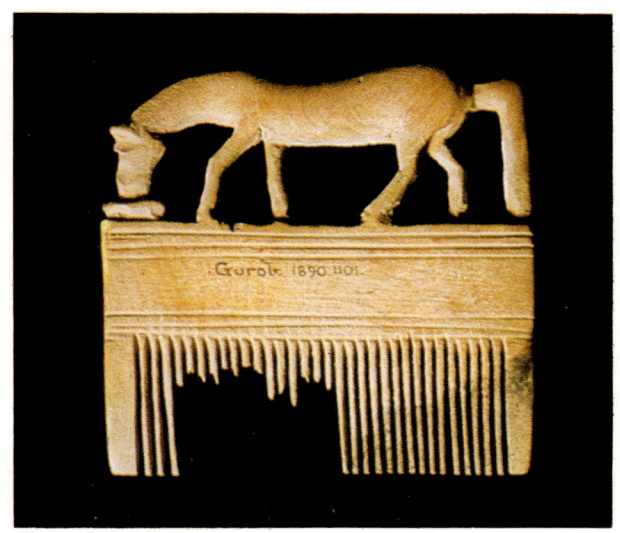

櫛．17王朝．

化粧用のサジ．18王朝．

鏡．新王国時代．

ウマのおもちゃ．グレコ・ローマン時代．

折りたたみ椅子．18王朝．

書記と文字

　エジプト史が始まったことを一番はっきりと示しているのは，前3000年頃の文字の発明である．文字を使うことで，古代オリエントの主な文明は，同じ時代の別の文明に差をつけ，つぎつぎと得る知識を社会の共通財産として伝承していくことができるようになり，ときにはそれらの知識に批判を加えるようにもなった．しかし文字は複雑で，その読み書きは少数のエリートが独占していた．アルファベット文字体系が広まるまでは，社会全体が文字を十分活用するといえる状況にはならなかった．

　エジプトの貴族には，たとえば地主貴族のように他と隔絶した文盲の集団はなかったらしい．地位の高い人々はすべて，役所や軍隊や神官社会で書記の経験をもっていた．王もまた読み書きができた．最高位の役人たちの称号には書記を示す部分はないが，碑文などからみて，そうした人々はかつては書記であったことがわかる．かれらは，読み書きが主な仕事の役職を避けることなく経験してから，より高位の役職へと移ったのである．どんな場合でも，読み書きは行政組織の基盤となっていた．

　仕事についてまもない書記は，先輩から手ほどきを受けた．有力者の子供たちはずいぶん若いとき，おそらく12歳くらいから書記の仕事についた．いろいろな訓練を受けた後，あるいは訓練が後半に入ったころから，書記は行政組織の中で徐々に高い地位へと登っていった．基本的な読み書きは，仕事につく前に習っていたと思われる．学校の遺構としては，ディール・アル＝マディーナにあったものだけが知られているが，初歩の授業は，くずし字体のヒエログリフで書かれた"ケミイトの書"とよばれるテキストの文章を筆写することであったようである．

　つぎには文学作品の古典に進み，書記の仕事についてからはその時代の手紙の手本や風刺的作品，詩や讃歌など雑多な書物に移った．これらの書物は学校の教師が毎日の宿題として与えたのかもしれない．たくさんの書物が現存しているのは，使った人の墓に最後は納められたことを意味しているのであろう．

　文字の学習には二つの大きな特徴がある．一つは主にくずし字体の教育で，子供たちはまず最初にこの字体に慣らされたことである．記念物に使われるヒエログリフに精通するにはさらに教育が必要であった．したがってヒエログリフを理解できる人数は比較的少なかったと思われる．王朝末期になると，この2種の字体の違いがはっきりしてくる．

　もう一つの特徴は，エジプト人は，自分たちの言葉を音節表に分類して，「アルファベット」の順に並べて表をつくることもしているのに，学習はその1字1字を覚えることからではなく，文章や単語を筆写することから始めている点である．字を書くことは，数個の文字群を書くことと考えられており，つづりを細かく分析するようなことはほとんどなかった．

　くずし字体は，行政や手紙など必要不可欠な場合以外にも使われたが，その中でわれわれにとって一番興味深いのは文学作品の伝承である．文学テキストは学校で使われた書物でもその他の書物でも伝えられている．それには物語，教訓テキストや「哲学的」テキスト，祭儀や宗教関係の讃歌，恋歌，王の碑文や後に文学として使われた数々のテキストが含まれる．たとえば医術や数学のテキスト，儀典書や埋葬に関係する書物がいくつかある．書物をつくったのは主に，神殿付属の写本所「生命の家」であった．そこでは，伝えられたあらゆる書物の写本がつくられ，その中には純文学以外のものもあった．

　文字伝承は途切れることなく3世紀近くまでつづいたが，ヒエログリフからデモティックへの移行を示すテキストはほとんど残っていない．文学作品のいくつかは有名になり，後の時代のテキストの中でもそれとなく触れられたりして，そのテキストの書き手と読み手にとって共通の文学的素養になっていったのである．

上端　花崗岩製の書記の像．朗唱神官長ベトアメンオベをあらわしている．前650年頃，脚を組んで，ひざの間にパピルスを広げた書記の伝統的な姿．末期王朝時代の最も裕福な者たちは，意識的に古王国の様式を模倣したが，この像もその例である．珪岩製，高さ75 cm．カルナク出土．カイロ，エジプト博物館蔵．

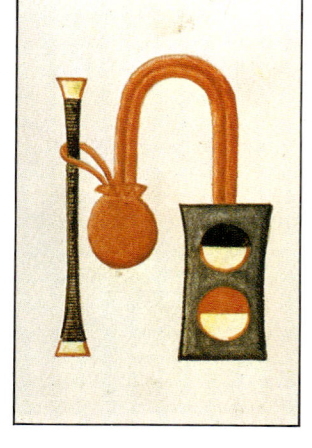

上　典型的な書記の筆入れ．筆を入れる細長い穴（筆の実物が入っている）と固形のインクを入れたくぼみがいくつかついている．中王国．木製．バニー・ハサン出土．オックスフォード，アシュモレアン博物館蔵．

左は書記の基本的な道具をヒエログリフにしたもので，パレットと水壺か袋，および葦ペンかパピルスをならす道具とをあらわしている．この三つのものは，一つに結びあわされている．パレットの二つのくぼみには，それぞれ赤と黒の固形顔料と樹脂が一緒に入っている．インクをつくるときには，顔料に水を加えた．書記の仕事は文字を書くというより，絵を描くという方が適当だろう．その手は筆記面から浮かすようにしている．文字は右から左へ（もともと竪書き）に書き進んだから，手を筆記面に置いて休めると，よごす恐れがあったからである．ヒエラティックの場合には一度インクをつければ12字ほど書けた．

書記と文字

上 ヒエラティックで書かれた12王朝の文学の例とそれをヒエログリフに転写したもの。訳は次のようになる。"宰相プタハヘテプが言う。君よ、わが主よ。老いが至り、老年がドリ、衰弱が来、もうろくがつのりました。子供にもどって毎日寝ているだけです。両眼は弱り、両耳は遠く、心臓が疲れて力がなくなります。口は閉じ、語れません。"『プリス・パピルス』、4.2—4. パリ、国立文書館蔵.

下 パテエスの家族が不運を申し立てた文書の一節。ダリウスI世治下の財務高官に提出したものらしい。テキストと行両の翻字は右から左へと読み進むが、一つ一つの単語の翻字は左から右に書いてある。訳はつぎのようになる。"港の管理官がつぎのように言って司令官を派遣した。'パテエス(この文書を書いた者の先祖にあたる)が逮捕せよと汝に命じた者は皆逮捕せよ。'司令官はテウジョイ(アル=ヒーバ)に来て、パテエスと2人の神官を逮捕させた。彼はかれらを連れて王宮へと北上した。王の前でパテエスは、自分たちがしたことすべてを語った。王は2人の神官に判決を下した。"アル=ヒーバ出土、マンチェスター、ジョン・リランズ図書館蔵、9号パピルス.

右 パピルスにインク書きされたヒエログリフと挿し絵。アンハイという貴婦人の死者の書、19王朝。赤インクで書かれた文字(朱書き部分)は、節の最初を示す。テキストは乱れていて翻訳できないが、プタハ神の姿であらわれるための呪文と来世で飲食し、王座を占めるための呪文を書こうとしているのはわかる。ロンドン、大英博物館蔵.

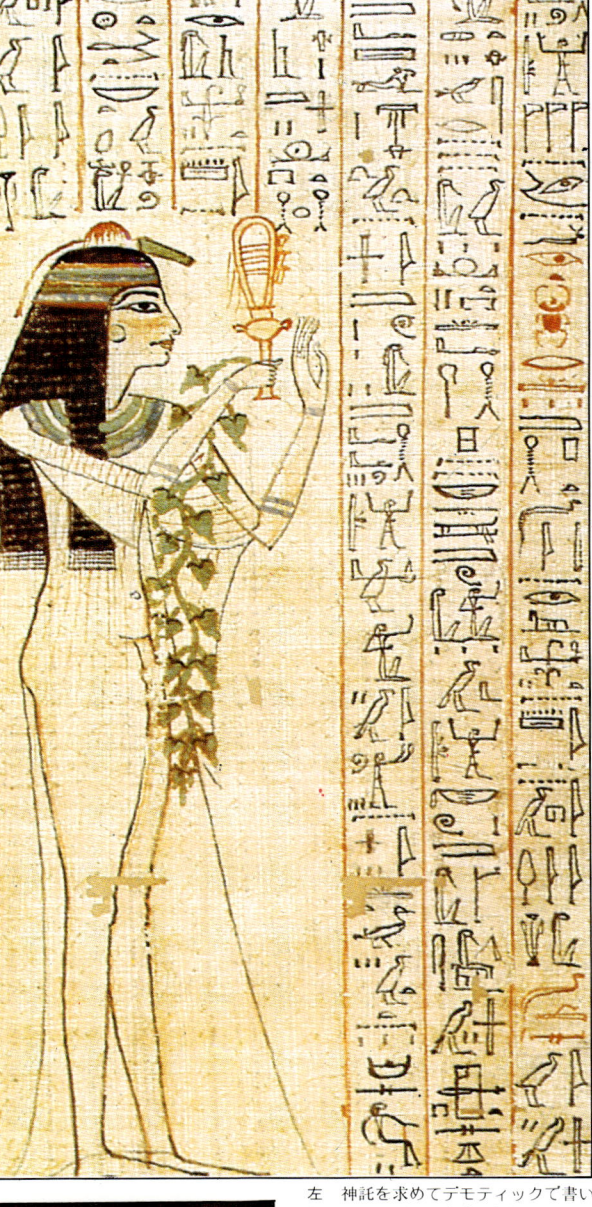

文字にはいくつか種類があった。記念物や装飾のための碑文にはヒエログリフ、宗教テキストと「ケメイトの書」にはくずし字体ヒエログリフが使われた。くずし字体の代表のヒエラティックは日常用だった。第3中間期には、記念物の碑文がヒエラティックで書かれる場合があらわれ、それをきっかけに変体ヒエラティックが発達して、主にテーベ地域で前9—7世紀に使われるようになる。同時期にデモティックも発達し、エジプト北部では前700年以降、くずし字として使われ出し、前600年までには全土に広まった。ヒエラティックはどんな場合でもヒエログリフに書きかえることができるが、そうしてえられたヒエログリフの文章ははじめからヒエログリフで書いた文章と違うものになる。デモティックは独自で、せいぜいヒエラティックと関連があるとしかいえない。くずし字体ヒエログリフは前1000年紀に使われなくなるが、ヒエラティックは宗教テキスト用として最後まで用いられた。デモティックは商用か文学用で、たまには石に刻まれることもあった。

口語は常に変化していたが、綴りの方は時おり変るだけで、文語と結びついていた。古王国には古エジプト語、中王国には中エジプト語が使われたが、その間の変化は、この二つの時代の移行期の文字の変化にだいたい反映されている。しかし、18王朝までには文語と口語の差が著しくなる。新王国の口語である新エジプト語は、19、20王朝ヒエラティック文書に使われたが、ヒエログリフのテキストはなお、中エジプト語のくずれた形で書かれていた。中エジプト語の宗教テキストと新エジプト語の商用文では、使われるヒエラティックの形が変化してくる。デモティックの言葉は、大ざっぱにいえば前7、6世紀の口語で、新エジプト語のつぎにくる。中エジプト語は、エジプト文明の最後まで、公式の言葉として記念物に使われつづけた。後2世紀になると、エジプトの魔術テキストはギリシア文字で書かれるようになり、後4世紀以降これがコプト語に発展する。コプト語はキリスト教化したエジプト人の言葉になったが、後640年以降徐々にアラビア語にとってかわられた。エジプト語はアフリカ、アジア語族の一員である。この語族にはセム語を一員もある。この語族にはセム語族に加えて、北西アフリカのベルベル語から(チャド湖付近の)チャド語、南スーダンとエティオピアのクシト語やオモト語までのアフリカの諸言語が含まれる。エジプト語はセム語に一番似ているにもかかわらず、それ自体で一つの語派をなしている。単語の構造や音声、三つの子音から語根ができていること、'(アイン)やq, ḥの子音をもつことなどエジプト語とセム語は共通の特徴をもっているが、その言語構造は現在の英語とラテン語ほどの差がある。

左 神託を求めてデモティックで書いた、おうかがいの文書2例。ファイユームのソクノパイオネソス(ディマイ)のソベク神とイシス女神に対するもの。前149年か138年に書かれた。この二つの小さなパピルス(7.5×5.5cm)は神の前に置かれ、適切な方が何らかの方法で選ばれ、運び出された。テキストはほぼ読める。第1の方は次のように書かれてある。"マアラー(の息子)召使いテシヌフの嘆願。かれはその主でパイの主で大神であるソベクと、王座が完全であるイシス女神の前で言う。もし第33年の今年、私の一番よい生き方が堤を耕し、種はまかないことならば、このパピルスを私のところに運んで下さい。"第2の方はこれとまったく逆のことが書かれていて、"もし、私の一番よい生き方でないのが……"と始まっているが、種まきについては、適当でないと考えられたのか、省かれている。

書記と文字

トトメスIV世の祠堂の碑文で，王が石をみつけたことが書かれている．テキストではエジプト語を段階に分けて分析し，最後の行に訳文を記した．
(a)ヒエログリフを写したもので，便宜上左から右に書いている．〔 〕に入れた文字は復元したもの．
(b)文字ごとに翻字し，単語ごとにまとめてある．決定詞や棒線を示す文字は行の上に小さく書いた．(+)は発音補助記号といい，分けては読めない文字を示す．1字で1単語をあらわす文字は大文字で示したが，その中には普通数文字であらわす単語を1文字だけで書いた場合も含まれている．nsjtは伝統的にこのように複雑に書かれ，全体でnsjtと読む．
(c)エジプト学者が普通使う翻字で，テキストの言語上の構造を示している．
(d)エジプト語の各単語がどういう意味をもつか示したもの．
(e)訳

どんな書体で書かれた場合でも，文書に使われる文字には2種類ある．表音文字（音をあらわす文字）と表意文字（意味をあらわすだけの文字）であるが，この両方に分類される文字もある．表音文字は音節文字であるが，母音をあらわさない．子音と母音の組み合わせをあらわそうとしても，子音だけをあらわそうとしても，この表音文字が示しているのは子音だけになる．翻字はこの骨組みの子音だけを書く．右に上げたテキストの抜粋には，いろいろな種類の文字の例が含まれる．理論上は，どんな単語にもたくさんの綴り方ができるはずだが，実際にはそれぞれの単語に標準的な書き方があり，だいたい表音文字の最後に表意文字をつけて綴る．各単語はひとまとまりとして読み，構成要素に分けることはしない——これはアルファベットを使う国の単語の綴りにもいえることである．標準的な綴りがあることで文書が読みやすくなり，文字を簡略しているヒエラティックやデモティックを読む場合，とくにこの標準的綴りが重要な意味をもつ．

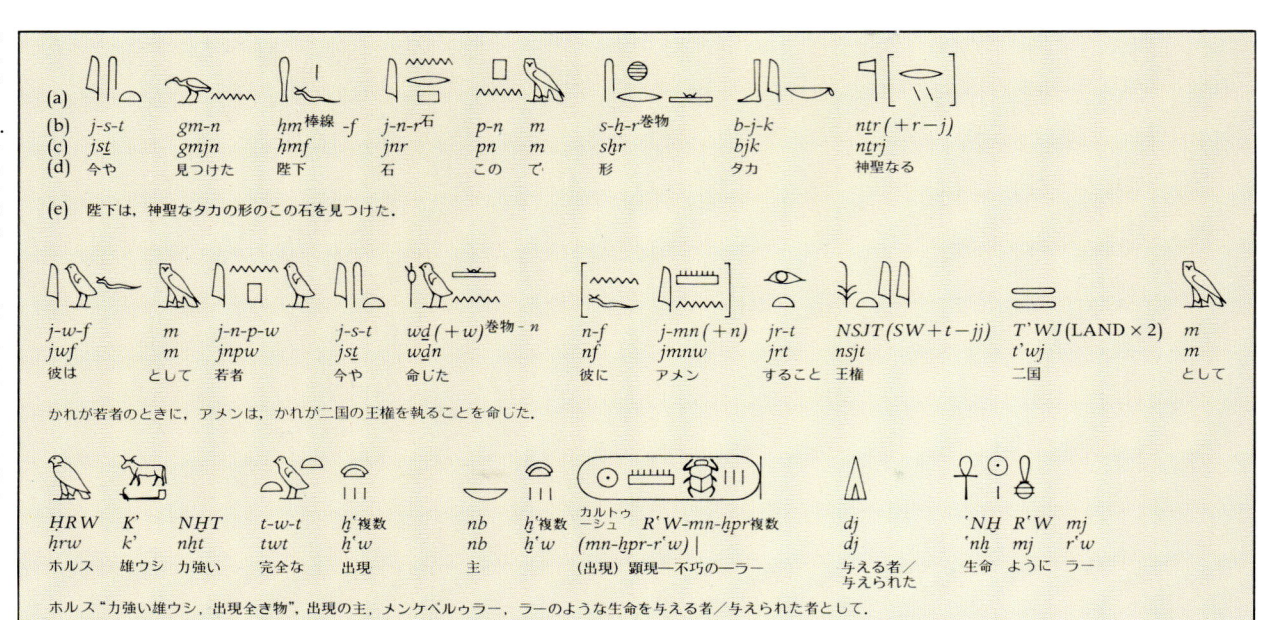

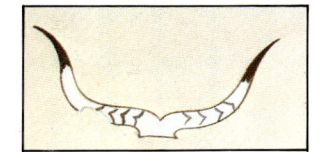

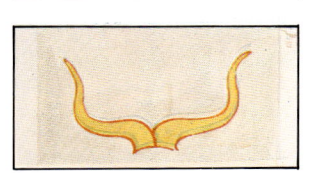

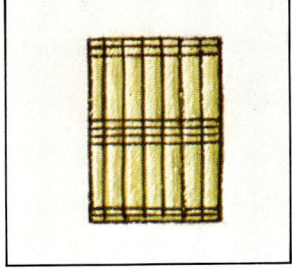

(a) j-s-t gm-n ḥm棒線-f j-n-r-石 p-n m s-ḥ-r巻物 b-j-k nṯr(+r-j)
(b) jst gmn ḥmf jnr pn m sḥr bjk nṯrj
(c) 今や 見つけた 陛下 石 この で 形 タカ 神聖なる
(d)
(e) 陛下は，神聖なタカの形のこの石を見つけた．

j-w-f m j-n-p-w j-s-t wḏ(+w)巻物-n n-f j-mn(+n) jr-t NSJT(SW+t-jj) T'WJ(LAND×2) m
jwf m jnpw jst wḏn nf jmnw jrt nsjt t'wj m
彼は として 若者 今や 命じた 彼に アメン すること 王権 二国 として

かれが若者のときに，アメンは，かれが二国の王権を執ることを命じた．

HRW K' NHT t-w-t ḥ'複数 nb ḥ'複数 カルトゥーシュ(mn-ḫpr-r'w) R'W-mn-ḫpr複数 dj 'NH R'W mj
ḥrw k' nḥt twt ḥ'w nb ḥ'w (出現) 顕現―不巧の―ラー dj 'nḫ mj r'w
ホルス 雄ウシ 力強い 完全な 出現 主 (出現) 顕現―不巧の―ラー 与える者／与えられた 生命 ように ラー

ホルス"力強い雄ウシ，出現全き物"，出現の主，メンケペルウラー，ラーのような生命を与える者／与えられた者として．

文字の表現

大部分のヒエログリフは絵そのものである．時代によって美術上の様式が変化すると，ヒエログリフも変化する可能性がある．左は2本のウシの角とパピルスの株とが，古王国と中王国の文中でどのように描かれたかを示している．上はアシのムシロである．

文字の由来

| s は sw「一反の布」より派生
⌒ t は tj「パン一切れ」より派生
𓅠 gm は gmt「黒トキ」より派生
⌒ r は r'「口」より派生
□ p は pj「アシのムシロ」より派生
𓁹 jr は jrt「眼」より派生
⌒ ḥ' は ḥ'j「あらわれる（地平線上に太陽が）」より派生

ある文字の子音の読みは，何があらわされた文字であるかみればだいたいわかるが，一つの文字でいくつかの読みがある場合や，表音文字と表意文字両方の働きをもつ場合がある．座る男をあらわす𓀀の文字は，rmt「人間」，zj「男」，rhw「仲間」，などと読まれるほか，𓊹𓏤𓀀 ḥm-nṯr「神官」という語の決定詞ともなる．

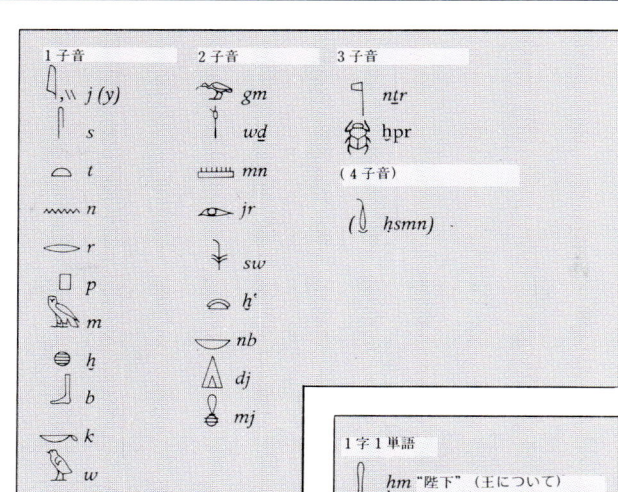

1子音	2子音	3子音
j(y)	gm	nṯr
s	wḏ	ḫpr
t	mn	(4子音)
n	jr	(ḥsmn)
r	sw	
p	ḥ'	
m	nb	
ḥ	ḏ	
b	mj	
k		
w		
f		

上　1文字で1から4個の子音をあらわすことができる．1子音をあらわす文字はよく使われたが，アルファベットではない．なぜなら，理論的には1子音といくつかの母音を組み合わせた音をあらわしていて，他の表音文字と何ら性格はかわらないからである．

右　表意文字には2種類ある．1文字で1単語をあらわす語標と単語の中で表音文字のあとに置かれる文字とである．これらの中で一番重要なのが決定詞あるいは限定符とよばれる文字で，この文字を含む単語の意味の種類や範囲を示す．棒線をあらわす文字は，その前の文字が1単語であることを示す．棒線が2本と3本になると，それぞれ双数と複数をあらわす．

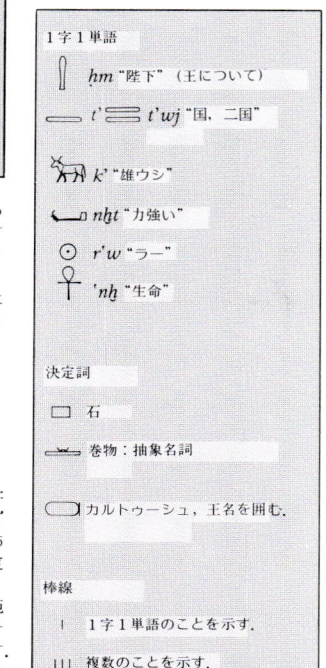

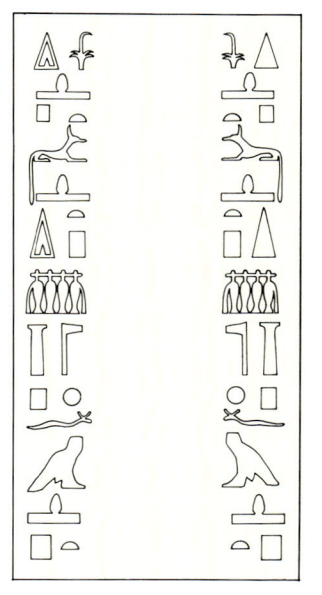

1字1単語

ḥm "陛下"（王について）
t' / t'wj "国，二国"
k' "雄ウシ"
nḫt "力強い"
r'w "ラー"
'nḫ "生命"

決定詞

石
巻物：抽象名詞
カルトゥーシュ，王名を囲む．

棒線

| 1字1単語のことを示す．
||| 複数のことを示す．

テキストに書かれた文字の方向で，読み進む方向が決まる．右側を向いた文字が普通で，右から左へテキストを読むことを示す．縦書きも横書きも使われた．上の図は，同じテキストの一方は右向きに，一方は左向きに書かれている例である．カハイフのマスタバの偽扉に書かれた供養文．6王朝末期，ギーザ出土．

書記と文字

テーベのアメンエムハトの墓の狩りの場面の説明文．美しいヒエログリフで書かれている（82号墓，トトメスIII世時代）．アメンの名が入った言葉が削り取られたのは，たぶん"アマールナ時代"であろう．テキストは次のように読める．"谷を渡り，丘を越え，楽しみながら砂漠の獲物を射る．主人に愛された者，宰相の家令，〔アメンの〕穀物を計る書記〔アメンエムハト〕声正しき者（が狩る）．"

上　輪郭だけであらわしたヒエログリフ．テーベのベラーの墓(139号墓，トトメスIV世時代)の説明文．テキストはつぎのように読める．"平和のうちに北に向かい，ペケル地域(アビュドス)に至る．ウェンネフル(オシリス)を祭にみる．" m の文字が m をやはりあらわす に置きかえられているのは，字の組み合わせのバランスをよくするためである．上の二つの碑文は現在でも見学できる．

hrw	pn	nfr	r'	(hb?)	tn	n	r'	hrw	ḥts-	ḥwt-wtt	wsrt	jst	djt	'nḫ	j't
			15	n	jpjp	wr	t'	pf	tw	n			nbt		w'bt
					hb										

暗号綴り

わざと誤解を招くような綴り方を暗号綴りとよぶ．この綴り方はどんな時代にもあるが，主に標準的ないいまわしを暗号を通して読ませようとするものだった．末期王朝からグレコ・ローマン時代には，ヒエログリフが数百から何千という数に増え，新しい文字や文字の組み合わせを生み出すあらゆる努力がはらわれ，以前の簡素な方式はもはや守られなくなる．このころになると，ヒエログリフは日常に使用されることはなくなり，少数のエリートだけに読めるものとなった．エリートの大部分は神官で，自分たちの利益だけを求めて，文字をますます複雑化しようとした．

上　ティベリウス帝の時代にフィラエ島の誕生殿に記された装飾碑文を摸写したもの．訳はつぎのようになる．"このよき日．エピフィ（月の名）の2日．この祭，全土の大祭．誕生殿が力強き者，イシス，生命を与える者．アバトン（73頁参照）の女主人のために完成されたこの日．"翻字は単語ごとに書いた．綴りのうちとくに最初のいくつかの単語には，伝統的でない方法がたくさん使われている．

音価がどう変化しているか，いくつか例をあげると，

　　　p：本来は bik
　　　n：本来は $š$
　　　t：本来は $'ḥ$
　　　t：本来は d

本来はなかった文字としては
　　　nfr．

別のところでは，字の形が変化している．たとえば (人の口は) になる．以上のような変化によって，一つの音価がいろいろな文字であらわされるようになったり，たとえば はすべて m をあらわす（ m をあらわす文字は全部で25以上もあった）．また一つの文字がたくさんの音価をもつようになった．たとえば は，"šsḥnmjnr" と読まれるようになった．

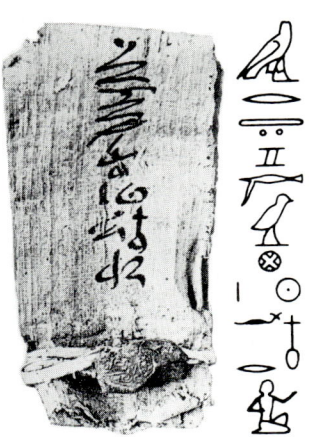

11王朝（前2002年）の手紙．実際には配達されなかったらしい．パピルスは小さく（8×4 cm）折りたたまれ封されている．表には宛て名が書かれていて，"下エジプト長官，ラーネフル様"と読める．ディール・アル＝バフリー出土．ニューヨーク，メトロポリタン美術館蔵．

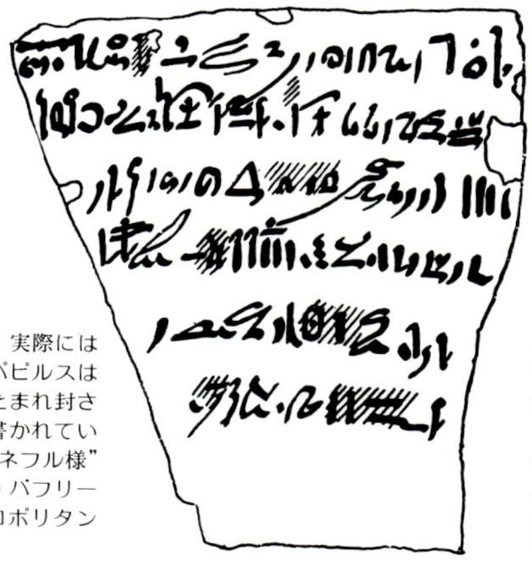

オストラコンは安価だったので，テキストの下書きやパピルスの代用品に使われた．このオストラコンは字の書けない人が代筆してもらった借金の誓約書，返済がすむまで貸し主のところに置かれていたものだろう．この時代—ラメセスIII世からIX世の時代には，上着が穀物1～3袋と同じ価値だった．訳はつぎのようになる．"第5年，ペレト（ほぼ冬期にあたる）の第3月22日．所領の番人ペンネレネヌテトが言ったこと，'アメンと支配者に誓って，もし私がこの上着をハルミンに渡さないまま〔次〕の週になったら，それ（私の借金）は2倍の借りになろう．'隊長ネケムトによりなされた（＝書かれた）．"ディール・アル＝マディーナ出土．ロンドン，ペトリー・コレクション（ユニバーシティ・カレッジ）蔵．

軍　隊

　人類の歴史の中で，細かな点までが再現できる最初の戦争は，前1285年にオロンテス河畔のカデシュ市付近で行われた戦争である．戦ったのはラメセスⅡ世とヒッタイト王ムフタリスで，シリアの支配をかけた争いであった．結局両軍とも手痛い打撃を受けたが，全滅にはいたらなかった．ラメセスⅡ世は精神的勝利は収めたものの，実際の勝敗ははっきりし

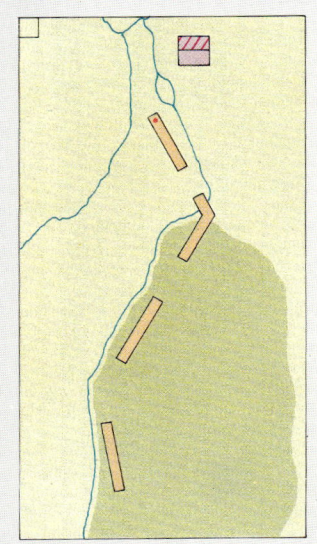

凡例：
- エジプト軍歩兵と戦車兵，合計20 000．
- ラメセスⅡ世
- エジプト軍野営地
- ヒッタイト軍戦車兵，戦車3 500台，兵10 500人．
- ヒッタイト軍歩兵，8 000人

1. エジプト軍は4師団と，それらより小規模ながら独自に行動する特別編成部隊からなっていた．エジプト軍は，にせ情報をつかまされ，ヒッタイト軍が退却したと信じ込んだ．オロンテス川沿いに北に向かうエジプト軍は，カデシュ後方にヒッタイト軍が隠れていることを知らない．

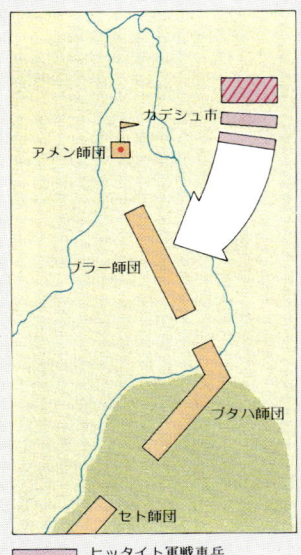

2. エジプト軍の前衛は，王自身の指揮するアメン師団で，市の北西の集結地点に到着，野営する．ブラー師団が危険を予知せずに近づいてきたとき，右側面からヒッタイト軍戦車隊の激しい攻撃が加えられた．

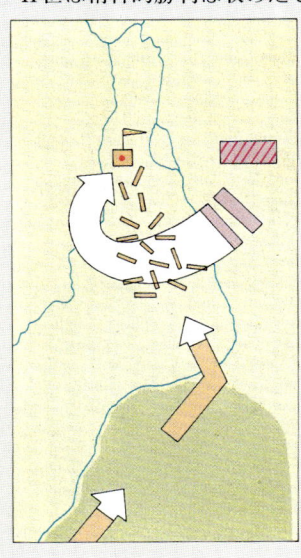

3. 奇襲を受けたブラー師団はくずれ，ちりぢりになる．ヒッタイト軍の待ち伏せ攻撃から生き残った兵士たちは，北に逃げ，エジプト軍の野営地に向かい，ヒッタイト軍戦車兵がかれらを追跡する．ブタハ師団は，シャブトナ市の南のロバウイ森を抜け，川の西岸に渡りつつあるところで，攻撃されている部隊を援護するには遠くにいすぎた．

4. 野営地は蹂躙され，アメン師団は多大の損害をうけた．王と近衛兵たちは血路を開き，近づきつつあるブタハ師団と連絡をとろうと絶望的な戦いに挑む．ヒッタイト王ムワタリスは戦いを早く決着をつけようと，残しておいた戦車兵も投入する．

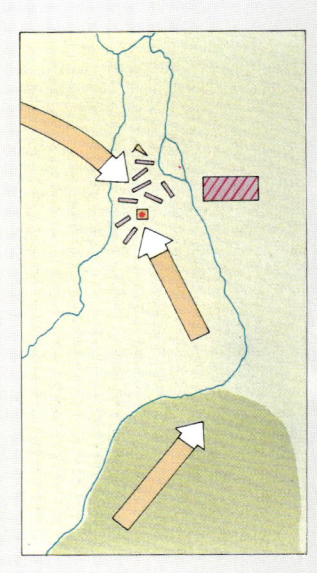

5. エジプト王はせっぱつまりながらも勇敢に戦い，十分に時をかせぐことができた．ついに特別編成部隊が到着．ブタハ師団もみえるところまできて，この2隊がヒッタイト戦車隊を壊滅させた．ムワタリスの歩兵は川の対岸で，まだ行動をおこせずにいた．

ていない。

　エジプトが地理上，独自の位置にあることの有利さの一つに，比較的外敵の侵入を受けにくいことがあった。ナイル川の谷の両側にある砂漠の遊牧民たちは，エジプト文明が高度に組織化し，強力になると，もう重大な脅威とはならなくなった。エジプト文明が不安定な時代だけ，かれらの力を考えに入れればよかった。

　12王朝になって植民地が拡大すると，ヌビア遠征や砦作りを徹底して行わなければならなくなった。しかし，エジプト人が本当に敵対する相手に出会うのは，近東に軍事遠征を企て，シリア・パレスティナと争うようになる18王朝からである。

　「軍隊」をあらわすメシャという語の本来の意味は，軍事部隊だけでなく，鉱物を掘るために送られる平和的な遠征隊もさしたので，「特別編成隊」という訳語が一番適切であろう。古王国のあいだは，非常事態がおこると徴兵が行われ，少数の常備軍隊の強化がはかられた。第1中間期になると状況がかわる。世情が不安定になって州侯が私兵をもち，外国人傭兵を雇うようになった。中王国時代にはすでに，よく組織された常備軍隊があったことがわかる。また必要なときには在郷軍人が補充された。部隊は主に歩兵と船員をのせた舟からなっていた。

　第2中間期と18王朝には，それまでになく武器や軍隊組織（戦車兵の出現，歩兵を約250人ずつの中隊組織にして，各隊を旗手が先導するようになった）や，戦術，戦略が発展をみせた。常備軍と職業士官が，内政で重要な役割を演ずるようになった。王朝末期においては，外国人傭兵が軍隊の中心となった。

　古代エジプトの武器については，当時の画像や模型，さらに考古学の発掘品などから，たくさんの種類があったことが知られている。

　弓は，遠くの敵をたおす武器では一番重要で，全時代を通して使われた。木の棒の両側にカモシカの角を1本ずつつけた組み合わせ弓は古くからあった。1本の木でできていて，握りの上下が前方に少しふくらんだ形の弓もよく使われた。第2中間期にはアジアから複合弓が輸入された。この弓はいろいろの材料を細長い薄板にして張り合わせてつくられていて，射程距離も張力がずっと大きくなった。弦を張ると，この弓は三角形になるのが特徴である。矢筒は古王国以来使われた。

　槍はエジプト史上ずっと使われている。頭に石をつけた提棒は，先王朝時代の接近戦では一番威力をみせたが，歴史時代には銅の刃をつけた戦闘斧にとりかわる。初期の戦闘斧は刃が半円形のものがあり，同じころ職人が使っていた斧とほとんどかわらない。古王国のうちに特別に扁平の刃の斧があらわれる。これとほたて貝のような形の刃の斧とが，中王国の武器としてよく使われた。第2中間期になると刃の薄い新しい斧があらわれ，切り込む力がずっと大きくなる。この斧はエジプト国内で工夫されたらしい。穹刀（鎌形の刀）は，アジアの武器でエジプトの戦闘斧のように（刺すよりは切りつけたり突いたりする武器として）使われていたが，新王国になってエジプトに入った。提棒や杖や投げ棒もいろいろの種類があり，腰に下げる武器として，ずっと使われている。短剣もそうだった。身を守るには盾が使われたが，先王朝末期にあったことが確かめられている。軽よろいが新王国にあったが一部でしか使われなかった。

　ウマの引く2輪の戦車は，第2中間期にエジプトに入ったが，木や皮や金属で軽くつくられていた。2人乗りで，御者1人と弓と槍と盾で武装した戦士がのった。戦車が戦術に貢献できたのは主としてその機動力のおかげで，奇襲などには欠かせなかった。攻撃には全速力で進み，敵軍の列を駆け抜けながら戦士が矢をあびせる。戦車には何の装甲もなかったから，直接攻撃には向かなかったが，敵の隊列が乱れ散開した歩兵を追跡し，攻めたてるには理想的だった。戦車兵が独特の称号をもったのをみると，アメンヘテブIII世の治世から，戦車隊がエジプト軍の中で独立した組織をつくっていたことがわかる。

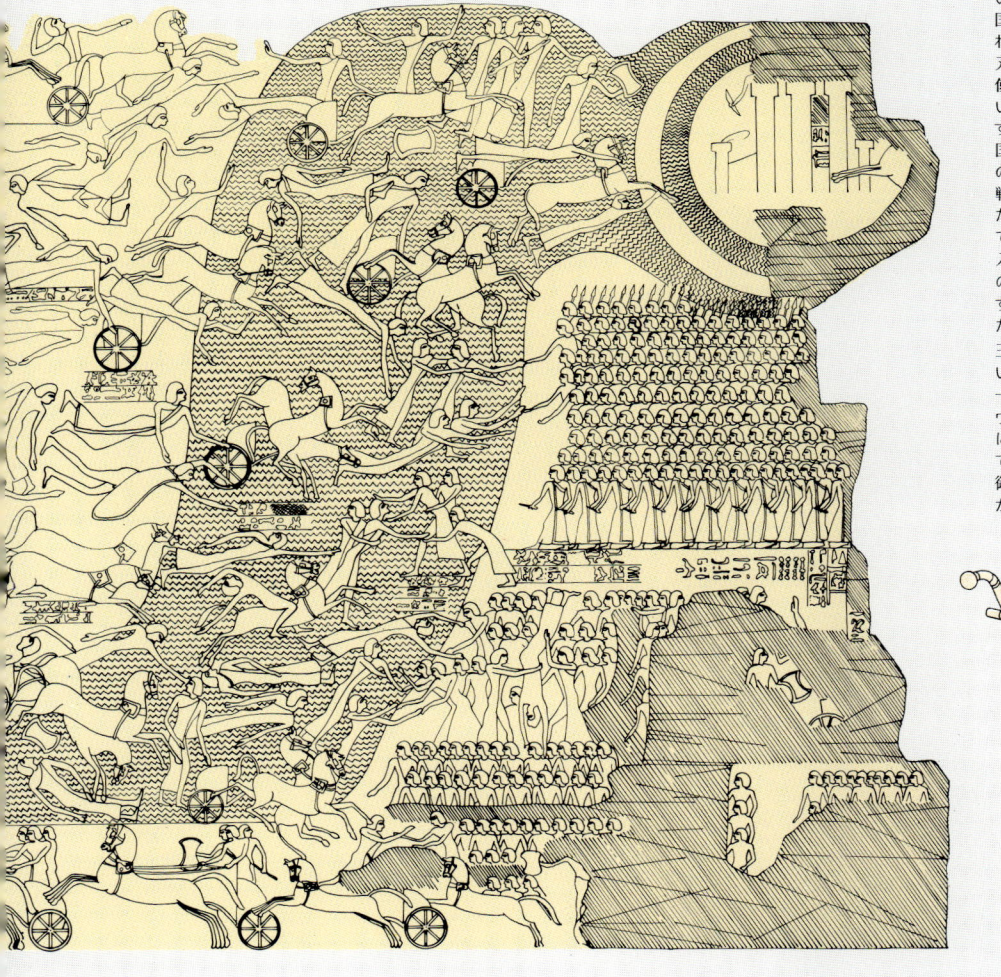

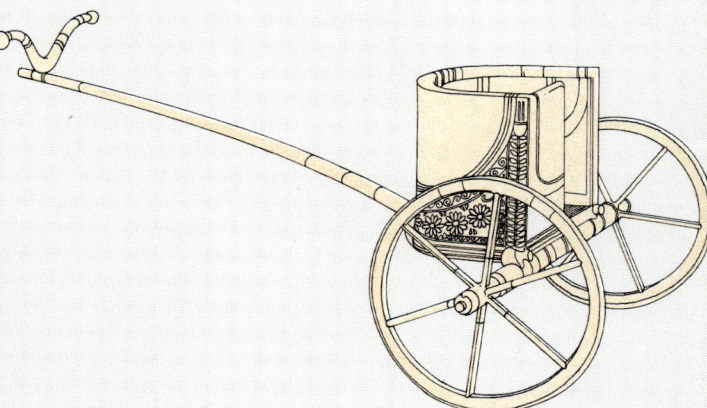

エジプト社会の女性

　エジプト社会の女性が，その役割によってどんな身分にあったかを簡単に知ろうと思えば，初期の墓の装飾をみればよい．彫像や偽扉の表現では，一番はじめに墓の主の妻が描かれ，簡素ながら優雅な服装で夫と一緒に供物卓の前でくつろいでいる．ときにはこの位置を墓の主の母親が占めることもある．中には，仕事で視察に出かける夫に妻が従っている場合もあるが，夫妻に供物がささげられている場面の方がはるかに多い．これは妻は家にいるものだということをあらわしているとも考えられる．一方，一番低い位置には，パンやビール作り，糸つむぎやはた織りなどの仕事をしている召使いの女たちの絵や彫像が置かれた．これらの仕事も座ってするもので，家屋敷の中に設けられた家事専用の一角で行われたのであろう．

　女性の肌の色が黄色に表現されるのも，赤く描かれる男に比べて太陽にあたる割合が少ないことを示す事柄の一つなのである．女性は男性に比べて，閉じ込められた存在であった．もっとも，男でも成功した役人は閉じこもりがちだったのではあるが．

　女性が外出するのは危険だったのかもしれない．ラメセスIII世の死後に記されたテキストによると，「余はエジプトの女が外出し，道で他人から危害を受けずに好きな所まで旅ができるようにしたい」と述べられている．しかし，この言葉は，女性にとって危険な社会というのが，特別の期間であったことを示しているのである．

　初期の墓に描かれた作品の中で，最も重要なものには女性は登場していないし，最も楽しい娯楽にもあらわれていない．しかし，そのかわりに最もつらい仕事に従事する必要もなかった．たとえば男はブドウ酒造りに従事したが，これは女性も行うビール造りより体力のいる仕事であった．楽師や軽業師である踊り子が描かれている場面以外では，初期の女性はひかえ目にみえる．これはわれわれが資料を十分に解釈できないためかもしれない．新王国になると女性はずっと目立つ存在になり，衣装にもこり，女性が描かれる場面では，厳しい制限があったものの，エロティックな内容がずっと強調されてくる．しかし，王朝末期には昔のひかえ目な姿に戻っていった．

　いくつかの神官の称号を除いては，女性には重要な称号は

いろいろの役割の女性をあらわす作品

左端下　太ったカーアベルが，ほっそりした妻を抱擁している．かれの身体は分別盛りの成功者の特徴を示し，妻の方は理想的な女性の姿として，柔和さが強調されている．抱擁する姿はまれにしかない．小さく描かれた楽師とサルの場面には，エロティックな意味が込められている．カーアベルのマスタバ，サッカーラ，5王朝初期．

左　供物を運ぶ召使いの木像．召使いの象としては非常に大きく（約110cm），衣服の彩色も独特である．この形式は所領の産物を運ぶ者を描く古王国の浮彫りから出ている．前2020年頃，メケトラーの墓（テーベ280号墓）出土．ニューヨーク，メトロポリタン美術館蔵．

中下　アクロバットダンスをする女のスケッチ．石灰岩のオストラコン．19王朝，ディール・アル＝マディーナ出土．幅16.8cm．トリノ，エジプト博物館蔵．

与えられなかった．王族の女性や女王を別にすれば，女性に政治力はほとんどなかった．女性に一番普通に使われた「家の女主人」のいう称号は敬称にすぎず，「ミセス」という位の意味しかなかった．

大部分の女性は読み書きができなかったので，官僚社会からは閉め出されていた．もっとも女性は官僚になろうなどとはまったく考えなかったようである．また文化の知的領域の主流からも閉め出されていた．これは，男性が年齢と分別を尊敬される資質として，肥満した長老の姿で描かれるのに，女性ではそんなことが皆無であったのをみればわかる．墓の主の母でさえ，かれの妻と区別せずに描かれ，ともに若々しい姿なのである．女性の描かれ方は，もちろん，男が女をどうみるかによっている．そこでその姿は皆が理想的と思うように描かれる．実際には，女性の影響力はそれほど制限されたものではなく，その役割は多様で，資料が示すほど単純ではなかったと考えられる．

たとえば，家族構成はきわめて単純にあらわされている．墓や石碑の装飾の規範では，未亡人や男やもめ，離婚者や同性愛者，一夫一婦制からはずれた者を描くことはなかった．実際にはこのような者たちがいたと知られている．王と将校との出来事を語る物語もあるし，ホルスとセトの神話には同性愛の挿話がある．

古王国や中王国では一夫多妻の例は少ない．王は何人もの妻をもてたが，そのうちの1人だけが「大后」の称号をもった．この称号は王の母が生きている場合は，王の母と妻とが同時にもった．

結　婚

エジプト人はほとんどが一夫一婦であった．相続は父から子へとなされたが，厳密な形式によったのではなかった．家族の財産は婚姻により決められた．その証書は第3中間期より前のものは残っていない．また生きている人同志でも，遺言でても譲渡が行われた．財産の譲渡では，女性の役割は夫ほどでないにしても，常に重要であった．女性は結婚のときに財産を持参したが，これは理論上は親の家の財産の一部ではなく，新世帯のもので，離婚のときには女性の側にもこの財産についての権利がいくつかあった．女性はまた遺言をして，望みにしたがって財産を残すことができたが，その自由がどの程度まで認められていたかはわからない．

驚くことには，どんな種類の結婚式も，離婚の法的手続きについてもまったくわかっていない．ただ，同棲している男女と結婚している男女の，法律上の地位に差があったことがわかっている．別の男と同棲している女性と関係をもって告発された例まである．これなどは，現代人の感覚では罪になるとは思えない．

このように比較的自由な状況にもかかわらず，女性の姦通は，理論上は重い罪になった．この種の事柄を別としても，死亡や離婚が重なると財産と相続は複雑になった．平均寿命は20歳くらいだったようで，男も女も何度もやもめになるのが珍しくはなかった．ある中王国の証書は，相続に関する複雑さを語っている．ある男が隠居して，役割を息子に譲った．一方，この息子の母親には相続を認めず，残りの財産は他の女性に生ませた子（たぶんこの子はまだ胎内にあった）に譲

上　トトメスⅣ世とその母ティアの黒色花崗岩製像．王が母后とあらわされるときは，第1王妃をめとらないうちと思われる．しかし，この場合は別らしい．トトメスは10歳までに3人の妃をもっていたからである．高さ110cm．カルナク出土．カイロ，エジプト博物館蔵．

右　メレルカの妻がベットの上で夫にハープを弾く．ベットの下には壺や箱があり，内には"金の宝物の最高のもの，すべての種類の油，衣服"が入っている．これらの品物はすべて，夫妻が愛情生活で身につけるものだったろう．メレルカの墓．サッカーラ．テティ王（6王朝）の時代．

左　アメンヘテプⅢ世の宮廷の貴婦人ミイの黒檀製小像．コム・マディーナト・グラブにあった王のハーレムに近い墓から発見された．同じような作品がいくつか一緒に出土．高さ15.6cm．ブルックリン博物館蔵．

エジプト社会の女性

ることにしている．しかもこの2人の女性は両者ともかれの妻ではないようなのである．

結婚の社会的背景については，ほとんど知られていない．片親の異なる兄弟を含め，血縁関係が非常に近い者同志の結婚はできたが，結婚できる相手とできない相手を正確にどこでわけたかはわからない．王族では兄妹婚が行われているが，この習慣は一般人と区別をつけるために意識的に行われたものかもしれない．

グレコ・ローマン時代のエジプトにいたギリシア人の間では，この種の結婚が行われたことがはっきりしている．親族構成を理解するのに一番難しいのは，エジプト語で血族関係をあらわす言葉が非常に少ない点である．一つの言葉が兄弟，母の兄弟，兄弟の息子をあらわす（その他の者もあらわすのも確かである）．他の言葉もこれと同じように意味が広い．そのため，家系を再構成しても確証できることはまれである．

結婚する年齢は男女ともわからない．ある家系をみると，男が20歳よりかなり前に子供をもうける場合がある．結婚した年齢が一番はっきりするのは王族の場合であるが，一般の人々にはやはりあてはまらない．女性が初婚のときに夫より若かったことは確かであろうが，再婚の場合はそういい切れない．

性と豊穣

古代エジプトの性に関する資料を残しているのは男たちである．かれらは快楽だけでなく，宗教的な面も含めて女性の性を自分たちの目的にあわせてより高めた．しかし，女性を高めたからといって，女性が独立して男性優位をくつがえすことは許されなかった．男性が女性に対する姿勢には，まったく相反する二つの面があった．たとえば，物語の中には悪に誘う女の話がよく出てくるが，新王国時代の愛の詩は熱烈な思いを女の口から語らせている．この二つの背景となる道徳観は同じではない．物語には宗教的要素があったが，この2種の作品群からは，世間が女性をどのようにみていたかがわかる．

一方，宗教面でも性は重要であった．性は創造に関連し，また創造からの連想で来世での復活とも関連したからである．また性はある種の神々の重要な性格でもあった．女神ではハトホル，男神ではミンがそうである．墓の中にそれとなく描かれているエロティックな場面には，葬祭に関する二つの目的があったと思われる．一つはその力で来世に復活できるようにすること，もう一つは死者が楽しく過ごすことができるようにすることである．

エロティックな場面には，沼地の狩猟の場面も含まれる．死者には妻が付きそい，狩猟には似つかわしくない手のこんだ衣装を着，重いかつらをつけ，手にはハトホル女神の象徴を二つもっている．重いかつらは，とりわけ裸でつけるとエロティックにみえる．新王国の物語では悪い妻が夫の弟につぎのように誘惑されたと訴えている．

「おいで，1時間ばかり休もうよ．かつらをつけ．」

このような主題は古い時代には少ないが，代表例としてはサッカラの6王朝のメレルカの墓の場面がある．そこでは墓の主と妻とがベッドに向き合ってすわり，妻は夫のためにハープを弾いている．このような場面が描かれているのは，一つには来世での生活にエロティックな雰囲気をつくり出そうという心づかいによるものであろう．

墓の中の呪文や女性小像にも同じ目的があったであろうが，夫婦生活への関連はそれほどではない．中王国のコフィンテキストの呪文は直接的な言葉で始まる．

「墓地で男と交渉する．」

神話でも死者の書にも同じような事柄がみられる．そこで

右 沼地での狩り．ネブアメンと妻と娘がパピルスの船に乗っている．皆こった服装をしている．船のへさきのアヒルや妻のかつら，彼女が左手にもった首飾りの錘とシストラムは，すべてエロティックな連想をいだかせる．しかし，テキストにはつぎのようにしか書かれていない．"楽しみ，よいものを見，セケト（沼地の女神）の仕事として鳥をとらえる…．" トトメスIV世時代．ロンドン，大英博物館蔵．

下 性交する男女．新王国末期のユーモラスな春画パピルスに描かれた体位の一つ．女は男に無関心なようにみえる．このような態度は別のもう一つの場面にもみられる．トリノ，エジプト博物館蔵．

エジプト社会の女性

エジプト社会の女性

はオシリスが創造神アトゥムに向って不満を述べている。この世が亡んだ後は「"性的"喜びがなくなる」。アトゥムは答えて「私は変容を、水と空気と喜び（この三つが生の前提条件と考えられていた）のかわりに与えた。そして心の平安をパンとビールのかわりに与えた」といっている。

新王国末期に記されたわいせつ文書が、たった一つだけ残されている。これは短い説明のついた一式のパピルスで、太って好色そうな男（複数かもしれない）と女（複数か）のいろいろな性行為をあらわしている。女はかつらをかぶり、首飾りと腕輪、手首飾り、帯をつけている。このパピルスには、動物を擬人化したよくあるユーモラスなスケッチもあり、わいせつがユーモラスな一面をもつことを示しているようにみえる。また上品ぶった場面もみられる。

18王朝の墓を奪って自分の墓にした同時代のある者は、そこに描かれていた裸の踊り子や薄着の女性像に衣服をまとわせている。末期王朝の住居趾からは、わいせつな品物、大部分が巨大な男根をもつ男の小像がよく発見される。これらの品物はもっと古い時代にもあったに違いないが、建築材料の不足が原因で大部分が失われてしまった。これらはおそらく男性の精力増強のためのお守りだったのであろう。

精力が男の苦労の種ならば、死亡率の非常に高い場所では女にとって多産が必然的に重要となる。これは男にとっても同じであった。最も富裕な一族を除いては、一族の子供たちは精力的に労働、とりわけ農業に従事する一方、家系を維持するためにも精力的であった。家系の維持に熱心だったことは、息子にその祖父の名をつけるのが一般的であったことからわかる。

婦人科のテキストが知られており、生殖機能の病気や産後、避妊、流産の処方があったが、流産の処方以外はさほど効果があったとは思えない。住居趾や墓の他、ハトホル神殿からも生殖器を強調した粘土の女性小像がたくさん発見される。それらは女性が自分たちの多産を祈って奉納したと解釈するのが最良であろう。

それらの像がエジプト式の表現基準からはずれている点が注目される。それらはエジプトの代表的作品をつくった階層とは別の階層の人たちの手になるか、あるいは何か別の理由で美術規範から外れていると考えられている。近代になるまで、そのようなささげものをすることが、医者にかかるのと同じくらい、子供を生むのを助ける効果的な方法だと考えられていたらしい。

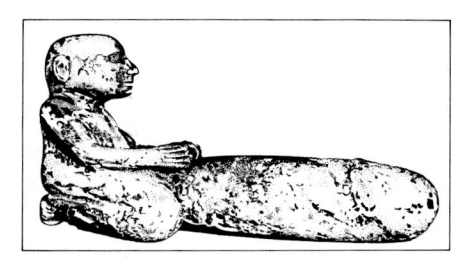

左端　勃起した巨大な男根をもつしゃがむ男の小像。石灰岩製。たぶん多産か精力増強のお守り。新王国末期、ディール・アル＝マディーナ出土。トリノ、エジプト博物館蔵。

左　装飾のあるスプーン。たぶん儀式用の軟膏を入れたもの。手をのばしアヒルをつかまえて泳ぐ少女の形をしている。少女はこったかつらと重いイアリングと首飾りとをしているが、身には背中で交差した、たすきのついた帯だけしかつけていない。少女が恋人の気をひくために動物をさし出す主題は、愛の詩の中にある。木と骨製。18王朝。長さ約30cm。パリ、ルーブル美術館蔵。

左　粘土やファイアンス製の裸の女の小像とアシや亜麻製の"人形"。前者は多産を祈ってつくられたのだろう。（右側3番目の）ファイアンス製の像以外は、生殖器を強調している。右から4番目の像は（写真ではうしろ向きになっているが）子供を抱き、"イシスの結び目"の護符を首からかけている。この護符は生命と性的豊熟と関連している。中・新王国時代、高さ15－20cm。ロンドン、ペトリー・コレクション（ユニバーシティ・カレッジ）蔵。

宗教

ヒツジの頭をした神の木像．両手にはヘビを握っていたらしい．葬送用の品の多くは黒いが，これも黒い樹脂を塗られている．王家の谷で発掘された一群の像の一つ．これらの像は，新王国の冥界の書や神話のパピルスに出てくるものをあらわしている．トゥトアンクアメンの墓からは写真のような形のものは発見されなかった．高さ45.7cm．ロンドン，大英博物館蔵．

　エジプトの文化には宗教がしみ込んでいる．エジプト人が述べる公式の歴史も，宗教にもとづくものであった．王朝時代後半になると，経済ですら神殿を中心に運営されてくるが，こうした現象がエジプトをより宗教的にしたとは必ずしもいえない．神殿も他の地主とたいしてかわらないものらしかったからである．そうはいっても，社会が発展すると必ずみられるとされる世俗化の現象はエジプトにはなかったのは確かである．

　王権の根本になった制度はカリスマを失って終ったが，社会の他の面は，どちらかといえばより宗教的になった．エジプトの宗教面での慣習ははっきりと分けられる．一つは国家による公式の面で，これについてはよく知られている．二つには葬祭に関する面で，これもたくさんの資料が残っている．最後の一つは，エジプト人の大部分が日常行った儀式で，これは公式の礼拝とはずいぶん違っていたが，ほとんど知られていない．

宗教

王と歴史

　古代エジプトの公式の見方によれば，世の中は神々と王と人間たちからできていた．しかし，絵になった公式の記録には，人間たちはほとんど描かれてなく，それらの記録では，歴史や宗教は神々と王との相互作用として伝えられている．その理由の一つには，描かれるいろいろの形の像に調和をもたせるために，それらの像の登場する背景を決める規則があることがあげられる．初期には，王以外の個人が神と一緒にあらわされることは許されなかった．また一般の人たちが神殿内に描かれることも許されなかった．別の理由としては，王が神々と人間の仲介者，場合によっては唯一の仲介者として行動するという点があげられる．王は人間の代表として神々にむかい，また神々を代表して人間にむかう．王はまた，地上でみられる創造神の似姿でもあった．この考え方は，王をあらわすたくさんの入り組んだ用語をみればわかる．また，混乱のかわりに秩序を定める創造神の役割を繰り返し演じた．歴史は宇宙の中の儀式であり，秩序を制定することがその根本的な主題であった．

　王には，人々の福祉を守る責任があり，旧約聖書の「よきヒツジ飼い」のように，自ら人々に注意をはらう．この「よきヒツジ飼い」という表現は，エジプトにもあったことが知られている．王は，自分を神と同格にしたり，ときには自身を神として，人々の前の自分の地位を高めようともした．そこで，アメンヘテプⅢ世やラメセスⅡ世のように，神になった自分自身にごくあたりまえの様子で供物をささげる姿を描かせることまでできるようになった．さらに，王は死ぬと神になることができると考えられていたが，これは王がもともと神のような存在であったためでなく，王以外の個人が死んで神とされた例にならったためなのである．そこで，王は単に神とか人間とかいう決まった地位をもつわけではなかった．その職務のおかげで，王朝は別格となり，その行動の場面場面で，役割は変化した．

国家の宗教と個人の宗教

　国家の宗教は，主な神殿で行われる礼拝式や祭礼と，いま述べたように歴史を演ずることからなっていた．礼拝式の根本には，相互作用の考え方がある．王（理論的には王であるが，実際は神官）が，神々に供物をささげ，神像の世話をした．そのおかえしに，神々は神像に宿り，王に恩恵を与えた．王に恩恵を与えることは，とりもなおさず，人間全体に恩恵を与えることであった．この商取引とも思える関係は，神殿の浮彫りの一番下の段に書かれる供儀文に，はっきりと表現されている（64頁参照）．

　「王はあなた『神』のところに供物を運んできて，あなたに与えた．だから，あなたはかれに全ての国土『あるいは同じような贈り物』を与えてほしい」
と読める．このような論点は，浮彫りの主要な部分でも主張されているが，もっとひかえめな表現になっている．神と人間との間にこのような契約があったからといって，両者の関係の別の面が無視されたわけではなかった．この契約は，ちょうど結婚の契約のようなものであった．王は神を慕い敬い，神の性質をほめたたえる．神は王に愛情で応え，王の前で喜びを示す．

　これらの基本的な考え方をあらわすエジプト語の語彙はたくさんあるが，そのうちの主要なものには意外な使われ方がみられる．人間や王は神を「愛す」ことはできず，「尊敬し」たり，「崇拝し」たり，「考え」たりしかできない．王や神に与えられた性格は，かれらに対して人々の反応がどうかということをしばしばあらわしている．たとえば，「恐れ」といえば，恐れをいだかせる力を指し，「愛」といえば，愛情をいだかせる力を指している．国家宗教に関与する人々の間の関係は階級的であった．宗教は下級の人々には，ほとんど利益をもたらさず，より上級の人々から利益を受けるしくみになっていた．

　礼拝式がめざすものは，歴史がめざすものと同じである．確立された世界秩序を維持し，強化することがそれである．主要な神殿は，各地の神にささげられた．これらの神は，その根拠地では大部分が創造神とされ，神の世界で重要な面をもっているとされた．礼拝式は神官組織が行い，大部分の民衆とは無関係であった．しかし4カ月のうち，1カ月仕事をする非常勤の神官と，神殿の領地で働く人々だけは，民衆の行う礼拝式と関係があった．神殿に入れるのは神官だけであったがいろいろな祭礼には，神は神殿から出たので，一般民衆も近寄ることができた．とくに神託を求める場合そうであった．しかしそのときでも，神像は聖船の模型のうえの櫃の内に入れたまま運ばれたため，神がそこにおわすことはわかっても，みることはできなかった．

　これらの祭礼の公式の礼拝式は，一般の人々には無関係であった．一般の人々が，公式の礼拝式を，重要だけれど自分には関係ないと考えていたのか，まったく意味のないぜいた

左　マディーナト・ハーブーのラメセスⅢ世の葬祭殿の31号室入口．王は梶棒と王杖をもっているが，それらは王の神性と宗教的役割を示す．王は"社に入る者は，皆，4度清めよ."といっている．

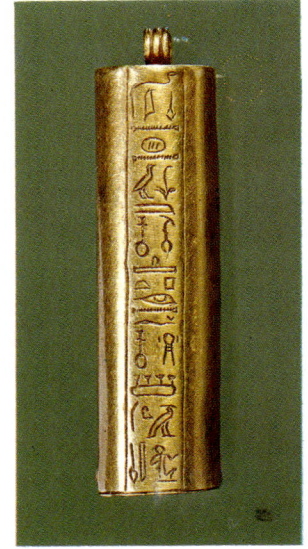

上　金でつくられた円筒形の容器で，中にパピルスの巻き物を入れる．表面には，その所有者を守ろうというコンスの神意が書かれている．所有者はこれを首からかけたのだろう．テキストは"テーベのコンス，ネフェルヘテプの言葉，かれは死者シャク〔の〕よき保護を行った."といっている．他に同じような容器が二つ出土している．22王朝，高さ5.2cm，ケンブリッジ，フィッツウイリアム博物館蔵．

左　アメンヘテプⅢ世が，神となった自分自身に供物をささげる浮彫り．上ヌビアのソレブ神殿．表現は他の神殿のふつうの浮彫りと変わらない．神となった王，"ネブマアトラー〔アメンヘテプⅢ世の即位名〕，大神"は，月のついたかぶりものをつけ，神杖をもっているが，王を示すウラエウスコブラと頭巾とつけひげをつけている．

宗教

上 1体のミイラにつけられていた一群のファイアンス製の護符．上：ウジャットの眼，スカラベ，有翼スカラベの胸飾り．これらはすべて再生を象徴する．下：ミイラの姿をしたホルスの息子たち，ドゥアムテフとケベフセヌフ，オシリスの死をいたむイシスとネプティス，アメンを示すと思われる羊頭の神，2本のジェド柱とパピルスの茎．これらは永続と新鮮をあらわす．アビュドス出土，30王朝，有翼スカラベの幅8.7cm．オックスフォード，アシュモレアン博物館蔵．

下 動物のミイラ．円錐に包まれたイビス（トトの姿が描かれている）と猫とヘビ．箱の中には魚．末期王朝かグレコ・ローマン時代．オックスフォード，アシュモレアン博物館蔵．

くと考えていたのかはわからない．テキストには，供物の価値に疑問を投げかける文が一つ二つみられる．これらの文は，供物が必要であると皆が考える背景にあるものに対して，反対を唱えているとみなすべきものである．一般の人々は，たとえどんな態度をとったにせよ，自分自身の宗教を，これらの公式な礼拝式以外のところに求めていた．主要な神殿のほかに，より小さな神々や，通常とはちがった形をとった地方の神々のために，エジプト国中にたくさんの社があった．ちょうどヨーロッパの各都市に，大聖堂と教会が共存している状況と似ている．一般の人々はこれらの社にいき，祈り，供物をささげたり，神託を求めたりした．巡礼の中心地もあった．

たとえば，アビュドスは中王国時代に全盛期をむかえ，サッカーラでは，動物用の墓地が末期王朝やプトレマイオス朝には中心地としての役割を果たした．当時の手紙の決まり文句が本当のことを述べているなら，人々は毎日のように社にいき，あるいは家で祈り，手紙の相手の幸福を神にとりなしている．このような決まり文句は必ずしも適切な証拠とはならないが，細かくみていくとそのような誠実な習慣が根本にあって，これらの文句が生まれたと思われるのである．

この種の宗教活動と並んで，たくさんの儀式があった．その多くは，魔術に変化していった．宗教に関係する品物の例をあげると，護符（これには所有者を守る神意を記したものも含まれる），家庭に安置された先祖の胸像，出産のときにつかわれるたくさんの特別の品や服装がある．テキストには，病気をなおす魔法，恋の呪文，吉凶日の暦，凶眼を避ける呪文，夢占い，その他の珍しい風習，生者に何か恨みをもつと考えられる親族の死者にあてた手紙など，たくさんのものがある．宗教の現象が多種多様で，何百という神がいたにもかかわらず，生涯で重要とされた出来事は，驚くほど現実的なものである．新生児になされた儀式については何の資料もない．出産を容易にし，出産後の母親のけがれをはらう儀式しか知られていない．同じように，思春期の直前に行われた少年の割礼や，結婚などの一生の節目となる際にも，儀式は行われなかったらしい．

古典古代の人々に印象深かったエジプト宗教の現象は，個人，国家の別なく行われた動物信仰である．ある神である聖獣として育てられ（それ自身が神として崇拝されたのかもしれない）死ぬと儀式をされ埋葬される動物が，いつもいた．末期王朝期になると，この習慣は大きく広まった．ある土地の主神と関係のある動物は，その土地で聖なるものとみなされることが多く，それらの種の1匹あるいは全部がミイラにされ，埋葬された．動物の埋葬に出資することは「善行」とされた．メンフィスには，いろいろな土地の出身者が入りまじって住んでいたために，いろいろな動物が埋葬された．一番有名なのがプタハ神の聖牛アピスで，一つの地下埋葬場（セラペウム）にまとめて埋葬され，それぞれの母ウシも別の地下埋葬場に葬られた．イビス，イヌ，ヤマイヌ，ネコ，ヒヒ，エジプトマングース，ヒツジも，それぞれの人々に崇拝された．

国内の別の場所では，また別の動物たちが崇拝された．その中には，いろいろな種類の魚，ヘビ，ワニも含まれていた．北サッカーラの砂漠の中には，礼拝用動物のための町が出現した．そこではイビスが工業的規模で飼育され，ミイラにするためにつぎつぎに殺されたらしい．これらの習慣は，まだ正確には把握されていないが，社会全体にいきわたっていたことが知られている．ときとともに，これらの習慣がより一般化した反面，個人の墓が重要視されなくなってきたことは，個人の死後の生活を求める再生信仰がすたれてきたことをあらわしている．

エジプトの神々
（地方神）

　エジプトの神々をきちんと分類することはできない．分類しようとすると，複雑な面を切り捨てなければならないからである．そうなる理由は二つある．エジプト宗教の考え方が複雑なこと，そしてこの宗教が長い時間をかけて展開してきたことである．一般民衆の宗教の慣習は，大神殿で行われた公式の宗教とは，そうとうに違っていた．

　下の表では，神の姿とその名をヒエログリフであらわしたもののほかに，つぎの三つの事項を示した．(1)その神が主にどういう姿であらわされるか，(2)その神の性格と役割，ほかの神々との関係など，(3)その神がどこで主に崇拝されたか．

　多くの男神や女神は，地方神とよべる．なぜなら，最初からこれらの神々は，特定の地域に密接に結びついていたからである．しかし，地方神だとはっきりしている神の中で，早い時期から，エジプト各地で崇拝された神々もたくさんあった．神はその生まれた町と運命をともにした．そこで，ある神はエジプトの「国家神」の地位まで登りつめ（たとえば，メンフィスのプタハ，テーベのアメン・ラー，ヘリオポリスのラー・ホルアクティ），その信仰は国中に広まった．別の神は目立たなくなり，忘れ去られ，より強力な別の地方の神に席をゆずり渡した．別の神が同一視されることは，もっと多かった．それには二つの場合があった．その属性を別の神に与えること（たとえば，オシリス神はアンジェティ神のいくつかをえた），もう一つは，習合とよばれる過程で，神を組み合わせて新しい神をつくり出すこと（たとえば，プタハ・ソカル・オシリス神）である．ある土地に住んでいる神に対して，ある神々はそこの神殿では「客分の神」として崇拝された．

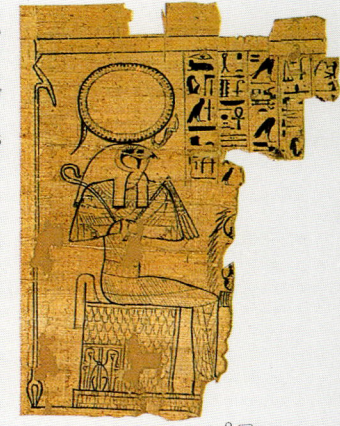

ラー（ラー・ホルアクティ）
日輪を頭に戴く．（ラー・ホルアクティの場合は）日輪を戴いたタカの頭／太陽神，ホルアクティと原初の創造神アトムとに同一視されラー・ホルアクティ・アトゥムとよばれる．他の神と結びつくこともしばしばある（アメン・ラーなど）／ヘリオポリス，新王国の国家神として各地でも崇拝された．

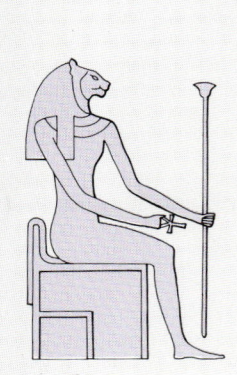

バステト
雌ライオンか猫の頭／戦いの女神；ムト，セクメトと深い関係をもつ／テル・バスタ．

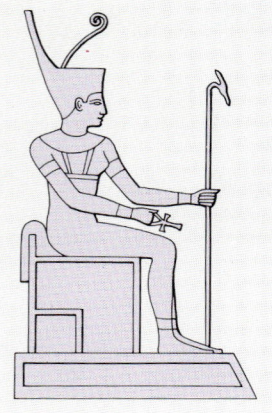

ネイト
赤冠あるいは，交差した2本の矢と盾を組み合わせたものを頭につける（矢と盾を手にもつ場合もある）／戦いと狩猟の女神，ソベクと深い関係をもつ，守護神／サ・アル=ハジャル，他にメンフィス，ファイユーム，エスナ．

トト
イビス（トキ）の頭をもつ，三日月をのせる場合も多い／文字と計算の神，聖獣にはヒヒもいる／アル・アシュムーナインとアル・バクリーヤ．

ハルサフェス
ヒツジの頭あるいはヒツジの姿／ヘラクレオポリスがエジプト北部の王都だった第1中間期に重要だった，ラー，オシリス，アメンと深い関係をもつ／イフナースヤ・アル=マディーナ．

ハトホル
日輪，雌ウシの角，雌ウシの頭，雌ウシ自身，"ハトホル柱"，システラムなど／女性を守る女神，天の女神や樹の女神（メンフィス）墓地の女神（テーベ）でもある／ヘリオポリス，アトゥフィーフ，アル・クースィーヤ，ダンダラ，テーベ，ジャバライン，アブ・シムベル，シナイ（サラビート・アル=カーディム）．

メントゥ
タカの頭であらわされることが多い．日輪と2本の羽根を戴く／戦いの神，アルマントの雄牛ブキスと関係／アルマント，カルナク，トドゥ，ナグウ・アル=マダームードでも．

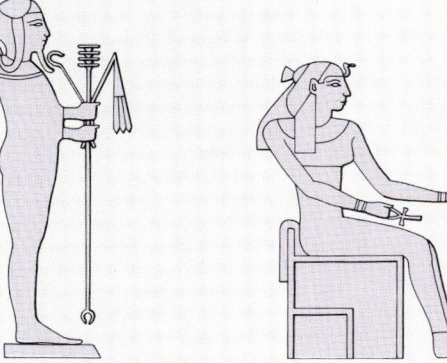

コンス，ムト，アメン（アメン・ラー）
コンス：頭の横で束ねた子供をあらわす髪の房，三日月をつける場合もある，ミイラの姿のことが多い．ムト：ハゲワシの頭飾りか王冠（白冠あるいは二重冠），雌ライオンの頭をした場合もある．アメン（3柱神の主神）：2本の羽根，勃起した男根をもつ場合もある／ムト：戦いの女神，アメンの妻のアマウネト／テーベの3柱神（カルナク，ルクソール），アメンはアル・アシュムーナインでも重要だった，新王国の国家神アメン・ラーは，他の多くの場所で崇拝された（タニス，メンフィス，オアシス地方）．

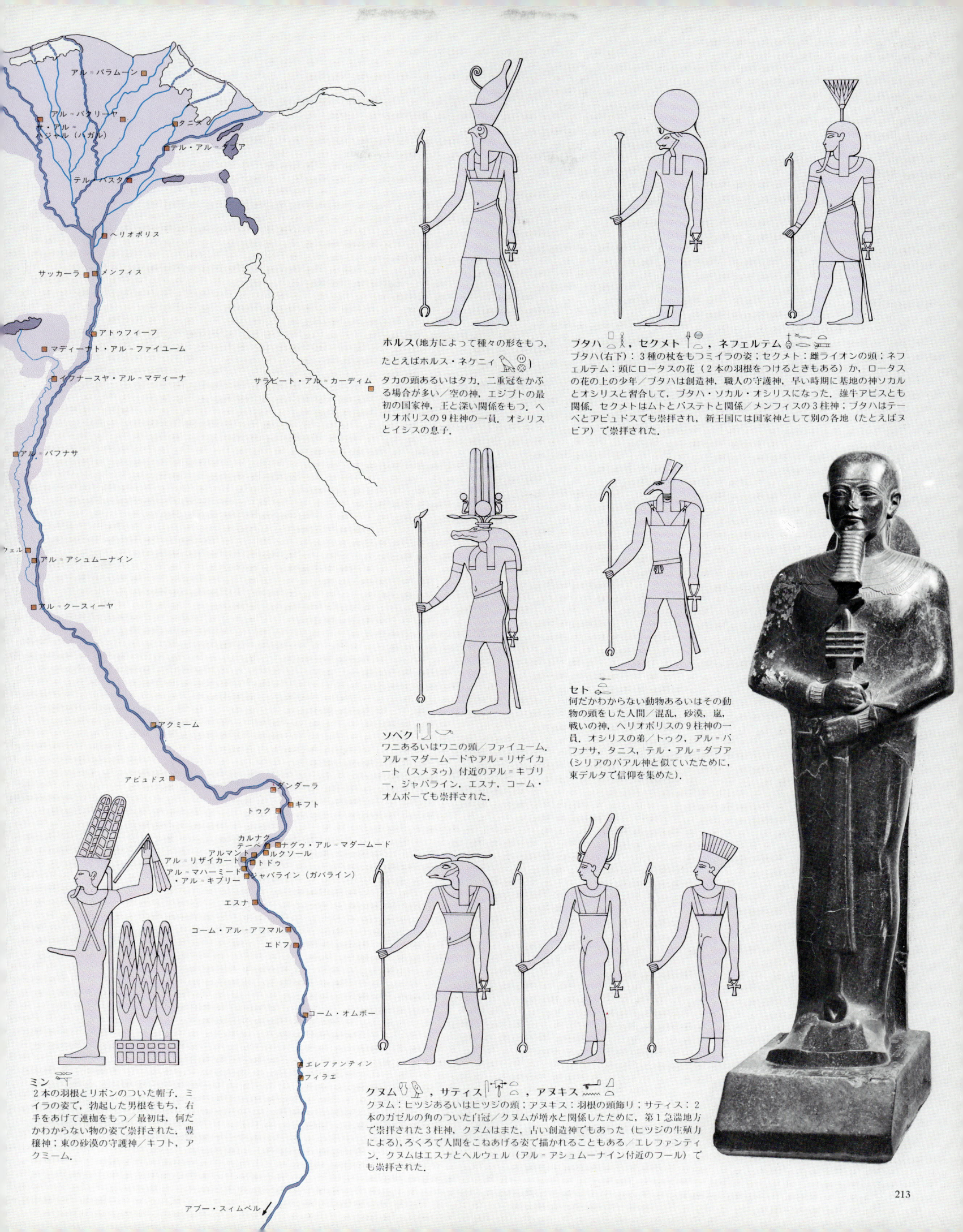

ホルス（地方によって種々の形をもつ，たとえばホルス・ネケニィ）
タカの頭あるいはタカ，二重冠をかぶる場合が多い／空の神，エジプトの最初の国家神，王と深い関係をもつ．ヘリオポリスの9柱神の一員．オシリスとイシスの息子．

プタハ，セクメト，ネフェルテム
プタハ（右下）：3種の杖をもつミイラの姿；セクメト：雌ライオンの頭；ネフェルテム：頭にロータスの花（2本の羽根をつけるときもある）か，ロータスの花の上の少年／プタハは創造神，職人の守護神，早い時期に墓地の神ソカルとオシリスと習合して，プタハ・ソカル・オシリスになった．雄牛アピスとも関係．セクメトはムトとバステトと関係／メンフィスの3柱神：プタハはテーベとアビュドスでも崇拝され，新王国には国家神として別の各地（たとえばヌビア）で崇拝された．

ソベク
ワニあるいはワニの頭／ファイユーム，アル＝マダームードやアル＝リザイカート（スメヌウ）付近のアル＝キブリー，ジャバライン，エスナ，コム・オムボーでも崇拝された．

セト
何だかわからない動物あるいはその動物の頭をした人間／混乱，砂漠，嵐，戦いの神，ヘリオポリスの9柱神の一員．オシリスの弟／トゥク，アル＝バフナサ，タニス，テル・アル＝ダブア（シリアのバアル神と似ていたために，東デルタで信仰を集めた）．

ミン
2本の羽根とリボンのついた帽子，ミイラの姿で，勃起した男根をもち，右手をあげて連枷をもつ／最初は，何だかわからない物の姿で崇拝された，豊穣神；東の砂漠の守護神／キフト，アクミーム．

クヌム，サティス，アヌキス
クヌム：ヒツジあるいはヒツジの頭；アヌキス：羽根の頭飾り；サティス：2本のガゼルの角のついた白冠／クヌムが増水と関係したために，第1急湍地方で崇拝された3柱神，クヌムはまた，古い創造神でもあった（ヒツジの生殖力による）．ろくろで人間をこねあげる姿で描かれることもある／エレファンティン，クヌムはエスナとヘルウェル（アル＝アシュムーナイン付近のフール）でも崇拝された．

213

普遍神など

エジプトの神のいくつかを「普遍神」とよぶのは、それらの神々が特別の土地と結びついていないからである。そうかといって、それらの神がある地域の神学体系にけして組み入れられなかったわけでもないし（たとえば、イシスはヘリオポリスの9柱神の一員である）、神殿が建てられなかったわけでもない（イシスはフィラエ島で崇拝された神々の代表だった）。反対に「普遍神」の中には、最初は地方神だったらしいものもある（たとえばアヌビス）。

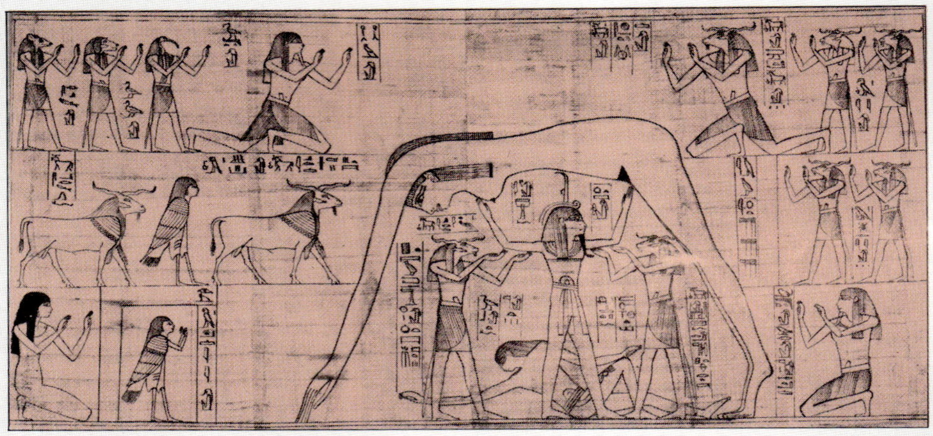

イシス
名前をあらわすヒエログリフをしばしば頭に載せた女性／ヘリオポリスの9柱神の一員、オシリスの妻、守護神であり魔術師でもある。

ハルポクラテス
指を口にくわえた裸の子供、頭側に髪の房／ヘリオポリスの9柱神の一員。オシリスとイシスの息子。

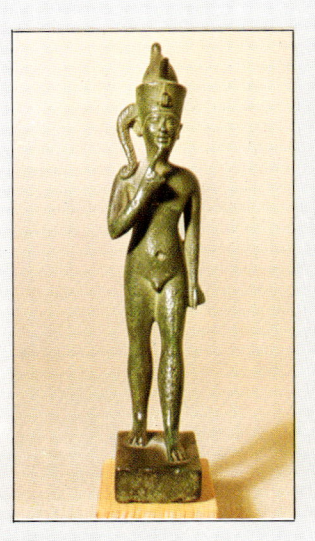

下 アピス
印のついた皮をして、角の間に日輪をいただく雄ウシ、あるいは雄ウシの頭／プタハと関係。サッカラに埋葬された。

上 ゲブ，シュー，ヌト
ヘリオポリスの9柱神の一員、大地の神（ゲブ）、大気と光の神（シュー）、空の神（ヌト）。

オシリス
ミイラの姿、曲笏と連枷、羽根と角のついた白冠／植物神であり死神、冥界の支配者。

アヌビス
腹は色になったイヌ（"ヤマイヌ"）あるいはイヌの頭、黒色／墓地の神；ミイラづくりと関係。

ベス
仮面のような顔をした小人、羽根の冠とライオンのたてがみをつける場合が多い／家の神、妊娠している女性の守護神。

イムヘテプ
ジェセル王の官吏で神格化された、書記の守護神、医師、賢者、魔術師、プタハとケレドゥアンクという女性の間の息子とされた。

ネプティス
頭に名前をあらわすヒエログリフを載せた女性／ヘリオポリスの9柱神の一員。イシスの妹、守護神。

タウルト
カバと女性の混合形で、ライオンの足とワニの尾をもつ／妊娠した女性の守護神。

神官

新王国以前には，専門職化した巨大な神官団はなかった．18王朝期に神殿が発達し，宗教にも変化がおこった結果，神官団が拡大し，社会の1階級となった．神官団の発達は，妨げられることもほとんどないまま，末期王朝までつづいた．祭儀という根本的な仕事は，専門の執行官，あるいは執行官を兼ねる場合もあった祭儀係の神官や朗唱神官，さらに非常勤の神官の手で行われた．非常勤の神官は，実務的でより俗的な職務にたずさわった．また，カルナク神殿には，巨大な神官団があり，アメンの第1司祭から第4司祭に指揮されて，かなりの権力をもっていた．父親の神官職は息子が継ぐ傾向がつづいたが，これはエジプトの基本的な法則と一致するものであった．

一方，王は仕事に最適な人材を自由に登用できるという法則もあり，これら二つの法則は対立したが，新王国の終りまでには，第1の法則が勝利をおさめ，エジプト社会は厳格な階級社会になっていった．その状況は，前5世紀にヘロドトスが書いたように，職業の形によって区別されるカースト制度の社会と，ほぼ同じようであった．神官のまとまりをいっそう強めたのが，任務についているとき（それ以外のときにはなかったらしいのが）守るべき事柄で，それには，食事や服装やひげそりの規定や，性行為の禁止についての規定があった．

神官は神殿から収入を得，ほとんどがいくつかの神殿に所属していた．供物は神にささげられたが，「神が供物に満足したあと」は，より小さい社に回され，さらに神官が神のおさがりを自分のものとした．しかし，供物そのものは，神殿の収入にはほとんどならなかったにちがいない．なぜなら，国からの供物も含めて，供物は神殿の構成員への支払いや，神殿に不足している物との交換に直接使われたのである．神殿には付属の工場と学校があり，神殿で必要な物を供給するだけでなく，もっと広い活動もしていた．

専門職の神官と，軍隊に勤務する者も含めた官吏とが，文字の読み書きのできる人々であった．官吏は，ラメセス時代に政治上の独立と重要性を失い，かわりに軍人と神官（この二つを兼務する者が多かった）が力をもった．そして神官が，知的文化の受け皿となった．正統の「善霊による」魔術は，伝統的に朗唱神官の領分であったが，王朝末期になると，神官が文化に占める重要性はより広いものとなった．エジプトにやってきたギリシア人は，この点について，しばしば述べている．

神官は，歴史が致命的な時期になり，自分たちの収入の道が閉ざされそうになると，世論を盛り上げて歴史の流れに影響を与えた．カンビュセスの死後（前522年）とテオスの治世（前360年）の事件がとくに有名である．グレコ・ローマン時代の神殿の文化は，神官の文化であった．その頃の神官は王の地位を低くみていた．以前は，神官が王の代理として神の前にきたが，いまや，王は神官の資格をもたないと神の前に出られなくなった．エジプト社会が神官によって支配されているという図式は，古い時代にはあてはまらないが，王朝末期にはある程度の正確さをもっている．

神々と神話

エジプトの多神教は，きわめて複雑な構造の世界に人々がどう反応したかをあらわしている．エジプトの神々は，かれらが主人公の神話の中でよりも，この多神教という状況のなかで人々に強い印象を与える．

神話は，たとえば古代のギリシアのように大変強い意味をもっていたわけではなかった．神話で特徴づけられる神々もあり，また地理上の位置や他の神々とつくる群によって特徴づけられる神々もあった．大部分の神々は，ラーが太陽と，プタハが技術と，ハトホルが女性と結びつくなどのように，世の中の基本的な物と関係をもっていた．しかし，その結び付きだけで神々の性格が網羅できるわけではない．ある面では，多くの神々が同じ特徴を示し，どんな神もその神だけを崇拝する人々のために，神のあらゆる性格を実際にもつことができた．

エジプトの神話といわれるものには，エジプト人の手になる完成した物語はほとんどなく，古典古代の作者がまとめたものに頼る必要がある．エジプトの宗教テキストの大部分には物語の形式はなく，神話を完全に述べる大規模なテキストはなかったのではないかといわれている．オシリスの相続をめぐるホルスとセトの争いの物語は中王国時代のもの，新王国末期のもの，4世紀のものが知られているが，どれをとってもテキストは異なり，内容も違う．物語はどれも俗文学の性格をもち，神に対して手厳しい描写をしていて，宗教テキストというよりは小説という趣がある．しかし，宗教とくに呪術のテキストに含まれる性格と似たようなものをもつ神話的物語もある．

創造神話で第1の地位を占めるのは，太陽神ラーで，ラー・ホルアクティとか（ラー）・アトゥムともよばれた．最も広くいきわたった創造神話によると，創造神は混沌の水から最初にうまれた固体である丘の上にあらわれ，シューとテフネトの2神を，手淫あるいはつばを吐いてつくった．シューとテフネトは，大地と天であるゲブとヌトを産み，この2神から生まれた子がオシリス，イシス，セト，ネプティスになった．

この9神がヘリオポリスの9柱神である．他の信仰の中心地にも，これと同じような群があった．オシリスとイシスは，エジプトで一番知られた神話の主な登場人物である．この神話では，オシリスがセトに暗殺され，イシスはそのオシリスの死体と交わりホルスをみごもり，そのホルスがセトを亡ぼす．この神話は1世紀に，プルタークによってギリシア語で記録されたものだが，そのもとになった物語は，大部分がエジプトの伝承である．

右　青銅製のタカの頭をかたどった飾り，杖あるいは神殿の設備につけられたらしく，うしろにそのための逆T字型の突起がついている．上部の帯状の突起は，別の材料でできた冠をとめるためのものであろう．末期王朝時代，高さ12.1cm．ロンドン，大英博物館蔵．

宗教

これらの神話よりエジプト的なのは，太陽の循環についての考え方であろう．根本的な主題は小さなものだが，それをもとに，数限りない変化が生まれた．それらの変種全体に，一貫性を完全にもたせようとするには無理がある．つねに主旨となっているのは，太陽の循環そのものなのである．太陽神は，毎朝新しく生まれ，太陽の船（船は交通の一般的手段だったから）で天を渡り，老い，死ぬ（この点は，はっきりとは決して書かれない）そして夜のあいだは地下を旅するが，これが循環のうちの再生の時期にあたる．創造神話では，ヌトは太陽神の孫にあたるが，この循環の場合にはかれの母となり，太陽神は夜，彼女の口に入り，朝産み出される．太陽神の再生時には，彼女はラーの娘の別称であるハトホルにもなる．創造神，とくにアメン・ラーが「かれの母の雄ウシ」とよばれるのは，これらの考え方を反映しているためかもしれない．

これらの主題は物語にはなっていないので，完全な神話というよりは神話的な場面であるが，これから神話ができる場合もある．その例としては，「人類の絶滅」と「イシスとラー」の完全な二つの神話がある．どちらも，太陽神が老人になったときから始まる．この表現法は，宇宙の形状の循環的変化をあらわすときの基本的な考え方で，地上の太古の末に，神の身体がおとろえ，その支配に影響が出たと述べることで，話が展開されていく．

太陽の循環に関係して，たくさんの観念が生まれたが，最も目立つのは，日の出という決定的な時点の前後の観念である．夜の旅のあいだ，太陽神の船では，一群の神々が付き添う．その大部分は太陽神の性格を神格化したもので，「魔力」とか「認識」とかいう名がついている．旅のある時点では，ヤマイヌの一隊が船を引く．地下の国を絵と文字であらわしたいろいろな「書」では，この船に乗る像や設備がそれぞれ違っている．太陽神が夜をぬけてあらわれると，すべての被造物が喜び，かれは男神や女神，王，人類の一部をあらわす「東の霊たち」に歓迎される．ヒヒは鳴き声をあげ，喝采する．ここでも，一般の人々は神殿と同じように場面にはあらわれない．

これらの場面は，つぎのような質問に答えていると思われる．すなわち「夜の間に太陽神は変身してどのような姿になるか」あるいは「明け方に，かれの出現がどのように知らされるか」という質問であり，その答は，神話よりも具体的に示されている．

一組になった神々を，地方で崇拝する方法にはいろいろな種類があり，法則もないように思える．最も一般的な組み合わせは3柱神で，2柱の「おとな」の神と，1柱の「子供」の神でできていた．3柱神はただ選ばれるというだけで，他の神々との関係も厳格ではなく，入れかわる場合もあった．たとえば，テーベの3柱神はアメン・ラー，ムト，コンスからなり，カルナクの主要な神殿三つにそれぞれまつられていて，家族のような姿をしていたが，ムトはアメン・ラーの妻ではなく，コンスもこの2神の息子ではなかった．むしろ，別々に発生した3神が，この地方で崇拝されたということだけで，家族の形をかりてまとめられたのである．家族という形が現実をあらわしていないことは，「子供」が1人しかいない点でも明白である．3という数の重要性と，なるべく簡素にしたいという原則があいまって，このような単純な組み合わせになったのであろう．

アメンの女性形であるアマウネトはテーベの別の神で，ムトのかわりになる場合もある．メントゥは，もともとテーベ州の神で，カルナク神殿の主要な領域のすぐ北側に，自分の神殿複合体をもっている．メンフィスの主要な4神であるプタハ，セクメト，ネフェルテム，ソカル（墓地の神）は，テ

下 太陽神の夜の航海をあらわした場面の一つ．船はヤマイヌと，人間の手をもつウラエウス・コブラが引く．セトがアポピスを槍で突く．ラー・ホルアクティの背後には，ホルスとトトがミイラの姿で立つ．ヒルウェベンのパピルス，21王朝．カイロ，エジプト博物館蔵．

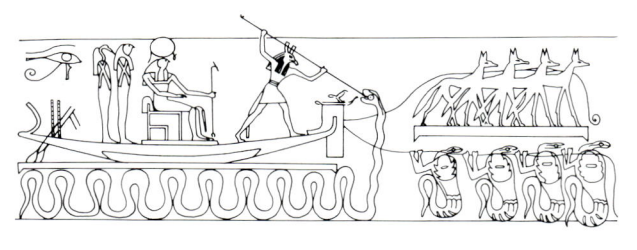

上 沈む夕日．中央："西"をあらわすヒエログリフは日輪を載せ，砂漠に置かれている．上：翼をもつ二つのホルスの眼が，太陽を守っている．下：礼拝している"下臣"，一群の神々，ヒヒ，イシスとネブティス，死者のバー（人間の頭と腕をもつタカとしてあらわされている）．アンハイのパピルス．19王朝．ロンドン，大英博物館蔵．

宗教

右　雌ライオンの頭にウラエウス・コブラをつけたウァジェトの青銅製小像。ウラエウス・コブラは、ウァジェトをあらわすのにふつうに使われるが、雌ライオンは、神話で語られるこの女神の凶暴性をあらわしている。高さ45cm。アプリエスの時代。テル・アル＝ファライーン出土と思われる。ボローニャ、市民博物館蔵。

下　アトゥムの青銅製小像。このヘリオポリスの創造神は一般的なオシリスの姿を変化させてあらわされている。顔は、年老いた夕日の神のものである。青銅の像は、一般の信者から神殿に奉納された。この像は、ハルウェジァの息子のペトエスが奉納したもの。高さ23.5cm。オックスフォード、アシュモレアン博物館蔵。

ファイアンス製の"巡礼"用のびん。羽根のついた頭飾り、翼、たれ下がった胸をもち、両手にウジャトの眼をもったベスが描かれている。顔と腕の間には、生命の標が二つある。上下と隅には、花をかたどった図案、両側には日輪(?)がある。ベスの高さ5.6cm。19王朝初期(?)。アル＝リッカ出土。オックスフォード、アシュモレアン博物館蔵。

　さらに、神々を関係づける重要な方法に、複合がある。神は、主により重要な神の名前や性格を取り入れ、複合形の名をもつようになる。たとえば、アメン・ラーはラーの一面をもつアメンである。さらにこれが拡大すると、アメン・ラー・アトゥム、つまりラーと年をとった太陽神アトゥムがさらにアメンにもなる。こういう複合形の名では、ラーの名が使われる場合がずばぬけて多い。このことから、この太陽神が普遍性をもち、初期に重要であったことがわかる。これとは少し異なる場合としては、オシリスがアビュドスで、この地域にもともといたらしい神と同一視されて、オシリス・ケンテアメンティウとなった場合がある。このような結びつきによっても、もともとの神の性格は完全に失われることはなかった。

　いままでに述べた神々は、エジプトの神々の中でも代表格とよべるであろう。これらの神々の大部分は、主神として崇拝され、支配者となる地域をもっていた。ゲブのような宇宙神は、ある地方だけで崇拝されることはなかった。しかし、これらのほかに、ある特定の場合にしかあらわれない小さな神々もいた。そのうち、一番よく知られているのが、ベスとタウルトであろう。この2神は、とくにお産に関係する「家庭」の神であり、どちらも代表的な神々にはみられない異様な姿をしている。ベスは小人で、不つりあいに大きい仮面のような顔をしている。タウルトは、カバとワニの複合形で、明らかに人間のものとわかる、たれさがった乳房と大きな腹をもっている。

　これらのほかに、魔術や冥界のテキストから、たくさんの鬼の類がいたのがわかる。それらの名前はまちまちで、グロテスクな姿をしている場合が多い。ほとんどのものは、あるテキストだけとか夜のある時間だけとか、特定の場面に一、二度あらわれるだけである。また例外の代表は、巨大なヘビのアポピスである。これは太陽神の敵で、その循環の途中の重大な危険となるため、太陽船のへさきに立ったセトの槍で滅ぼさなければならなかった。

死者の世界

　地下の国について述べられるのは、死者の国が叙述される場合に限られた。死者の国の叙述は、主に、新王国の王墓にみられるが、エジプトの宗教と同様、それにはいろいろな種類がある。王だけの来世観、すなわち死後は神々の仲間になるという来世観は、王以外の人たちには最初は無関係であったが、しだいに一般の人々の間にも広まっていった。運命がどんなものであろうと、それが確実だとはいいきれない。来世の生活には危険がたくさんあり、魔術によってその多くを切りぬけなければならなかった。

　こうした考えを実行していく出発点になったのは墓であった。エジプト人が、埋葬にぜいたくな品物を他に例のないほど多く用意したのは、ある面では、墓の主が生前、名声の高いものであったことを示そうとしたためであったが、それが究極の目的ではなかった。死者は、墓の中やそのまわりで生活をつづけたか、来世を旅行すると考えられていた。死者の目標は、神々とくにオシリスと同一になるか、魂に変身して、「百万の船」の乗組員になり、太陽の巡航にしたがうことであった。

　この船が描かれるときには、たくさんの乗組員の姿はない。これは、この船が描かれるような場面には、慣習的に人間の姿をあらわさなかったためであろう。オシリスと同一視されることも、太陽船に乗ることも、最初は王だけの運命だったようである。古王国の一般の人々のテキストには、死者の運命として、「西方"死者の国"の完全な道を歩く」としか書かれていない。

ーベと同じように、おたがいが、いろいろに結びついていた。はじめの3神は3柱神をなしたが、ソカルはプタハと同一視されることが多かった。メンフィスで重要な神として崇拝されていたハトホルとネイトは、この重要な神の仲間には入れられなかった。ヘリオポリスには太陽神がいたが、ラーとアトゥムとに分けて崇拝されるようになった。この太陽神は、元来は1柱で存在したが、イウサスとハトホル＝ネブトヘテペトという仲間をもつようになった。この2神は、根本的には、創造神話の中の太陽神の性的な面を、神格化したものである。

217

宗教

　死から神々の仲間入りするまでには，裁判があった．この裁判は，王よりも王以外の人々にとってより重要であった．裁判の場面は，墓やパピルスや木棺や屍衣に大変たくさん描かれている．その中心の主題は，死者の心臓をはかりにかけ，マアトと比べることである．
　マアトというのは，秩序の概念そのものを神格化したものでエジプト語で秩序の概念をあらわし，ダチョウの羽根そのものか，かつらの鉢巻きに羽根をはさんだ女神の姿をかたどるヒエログリフであらわされた．知恵と正義を司る書記の神トトが，オシリスの前ではかりを操作する．オシリスは，42人の判事からなる裁判所を統括する．死者の心臓とマアトとが同じ重さなら，試練に耐えたことになり，その死者は首尾よくオシリスに紹介される．裁判はマアトにしたがって行われる．すなわち，生涯正しい行いをしてきたかどうかが裁かれる．だれもが，有罪をまぬがれたいと思うのは自然で，死者はどんな罪も犯していないとの言明を準備している．この無罪の告白の決まり文句や，裁判を無事に済ます場面の絵は，裁判に関係する魔法であり，埋葬用の文書や墓に納められた他のものと同じように，死者が来世で成功者になる助けとなる魔術の一つであった．
　裁判の場面には，「食うもの」とか「死者を食うもの」という，いろいろな動物を組み合わせた雌の怪物がいる．この怪物の役目は，試練に負けた者を食うことで，ローマ時代には，実際に食われている場面もある．エジプト人にとって，この世の生活から離れることは第1段階にすぎず，避けなくてはならないのは，完全な消滅をもたらす第2の死であった．ただし，この点についてのエジプト人の考え方は，われわれにとって奇妙にうつる．つまり，消滅といっても完全に消えてしまうわけではなく，二度死んだ「死者」は，冥界の書では下段に罰せられる姿で描かれている．かれらは，別の存在の仕方をしているわけである．この存在の仕方は異常なものであったために，そのようにならないように戦いが必要とされていた．
　墓に壁画を描くのは，死後の生活の準備のためであったが，中にはそれを，生活にどのように役立てようとしたのかわからない場面も多いし，表面的な内容は世俗的な場合が多い．

死者の書に描かれた，死者の心臓をはかっている場面．フネフェルのパピルス．左からアヌビスがフネフェルを連れてくる．つぎの場面では，アヌビスがはかりを調べ，トトが結果を記録し，"食うもの"が用意して待っている．つぎにホルスがフネフェルをオシリスに紹介しているが，オシリスの王座は"ソーダの湖"の上にあり，湖からは，4人の"ホルスの息子"をのせたロータスが生えている．うしろには，イシスとネブティスが立つ．
幅の狭い上段で，フネフェルが礼拝している神々は，セトをのぞくヘリオポリスの9柱神のほかに，言葉と認識力と（たぶん来世の）南の道と西の道をそれぞれあらわす神々が加わっている．19王朝．ロンドン，大英博物館蔵．

壁画のほかにも，墓には多種多様な品物が納められ，(初期には)たくさんの量の食物，死者の「魂」が宿るための彫像(これは礼拝用の彫像に神が宿るのと同じ原理である)も含まれていた．もちろん，ミイラが墓に納められたが，丹念に包帯で巻かれ，たくさんの護符で守られ，一つあるいは組み合わせ式になった棺に入れられた．ミイラは「口開き」とよばれる儀式の魔力で，生活できる状態にされる，と考えられていた．

墓に納められた品物には，再生という主題が象徴的に，繰り返しあらわされている．この観念をあらわすには，非常に多様な方法があった．品物のうちには，来世で使うだけの目的で作られたものもあった．たとえば，400個にもおよぶシャワブティ(ウシェブティ)という小像が，墓に納められた(この小像が，エジプトの遺物の代表格といえよう)．これらの小像は，死者が来世で労働しなくてはならないときにその代理をつとめるもので，砂運びなどの強制労働が課せられたときに，それに応える役目をもっていた．この強制労働の概念の実体ははっきりしない．これは首尾一貫した来世観の一部ではなく，独立した概念と思われる．

埋葬に関する信仰の強調される部分は，時代によって変化したが，捨て去られたものはほとんどなかった．反対に，それぞれの概念に対応する品物が，依然として墓に納められた．それらの品物に首尾一貫する概念を求める必要もない．それらのすべてが関係しているのは，再生し，死後もひきつづき生活したいという望みなのである．

現存する副葬品の中で，最も大規模で多様であるのがトゥトアンクアメンの墓のものである．しかし，この副葬品も，アメンヘテブIII世やラメセスII世のものが現存していて，くらべられるとしたら，きっとつつましいものとみられたことであろう．

埋葬の習慣

ミイラ作り

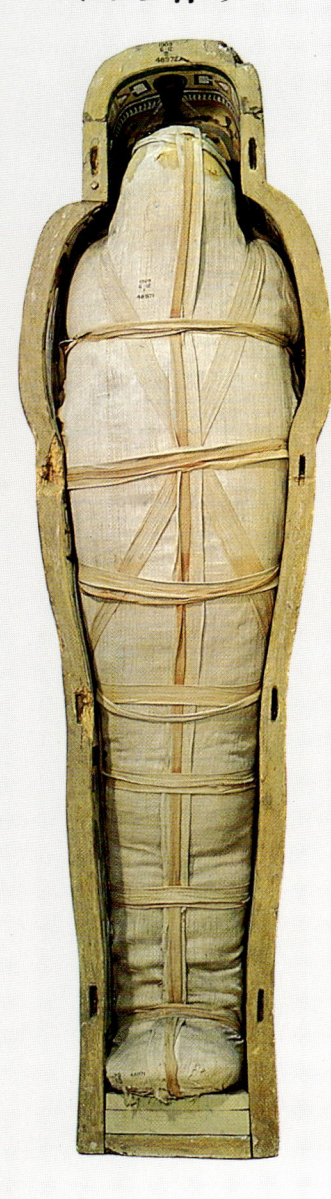

発生と展開

他の習慣とおなじように、ミイラ作りは、人間が自然環境に手を加えた結果始まった習慣である。つまり、人間の行為が、自然環境の成しとげていたことを妨げることになったために、その効果を人工的に保とうという努力が、ミイラ作りの習慣になったといえる。先王朝の大部分の時期の埋葬は、非常に簡単なものだった。遺体は、砂漠の端に浅く掘られた墓穴に入れられ、上から砂がかぶせられた。気候が乾燥していたため、日に焼けた砂と接触していることで、遺体の脱水（乾燥）は非常に速く進み、組織が分解する前に乾燥しきることも多かった。そして、遺体が自然にまかせたままで完全に保存されることも、ときにはあった。このようにしてできた「ミイラ」が発見されることがときどきあって、この現象が注目されたにちがいない。そして、遺体を保存することが、人間が死後も生活をつづけるために必須であるという信仰が発展していった。先王朝末期に、墓穴が大きな墓にかわり棺が使われるようになると、これらの自然条件が変化し、とくに砂に遺体が触れることがなくなった。そこで、いままで自然が単独で行っていたことを、人工的に成しとげる方法を探す必要がでてきて、ミイラ作りの習慣が始まったのである。ミイラ作りの歴史は、二つの相反する方策がたえず衝突し合った歴史だった。一方では遺体をできるだけそのままの形で残そうとし、他方では、ミイラの包帯や棺を重要視して、形式的なものを追い求めた。ミイラ作りの技術がその頂点を極めたのは、新王国末とすぐそれにつづく時代で、それ以降になると急激に技術が衰えた、それはまるで遺体を保存するのが不可能と確認した情況のようで、形式的な面だけが強調されるようになった。

手順

ミイラ作りは、墓地に付属した作業場で行われた。ここでは、埋葬用の品物のほとんどが調達できた。ミイラ作りの手順は、時代によって違うし、死者の家の財産によっても違った。古代エジプト人が手順について詳しく述べた資料はないが、ミイラを調べることでその段階を再現することができる。下に述べる方法は、新王国末と第3中間期に用いられたもので、ミイラ作りには70日前後かかった。一番重要なのは、ソーダの中に埋めて遺体を脱水する部分である。ソーダというのは、天然にできた脱水剤（炭酸ナトリウム、重炭酸ナトリウム、塩化ナトリウム、硫酸ナトリウムの混合物）である。

1. 脳を摘出する。
2. 左のわき腹を切開して、内臓を除く。
3. 体腔と内臓を殺菌する。
4. 内臓を処理する。内容物を除き、ソーダで脱水し、乾燥し、香油を塗り、溶けた樹脂を塗る。
5. 身体にソーダと芳香のある樹脂をとりあえず詰める。
6. 身体をソーダでおおい、40日前後おく。
7. 身体に詰めておいたソーダなどを除く。
8. 手足の皮下に砂や土などを詰める。
9. 体腔に樹脂をしみ込ませた亜麻布と、ミルラやシナモンなどの芳香のあるものを入れた袋を詰める。おがくずなどを詰める場合もある。
10. 身体に軟膏を塗る。
11. 身体の表面に溶けた樹脂を塗る。
12. 包帯を巻き、同時に護符や宝石類も巻き入れる。

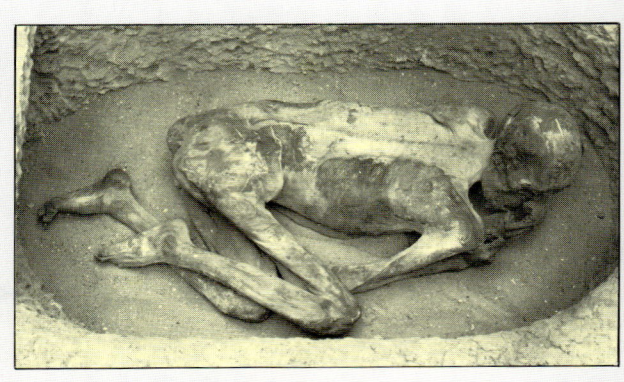

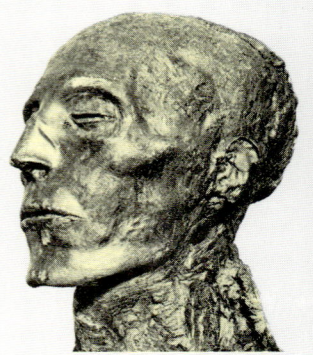

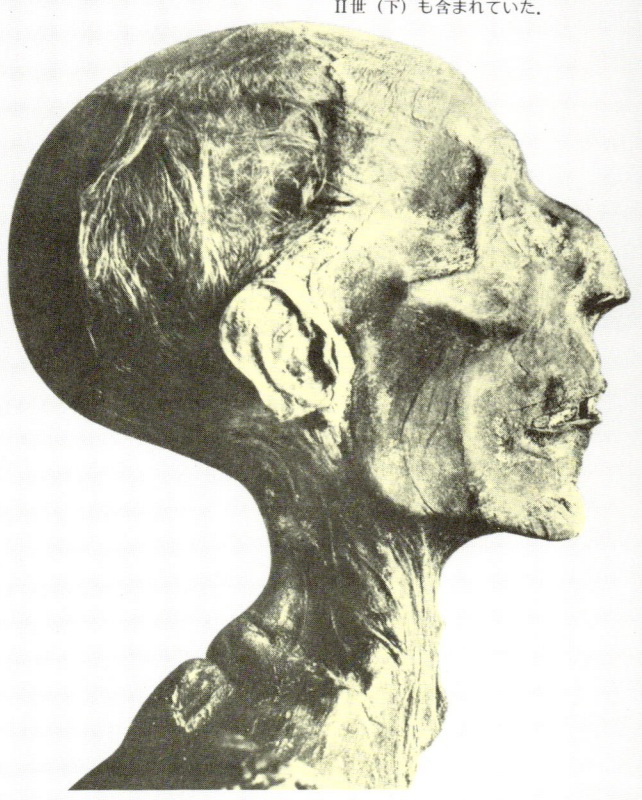

ミイラ作りは、死んだ人間や動物の身体を人工的に保存する方法である。この習慣をもっていたのは世界中でエジプト文明だけではなかったが、エジプトのミイラが一番有名である。エジプト学の専門家には残念なことながら、古代エジプトそのものをあらわしているように考えられ、エジプトを研究する者の一番の興味の対象となっているのである。ミイラは、われわれにいろいろな知識をもたらす。とくに、大エジプト人の病気や環境や食事についての情報をもたらす。王のミイラの場合は、それぞれの享年が決められるために、エジプトの年譜に新しい知識が加えられる。また、血縁関係もミイラを調べることで知ることができる。

王のミイラ

エジプト学者には、他に例のないほど恵まれた立場がある。それは自分が研究する対象の主人公たちと対面できる点である。ディール・アル＝バフリーで1881年に発見された王のミイラの隠し場には、新王国の最も重要な王たちの何人かの遺体が納められていた。その中には、セティⅠ世（上）、ラメセスⅡ世（下）も含まれていた。

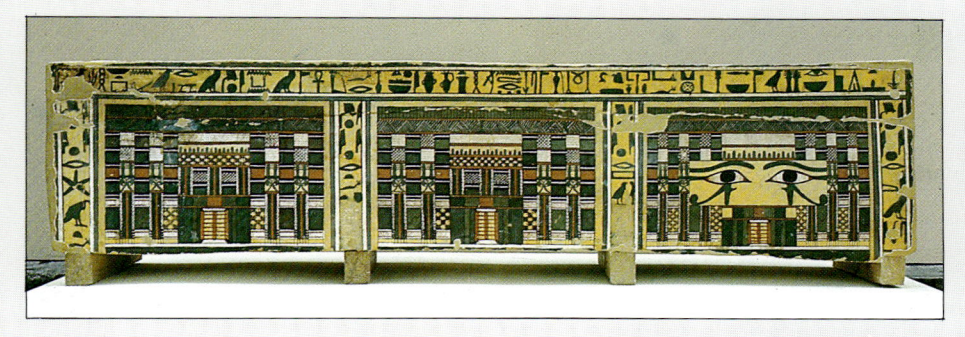

カノピス容器

カノピス容器という名称は、初期のエジプト学者がつけたもので、これらの容器を間違って、トロイ戦争のメネラオスの水先案内人だったカノボスと結びつけた結果である。カノボスは悲惨な死をとげ、北西デルタのカノボスの地（エジプト語でベル・グワティ、現在のアブー・キール）に埋葬され、この土地で壺の姿で崇拝されたという。カノピス容器はふつう、方解石（「アラバスター」）でつくられているが、石灰石、土器、ファイアンスの場合もあり、ミイラ作りの間に体腔から除かれた内臓を入れる。そして、墓の玄室で、棺に近いところに置かれる。容器の蓋は、最初は単純なものだったが、中王国には人間の頭をあらわすようになり、ラメセス時代からは、ホルスの4人の息子の姿につくられるようになった。容器に彫られたテキストは、それぞれの容器を1体ずつの女神に保護させるためのものである。判断を下せるほどの証拠は残っていないが、それぞれの容器には決まった内臓が入れられたらしい。

	頭	女神	内容物
イムセト	人	イシス	肝臓
ハピ	ヒヒ	ネプティス	肺
ドゥアムテフ	ヤマイヌ	ネイト	胃
ケベフセネフ	タカ	セルケト	腸

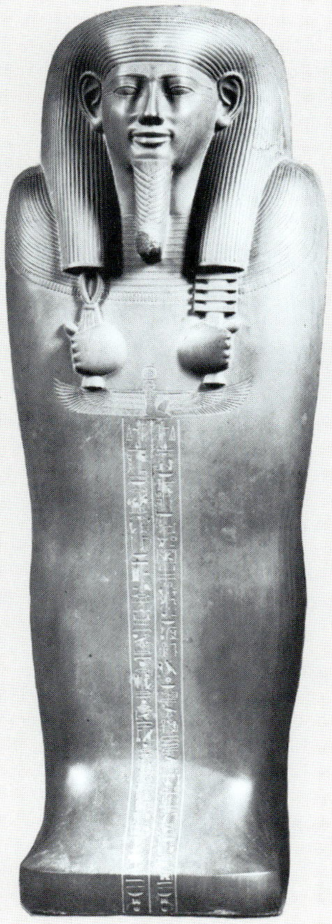

木棺と石棺

古代エジプトを研究する資料の大部分は、墓からえられる。だから、遺物の中でも棺や石棺は代表格になる。棺などというと、エジプト学のなんとなく陰気な部分のように思えるが、その外観が非常に魅力的なものが多く、このような考えは消えてしまう。棺のだいたいの時代を決めることは問題なくできるが、細かな形態比較や年代決定は、例外を除いてほとんどなされていない。
coffin（木棺）と sarcophagus（石棺）という言葉は、同義語のように使われることがあるが、前者は木でできた棺、後者は石（石灰岩、花崗岩、玄武岩など）でできた棺をいうのが正しい。その場合、形は問題にしない。木棺も石棺も、蓋と身からできている。木棺は石棺に入れられることが多く、（内棺と外棺や第1、第2、第3の棺のような）組み合わせがそのまま発見される。一方、ミイラ型の板（「蓋」）だけが、ミイラの上に置かれる場合もある。とくに第3中間期とグレコ・ローマン時代に一般的な第3の材料は、カルトナージ(cartonnage)だった（この名も、便宜上、「coffin」や「sarcophagus」と同義に使われる）。これは、「ミイラの型」のうえに亜麻布（グレコ・ローマン時代にはパピルス）を何層にも重ね、ニカワと石膏で固め、彩やかな色の水絵具を塗ったものである。

木棺と石棺には、基本的に二つの形があった。長方形と人型（ミイラ型）である。カルトナージには人型のものしかない。人型棺は、ミイラの上半身をおおうミイラ・マスクが発達したものとして、中王国に発生した。

装飾は時代によって違う。初期王朝時代の木棺のいくつかには、「宮殿の正面」を模した装飾があり、古王国の石棺にもこれがある。第1中間期と中王国では、ヘラクレオポリス型とよばれる長方形の木棺の内部に、コフィン・テキストが刻まれる場合が多い。またいろいろの葬祭用の品物や供物のリストが表現される場合もあった。リシ（鳥の翼を模した装飾をこのようによぶ）型の人型木棺は、17王朝の特徴であり、ミイラの包帯を思わせる帯の描かれた白い木棺は、18王朝に一般的である。それ以降の新王国とそれにつづく時代には、細かな場面にわけて、いろいろな神々やテキストを表現し、装飾を増やそうという傾向がうまれる。長方形の木棺や石棺はまれになり、末期王朝末まで、ときどき思い出したようにつくられるだけになる。末期王朝の人型石棺の細工と仕上げの完ぺきさは有名であり、大変すばらしい。それらは黒っぽい固い石、主に玄武岩でつくられているが、木の模造品もある。末期王朝やグレコ・ローマン時代の木棺や石棺の装飾や碑文は、宗教テキストやそのさし絵を主題にした。その中には、死者の書、ピラミッド・テキスト、冥界の書がふくまれる。蓋の外側には、死者の書の第72章が彫られる場合が多い。この章は「日で出てきて、地下の国に入る呪文」である。

葬送用小像

中王国末から、一つかそれ以上の葬送用小像（エジプト語では、シャプティ、シャワプティ、ウシャプティといろいろによばれる）が副葬品の重要な部分になった。18王朝には、像の姿はちぐはぐな感じの組み合わせをみせるようになる。つまり、死者のミイラの姿に似ていながら、農具などの道具をもっている。これは、これらの像についての二つの主な考え方を反映したためである。一つは、死者の身体の代用品、もう一つは死者に冥界で強制労働が課せられたとき、死者の代理として働くものという考えである。小像に彫られた碑文は、（死者の書第6章で）適切な指示を述べてはいるが、この小像そのものの性格が必ずしもはっきりしないのとおなじく、その内容にもはっきりしない点がある。ラメセス時代には、葬送用小像の数が増大したのが認められる。王朝末期には1人の墓に数百体も納められる場合が多かった。

つぎに述べるのは、葬送用小像の時代を決めるのに比較的重要な手がかりのいくつかである。黒っぽい固い石でできたものは、たぶん中王国か25王朝のもので、26王朝以降のことはまずない。木でつくられていて、大変雑なつくりならば、17王朝末か18王朝初期、新王国以降ということはけしてない。道具をもつのは、18王朝半ばそれ以降（道具をもたない像もひきつづきつくられていた）。籠を前に抱えているのは18王朝、背負っているのは19王朝かそれ以降のもの、多色（赤、青か緑、黄、黒）の装飾が白地にほどこされているのは、18王朝末かラメセス時代のもの。背中が平らで鉢巻きをしているか、このどちらか一方の特徴のあるものは、第3中間期のもの。足台が小さく、背中に柱がついているものは、26王朝半ばそれ以降のもの。

西洋美術のなかのエジプト

エジプト文化は，2000年にわたって，地中海のまわりのいろいろな民族に影響を与えていたが，エジプトのものがエジプト的，つまり東洋的なオリジナリティーをもっていることに最初に興味を示したのは，ローマ人であった．しかし，ローマ人やその後の西洋人たちの興味に影響をおよぼしたのは，エジプトが難解な知識の宝庫であるというギリシア人の考え方であった．西洋人たちは，エジプト美術の根本的な性格を理解せずに，そのみかけだけを模倣した．

エジプトの事物に興味が示されるようになったのは，アレクサンドリアの神であるイシスとセラピスが信仰されたことと関係がある．この2神は，共和政末期（前1世紀）に公認され，ローマ市でも礼拝されるようになった．前30年にローマがエジプトを征服すると，古物を搬入する道が開け，それらは公共の建築や，家や庭園を飾るためや，エジプトの神をまつる神殿の装飾として使われた．上の灰色花崗岩のヒヒの像はその例で，ローマのイセウム・カムペンセに2体置かれたうちの一つである．ローマ人は，エジプトの本質を示すものよりも異国的な雰囲気のものの方を好んだ．エジプト的な作品をつくるときには，異様な面ばかりを強調した．ハドリアヌス帝のティボリの別荘のナイル風庭園であるカノプスに，飾るためにつくられた上の二つの顔の像が，その典型である．4世紀の半ばには，たくさんのオベリスクや2基のピラミッド，たくさんの種類の彫刻が，ローマでその偉容をほこるようになった．

18世紀までに，西洋の人々が実際に目にすることのできたエジプトの美術品は，ローマやローマ帝国各地に運び出された記念物だけだった．中世暗黒時代の人々が目にしたものには，たとえば，ローマの彫刻を13世紀に摸写したライオンやスフィンクスの像などがあった．これは，シビタ・カステラーナの大教会堂のものである．中世が終り，これらの作品以外のものが再発見され，エジプトについて記述のある古典古代のテキストが発見されると，ルネッサンスの人文主義者たちの関心が高まった．

古典古代の著作家によると，ヒエログリフは，象徴的でどの民族にも意味のわかる形で，抽象的な概念をあらわしているとされた．この考えを認めた最初の例としては，レオン・バティスタ・アルベルティ（1404–72）が神の全知を象徴的に表現しようとした（上の）ものがある．

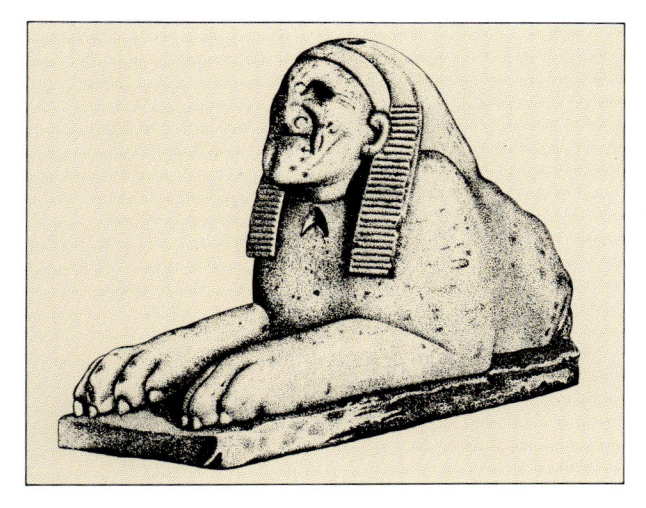

「ヒエログリフ」を象徴的に使うことに一番すぐれていたのはデューラーの作品であるが，16世紀の文学で寓意を扱ったものになると，「ヒエログリフ」の使用は常套手段となってしまった．16世紀の技術上の偉業は，1586年にバチカンの聖ペテロ寺院の前に，オベリスクを移して立てたことである．その様子をドメニコ・フォンターナが，上のように描いている．その後，オベリスクを立てることが流行し，オベリスクはヨーロッパ建築の一要素になって，エジプトに独自のものという性格はすぐに失われたが，より重要なことは，この出来事でエジプトを真剣に研究しようという態度が生まれたことである．17世紀にはヒエログリフが新しい研究対象となり，エジプトの古物を学問的に研究刊行した最初の例があらわれた．18世紀の百科全書をはじめとする作品群で，この傾向は全盛期をむかえ，エジプトの古物は古典古代の事物と並んで紹介されるようになった．このような資料や，18世紀中葉に出版されるようになった詳しい旅行記事から，エジプト的な作品の着想がうまれた．その例としては，ディングリンガーの宝石をちりばめたアピスの祭壇（1731年），ピラネーシがローマのカフェ・イングレーズにほどこした華麗な装飾（1706年）がある．とくにピラネーシは第1人者とされ，かれの壮大なエジプト様式は，18世紀末にかけてのフランスやイギリスの建築に影響をおよぼした．

(下端の)1810年頃につくられたウェッジウッド焼きの「ヒエログリフ」紅茶セットがその典型である.

エジプトの品物をそのまま模倣したデザインもあった. 1855年ホルマン・ハントの椅子や,その後,リバティーがつくった家具,古代の容器の形をまねて銀の板でつくったいくつかの作品にその例がみられる.下のブドウ酒注ぎもその一つである.ヒエログリフが解読され,学問分野としてエジプト学が発達し,ヨーロッパやアメリカの博物館が古物の収集を大々的に行った結果,エジプトに対する人々の関心は着実に高まった. 1854年に水晶宮にエジプト庭園が開園したような出来事があるたびに,エジプト風のデザインの流行に新しい刺激が加わった.この庭園は,エジプトの有名な記念物のほとんどを模型にして,所狭しと並べた,おどろくほどぜいたくなもので,その後のエジ

このようなエジプトに対する新しい評価とならんで,秘儀を求める伝統はつづいていた.薔薇十字会が先鞭をつけた神秘主義の分野は,フリーメイスン団によって開拓され,この団体が新しく採用したエジプト風の儀式のいくつかは,モーツァルト(かれ自身フリーメイスンだった)の台本家シカネーダーが「魔笛」の中で使っている. 1791年版の口絵は,神秘な暗さで満ちている.

7年後にフランスがエジプトに遠征した際には,軍隊のほかに学者団も連れていったが,その中できわだっていたのはビバン・ドゥノンだった.かれの勲章箱は,エジプトについてかれ自身が書いた本の,塔門の挿し絵をもとにデザインされている.この本と,遠征の公式記録である『エジプト誌』には,豊富な図が載せられている.

エジプトの大神殿,とくに異常に大きい軒蛇腹と装飾的な柱頭をもつグレコ・ローマン時代の大神殿の詳細な図を原型に,ピラネーシが提唱したものよりはひかえ目な建築がつくられた.エジプト様式は威厳を必要とする建物や記念物や葬儀用のものに適切とされた.ヨーロッパやアメリカでは,裁判所,刑務所,工場,鉄道の駅,橋,教会,そしてとくに共同墓地がエジプト様式で建てられた.上の南イタリアのアルベロベロの建物がその典型である.

ブト風建築はこれから何らかの刺激を受けているように思える.(右側上端の)石のスフィンクスと刈り込んだ樹のピラミッドのあるビッダルフ農園のエジプト庭園は,ハドリアヌス帝のカノプスをビクトリア時代に再現したものといえよう.水晶宮の庭園に刺激されたものであろう.また18世紀のバジュアにアンジェロ・ケリーニがつくったアルティチェロ別荘のエジプト庭園や,ローマのボルゲーゼ庭園の魅力的なカニーナのエジプト風柱廊玄関(1827年製作)もその例といえよう.

1922年にトゥトアンクアメンの墓が発見されると,装飾芸術にエジプト様式の新しい波がおこったが,それはとるに足らないもので,記念建築物の様式を今世紀にとり入れたのは,映画の幻想的な建物だけに限られた.ハリウッドのグローマンのエジプト劇場(1922年建設)の王朝風の壮麗さを受けて,イギリスでも, 1930年建設のイズリングトンのカールトン(上)のような,それほどおおげさではない建物がつくられた.

現代美術がエジプト美術を評価したことで,古代エジプト人の表現法の現代と異なる原理の数々が理解されるようになり,とくにエジプトの彫刻が現代作家に影響を与えてきた. 1978年にデビット・ハックニィがつくった「魔笛」の舞台装置(下)は, 1815年の上演にシンケルがつくった,こった舞台装置と比べると,エジプトを直接目に訴えるつくりになっているが,どちらも壮大な空間を感じさせる点で一致している.

ナポレオンの室内装飾師だったペルシエとフォンテーヌのデザインの優雅さは,フランスのエジプト遠征につづく30年間,ヨーロッパ大陸の「エジプト式」の流行に先駆的な役割をなした.

同じ頃,イギリスではトマス・ホープ(1807年)などが活躍した.装飾芸術でエジプト様式とよばれるものには,ただエジプト的なモチーフを遊び半分に用いただけのものもあった.たとえば,

エジプト美術品のある博物館・美術館

(定訳のない博物館・美術館名は強いて訳していない．国名はABC順に配列．)

エジプトの古物は，初めは骨董品や旅行者の記念物としての価値しかなかった．しかし，主に19世紀前半に，エジプトの収蔵品を展示し，大衆を楽しませると同時に教育する博物館や美術館が創立され，今日では，重要なエジプト美術品を納めている博物館・美術館は，5大陸合わせて500以上にもなり，古代エジプト品をある程度もっているという博物館・美術館を含めると数千にもおよぶ．これらの施設の多くには教育を受けたエジプト学者が勤務し，古代エジプトの研究をつづけている．いまだに博物館や美術館の地下や収蔵庫には未発表の遺物がたくさんある．こうした宝物を専門家ばかりでなく，一般の人々にも公開することは，エジプト学の急務である．

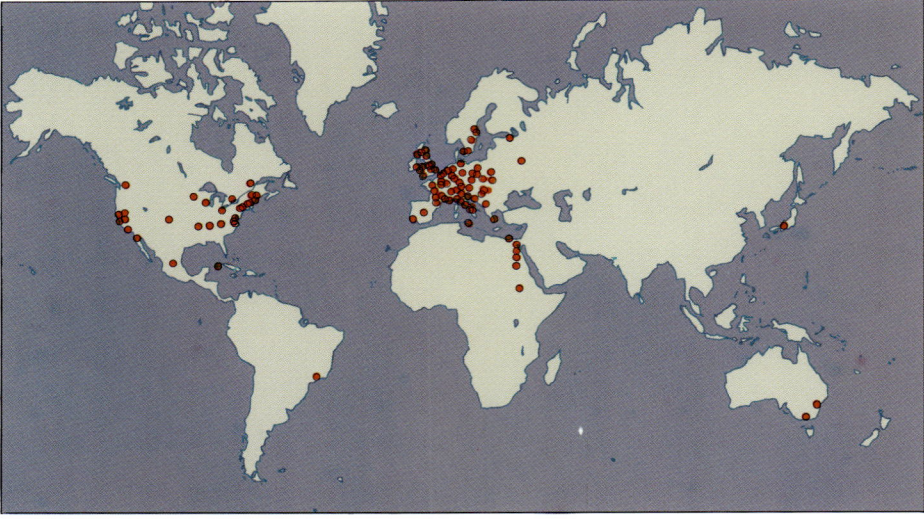

Australia〔オーストラリア〕
Melbourne(メルボルン)
National Gallery of Victoria
　(ビクトリア州立博物館)
Sydney(シドニー)
Australian Museum
　(オーストラリア博物館)
Austria〔オーストリア〕
Vienna(ウィーン)
Kunsthistorisches Museum
　(ウィーン美術史博物館)
Belgium〔ベルギー〕
Antwerp(アントワープ)
Museum Vleeshuis
Brussels(ブリュッセル)
Musées Royaux d' Art et d' Histoire
　(王立歴史美術博物館)
Liège(リエージュ)
Musée Curtius
Mariemont
Musée de Mariemont
Brazil〔ブラジル〕
Rio de Janeiro(リオ・デ・ジャネイロ)
Museu Nacional
　(ブラジル国立博物館)
Canada〔カナダ〕
Montreal(モントリオール)
McGill University, Ethnological Museum
Museum of Fine Arts
Toronto(トロント)
Royal Ontario Museum
　(ロイヤル・オンタリオ博物館)
Cuba〔キューバ〕
Havana(ハバナ)
Museo Nacional
Czechoslovakia〔チェコスロバキア〕
Prague(プラハ)
Náprstkovo Muzeum(ナープルステック・アジア・アフリカ美術館)
Denmark〔デンマーク〕
Copenhagen(コペンハーゲン)
Nationalmuseet
　(デンマーク国立博物館)

Ny Carlsberg Glyptotek
　(ニー・カールスベルク彫刻館)
Thorvaldsen Museum
　(トーヴァルセン博物館)
East Germany〔東ドイツ〕
Berlin(ベルリン)
Staatliche Museen, Ägyptisches Museum
Staatliche Museen, Papyrussammlung
Dresden(ドレスデン)
Albertinum(アルベルティヌム)
Leipzig(ライプチヒ)
Ägyptisches Museum
Egypt〔エジプト〕
Alexandria(アレクサンドリア)
Greco-Roman Museum
　(ギリシア・ローマ博物館)
Aswan(アスワーン)
Museum on the island of Elephantine
Cairo(カイロ)
Egyptian Museum
　(エジプト博物館)
Luxor(ルクソール)
Luxor Museum(ルクソール博物館)
Mallawi(マッラウィ)
Mallawi Museum
Minya(ミニヤ)
Minya Museum
France〔フランス〕
Avignon(アビニョン)
Musée Calvet
Grenoble(グルノーブル)
Musée de peinture et de Sculpture
Limoges(リモージュ)
Musée Municipal
Lyons(リヨン)
Musée des Beaux-Arts
Musée Guimet(ギメ美術館)
Marseilles(マルセイユ)
Musée d' Archéologie
Nantes(ナント)
Musée des Arts Décoratifs
　(装飾芸術博物館)

褐色の珪岩でつくられた王女の頭．アル=アマールナのいわゆる彫刻師トトメスの工房より出土．東ベルリン，21223．

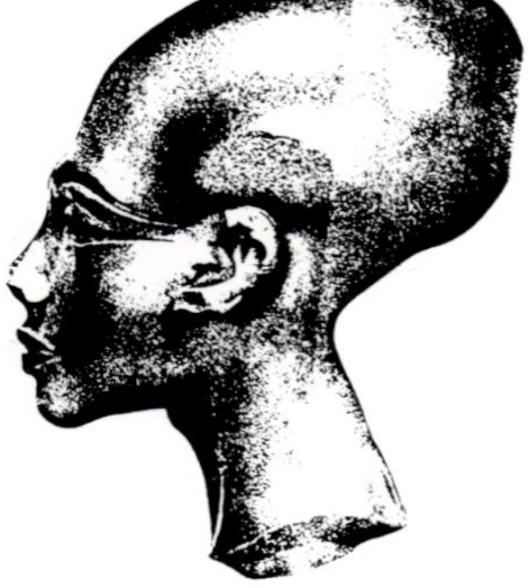

カフラー(ラーカエフ)王の閃緑岩製の椅座像．ホルスのハヤブサが玉座の背にとまっている．ギーザ出土．カイロ，CG14．

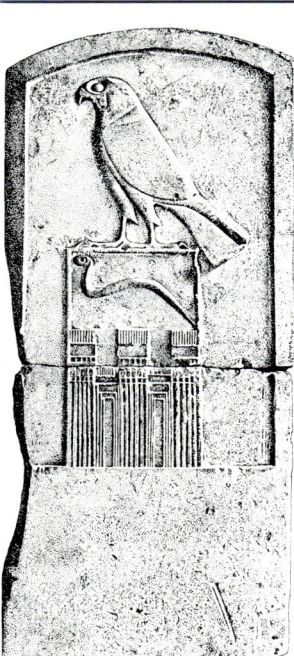

Orléans(オルレアン)
Musée Historique et d' Archéologie de l' Orléanais
Paris(パリ)
Bibliothèque Nationale
Louvre(ルーブル美術館)
Musée du Petit Palais
Musée Rodin(ロダン美術館)
Strasbourg(ストラスブール)
Institut d' Egyptologie
Toulouse(トゥールーズ)
Musée Georges Labit
Greece〔ギリシア〕
Athens(アテネ)
National Museum
　(アテネ国立考古学博物館)
Hungary〔ハンガリー〕
Budapest(ブタペスト)
Szépművészeti Múzeum
　(ブタペスト美術館)
Ireland〔アイルランド〕
Dublin(ダブリン)
National Museum of Ireland
　(アイルランド国立博物館)

ウアジュ王の石灰岩製の墓碑．アビュドスの王墓出土．ルーブル，E 11007．

Italy〔イタリア〕
Bologna(ボローニャ)
Meseo Civico
Florence(フィレンツェ)
Museo Archeologico
　(フィレンツェ考古美術館)
Mantua(マントバ)
Museo del Palazzo Ducale
　(パラッツォ・ドゥカーレ博物館)
Milan(ミラノ)
Museo Archeologico
Naples(ナポリ)
Museo Nazionale
　(ナポリ国立美術館)
Parma(パルマ)
Museo Nazionale di Antichità
Palermo(パレルモ)
Museo Nazionale
　(パレルモ国立考古学博物館)
Roma(ローマ)
Museo Barracco
Museo Capitolino
　(カピトリーニ美術館)
Museo Nazionale Romano delle Terme Diocleziane
　(ローマ国立(テルメ)博物館)
Rovigo(ロビゴ)
Museo dell' Accademia dei Concordi
Trieste(トリエステ)
Civico Museo di Storia ed Arte
Turin(トリノ)
Museo Egizio
　(エジプト博物館)
Vatican(バチカン)
Museo Gregoriano Egizio
　(バチカン博物館)
Venice(ベニス)
Museo Archeologico del Palazzo Reale di Venezia

盲目の竪琴弾きをあらわした石灰岩製浮彫り．王の家令パアテンエムヘブのサッカーラの墓出土．18王朝末．ライデン，Inv. AMT. 1-35．

Japan〔日本〕
Kyoto(京都)
University Archaeological Museum
　(京都大学文学部博物館)
Mexico〔メキシコ〕
Mexico City(メキシコ・シティ)
Museo Nacional de Antropologia
　(メキシコ国立人類学博物館)
Netherlands〔オランダ〕
Amsterdam(アムステルダム)
Allard Pierson Museum
　(アラルド・ピエルソン考古美術館)
Leiden(ライデン)
Rijksmuseum van Oudheden
　(国立古代美術館)

黒人の捕虜をあらわした浮彫り．ホルエムヘブのサッカーラの墓出土．たぶんトゥトアンクアメン王の時代と思われる．ボローニャ，1887(1869)．

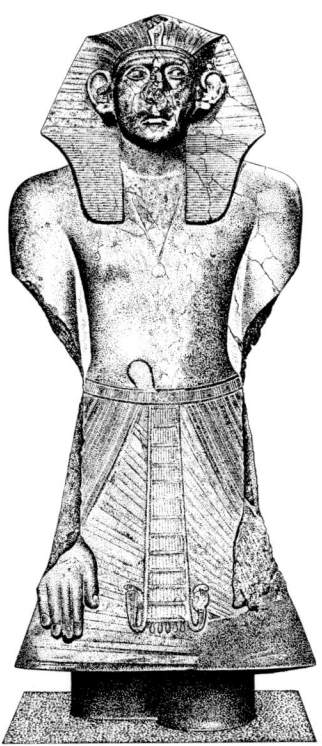

センウセルトIII世の花崗岩製の像．ディール・アル＝バフリー出土．ロンドン，大英博物館，684．

Otterlo(オッテルロー)
Rijksmuseum Kröller-Müller
Poland〔ポーランド〕
Kraków(クラコフ)
Muzeum Narodowe
Warsaw(ワルシャワ)
Muzeum Narodowe
Portugal〔ポルトガル〕
Lisbon(リスボン)
Fundação Calouste Gulbenkian
Spain〔スペイン〕
Madrid(マドリッド)
Museo Arqueológico Nacional
　(スペイン国立考古学博物館)
Sudan〔スーダン〕
Khartum(ハルツーム)
Sudan Museum
Sweden〔スウェーデン〕
Linköping(リンチェピング)
Östergötlands Museum
Lund(ルンド)
Kulturhistoriska Museet
　(文化史博物館)
Stockholm(ストックホルム)
Medelhavsmuseet
Uppsala(ウプサラ)
Victoriamuseum
Switzerland〔スイス〕
Basel(バーゼル)
Museum für Völkerkunde
　(バーゼル民族博物館)

Geneva(ジュネーブ)
Musée d' Art d' Histoire
　(ジュネーブ美術歴史博物館)
Lausanne(ローザンヌ)
Musée Cantonal d' Archéologie et d' Histoire
Musée Cantonal des Beaux-Arts
Neuchâtel(ヌシャテル)
Musée d' Ethnographie
Riggisberg(リギスベルク)
Abegg-Stiftung
United Kingdom〔イギリス〕
Bristol(ブリストル)
City Museum

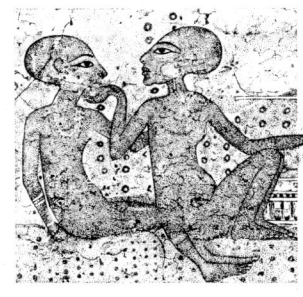

Cambridge(ケンブリッジ)
Fitzwilliam Museum
　(フィッツウイリアム博物館)
Dundee(ダンディー)
Museum and Art Gallery
Durham(ダーラム)
Gulbenkian Museum of Oriental Art and Archaeology
Edinburgh(エジンバラ)
Royal Scottish Museum
　(スコットランド王立美術館)
Glasgow(グラスゴー)
Art Gallery and Museum
Burrell Collection
Hunterian Museum
Leicester(レスター)
Museums and Art Gallery
Liverpool(リバプール)
Merseyside County Museums
School of Archaeology and Oriental Studies
London(ロンドン)
British Museum(大英博物館)
Horniman Museum
Petrie Collection (University College)(ペトリー・コレクション (ユニバーシティ・カレッジ))
Victoria and Albert Museum
　(ビクトリア・アンド・アルバート美術館)

Manchester(マンチェスター)
University Museum
Norwich(ノーウィッチ)
Castle Museum
Oxford(オックスフォード)
Ashmolean Museum
　(アシュモレアン博物館)
Pitt Rivers Museum(ピット・リヴァーズ博物館)
United States of America
　〔アメリカ合衆国〕
Baltimore (Md.)(ボルチモア, メリーランド州)
Walters Art Gallery
　(ウォルターズ美術館)
Berkeley (Ca.)(バークレー, カリフォルニア州)
Robert H. Lowie Museum of Anthropology(ロバート・H・ロウイー人類学博物館)
Boston (Mass.)(ボストン, マサチューセッツ州)
Museum of Fine Arts
　(ボストン美術館)
Brooklyn (N.Y.)(ブルックリン, ニューヨーク州)
Brooklyn Museum
Cambridge (Mass.)(ケンブリッジ, マサチューセッツ州)
Fogg Art Museum, Harvard University(フォッグ美術館)
Semitic Museum, Harvard University
Chicago (Ill.)(シカゴ, イリノイ州)
Field Museum of Natural History
　(フィールド自然史博物館)
Oriental Institute Museum
Cincinnati(Ohio) (シンシナチ, オハイオ州)
Art Museum
Cleveland (Ohio)(クリーブランド, オハイオ州)
Museum of Art
Denver (Col.)(デンバー, コロラド州)
Art Museum
Detroit (Mich.)(デトロイト, ミシガン州)
Detroit Institute of Arts

下　アメンヘテプIII世の巨大な頭部像．閃緑岩製．ブルックリン，59.19．

Kansas City (Miss.)(カンサス・シティ, ミズーリ州)
William Rockhill Nelson Gallery of Art
Los Angeles (Ca.)(ロスアンジェルス, カリフォルニア州)
County Museum of Art
Minneapolis (Minn.)(ミネアポリス, ミネソタ州)
Institute of Arts Museum
New Haven (Conn.)(ニューヘブン, コネチカット州)
Yale University Art Gallery
New York(ニューヨーク)
Metropolitan Museum of Art
　(メトロポリタン博物館)
Palo Alto (Ca.)(パロアルト, カリフォルニア州)
Stanford Uniuersity Museum
Philadelphia (Pa.)(フィラデルフィア, ペンシルベニア州)
Pennsylvania University Museum
Pittsburgh (Pa.)(ピッツバーグ, ペンシルベニア州)
Museum of Art, Carnegie Institute
Princeton (N.J.)(プリンストン, ニュージャージー州)
University Art Museum
Providence (R.I.)(プロビデンス, ロードアイランド州)
Rhode Island School of Design
Richmond (Va.)(リッチモンド, バージニア州)
Museum of Fine Arts
St Louis (Miss.)(セントルイス, ミズーリ州)
Art Museum
San Diego (Ca.)(サンディエゴ, カリフォルニア州)
Museum of Man
San Francisco (Ca.)(サンフランシスコ, カリフォルニア州)
M. H. De Young Memorial Museum
　(デ・ヤング記念博物館)
San José (Ca.)(サンホセ, カリフォルニア州)
Rosicrucian Museum
Seattle (Wash.)(シアトル, ワシントン州)
Art Museum
Toledo (Ohio)(トレド, オハイオ州)
Museum of Art
Washington D.C.(ワシントンD.C.)
Smithsonian Institution

ネフェルティティ王妃の2人の娘の彩色壁画．アル＝アマールナ王宮出土．オックスフォード，アシュモレアン，

左　アメンヘテプIII世の青ファイアンス製スフィンクス．ニューヨーク，M.M.A. 1972, 125．

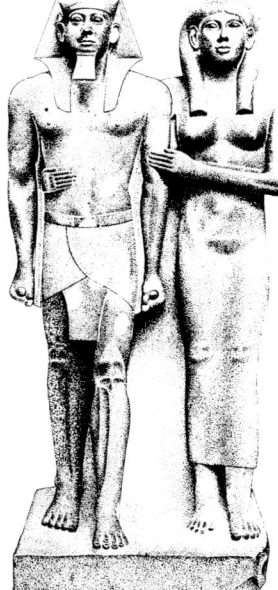

メンカーウラー王と王妃カメレルネブティII世の像．灰色の玄武岩製．ギーザの王の河岸神殿出土．ボストン，11.1738．

Worcester (Mass.)(ウォーセスター, マサチューセッツ州)
Art Museum
U.S.S.R.〔ソ連〕
Leningrad(レニングラード)
State Hermitage Museum
　(エルミタージュ美術館)
Moscow(モスクワ)
State Pushkin Museum of Fine Arts(プーシキン美術館)
West Germany〔西ドイツ〕
Berlin(ベルリン)
Staatlice Museen Preussischer Kulturbesitz, Ägyptisches Museum
　(ベルリン国立博物館・エジプト美術館)
Essen(エッセン)
Folkwang Museum
Frankfurt-am-Main (フランクフルト・アム・マイン)
Liebieghaus
Hamburg(ハンブルク)
Museum für Kunst und Gewerbe
Museum für Völkerkunde
Hanover(ハノーバー)
Kestner-Museum
Heidelberg(ハイデルベルク)
Ägyptologisches Institut der Universität
Hildesheim(ヒルデスハイム)
Roemer-Pelizaeus-Museum
Karlsruhe(カールスルーエ)
Badisches Landesmuseum
　(州立バーデン地方博物館)
Munich(ミュンヘン)
Staatliche Sammlung Ägyptischer Kunst
　(国立エジプト美術館)
Tübingen(チュービンゲン)
Ägyptologisches Institut der Universität
Würzburg(ヴュルツブルク)
Martin von Wagner Museum der Universität
Yugoslavia〔ユーゴスラビア〕
Zagreb(ザグレブ)
Archeološki Muzej

王妃ネフェルティティの彩色された石灰岩製頭部像．アル＝アマールナのいわゆる彫刻師トトメスの工房より出土．西ベルリン，21300

用語解説

この本の中では、できるだけ専門用語を使わないようにした。本文の中では、説明するには十分なスペースがなかったので、ここでいくつかの項目について用語解説を設け、とくに、行政上や神官の称号に関して、補足的説明を行うこととした。また用語解説の中の用語を互いに参照できるように、下線を施した。

ア行

アーキトラブ
柱と柱の間、あるいは、柱と壁との間に置かれた天井を支えるための石の梁。

アバクス
長方形のブロックでアーキトラブを支えるため柱頭の上に置かれたもの。

アムビュラトリー
屋根のある回廊。しばしば新王国時代の小神殿や聖舟休息所、グレコ・ローマン時代の誕生殿などの外側の周囲につくられた。

一家の女主人
主婦。中王国時代から後、結婚した女性に与えられた称号。

陰茎像
勃起した性器をもつ（ギリシア語に由来する）ミンやアメン（とくにルクソールにおいて）、そして再生したオシリスなどのようにいろいろな神々が、この形態で示される。

海の民
19王朝末から20王朝初期にかけて、エジプトへ侵入してきた人々のこと。おそらく、中東の都市の破壊とさらにギリシア・ミケーネ文明、ヒッタイト帝国崩壊などと関連があると思われる。かれらの正確な出自や起源は、学者間で、さかんに論議されている。

ウラエウス
王権の最も特徴的なシンボルで、王の額や王冠につけられた。かま首を上げたコブラの形をしている。このコブラは、ウァジェト女神あるいはその"眼"が象徴しているように、おそらく太陽と関連があった。火をはきながら、破壊と王の保護の代理となっている。

エジプト・マングース
蛇を殺し、ワニの卵を捕食する齧歯動物で、インド・マングースの仲間。これらのマングースに由来する。また、エジプト・マングースとトガリネズミとは、太陽神と関連のある一対の動物となっている。とくに、エジプト・マングースは末期王朝時代やグレコ・ローマン時代に、しばしば埋葬され、ブロンズ製の多くの小像が知られている。

王の右の扇もち
宮廷の称号。新王国時代の高級官僚のおそらく純粋に尊称的なものか、あるいは地位をあらわす。右側は、威光のある側であった。

オグドアド
ヘルモポリスに関係のある8柱神（4組の男女神）の一団をあらわす名称。これらの神々は、創造以前の世界を象徴したものである。その構成は、いろいろであるが、古典的形としては、原初の水であるヌンとナウネト、果てしなき空間をあらわすフーとハウエト、暗闇のククとカウケト、隠れたものであるアメンとアマウネトの組合せがある。

オシリス柱
たいてい、中庭か柱廊にある前面が王の巨像の形をもつ柱のこと。ギリシア古典建築にみられるカリアティードとは異なり、この彫像は、重さを支える要素とはなっていない。すべてではないが、ほとんどがミイラの形をしており、オシリス神と関係があることは疑いない。

オストラコン
書くために用いられた、石灰岩の破片や陶片のこと（ギリシア語の陶片をあらわす語に由来する）。また、文字の記された壺の破片も指す（たとえば、収穫の詳細を記したブドウ酒の壺など）。オストラコンの例は、すべての時代を通して知られているが、19-20王朝時代の例が最も多い（約2000点以上発見されている）。ほとんどのテキストは、ヒエラティックかデモティックで書かれているが、ヒエログリフの草書体のテキストや、ヒエログリフ文字の下絵を含む多くの絵を描いたものも存在している。

オベリスク
先端が細くなった1本石の柱。ほとんどが赤色花崗岩製で、先端にピラミディオンがついている。ギリシア語の焼き串に由来している。オベリスクは、太陽光線の象徴であり、おそらくピラミッドと同じ意味をもち、ヘリオポリスにあったベンベンとよばれた古代の石と関連があると思われる。それらは、古王国時代のいくつかの墳墓の入口や神殿の外側に一対建てられた。テーベの東岸カルナクにある1本オベリスクは崇拝のためのものであった。

オルソグラム
他の記号の機能を説明したり、双数や複数をつくる役目をする文字記号。

カ行

カー
人間の精神内容の一つの様相を示す、あいまいな概念。元来は、おそらく性的豊饒と関連があったと思われる。カーは、生きている人間の"生き写し"として生まれるが、死後、その肉体の中に入っていく。供物を受け取り、死者の遺体を守った。バーを参照。

カヴェット・コルニス
壁や入口、頭部の平らなステラや偽扉などの上部を飾る建築要素。半円形で前方に張り開いている構造をしており、蛇腹装飾や、しばしば中央に有翼円盤などの装飾をもっている。おそらく、アシやその他の植物を使ってつくられた建造物の形状に由来していると思われる。エジプト以外の地域でも、非常に模倣された。

カルトゥーシュ
内部に王名の書かれた下に水平な線をもつ円形の枠。4王朝時代から使用された。詳しくみると、この記号は、けして終りのないような輪とされるロープの結びを表現している。これは、循環する回帰を象徴しており、おそらく太陽と関連している。王は、二つのカルトゥーシュに囲まれた名をもっていた。1番目のものは、太陽神ラーについての言葉（プレノメン）であり、2番目のものは誕生名であった。

家令長
新王国時代や末期王朝時代の神や王をまつった神殿や王の葬祭殿の財産管理者、あるいは王族の一員（たとえば、神聖妻など）や、私人の場合でもその財産を管理する管財人に与えられる称号。経済的重要性のため、この職は、非常に有力なものであった。たとえば、センムトは、アメンの家令長とハトシェプスト女王の家令長の職務を兼任していたし、また、宰相ラモーゼの兄弟であるアメンヘテブ・フイは、アメンヘテブⅢ世時代のメンフィスの家令長であった。

キオスク
小型の囲いのない神殿建造物。神々の像が、祝祭の間に、その主神殿から離れるときの中間駅として使われたり、あるいは、セド祭のときに使用された。

樹の女神
聖なる樹と関連のある女神で、手のある樹や木から女性が出現している姿で表現される。ハトホル神やイシス神、ヌト神が樹の女神として知られており、そうした場面は、すべて葬祭の儀式の背景の中に描かれている。

急湍（キャタラクト）
ナイル川の流れをさえぎる早瀬の地域。ヌビアの砂岩地帯に散在する花崗岩の地域によって形成されている。アスワーンとカルトゥームとの間には、主要の六つの急湍と、いくつかの小さな急湍が存在している。すべての急湍は、舟の航行を危険なものとしている。最も手に負えない第2急湍は、毎年のナイル川の氾濫の時期を除いて、舟が航行することができない。第1から第4急湍までと、ダル急湍は、各時代に政治上の境界となった。

楔形文字
特徴的なくさびの形（楔形）の刻み目をもつ粘土板に、先のとがった筆で記されたメソポタミアの文字。この文字は、多くの異なった言語を書き記したが、その中でも、前2千年紀の後半の外交言語であったアッカド語がもっともよく広まった。楔形文字文書は、エジプトではアル=アマールナで発見されており、またベルシア支配時代のいろいろなものにもこの文字が使用されている。中東では、エジプトから送られた楔形文字の粘土板が、アナトリアのボアズキュイとシリアのカーミド・アル=ラウズから発見されている。

クシュの太守
新王国時代のヌビアの行政官。最初、"王の息子"とよばれ、18王朝中頃からは、"王のクシュの息子"とよばれた。この称号の名にもかかわらず、この称号をもった者は、実際の王の息子ではなかった。太守が統治した領域は、北はコーム・アル=アフマル（ヒエラコンポリス）まで及んだ。かれの2人の補佐は、下ヌビア（ワワト）と上ヌビア（クシュ）に派遣され、それぞれ、アニーバとアマラに居をかまえていた。

9柱神
9柱の神々の一団。9柱神は、いくつかの主要な宗教中心地と結びついている。9という数は、エジプトにおける複数形（2は双数で3が複数をあらわす）の複数倍（3×3）を具体的にあらわし、一般的に非常に大きな数を代表している。そのため、いくつもの9柱神は、9以上の神々で構成されている。最もよく知られているヘリオポリスの偉大な9柱神は、二つの神話から組み立てられたものである。それは、ラー・アトゥム、シュー、テフネト、ゲブ、ヌト、オシリス、イシス、セト、ネフティスの九つの神々からなっている。

高級神官
地域の神官団の長の称号の便宜的訳語。かれらの中で、最も主要なエジプトの形態は以下のものである。アメン（テーベ）："アメンの第1の予言者"、プタハ（メンフィス）："職人たちの監督者の長"、ラー（ヘリオポリス）："予言者たちの長"、トト（アル=アシュムーナイン）："五つのなかで最も偉大な者"。

コフィン・テキスト
中王国時代の棺の内側に書かれた宗教テキストで、来世への旅路で死者を助けるために記されたもの。このテキストは、ピラミッド・テキストの伝統を受け継ぎ発展させたものであるが、前者が王や王族のためだけにあったのに対して、これは私人が使用した。1000以上の章が知られている。

コロッソス
等身大以上の彫像で、王像が一般的ではあるが、私人や神々の像もみられる。通常、神殿の入口や塔門の外側に置かれ、しばしば、ある種の礼拝を受けたり、人々と神々との間を媒介するものとしての役割を演じている。

コントラポスト
非対称のポーズをとった人体の器官の調整をした丸彫り彫刻の描写法。エジプト美術では、非常にまれである。

サ行

宰相
行政上の最高官吏。この職は、すでに初期王朝時代にみられ、新王国時代には、メンフィスとテーベに2人の宰相がいた。新王国時代以後、最も重要な貴族は、しばしば大臣ではなくなり、末期王朝時代になると、この職はそれほど重要なものではなくなった。宰相の就任式とその役割の詳細を記したテキストが存在している。

サバークン
アラビア語でサバーク（肥料として使われた古代の遺跡からとれる窒素を含む土壌）を掘る者の意。サバークは、おそらく日乾レンガか、有機物の遺体などと考えられ、サバークンは、古代の遺跡を破壊した要素の一つであった。

サフ
サフとは、アラビア語で列を意味する。丘の中腹に、入口や柱などが並んでいる。11王朝初期の岩窟墓を指す。

死者の書
パピルスに記された呪文の集成で、埋葬に際してミイラとともに置かれた。新王国時代からグレコ・ローマン時代にかけて書かれた。このテキストは、ピラミッド・テキストやコフィン・テキストの伝統を受け継いでいる。約200知られている呪文の章の中には、非常に長いものもあり、また写本によっては、変化に富んでいる。

シストラム
ハトホル神にささげられた、ガラガラのような楽器。つぎの二つのタイプが知られている。
(a) ハトホル神の頭部の上にのったナオスの形をしたもので、側面に輪の装飾があるもの（ガラガラはナオスの箱の中にある）。
(b) 小さなハトホル神の頭部をかたどったものの上に、金属製のゆるんだ横木のついた単純な輪の形をしているもの。
(a), (b)両方のタイプとも長い柄がついている。(a)は、新王国時代以後、水生植物のカサカサという音とシストラムの楽しげな音との関連を想起させる（植物とシストラムの形は、しばしば結びついた）柱頭として使用された。ダンダーラでは、シストラム（ほとんどが、(a)のタイプ）が、重要な聖なる祭器であった。

獣帯
バビロニアとギリシアの獣帯の記号は、グレコ・ローマン時代にエジプトにももたらされた。エジプト人の表現様式の中で"作り直され"墳墓や神殿の天井や棺の蓋の装飾として使用された。

州知事
ノモス（州）の知事（州侯）。古王国時代末期から中王国時代初期にかけて、州侯は、地方の世襲支配者となった。かれらは、自分たちのノモスを多少なりとも、中央の権力から独立して統治していた。11王朝の王たちは、こうした状態の中から台頭してきたのだが、12王朝の間には、この職は政治的重要性をもつことはなくなった。

神聖妻
テーベのアメン神の女性の最高神官。新王国、末期王朝時代から知られる官職。この女性神官は、独身であった。23-26王朝時代には王妃が、この職につき、かれらの後継者を形式的に"養子"とした。政治支配で重要な媒介となった。

神父
新王国時代やそれ以降のふつうの神官の称号。神の名をつける（たとえばアメンの神父）。神父は、ふつうワーブ神官（"純"神官）より上の地位にあるが、"予言者"よりも下位であった。

ステラ
テキストや浮彫り、絵画などを描いた石か、あるいは木製の碑。記念の、または奉納用ステラが神殿内に置かれている。墓のステラの役割は装飾的なものである。

聖舟（安置所）休息所
神々は、祝祭のための行列に、神殿から外へ出るときには、聖舟の模型で運ばれた。大きな聖舟はナイル川で使われた。聖舟の模

型は神殿内の厨子に安置された．カルナクやルクソール神殿にある聖舟休息所は，かなり大きな建物である．

セド祭
王の若返りの儀式．通常，王の治世の30年目に催された．そして，その後，3年ごとに行われたが，しばしば，それよりも短い間隔で行われた．王の葬祭殿の装飾には，つぎの世界でも長く支配をつづけるという王の願望を反映した特徴が顕著にでている．

セノターフ（空墓）
象徴墓，あるいは被葬者の埋葬場所に付属した葬祭を行う場所．ジェセル王の階段ピラミッドの南墓は，セノターフ（空墓）であり，おそらく4-6王朝の付属ピラミッドのようなものである．アビュドスでは，中王国時代の特徴である個人のためのセノターフ礼拝堂，中王国，新王国時代の王のセノターフ神殿が造営されている．セノターフ（空墓）のある場所としては，ジャバル・アル=スィルスィラやカスル・イブリームなどがある．

セモグラム
音ではなく意味を伝達する文字記号．小分類としては，ロゴグラム，タクソグラム，オルソグラムがある．イデオグラムともよばれている．

セレク
上部に長方形の空間をもつ宮殿や，周壁のレンガでつくられた正面をデザインしたもので，この正面は，初期王朝時代のはじめの頃の型をしている．ハヤブサ（ホルス神の象徴）が，王のホルス名を記した長方形の囲みの上部にとまっている．

草書
主にヒエラティック（神官文字）やデモティック（民衆文字）などの文字の筆記体．草書体のヒエログリフ（聖刻文字）は，特別に単純化された形で，ヒエラティック（神官文字）に似ており，インクで書かれ，宗教文書や書記の文字の練習などに使われた．この形の字体は，前1千年期には，使用されなくなった．

タ 行

大玉縁
ステラの端や石の壁の角につくられた，半円形あるいは円筒形の帯．おそらく，竿やアシの束といった，弱い材料による建築の形態に由来するものとみられ，それらの周囲をロープで結んでいることを示す装飾がほどこされている．

タクソグラム
単語を書く際に，表音文字の後に置かれた文字記号で，それが意味する段階や範囲を示す．

ターサ文化
上エジプトの先王朝時代の遺跡．ディール・ターサの名に由来する．バダーリ文化と，さほど違わない先王朝文化の名称．

多柱室
列柱のある広間のこと．ギリシア語の"支えている柱"という語に由来している．この広間は，神殿の主要建造物のなかでも最も奥にあり，最も壮麗な部分となっている．しばしば，一番あとに付け加えられ，苦心してつくり上げたことを象徴的に示している．多くの神殿には，二つの多柱室がある．

タラタート
3（手幅）を意味するアラビア語．アメンヘテプⅣ世（アクエンアテン）の用いた小さな神殿用の石のブロックの長さを示している．これらは，多くの遺跡から，再利用された形で発見されている（カルナクでは，約3万個）．そして表面は，アマールナ様式の場面で装飾されており，いくつかの完全な壁が，散在していたブロックを再び集めて復元されている．

誕生殿
特別な型の小神殿（マンミンともよばれる）で，末期王朝時代やグレコ・ローマン時代の主神殿に付属していた．この建物は，主神殿にささげられた神が生まれた場所か，あるいは主神殿が女神のためにささげられたものであるならば，その女神が，子供を産み上げた場所である．誕生の場面は，王たちの誕生を描写した初期の伝説に由来している．

デモティック（民衆文字）
ギリシア語の"民衆"という言葉に由来する．前7世紀に，エジプト北部で発達した，ヒエラティック（神官文字）の続く丹念に仕上げられた形．末期王朝時代やグレコ・ローマン時代には，日常使われる文字となった．後452年の日付けのある文書が，最も後まで使用されたものである．

伝令官
中王国，新王国時代の官吏の称号．おそらく，かれは王に報告を行い，宮廷と他の場所，たとえば戦場の双方で王の命令を知らせる役割をした．

ナ 行

ナイロメータ
ナイル川に下降する階段で水位を記録したもの．洪水期の水位を測定するために使われ，いくつかの場合が記録されている．エレファンティン島とカイロのローダ島にあるものが最も有名．

ナオス
神々の影像が安置されていた厨子．とくに神殿の至聖所にあった．小さな木製の厨子は，ふつう硬い一つの石でつくられた器に安置された．一つの石でつくられたものは，末期王朝時代の典型的なもので，ときどき精巧に装飾がほどこされた．また，神殿の至聖所をさす言葉としても使われる．

2国の主の旗標をもつ者
新王国時代の軍の称号で，歩兵や戦車兵，あるいは舟にのった役人たちに与えられた．この称号をもつ人物は，約250名の部下からなる一隊を預かっていた．エジプトの軍隊は，目立つ"旗標"をもっていた．

ネクロポリス
ギリシア語の墓場をあらわす単語．"ネクロポリス"は，通常，長期にわたり使用された大きくて重要な墓域をあらわし，"セメタリー"は，それよりも小さく，もっと同質の遺跡をさす．つまり，セメタリーは，ネクロポリスの一部であるといっていいかもしれない．

ノモス（州）
エジプトの行政地域．古代エジプト語では，セパト．ノモスの組織は，初期王朝時代につくり出されたが，プトレマイオス朝時代までには，最終的な形態までには至らなかった．高度に中央集権化された時代（たとえば，中王国時代など）には，ノモスはそれほど重要ではなかった．

ハ 行

バー
人間の精神内容の様相をあらわす多くのエジプト語の一つで，しばしば"魂"と訳される．バーは，神性や力と結びついていた．そのため神々は，多くのバーをもっている．また，プタハ神の聖牛アピスのように，バーは異なる顕示をも身につける能力をも有している．死者のバーは，冥界で自由に動き回り，地上に再び戻ることができる．カーを参照．

伯爵
古王国，中王国時代のランキング・タイトル（地位をあらわす称号）の便宜的な訳語．多くの称号があるため，この単語は，本来の意味を失ってしまっている．そのため，現在のこの訳語は正確なものではなく，むしろ便宜的なものである．新王国時代には，同じ称号が地方の行政上の役割を示すものとして使われ，"市長"とより的確に訳されている．

バダーリ文化
標準遺跡であるアル=バダーリの名に由来している．ナイル渓谷で確実に認められている最古の新石器文化．

パピルス
エジプトの主要な文字を記すための材料であり，重要な輸出品であった．最古のパピルス紙（白紙）は，1王朝のもので，最後のものは，エジプトでこの植物が絶滅したイスラム時代のものである．1枚の紙は，つぎのようにしてつくられた．植物の髄を細く切り，それを縦横に並べて打ち延ばすことによって，接着剤のようになる．この植物からでる自然の糊をつくりだすことによって製作されたのである．そして1枚の紙は，ゴム糊で一緒に接着された．パピルスの表面のよい方は（通常の表ページに相当する）水平に走る繊維をもった側であった．文字は，この細片を横切って記された．

ヒエラティック（神官文字）
ギリシア語の"神聖な"という言葉に由来している．ほとんどが，パピルスやオストラコンに書かれた文字のふつうの書体．後の時代になると，この書体は，宗教文書だけに限って使用されたのでこの名がある．ヒエラティック（神官文字）は，ヒエログリフ（聖刻文字）の絵画的特徴をなくしたものであり，しばしば，つなげてつづられた．

ヒエログリフ（聖刻文字）
ギリシア語の"神聖な彫刻"という言葉に由来している．記念物のためにだけ使われた文字の形態．ほとんどの文字が，絵と同一であることがわかる．つなげてはつづられない文字である．

ピュロン（塔門）
神殿の記念的な入口壁．門をあらわすギリシア語に由来する．中央のあいた一対の巨大な構造をもつもので，ほとんどが出入口に造営された．すべての壁面に傾斜がつけられ，コーナーには大玉縁，そして上部は玉縁やカヴェット・コルニスで仕上げられている．ピュロンは，神殿の中では最も大きく，そして最も本質的でない部分であり，ほとんど最後に建設される．いくつかの神殿では，連続するピュロンをもつ例もある（たとえば，カルナクでは，2方向に10のピュロンをもつ）．

表音文字
音を記録する文字記号．子音だけが正確に記録された．表音文字は，1-4の子音で構成される．

ピラミッド・テキスト
5王朝末期から6-8王朝にかけて，ピラミッド内部の部屋の壁面に刻まれたテキストで，後世，個人によって使用された．いくつかのテキストは，王の葬送の儀式と関連があると思われるが，他のものは，神殿の儀式や，多くの他の事項と関連がある．

ピラミディオン
ピラミッドのキャップ・ストーン（笠石）やオベリスクの頂部のこと．ピラミディオンは，装飾され，それ自体が象徴的なものとなった．新王国時代（ディール・アル=マディーナ，サッカーラ）や末期王朝時代（アビュドス）の私人墓のものは非常に印象的な形態である．小さなレンガ製のピラミッドを指す用語としても使用される．

封印者の監督官
12王朝の典型的な行政上の称号で，国庫の高官に与えられたものである．"封印者の監督官"は，国庫の長（"封印の監督官"）の代理人に対して責任を負った．この名称は，国庫の倉庫に出入りする際に，ほとんどの製品や什物の容器が封印されたという事実に由来している．粘土に押された印章の印影がよくみつかっている．

フェラリー・コーン
ほとんどが，テーベの中王国時代から末期王朝時代の墳墓から発見されている陶製の円錐形をしたもので，墓の被葬者の称号と名をもつ押印の跡がついている．円形や矩形の底面をもつ，約30cmの長さのこれらの円錐は，元来は，レンガ製の墓の正面と墓の上部に，水平な列を形づくるために差し込まれた．

プレノメン
王の最初のカルトゥーシュ名．即位したときの名で，"即位名"ともよばれる．ラー神に関する言葉からなり，後に付加された形容語句をともなうようになった．たとえば，メンケペルウラー（トトメスⅣ世）の名は，"ラー神は，顕現が永続的なものなり"．

プロナオス
神殿の至聖所（ナオス）の正面にある部屋．その正確な位置は，神殿の形態により，さまざまである．時として多柱室を示す言葉として使われる．

プロピュロン
ピュロン（塔門）の前にある出入口．

ペリスタイル・コート
柱列（ギリシア語のペリスティロン）で囲まれた，側面の周囲に屋根をもつ中庭や中央の広場のこと．

豊饒肖像
神殿の壁の土台にみられる神殿内部に供物を運ぶ物の型．ほとんどが，地理的領域やナイル川の氾濫，あるいは抽象的概念を人格化したものである．男性の姿のものは，かれらがもたらす豊饒を象徴する．垂れ下がった胸とふくらんだ胃をもつ太った姿をしている．

ホルス名
王の名の中の第1のもので，通常，セレクの中に記された．ホルスの姿の顕示として，王を同一視する形容語句よりなる．

マ 行

マスタバ
アラビア語のベンチを意味する言葉に由来する．初期王朝時代や古王国時代（いくつか後の時代のものもある），の建造された墳墓をさす言葉として使われる．マスタバ墳の上部構造の基本的形態は，平らな屋根が長方形のもので，垂直（日乾レンガ製）か，あるいはわずかに傾斜（石製）している壁をもっている．

身代りの頭
死者の頭部の写実的表現（このことから"頭の肖像"という言葉も使われる）を目指し，死者の身代りとして古王国時代の墓に収められた丸彫り彫像．主としてギーザを中心に，約30発見されている．

冥界の書
下天と天空とを通過する太陽神の航行を描いた，新王国時代の王墓に書かれた絵と本文の混ざったテキスト．末期王朝時代には，私人墓でも採り入れられた．

ヤ 行

有翼円盤
外側に一対の翼のついた太陽円盤．このモチーフの最古の例は，1王朝のものである．これは，ホルス神とベフデト神（エドフ）と関連があり，太陽を象徴している．とくに建築で天井や蛇腹，ステラなどに装飾として使われた．エジプト以外にも，しばしばコピーされた．

擁壁
壁の表面や稜堡をおおうもので装飾的なもの．日乾レンガでおおわれた石や割石の核を強化するためにつくられた．

予言者
神官の称号（字義的には，"神の召使い"）．ワーブ神官や神父よりも上位の称号で，通常，神の名が与えられた（たとえば，"メントゥの予言者"など）．とくに地方では，その地方の神官団の首長が，しばしば"予言者たちの監督官"とよばれた．テーベのアメン神の高級神官は，"アメンの第1の予言者"であり，その下に，第2，第3，第4の予言者がいた．

ラ 行

ランキング・タイトル
地位を示すが，何ら特別な役割をもたない称号．古王国時代から中王国時代初期まで，非常に重要なものであった．典型的な一連の称号としては，つぎのようなものがある．地位の低い順から示すと，"王の知り合い"，"唯一の友人"，"伯爵"，"世襲王子"．

朗唱神官
葬送や神殿での祭儀を行う際に，儀式用文書を朗唱する神官（字義どおりでは，"儀式用文書をもつ者"の意）．朗唱神官は，特別な幅の広い，白色の飾り帯を胸の所で交差させて身につけていた．"朗唱神官長"は，上級の地位．

ロゴグラム（語標）
完全なある単語を書く文字記号．しばしばストロークや，あるいは女性語尾の-tを付加する．

図版リスト

線画はマリオン・コックス、アビングドン、地図はロベル・ジョーンズ、オックスフォードによった.

略記：Ash.=アシュモレアン博物館、オックスフォード；BL=大英図書館、ロンドン；DAI=ドイツ考古学研究所、カイロ；EM=エジプト博物館、カイロ；GI=グリフィス研究所、アシュモレアン博物館、オックスフォード；JF=ジョン・フラー、ケンブリッジ；LJ=ロベル・ジョーンズ、オックスフォード；Louvre=ルーブル美術館、パリ；ME=エジプト博物館、トリノ；Met.=メトロポリタン美術館、ニューヨーク；MH=ミカエル・ホルフォード、ロートン；OI=オックスフォード・イラストレーター、オックスフォード；RW=ロジャー・ウッド、ロンドン；WF=ウェルナー・フォーマン、ロンドン.

頁
2–5. Ornamental titulary of Ramesses VI: Marion Cox, Abingdon, and Stephen Cocking, Oxford.
8–9. Chronological table: JF.
15. Nile valley cross section: LJ (after Butzer).
17. Boat transporting pots: Mansell Collection, London.
Shaduf: Mansell Collection, London.
19. Ancient Egyptian map: ME.
20. Granite outcrop near Aswan: J. Ruffle, Birmingham.
Eastern desert landscape: J. D. Muhly, Philadelphia.
22. Block statue of Petamenope: G. Herwart von Hohenberg, *Thesaurus Hieroglyphicorum*, Book 13, n.d., pl. 28.
Obelisk and elephant: Francesco Colonna, *Hypnerotomachia Polifili*, Venice, 1499.
22–23. Ortelius map: BL.
24. Statuette of Ha'py: B. Montfaucon, *L'Antiquité expliquée et représentée en figures*, Suppl. 1, Paris, 1724, fig. 31.
Titulary of Domitian: Athanasius Kircher, *Obeliscus Pamphilius*, Rome, 1650, p.499.
Objects from Laud collection: Ash.
Shrines at Gebel el-Silsila: F. L. Norden, *Voyage de l'Égypte et de Nubie*, Copenhagen, 1755, pl. CXXIII.
25. Portrait of Thevenot: *Voyages de Mr. de Thevenot en Europe, Asie & Afrique*, 1, Amsterdam, 1727, pl. I.
Portrait of Fürer von Heimendorf: C. Fureri, *Itinerarium Aegypti, Arabiae, Palestinae, Syria, alia*, Nuremberg, 1610, frontispiece.
Obelisk of Senwosret I, Heliopolis: Cemelli Careri, *Voyage du tour du monde*, 1, Paris, 1729, facing p.37.
26. Allegory: Norden, op. cit., frontispiece.
Pyramidion: G. Zoëga, *De origine et usu obeliscorum*, Rome, 1797, pl. 2.
27. Excavations at Tell el-Dab'a: Österreichisches Archäologisches Institut, Zweigstelle Kairo.
28. Group of foreign captives: drawing from relief at Abusir: L. Borchardt et al. *Das Grabdenkmal des Königs Sa3hu-Re'*, 2, Leipzig, 1913, pl. 6.
29. Ramesses III in battle: drawing of relief from Medinet Habu: Oriental Institute, University of Chicago, *Medinet Habu*, 1, Chicago, 1930, p.32.
30. Tomb objects of Naqada I Period: Ash. 1895.126, 275, 1008 (Photo: Elsevier).
34. Statue of captive: Met., Fletcher Fund, 47.2.
35. Nubian stela from el-Rizeiqat: Courtesy Museum of Fine Arts, Boston, 03.1848.
38. Na'rmer: EM, CG 14716 (Photo: Hirmer Verlag, Munich).
Ivory statuette of king: BM 37996.
Kha'sekhem: Ash., E. 517.
3rd-Dynasty king: Brooklyn Museum, Brooklyn, N.Y., Charles Edwin Wilbour Fund, 46.167.
Shepseskaf: Courtesy of Smithsonian Institution, Freer Gallery of Art, Washington DC, 38.11.
Merenre' Nemtyemzaf: EM, JE 33035 (Photo from: F. W. von Bissing, *Denkmäler ägyptischer Skulptur*, Munich, 1914. pl. 13).
Neferhotep I: Museo Civico, Bologna, B.1799 (Photo: Alinari, Florence).
Amenophis IV: Louvre, E.27112.
Tut'ankhamun: EM (Photo: GI).
39. Ramesses II: ME, Cat.1380 (Photo: Phaidon Press).
Sethos I: Met. 22.2.21.
King of 3rd Intermediate Period: Brooklyn Museum, Brooklyn, N.Y., Charles Edwin Wilbour Fund, 36.835.
Amasis(?): Reproduced by permission of the University Museum, University of Pennsylvania, E.14303.
Ptolemy IV Philopator(?): Peabody Museum of Natural History, Yale University, New Haven, Conn., on loan to Yale University Art Gallery, 4.1.1953.
40. Relief in chapel of Senwosret I, Karnak: Hirmer Verlag, Munich.
42. Scarabs: Fraser-von Bissing Collection, University of Basel, 68, 127, 178 (Line drawing from: E. Hornung and E. Staehelin, *Skarabäen und andere Siegelamulette aus Basler Sammlungen*, Mainz, 1976).
Dagger handle: EM, CG 52768 (Photo from: *Annales du Service des Antiquités de L'Égypte*, 7, Cairo, 1906, pl. 8).
45. Tablet from el-'Amarna: BM.
Statue of Amenhotpe, son of Hapu: EM, CG 42127 (Photo: Hirmer Verlag, Munich).
51. Base of statue of Darius I: JF.
52. Greco-Egyptian terracotta statuettes: EM, CG 27049, 27123 (Drawing: JF).
1st-century diorite head from Mit Rahina: Brooklyn Museum, Brooklyn, N.Y., Charles Edwin Wilbour Fund, 58.30.
55. Statues of Ptolemy II Philadelphus and Arsinoe II: Museo Gregoriano Egizio, Vatican,12, 14 (Photo: Phaidon Press).
Coffin of Artemidorus: BM 6705.
56. Statue of Metjetjy: Brooklyn Museum, Brooklyn, N.Y., Charles Edwin Wilbour Fund, 51.1.
57. Statue of Amenopemhat kneeling: Met., Rogers Funds, 24.2.2.
58. Hunting scene: N. de G. Davies, *The Tomb of Ken-Amūn at Thebes*, 1, New York, 1930, pl.XLVIII.
False transparency: H. Schäfer, *Principles of Egyptian Art*, Oxford, 1974, fig. 16.
Contents above an object; ibid., fig. 162
Internal elaboration of system: ibid., fig. 15.
59. Statuette of servant girl: Gulbenkian Museum of Oriental Art, Durham, N.752.
Block statue of Petemihos from Tell el-Muqdam: Brooklyn Museum, Brooklyn, N.Y., Charles Edwin Wilbour Fund, 64.146.
Woman carrying basket on head: Met. 20.3.7 (Drawing: JF).
60. Woman blowing into oven: E. Brunner-Traut, *Die altägyptischen Scherbenbilder*, Wiesbaden, 1956, pl. XXIV (object destroyed in World War II).
Lion facing front: Museo Gregoriano Egizio, Vatican, 21 (Photo: Alinari, Florence).
Lion in profile: A.-P. Zivie, Paris.
Fly: JF.
Bee, lizard: Nina M. Davies, *Picture Writing in Ancient Egypt*, Oxford, 1958, pl. V, from Theban tomb 88.
62. Royal mastaba of the 1st Dynasty: JF (after Lauer).
Royal stela of the 1st Dynasty: Louvre, E.11007.
False-door stela: Art Museum, Princeton University, Princeton, N.J., C. O. von Kienbusch, Jr. Memorial Collection, 42–48.
False-door stela: JF (after Junker).
Provincial stela of 1st Intermediate Period: JF (after Dunham).
Middle Kingdom stela: Ash., QC 1109.
63. Niche stela: EM, CG 1427 (Photo from J. E. Quibell, *Excavations at Saqqara: The Tomb of Hesy*, Cairo, 1913, pl. XXIX.2).
Palace facade: JF.
Slab stela: EM, CG 57127 bis (Photo from: G. A. Reisner, *A History of the Giza Necropolis*, 1, Cambridge, Mass., 1942, pl. 20b.
Middle Kingdom stela: Ash., QC 1110.
New Kingdom stela: JF (after Jéquier).
New Kingdom stela: Rijksmuseum van Oudheden, Leiden, Inv. L.XI.11 (Drawing: JF (after Boeser)).
Late Period stela: Kunsthistorisches Museum, Vienna, 8493.
64. Section of temple of Dendara: D. Barnard, London (after Chassinat).
66. Boats on Nile: A. A. M. van der Heyden, Amsterdam.
68–69. Boats on Nile: D. Barnard, London (after Reisner, Winlock and Landström).
70. Elephantine island: A. A. M. van der Heyden, Amsterdam.
Edfu: Colossal hawk: Rosalind Hall, London.
Philae: Kiosk of Trajan: A.-P. Zivie, Paris.
Qubbet el-Hawa, Aswan: Tomb complex: J. Baines, Oxford.
72. Elephantine island: A. A. M. van der Heyden, Amsterdam.
Qubbet el-Hawa, Aswan: Pillar in tomb of Setka: J. Baines, Oxford.
Aswan granite quarries: Mummiform colossus: A. A. M. van der Heyden, Amsterdam.
73. Philae: Temple area: David Roberts, *Sketches in Egypt & Nubia*, 1, London, 1846, pl. 26.
Philae: Temple of Hathor, detail: A.-P. Zivie, Paris.
Philae: Site plan: LJ (after Lyons).
74. Philae: Relief on gate of Hadrian: E. Winter, Gusterath.
Kom Ombo: Site plan: LJ (after de Morgan).
75. Kom Ombo: Temple of Sobek and Haroeris: RW.
Kom Ombo: Seated god with offerings: J. Ruffle, Birmingham.
Kom Ombo: Detail of king: Rosalind Hall, London.
76. Edfu: Aerial view. Institute of Archaeology, University of London (Photo. RAF, copyright reserved).
Edfu: Column capitals: A. A. M. van der Heyden, Amsterdam.
77. Edfu: View across hypostyle hall: A. A. M. van der Heyden, Amsterdam.
78. Kom el-Ahmar: Site plan: LJ (after Quibell and Green).
Kom el-Ahmar: Pottery lion: Ash., E.189 (Photo: Elsevier).
Kom el-Ahmar: Statuettes: Ash., E.180, E.6 (Photo: Elsevier).
79. Kom el-Ahmar: Mace head of King "Scorpion": Ash., E.3632.
80. el-Kab: General view: A.-P. Zivie, Paris.
el-Kab: Site plan: LJ (after Somers Clarke).
el-Kab: Temple plan: LJ (after Stiénon).
81. Esna: Temple of Khnum from Kom el-Deir: *Description de l'Égypte*, 1, 2nd ed., Paris, 1820, pl. 66(3).
Esna: Facade of temple of Khnum: A. A. M. van der Heyden, Amsterdam.
82. el-Mo'alla: Painting in tomb of 'Ankhtifi – spearing fish: J. Ruffle, Birmingham.
Gebelein: Tomb of Iti – storing grain: ME 14354o (Photo: Scala, Florence).
Gebelein: Tomb of Iti – kneeling youths: ME (Photo: E. Scamuzzi, Ediz. d'Arte F'lli Pozzo, Turin).
Tod: Ptolemaic temple: A.-P. Zivie, Paris.
83. Armant: Statue of Sebekemsauf: Kunsthistorisches Museum, Vienna, 5801.
84. Thebes: General view: A. A. M. van der Heyden, Amsterdam.
86. Luxor: Colonnade of Amenophis III: Rosalind Hall, London.
Luxor: Site plan: LJ (after Schwaller de Lubicz).
Luxor: Pylon from the north: MH.
87. Paintings on walls of Roman *sacellum*, copied by J. G. Wilkinson: GI.
Luxor: Pylon in the 19th century: Roberts, op. cit. 1, pl. 22.
Luxor: Columns of the hypostyle hall: A. A. M. van der Heyden, Amsterdam.
88–89. Luxor: Detail of granite statue: John Hilleson Agency, London.
90. Karnak: Ram-headed sphinxes: A. A. M. van der Heyden, Amsterdam.
Karnak: Headless statue of Sethos II: WF.
Karnak: Great temple of Amun: Rosalind Hall, London.
91. Karnak: Plan: LJ (after Nagel).
Karnak: Temple of Ramesses III: A. A. M. van der Heyden, Amsterdam.
92. Karnak: Relief – Ramesses II in chariot: J. Ruffle, Birmingham.
Karnak: Statue of Senenmut: Field Museum of Natural History, Chicago, Ill., 173800.
Karnak: Statue of Pakhelkhons: Walters Art Gallery, Baltimore, Md., 22.175.
93. Karnak: Statue of Bent'anta: A. A. M. van der Heyden, Amsterdam.
94. West bank of Thebes: Colossi of Memnon: Roberts, op. cit. I, pl. 12.
95. West bank of Thebes: Colossus in water: J. Baines, Oxford.
96. Deir el-Bahri: Relief – soldiers: MH.
Deir el-Bahri: Plan: LJ (after Winlock).
Deir el Bahri: View from above: J. Baines, Oxford.
97. Ramesseum: Plan: LJ (after Hölscher).
Ramesseum: Hypostyle hall from SW: A. A. M. van der Heyden, Amsterdam.

Ramesseum: Relief – assault on Dapur: A. A. M. van der Heyden, Amsterdam.
98. Medinet Habu: Plan: LJ (after Hölscher).
Medinet Habu: Temple of Ramesses III: Hirmer Verlag, Munich.
99. Medinet Habu: Ramesses III being crowned: Rosalind Hall, London.
Valley of Kings: J. Baines, Oxford.
100. Valley of Kings: Relief – king offering to Harsiese: Rosalind Hall, London.
Valley of Kings: Painting in tomb of Tuthmosis III: Rosalind Hall, London.
Workmen's village at Deir el-Medina: Rosalind Hall, London.
101. Objects from Tutʿankhamun's tomb: (all now in EM): top – GI; bottom – John Hillelson Agency, London.
102. Thebes: Tomb of Raʿmose: A. A. M. van der Heyden, Amsterdam.
103. Thebes: Coffin base board: BM 6705 (Photo: MH).
Thebes: Tomb of Amenemone: A.-P. Zivie, Paris.
104. Thebes: Tomb of Amenemone: A.-P. Zivie, Paris.
105. Thebes: Tomb of Pashed: John Hillelson Agency, London.
106–07. J. G. Wilkinson at Thebes: GI (Photos: Elsevier).
108. Nile near Dendara: J. Ruffle, Birmingham.
Landscape near Nagʿ Hammadi: J. Baines, Oxford.
Naqada and Tukh: Basalt statuette: Ash. 1922.70.
110. Nagʿ el-Madamud: Outer hypostyle hall of Ptolemy VIII: A.-P. Zivie, Paris.
Nagʿ el-Madamud: Lintel of Senwosret III: Louvre, E.13983.
Naqada: Reconstruction of mastaba: D. Barnard, London (after de Morgan).
Naqada: Decorated pot: Ash. 1895.482 (Photo: Elsevier).
111. Qift: Relief – Senwosret I before Min: University College, London, 14786.
Qift: Red granite head of Roman emperor: Reproduced by permission of the University Art Museum, University of Pennsylvania, E.976.
Qus: Site at time of Napoleon's expedition to Egypt: Expedition Française.
112. Dendara: Plan: LJ (after Daumas).
Dendara: Temple of Hathor: Hirmer Verlag, Munich.
Dendara: Gateway of SE complex: J. Baines, Oxford.
113. Dendara: Outer hypostyle hall: A. A. M. van der Heyden, Amsterdam.
Dendara: Birth house relief: Rosalind Hall, London.
Hiw: Pottery hippopotamus: Ash., E.3267.
Hiw: Bone clapper of Sithathor: BM 30866.
Abydos: Fragments of furniture: Ash., E.3255, E.1283 (Photo: Elsevier).
115. Abydos: Relief: A. M. Calverley. *The Temple of King Sethos at Abydos,* 3, London and Chicago, Ill., 1938, pl. 37.
116. Abydos: Map: OI (after Kemp).
Abydos: Temple of Ramesses II: J. Baines, Oxford.
Abydos: Plan of temple of Sethos I: OI (after Kemp, and Porter and Moss).
117. Abydos: Relief – fattened ox: J. Baines, Oxford.
Abydos: Personification of Dendara: J. Baines, Oxford.
118. Akhmim: Offering table of Harsiese: BM 1227.
Akhmim: Coffin of Espamai: Ägyptisches Museum, W. Berlin, 12/66 (Photo: Bildarchiv Preussischer Kulturbesitz).
119. Akhmim: Plan: LJ (after Lepsius).
Akhmim: Sarcophagus lid of Shepen-min: Ny Carlsberg Glyptothek, Copenhagen, AE.I.N. 923.
Wannina: Plan: LJ (after Petrie).
Qaw el-Kebir: Head of statue of Ibu: ME, Suppl. 4411 (Photo: H. W. Müller, Munich).
120. Beni Hasan: Model boat: Ash., E.2301 (Photo: Elsevier).
Beni Hasan: Landscape: RW.
The Faiyum: landscape: A. A. M. van der Heyden, Amsterdam.
122. Asyut: Model soldiers: EM, CG 258 (Photo RW).
Meir: Faience hippopotamus: Met. 17.9.1.
123. Meir: Wekh-hotpe with wives and daughter: Courtesy Museum of Fine Arts, Boston, 1973.87.
el-ʿAmarna: Tomb of Meryreʿ I: WF.
el-ʿAmarna: Plan: LJ (after W. S. Smith).
124. elʿAmarna: Nefertiti: Ägyptisches Museum, W. Berlin, 21300 (Photo: Hirmer Verlag, Munich).
el-ʿAmarna: Akhenaten's daughters: Ash. 1893.1–41 (Photo: MH).
125. el-ʿAmarna: Fragmentary female statue: Louvre, E.25409.
el-ʿAmarna: Talatat – king's hand: Schimmel Collection (Photo: WF).
el-ʿAmarna: Talatat – attendants in homage: Schimmel Collection (Photo: WF).
126. Deir el-Bersha: Map of Wadi el-Nakhla: LJ (after Griffith and Newberry).
Deir el-Bersha: Tomb of Djehutihotpe, painting by J. G. Wilkinson: GI (Photo: Elsevier).
127. el-Ashmunein: Basilica: A. A. M. van der Heyden, Amsterdam.
el-Ashmunein: Statuette with baboon: Ash. 1961.536 (Photo: Elsevier).
128. Tuna el-Gebel: Greco-Egyptian painting: S. Gabra and E. Drioton, *Peintures à fresques et scènes peintes à Hermoupolis-Ouest,* Cairo, 1954, pl. 25.
Zawyet el-Amwat: Section of step pyramid: OI (after Lauer).
129. Ihnasya el-Medina: Statuette of Harsaphes: Courtesy of Museum of Fine Arts, Boston, 06.2408.
Ihnasya el-Medina: Relief – ox heads: JF (after Parke Bernet Galleries Sale Catalogue, 29–30 April 1964).
Ihnasya el-Medina: Relief – cattle: Museo Arqueológico, Madrid.
Ihnasya el-Medina: Statue of Meryreʿ-haishtef: BM 55722.
130. Kom Medinet Ghurab: Head of Queen Teye: Ägyptisches Museum, W. Berlin, 21834 (photo: Bildarchiv Preussischer Kulturbesitz).
el-Lahun: Plan: OI (after Petrie).
el-Lahun: Pyramid of Senwosret II: Rosalind Hall, London.
131. The Faiyum: Temple at Qasr el-Sagha: D. Johannes, Cairo.
The Faiyum: Statue of King Amenemhet III: EM, CG 395 (photo: WF).
132. Maidum: Masonry of buttress walls: A. A. M. van der Heyden, Amsterdam.
Maidum: Aerial view: Institute of Archaeology, University of London (photo: RAF, copyright reserved).
Maidum: Section of pyramid: D. Barnard, London (after Mendelssohn).
Maidum: Statues of Reʿhotpe and Nofret: EM, CG 3,4 (photo: RW).
133. el-Lisht: Relief – archers: Met. 22.123 (Drawing: JF).
el-Lisht: Relief – goddess Seshat: Brooklyn Museum, Brooklyn, N.Y., Charles Edwin Wilbour Fund, 52.129.
134. Giza: Pyramids at sunset: WF.
Mit Rahina sphinx: A. A. M. van der Heyden, Amsterdam.
136. Mit Rahina: Plan: LJ (after Anthes).
Mit Rahina: Colossus of Ramesses II: A. A. M. van der Heyden, Amsterdam.
137. Dahshur: Pyramids: Rosalind Hall, London.
Dahshur: Pyramidion of Amenemhet III: EM, JE 35745 (Photo: Phaidon Press).
Dahshur: Ka-statue: EM, CG 259 (Drawing: JF).
138–39. Pyramids: D. Barnard, London (after Borchardt, Fakhry, Lauer and Mendelssohn).
140. Diagram showing relative heights of pyramids: D. Barnard, London.
142. Saqqara: Gaming disks: EM, JE 70160 (photo: RW).
143. Saqqara: Step Pyramid of Netjerykhet Djoser: RW.
144. Saqqara: Location map: LJ (after Porter and Moss).
Saqqara: Plan: LJ (after Lauer).
145. Top left and right – Saqqara: Step Pyramid of Netjerykhet Djoser: A. A. M. van der Heyden, Amsterdam.
Bottom left – Saqqara: Step Pyramid of Netjerykhet Djoser: J. Baines, Oxford.
Saqqara: Upper part statue of Djoser: EM, JE 49158 (Photo: RW).
Saqqara: Wenis boat pits: B. D. Anson, Cheltenham.
146. Saqqara: Causeway and mortuary temple of Wenis: A. A. M. van der Heyden, Amsterdam.
Saqqara: Hezyreʿ: EM, CG 1426 (Photo: Hirmer Verlag, Munich).
147. Saqqara: Statue of corpulent aging man: EM, CG 34 (Photo: RW).
Saqqara: Relief – men force-feeding geese and cranes: Staatliche Museen, E. Berlin, 14642 (Photo: WF).
Saqqara: Butcher felling ox: Colorific! London.
Saqqara: Relief – offering to deceased: Rosalind Hall, London.
Saqqara: Relief – cattle crossing canal: Rosalind Hall, London.
Saqqara: Relief – shrine with statue of deceased: RW.
148. Saqqara: Relief – offering to Sakhmet: EM, Temp. No. 5.7.24.15 (Photo: RW).
Saqqara: Tomb of Nufer – hoisting mast on boat: DAI.
149. Saqqara: Tomb of Nufer – false doors: Daily Telegraph Colour Library, London.
Saqqara: Tomb of Hetepka – false door: RW.
Saqqara: Statue of scribe: EM, CG 78 (Photo: RW).
150. Saqqara: Tomb of Haremhab – courtiers: Egypt Exploration Society, London.
Saqqara: Tomb of Haremhab – captive: Egypt Exploration Society, London.
Saqqara: Tomb of Haremhab – detail of captives: Egypt Exploration Society, London.
Saqqara: Tomb of Haremhab – 2nd court: Egypt Exploration Society, London.
151. Saqqara: Serapeum: RW.
152. Abusir: Aerial view: Institute of Archaeology, University of London (Photo: RAF, copyright reserved).
Abusir: King Userkaf or goddess Neith: EM, JE 90220 (Photo: Hirmer Verlag, Munich).
153. Abusir: Pyramids: A. A. M. van der Heyden, Amsterdam.
Abusir: Reconstruction of seagoing boat: D. Barnard, London (after Faulkner).
Abusir: Relief – seagoing boats: Staatliche Museen, E. Berlin, 21833.
154. Abu Ghurab: Obelisk base: Hirmer Verlag, Munich.
Abu Ghurab: Reconstruction of temple: D. Barnard, London (after von Bissing).
Abu Ghurab: Altar: D. Johannes, Cairo.
Abu Ghurab: Relief – Egyptian countryside: Staatliche Museen, E. Berlin, 20036.
155. Zawyet el-ʿAryan: Plan and section of "Layer Pyramid": OI (after Reisner).
156–57. Giza: Pyramids: A. A. M. van der Heyden, Amsterdam.
158. Giza: Plan: LJ (after Reisner).
Giza: Diagram of pyramids: OI (after Edwards).
159. Giza: Masonry of Great Pyramid: A. A. M. van der Heyden, Amsterdam.
160. Giza: Great gallery of Great Pyramid: *Description de l'Égypte,* 5, Paris, 1823, pl. 13 (right).
161. Giza: Valley temple of Khephren: J. Baines, Oxford.
Giza: Khufu's causeway: C. R. Lepsius, *Denkmäler aus Ägypten und Äthiopien,* 1, Berlin, 1849, pl. 20.
162. Giza: Statue of Khephren and Horus: EM, CG 14 (Photo: John Hillelson Agency, London).
163. Giza: Reserve head: Robert H. Lowie Museum of Anthropology, Berkeley, Ca., 6.19767 (Photo from: H. F. Lutz, *Egyptian Statues and Statuettes in the Museum of Anthropology of the University of California,* Leipzig, 1930, pl. 38a).
Giza: Menkaureʿ, Hathor and nome: EM, JE 46499 (Photo: Hirmer Verlag, Munich).
Giza: Tomb portico with seated statues: J. Baines, Oxford.
Giza: Statue of dwarf Seneb and family: EM, JE 51280 (Photo: RW).
164. Giza: The Great Sphinx: GI (Photo: Elsevier).
Giza: Relief – Sethos I embraced by goddess: RW.
Giza: Sarcophagus of Ptahhotpe: Ash. 1947.295.
165. Abu Rawash: Head of Arsinoe II: Met. 38.10.
Abu Rawash: Head of King Raʿdjedef: Louvre, E.12626.
166. San el-Hagar: Silver coffin of Psusennes I: EM, JE 85912 (Photo: RW).
Tell el-Rubʿa: Naos of Amasis: Mendes Expedition, Institute of Fine Arts, New York University.
Remains of San el-Hagar temples: A.-P. Zivie, Paris.
168. Kom Abu Billo: Relief – Hathor: Bolton Museum and Art Gallery, Lancs., 14.89.
Kom Abu Billo: Relief – Ptolemy I Soter: Ash. 1889.182.
Kom el-Hisn: Royal head: EM, JE 42995 (Photo: Bildarchiv Foto Marburg, Marburg).
169. Naukratis: Plan: LJ (after Petrie).
Alexandria: Plan: OI (after Fraser and Brunner-Traut).
Alexandria: "Pompey's Pillar": Careri, op. cit. I, facing p.37.
Alexandria: Painted tomb near Kom el-Shuqafa: J. Baines, Oxford.
170. Tell el-Faraʿin: Relief – tomb of Harhotpe, offering bearers: EM, JE 46591 (Photo: H. W. Müller, Munich).
Sa el-Hagar: Statue of Psammetik-seneb kneeling: Museo Gregoriano Egizio, Vatican, 166 (Photo: Alinari, Florence).
Ruins of Sa el-Hagar in 1842: Lepsius, op. cit. I, pl. 56 (lower).
171. Tell Atrib: Statue of Djeho kneeling with naos: Fundação Calouste Gulbenkian, Lisbon, 403.
Behbeit el-Hagar: Relief – king censing before god: Museum of Fine Arts, Richmond, Va., 63.45.
Statue from Tell Atrib: BM 1237.
172. Tell el-Muqdam: Bronze inlay of lion: Brooklyn Museum, Brooklyn, N.Y., Charles Edwin Wilbour Fund, 55.177.
Sammanud: Relief – offering bearers: Walters Art Gallery, Baltimore, Md., 22.119.
el-Baqliya: Kneeling statue of Nekht-harhebi: Louvre, A 94 (Photo: Alinari, Florence).
173. Tell el-Rubʿa: Mastaba tombs and houses: Mendes Expedition, Institute of Fine Arts, New York University.
Heliopolis: Statue of Tetu: Ägyptisches Museum, W. Berlin, 8432 (Photo: Bildarchiv Preussischer Kulturbesitz).
174. Tell el-Yahudiya: Plan: OI (after du Mesnil du Buisson and Wright).
Tell el-Yahudiya: Faience tiles: Brooklyn Museum, Brooklyn, N.Y., Charles Edwin Wilbour Fund, 55.182.
Heliopolis: Obelisk of Senwosret I: D. Johannes, Cairo.
Tell Basta: Plan: OI (after Habachi).
175. Tell Basta: Gold jug: EM, CG 53262.
Tell Basta: Bronze statuette of cat: Ash., Fortnum B.2 (Photo: Elsevier).

el-Khata'na: Bronze bust of king (Ramesses II?): Romer-Pelizaeus-Museum, Hildesheim, 384.
Saft el-Hinna: Torso of Nectanebo I: BM 1013.
176. San el-Hagar: Plan: LJ (after Lézine).
Tell Nabasha: Seated colossus of Ramesses II: Courtesy Museum of Fine Arts, Boston, 87.111.
177. San el-Hagar: Sphinx: EM, CG 394 (Photo: RW).
178. el-Sebu'a: Temple of Ramesses II: RW.
el-Maharraqa: Temple of Sarapis, painted by Hector Horeau: GI.
el-Sebu'a: Temple of Ramesses II: RW.
180. Temple of Kalabsha, painted by Hector Horeau: GI.
181. Temple of Kalabsha at new site: Rosalind Hall, London.
Kalabsha: Relief – Mandulis followed by Isis: A. A. M. van der Heyden, Amsterdam.
Gerf Hussein: Temple of Ramesses II: RW.
182. el-Sebu'a: Temple of Ramesses II, 1st pylon and colossus: RW.
el-Sebu'a: Temple relief – Ramesses II offering to Horus: RW.
el-Derr: Temple of Ramesses II: RW.
183. 'Aniba: Tomb of Penniut – judgment scene: RW.
184. Abu Simbel: Gods of the Great Temple: RW.
Abu Simbel: Plan: LJ (after Vattenbyggnadsbyrån Concluding Report).
185. Abu Simbel in early 19th century: Roberts, op. cit. 1, pl. 8.
Abu Simbel: Removal to new site: Colorific! London.
186. Nuri: Cylindrical sheath of King Aspelta: Sudan Museum, Khartum (Photo: WF).
Naqa': Pylon of "Lion Temple": WF.
187. el-Smant el-Kharab: D. B. Redford, Toronto.
188. Serabit el-Khadim: Head of statuette of Teye: EM, JE 38257 (Photo: Hirmer Verlag, Munich).
Wadi Maghara: Relief – King Sekhemkhet: R. Giveon, Mishmar Ha'emek.
Serabit el-Khadim: Temple of Hathor: David Harris, Jerusalem.
190. Agricultural scenes: Theban tomb I, Sennedjem: Hirmer Verlag, Munich.
191. Model of plowing scene, Middle Kingdom: BM 51090 (Photo: MH).
Winnowing and carrying grain to granary, 18th Dynasty: Theban tomb 69, Menna: MH.
Reaping grain, 5th Dynasty: Saqqara tomb 60, Ty: H. Wild, Le Tombeau de Ti, 3, Cairo, 1966, pl. CLIII.
Threshing with cattle, 18th Dynasty: Theban tomb 69, Menna: MH.
Model of granary, Middle Kingdom: BM 41573 (Photo: MH).
Picking grapes, 18th Dynasty: Theban tomb 52, Nakht: WF.
192. Inspection of cattle, 18th Dynasty: BM 37976 (Photo: MH).
Herdsmen with goats, 19th Dynasty: Theban tomb 217, Ipuy: A. Mekhitarian, Brussels.
Milking, 5th Dynasty, Saqqara tomb 60, Ty: Wild, op. cit. 2, pl. CXXIV.
Hunter with dogs, 5th Dynasty: Saqqara tomb D 64, Ptahhotpe: N. de G. Davies, The Mastaba of Ptahhetep and Akhethetep at Saqqareh, 1, London, 1900, pl. XXII.
Cow calving, 5th Dynasty: Saqqara tomb 60, Ty: Wild, op. cit. 2, pl. CXXIV.
193. Seining fish, 5th Dynasty: Saqqara tomb 60, Ty: Wild, op. cit. 2, pl. CXXIII.
Fish hook, 18th/19th Dynasties: University College London, 7772.
Angling, 6th Dynasty: Saqqara tomb of Princess Seshseshet Idut: Macramallah, Le Mastaba d'Idout, Cairo, 1935, pl. VII.
Fishing with clap net and hippopotamus hunt, 6th Dynasty: Saqqara tomb of Princess Seshseshet Idut: J. Baines, Oxford.
Fishing with clap net and angling, 6th Dynasty: Saqqara tomb of Princess Seshseshet Idut: J. Baines, Oxford.
Hippopotamus hunt, 5th Dynasty: Saqqara tomb 60, Ty: Wild, op. cit. 2, pl. CXVII.
194. Goldsmith, joiners, jewelers and engravers, 18th Dynasty: Theban tomb 181, Nebamun and Ipuky: Painting by Nina M. Davies in BM (Photo: MH).

Model tools, 18th Dynasty: Met. 96.4.7, 22.3.245, 22.3.246, 22.3.247, 25.3.104.
Boat Builders, 5th Dynasty: Saqqara tomb 60, Ty: Wild, op. cit. 2, pl. CXXIX.
Metalworkers, 5th Dynasty: Saqqara tomb of Ni'ankhkhnum and Khnemhotpe: DAI.
195. Butchers, 18th Dynasty: Theban tomb 69, Menna: MH.
Preheating pots for baking bread, 5th Dynasty: Saqqara tomb 60, Ty: Épron and Daumas, Le Tombeau de Ti, I, Cairo, 1939, pl. LXVIII.
Granaries with grain, 5th Dynasty, Saqqara tomb 60, Ty: ibid., pl. LXX.
Model of butchers, bakers and brewer, Middle Kingdom: Merseyside County Museums, Liverpool, 55.82.7 (on loan from School of Archaeology and Oriental Studies, Liverpool University).
Model of brewer, cook and woman grinding grain, 1st Intermediate Period: Ash. 1921. 1421–3 (Photo: Elsevier).
Model of brewing, Middle Kingdom: BM 36423 (Photo: MH).
196. Female musicians and dancers, 18th Dynasty: BM 37984 (Photo: MH).
Model house, Middle Kingdom: BM 22783 (Photo: MH).
Model of offering bearers, Middle Kingdom: Courtesy Museum of Fine Arts, Boston, 21.326.
Reed brush, 18th Dynasty: University College London, 7936.
Basketwork and matting, Middle Kingdom: School of Archaeology and Oriental Studies, Liverpool University.
Sandals, Greco-Roman Period: University College London, 28360.
197. Detail of banquet scene, 18th Dynasty, usurped in 19th Dynasty: Theban tomb 45, Djehuti/Djehutiemhab: A. Mekhitarian, Brussels.
Comb, 19th Dynasty: Ash. 1890.1101 (Photo: Elsevier).
Toilet spoon, New Kingdom: University College London, 14365.
Mirror, New Kingdom: BM 37173 (Photo: MH).
Folding stool, 18th Dynasty: BM 2477 (Photo: MH).
Toy horse, Greco-Roman Period: BM 26687 (Photo: MH).
198. Statue of Petamenope: EM, JE 37341.
Scribe's palette: Ash., E.1989.
Hieroglyph of scribe's equipment, 4th Dynasty: Painting by N. de G. Davies in Ash. (Photo: Elsevier).
199. Literary hieratic of 12th Dynasty: A. Gardiner, Egyptian Grammar, 3rd ed., Oxford, 1957, pl. III.
Demotic script: after W. Erichsen, Auswahl frühdemotischer Texte, I, Copenhagen, 1950, pp. 44–45.
Papyrus of Anhai: BM 10472 (Photo: MH).
Demotic papyri: GI, P.Ox. Griffith 1–2 (Photo: Elsevier).
200. Hieroglyphs with transcription and translation: Marion Cox, Abingdon (after Helck).
Hieroglyphs: cattle horns, clump of papyrus, reed mat (4th Dynasty, 12th Dynasty, 18th Dynasty): Paintings by N. de G. Davies in Ash. (Photo: Elsevier).
Direction of reading: Marion Cox, Abingdon (after Junker).
201. Ornamental caption: Theban tomb 82: Nina M. Davies, Ancient Egyptian Paintings, 1, Chicago, 1936, pl. XVIII.
Outline hieroglyphs: Theban tomb 139: ibid. 2, pl. LVI.
Ornamental inscription at Philae: H. Junker and E. Winter, Das Geburtshaus des Tempels der Isis in Philä, Vienna, 1965, p. 362.
Folded and sealed papyrus letter: Heqanakhte Papers III: Met.
Address on letter: Marion Cox, Abingdon (after James).
Ostracon: J. Černý and A. H. Gardiner, Hieratic Ostraca, 1, Oxford, 1957, pl. XXa(1).
202–03. The army: D. Barnard, London (after Lepsius and Helck).
204. Corpulent Ka'aper embracing his slim wife: H. G. Fischer, "A Scribe of the Army in a Saqqara Mastaba of the Early 5th Dynasty," Journal of Near Eastern Studies, 18, 1959, fig. 8.
Servant girl carrying offerings: Met. 20.3.7.
Statuette of Miy: Brooklyn Museum, Brooklyn, N.Y., Charles Edwin Wilbour Fund, 47.120.3.
Ostracon with acrobatic dancer: ME (Photo: WF).
205. Tuthmosis IV and his mother: EM, CG 42080

(Photo: Hirmer Verlag, Munich).
Mereruka's wife playing harp: The Mastaba of Mereruka, 1, Chicago, 1938, pl. 95.
206. Copulating couple: ME 55001 (Drawing: Marion Cox, Abingdon).
207. Hunting in the marshes: BM 37977.
208. Erotic statuette: ME (Drawing: JF).
Decorated spoon: Louvre, N.1725.
Fertility statuettes: University College London, Petrie Collection.
209. Figure of ram-headed demon: BM 50702 (Photo: MH).
210. Relief of king by doorway: Oriental Institute, University of Chicago, Medinet Habu, VII, Chicago, 1964, pl. 490 B.
Decree case of gold: Fitzwilliam Museum, Cambridge, E.12.1940.
Relief of Amenophis III offering to himself, temple of Soleb: Lepsius, op. cit., Abt. III, 87b.
211. Amulets: Ash., EA 798.
Animal mummies: Ash., QC 1145, QC 1151, 1969.486, QC 1146 (Photo: Elsevier).
212. Re'-Harakhty: Ash. 1878.236 (Photo: Elsevier).
Amun: Met., Gift of Edward S. Harkness, 1926.
213. Ptah: ME, Cat. 86. (Photo: Pozzo Gros Monti, Turin).
214. Nut: BM 10554.
Isis and Harpokrates: Ash., QC 1086 (Photo: Elsevier).
Harpokrates: Ash., QC 1090 (Photo: Elsevier).
Apis Bull: Ash. (Photo: Elsevier).
Osiris: Ash. 1971.421 (Photo: Elsevier).
Anubis: Ash. (Photo: Elsevier).
Bes: Ash. (Photo: Elsevier).
Imhotep: Ash. 1971.1005 (Photo: Elsevier).
Nephthys: Ash. (Photo: Elsevier).
Taweret: Ash. 1913.718 (Photo: Elsevier).
215. Bronze hawk's head finial: BM 38527 (Photo: MH).
216. Sunset scene from papyrus of Anhai: BM 10472.
Bronze statuette of Atum: Ash. 1969.490 (Photo: Elsevier).
217. Bronze statuette of Wadjit: Museo Civico, Bologna, 294 (Photo: Fotofast, Bologna).
"Pilgrim flask" with scene of Bes: Ash. 1890.897 (Photo: Elsevier).
218–19. Scene from papyrus of Hunefer: BM 9901.
220. Mummy and coffin of unnamed priestess: BM 48971–2 (Photo: MH).
Predynastic skeleton in grave: BM 32751.
Mummy of Sethos I: G. Elliot Smith, The Royal Mummies, Cairo, 1912, frontispiece.
Mummy of Ramesses II: Elliot Smith, op. cit., pl. XLIV.
221. Decorated coffin: Staatliche Sammlung Ägyptischer Kunst, Munich, ÄS 6055.
Anthropoid sarcophagus: BM 17.
Sarcophagus: EM, JE 51950 (Photo: Hirmer Verlag, Munich).
Canopic jars: Ash. 1889.1320–3 (Photo: Elsevier).
Funerary statuettes: Ash. (Photo: Elsevier).
222. Granite baboon: Museo Capitolino, Rome (Drawing: JF).
Double-headed herm: Museo Gregoriano Egizio, Vatican, 78 (Drawing: JF).
Sphinx at Civita Castellana: JF.
Alberti medal: JF.
Vatican obelisk: D. Fontana, Della transportione dell'obelisco Vaticano, Rome, 1590.
223. Title-page to Die Zauberflöte: Internationale Stiftung Mozarteum, Salzburg.
Denon's medal cabinet, c. 1805: Met. 26.168.77.
Alberobello cemetery: Helen Whitehouse, Oxford.
Wedgwood tea service: Nottingham Castle Museum (Photo: Layland-Ross Ltd., Nottingham).
Claret jug: Fitzwilliam Museum, Cambridge, M.I-1976.
Egyptian garden at Biddulph Grange in c.1905: Country Life Magazine, London.
ABC cinema, Islington, London: Andrew Lawson, Oxford.
Hockney's set for The Magic Flute at Glyndebourne: Guy Gravett, Hurstpierpoint.
224–25. Museums with Egyptian collections: JF.

引用文献

エジプト学者の多くの業績は専門誌で出版されているが、そのうち数冊はもっぱら特殊なテーマを扱っている。これら特殊な著書は、Lexikon der Ägyptologie に掲載されている（下記の文献参照）。本書は各種雑誌の論文を基礎資料にしており、他書が基礎資料としたものとは異なっていることもありうる。このことは、"歴史的背景"の章に顕著である。
★は外国で翻訳出版されているもの。

一般書および参考文献
British Museum, *An Introduction to Ancient Egypt*. London 1979.
F. Daumas, *La Civilisation de l'Égypte pharaonique*. Paris 1965.
A. Erman and H. Ranke, *Ägypten and ägyptisches Leben im Altertum*. 2nd ed. Tübingen 1923.★
W. C. Hayes, *The Scepter of Egypt*, i–ii. New York 1953, Cambridge (Mass.) 1959.
W. Helck and E. Otto, *Kleines Wörterbuch der Ägyptologie*. 2nd ed. Wiesbaden 1970.
W. Helck et al. (eds.), *Lexikon der Ägyptologie* (6 vols. planned). Wiesbaden 1972–.
E. Hornung, *Einführung in die Ägyptologie*. Darmstadt 1967.
H. Kees, *Ägypten*. Munich 1933.
S. Moscati (ed.), *L'alba della civiltà*, i–iii. Turin 1976.
C. F. Nims, *Thebes of the Pharaohs*. London 1965.
E. Otto, *Wesen und Wandel der ägyptischen Kultur*. Berlin etc. 1969.
G. Posener et al., *Dictionnaire de la civilisation égyptienne*. Paris 1959.★
J. A. Wilson, *The Burden of Egypt/The Culture of Ancient Egypt*. Chicago (Ill.) 1951.★

第1部 文化的背景

古代エジプトの地理
W. Y. Adams, *Nubia: Corridor to Africa*. London 1977.
K. W. Butzer, *Early Hydraulic Civilization in Egypt*. Chicago (Ill.) and London 1976.
H. Kees, *Das alte Ägypten, eine kleine Landeskunde*. 2nd ed. Berlin 1958.★
A. Lucas and J. R. Harris, *Ancient Egyptian Materials and Industries*. 4th ed. London 1962.
P. Montet, *Géographie de l'Égypte ancienne*, i–ii. Paris 1957–61.
B. Trigger, *Nubia under the Pharaohs*. London 1976.

古代エジプトの研究
W. R. Dawson and E. P. Uphill, *Who was who in Egyptology*. 2nd ed. London 1972.
L. Greener, *The Discovery of Egypt*. London 1966.
Works of travellers to Egypt are also available; many are collected in "Voyageurs occidentaux en Égypte," Cairo 1970–.

歴史的背景
E. Bevan, *A History of Egypt under the Ptolemaic Dynasty*. London 1927.
J. H. Breasted, *A History of Egypt*. 2nd ed. New York 1909.★
Cambridge Ancient History, i–iv. 3rd ed. Cambridge 1970–.
A. H. Gardiner, *Egypt of the Pharaohs*. Oxford 1961.★
W. Helck, *Geschichte des alten Ägypten*. Leiden and Cologne 1968.
E. Hornung, *Grundzüge der ägyptischen Geschichte*. 2nd ed. Darmstadt 1978.
F. K. Kienitz, *Die politische Geschichte Ägyptens vom 7. bis zum 4. Jahrhundert vor der Zeitwende*. Berlin 1953.
K. A. Kitchen, *The Third Intermediate Period in Egypt (1100–650 B.C.)*. Warminster 1973.
J. G. Milne, *A History of Egypt under Roman Rule*. 3rd ed. London 1924.

美術と建築
A. Badawy, *A History of Egyptian Architecture*, i–iii. Giza 1954, Berkeley (Cal.) 1966–68.
S. Clarke and R. Engelbach, *Ancient Egyptian Masonry*. London 1930.
J.-L. de Cenival, *Égypte. Époque pharaonique*. Fribourg 1964.★
E. Iversen, *Canon and Proportions in Egyptian Art*. 2nd ed. Warminster 1975.
K. Lange and M. Hirmer, *Ägypten*. 4th ed. Munich 1967.★
H. Schäfer, *Von ägyptischer Kunst*. 4th ed. Wiesbaden 1963.★
W. S. Smith, *The Art and Architecture of Ancient Egypt*. Harmondsworth 1958.
—— *A History of Egyptian Sculpture and Painting in the Old Kingdom*. 2nd ed. London and Boston (Mass.) 1949.
C. Vandersleyen et al., *Das alte Ägypten*. Berlin 1975.

墓 碑
J. Vandier, *Manuel d'archéologie égyptienne*, ii(1). Paris 1954.

第2部 ナイル川下りの旅

ほとんどの場所について、文献の数を一つか二つに限るということは、たいへん困難な仕事であった。さらに、その地域についての現在の知識を最良の形で——一般的な知見を示すか、あるいは特徴的な事項を示すか、どちらかの形で——提供するものを選んだ。完璧な文献データは、B. Porter と R. L. B. Moss の *Topographical Bibliography of Ancient Egyptian Hieroglyphical Texts, Reliefs, and Paintings*, i–vii, i² –(Oxford 1927–)（ここではPM と表記して引用した）で得られる。エジプトとヌビアに関する最新の考古学的研究は、J. Leclant により定期的報告として、*Orientalia*（1950年創刊）という形で出版されている。

エレファンティンとアスワーン (PM v. 221–44)
E. Bresciani and S. Pernigotti, *Assuan. Il tempio tolemaico di Isi. I blocchi decorati e iscritti*. Pisa 1978.
E. Edel, *Die Felsengräber der Qubbet el-Hawa bei Assuan*, i–. Wiesbaden 1967–.

フィラエ (PM vi. 203–56)
H. Junker and E. Winter, *Philä*, i–. Vienna 1958–.
H. G. Lyons, *A Report on the Island and Temples of Philae*. [London 1897].
S. Sauneron and H. Stierlin, *Die letzten Tempel Ägyptens. Edfu und Philae*. Zürich 1978.★

コーム・オムボー (PM vi. 179–203)
J. de Morgan et al., *Kom Ombos*, i–ii. Vienna 1909.

ジャバル・アル＝スィルスィラ (PM v. 208–18, 220–21)
R. A. Caminos and T. G. H. James, *Gebel es-Silsilah*, i–. London 1963–.

エドフ (PM v. 200–05; vi. 119–77)
M. de Rochemonteix and E. Chassinat, *Le Temple d'Edfou*, i–xiv. Paris 1892, Cairo 1918–.

コーム・アル＝アフマル (PM v. 191–200)
B. Adams, *Ancient Hierakonpolis*, with *Supplement*. Warminster 1974.
W. A. Fairservis, Jr. et al., "Preliminary Report on the First Two Seasons at Hierakonpolis," *Journal of the American Research Center in Egypt*, ix (1971–72), 7–68.
J. E. Quibell (vol.ii with F. W. Green), *Hierakonpolis*, i–ii. London 1900, 1902.

アル＝カーブ (PM v. 171–91)
P. Derchain, *Elkab*, i. *Les Monuments religieux à l'entrée de l'Ouady Hellal*. Brussels 1971.
Fouilles de el Kab, i–iii. Brussels, 1940–54.

エスナ (PM v. 165–67; vi. 110–19)
D. Downes, *The Excavations at Esna 1905–1906*. Warminster 1974.
S. Sauneron, *Esna*, i–. Cairo 1959–.

アル＝ムアッラ (PM v. 170)
J. Vandier, *Mo'alla, la tombe d'Ankhtifi et la tombe de Sébekhotep*. Cairo 1950.

ジャバライン (PM v. 162–64)

トゥード (PM v. 167–69)
F. Bisson de la Roque, *Tôd (1934 à 1936)*. Cairo 1937.

アルマント (PM v. 151–61)
R. Mond and O. H. Myers, *Temples of Armant. A Preliminary Survey*. London 1940.
—— *The Bucheum*, i–iii. London 1934.

ルクソール (PM ii.² 301–39)
H. Brunner, *Die südlichen Räume des Tempels von Luxor*. Mainz 1977.
A. Gayet, *Le Temple de Louxor*. Cairo 1894.

カルナク (PM ii.² 1–301)
P. Barguet, *Le Temple d'Amon-Rê à Karnak. Essai d'exégèse*. Cairo 1962.
Reliefs and Inscriptions at Karnak, i–, by the Epigraphic Survey. Chicago (Ill.) 1936–.

西 岸 (PM i² と ii.² 339–537)
H. Carter and A. C. Mace, *The Tomb of Tut.ankh.amen*, i–iii. London etc. 1923–33.
E. Hornung and F. Teichmann, *Das Grab des Haremhab im Tal der Könige*. Bern 1971.
Medinet Habu, i–viii, by the Epigraphic Survey. Chicago (Ill.) 1930–70.
E. Naville, *The Temple of Deir el Bahari*, Introductory Memoir and i–vi. London 1894–1908.
J. Osing, *Der Tempel Sethos' I. in Gurna. Die Reliefs und Inschriften*, i–. Mainz 1977–.
G. Thausing and H. Goedicke, *Nofretari. Eine Dokumentation der Wandgemälde ihres Grabes*. Graz 1971.

ナグウ・アル＝マダームード (PM v. 137–50)
F. Bisson de la Roque, J. J. Clère et al., *Rapport sur les fouilles de Medamoud (1925–32)*. Cairo 1926–36.

ナカダとトゥク (PM v. 117–19)
J. de Morgan, *Recherches sur les origines de l'Egypte*, ii, 147–202. Paris 1897.

クース (PM v. 135–6)

キフト (PM v. 123–34)
W. M. F. Petrie, *Koptos*. London 1896.

ダンダラ (PM v. 109–16; vi. 41–110)
É. Chassinat and F. Daumas, *Le Temple de Dendara*, i–. Cairo 1934–.
F. Daumas, *Dendara et le temple d'Hathor*. Cairo 1969.
A. Mariette, *Denderah*, i–iv. Paris 1870–73.

アル＝カスル・ワ・アル＝サイヤード (PM v. 119–22)

ヒーウ (PM v. 107–09)
W. M. F. Petrie, *Diospolis Parva: the Cemeteries of Abadiyeh and Hu, 1898–9*. London 1901.

アビュドス (PM v. 39–105; vi. 1–41)
A. M. Calverley et al., *The Temple of King Sethos I at Abydos*, i–. London and Chicago (Ill.) 1933–.
A. Mariette, *Abydos*, i–ii. Paris 1869–80.
W. M. F. Petrie, *The Royal Tombs of the First Dynasty/Earliest Dynasties*. London 1900–01.

バイト・カッラーフ (PM v. 37)
J. Garstang, *Mahâsna and Bêt Khallâf*. London 1903.

アクミーム (PM v. 17–26)

ワンニーナ (PM v. 31–34)
W. M. F. Petrie, *Athribis*. London 1908.

カーウ・アル＝クブラー (PM v. 9–16)
H. Steckeweh, *Die Fürstengräber von Qaw*. Leipzig 1936.

アスユート (PM iv. 259–70)
F. L. Griffith, *The Inscriptions of Siut and Der Rifeh*. London 1889.

ディール・アル＝ジャブラーウィー (PM iv. 242–46)
N. de G. Davies, *The Rock Tombs of Deir el Gebrawi*, i–ii. London 1902.

ミール (PM iv. 247–58)
A. M. Blackman, *The Rock Tombs of Meir*, i–vi. London 1914–53.

アル＝アマールナ (PM iv. 192–237)
N. de G. Davies, *The Rock Tombs of El Amarna*, i–vi. London 1903–08.
G. T. Martin, *The Royal Tomb at el-'Amarna*, i–. London 1974–.
T. E. Peet, C. L. Woolley, J. D. S. Pendlebury et al., *The City of Akhenaten*, i–iii. London 1923, 1933, 1951

アル＝シャイク・サイード (PM iv. 187–92)
N. de G. Davies, *The Rock Tombs of Sheikh Saïd*. London 1901.

ディール・アル＝バルシャー (PM iv. 177–87)
P. E. Newberry and F. L. Griffith, *El Bersheh*, i–ii. London 1892.

アル＝アシュムーナイン (PM iv. 165–69)
G. Roeder, *Hermopolis 1929–1939*. Hildesheim 1959.

トゥーナー・アル＝ジャバル (PM iv. 169–75)
S. Gabra and E. Drioton, *Peintures à fresques et scènes peintes à Hermoupolis ouest (Touna el-Gebel)*. Cairo 1954.
G. Lefebvre, *Le Tombeau de Petosiris*, i–iii. Cairo 1923–24.

アル＝シャイク・イバーダ (PM iv. 175–77)
Antinoe (1965–1968). Missione archeologica in Egitto dell' Università di Roma. Rome 1974.

バニー・ハサンとスペオス・アルテミドス (PM iv. 140–65)
P. E. Newberry, F. L. Griffith et al., *Beni Hasan*, i–iv. London 1893–1900.

ザーウィヤト・アル＝アムワート (PM iv. 134–39)
A. Varille, *La Tombe de Ni-Ankh-Pepi à Zâouyet el-Mayetîn*. Cairo 1938.

ティフナ・アル＝ジャバル (PM iv. 127–33)
R. Holthoer and R. Ahlqvist, "The 'Roman Temple' at Tehna el-Gebel, *Studia Orientalia*, xliii.7 (1974).

アル＝バフナサ (PM iv. 124)
W. M. F. Petrie, *Tombs of the Courtiers and Oxyrhynkhos*. London 1925.
The Oxyrhynchus Papyri, i–. London 1898–.

アル＝ヒーバ (PM iv. 124–25)
H. Ranke, *Koptische Friedhöfe bei Karâra und der Amontempel Scheschonks I bei el Hibe*. Berlin and Leipzig 1926.

ディシャーシャ (PM iv. 121–23)
W. M. F. Petrie, *Deshasheh 1897*. London 1898.

イフナースヤ・アル＝マディーナ (PM iv. 118–21)
E. Naville, *Ahnas el Medineh (Heracleopolis Magna)*. London 1894.
W. M. F. Petrie, *Ehnasya 1904*. London 1905.

コーム・マディーナト・グラブ (PM iv. 112–15)
L. Borchardt, *Der Porträtkopf der Königin Teje*. Leipzig 1911.

アル＝ラーフーン (PM iv. 107–12)
W. M. F. Petrie, *Kahun, Gurob, and Hawara*. London 1890.
—— *Illahun, Kahun and Gurob 1889–90*. London 1891.

ファイユーム地方 (PM iv. 96–104)
E. Bresciani, *Rapporto preliminare delle campagne di scavo 1966 e 1967*. Milan and Varese 1968.
A. Vogliano, *Rapporto degli scavi ... Madînet Mâḍi*, i–ii. Milan 1936–37.

マイドゥーム (PM iv. 89–96)
W. M. F. Petrie, *Medum*. London 1892.

アル＝リシュト (PM iv. 77–85)
H. Goedicke, *Re-used Blocks from the Pyramid of Amenemhet I at Lisht*. New York 1971.

ミート・ラヒーナ (PM iii. 217–27)
R. Anthes et al., *Mit Rahineh 1955 and 1956*. Philadelphia (Pa.) 1959 and 1965.
W. M. F. Petrie et al., *Memphis*, i–v. London 1909–13.

ダハシュール (PM iii. 228–40)
J. de Morgan, *Fouilles à Dahchour*, i–ii. Vienna 1895–1903.
A. Fakhry, *The Monuments of Sneferu at Dahshur*, i–ii. Cairo 1959–61.

サッカーラ (PM iii. 83–215 と iii.² 393–776)
P. Duell et al., *The Mastaba of Mereruka*, i–ii. Chicago (Ill.) 1938.
M. Z. Goneim, *Horus Sekhem-khet. The Unfinished Step Pyramid at Saqqara*, i. Cairo 1957.
J.-P. Lauer, *Saqqara. The Royal Cemetery of Memphis*. London 1976.★
Le Tombeau de Ti, i–iii (i by L. Epron and F. Daumas, ii and iii by H. Wild). Cairo 1939–66.
A. M. Moussa and H. Altenmüller, *Das Grab des Nianchchnum und Chnumhotep*. Mainz 1977.

アブー・スィール (PM iii.² 324–50)
L. Borchardt, *Das Grabdenkmal des Königs Śa3hu-rēʿ*, i–ii. Leipzig 1910–13.
H. Ricke et al., *Das Sonnenheiligtum des Königs Userkaf*, i–ii. Cairo 1965, Wiesbaden 1969.

アブー・グラブ (PM iii.² 314–24)
E. Edel and S. Wenig, *Die Jahreszeitenreliefs aus dem Sonnenheiligtum des Königs Ne-user-Re*. Berlin 1974.

ザーウィヤト・アル＝アルヤーン (PM iii.² 312–14)
D. Dunham, *Zawiyet el-Aryan. The Cemeteries Adjacent to the Layer Pyramid*. Boston (Mass.) 1978.

ギーザ (PM iii.² 10–312)
D. Dunham and W. K. Simpson, *The Mastaba of Queen Mersyankh III*. Boston (Mass.) 1974.
H. Junker, *Gîza*, i–xii. Vienna and Leipzig 1929–55.
G. A. Reisner, *Mycerinus. The Temples of the Third Pyramid at Giza*. Cambridge (Mass.) 1931.
—— *A History of the Giza Necropolis*, i–ii. Cambridge (Mass.) 1942–55.
W. K. Simpson, *The Mastabas of Kawab, Khafkhufu I and II*. Boston (Mass.) 1978.
C. M. Zivie, *Giza au deuxième millénaire*. Cairo 1976.

アブー・ラッワーシュ (PM iii.² 1–10)
F. Bisson de la Roque, *Rapport sur les fouilles d'Abou-Roasch (1922–1923)* and *(1924)*. Cairo 1924–25.

アウスィーム (PM iv. 68)

コーム・アブー・ビッル (PM iv. 67–68)

コーム・アル＝ヒスヌ (PM iv. 51–52)

ナウクラティス (PM iv. 50)
D. G. Hogarth, H. L. Lorimer and C. C. Edgar, "Naukratis, 1903," *Journal of Hellenic Studies*, xxv (1905), 105–36.

アレクサンドリア (PM iv. 2–6)
A. Adriani, *Repertorio d'arte dell'Egitto greco-romano*, series C, i–ii. Palermo 1966.
P. M. Fraser, *Ptolemaic Alexandria*, i–iii. Oxford 1972.

サ・アル＝ハジャル（ハガール）(PM iv. 46–49)
R. el-Sayed, *Documents relatifs à Saïs et ses divinités*. Cairo 1975.

テル・アル＝ファラーイーン (PM iv. 45)

バハバイト・アル＝ヒジャーラ (PM iv. 40–42)

テル・アトゥリーブ (PM iv. 65–67)
P. Vernus, *Athribis*. Cairo 1978.

テル・アル＝ミクダーム (PM iv. 37–39)
E. Naville, *Ahnas el Medineh (Heracleopolis Magna)*. London 1894, 27–31.

サマンヌード (PM iv. 43–44)
G. Steindorff, "Reliefs from the Temples of Sebennytos and Iseion in American Collections," *Journal of the Walters Art Gallery*, vii–viii (1944–45), 38–59.

アル＝バクリーヤ (PM iv. 39–40)
A.-P. Zivie, *Hermopolis et le nome de l'Ibis*. Cairo 1975.

テル・アル＝ルブアとテル・アル＝ティマイ (PM iv. 35–37)
H. De Meulenaere and P. MacKay, *Mendes II*. Warminster 1976.

ヘリオポリス (PM iv. 59–65)
W. M. F. Petrie and E. Mackay, *Heliopolis, Kafr Ammar and Shurafa*. London 1915.
H. Ricke, "Eine Inventartafel aus Heliopolis im Turiner Museum," *Zeitschrift für ägyptische Sprache und Altertumskunde*, lxxi (1935), 111–33.

テル・アル＝ヤフーディーヤ (PM iv. 56–58)
E. Naville, *The Mound of the Jew and the City of Onias*. London 1890.
G. R. H. Wright, "Tell el-Yehūdīyah and the Glacis," *Zeitschrift des Deutschen Palästina-Vereins*, lxxxiv (1968), 1–17.

テル・バスタ (PM iv. 27–35)
Labib Habachi, *Tell Basta*. Cairo 1957.

サフト・アル＝ヒンナー (PM iv. 10–11)
E. Naville, *The Shrine of Saft el Henneh and the Land of Goshen 1885*. London 1887.

アル＝カターイナとカンティール地区 (PM iv. 9–10)
M. Bietak, *Tell el-Dabʿa II*. Vienna 1975.

テル・ナバシャ (PM iv. 7–9)
W. M. F. Petrie, *Tanis II, Nebesheh (Am) and Defenneh (Tahpanhes)*. London 1888.

サーン・アル＝ハジャル（ハガール）(PM iv. 13–26)
P. Montet, *La Nécropole royale de Tanis*, i–iii. Paris 1947–60.
—— *Les Énigmes de Tanis*. Paris 1952.

テル・アル＝マスクータ (PM iv. 53–55)
E. Naville, *The Store City of Pithom and the Route of the Exodus*. London 1903.

アル＝ダッカ (PM vii. 40–50)
G. Roeder and W. Ruppel, *Der Tempel von Dakke*, i–iii. Cairo 1913–30.

クーバン (PM vii. 82–83)

アマダ (PM vii. 65–73)
H. Gauthier, *Le Temple d'Amada*. Cairo 1913–26.

アル＝スブア (PM vii. 53–64)
H. Gauthier, *Le Temple de Ouadi es-Sebouâ*. Cairo 1912.

アル＝ダッル (PM vii. 84–89)
A. M. Blackman, *The Temple of Derr*. Cairo 1913.

アル＝レッスィーヤ (PM vii. 90–91)
S. Curto, *Il tempio di Ellesija*. Turin 1970.

カスル・イブリーム (PM vii. 92–94)
R. A. Caminos, *The Shrines and Rock-inscriptions of Ibrim*. London 1968.

ダーブード (PM vii. 1–5)
M. Almagro, *El templo de Debod*. Madrid 1971.

タファ (PM vii. 8–10)
H. D. Schneider, *Taffeh. Rond de wederopbouw van een Nubische tempel*. The Hague 1979.

バイト・アル＝ワーリー (PM vii. 21–27)
H. Ricke, G. R. Hughes and E. F. Wente, *The Beit el-Wali Temple of Ramesses II*. Chicago (Ill.) 1967.

カラブシャ (PM vii. 10–21)
K. G. Siegler, *Kalabsha. Architektur und Baugeschichte des Tempels*. Berlin 1970.

デンドゥール (PM vii. 27–33)
C. Aldred, "The Temple of Dendur," *Metropolitan Museum of Art Bulletin*, xxxvi (1) (Summer 1978).

ジャルフ・フサイン (PM vii. 33–37)

アニーバ (PM vii. 75–81)
G. Steindorff, *Aniba*, i–ii. Glückstadt etc. 1935–37.

アブー・スィムベル (PM vii. 95–119)
C. Desroches-Noblecourt and C. Kuentz, *Le Petit Temple d'Abou Simbel*, i–ii. Cairo 1968.
W. MacQuitty, *Abu Simbel*. London 1965.

シナイ
A. H. Gardiner, T. E. Peet and J. Černý, *The Inscriptions of Sinai*, i–ii. London 1952–55.

船
B. Landström, *Ships of the Pharaohs. 4000 Years of Egyptian Shipbuilding*. London 1970.
M. Z. Nour et al., *The Cheops Boats*, i. Cairo 1960.

ピラミッド
I. E. S. Edwards, *The Pyramids of Egypt*. London. Various editions.★
A. Fakhry, *The Pyramids*. Chicago (Ill.) and London 1969.
J.-P. Lauer, *Le Mystère des pyramides*. Paris 1974.

第3部 エジプト社会の概観

エジプト社会の女性
P. W. Pestman, *Marriage and Matrimonial Property in Ancient Egypt*. Leiden 1961.
S. Wenig, *Die Frau im alten Ägypten*. Leipzig 1967.

書記と文字
古代エジプト語の文法書はいろいろある．たとえば，J. B. Callender；J. Černý and S. I. Groll；E. Edel；A. H. Gardiner；H. Junker；G. Lefebvre；F. Lexa；W. Spiegelberg．辞典では，W. Erichsen；A. Erman and H. Grapow；R. O. Faulkner．文字の説明で使われている学術用語は W. Schenkel による

軍隊
A. R. Schulman, *Military Rank, Title, and Organization in the Egyptian New Kingdom*. Berlin 1964.
W. Wolf, *Die Bewaffnung des altägyptischen Heeres*. Leipzig 1926.
Y. Yadin, *The Art of Warfare in Biblical Lands in the Light of Archaeological Discovery*. London 1963.

宗教
H. Frankfort, *Ancient Egyptian Religion*. New York 1948.★
E. Hornung, *Der Eine und die Vielen*. Darmstadt 1971.
S. Morenz, *Agyptische Religion*. Stuttgart 1960.★
E. Otto, *Osiris und Amun. Kult und heilige Stätten*. Munich 1966.★

Burial cus
J.-F. and L. Aubert, *Statuettes égyptiennes, chaouabtis, ouchebtis*. Paris 1974.
M.-L. Buhl, *The Late Egyptian Anthropoid Stone Sarcophagi*. Copenhagen 1959.
W. R. Dawson and P. H. K. Gray, *Mummies and Human Remains*. London 1968.
A. M. Donadoni Roveri, *I sarcofagi egizi dalle origini alla fine dell'Antico Regno*. Rome 1969.
J. Hamilton-Paterson and C. Andrews, *Mummies: Death and Life in Ancient Egypt*. London 1978.
H. Schneider, *Shabtis*, i–iii. Leiden 1977.

監修者のことば

　今から3年ほど前，朝倉書店の編集部から大型の"Atlas of Ancient Egypt"という本を見せられた．書店のほうは，よければ翻訳して出版したいという．私は，この本をぺらぺらとめくっておどろいた．多数の美しいカラーの写真や地図をふくむ図版類がちりばめられ，記述の部分も非常に多彩である．元来私は，古代の科学技術史を専攻している関係で，ひろく古代文化にもつよい関心をいだいているが，これまで，本書のように視覚的に美麗で，しかも解説が幅ひろくて，詳細で平易に書かれた，刊行物に出会ったことがない．原書の題名の'Atlas'の原意は「地図書」とか「図表集」だが，私には，そういう狭い枠組で本書を律するには，内容があまりにも豊富すぎるように思えた．ともかく，私は本書を一見するなり魅せられ，その日本語版の刊行に心から賛成した．朝倉書店もこの古代エジプト編の刊行を決定するとともに，この'Atlas'シリーズの続刊として出ているギリシア編，ローマ編，アフリカ編，イスラム編ほか数点の日本語版の刊行も準備中である．また，日本語版の題名は，'Atlas'の原意の直訳ではものたりないので，内容にふさわしいご覧のような，『図説世界文化地理大百科古代のエジプト』という，まことにぴったりの題名がつけられた．以下の続刊にも『図説 世界文化地理大百科』のシリーズ名をつけることになっている．

　さて，この古代エジプト編の翻訳については，私は責任翻訳者として私の後輩でエジプト学（専攻はエジプト美術考古学）のフィールド・ワークはもちろん，デスク・ワークにも長年取り組んでいる吉村作治君を推薦した．彼は行動的な研究者で，早大のエジプト発掘隊の一員として毎年現地に出かけて，めんどうな渉外の仕事までも得意のアラブ語を駆使してみごとにさばいている．

　私は，本書だけでなく続刊の大百科も，それぞれの分野で旅行書としても，入門書としても，教養書としても，さらに研究の便利な参考書としても，今までのどの本に劣らぬ大きな役割を果すことを念願してやまない．

1983年9月　平　田　　寛

訳者のことば

エジプトについて書いている本は数多い．かくいう私も何冊か書いているが，本書のようにエジプトの全遺跡を網羅している本はまれである．『ギード・ブルー』などガイドブックには，よいものがいくつかあるが，全編細かい文字がびっしりと埋まっていて，読破しようという意欲がわかない．情報としては立派でも読み物にならない．また，それを持ってエジプトに行っても，いざとなると書いてあるところと，実際の遺跡の場所が合わず，いらいらすることがある．ヨーロッパ人の若い夫婦づれが，ガイドブック片手に，背中に子供を背負ってきているのをよく見かけるが，ガイドブックに書かれている所がどこかわからず，遺跡で仕事をしている私たちに聞きにくる．そんな時，彼らの読んでいるところが，さがしている遺跡でない時には苦笑させられる．これはよくあることだが，本人たちにとってみれば笑いごとではなくガイドブックの著者に文句を言いたいところであろう．文字の限界といえようか，所在地を教えるには，言葉や文字よりも地図の方が圧倒的に有効なことは明らかであるし，遺跡の説明も文章だけより写真や図が入った方がわかりやすい．

この本は大きくわけて三つのパートに分かれている．第1部の概論部分もなかなかよくまとめてある．王朝時代だけでも3千年，先王朝やグレコ・ローマン時代を含めると4千年の歴史をテーマ別にわかりやすく解説しているため，第2部の遺跡巡りになって，その遺跡のたての位置（歴史上のかかわり）がよくわかるように仕組んである．エジプト全土——といってもナイル川流域がほとんどではあるが——に分布している遺跡は，特殊な所たとえば，テル・アル＝アマールナ（テル・エル・アマルナ）のアクナテン王宮跡などを除けば，ほとんどが全時代的に人々が生きていたところである．小アジア半島やティグリス，ユーフラテス河畔の西アジアでもそうだが，人類は同一の場所に住む場合が多い．そこを西アジアではテルと呼び，小アジアではテペと呼んでいるが，エジプトにはそういったものは数少ない．それは人々が同じ場所に住まなかったということでなく，毎年定期的におこるナイル川の氾濫により土地がならされるため，マウンド（丘）ができにくいのである．エジプトの場合，人々は死後の世界，来世での復活にすべてをかけていたため，現世での住居にはほとんど物を残さなかった．そのため私たち考古学者は，死後の世界の入口である墳墓を発掘する．墳墓には，トゥトアンクアメン王墓の例のように，生前使った道具や家具から，来世で使うべくためにつくられた埋葬品が所せましと収められていた．もちろんほとんどの場合，盗掘にあっているわけだが，それでもていねいに掘っていくと残りものがある．それはミイラの片腕だったり，ビーズ玉だったり，首輪の片われだったりするが，当時を偲ぶものが，いまだに出てくる．そして，エジプトの墳墓は耕作地のヘリ，すなわち砂漠との境目につくられるため，ナイル川の氾濫にも侵されず，5千年たった現在でも同じような状態で取り出せるのである．第3部は，エジプトについて役に立つミニ情報的役割リを果している．ここに書かれている情報はエジプト学をやろうとする人，または興味を深くもっている人には大変ありがたいものである．私がエジプト学に入ったころは，こういった情報を集めるのに何年もかかった．これこそエジプト学の手軽な手引き書ともいうべき本と言えよう．

この本を訳し終り，今もう一度読み返してみると，「なんともよく出来た本だ」という感想をもつ．とくに入門者には必携のものではないだろうか．私のようにエジプトに17年いる人間でも「こんなとこがあったのか」というような遺跡が書かれている．もちろんここに書かれている遺跡の中には，今や何もその跡が残っていないものもいくつかあるが，そういった意味も含めてこの本を手にした人は幸せだといえよう．まして訳者となった私は非常に幸せ者だと感謝している．この機会をくださった監修者の平田　寛先生，朝倉書店編集部の方々には深く感謝をいたす次第である．

なお，この本を訳すにあたって，第1回目の荒訳には早稲田大学大学院博士課程の諸君の協力をいただいたことを付記し，もって感謝の念を表したいと思う．諸氏の力なくしてはこの本は成立しなかったし，エジプト学者を目ざす人，なかにはすでに一人前になっている方もいるが，諸氏の能力には心強いものがある．最後に，それらの諸氏の担当をつぎに掲げておく．

第1部　　　　森際真知子
第2部 前半　　荒川久美子
　〃　後半　　近藤　二郎
第3部　　　　吉成　　薫
地図関係　　　川床　睦夫

1983年9月　　吉村　作治

地名索引

アラビア語のハムザト・アル＝ワスリによるアリフの省略，定冠詞アルと太陽文字の接合によるラームの太陽文字への同音化は無視して，カタカナに翻字した．
掲載の頁数は地図に限った．定冠詞アルは50音順の配列上無視し，頭に付くアル＝のみで記し省略した．

ア 行

アイオス(ギリシア) 36°44′N25°16′E 54
アイギナ(ギリシア) 37°47′N23°26′E 50
アイザーブ(サワーキン・アル＝カディーム) 22°20′N36°30′E 25
＝アイヤート 29°37′N31°16′E 121,167
アイン・アムール(西砂漠) 25°39′N30°00′E 53,187
アイン・ダッラ(西砂漠) 27°19′N27°20′E 187
アイン・アル＝ムフタッラ(バフリーヤ・オアシス) 28°21′N28°51′E 49,187
アイン・アル＝ワーディ(ファラーフラ・オアシス) 27°22′N28°13′E 187
アヴァリス →テル・アル＝ダブア
アウスィーム(ケム，レトポリス) 30°08′N31°08′E 33,49,135,167
アカシャ 21°05′N30°16′E 41,186
アクシャ(セッラ西) 22°10′N31°25′E 31,43,179,186
アクミーム(イブ，ケムミス，ケント・ミン，パノポリス) 26°34′N31°45′E 14,33,53,109
アケトアテン →アマールナ
アコリス →ティフナ
アサスィーフ 25°44′N32°37′E 85
アシュカイト 22°00′N31°21′E 31,179
アシュコーン →アスカロン
アシュドドゥ(イスラエル) 31°45′N34°40′E 49,50
＝アシュムーナイン(ヘルモポリス，クムン) 27°47′N30°48′E 14,41,43,47,49
アスカロン(アシュケロン)(イスラエル) 31°39′N34°35′E 44,49,50
アスクト島 21°38′N31°06′E 41,186
アスティパレア(ギリシア) 36°32′N26°23′E 54
アスフーン 25°23′N32°32′E 16,71
アスユート(リコポリス，サウティ) 27°11′N31°10′E 13,14,33,41,43,49,109,121
アスワーン(スィエネ) 24°05′N32°54′E 13,14,21,49,53,54,71,72
＝アターウラ 27°14′N31°13′E 14,16,121
アック(イスラエル) 32°55′N35°04′E 44
アッシュール(アル＝シャルカ)(イラク) 35°27′N43°16′E 44
アテネ(ギリシア) 38°00′N23°44′E 50,54
アトゥフィーフ(アフロディトポリス(1)) 29°25′N31°15′E 14,47,53,121,167
アトゥリビス(1) →テル・アトゥリーブ
アトゥリビス(2) →ワンニーナー
アニーバ(ミアム) 22°32′N32°01′E 41,43,179
アネムリオン(トルコ) 36°06′N32°48′E 54
アバフダ 22°19′N30°38′E 179,186
アビュドス(アベジュ，アル＝アラーバ・アル＝マドゥフーナ，アル＝スルターン，ウンム・アル＝カアブ) 26°11′N31°55′E 14,21,31,33,41,43,44,49,53,71,109
アブアーディーヤ 26°30′N30°23′E 31,109
アフィア 22°45′N32°07′E 31,179
アブカ 21°49′N22°14′E 31,179
アブー・カビール 30°43′N31°40′E 167
アブー・キール(カノブス)(位置:31°19′N30°03′E) 53,167
アブー・グラブ 29°54′N31°12′E 18,33,135,167
アブー・クルカース 27°56′N30°50′E 121
アブー・サイヤール 22°50′N33°40′E 41
アブジージュ 29°17′N30°49′E 41,121
アブー・シムベル 22°21′N31°38′E 43,49,179,186
アブー・スィール(1) 29°53′N31°13′E(村), 29°54′N31°12′E(ピラミッド) 18,31,33,135,141,167
アブー・スィール(2)(タポスィリス・マグナ) 30°57′N29°31′E 53,167
アブー・スィール(3)(ブスィリス) 30°55′N31°14′E 15,18,47,49,167
アブー・スィール(4) 21°50′N31°05′E 41,179
アブー・スィール・アル＝マクラ 29°15′N31°05′E 31,49,121
アブー・ティージュ(ティーグ) 27°02′N31°19′E 109,121
アブデラ(ギリシア) 40°56′N24°59′E 54
アブド・アル＝カーディル 21°53′N31°14′E 31,179
アブー・アル＝ナムルス 29°57′N31°13′E 135
アブヌーブ 27°16′N30°09′E 121
アブーハマド 19°33′N33°20′E 21,186
アブー・ラッワーシュ 30°03′N31°05′E(村), 30°02′N31°04′E(ピラミッド) 18,31,33,49,53,135,141,167
アベジュ →アビュドス
アポロニア(マルサ・スーサ)(リビア) 32°52′N21°59′E 54
アポロノポリス →コーム・イスファハト
アポリノポリス・パルヴァ →クース
アポリノポリス・マグナ →エドフ
アマダ 22°43′N32°15′E 43,179
アマラ西 20°48′N30°23′E 43,186
アマラ東 20°48′N30°23′E 49,186
＝アマールナ(アケトアテン) 27°38′N30°53′E 21,43,44,109,121
アムハダ(アル＝ダークラ・オアシス) 25°41′N28°53′E 33,187
アムビコル 21°20′N30°53′E 31,186
＝アムラ 26°08′N31°59′E 31,109
アモルゴス(ギリシア) 36°49′N25°53′E 54
アラクサ(オレン)(トルコ) 37°03′N27°56′E 54
＝アラジュ(オアシス) 28°55′N26°25′E 53,54,187
アラドス(アルワド)(シリア) 34°52′N35°51′E 54
＝アラーバ・アル＝マドゥフーナ →アビュドス
アラブ・アル＝タウィーラ 30°08′N31°18′E 135,167
アラブ・アル＝ヒスヌ 30°08′N31°18′E 135
アララク(テル・アトシャーナ，テル・アチャナ)(シリア) 36°13′N36°24′E 44
アリカンダ(アリフ)(トルコ) 36°33′N30°01′E 54
＝アリーシュ 31°08′N33°48′E 49
アリーム 16°59′N33°54′E 49,186
アルギン 21°59′N31°20′E 31,179
アルゴ島 19°30′N30°28′E 44,49,186
アルスィノエ →マディーナト・アル＝ファイユーム，メタナ，パタラ，レティムナ
アルド・アル＝ナアム 30°07′N31°20′E 135,167
アルマント(ヘルモンティス，イウニィ) 25°37′N32°32′E 14,33,41,43,49,71,109
アルミンナー 22°25′N31°47′E 41,49,179
アルワド →アラドス
アレクサンドリア(アル＝イスカンダリーヤ，ラコティス) 31°12′N29°53′E 25,53,54,166
アレッポ(ハラブ)(シリア) 36°12′N37°10′E 44
アンキロンポリス →＝ヒーバ
アンク－タウィ →ミート・ラヒーナ
アンタエオポリス →カーウ・アル＝クブラー
アンタークヤ →アンティオキア
アンティオキア(アンタークヤ)(トルコ) 36°12′N36°10′E 54
アンティノポリス →シャイク・イバーダ
アンドゥロス(ギリシア) 37°49′N24°54′E 54
アンベト →テル・アル＝ティマイ

イウニィ →アルマント
イウニト →エスナ
イウヌ →テル・ヒスヌ
イウネト →ダンダラ
イェルサレム 31°46′N35°13′E 13,25
＝イスカンダリーヤ →アレクサンドリア
イスタブル・アンタル(スペオス・アルテミドス) 27°54′N30°52′E 43,121

イズバト・バシャンディ(アル＝ダークラ・オアシス) 25°33′N29°19′E 53,187
イスマーイーリーヤ 30°35′N32°16′E 167
イセウム →バハバイト・アル＝ヒジャーラ
イタノス(クレタ) 35°18′N26°17′E 54
イックル 23°13′N32°48′E 41,179
イドゥク湖 31°15′N30°15′E 167
イトゥジャウィ〔位置不明〕 47
イネブ－ヘジュ →ミート・ラヒーナ
イブ →アクミーム
イフナースヤ・アル＝マディーナ(ヘネン－ネス，ヘラクレオポリス・マグナ) 29°05′N30°56′E 14,33,41,43,47,49,53,121,167
イム →コーム・アル＝ヒスヌ
イムバーバ 30°04′N31°13′E 135
イメト →テル・ナバシャ
イリオン(トロイ？)(トルコ) 39°55′N26°17′E 44

ウィドゥヤーン・アル＝ファラス 29°39′N30°38′E 33,121,167
ウガリット(ラアス・シャムラ)(シリア) 35°35′N35°45′E 44
ウクスル →ルクソール
＝ウマリー 29°53′N31°20′E 135
ウロナルティ 21°32′N30°57′E 41,43,186
ウンム・アシーラ 26°20′N30°33′E 33,43,179
ウンム・アル＝イバーダ(スィーワ・オアシス) 29°11′N25°33′E 50,187
ウンム・アル＝カアブ →アビュドス
ウンム・アル＝サッウーン 29°42′N30°54′E 33,121,167
ウンム・ムナーン 29°55′N31°15′E 135

エイレイティアスポリス →＝カーブ
エクバタナ(ハマダーン)(イラン) 34°48′N48°30′E 50
エスナ(イウニト，ラトポリス，セネト，タセネト) 25°18′N32°33′E 14,41,43,49,53,71,109
エドフ(アポリノポリス・マグナ，ジェバ，メセン) 24°59′N32°52′E 14,33,41,43,49,53,71
エフェソス(トルコ) 37°55′N27°19′E 54
エリトゥライ(イルディリ)(トルコ) 38°24′N26°00′E 54
エレソス(ギリシア) 39°11′N25°57′E 54
エレファンティン 24°05′N32°53′E 14,31,33,41,43,44,47,49,53,71,72
王家の谷(ビバーン・アル＝ムルーク) 22°45′N32°36′E 25,71,85,109
王妃の谷(ビバーン・アル＝ハリーム) 25°44′N32°35′E 85
オクスィリンチュス →バフナサ
オムボス(1) →コーム・オンボー
オムボス(2) →トゥク
オールド・カイロ(バビロン，アル＝フスタート) 30°00′N31°15′E 18,25,31,47,135,167
オールド・ドンゴラ 18°13′N30°46′E 25,186
オン →テル・ヒスヌ

カ 行

カイオス(ギリシア) 38°23′N26°07′E 50,54
＝カイス 28°29′N30°47′E 14,121
カイロ(アル＝カーヒラ) 30°04′N31°15′E 13,135,141,167
カイン →クナー
カーウ・アル＝クブラー(アンタエオポリス，ジェウ・カ，トジェブ) 26°54′N31°31′E(アル＝イトゥマーニーヤ), 26°54′N31°30′E(神殿) 14,31,33,41,53,109
カウノス(ダルヤン) 36°49′N28°37′E 54
ガザ 31°30′N34°28′E 25
＝カスル(アル＝ダークラ・オアシス) 25°42′N28°54′E 49,53,54,187
＝カスル(バフリーヤ・オアシス) 28°21′N28°51′E 49,53,187
＝カスル(ファラーフラ・オアシス) 27°03′N27°58′E 187
カスル・アル＝アジューズ(アグーズ) 25°43′N32°36′E 85
カスル・イブリーム(プリミス) 22°39′N32°00′E 43,49,54,179
カスル・カールーン(ディオニスィアス) 29°25′N30°25′E 53,121,167
カスル・アル＝グアイダ(アル＝カールジャ)・オアシス) 25°17′N30°33′E 49,53,187
カスル・ザイヤーン(アル＝カールジャ(カールガ)) 25°15′N30°32′E 53,187
カスル・アル＝サガ 29°36′N30°41′E 41,121,167
カスル・ドゥーシュ(アル＝カールジャ(カールガ)・オアシス，キスィス) 24°34′N30°43′E 53,54,187
カスル・アル＝バナート(ユーヘメリア) 29°23′N30°32′E 53,121
カスル・アル＝マジスーバ(バフリーヤ・オアシス) 28°21′N28°49′E 49,187
＝カスル・ワ・アル＝サイヤード(ケノボスキオン) 26°03′N32°18′E 33,109
＝カターイナ 30°47′N31°50′E 18,41,167
＝カッタ 30°13′N30°58′E 18,31,167
カッリポリス(ガッリポリ，ゲリボル，トルコ) 40°25′N26°41′E 54
カデシュ(テル・ネビ・メンド)(シリア) 34°34′N36°33′E 44,50
カトゥナ(アル＝ミシュリファー，シリア) 34°50′N36°52′E 44
カナーイス 25°00′N33°19′E 21,43,71
カニア →キドニア
カニーサ 19°13′N33°30′E 44,186
カノブス →アブー・キール
カーヒラ →カイロ
＝カーブ(エイレイティアスポリス，ネケブ) 25°07′N32°48′E 14,21,31,33,41,43,49,53,71,109
カブリト 30°15′N32°28′E, 30°14′N32°29′E(モニュメント) 49,167
カフル・アル＝シャイク 31°07′N30°56′E 167
カフル・タルカーン 29°30′N31°13′E 31,121
カーフーン →ラーフーン
ガマイ 21°46′N31°11′E 31,179,186
カーミド・アル＝ラウズ(ルーズ) →クミディ
カムスィーン(ケルケトエリス) 29°06′N30°39′E 53,121
＝カーラ →カーラト・ウンム・アル＝スガイヤル
＝ガラク・アル＝スルターニィ(ケルケオシリス) 29°08′N30°42′E 53,121,167
カーラト・ウンム・アル＝スガイヤル(アル＝カーラー，カーラ・オアシス) 29°37′N26°30′E 53,187
カーラト・アル＝ガンニフマ(西砂漠) 29°20′N30°09′E 53,187
カーラト・アル＝ダフル(ワーディ・アル＝ナトゥルーム) 30°19′N30°25′E 41,43,167,187
カーラト・ヒルワ(バフリーヤ・オアシス) 28°21′N28°51′E 44
カーラト・アル＝ファラルジー(バフリーヤ・オアシス) 28°21′N28°51′E 49,53,187
カーラト・アル＝ムサッバリーン(スィーワ・オアシス) 29°14′N25°32′E 50,187
カーラト・アル＝ムザッウカ(アル＝ダークラ・オアシス) 25°41′N28°51′E 53,187
カラニス →コーム・アウシーム
カラノグ 22°44′N32°04′E 49,54,179
カラブ・シャ(タルミス) 23°33′N32°52′E 53,179
カラーラ 28°39′N30°52′E 33,121
＝カルア 26°00′N32°49′E 109
＝カルガ(カールジャ)(オアシス) 29°26′N30°33′E 13,21,25,31,43,49,53,54,187
カルケミシュ(ジャラブルス)(シリア) 36°49′N38°01′E 44,54
カルナク →カルナク
カルナク(アル＝カルナク) 25°43′N32°40′E 31,33,41,49,71,85,109
ガルバーニーヤ 30°53′N29°30′W 43,44,167
カルム・アブー・ジルジュ 30°54′N29°56′E 43,44,187
カワ 19°07′N30°30′E 44,186
＝カンタラ 30°52′N32°20′E 167
カンティール 30°48′N31°50′E 167

＝ギーザ 30°00′N31°13′E 135,167
ギーザ(ジィーザ) 29°59′N31°08′E(ピラミッド) 18,31,33,43,49,135,141,167

地名索引

キス →クースィーヤ
キスィス →カルス・ドゥーシュ
ギータ 30°23′N31°31′E 18,41,167
キッチナー島 24°06′N32°53′E 72
キティオン(キプロス) 34°53′N33°38′E 54
キテラ(ギリシア) 36°10′N22°59′E 44
キトゥノス(ギリシア) 37°25′N24°25′E 54
キドニア(カニア, クレタ) 35°31′N24°01′E 44
キナー(カイン) 26°10′N32°35′E 14,21,53,71,109
キプセラ(トルコ) 41°00′N26°24′E 54
キフト(ギフト)(ゲブトゥ, コプトス) 26°00′N 32°49′E 14,21,31,33,41,43,49,53,71,109
キルダーサ 30°02′N31°07′E 135
キルタス →ケルタッスィ
キレニア →ケリニア
キレーニア(スカハト)(リビア) 32°48′N21°54′E 50,54
= クサイル(レウコス・リメン) 26°06′N34°17′E 21,25,53
クサイル・アル = アマールナ 27°29′N30°52′E 33,121
クサエ →クースィーヤ
クザーム 25°46′N32°46′E 31,41,109
クース(グース)(アポリノポリス・パルヴァ, ゲサ, ゲスィ) 25°56′N32°46′E 31,53,71,109
→クースィーヤ(クサエ, キス) 27°26′N30°49′E 14,109,121
クストゥール 22°13′N31°31′E 31,179,186
クッバト・アル = ハワーア 24°06′N32°53′E 33,41,43,71,72
= クッル 18°25′N31°46′E 49,186
クーバーニ 北: 24°13′N32°52′E, 南: 24°10′N32°53′E 31,71
クーバン(パキ, コントゥラ・プセルキス) 23°52′N32°46′E 41,43,44
クーブリ 30°02′N32°33′E 49,167
クフール・ニジュム(ニグム) 30°45′N31°35′E 18,31,167
クミディ(カーミド・アル = ラウズ(ルーズ))(レバノン) 33°37′N35°49′E 44
クママ(セムナ東) 21°30′N30°57′E 41,43,186
クムン →アシュムーナイン
= クーラ(ナグゥ・アル = ママーリーヤ) 25°08′N32°44′E 31,71,141
クラゾメネ(ウラ)(トルコ) 38°19′N26°47′E 50
クリスマ →クルズム
クルグス(ケルキス) 19°12′N31°30′E 44,186
クルズム(クリスマ) 29°59′N32°32′E 49,53,167
クルナ 25°44′N32°38′E 85
クルナト・マライー 25°44′N32°36′E 85
クルブ 21°03′N31°33′E 186
= クルン 25°44′N32°36′E 85
クロコディロポリス →マディーナト・アル = ファイユーム

ゲサ →クース(グース)
ゲシィ →クース(グース)
ゲズィーラ →ジャズィーラ
ゲゼル(イスラエル) 31°53′N34°56′E 44
ケッリ 16°22′N32°16′E 25,186
ケニ →ジャバル(ガバル)・アル = スィルスィラ
ケノボスキオン → カスル・ワ・アル = サイヤード
ゲブトゥ →キフト(ギフト)
ケム →アウスィーム
ケムミス →アクミーム
ケリニア(キレニア)(キプロス) 35°20′N33°20′E 54
ケルギス →クルグス
ケルケオシリス → ガラク・アル = スルターニィ
ケルケトエリス →カムスィーン
ケルタッスィ(キルタス, ツィツィス) 23°39′N32°53′E 21,25,53,179
ケルマ 19°36′N30°24′E 41,186
ケント・ミン →アクミーム

= コーカ 25°44′N32°37′E 85
コノッソ 24°02′N32°53′E 43,71,72
コプトス →キフト(ギフト)
コーム・アウシーム(カラニス) 29°31′N30°54′E 53,121,167
コーム・アル = アスル(バッキアス) 29°32′N31°00′E 53,121
コーム・アル = アフマル(1)(ヒエラコンポリス, ネケン) 25°05′N32°47′E 14,31,33,41,43,53,71,109
コーム・アル = アフマル(2)(ヘベヌ) 28°03′N30°50′E 121
= コーム・アル = アフマル・サワーリス 28°34′N30°51′E 33,47,121

コーム・アブー・ビッル(テレヌティス) 30°26′N30°49′E 33,43,49,53,167
コーム・イシュカウ(アフロディト) 26°50′N31°25′E 53,121
コーム・イスファハト(アポロノスポリス) 26°56′N31°20′E 53,109
コーム・オムボー(オムボス(1), ヌブト(1)) 24°28′N32°57′E(都市), 24°27′N32°56′E(神殿) 16,43,53,71
コーム・アル = カナーティル 31°03′N30°16′E 18,31,167
コーム・アル = カラバ・アル = カビール(フィラデルフィアス) 29°27′N31°05′E 53,121
コーム・アル = グラブ →コーム・マディーナト・グラブ
コーム・アル = スルターン →アビュドス
コーム・アル = ディール 25°19′N32°32′E 53,71
コーム・ティンニス 31°12′N32°14′E 18,31,167
コーム・ハマーダ 30°46′N30°42′E 167
コーム・ヒスヌ(イム) 30°48′N30°36′E 15,18,41,53,167
コーム・マディーナト・グラブ(コーム・アル = グラブ) 29°12′N30°57′E 31,43,53,121,167
コーム・ミール 25°13′N32°38′E 14,53,71
コーム・ルカイヤ 29°06′N30°43′E 41,121
コリコス(トルコ) 36°28′N34°08′E 54
コール 21°52′N31°14′E 41,179,186
コール・アル = アキーバ 22°43′N32°06′E 33,71
コール・バハン 23°56′N32°53′E 31,179
コレスィア(アルスィノエ, ギリシア) 37°40′N24°19′E 54
コルティ 18°07′N31°35′E 25,186
コロスコ 22°36′N32°19′E 21,179,186
ゴンダール(エチオピア) 12°40′N37°30′E 25
コントゥラ・プセルキス →クーバン
コントゥラ・ラトポリス →ヘッラ

サ 行

サイ(島) 20°42′N30°20′E 43,44,49,186
サイス →サ・アル = ハジャル
サイダ →スィドン
= ザイトゥーン(スィーワ・オアシス) 29°10′N25°46′E 54,187
サイヤーラ 22°57′N32°37′E 31,179
サイラ 29°23′N31°03′E(ピラミッド), 29°21′N30°58′E(村), 31,121,141,167
ザウ →サ・アル = ハジャル(ハガル)
ザーウィヤト・アル = アムワート(ザーウィヤト・アル = マイイティーン) 28°03′N30°49′E 14,31,33,121,141
ザーウィヤト・アル = アルヤーン 29°57′N31°09′E 18,31,33,135,167
ザーウィヤト・ウンム・アル = ラカム 31°34′N25°09′E 44
ザーウィヤト・ダハシュール 29°45′N31°14′E 135
ザーウィヤト・アル = マイイティーン →ザーウィヤト・アル = アムワート
サウティ →アスユート
サカ(ゾイス) 31°05′N30°57′E 15,18,41,167
ザカズィク 30°35′N31°31′E 167
サッカーラ 29°51′N31°14′E(村), 29°50-53′N31°13′E(ピラミッド) 18,31,33,41,43,49,50,53,135,141,167
サッド・アル = アーリー(アスワーン・ハイ・ダム) 23°59′N32°53′E 71,72,179
= サッフ 29°34′N31°17′E 31,121
サナム 18°27′N31°48′E 49,186
サバ 15°40′N32°32′E 49
サバグラ 23°17′N32°56′E 25,179
サ・アル = ハジャル(ハガル)(サイス, ザウ) 30°58′N30°46′E 43,47,49,167
サーヒル島 24°03′N32°52′E 33,41,53,71,72
= サブア 22°46′N32°34′E 43,179
サフト(ヒンナー)(ベル・ソブドゥ) 30°33′N31°37′E 33,47,49,167
サマルート 28°18′N30°43′E 121
サマント・アル = カラーブ(アル = ダークラ・オアシス) 25°32′N29°04′E 53,187
サマンヌード(セベンニトス, トゥジェブヌトゥジェブ) 30°58′N31°14′E 15,18,33,41,49,167
サモトラス(ギリシア) 40°30′N25°33′E 54
サラス 21°34′N31°04′E 31,186
サラス西 21°34′N31°04′E 31,186
サラビート・アル = カーディム(シナイ) 29°02′N33°28′E 21,41,43,44,188
サラミス(キプロス) 35°10′N33°54′E 54
サリーマ(サリーマ・オアシス) 21°22′N29°19′E 13,21,25,31
サルディス(トルコ) 38°25′N28°55′E 50
ザルニーク 25°16′N32°36′E 43,71

= サルムーニー 26°37′N31°46′E 43,53,109
= サルール 31°33′N25°09′E 187
サワーキン・アル = カディーム →アイザーブ
サワダ 28°05′N30°47′E 31,121
ザントス(トルコ) 36°23′N29°21′E 54
サーン・アル = ハジャル(ハガル)(ジャネト, タニス) 30°59′N31°53′E 15,43,47,49,53,167
= ジーフ →ナウクラティス
ジェウ・カ →カーウ・アル = クブラー
シェシェム(ナーブルス)(ヨルダン) 32°13′N35°15′E 44
ジェデト →テル・アル = ティマイ
ジェバ →エドフ
ジェルティ →トゥード
シェーレスィ →ファイユーム
シービーン・アル = カナーティル 30°19′N31°19′E 167
シービーン・アル = コーム 30°33′N31°01′E 167
シャイク・アティーヤ 27°31′N30°52′E 33,121
= シャイク・アブド・アル = クルナ 25°44′N32°36′E 85
= シャイク・イバーダ(アンティノポリス) 27°49′N30°53′E 14,43,53,121
シャイク・サイード(シリア) 32°50′N36°02′E 44
シャイク・サイード 27°43′N30°53′E 33,121
= シャイク・ファドゥル 28°29′N30°51′E 49,121
シャイク・アル = ファラジュ(ファラグ) 26°22′N31°54′E 109
ジャズィーラ(ゲズィーラ)・サンガハ 30°50′N31°39′E 18,31,167
ジャズィーラ(ゲズィーラ)・ダバロサ 21°57′N31°20′E 31,49,179
ジャッファ(イスラエル) 32°03′N34°46′E 25
シャッツァール 24°02′N32°54′E 31,71,72
シャハイナブ 16°03′N32°34′E 186
ジャバライン(ガバライン)(アフロディトポリス(2), パティリス, ベル・ハトホル) 25°29′N32°30′E 21,31,33,41,53,71,109
ジャバラーウ(ガバラーウ) 26°08′N32°46′E 33,109
ジャバル(ガバル)・アッダ 22°18′N31°37′E 54,186
ジャバル・アブー・ハッサ 30°09′N32°25′E 43,167
ジャバル(ガバル)・アフマル 30°03′N31°18′E 21,135,167
ジャバル・カイリ 15°21′N34°40′E 49
ジャバル(ガバル)・シャイク・スライマーン 21°51′N31°13′E 31,109
ジャバル・アル = シャイク・アル = ハーリディ 26°46′N31°34′E 53,109
ジャバル(ガバル)・アル = シャムス 22°16′N31°37′E 43,49,179,186
ジャバル(ガバル)・アル = スィルスィラ(ケニ) 24°39′N32°54′E 16,43,49,71
ジャバル(ガバル)・アル = ティール(1) 28°14′N30°46′E 33,121
ジャバル(ガバル)・アル = ティール(2)(アル = カールジャ(カールガ)・オアシス) 25°32′N30°33′E 43,44,53,187
ジャバル(ガバル)・ドゥカーン(モンス・ポルフィリテス) 27°15′N33°15′E 21,53
ジャバル(ガバル)・トゥーラ 29°56′N31°19′E 135
ジャバル(ガバル)・ドシャ 20°30′N30°18′E 43,186
ジャバル・ハウフ 29°55′N31°21′E 135
ジャバル(ガバル)・アル = ハムマーム 24°14′N32°53′E 31,179
ジャバル(ガバル)・パルカル(ナバタ) 18°32′N31°49′E 21,44,49,54,186
ジャバル・アル = マウト(スィーワ・オアシス) 29°13′N29°32′E 54,187
ジャバル・アル = ムッル 30°08′N32°31′E 43,167
シャブ(西砂漠) 22°20′N29°47′E 25,31
ジャブリー 23°07′N31°15′E 135
シャブルール 22°41′N31°04′E 41,179
ジャメト →マディーナト・ハーブー
ジャラブルス →カルケミシュ
シャルハーン →ファルファラ
シャルファク 21°33′N31°02′E 41,186
ジャルフ・フサイン 23°17′N32°54′E 31,43,179
ジャンネト →サーン・アル = ハジャル(ハガル)
シュトブ 27°09′N31°14′E 14,16,109,121
ジュバイル →ビブロス
ジュンザ 29°02′N31°15′E 31
ジルジャー(ギルガー)(ティニス, トゥジェニイ(?)) 26°20′N31°54′E 14,49,71,109
シルビーン 31°12′N31°31′E 167
新カーラ 23°58′N32°53′E 71,72,179
新クルナ村 25°43′N32°37′E 85

スィエネ →アスワーン
スィカイト 24°40′N34°49′E 53
スィドゥマント 29°08′N30°54′E 121
スィドゥマント・アル = ジャバル 29°08′N30°53′E 31,33,41,121
スィドン(サイダ)(レバノン) 33°33′N35°22′E 44,50,54
ズィフタ 30°43′N31°15′E 167
スィフノス?(ギリシア) 36°59′N24°40′E 54
スィブリート(ビール・スィブリート) 24°42′N33°57′E 25
= スィリーリーヤ 28°20′N30°46′E 43,121
スィレ →テル・アブー・スィーファー
スィロス(ギリシア) 37°26′N24°56′E 54
スィーワ・オアシス 29°12′N25°31′E 13,21,50,53,54,187
スィンジャール(カルアト・シジャル)(シリア) 35°15′N36°35′E 44
= スィンビッラーワイン 30°53′N31°28′E 167
スエズ(アル = スワイス) 29°58′N32°33′E 25,167
スエズ運河 29°56′N32°34′E−31°16′N32°18′E 167
スコウリオティッサ(キプロス) 35°06′N32°50′E 21
スサ(シューシャ)(イラン) 32°11′N48°15′E 50
スパルタ(ギリシア) 37°05′N22°27′E 50,54
スペオス・アルテミドス →イスタブル・アンタル
スール →ティルス

聖アントニー修道院 28°55′N32°21′E 25
聖カテリーナ修道院 28°34′N33°58′E 25,187
聖ポール修道院 28°52′N32°33′E 25
セセビ 20°08′N30°33′E 43,186
セダインガ 20°33′N30°17′E 43,54,186
セッラ東 27°01′N31°24′E 41,43,179,186
セネト →エスナ
セベンニトス →サマンヌード
セムナ 21°30′N30°57′E 41,43,44,49,186
セムナ南 21°30′N30°57′E 41,186
セリオン(トルコ) 36°17′N32°20′E 54
センナール 13°33′N33°38′E 25

ゾイス →サカ
ソクノパイオネソス →ディマイ
ソーハージュ(ソーハーグ) 27°33′N30°42′E 109
ソレブ 20°27′N30°20′E 43,186
ソロイ(トルコ) 36°45′N34°24′E 54

タ 行

ダイルート 27°34′N30°49′E 109,121
= ダークラ・オアシス 25°42′N28°54′E 13,21,33,43,49,53,54,187
ダシャーナジュ(ビール・ダグバージュ・コムバスィ) 25°24′N33°48′E 25
タセネト →エスナ
= ダッカ(プセルキス, プセルケト) 23°11′N32°45′E 31,41,53,179
タッビーン 29°47′N31°18′E 135
= ダッル 22°44′N32°12′E 43,179
タニス →サーン・アル = ハジャル(ハガル)
ダハシュール 29°48′N31°13′E(村: ミンシャート・ダハシュール), 29°45′N31°14′E(村: ダハシュール), 29°48′N31°13′E(ピラミッド) 33,41,135,141,167
ダバロサ →ジャズィーラ(ゲズィーラ)・ダバロサ
タファ(タフィス) 23°38′N32°53′E 53,179
タフィス →タファ
タブオスィリス・マグナ →アブー・スィール
タフタ 26°46′N31°30′E 109
ダーブード 23°54′N32°52′E 25,31,53,179
ダフネ →テル・ダファナ
ダベナルティ 21°49′N31°11′E 41,179,186
タボ 19°33′N30°25′E 44,49,186
ダマスカス(ディマシュク)(シリア) 33°30′N36°18′E 44,50,54
ダマンフール(ヘルモポリス・パルヴァ(1)) 31°02′N30°28′E 53,167
ダミエッタ(ドゥムヤート) 31°25′N31°48′E 25,167
ダーラ 27°18′N30°52′E 33,121,141
タラブルス →トゥリポリス
= タリーフ 25°44′N32°38′E 33,85,109
ダル急湍 20°55′N30°36′E 41
ダルブ・アル = バイラート 25°54′N32°27′E 41,109
タルミス →カラブシャ
タングル 21°15′N30°43′E 43,186
タンタ 30°47′N31°00′E 167
ダンダラ(イウネト, タンテレ, テンティリス) 26°08′N32°40′E(神殿), 26°10′N32°39′E(村) 14,31,33,41,43,49,53,71,109

地名索引

タンテレ →ダンダーラ
チャラドゥロス(カルディラン)(トルコ) 36°06′N32°34′E 54

ツィツィス →ケルタッスィ

テアデルフィア →バトゥヌ・イフリート
ディオスポリス・パルヴァ →ヒーウ
ディオスポリス・マグナ →ルクソール
ディオニスィアス →カスル・カールーン
ディキルニス 31°05′N31°57′E 167
ディシャーシャ 29°00′N30°50′E 33,121
ディシュナ 26°08′N32°28′E 109
ディスーク 31°08′N30°39′E 167
テニス →ジルジャー(ギルガー)
ディバイラ西 22°03′N31°20′E 31,43,179,186
ディバイラ東 22°04′N31°22′E 41,43,179,186
ティフナ(ティフナ・アル・ジャバル(ガバル), アコリス) 28°11′N30°47′E 14,33,47,53,121
ティマ 26°55′N31°26′E 109
ディマイ(ソクノパイオネソス) 29°32′N 30°40′E 18,53,121,167
ディマシュク →ダマスカス
ティムナ(イスラエル) 29°45′N34°56′E 21
ディール・アル・ジャブラーウィー 27°20′N 31°06′E 31,33,121
ディール・アル・シャルウィート 25°42′N 32°35′E 85
ディール・ターサ 27°03′N31°25′E 31,109,121
ディール・ドゥルンカ 27°09′N31°11′E 109
ディール・アル・ハジャル(ハガル)(アル・ダークラ・オアシス) 25°40′N28°48′E 53,187
ディール・アル・バッラース 26°03′N32°45′E 41,109
ディール・アル・バフリー 25°44′N31°36′E 41,85
ディール・アル・バルシャー 27°45′N30°54′E 41,121
ディール・ビスラ 27°10′N31°16′E 31,109,121
ディール・アル・マディーナ 25°44′N32°36′E 85
ディール・アル・マリク 27°46′N30°52′E 33,121
ディール・リファー 27°06′N31°31′E 41,109,121
＝ディーワーン 22°43′N32°13′E 25,179
テウケリア(リビア) 32°52′N20°34′E 54
テウジョイ →ヒーバ
テッパ 18°03′N31°30′E 49,186
テノス(ギリシア) 37°32′N25°10′E 54
テブ →テル・アル・ファラィーン
テブトゥニス →テル・ウンム・アル＝ブライジヤート
デフミト 23°42′N32°54′E 31,179
テーベ (→ルクソール, カルナク) 14,21,43,44,47,49,54,71,85,109
テラ(ギリシア) 36°25′N25°26′E 54
テル・アトゥリーブ(アトゥリビス(1)フト・ヘル・イブ, フト・タヘリ・イブト) 30°28′N 31°11′E 15,18,33,41,47,49,53,167
テル・アブー・スィーファー(スィレ) 30°52′N 32°22′E 15,43,44,167
テル・ウンム・アル＝ブライジャート(テブトゥニス) 29°07′N30°45′E 53,121
テル・アル＝ガンマ(イスラエル) 31°25′N 34°26′E 21
テル・アル＝カフカファ →カタリーナの北750m 41
テル・アル＝サマーラ 30°55′N31°37′E 18,31,167
テル・アル＝シャハーバ 30°32′N32°08′E 18,41,167
テル・アル＝ジンヌ 30°55′N32°03′E 18,31,167
テル・アル＝ズィライキ →バクリーヤ
テル・アル＝ダブア(ラヴァリス, ピーリアムセス, ラムアセス) 30°47′N31°50′E 18,31,41,43,167
テル・アル＝ティマイ(アンベト・ジェデト, トゥミス) 30°56′N31°31′E 15,53,167
テル・アル＝ナークース →バクリーヤ
テル・アル＝ハイル(ミグドル) 30°58′N32°30′E 49,167
テル・アル＝ファラィーン(ブト, へとデブ, ベル・ワジト) 31°12′N30°45′E 41,53,167
テル・アル＝ファラマー(ペルスィウム) 31°03′N32°32′E 15,43,53,167
テル・アル＝マスクータ(ビトム(?), トゥジェク) 30°33′N32°06′E 18,41,49,53,167
テル・アル＝ミクダム(レオントポリス(1))

テル・アル＝ラターバ 30°33′N31°58′E 18,33,167
テル・アル＝ルサース 29°32′N30°49′E 121
テル・アル＝ルブア(1)(メンデス, ペル＝バネブジェト) 30°57′N31°31′E 15,18,33,43,47,49,167
テル・アル＝ルブア(2) →バクリーヤ
テル・ダファナ(ダフネ) 30°52′N32°10′E 49,167
テル・ナバシャ(イメト, テル・バダウィ, テル・ファラウーン) 30°51′N31°55′E 15,43,49,53,167
テル・バスタ(バスト, ブバスティス) 30°34′N 31°31′E 15,33,41,43,47,53,167
テル・バダウィ →テル・ナバシャ
テル・バラムーン →バラムーン
テル・ヒスヌ(ヘリオポリス, イウヌ, オン) 30°08′N31°18′E 15,18,33,41,47,53,135,167
テル・ファカリーヤ(ワシュカンニ(?))(シリア) 38°58′N39°51′E 44
テル・ファラウーン →テル・ナバシャ
テルメッソス(トルコ) 36°37′N29°07′E 54
テルメッソス(トルコ) 37°04′N30°36′E 54
テレヌティス →コーム・アブー・ビッル
テンティリス →ダンダーラ
デンドゥール(トゥツィス) 23°23′N32°56′E 53,179

トゥク(ヌブト(2), オムボス(2)) 25°56′N32°45′E 31,43,71,109,141
トゥジェク →テル・アル＝マスクータ
トゥジェニイ →ジルジャー(ギルガー)
トゥジェブヌトゥジェブ →サマンヌード
トゥジャメト →マディーナト・ハーブー
トゥーシュカ 22°30′N31°53′E 31,33,41,43,179
トゥーシュカ東 22°29′N31°53′E 179
トゥツィス →デンドゥール
トゥード(ジェルティ, トゥフィウム) 25°35′N 32°32′E 33,41,43,49,53,71,109
トゥーナー・アル＝ジャバル(ガバル) 27°46′N 30°44′E 25,43,49,53,121
トゥフィウム →トゥード
トゥーマース 22°45′N32°09′E 33,41,49,179
トゥーマイス →テル・アル・ティマイ
トゥムボス 19°42′N30°24′E 44,186
ドゥムヤート →ダミエッタ
トゥーラ 29°56′N31°17′E 18,21,31,33,47,135,167
ドゥラウ・アブー・アル＝ナガウ 25°44′N 32°27′E 33,85,109
トゥリポリス(タラブルス)(レバノン) 34°26′N 35°51′E 54
トゥルムキ 21°17′N30°50′E 31,186
トジェブ →カーウ・アル＝クブラー
ドルギナタル 21°31′N31°14′E 41,179,186
トレミタ →ブトレマイス

ナ 行

ナイーターフト →テル・アル・ヤフーディーヤ
ナウクラティス(アル＝ジーフ, アル＝ニバイラ, ニクラーシュ) 30°54′N30°35′E 49,50,53,167
ナウプリア(ギリシア) 37°35′N22°48′E 44
ナウリ 19°56′N30°27′E 44,186
ナカウ 16°16′N33°15′W 49,186
ナカーダ(ナガーダ) 25°54′N32°43′E 109
ナグウ・アル＝ジャズィーリーヤ 26°22′N 31°54′E 31,33,109
ナグウ・アル＝ジルジャーウィ 22°37′N32°17′E 41,179
ナグウ・アル＝ディール 26°22′N31°54′E 31,33,109
ナグウ・アル＝ハサヤ 24°52′N32°54′E 71
ナグウ・アル＝ハサヤ西 24°52′N32°54′E 49,71
ナグウ・アル＝ハムマーディ 26°03′N32°15′E 109
ナグウ・アル＝ハムマーディ・バッラージュ(バッラーグ) 26°08′N32°15′E 109
ナグウ・アル＝マダムムード(マドゥ) 25°44′N 32°42′E 41,43,49,53,71,109
ナグウ・アル＝マーマーリーヤ →クーラ
ナクソス(ギリシア) 37°02′N25°35′E 54
ナズラト・アウラード・アル＝シャイク 28°41′N30°53′E 31,33,121
ナジャウ・アル＝カールジャ(カールガ・オアシス) 25°28′N30°34′E 53,187
ナバナ →ジャバル(ガバル)・バルカル
ナーフヤー 30°03′N31°08′E 135
ナブル・アル＝カルブ(レバノン) 33°56′N 35°40′E 44
ナーブルス →シェシェム
ナルモウスィス →マディーナト・マーディ
ナワーミース(西砂漠) 28°43′N26°45′E 53,187

＝ニクラーシュ →ナウクラティス
ニドス(トルコ) 36°40′N27°22′E 50,54
ニネヴェ(イラク) 36°25′N43°10′E 50
＝ニバイラ →ナウクラティス
ニヤ(カルアト・アル＝ムディク)(シリア) 35°25′N36°23′E 44

ヌブト(1) →コム・オンボー
ヌブト(2) →トゥク
ヌリ 18°33′N31°55′E 49,186

ネケブ →カーブ
ネケン →コーム・アル＝アフマル(1)

ノ →ルクソール

ハ 行

バアサ 16°42′N33°55′E 49,186
＝ハイズ(オアシス) 28°02′N28°38′E 53,187
バイダー 30°55′N32°35′E 18,31,167
バイト・アル＝ワーリー 23°33′N32°52′E 43,179
バイト・カッラーフ 26°19′N31°47′E 31,109
バイルート(レバノン)(ベリトス) 33°53′N 35°30′E 44,54
＝バウィーティ(バフリーヤ・オアシス) 28°21′N28°51′E 43,49,50,53,187
バウフ →バクリーヤ
ハウワーラ 29°17′N30°54′E(ピラミッド), 20°16′N30°54′E(村) 14,41,49,53,121,141,167
バカワート(アル＝カールジャ(カールガ・オアシス) 25°30′N30°30′E 53,187
バキ →クーバン
＝バクリーヤ(バウフ, ヘルモポリス・パルヴァ(2)) 30°57′N31°25′E 43,49,167
バサルガダイ(イラン) 30°17′N53°16′E 50
ハジャル(ハガル)・アル＝ガルブ 24°11′N 32°52′E 33,71
ハジャールサ 26°28′N27°40′E 33,109
バスト →テル・バスタ
ハゾル(イスラエル) 32°59′N35°33′E 44
バタラ(アルスィノエ)(トルコ) 36°05′N28°05′E 54
バダリ 27°00′N31°25′E 31,109
バッキアス →コーム・アル＝アスル
ハットゥシャ →ボアズキュイ
ハッラ 28°20′N29°05′E 187
バッラーナ 22°17′N31°35′E 31,179
ハッラン(トルコ) 36°51′N39°00′E 50
＝ハッラニーヤ 29°58′N31°09′E 135
バティラス →ジャバライン(ガバライン)
バドゥルシャイン 29°51′N31°16′E 135
ハトヌブ 27°33′N31°00′E 21,41,121
バニー・アニール 30°36′N31°33′E 18,31,167
バニー・スワイフ 29°04′N31°06′E 121,167
バニー・ハサン 27°56′N30°53′E(ネクロポリス), 27°49′N30°51′E(村) 14,21,33,41,121
バニー・マザール 28°30′N30°48′E 121
バニー・マジュドゥール 30°02′N31°07′E 135
バノポリス →アクミーム
バハバイト・アル＝ヒジャーラ(ヘビト, イセウム) 31°02′N31°17′E 47,49,53,167
＝バフナサ(オクスィリンクス) 28°32′N 30°40′E 14,28,53,121
バフリーヤ・オアシス 28°21′N28°51′E 13,21,31,43,49,50,53,54,187
バビロン →オールド・カイロ
バビロン(イラク) 32°33′N44°24′E 44,50
パフォス(キプロス) 34°45′N32°26′E 54
＝バフライン(西砂漠) 28°40′N26°30′E 53,187
ハマス(シリア) 35°08′N36°45′E 44
ハマダーン →エクバタナ
＝ハムマーミーヤ 26°56′N31°29′E 31,33,109
バラエトニウム →マルサ・マトゥルーフ
バラート(アル＝ダークラ・オアシス) 25°34′N 29°16′E 33,43,44,53,187
バラービーシュ 26°12′N32°08′E 41,109
バラムーン(1)(テル・バラムーン) 31°15′N 31°34′E 15,47,167
バラムーン(2) 30°49′N31°26′E 167
バランスィア 17°33′N30°28′E 14,121
ハリカルナッソス(ボドルム)(トルコ) 37°03′N27°28′E 50,54
バーリース(アル＝カールジャ(カールガ・オアシス) 24°40′N30°36′E 25,187
バリヤナ 26°14′N32°00′E 109
バルガーウィーヤ(メロエ) 16°54′N33°42′E 21,25,49,54,186
ハルダイ〔正確な位置は同定されていない〕

14
バルティーム 31°33′N31°05′E 167
ハルワーン 29°51′N31°20′E(現代都市), 29°51′N31°22′E(1王朝遺跡) 18,31,135,167
パロス(ギリシア) 37°08′N25°12′E 54
＝ハワーウィーシュ 26°36′N31°49′E 109
＝ハワームディーヤ 29°54′N31°16′E 135
ヒーウ(ディオスポリス・パルヴァ, フト, フト・セケム) 26°01′N32°17′E 14,31,43,53,71,109
ヒエラコンポリス →コーム・アル＝アフマル(1)
ヒエラスィカミノス →マハッラカ
＝ヒサ島 24°01′N32°53′E 72
ビサリーヤ・キブリー →ムイッサト
ビジャ島 24°01′N32°53′E 14,41,53,71,72
ビトム →テル・アル＝マスクータ
＝ヒーバ(アンキロンポリス, テウジョイ) 28°48′N30°55′E 14,33,44,47,53,121
ビバー 28°56′N30°59′E 121
ヒビス(アル＝カールジャ・オアシス) 25°29′N 30°33′E 49,53,54,187
ビブロス(ジュバイル)(レバノン) 34°08′N 35°38′E 44,50,54
ビヤフムー 29°22′N30°51′E 41,121,167
ピーリアムセス →テル・アル・ダブア
ビール・アッバード 25°02′N33°04′E 43,71
ビール・アル・ファワキール 26°02′N33°36′E 53
ビルカト・カールーン(ファイユーム) 29°27′N 30°40′E 121,167
ビルカト・ハーブー 25°42′N32°36′E 85
ビルバイス 30°25′N31°34′E 49,167
ビール・マニーフ 25°35′N33°35′E 33

ファイストス(クレタ) 35°01′N24°48′E 44
ファイユーム(メル・ウェル, モエリス, シェーレ スィ) 29°20′N30°40′E 14,21,53,121,131,167
ファークース(ファクッサ) 30°44′N31°48′E 15,167
ファクッサ →ファークース
＝ファシュン 28°49′N30°54′E 121
ファセリス(トルコ) 36°30′N30°32′E 50
ファラシャ 30°41′N31°43′E 18,41,167
ファラス 22°13′N31°29′E 31,41,43,49,179,186
ファラーフラ・オアシス 27°03′N27°58′E 13,21,33,49,53,187
ファルバイトス →フルバイト
フィラエ 24°01′N32°53′E 49,53,71,72
フィラデルフィア →コーム・アル＝カラバ・アル・カビール
フィルカ 20°54′N30°35′E 49,186
フィロテラス 26°40′N34°00′E 53,54
フィロテリス →マディーナト・ワトゥファ
フェニコン →ラカイタ
フォカイア(トルコ) 38°39′N26°46′E 50
ブグドゥムブシュ 18°33′N30°40′E 41,186
ブスィリス →アブー・スィール
＝フスタート →オールド・カイロ
ブセルキス →ダッカ
ブセルケス →ダッカ
ブト →テル・アル＝ファラィーン
フト →ヒーウ
フト・セケム →ヒーウ
フト・タヘリ・イブト →テル・アトゥリーブ
フト・ヘル・イブ →テル・アトゥリーブ
フト・レビト →ワンニーナー
ブトレマイス(トレミタ)(リビア) 32°43′N 20°57′E 54
ブトレマイス・ヘルミオウ →マンシャー
ブトレマイス・ホルモス →ラーフーン
ブバスティス →テル・バスタ
ブーヘン 21°55′N31°17′E 31,33,41,43,44,49,179,186
プリミス →カスル・イブリーム
フール(ヘルウェル) 27°51′N30°44′E 121,213
＝ブルッルス湖 31°30′N30°55′E 18,167
フルバイト(ファルバイトス) 30°44′N31°37′E 15,49,167

ヘ →テル・アル＝ファラィーン
＝ヘラ(コントゥラ・ラトポリス) 25°17′N 32°34′E 53,71
ベート・シアーン(ベト・シャン)(イスラエル) 32°30′N35°30′E 44
ヘネン・ネスト →イフナースヤ・アル＝マディーナ
ヘビト →バハバイト・アル＝ヒジャーラ
ヘファト →ムアッラ
ヘベヌ →コーム・アル＝アフマル(2)
ヘラクレイア(ラトウモス, トルコ) 37°28′N 27°34′E 54
ヘラクレオポリス・マグナ →イフナースヤ・アル＝マディーナ
ヘリオポリス →テル・ヒスヌ

237

地名索引

ヘリオポリス南 30°08′N31°18′E 31,135
ベリトス →バイルート
ベルセポリス(イラン) 29°57′N52°52′E 50
ベル・ソブドゥ →サフト・アル=ヒンナー
ベル・ハトホル →ジャパラインラ(ガバライン)
ベル・バネブジェト →テル・アル=ルブア(1)
ベルモポリス →アシュムーナイン
ヘルモポリス・バルヴァ(1) →ダマンフール
ヘルモポリス・バルヴァ(2) →バクリーヤ
ヘルモンティス →アルマント
ベル・ワジト →テル・アル=ファライーン
ベレニケ 23°50′N35°28′E 21,53,54
ベレニケ(ベンガズィ)(リビア) 32°07′N 20°05′E 54
ベンハ 30°28′N31°11′E 167

ボアズキュイ(ハットゥシャ)(トルコ) 40°02′N 34°37′E 44
ポート・サイード(ブール・サイード) 31°15′N 32°17′E 167

マ 行

＝マアサラ 29°54′N31°17′E 135
マアーディ 29°58′N31°16′E 18,31,135,167
マイオス・ホルモス 27°38′N33°35′E 53
マイドゥーム 29°24′N31°09′E(ピラミッド) 14,31,33,47,121,141,167
マイナルティ 21°51′N31°15′E 43,179,186
マイヤナ 29°05′N30°53′E 31,41,121
マガーガ 28°39′N30°51′E 121
マグドラ →マディーナト・ナハース
マサーフナ 26°23′N31°52′E 31,109
マズグーナ 29°46′N31°13′E(ピラミッド), 29°45′N31°16′E(村) 135,141,167
＝マタリーヤ(1) 30°07′N31°19′E 25,135,167
＝マタリーヤ(2) 31°11′N32°02′E 167
マッラウィ 27°44′N30°50′E 109,121
マッロス(カラタス)(トルコ) 36°32′N35°22′E 54
ムアイルサ 24°53′N34°00′E 33
マディーナト・ナハース(マグドラ) 29°08′N 30°35′E 53,121
マディーナト・ハーブー(トウジャメト、ジャメト) 25°43′N32°36′E 85,109
マディーナト・アル=ファイユーム(アルシノエ、クロコディロポリス) 29°19′N30°50′E 14,41,47,53,121,167
マディーナト・マーディ(ナルモウスィス) 29°12′N30°38′E 53,121,167
マディーナト・ワトゥファ(フィロテラス) 29°23′N30°28′E 53,121
マドゥ →ナグウ・アル=マダームード
マトゥマル 27°06′N31°20′E 31,109,121
マヌファルート 27°19′N30°58′E 14,109,121
＝マハースナ 26°16′N31°50′E 31,33,109
＝マハッラカ(ヒエラスィカミノス) 23°03′N 32°41′E 53,54,179
＝マハッラ・アル=クブラー 30°58′N31°10′E 167
＝マハーミード・アル=キブリー(ゴブリー) 25°32′N32°28′E 43,71
＝マラーガ 26°42′N31°36′E 109

マリク・アル=ナースィル 21°17′N30°46′E 31,186
マルカタ 25°43′N32°36′E 85
マルサー・ジャウスィス 26°35′N34°02′E 41
マルサー・マトゥルーフ(パラエトニウム) 31°21′N27°14′E 53,187
マルユート湖 31°07′N29°55′E 49,167
マロニア(ギリシア) 40°55′N25°32′E 54
マンギーハ 22°48′N35°13′E 25
マンザラ 31°10′N31°57′E 167
マンザラ湖 31°20′N32°00′E 47,167
＝マンシャー(ブトレマイス・ヘルミオウ) 26°29′N31°48′E 109
マンシーヤト・ダハシュール 29°48′N31°14′E 135,167
マンスーラ 31°03′N31°23′E 167

ミアム →アニーバ
ミケーネ(ギリシア) 37°44′N22°45′E 44
ミコノス(ギリシア) 37°26′N25°22′E 54
ミティムナ(ギリシア) 39°20′N26°12′E 54
ミティレーネ(ギリシア) 39°06′N26°32′E 50
ミート・アイーシュ 30°38′N31°20′E 167
ミート・カードゥース 29°55′N31°14′E 135
ミート・ガムル 30°43′N31°16′E 167
ミート・ラヒーナ(アンクン・タウィ、イウブ・ヘジュ、メンフィス、メンヌフェル) 29°51′N 31°15′E 14,15,18,21,31,33,41,44, 47,49,53,54,135,167
＝ミナルティ(メヌアト・クフ?) 28°06′N30°45′E 14,121
ミヌーフ 30°28′N30°56′E 167
ミヌヤト・アル=カムフ 30°31′N31°21′E 167
ミール 27°27′N30°45′E、27°25′N30°43′E (ネクロポリス) 14,33,41,121
ミルギッサ 21°49′N31°10′E 41,43,179,186
ミレトス(トルコ) 37°30′N27°18′E 50
ミンドス(トルコ) 37°02′N27°16′E 54

ムアッラ(ヘファト) 25°28′N32°31′E 14,33,71,109
＝ムイッサト(アル=ビサリーヤ・キブリー) 25°26′N32°47′E 71
ムサッワラート・アル=スフラ 16°25′N33°22′E 49,186
ムシュ 19°23′N30°23′E 25,186
ムスタジッダ(アル=ムスタギッダ) 27°05′N 31°23′E 31,41,109,121
ムート・アル=カラーブ(アル=ダークラ・オアシス) 25°29′N28°59′E 43,44,187
ムナー・アル=アミール 29°54′N31°15′E 135
ムルシド西 21°40′N31°07′E 31,179,186
ムンシャート・アブー・ウマル 30°54′N32°01′E 18,31,167

メギッド(イスラエル) 32°35′N35°11′E 44,50
メセン →エドフ
メタナ(アルスィノエ)(ギリシア) 37°35′N 23°23′E 54
メッセニア(ギリシア) 37°12′N21°55′E 44
メディワイス 24°15′N34°41′E 25
メヌアト・クフ →＝ミニヤ

メリス 23°50′N32°54′E 31,179
メリムダ・バニー・サラーマ 30°19′N30°51′E 18,31,167
メル・ウェル →ファイユーム
メロウェ 18°28′N31°49′E 186
メロエ →バルガーウィーヤ
メロス(ギリシア) 36°44′N24°25′E 54
メンデス →テル・アル=ルブア(1)
メンヌフェル →ミート・ラヒーナ
メンフィス →ミート・ラヒーナ

モエリス(湖) →ビルカト・カールーン
モエリス →ファイユーム
モンス・クラウディアヌス 26°49′N33°30′E 21,53
モンス・スマラグドゥス 24°44′N34°40′E 53
モンス・ポルフィリテス →ジャバル・ドゥカーン

ヤ 行

ユーヘメリア →カスル・アル=バナート

ラ 行

ラアス・シャムラ →ウガリット
ラカイタ(フェニコン) 25°53′N33°07′E 25, 53,71,109
＝ラカークナ 26°21′N31°46′E 31,33,109
ラコテ →アレクサンドリア
ラシード →ロゼッタ
ラセト →ギーザ
ラチシュ(イスラエル) 31°33′N34°51′E 44
ラトポリス →エスナ
ラファ →ラフィア
ラフィア(ラファ)(イスラエル) 31°18′N 34°12′E 44
＝ラーフーン(ブトレマイス・ホルモス) 29°13′N30°59′E(村)、29°14′N30°58′E(ピラミッド) 14,41,43,47,53,121,141,167
ラムセス →テル・アル=ダブア

リコポリス →アスユート
＝リザイカート 25°36′N32°28′E 33,43,71
＝リシュト 29°34′N31°13′E(ピラミッド) 15, 41,121,141,167
リッカ 29°25′N31°12′E 41,43,121
リミュラ(デミールジイキョイ)(トルコ) 36°20′N30°11′E 54

ルゥドゥ・アル=アイル(シナイ) 29°02′N 33°26′E 41,188
ルクソール(アル=ウクスル)(ディオスポリス・マグナ、ノ、テーベ、ワセト) 25°42′N 32°38′E 49,71,85,109
ルシュディ・アル=サギーラ、テル・アル=ダブアの北900m 167
ルブアイーン 30°47′N31°35′E 18,33,167

レウコス・リメン →クサイル
レオントポリス(1) →テル・アル=ミクダーム
レオントポリス(2) →テル・アル=ヤフーディーヤ
＝レッスィーヤ 22°42′N32°03′E 43,179
レティムナ・アルスィノエ(クレタ) 35°23′N 24°28′E 54
レトポリス →アウスィーム
レベドス(トルコ) 38°04′N26°55′E 54

ロゼッタ(ラシード) 31°25′N30°25′E 25,53, 167
ロードス(ギリシア) 36°26′N28°13′E 50

ワ 行

ワシュカンニ →テル・ファカリーヤ
＝ワスタ 29°20′N31°12′E 121,167
ワセト →ルクソール
ワーディ・アッバード 25°02′N33°03′E 31
ワーディ・アッラキー 23°07′N32°47′E 43,179
ワーディ・アトゥラ 26°10′N33°15′E 43
ワーディ・アブー・アジージュ 24°06′N32°56′E 33,43,71
ワーディ・アブー・ハサー・アル=バハリー 27°37′N30°59′E 121
ワーディ・アル=アラブ 22°45′N32°22′E 49, 186
ワーディ・ウンム・アワド 25°21′N33°39′E 43
ワーディ・ガッス 26°33′N34°02′E 41
ワーディ・カルトゥ(シナイ) 29°02′N33°25′E 33,41,188
ワーディ・カルン 30°02′N31°03′E 135
ワーディ・アル=サブア 22°45′N32°34′E 41, 179
ワーディ・サンヌール 28°59′N31°03′E 43,121
ワーディ・アル=シャイク 28°41′N31°03′E 33,121
ワーディ・アル=シャット・アル=リジャール (リガール)(ワーディ・スィバウ・リジャール) 24°43′N32°54′E 41,49,71
ワーディ・アル=ジャラウィ(ガラウィ) 29°46′N31°19′E(ダム)、29°46′N31°21′E(採石場) 21,33,135,167
ワーディ・スィバウ・リッジャール →ワーディ・アル=シャット・アル=リジャール(リガール)
ワーディ・ディグラ(ディジュラ) 29°57′N 31°18′E 18,31,135,167
ワーディ・ナスブ(シナイ) 29°02′N33°24′E 21,41,43,188
ワーディ・アル=ナトゥルーム 30°25′N30°20′E 21,25,166
ワーディ・バイザ 24°37′N33°27′E 41
ワーディ・アル=バナート 16°31′N33°22′E 49,186
ワーディ・ハルファ 21°56′N31°20′E 13,179, 186
ワーディ・ファワキール 26°02′N33°36′E 33
ワーディ・アル=フディー 23°42′N34°17′E 41
ワーディ・マガラ(シナイ) 28°54′N33°22′E 21,33,41,43,44,188
ワードゥ・バン・ナカウ 16°29′N33°07′E 49, 186
ワンニナー(アトゥリビス(2)、フト・レビト) 26°31′N31°40′E 53,109

索　引

イタリック数字の頁は,図版または地図の説明文に対応する.定冠詞アルは50音順の配列上無視し,頭に付くアルは＝のみで記し省略した.

ア 行

アアウセルラー　42,83
アイ　119,149
　——の墓　45,99
アイユーブ　86
アイラート　19
アイルランド国立博物館　83
アヴァリス　42,81,133,175
アウイブラー・ホル　137
　——の墓　137
アウグストゥス帝　180
　——の神殿　73,74,180
アウスィーム　166
青ナイル川　14,15
赤いピラミッド　137,137
赤い礼拝堂　91
アギルキア島　73
アクエンアテン　45,90
アクシャ　186
　——の神殿　184
アクミーム　109,118,118
アケト(洪水期)　154
アケトアテン　123
　——のアテン神殿　124
アコリス　128
アサスィーフ　103
アジア遠征(プサメティコスII世の)　51
アシュート　→　アスユート
＝アシュムーナイン　121,123,125,126,127
　——の墓地　127
アシュモレアン博物館(オックスフォード)　24,110,114,120,124,127,164,168,175,198,211,217
アスクトゥ島　186
アスクレピエイオン　151
アスペルタ(王)のピラミッド　186
アスユート(アシュート)　15,30,108,120,121,122
　——のメセフティの墓　122
アスワン　12,20,35,70,71,72,73,146
アスワン・ハイ・ダム　27,70,73,181
アッシュールバニパル　49
アッシリア　49,178
　——の侵入　49
　——帝国　51
アディクアラマニの神殿　179,180
アテン　45
アトゥム　36,128
　——の青銅製小像　217
アトゥム神殿　174
アトゥリビス　119,171
アトバラ川　15
アトフレビ　171
アトライス　134
アナスタシ　26
アナトリア　52
アニーバ　46,179,181,183
アヌキス　72,213
アヌビエイオン　151
アヌビス　55,183,214,218
　——の祠堂　96
アハ　32,110,142,165
アバ・エレミアス　148
アバトン　73,201
アバフダ　186
アハメス　42,81,142,173
　——のモニュメント　116
アハメス・ペンネクベト(2号墓)　81
アビス　136,151,211,214
　——の祭壇　222
アビュドス(アビドス)　19,29,30,32,62,108,109,114,211,213,217,224
　——の墓地　31
　——州の偉大な支配者　122
アフガニスタン　20,21
アブカーン文化　30
アブー・キール　221
アブー・グラブ　135,152,164
　——の太陽神殿の祭壇　154
アブジージュ　131
アブジュウ　114
アブー・スィンベル　48,51,97,179,181,184,184,186,212
　——の小神殿　184,184
　——の大神殿　9,181,183,184,184
アブー・スィール　34,134,135,140,142,152,152,166,169
アブー・スィール(タプオスィリス・マグナ)　166,169
アブドルラスール　27
アブー・アル＝ハッジャージモスク　86,86,87
アブー・ハムド　20
アブー・ラッワーシュ　34,134,135,140,165
アプリエス　50,51,173,177
　——の宮殿　136
　——のステラ　136
アフロディトポリス　82
アベリア　148
アボット・パピルス　99
アポピス　42,82,217
アポリノポリス・パルヴァ　111
アマシス　38,51,52,111,136,171,176
　——の政策　51
　——の神殿　173
アマーダ　179,182
　——神殿の碑文　182
アマニトレ女王　186
アマラ西　186
アマラ東　186
＝アマールナ(テル・エル・アマルナ)　28,84,120,121,123
　——の私人墓　64
　——の神殿　45
アマールナ時代　56,80,201
アマールナ文書　124
アミルタイオス　51
アムセス＝メリアメン　181
アムラー文化　30
アムル・ビン・アル＝アース　134
アメニケマウ　137
アメリノー,E.　116
アメン　95,211,212
　——の神域　91
　——神の神聖な崇拝者　48
　——神信仰　48,49
　——神殿　46,86,90,91,96,98,98,127
　——大神殿　43,90,176
アメンイルディスI世　48~50
アメンエムイブ　177,183
アメンエムオネ　149
　——の墓　103,104
アメンエムハト　40,201
　——の墓(2号墓)　128
アメンエムハトI世　40,133,156,172,176
　——のピラミッド　133,141
アメンエムハトII世　137
　——の神殿　127
アメンエムハトIII世　40,136,168,175
　——の巨像　131
　——の彫像　40
　——のピラミッド　141
　——のピラミディオン(笠石)　137
アメンエムハトIV世　40
　——のピラミッド(?)　141
アメンエムハトVII世(スジェファカーラー)　110
アメンオブエムハト　56
アメン・カムテクの聖所　91
アメンヘテプの座像　45
アメンヘテプI世　38,42
　——の祠堂　91
　——の墓　99
　——の礼拝室　92
アメンヘテプII世　28,44,80,83,182
　——の祠堂　91
　——のセド祭用神殿　91,92
　——のピラミッド　141
アメンヘテプIII世　44,84,86,92,136,148,151,175,210
　——の青ファイアンス製スフィンクス　225
　——の大きな神聖甲虫の像　92
　——の行進用列柱室　87
　——の神殿　72,182
　——の葬祭殿　95
　——の第3塔門　91
　——の柱廊玄関　91
　——の頭部像　225
　——の中庭　86
　——の墓　99
　——の列柱廊　86
　——の列柱廊のパピルス柱　87
アメンヘテプIV世　38,38,45,45
　——の神殿　90
アメンヘルケプシェフ　184
アメンメセス　83
アメン・ラー　36,182,184,212,216
　——の墓地　173
　——の礼拝室　116
アメン・ラー＝ホルアクティの神殿　91
アモル　97
アモン神　52
アラビア語　22,24
アラブ・アル＝タウィーラ　174
アラム語　51,127
アルカマニ　181
アルゴ島　187
アルシノエII世　55,165,165
アルタクセルクセスIII世　52
アルテミドロスの棺　55
アルデュアトの書　100
アルド＝ナアム　174
アルファベット　198
アルベルティ,レオン・バティスタ　222
アルマント　71,83,110
アレクサンダーIII世の神殿　73
アレクサンダーIV世　172
アレクサンダー大王　18,52,86,87,127
　——の聖舟をまつる祠堂　86
アレクサンドリア　18,19,51,53,134,166,169,169
　——の神　222
アレッポ　97
アレンスヌウフィス　181
　——の神殿　73,74
アンク＝タウィ　134
アンクティフィ　82,82
アンクネスネフルイブラー　51
暗号綴り　201
アンタ(モト)　177
アンティオコスIV世エピファネス　55
アンティノウス　128
アンティノポリス　128
アンタエオポリス　119
アントニヌス・ピウス　83
　——帝の中庭　110
アンハイ　199
　——のパピルス　216
アンペト　173

イ

イウサス　173
イウティの墓　175
イウニィ　83
イウニト　81
イウネト　112
イウヌ　173
イウヌ＝メントゥ　83
イウンムテフ　115
家の女主人　205
いかだ(パピルスの)　68
イェブタハ　142
石切場(採石場)　19,20,21,40,73
イシス　24,55,55,169,199,211,214,215,216,218,221,222
　——の参道　146
　——の神殿　73,74,95,164
　——の誕生殿　112,113
　——の礼拝堂　116
　——信仰　22,171
イシュタルの像　45
イスタブル・アンタル　128
イズバト・ルシュディ・アル＝サギーラ　176
イゼジのピラミッド　140,145,146
一夫一婦制　205
イティ　137
　——の墓　82
　——のピラミッド　141
イティウレト　137
イティタアウィ　40
イテト　133
　——の墓　56
イテフイビ　122
イトゥジャウィ　84,120,133,140
イドゥ・セネニ　114
イネブ-ヘジュ　134
イビ　78
イビ　122
　——の墓の浮彫り　107
　——のピラミッド　140,146
イビス　183
　——の墓地　173
イブ　118
イブシェク　184
イブの像頭部　119
イブトI世　140
イブトII世　140
イフナースヤ・アル＝マディーナ　35,120,121,128,129,129
イブペメイ兄弟　119
イブリーム　183
イベク　42
イベト＝イスト　90
イベト＝レシト　84,86
イムセト　221
イムテス　142
イムヘテプ　32,73,142,214
　——の神殿　74
イメト　176
イラン・バスタン博物館(テヘラン)　50
入口の壁　61
イルトジェト　32
インティ　129
インヨテフI世(ホルス・セヘルタウィ)　99
インヨテフII世(ホルス・ワファンク)　99
インヨテフIII世(ホルス・ナクトネブテプネフェル)　99
インヨテフオケル　133

ウ

ヴァイス,R.W.ホワード　156
ウアジェト　32,80,176,217
ウアジュ王の墓碑　224
ヴィクトリア湖　15
ウィルキンソン,J.G.　27,83,107,126
ウェイナト地区　19
ウエイル,R.　111
ウェブ＝ヘテプ　123
ウェスパシアヌス　174
ウォルターズ美術館(メリーランド)　172
浮彫り　20,29,33~35,40,45,48,56,61,63,183,210,224
　——の技法　59
　——細工　32
　陰刻——　56
　陽刻——　56
ウジェプテン　140
ウジャトの眼　221,217
ウシル　184
ウシル＝ハピ　151
ウセルカーフ　34,83,145,151,152
　——の像　152
　——の太陽神殿　34,152
　——のピラミッド　140
ウセルマアトラー　184
ウナス　34,56　148
　——のピラミッド複合体　145,154
ウニ　34
ウブワウトの神殿　122
海の民　29
埋もれたピラミッド　144
ウラエウス　38
ウラエウス・コブラ　216,217
ウロナルティ島　186
ウンム・アル＝カアブ　116
　——王墓群　116

エ

エイレイシア　80
エイレイシアスポリス　80
エウエルゲテスI世　76
エウエルゲテスII世　76
エクソドス　175,177
エーゲ海　51,52
エーゲ海連盟　54
エサルハドン　49
エジプト　　——と近東(前1530年頃—前1190年)　42
　——と近東との交流　20
　——と古代の遺跡　27
　——とヌビアの統一　49
　——の王たち　36
　——の王たちの彫像　38
　——の形成過程　30
　——の支配権拡大　20
　——の宗教　55
　——の政治的経済的実権　17
エジプトアラバスター　19
エジプト学　26~28,30,153
エジプト研究　26
エジプト語　29,199
エジプト考古局　27,28,103
エジプト再統一　35,50
『エジプト誌』(デスクリプシオン・ド・ル・イジプト)　14,26,223
エジプト社会の女性　204
エジプト・スーダンへの旅行者　25
エジプト探査協会　151
エジプト調査基金　28
　——の調査隊　126
『エジプトとヌビアの旅』　24,158,160
エジプト博物館
　(カイロ)　27,28,52,122,131,132,145,146,149,152,161,166,168,170,175,177,188,198,205
　(トリノ)　119,204,206,208
エジプト美術　30
エジプト文化　30
エスナ　24,70,71,80,81
　——のクヌム神殿　81
　——の神殿　81
エスパマイ　118
エセネフレル　184
エドフ　70,71,76
　——の神殿　70
エトルリア　19
エバナの息子アハメス(5号墓)　81
エブラ　35
エボット(アボット)　114
エマリー,W.B.　142
エルマン,アドルフ　29
エルモント　83
エレファンティン　51,70,71,72,72
円柱広間　61
遠洋航海用の船　153

オ

オアシス　16,18,19,28,67,131,187
黄金のホルス名　36
オオカモシカ　155
王家の谷　24,27,28,42,84,99,99,100
王家の墓　32,85
王朝
　1王朝　14,20,31,32
　　——の王　38
　　——の王たちの墓群　31
　2王朝　32
　3王朝　19,32
　　——の王　38

索　引

4王朝　20, 32〜34
　——の墓群　17
5王朝　20, 33
6王朝　34
8王朝　34
11王朝　35
12王朝　40
14王朝　42
15王朝　42
16王朝　42
17王朝　20, 42
18王朝　20, 42
　——後半の木製の彫像　59
19王朝　45
20王朝　46
21王朝　20, 48
22王朝　20, 48
23王朝　48
24王朝　49
25王朝　20, 48, 50, 178
26王朝　20, 49, 50
　——の近東政策　50
27王朝　51
28王朝　51
29王朝　51
30王朝　52
31王朝　52
王妃の谷（ビバン・アル＝ハリム）104
　——の墓　103
王墓　32
王名表　32, 40, 48, 51
オクスィリンクス　129
オシリス　221, 214, 215, 217, 217, 218
　——の巨像　72, 73
　——の秘儀　114
　——の礼拝堂　111, 116, 117
　——神の納骨所　92
　——神の墓　92
　——神殿　116, 116
オシリス・ヘカジェト　92
　——の礼拝堂　91
オシリス・ベデトアンクの神殿　91
オストラカ　46
オストラコン　29, 201
オソラピス　151
オソルコンⅠ世　48
オソルコンⅡ世　175
オソルコンⅢ世　172, 175, 177
オソルコンⅣ世　48, 172
オヌリス＝シュウ　75, 172
オベト神殿　91, 92
オベリスク　22, 22, 24, 73, 86, 96, 152, 154, 154
『オベリスクの起源と用途』　26
オルテリウス，アブラハム　22
オン　173
オンアス　174

カ 行

カー　62
カーアベルの墓　146
ガイウス　183
絵画の技法　59
外国人傭兵　203
階段ピラミッド号　32, 137, 138, 138〜140, 146
カイロ　14, 19, 148, 168
ガウ　26
カーウ・アル＝クブラー（カビール）119
カヴィグリア，J. B.　156
カエムウスのヒエログリフの碑文　146
河岸神殿　96, 130, 138, 158
隠し場　78, 79, 79
花崗岩製ナオス（廟）　166
かじ座　68
かじ取り装置　68
かじ取り用オールの水かき　68
カシャタ　48
貴族の墓　146
カスル・イブリーム　179, 183
　——の城塞遺跡　28
カスル・カールーン　131
カスル・アル＝サガ　131
　——の神殿　131
＝カスル・ワ・アル＝サイヤード　109, 114
カセケムイ　32, 38, 80, 116
カーター，ハワード　28, 101
カターイナ　34, 166, 175
カタコンベ　116, 127, 169
家畜　16
ガチョウ　16
楽器　196
学校　198

ガーディナー，アラン卿　29
＝カーディム　188
カデシュ　86
　——の戦い　46, 184, 202
カーナボン卿　28, 101
カーネフェルの墓　163
カノピス容器　221
カノブス　222
カノポス　221
カバー　155
　——のピラミッド　140, 155
カハイフのマスタバ　200
カバール，ジャン　150
カビア人　80
カビブ　71, 80, 148, 170
　——の神殿　80
カプチン修道会士　24
カフラー（ラーカエフ）　33, 156, 164, 176
　——の河岸神殿　161
　——の椅座像　224
　——のピラミッド　140
　——のピラミッド断面図　158
　——のピラミッド複合体　101
カフン　130
カフン・パピリ　130
カマス　172
神　210
上エジプト　18, 20, 23, 70
　——の州　15
カムトエフ　129
カーメス　42
カモ　16
カモシカの肉　16
カラカラ帝　111
カラニス　131
カラブジャ　197, 180
カラブシャ神殿　180, 180, 181
　——の神々　181
ガラン，ワスティスコム　29
カリギュラ　111
カリュ男爵　24
＝カルア　111
＝カールガ（カールジャ）　12, 35, 187
＝・オアシス　18, 51, 122, 187
カルトゥーシュ　36
カルトゥーム　15
カルトナージ　221
カルナ　27, 95
カルナト・マライー　100, 103, 103, 111
カルナク（カルナック）　23, 43, 85, 90, 110
＝カルナク　90
カルナク神殿　45, 48, 49, 216
カルバリー，A. M.　29
ガルベンキアン・オリエント美術博物館　59
カワ　187
川の神殿　123
灌漑　16, 18
灌漑農業　14
岩窟神殿　178
岩窟墓　61, 73, 146
岩窟礼拝堂　118
官職称号　41
干拓事業　17
カンティーン　41, 46, 99, 166, 175
カンビュセス　18, 51, 215
甘味料　16
官僚政治　41
官僚組織　40
官僚たちの墓　32

キアン　42, 83
ギーザ　24, 28, 33, 134, 135, 137, 145, 148, 156, 164
　——のピラミッド　12, 140, 156
　——のマスタバ墳　163
キス（クサエ）　122
貴族の墓　146
北アフリカ　12
北宮殿　124
キナー　112
記念物の目録　28
キフト　108, 109, 111, 111
キプロス　52
ゲルゼー文化　30
ガルフ・フセイン（ジャルフ・フサイン）181
キレマ　19, 42, 187
旧石器時代　12
牛肉　16
供儀文　210
巨大な周壁　146
ギリシア　51, 55, 57
ギリシア人による支配　52
キリスト教　55

キルヒァー，アタナシウス　22
キレナイカ　19
キレーネ　51, 52
近東諸国との交流　17
近東の穀倉地帯　20
クイト　140
クイのピラミッド　141
空葬神殿　116, 117
クサイル　19
楔形文字　28
楔形文字板　46
クシュ　175, 181
クース（グース）　109, 110, 111, 111
＝クースィーヤ　42, 122
くずし字体　198
クストゥール　186
クサエ（アル＝クースィーヤ）　42
クス・ウェル　168
クッバト・アル＝ハワーラ　70, 72, 73
クッル　187
屈折ピラミッド　132, 137, 137, 140
クヌム　53, 72, 73, 213
　——神殿　81
クヌム　137
クヌムヘテプⅡ世の墓（13号墓）　128
クヌムヘテプⅢ世の墓（3号墓）　128
クネメト＝ネヘフ　98
クネメト＝ワセト　97
クーバン　179, 181
クフ　33, 117, 161, 164, 176
　——の葬祭用の船　20
　——のピラミッド　140, 156, 158, 160, 160
クミン　118
クムマ　186
クムン　126
クラウボウ，エルマン　29
＝クーラのピラミッド　141
クラウディウス　111
クラニス　131
グリオスフィンクス　90
グリフィス，F. L.　29, 168
グリフィス研究所（オックスフォード）101
グリーブス，ジョン　24
クリプト　64
クルア　111
クルグス　20, 42
クルクル・オアシス　18
クルナ　27, 95
クルナト・マライー　100, 103, 103, 111
クレオパトラⅦ世フィロパトール　83
グレコ・ローマン時代　9, 10, 15, 16, 19, 21, 29, 32, 32, 51, 52, 53, 54, 55, 61, 64, 70, 71, 73, 75, 83, 85, 95, 98, 109, 111, 114, 117, 119, 121, 127〜129, 131, 135, 151, 166, 173, 176, 180, 187, 196, 197, 201, 211, 221
　——のエジプト　53
　——のエジプトと東地中海　54
　——のファイユーム　53
クレタ　20
グレボ，E.　103
黒いピラミッド　137
軍隊　50, 202

珪岩　19
ケイネブの墓の壁画　107
ゲサ　111
グスイ　111
ケスウェルの墓　168
ケティⅠ世　122
ケティⅡ世　122
ケネムヘテプ　123
ゲブ　214, 215, 217
ケフト　111
ゲフト　111
ケベフセヌフ　211, 221
ケベルカーラー　114
ケミイトの書　198
ケム　168
ケムミス　118
ケナー　112

ケンティ・イルティ　168
ケンティ・ケム　168
ケンテクタイ　171
ケンテトカ　165
ケントアメンティウ　114
ケントカウス　34
　——の墓　145
ケント・ミン　118

交易　19, 30
紅海に至る主要な3ルート　19
紅海への隊商路　25
紅海ルート　40
後期石器時代　12, 18
高級官僚　48
鉱山　19
後ラメセス時代　80
香料　20
古エジプト語　199
古王国時代　32, 34
　——のエジプト　32
　——の舟　69
　——のピラミッド　146
＝コーカ　103
黒檀　20
個人の宗教　210
古代遺跡の地図　116
古代エジプト
　——の絵画構成法　58
　——の研究　22
　——の地図　19, 22
　——の舟　69
国家組織の誕生　30
国家の宗教　210
ゴネイム，M. ザカリア　144
コピングトンの墓　158
コフィンテキスト　205, 221
コブト語　26, 29
　——の写本　22, 27
コプトス（キフト）　30, 111
コム・アウシーム　131
コム・アル＝アカリブ　129
コム・アル＝アフマル　70, 71, 78, 170
コム・アブー・ビッル　166
コム・オムボー　20, 28, 70, 71
コム・アル　74
コム・アル＝カラア　136
コム・アル＝シュカーファ　169
コム・アル＝スルターン　114, 116, 116
コム・アル＝ディールのクヌム神殿　81
コム・アル＝ファクリー　136
コム・アル＝ヒスヌ（ヒセン）166, 168
コム・マディーナト・グラブ　121, 130, 130
コム・ミール　81
コム・アル＝ラビア　136
コム・ルカイヤ　131
子安貝型印章　42
暦　32
コール　186
コルヌ＝コピア　52
コロスコ　20, 183
コロンナ，フランチェスコ　22
コンス　75, 212, 216
コンス神殿　46, 91, 92
コンス・ネフェルヘテプ　177
コンスペクロドの神殿　91, 92
コントゥラ・プセルキス　181
コンブト勅令　111
棍棒　203

サ 行

サアイド　84
サアメン　48, 177
財産の譲渡　205
彩色された床　124
彩色石　56
彩色墓　169
サイス　48, 50, 51
再生信仰　211
採石場（石切場）　19, 20, 40, 61, 73, 126
サイ島　42, 187
サイラ　131
　——のピラミッド　141
祭礼　210
ザウ　170
サウティ　122
ザーウィヤト・アル＝アムワート　121, 128
　——の階段ピラミッドの断面図　128
　——のピラミッド　141
ザーウィヤト・アル＝アルヤーン

34, 134, 155
　——のピラミッド　140
ザーウィヤト・ウンム・アル＝ラカム　19
ザーウィヤト・アル＝マイイティーンのピラミッド　141
ザカズィク　174, 174
サッカーラ　24, 32, 33, 135, 140, 142, 144〜146, 148, 150, 205, 211
　——の浮彫り技術　148
　——の貴族の墓　146
　——の古典的十字形礼拝堂　148
　——のピラミッド　116, 138
サッカーラ台地　151
サティス　183, 213
サトジュ　32
サトメルフート　137
サナトリウム　112, 112
サナム　187
ザネケト　32, 118, 188
サバーキン　170, 171, 173
砂漠
　——の乾燥化　14
　——の祭壇　123
　——の塔門　116
　——の道　19
サ・アル＝ハジャル（ハガル）　166, 176
　——の廃墟　170
サハラ砂漠　12, 14, 20
サバンナ地方　12
サーヒル島　73, 74
＝サブア　179, 181, 182, 184
　——の神殿　182, 183
サファガ　19
サフウラー　34, 152
　——の葬祭造物　138
　——の葬祭殿　153
　——のピラミッド　140, 152
　——のピラミッド複合体　28, 138, 152
『サフウラー王の墓碑』　28
サフ型墓　96, 99
サフ・アル＝キサシヤ　99
サフ・アル＝ダワバ　99
サフト・アル＝ヒンナー　166, 175, 175
サフ・アル＝バカル　99
サマンヌード　166, 171, 172
　——神殿の浮彫り　172
サベル　14
サムイ・ガブラ　128
サラビート・アル＝カーディム　188
サリーマ・オアシス　18
サルの墓の谷　103
＝サルムーニー　118
サレンプトの墓　73
三大ピラミッド断面図　158
3柱神　216
3人の王女の墓　103
サーン・アル＝ハジャル（ハガル）　166, 176
　——の神殿　166

シアム　183
＝ジーフ　168
ジェウ・カ　119
シェシェンクⅠ世　48, 136
シェシェンクⅢ世　48, 177
　——の門　176
シェシェンクⅤ世　170, 177
シェステメテ（スミティス）　80, 81
ジェセル　32, 74, 144, 145
　——のセド祭殿　138
　——のセド複合体　139
　——のピラミッド　142, 144
ジェセル＝メヌ　95
ジェデト　173
ジェドアンクラー・メントゥエムザフ　82
ジェド＝イスウト　146
ジェドカーラー・イゼジの葬祭殿複合体　34
ジェドネフェルラー・ジュフティモスⅡ世　82
シェビトク王　49
ジェブ　119
シェーファー，ハインリッヒ　29, 155
シェプエンウエペトⅡ世　49
シェプセスカフ　34, 38
　——のピラミッド　140, 152
　——の埋葬複合体　145
ジェフアイビⅠ〜Ⅲ世　122
ジェベノウテ　172
シェベン＝ミン　119

索　引

シェムウ(収穫期) 154
ジェムノウティ 172
ジェメ 84
ジェルティ 83
ジェルの墓 116
ジェ＝レシィ 131
視覚映像描写法 56
シカゴ大学オリエント研究所 28
シカゴハウス 28
シカール, クロード 24
四季の部屋 154
　　──西壁の浮彫り 155
死者の国 217
死者の書 199,206,218
私人墓 63,85,103
シストラムの家 114
シストラムの像 73
しっくい 59,64
祠堂 90,91,127
シトハトホルイウネト王女 130
シナイ 19,130,188
シナイ半島 67
シビタ・カステラーナの大教会堂 222
シービーン・アル＝カナーティル 174
シブタハの墓 100
シミン 118
下エジプト 50,52
　　──の州 15
　　──・デルタ諸文化 30
下ヌビア 20,26,40～42,52
シャイク・アブド・アル＝クルナ 103,103
　　＝シャイク・イバーダ 121,128
シャイク・サーイド 121,123,125
シャイク・アル＝バラド 146
シャシナ, E. 165
射手の浮彫り 133
シャドゥーフ 17
ジャネト 176
シャバカ王 49,136
ジャバライン 35,71,82
　　──のイティの墓 82
ジャバル・アブー・フェーダ 123
ジャバル・アフマル 19,165
ジャバル・アル＝シャムス 186
ジャバル・アル＝スィーラ 20
ジャバル・アル＝スィルスィラ 24,30,70,71,74
ジャバル(ガバル)・ドシャ 187
ジャバル・バルカル 48,187
シャリア・アル＝アハラム 156
シャルファク 186
ジャルフ・フサイン 179,184
シャワブティ(ウシェブティ) 219
シャンポリオン, ジャン, フランソワ 26,74
シュー 214,215
州(ノモス) 15,16,35
19世紀のエジプト学 107
宗教 43,55,209,210
シュウネト・アル＝ゼビブ 116,116
シュッタルナ II 世 45
シュビーゲルベルク, ビルヘルム 29
シュピレリュウマ(ヒッタイト王) 45
ジュフティヘテプ 126
　　──の墓の壁画 126
巡礼 55
小王国時代 18
上下エジプトの統一 31
小聖堂の壁画(ローマ時代) 87
常備軍 42,203
小丸天井 151
書記 198,198
初期の墓 204
初期王朝時代 31
　　──の耕地の分布 15
　　──の奉納品 78
初期王朝文化 30
食物生産文化 30
女性の姦通 205
ショット, S. 152
ジョン・リランズ図書館 199
シリア 20
シリア遠征 43,50
ジルジャー(ギルガー) 114
白いピラミッド 137
白ナイル川 14,15
新エジプト語 199
新王国時代 19
　　──のエジプト 42
　　──の女性 204
　　──の墓 148
　　──の舟 69
新カラブシャ 180
神官(団) 215

新バビロニア王国 51
真実の場所の召使いたち 100
真正ピラミッド 132,137,138,138～140
新石器時代 12,18,30
神像 210
神託 199,210
神殿 10,15,42,46,50,55,59,61,64,71,79,84,126,130,135,166,173,174,176,177,181,187,196,209～211,215,217
神殿彫刻像 171
神殿内宮殿 97
神殿複合体 78,95,96
新年の中庭 112,113
神話 215

スアンクカーラー・メントゥヘテプ 83
スィドゥマント・アル＝ジャバル 129,129
スィレ 49
スィーワ(シワ) 12,51,187,187
スィーワ・オアシス 52
スィンビッラーワイン 173
スウネト 72
スカラベ 42,91,211
スコットとジェームス・ブルースのルート 25
スーダン博物館(カルトゥーム) 186
ステラ(石碑) 62,62,63,151,164,168
ストラボン 117
スネフル 33,132,137,141,164
スパルタ 52
スフィンクス 90,90,92,96
スフィンクス参道 45
スフィンクス神殿 158
スフィンクス像 177
スプリット 169
スプーン(装飾のある) 208
スペオス・アルテミドス 121,128
　　──神殿 43
スヘテブイブラーアンク 133
スメンクカーラー 45
スメンデス 48

性 205
青冠 38
西岸の神殿 85
聖牛アピスの墓 151
聖牛アピスのミイラづくりの家 136
聖獣 211
聖なる動物の墓地 151,175
聖舟 87
　　──の間 116
　　──をまつる祠堂 90
聖舟休息所 91
聖所 64,76
青銅 42
生命の家 198
『世界の旅』 169
赤色花崗岩製の2本のオベリスク(ルクソール) 87
石製容器 32,35,56
石碑 → ステラ
セケナイオネソス 131,199
ソテルの棺の内部 103
セケムカラー・サンクタウイ 80,82
セケンエンラー・タアア II 世 42
セシャト女神 133
セシェムネフェルの家族墓の復元された柱廊 163
セセビ 187
セダインガ 187
セタウ 81,181
　　──の礼拝堂 80
石棺 221
石棺ピラミッド 140
セッラ西 186
セッラ東 186
ゼーテ, クルト 29
セティ I 世 38,46,76,83,164,164,176,182,182,183,220
　　──の神殿 29,115,117
　　──の聖所 136
　　──の葬祭殿 95
セティ II 世 127
　　──の像 90
　　──の墓 148
　　──の舟 69
セト 52,111,176,213,215,218
　　──の王 38
セトカーの墓 72
セド祭 142

セド祭殿 138,145
セネブトイシ 133
セ(ネ)ンムト 92
セベク 75
セベクエムザエフの像 83
セベクヘテプ II 世(セケムラー・クゥタウィ) 110
セベクヘテプ III 世(セケムラー・ウジュカウ) 80,110
セベンニトス 52,171,172
セマ 40,186
セマナ東 186
セマナ南 186
セラピス 151,169,222
　　──の礼拝堂 86
セラピス神殿 178
セラビート・アル＝カーディム 19
セラペウム 151,169,211
セリーム・ハッサン 156
セレクのモチーフ 31
センウセルト＝アンク 133
センウセルト I 世 40,83,90,170
　　──のオベリスク 25,173,174
　　──のキオスクの浮彫り 40
　　──の神殿 83
　　──のセド祭用祠堂 91
　　──の柱 92
　　──のピラミッド 40,133,141
　　──のブロック 111
センウセルト II 世のピラミッド 130
センウセルト III 世 40,110,117,137
　　──の肖像 40
　　──の像 172,225
　　──のパレスティナ遠征 40
　　──のピラミッド 140
先王朝時代 30
　　──の耕地の分布 15
　　──の集落 78
　　──の舟 69
　　──の墓地 78
戦車 203
戦斧 203
セントセネブティシ 137
センナケリブ 49
タニス 28,48,84,176
センヌウ 111
センナール(セナー) 14
センネフェルのステラ 119
センムト 43,96
　　──の家族の墓 104

象嵌細工 56
象牙 20
象牙彫刻 56
葬祭殿 96,138
葬祭用具 34
葬祭用建造物 61
葬祭用小像 221
ソカル 217
ソクノパイオネソス 131,199
ソテルの棺の内部 103
ソハージュ 15
ソハージュ運河 15
ソバト川 14
ソブド神 188
ソベク 199,213
　　──の神殿 74
ソマリア 19
ソールト 26
ソレブ 187

タ　行

第1アスワンダム 27
第1イシス神殿 171
第1急湍 16,20,30,33,42,67,73,178
第1州 20
第1中間期時代 35
　　──と11王朝の再統一 35
　　──のエジプト 32
第1塔門 114
第2急湍 20,30,32,40,178
第2次ペルシア朝 52
第2中間期時代 42
　　──のエジプト 40
　　──の第2急湍近辺の砦 40
　　──の舟 69
第3急湍 42
第3中間期時代 48
　　──のエジプト 42

　　──末のエジプト 47
第3ピラミッド 163
第4急湍 42,178
大英博物館(ロンドン) 26,55,171,175,199,206,209,215,216,218,225
大カモシカ州の偉大な支配者 128
大后 205
大祭司 45
大スフィンクス 156,158,164,164
大洞窟の神殿 107
大ヌビア遠征 51
大ピラミッド 33,61,156
　　──の内部 158
タ＝イベト 84
大丸天井 151
太陽円盤の地平線 123
太陽神 45,73
太陽信仰 33,34,45
太陽神殿 34,152
太陽神ラー 33,215
太陽の循環 216
太陽の象徴 33
太陽の船 216
タイル 171
　　──の装飾 99
タウセルト 46
タウルト 214,217
タカ 31
　　──の巨像 70
タクト 171
ターケラ 19,35,187,187
　　＝ダークラ・オアシス 18
タケシ 182
ターサ文化 30,30
タシェヌト＝ミン 119
(タ)セネト 81
ダタナシ 26
多神教 215
多柱室 61,74,87,116
ダチョウの羽 20
　　＝ダッカ 179,181
　　＝ダッル 23,179,183,184
盾 203
タドゥバステ 171
ダハシュール 33,130,134,135,137
　　──のピラミッド 140
タハルカ 35,49,73,80,183
　　──の小聖堂(キオスク) 90
　　──のハトホル女神の礼拝堂 86
タファ 179,180
タブオシリス・マグナ → アブー・スィール
ダーブード(ダボド) 179,180
ダブル 97
ダベナルティ 186
溜池 16
タラタート 125
タラフ 168
ダリウス I 世 48,51,127,199
　　──の聖所 80
　　──の彫像 50
　　＝ターリク 99
ダルシー, G. 103
ダルブ・アル＝アルバイーン(40日の行程) 19,122
ダルフル 19
アルミス 180
短剣 203
誕生殿 73,74,80
誕生の間 87
タンタマニ 50
ダンダラ(デンデラ) 108,109,112,112
　　──の化身の浮彫り 117
　　──の獣帯図 113
　　──の神殿 64,108
タンテレ 112
ダンドゥル 179

チェケルティ 136
チェケレト II 世 48,177
チェヌナの墓の絵 107
地下墳墓 107
チビコ博物館(ボローニア) 150
地方豪族 34
地方神 212,212
チャウティ 114
中エジプト語 199
中王国時代 19,40
　　──のエジプト 40
中間期時代 42
中世の聖地(イェルサレム) 25
柱頭 76
中部エジプト 120
柱廊玄関 99,116,117

彫刻 35
　　──の技法 59
沈刻浮彫り 125

杖 203
ツェルニー, ジャルスラブ 29
ツォエガ, ゲオルグ 26
積み石 64

テアデルフィア 131
ティア 205
ティイ 119,130
　　──の像 188
ティエ 118
ディオクレティアヌス 83,86,169
　　──の門 73,74
ディオスポリス・パルヴァ 114
ディオスポリス・ミクラ 114
ディオニシアス 131
帝国古代美術館(ライデン) 26
ディシャーシャ 121,129
ティのマスタバ墳 148
ディバイラ西 186
ディバイラ東 186
デイヴィス, N. de. G. 28
ティフナ・アル＝ジャバル 121,128
ティフナの岩窟墓 128
ティベリウス 180,181
ディマイ 131,199
ティムナ 19
ディール・アル＝ジャブラーウィー 107,121,122
ディール・アル＝バフリー(デル・エル・バハリ) 27,43,95,99,103
　　──の葬祭殿 35
ディール・アル＝バルシャー 121,126,126
ディール・アル＝マディーナ 28,42,103,104
　　──の労働者村 100
テウジョイ 129
テオス 52,136,215
テオドシウス I 世 134
鉄器時代 46
テティ 134,148,176
　　──のカー神殿 174,175
　　──のピラミッド 140,146
テティシェリ 117
　　──の礼拝堂 116
テドウェン 183
テトゥの像 173
デブ 78
テフネケト 48,170
テフネト 215
テーベ 24,35,40,42,48,49,51,67,84,107,108,134,146,148,149,201
　　──の1号墓の農耕の図 190
　　──の36号墓 107
　　──の3柱神 86,212
　　──の墓 103,104,197
　　──のベラーの墓 201
デモティック(民衆文字) 29,55,198,199
デューラー 222
テラコッタの小像 52
テル・アトゥリーブ(テル・アトリブ) 160,171,171
テル・アブー・アル＝シャフィーア 176
テル・アル＝アマールナ 148
　　──での2日間の発掘 28
テル・アラッド 20
テル・ウンム・アル＝ブライジャート 131
デル・エル・バハリ → ディール・アル＝バフリー
テル・ガート 20
テル・アル＝キルカファ 175
テル・アル＝ズィライキ 173
デルタ 14,67,99,166
　　──の地勢 18
デルタ地帯 12,15,17,30,31,50,52
テル・アル＝ダブァ 27,175
テル・アル＝ティマイ 166,173
テル・アル＝ナークース 172
テル・ナバシャ 166,176
テル・アル＝ハジャル 170
テル・バスタ 48,166,174
テル・ヒスヌ 173
テル・アル＝ファライーン 78,166,170
　　──のハルヘテプの墓 170
テル・ファラウーン 176
テル・アル＝ファラマー 32
テル・ベダウィ 176
テル・アル＝マスクータ 166,177

241

索　引

テル・マルディーク　35
テル・アル＝ミクダーム　59,166,171
テルムティス　168
テル・アル＝ヤフーディーヤ　99,166,174
テル・アル＝ルブア　166,173
　──のマスタバ墳と住居趾　173
テル・エル・アマルナ　→　＝アマールナ
テレヌティ　168
テレヌティス　168
デン　32,165
テンティリス　112
デンデラ　→　ダンダーラ
デンドゥール　180
　──の神殿　180
天然資源　21
天然ソーダ　18

ドイツ考古学協会　137
ドゥアムテフ　211,221
トゥク（ヌトゥウ）　109,110
　──のピラミッド　141
トゥージェク　177
トゥージェニィ　114
トゥジェブヌトゥジェ　172
トゥシュラッタ　45
トゥード　71,82,83
トゥートアンクアテン　45
トゥートアンクアメン　38,45,86,148,149,177,219
　──の墓　28,146
トゥーナー・アル＝ジャバル（ガバル）　28,121,123,127,128,169
トゥフィウム　83
動物信仰　55,211
動物のミイラ　211
　──作り　55
動物墓地　28,211
動物用の飼料　16
ドゥミッヒェント，ヨハネス　28
トゥムイス　173
トゥムボス　187
塔　61,73,80,97,98,116
トゥヤの神殿　97,97
ドゥラウ・アブー・アル＝ナガウ　99,103
ドゥーンクル・オアシス　18
特別編成隊　203
土地の集約的利用　18
トト　55,74,173,183,188,212,216,218,218
トド　110
トト神殿　80,95,127
トトメスの家　28
トトメスの工房　224,225
トトメスⅠ世　42,90
　──のオベリスク　91
　──の神殿　91
トトメスⅡ世　43
トトメスⅢ世　43,72,80,87,119,182
　──のオベリスク　91
　──の視祭堂　91
　──の祠堂　83
　──の祝祭堂　91
　──の小聖堂　96
　──の神殿　130
　──の第6塔門　91
　──の第7塔門　92
　──の第8塔門　92
　──の塔門　83
　──の中庭　91
　──の墓　100
　──の門　111
　──の礼拝堂　80
トトメスⅣ世　36,44,136,144,182,205
　──の祠堂　91,200
ドミティアヌス帝　24,55,110
　──の門　112
トラヤヌス帝　110
　──のキオスク　70
　──の小聖堂　70
　──の聖堂　73
　──の門　112
トリノ王名表　36
ドルギナルティ島　186
トルコ石　19
トルメイタ　19
ドンゴラ　19
ドンベッティ　26

ナ　行

ナイ＝タ＝フト　174
ナイル河谷の人口密度　15
ナイル川　12,14,15,16,66

──の源流　15
──の増水　35,49
──の第1急端　12
──の氾濫の仕方　16
ナイル川・紅海運河　51
ナイル川流域　12,14,15,30
──の降水量　14
──の断面図　16
ナイロメータ　73
ナヴィーユ，E.　129,175,177
ナウリ　187
ナオス（祠堂）　173,175
ナウ　187
ナカーダ　30,108,109,110
ナカーダ遺跡　108
ナカーダⅠ期　30,110
──の白色交線文土器　110
ナカーダⅠ文化　30,30
ナカーダⅡ期　30
──の初期王朝　30
ナカーダⅡ文化　30,30
ナグウ・アル＝ハムマーディ　108
ナグウ・アル＝マダームード　109,110,110
ナクト　133
ナクトミス　118
投げ棒　203
ナズラト・アル＝シムマーン　158
ナセル　180
ナタカマニ王　186
ナバタ　20,42,43,48,178
ナバタ・メロエ王国　20
ナボナ広場（ローマ）　24,38
ナポレオンの遠征　26
ナルメル　31,79,79,142
──の化粧板　38
ナルモウシス　131
南方交易　35

ニウセルラー　34,140
──の太陽神殿　154
──のピラミッド　140,152
──のピラミッド複合体　153
二期作　16
＝ニクラーシュ　168
2国の主の旗もち　107
西の砂漠のオアシス　18
西ベルリン博物館　58,124,130,173
ニスト　38
偽扉　62,149
偽の透かし絵　58
偽の透視（の例）　58
ニトクリス　50,51
ネルヴァ　114
ネロ　111
年号　32

農業　12,14,20,21,52,127,187,208
野ウサギ州の偉大な支配者　126
農産物
　亜麻　16,190
　エンマコムギ　16
　オオムギ　16
　くだもの　16
　穀物　12,16,20,51,82,190,191,195,201
　ゴマ　16
　コムギ　16
　タマネギ　16
　ナツメヤシ　16,18
　ニンニク　16
　ハチミツ　16
　パピルス　16
　ブドウ　16,18,191
　ブドウ酒　16
　野菜　42,100
　レタス　16
ノモス　→　州
ノルデン，F.L.　24,158,160

ハ　行

バー　173,216
バアサ　187
バアト女神　114
ハイダム　27
バイト・カッラーフ　109,118
バイト・アル＝ワーリー　179,180,184
バウフ　172
ハウワーラ　55,131
──のピラミッド　141
墓　217
バキ　181
バケンレンエフ　170
バクヘトの岩窟神殿　128
＝バクリーヤ　166,173
バクルコンス　92
ハコリス　51,80,168
──の多柱室　80

ネケン　78,80,170
バステト神殿　174
ネコⅠ世　50
ネコⅡ世　48,50,168
猫の小像（青銅製）　175
猫の墓地　174
旗標　15
ナチェルケト（ジェセル）　118,188
──の像　142
──のピラミッド　138,140,142,145
ネブアンクとヘテブヘルの息子ジェホの像　171
ネフェリテスⅠ世　51
ネフェリテスⅡ世　52
ネフェルイルカーラー　140
──のピラミッド　140,152
──のピラミッド複合体　153
ネフェルカーラーのピラミッド　141
ネフェルカーラー・ベフチャウウィ・バスト　128
ネフェルセベク女王　40,176
──のピラミッド（？）　141
ネフェルタリ　42,87,184
ネフェルティティ　45
──の胸像　28,124
──の頭部像　225
ネフェルテム　117,213,216
ネフェルト　133
──の像　132
ネフェルネフェルアテン＝タシェリト　124
ネフェルフェラー　124
ネフェルヘテブⅡ世　80
ネフェルマアト　133
ネフェルラー　43,92
ネブカウ　123
ネブカー王　32
ネブカドネザルⅡ世　50,51
ネブケベシュラー・アポピス　42
ネブタウイラー・メントゥヘテブ　40
ネブティス　211,214,215,216,218,221
ネブトウイ　184
ネヘシ　173
──の像　172
ネメス頭巾　38

バステト（ブバステス）　174,212

バスト　174
バセルの墓の浮彫り　107
バダクシャン　20
バチカン博物館　50,170
白冠　38
パティリス　82
ハトシェプスト　43,87,97
──のオベリスク　91
──の祠堂　91
──の葬祭殿　43,95,96
ハトヌブ　19
ハトホル　75,163,168,173,181,205,212,216
──の浮彫り　168
──の祠堂　96
──の洞穴　188
──の標章　56
──の礼拝堂　86,95,96
ハトホル神殿　73,74,80,82,95,112,113,136,188
──の門　73,74
──のセラピス神の礼拝堂　86
ハドリアヌス帝　55,55,169,222
バートン，リチャード卿　114
バニー・スウィフ　129
バニー・ハサン（ベニ・ハッサン）　43,120,121,128
バネジェムⅠ世　92
バネフシ　46
バネブタウイ　75
バノポリス　118
バハバイト・アル＝ヒジャーラ　166,171
──のイシス神殿　171
バハブ　24
バハル・アル＝ジャバル　14
バハル・ユースフ川　18,129
ハビ　221
──の青銅製小影像　24
パビリオン　98
バビルス　16,17,51,193,199,201
──のいかだ　68
──の発見された遺跡　32
──を読む書記の彩色灰岩製座像　149
バビルス柱　87
バビルス文書　46
バビロン　44,50,51
バビロン捕囚　51
バーブ・アル＝アブド　92
バーブ・アル＝アマラ　92
バーブ・アル＝カラブシャ　180
＝バフナサ　121,129
バーブ・アル＝ホサン　96,96
バフリーヤ・オアシス　18,187
バヘリの墓　81
＝ハマム　81
ハヤブサの神（ネケニィ）　78
ハヨニムテラス　12
＝バラス　110
ハリス，A.C.　151
ハリス・パピルスⅠ　114
ハルウェジア　217
バルガーウィーヤ　187
バルカン神　136
ハルクフ　19
ハルサフェス　129,212
──の神殿　129
ハルサフェス神の黄金の小像　128
ハルシエス　100,136
──の供物卓　118
ハルシェーの墓　126
ハルシャーの墓　126
ハルシェス・ディオニシウスの墓　114
ハルシャーの墓　126
ハルソムトウス神　78,113
ハルネジュブラー　176
ハルネジュブラー神殿　91
ハルボクラテス　214
──の神殿　110
ハルマキス神　164
ハルマケル　118
パレスティナ　20,42,46,49,52
パレスティナ遠征（センウセルトⅢ世の）　184
パレスティナ征服　93
パレスティナ中期青銅器文化　40
ハレルモ年代記　33
ハレンドテス帝の神殿　73
ハロエリス　75,111
──の神殿　74
ハワーウィーシュ　119
パン　118,204
パン・グレイブ文化遺跡　40
『パンフィリ・オベリスク』　24

ピイ（ピアンキ）　48,128
　──の遠征　48
ピイ戦争　47
ヒーウ　109,114,114
ピエトロデラパレ　22
ヒエラコンポリス（コーム・アル＝アフマル）　30,32,72,78
ヒエラティック（神官文字）　19,45,60,130,142,198～200
ヒエログリフ（聖刻文字）　22,22,29,55,56,73,198,198～201,212,222
　──の解読　23,26
『ヒエログリフィック百科』　22
控えの間　112
東ベルリン博物館　153,155
ヒクソス　41～43,175,176
ヒクソス人　81,84
ヘクプタハ　134
ビジャー（ビガ）島　70,73,73
　──の小神殿　73
美術上の特徴（古代エジプトの）　58
美術の表現方法　56,58
ヒ素銅　42
ピータク　32
ヒツジ神ジェデトの家　173
ビッシング，F.W.フォン　155
ヒッタイト　20,44,46
ビトム　177
ピネジェムⅠ世　48,90
＝ヒーバ　48,121,129
ビバン・アル＝ムルク　99
ビブロス　20,35,48
碑文　20,34,42
ビホル　181
百万の船　217
ビヤフム　131
表現上の規範　60
ピラネーシ　222
ピラミッド　33,34,40,61,130,140,141,142
　──の石の積み上げ方法　139
　──の形と構造　138
　──の幾何学的問題　139
　──のチェックリスト　140
　──の西側断面図　132
　赤い──　137,137
　アスペルタ（王）──　186
　アメニケマウの──　141
　アメンエムハトⅠ世の──　133,141
　アメンエムハトⅢ世の──　141
　アメンエムハトⅣ世の（？）──　141
　アメンヘテブⅡ世の──　141
　イゼジの──　140,145,146
　イティの──　141
　イビ──　140,146
　ウセルカーフの──　140,142,145,148
　埋もれた──　144
　階段──　32,137,138,138～140,146
　カバーの──　140,155
　カフラー（ラーカエフ）の──　140
　ギーザの──　12,140,156
　クイの──　141
　屈折──　132,137,137,140
　クフの──　140,156,158,160,160
　＝クーラの──　141
　黒い──　137
　ケンジェルの──　140,146
　古王国時代の──　146
　サイラの──　141
　ザーウィヤト・アル＝アムワートの──　141
　ザーウィヤト・アル＝アルヤーンの──　140
　ザーウィヤト・アル＝マイイティーンの──　141
　サッカーラの──　116,138
　サフラーの──　140,152
　ジェセルの──　142,144
　シェプセスカーフの──　140,152
　白い──　137
　真正──　132,137,138,138～140
　セケムケトの──　140,144,148
　石棺──　140
　センウセルトⅠ世の──　40,133,141
　センウセルトⅡ世の──　130
　センウセルトⅢ世の──　140
　第2中間期時代の──　40
　第2──　161
　第3──　163
　大──　33,61,156

索　引

ダハシュールの—— 140
テティの—— 140,146
トゥクの—— 141
ニウセルラーの—— 140,152
ネチェルケトの—— 138,140,142,145
ネフェルイルカーラーの—— 140,152
ネフェルカーラーの—— 141
ネフェルセベク女王の(?)—— 141
ハウワーラの—— 141
ピンクの—— 137
フニの—— 141
ペピⅠ世の—— 134,146
ペピⅡ世の—— 140,146
マイドゥームの—— 141
マズグーナの—— 141
未完成 155
メリカーラーの—— 140,146
メルエンラーの—— 140,146
メンカーウホルの—— 141,142,145
メンカーウラーの—— 140,161
ラージェデフの—— 33,135,140,161
ラーネフェルエフの—— 140,153
＝ラーフーンの—— 130,141
リーガーの—— 155
＝リシュトの—— 141
ピラミッド学 27,160
ピラミッドグラフィア 24
ピラミッド建設の技術 64
ピラミッド建造用斜路 139
ピラミッド・テキスト 145
ピラミッド複合体 34,96,138
ピラミディオン(笠石) 26,114,137
ピーリアムセス 84,166,175,177
ビール 16
——造り 204
ビルカト・カールーン(古代のモエリス湖) 18,131
ビルカト・ハーブー 45
ピンクのピラミッド 137
ビントアナト(ベントアンタ) 92
ファイユーム 18,30,52,67,121,199
ファイユーム先王朝文化 30
ファイユーム地方 131
ファイユーム盆地 12
ファーカース 175
ファクリ,アハマッド 28,137
ファブリ,フェリックス 25
ファラウンのマスタバ 137
ファラス 186
ファラーフラ・オアシス 18,187
ファロス 169
＝フィッシャー 19
フィッシャー,C. S. 136
フィッツウイリアム博物館 210
フィラエ島 70,70,71,73,73
——の遺跡 73
——の神殿 73
——の誕生殿 201
フィリップ・アルヒダエウス帝 127,172
フィレス 72
フェザン 19
フェトト,ゲルハルト 29
フォンテーヌ 223
フーカート,G. 170
武器 203
ブキス牛 83
フクェット,D. M. 172
フクェット・コレクション 172
ブケウム 83
プサメティク 50
プサメティコスⅠ世 49,50,80,107,151,173,177
——の遠征 50
——のクリプト 80
プサメティコスⅡ世 50,136,168
——のアジア遠征 51
——のオベリスク 26
プサメティコスⅢ世 51
プサメティコス=セネブの像 170
プサムティス 51
プセンネスⅠ世 176
——の銀製棺 166
プセンネスⅡ世 48
＝フスタート 134

プタハイルディス 24
プタハシェブセス 153
プタハ・ソカル 117
プタハ神 181,184,211
——の礼拝堂 116
プタハ神殿 91,136,136
プタハ・タネン神 181
プタハヘテブの玄武岩製人型棺蓋 164
ブッツァー 15,17,18
フト 114
——のピラミッド 141
フト-イヒト 168
ブドウ酒造り 204
フト=セケム 114
フト・ターヘリ・イブト 171
フト=レビト 119
プトレマイオス王朝時代 18〜20,46,52,55,74
——の支配 52
プトレマイオスⅠ世ソテル 161,168,168
プトレマイオスⅡ世フィラデルフス 55,74,119,165,172,177
——の門 73
——の礼拝堂 176
プトレマイオスⅢ世エウエルゲテスⅠ世 76,81,169
プトレマイオスⅣ世フィロパトール 38,38,53,74,76,177,181
プトレマイオスⅤ世エピファネス 55,76
プトレマイオスⅥ世フィロメートル 75,81,174
プトレマイオスⅧ世エウエルゲテスⅡ世 81,110,181
——の神殿 83
——の第1多柱室 110
プトレマイオスⅨ世ソテルⅡ世 81,119
——の神殿 119
——の礼拝堂 180
プトレマイオスⅫ世アウレテス 75,112
——の小聖堂 110
——の門 74
プトレマイオスⅩⅤ世カエサリオン 83
——の神殿 119
フニ 132,137
——のピラミッド 141
舟の行進 96
舟の模型 120
フネフェル 218
ブバスティス(テル・バスタ) 48,176
プーヘン 20,33,34,42,51,186
普遍神 214,215
ブラックマン,アイルワード,M. 123
フランスオリエント考古学研究所 28
ブリアントゥ,アーバン 28
ブリス・バビルス 199
プリンス・オブ・ウェールズの墓 104
ブルックハルト,J. L. 26
ブルックリン博物館(ニューヨーク) 52,172,174,205
ブルーム,M. F. 29
フレイザー・フォン・ビッシング・コレクション 42
ブレスレット,ジェイムス,H. 29
プロナオス 181
ブント 19
ベ 18
——の魂 170
ヘイ 114
ベイ 46
平均寿命 205
ヘカ 81
ヘカイブ 72
ヘカタイオス 22
ヘケト 111
ベケトムート 184
ヘシラー 146
ヘジラの墓 32
ベス 52,74,214,217
ベティ=セ 136,181
ヘテプヘレス 164
ヘテブヘレスの墓 28
ヘテブ=ディ=ネスウ 62,62
ベテミホスのブロック・スタチュ 59
ベトアメンオペ 22,198
ベトカ 31,32,36
ベトシリス 183
——の家族墓 127
ベトベト 173
ペトリー,W. M. フリンダース 27,

110,111,116,129,133,136,156,176
ペトリー・コレクション(ユニバーシティ・カレッジ)(ロンドン) 111,208
ペトロニウス 183
ベヌウ 173
ヘニー,G. 152
ヘネン-ネスト 129
ヘネス 129
ヘネン-ネスト 129
——のピラミッド 141
——のカー神殿 174
——のピラミッド 134,146
ペピⅡ世 34,39,135,117,176
——のピラミッド 140,146
ペピナクトの複合墓 70
ヘブ 111
ヘファト 82
ヘファイストス神 136
ベフスケル・チェネヌの墓の壁画 107
ヘブレンブウ 119
ヘベヌ 128
ヘマカの墓 142
ベムジェ 129
ベメヒトの墓 119
ヘラクレオポリス 35,128,146
ヘラクレオポリス朝 99
ヘラクレオポリス・マグナ 129
ヘラクレス神 129
ヘラクレス＝ハルポクラテス 52
ペリー,C. 80
ヘリオス 173
ヘリオポリス 32,128,166,172,173
——の9柱神 214,215,218
ヘリシェフ 129
ヘリホル 46
ヘリング,J. S. 156
ベル=アテン=エム=アケトアテン 124
ベル-アトゥム 177
ペルイプセン 32,116
ペルシア 51,51
——の侵略 51,52
ペルシア時代 19
ペルシア帝国 51
ベルシェ 223
ベルツォーニ,G. B. 26,156,184
——の礼拝堂 175
ベル=バステト 174
ベル-バネブジェト 173
ベル=メジェド 129
ヘルメス神 126
ヘルメス・トゥリスメギストス 127
ヘルメス文書 22
ヘルモポリス 126,127
ヘルモポリス・パルヴァ 172
ヘルモンティス 83
ベル=ワジト 170
ベレニケ 19
ヘレニズム 52
ヘロドトス 134,170,175,215
ペンシルベニア大学博物館 111
ベンニウト 183
ベフスケルの墓の壁画 183
ベンハ 171

ボアズキュイ 46
奉納の間 112
ボエオチア 84
ボコリス 49
ボストン美術館(マサチューセッツ) 35,123,128,176
ホッコリス 49
ホラポロン 22
ホリ 175
『ポリフィリウスの睡魔との戦い』 22
ホルエムヘブ 45,86,150,176
——の第2塔門 90
——の第9塔門 92
——の第10塔門 92
——の大スペオス(岩窟礼拝堂) 75
——の墓 64,100,100,150
ムテムウィア 87
ムト 212,216
ホルス 55,213,215,216
——とセトの争いの物語 215
——の息子 211,218
——の礼拝堂 116
ホルス神 32,55,78
ホルス神殿 177
ホルス名 31,32,36
ボルトン美術館 168
ボンベイの柱 169,169

マ　行

マアト 183,218
マアト神殿 91
埋葬の家 128
埋葬の習慣 220
埋葬用の円錐形 104
マイドゥーム(メイドゥーム) 33,121,132,137
——のピラミッド 141
マイナルティ 186
マズグーナのピラミッド 141
マスタバ 32,34,61,63,110,133,146
マスタバ群 140,146
マスタバ・アル＝ファラウン 145
マスタバ墳 142,150,163
マスペロ,ガストン 27
＝マタリーヤ 173,174
未期王朝時代 18,49
——のエジプト,エーゲ海,近東 51
——のエジプトとナバタ-メロエ国家 48
——のエジプトの経済 50
——の舟 69
——の貴族の墓 151
マッグレガーの男 108
マッラウィ 84
マディーナト・ハーブー 29,84,95,97,99,99,210
マディーナト・マーディ 131
マディーナト・アル＝ファイユーム 131
マネトー 134,142,172
——の王名表 36
＝マハッラカ 178
マムーン 158
マラトンの合戦 51
マリエット,オーギュスト 27,99,133,146,151,156,176
マル＝アテン 123,124
＝マルカタ 84
——の王宮 45
マルクス・アウレリウス帝 81
丸彫り彫刻 56,59
マンドゥリス 180,181
——の神殿 74
——の礼拝堂 73

ミアムのホルス神殿 183
ミイシス 172
ミイラ 27,211,211,219,220
ミイラ作り 220,222
未完成ピラミッド 155
ミスル・アル＝ゲディーダ 173
ミタンニ王国 42〜44
ミート・アイーシュ 172
ミート・ガムル 171
ミート・ファリス 131
ミート・ラヒーナ 52,134,135,136,164
——の方解石製スフィンクス 134
南サマカニラ 34
南スーダン 15
南パレスチナ 30,34
＝ミニヤ 128
ミホス 172,175
ミホス神殿 174
ミホス神の聖獣の青銅製象嵌細工 172
ミール 121,122
ミルギッサ 46
ミレトス 22
ミン 86,118,205,213
——の岩窟礼拝堂 119
＝ムアッラ(モアラ) 71,82
＝ムイサット 78
ムットゥヤ 184
ム・ウル 171
ムサッワラート・アル＝スフラ 187
＝ムダーワラ 140
ムテムウィア 87
ムト 212,216
——の神域 91
ムト神殿 91,92
ムネビス 173
——の聖牛の墓地 174
ムフタリス 202
メイドゥーム→マイドゥーム
メケトラーの墓 204
メシュウェシュ 46
メソポタミア文化 30
メチェティイの彫像 56
メチェンの墓 33

『メディネト・ハブ』 29
メトロポリタン美術館(ニューヨーク) 34,56,103,122,133,165,180,201,204
メネス 32,134,142
メムノニウム 117
メムノンの(巨)像 24,95,95
メーラー,ゲオルグ 28
メリカーラーの墓 146
メリカーラーのピラミッド 140,146
メリトアメン 184
メリムダ 30
メリラーⅠ世の墓 123
メリラー＝ハイシュテフの像 129
メル＝ウェル 131
メルエンラー(ネムティエムサフ) 19,38,38,79
——のピラミッド 140,146
メルネブタハ 20,46,76,112,172
——のカルトゥーシュ 87
——の宮殿 136
メルルカの家族墓 148
メルルカの墓 205
メロエ 27,49,74,178,181,187
メロエ王アルカマニ 74
メロエ王国 52
メロエ文字 74
メンカーウホルのピラミッド 141,142,145
メンカーウラー 33,156,163
——王と王妃カメルルネブティⅡ世の像 225
——の王と2女神像 163
——のピラミッド 140,161
——のピラミッド断面図 158
メンケベルラー 36
メンデス 51,173
メント 137
メントゥ 83,110,212,216
——の神域 91
——の神殿 90,91,92,110
メントゥ信仰 83
メントゥヘテブ 35
メンネフェル 134
メンフィス 16,17,31,32,35,40,45,48,49,52,61,67,84,120,134,136,137,140,142,146,148,149,151,152,164,211
メンフェ 134
モエリス 131
文字の発明 198
文字の普及 31
木棺 221
モルガン,J. de 28,110,110,137
モルミルスの魚 129
モント,P. 28,176,177
モントエムハト 49
門の書 100
モンフコン,ベルナード 24

ヤ　行

社 211
ヤム 19
槍 203

遊牧生活 12,14
ユスティアヌス 74
ユーフラテス川 42
弓 203
ユンカー,ハーマン 156

ヨセフの倉庫 22
よろい 203

ラ　行

ラー 36,212
——の息子 33,36
——の連禱 100
ラー・アトゥム 215
ラアトタウイの神殿 110
ライオン座像 78
ライオン神殿 186
ライオンの彫像 60
ライオンの門 80
ライナッハ,A. J. 111
ラクテ 169
ラコティス 169
ラージェデフ 33,34,161,164,165
——王の頭部 165
——のピラミッド 33,135,140,161
ラセトウ 134
ラトポリス 81
ラーネブ 33,142

索引

——のステラ 142
ラーネフェルエフのピラミッド 140, 153
ラピス・ラズリー 20, 21
= ラーフーン 40, 121, 130, 130
——のピラミッド 130, 141
ラーヘテブ 133
——の像 132
ラー・ホルアクティ 45, 95, 182, 184, 212, 215, 216
——の礼拝堂 116
ラームセス 175
ラメセウム 46, 95, 97, 97, 98
ラメセス王朝 41
ラメセス時代の墓 104
ラメセスI世の礼拝堂 116
ラメセスII世 19, 38, 45, 46, 76, 83, 86, 87, 136, 148, 151, 168, 170, 173, 176, 178, 180, 181, 182, 202, 210, 220
——の大きな座像 87
——の岩窟神殿 183
——の巨像 136, 174, 176, 183
——の巨大な立像 87
——の周囲の列柱式の中庭 87
——の神殿 76, 116, 117, 129, 136, 174, 174, 178, 181, 183
——の葬祭殿(クネムト=ワセト) 97
——の彫像片 175
——の塔門 80, 86, 86, 87, 127
——の中庭 86
ラメセスIII世 46, 204
——の小神殿 90, 91
——の神殿 91, 92, 174
——の葬祭殿 97, 98, 98, 99, 210
——の門 98
ラメセスIV世 83
——の神殿 96
ラメセスVI世の墓 100
ラメセスXI世 46
ラモーゼの墓 103

リアムセス 184
リアムセス=メリアメン 184
リーガーのピラミッド 155
リコポリス州の偉大な支配者 122
離婚 205
= リザイカート 35
リシ型棺 99
= リシュト 120, 121, 131, 133, 133, 140, 156
——のピラミッド 141
リック, H. 152
リディア 50
リビア 19, 31
リビア遠征 34
リビア人 46, 48
リーマンズ, コンラート 27
略図的技法 56
リンド, アレクサンダー 27

ルゥドゥ・アル=アイル 188
ルクソール 23, 24, 85, 86, 110
ルクソール神殿 84
ルクラン, ジャン 146
ルージュ, ド・エマヌニル子爵 26
ルーブル美術館(パリ) 26, 27, 110, 165, 172, 208

礼拝式 210
レオントポリス 171, 174
レキト鳥 174
レーズナー, G. A. 27, 28, 156
レチェヌ 92
= レッスィーヤ 179, 183
列柱室(柱廊玄関) 96
レトポリス 168
レニングラード・パピルス 87
レネヌラット 168
レバノン杉 20
レビト(トゥリフィス) 119
レクエルジェルセン 133
レプシウス, カール・ソヒアルト 26, 153, 156, 161, 170
レンガ造りの神殿 79

朗唱神官 215
ロエ, アラン 133
ロエ, ジャン=フィリップ 144, 146
ロゼッタ 168
ロゼッタストーン 26, 55
ロゼリーニ, イポリット 2, 26
ローダー, ギュンター 127
ロッシュモンテ, マクサーンス・ド 28
ロト, ネストール 114
ロード, ウィリアム 24
ロバーツ, デビット 73, 87
ロペツ, J. 129
ローマ 22
ローマ皇帝 55
ローマ時代 12, 55
——の交易 19
ローマ支配 55
ローマ帝国の時代 20
ローマ帝国の分裂 55
ロレー, ヴィクトル 28

ワ 行

ワイン 16
ワク=ヘテブの墓 122
ワセト 84
ワーディ・アッバード 19
ワーディ・アッラキー 181
ワーディ・アブー・ハサー・アル=バフリー 123, 125
ワーディ・ガスス 19
ワーディ・アル=カッシュ 19
ワーディ・カルトゥ 188
ワーディ・カルン 165
ワーディ・グバネト・アル=キルド 103
ワーディ・トゥミラート 174, 177
ワーディ・アル=ナクラ 126, 126
ワーディ・ナスブ 188
ワーディ・アル=ナトゥルーム 18, 168
ワーディ・アル=バナート 187
ワーディ・ハムママート 19, 40, 110
ワーディ・ヘラル 81
ワーディ・マガラ 19
——の鉱山 188
ワードゥ・バン・ナカゥ 187
ワワト 32, 183
弯刀 203
ワンニナー 109, 119, 119

監修者

平田 寛
- 1910年　兵庫県に生まれる
- 1936年　早稲田大学文学部史学科・大学院修了
- 現　在　早稲田大学名誉教授
- （専攻　古代・中世科学技術史）

訳　者

吉村作治
- 1942年　東京都に生まれる
- 1971年　早稲田大学文学部美術史学科卒業
- 現　在　早稲田大学人間科学部教授
- （専攻　エジプト美術考古学）

図説 世界文化地理大百科
古代のエジプト（普及版）

1983年11月15日　初　版第1刷
1997年 4月 1日　　　　第7刷
2008年11月20日　普及版第1刷

監修者	平田　寛
訳　者	吉村作治
発行者	朝倉邦造
発行所	株式会社 朝倉書店

東京都新宿区新小川町6-29
郵便番号　162-8707
電　話　03(3260)0141
FAX　03(3260)0180
http://www.asakura.co.jp

〈検印省略〉

© 1983〈無断複写・転載を禁ず〉　　凸版印刷・渡辺製本

Japanese translation rights arranged with EQUINOX (OXFORD) Ltd.,
Oxford, England through Tuttle-Mori Agency Inc., Tokyo

ISBN 978-4-254-16862-4　C 3325　　　　Printed in Japan

LIBYA
Defertum

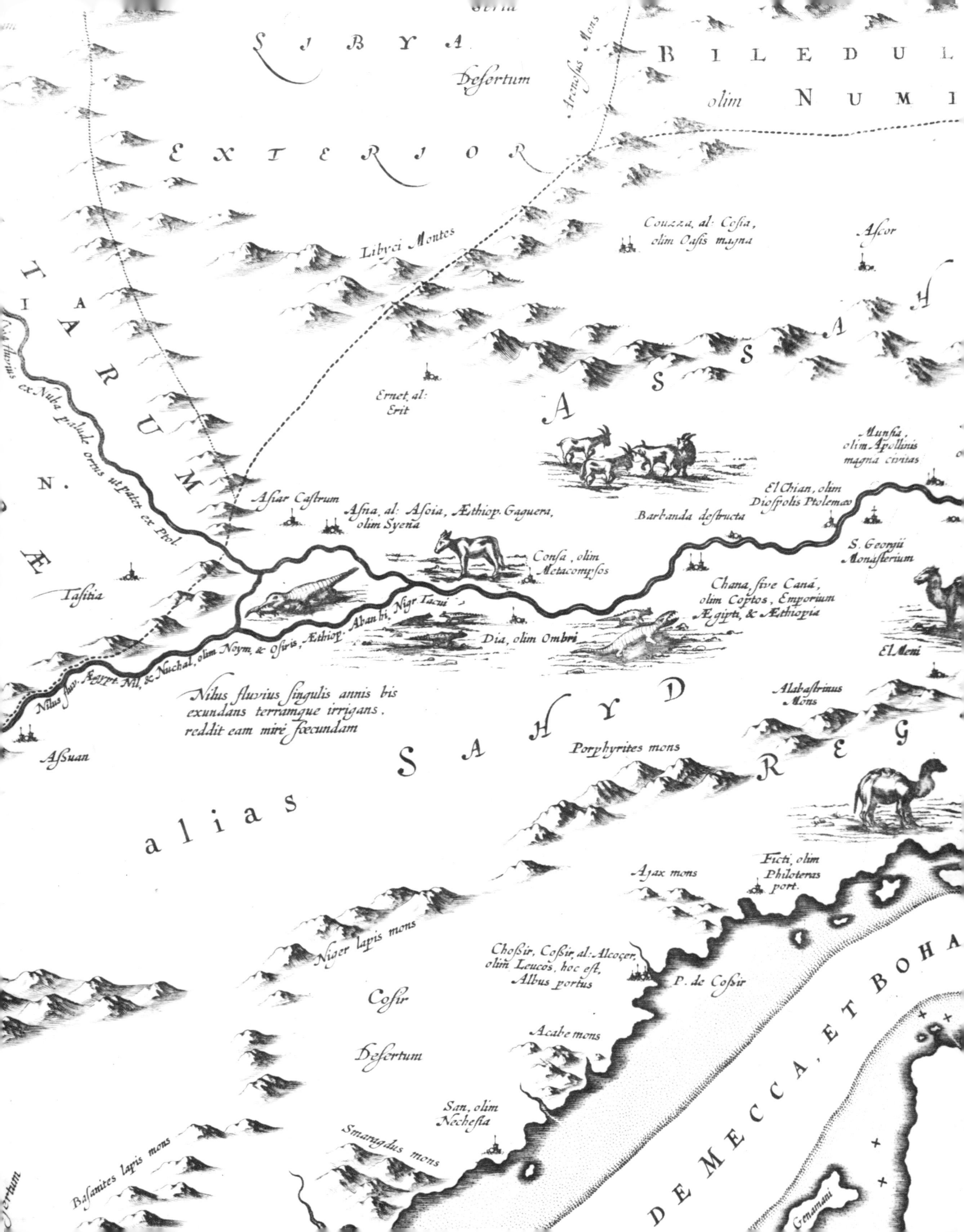

BILEDUL
olim NUMI

EXTERIOR

Libyci Montes

Couzza, al: Cofia,
olim Oafis magna

Afcor

A S S A

Ernet, al: Erit

TIARUM

Munfia,
olim Apollinis
magna civitas

Afiar Caftrum

Afna, al: Afoia, Æthiop. Gaguera,
olim Syena

Confa, olim
Metacompfos

El Chian, olim
Diofpolis Ptolemæo

Barbanda deftructa

Tafitia

S. Georgii
Monafterium

Nilus fluv: Ægypt: Nil, & Nuchal, olim Noym, & Ofiris, Æthiop: Abanhi, Nigr: Tacui

Dia, olim Ombri

Chana, five Caná,
olim Coptos, Emporium
Ægipti, & Æthiopia

El Meni

Nilus fluvius fingulis annis bis
exundans terramque irrigans,
reddit eam miré fœcundam

Alabaftrinus
Mons

Affuan

Porphyrites mons

S A H Y D

REG

alias

Ajax mons

Ficti, olim
Philoteras
port.

Niger lapis mons

Chofsir, Cofsir, al: Alcoçer,
olim Leucos, hoc eft,
Albus portus

Cofir

P. de Cofsir

Acabe mons

Defertum

San, olim
Nechefta

DE MECCA, ET BOHA

Bafanites lapis mons

Smaragdus mons